한국불교사연구

한국불교사연구

고영섭 지음

KSI 한국학술정보[주]

서문

한국불교사의 대중화를 위하여

한국불교는 한국문화의 근간을 이루고 있으며 한국의 기후와 토양 및 기질과 언어 등에 의해 발효되고 숙성된 한국화된 불교(Koreanized Buddhism)이다. 동시에 한국불교사는 인도불교 이래의 불교의 보편성을 지니면서도 한국인들의 역사 속에서 그 체성과 심성에 맞게 조화되어 한국의 고유성을 확보한 역사이다. 때문에 한국불교사는 한국의 하늘 아래에서 한국인들의 몸체[體]와 몸꼴[相]과 몸짓[用] 속에서 육화되고 그 속에서 체화된 독자적인 역사라고 할 수 있다. 나아가 한국불교사연구는 한국의 토양 위에서 이루어진 한국인들의 세계인식과 인간이해에 투영된 불교의 흔적들을 탐구하는 작업이다.

한국불교 속에는 인도와 중국과 일본의 불교와 변별되는 종합성(보편성)과 독자성(특수성)이 내재해 있다. 한국불교는 소승의 상대되는 대승까지 아우르는 '일승(一乘)'과 천태-화엄-정토를 통섭한 선법(천태선/화엄선/정토염불선) 등 중국불교의 13종을 아우르는 '일미(一味)'의 불교를 지향해 왔다. 한국불교인들은 인도의 '교학(敎學)'을 격의와 교판으로 중국화한 중국의 '종학(宗學)'을 물리적으로 종합한 '비빔'의 지평에서 치열한 사상적 고투를 거쳐 화학적으로 삼투시킨 '곰'의 차원으로 나아가 한국의 '불학(佛學)'을 창출해 내었다.

즉 인도불교가 '공(空)'과 '유(有)'의 기호로 중관과 유식으로 대표되는 '대승(大乘)'의 불교를 정초했다면, 중국불교는 '리(理)'와 '사(事)'의 기호로 천태와 화엄 내지 선법과 정토를 아우르는 '일승(一乘)'의 불교를 건립했다. 반면 한국불교는 '성(性)'과 '상(相)'의 기호로 중관(삼론)과 유식(법상) 내지 선법(돈오)과 화엄(법성)을 아울러 '일대승(一大乘)'의 불교 또는 발효와 숙성을 거친 '곰'의 불교를 완성했다. 그리하여 '일대승' 내지 '곰'의 체계로 이루어진 한국불교는 불설의 핵심인 중도 위에서 종합성(보편성)과 독자성(특수성)을 확립하고 있다.

다시 말해서 한국불교는 불설의 핵심인 중도 위에서 소승의 상대되는 대승을 아우르고 있다. 즉 소승과 대승의 대립을 넘어선 일승의 기호로 종합하여 '비빔'의 불교로 발효시켜 내었고, 한 걸음 더 나아가 중국의 13종을 일미의 코드로 삼투시켜 '곰'의 불교로 숙성시켜 내었다. 이것이 곧 한국불교의 종합성(一乘)과 독자성(一味) 혹은 보편성과 특수성이라 할 수 있다. 때문에 한국불교는 우리 고유의 전통과 문화 위에서 불타의 핵심 교설인 중도에 입각하여 앞선 이론 중에서도 취할 것은 취하고 버릴 것은 버리며, 세울 것은 세우고 깨뜨릴 것은 깨뜨리는 융통 자재한 연기 패러다임을 확보하고 있다.

한국불교사를 대중화하기 위해서는 한국불교의 사유와 담론을 적극적으로 외화시켜 내야 한다. 즉 문학과 사학과 철학이라는 학문적 상위 개념 아래 일반문학에서의 불교문학, 일반사에서의 불교역사 및 일반철학에서의 불교철학이 아니라 불교 안에서의 문학적 요소, 역사적 요소, 철학적 요소를 재구성해 내는 노력이 요청된다. 민족문화의 7할 이상이 불교문화라고 하면서도 정작 이 시대 사람들의 의식 속에 불교와 불교인들의 존재감은 지극히 미약하다. 여러 가지 이유가 있겠지만 무엇보다도 이들 분과 학문의 칸막이와 그에 연루된 학문적 지형 때문이라고 할 수 있다.

뿐만 아니라 불교인들의 몰역사 의식 혹은 비주체 의식들이 이러한 현실을 자초했는지도 모르겠다. 그러나 역사에 대한 불교의 시각은 대단히 능동적이고 주체적이다. 불교의 업설은 업을 주체적이고 능동적으로 파악하고 있으며 그것을 역사의 동인 혹은 역사의 동력으로 보고 있다. 때문에 업설은 불교적 인간의 삶의 의지를 크게 북돋아 주는 기제라고 할 수 있다. 그럼에도 불구하고 불교계의 현실은 그렇지 못하다. 불교가 본디 능동적이고 주체적인 자유의지를 강조함에도 불구하고 불교계의 현실이 이와 같다면 이것은 불교인들의 몰주체성과 몰역사성 때문이라고 아니할 수 없다.

이를 극복하기 위해서는 한국불교사에 대한 다양한 사유와 담론이 확산되어야 한다. 그리고 그것을 뒷받침할 수 있는 매체와 사람들이 적재적소에 배치되어야 한다. 사국시대 이래 한국불교는 다양한 특수성과 보편성을 확보해 왔다. 처음에는 부파불교(비바사)가 전래되어 온 뒤에 대승불교(마하연)가 수용되어 한국불교의 새로운 전통으로 자리 잡았다. 남국이었던 통일신라에서는 유식학과 화엄학뿐만 아니라 법화학과 정토학도 일정한 위상을 지니고 있었다. 또 나라의 어려움을 극복하기 위해 왕실은 적극적으로 구역 『인왕경』을 소통시켰다. 북국이었던 대발해 역시 문황대 이래의 불교 지형을 크게 넓혔다.

고려시대 초기 이래 지식인들은 신라 이래의 이두와 향찰 및 각필과 구결 등의 차자(借字)표기를 넘어서 한자를 널리 사용했다. 그 과정에서 많은 불전이 전래되었고 적지 않은 양이 판각되어 인쇄 간행되었다. 두 차례의 대장경 편찬과 교장의 편찬은 인쇄술의 급속한 발전을 이루어 주었다. 특히 고려는 인쇄술의 발전으로 훗날 동아시아를 넘어 세계를 향해 그 이름을 떨쳤다. 이러한 전통은 다시 조선으로 이어져 한글의 창제와 언해본의 간행으로 이어졌다. 그리하여 한역불전이 언문으로 번역되고 다수의 불서들이 편찬되었다.

숭유억불의 종교정책 아래서도 불교의 역할은 엄존했다. 도성 사대문 안에서는 내원당 중심으로 불교 신행이 이루어졌지만 도성 밖에서는 각 사찰들이 신행과 의례를 주도하면서 국가의 통치를 외호하였다. 특히 금강산에 있었던 왕실의 여러 원찰들은 조선조 신앙의 용광로 역할을 하였다. 그곳에서는 다양한 불교신앙과 수행전통이 이루어졌고 그 전통은 대한시대로까지 이어졌다. 명종의 모후였던 문정대비와 허응 보우의 활약으로 교단이 다시 부흥되면서 불교의 존재감은 잠시 회복되었다. 그 과정에서 서산 휴정과 사명 유정 및 부휴 선수와 기허 영규 등의 역할이 두드러졌다. 임란과 호란 및 광해군의 봉인사 중창은 조선 중기 불교계 부흥의 기폭제가 되었다.

양란 이후 불교는 비록 교단은 없었지만 강원과 선원을 정비하고 전통의례를 변모시키면서 새로운 시대를 준비해 왔다. 이러한 노력은 선말한초에 태동한 불교계의 개화운동과 교육운동으로 이어졌다. 대한시대에 접어들어 불교계는 교육을 불교중흥의 주요한 통로로 여기고 교육과 계몽 사업에 뛰어들었다. 그리하여 동국대학교의 전신인 명진학교를 세우고 해인강원 등을 정비했으며 해인-마산대학의 경영으로까지 나아갔다. 이러한 과정에서 적지 않은 시행착오도 겪었다. 하지만 식민지와 분단의 터널을 지나가는 과정에서 피할 수 없었던 측면도 있었다. 이제 한국불교는 세계화와 국제화 시대를 맞아 전통을 정비하고 현대를 맞아들여 대중화시켜야 할 시점에 와 있다. 따라서 '한국불교사 기술'과 '한국불교사 연구'는 한국의 불교사적 특수성과 보편성을 아우르면서 지속시켜 나가야 할 주요한 과제라고 할 수 있다.

2011년 9월 25일

서울 남산 동악의 연구실에서

고영섭

일러두기

1. 이 책은 한국불교사에서 논의될 만한 개별 주제들에 대한 논구들을 엮은 것이다.

2. 발표 시기별로 약 10여 년에 걸친 것들이어서 상호 교섭과 상호 중첩 부분도 있다.

3. 시대구분은 사국시대, 남북국시대, 고려시대, 조선시대, 대한시대로 하되 각 논고는 해당 시대에 명확히 한정되지 않아 '이래'라는 범주 속에 넣었다.

4. 가급적 한자는 괄호쓰기로 하되 인용문 일부와 주석 및 각주에서는 한자를 그대로 노출하였다.

5. 참고문헌은 해당 논고 뒤에 두었으나 각 논고의 발표지는 표시하지 않았다.

차 례

I.

사국시대 이래

한국불교의 보편성과 특수성
-여성 · 생태 · 생사관을 중심으로-

1. 화두: 문제와 구상

지난 세기 이래 발명된 비행기와 컴퓨터는 우리로 하여금 양의 동서와 시의 고금을 '가로지르게' 하고 있다. 둘 이상의 주체가 서로를 알지 못하거나 만나지 않았을 때에는 각자의 앎의 양식과 삶의 방식이 문제되지 않았었다. 그러나 이들이 서로 만나게 되면서부터 시간의 지연과 공간의 차이로 미끄러지기도 하고 충돌하기도 하고 화해하기도 했다. 때문에 이 두 기제의 발명은 우리로 하여금 서로의 관계 설정을 위한 새로운 기준과 원칙들을 요구하기 시작했다.

어떠한 '기준'과 '원칙'들이 만들어지기 위해서 우리는 먼저 서로 다른 역사와 사상을 ① 인정하고 ② 배려하고 ③ 대화하고 ④ 소통해야만 ⑤ 행복하고 건강한 삶이 이뤄질 수 있다는 사실을 받아들여야만 한다. 서로 다른 문화와 종교, 역사와 철학 등이 머금고 있는 차이와 지연을 '있는 그대로' 인정하고 배려해야 하며 그 위에서 대화하여야 비로소 소통될 수 있다. 그러므로 소통의 근거가 될 해당 민족의 역사와 철학이 머금고 있는 보편성과 특수성의 해명은 대화와 소통의 근거가 된다.

"한국불교 역사와 철학의 보편성과 특수성은 어떻게 설명해야 하는가"라는 물음은 이 땅에서 불(교)학 하는 사람들이 공유하는 학문적 화두이다. 이 화두를 들기 위해서 요청되는 전제는 ① 한국불교의 역사와 철학은 어떤 것이며, ② 그것의 특수성은 어디에서 비롯되는가라는 물음이다. 이것은 '비교' 내지 '대비'의 방식을 활용할 때 둘 내지 그 이상 범주 간의 차이점을 보다 분명하게 드러낼 수 있게 될 것이다.

왜냐하면 숟가락이 밥맛을 모르고, 하나의 바퀴로는 앞으로 굴러가지 못하듯이 둘 이상의 특성과의 비교 내지 대비를 통해 서로를 반사해 봄으로써 온전히 자기를 성찰할 수 있기 때문이다. 그러기 위해서는 인도와 중국 그리고 일본 불교와의 비교나 대비의 방법을 원용할 때 가시적 결과를 도출할 수 있을 것이다. 또 이들 각국 불교의 공간적 유비는 밑그림으로 깔아 두고 현대의 몇몇 주요 논제들을 중심으로 논구해 가는 방법도 나름대로 비교와 대비의 영역이 될 수 있을 것이라고 생각한다.

이 글에서는 한국불교가 지니고 있는 특수성과 보편성을 특히 여성관, 생태관, 생사관을 중심으로 살펴볼 것이다. 즉 '인간 평등'의 관점에서 여성관을, '생명 평화'의 관점에서 생태관을, '무애 자유'의 관점에서 생사관을 탐색해 볼 것이다. '자유'와 '평화'와 '평등'의 기호는 이 시대에도 여전히 가장 주요한 삶의 가치가 된다는 점에서 이러한 접근이 무의미하지는 않을 것이라고 생각한다.

2. 보편과 특수의 숙성과 발효

모든 역사와 철학은 해당 지역과 시대의 긴밀한 관계 속에서 형성된다. 어느 특정 문화가 다른 지역으로 이동했을 때 그 문화는 해당 지역과 시대 속에서 깊이 훈습되어 처음과는 '다른' 모습을 띠기 마련이다. 그런데 우리는 이 '다른' 내용이 처음의 것과 얼마만큼 같고(同) 다른가(異)를 되묻게 된다. 그리하여 그것이 처음의 것과 '연속'되는가 '불연속'되는가를 살펴보게 된다. 이때 '연속' 혹은 '같은 것'은 보편이 되고, '불연속' 혹은 '다른 것'은 특수가 된다.

'모든 사물에 두루 적용되는 성질'인 보편은 '보통과는 특별히 다른' 특수와 명료하게 이분되지 않는다. 모든 것에 두루 통하지 않는 자기만의 독특한 성질이라 하더라도 보편과 특수의 속성이 머금고 있는 것처럼 이미 모든 경우에 널리 통용된다는 전제 위에서만 자신의 정체성이 확보되기 때문이다. 따라서 특수와 보편은 동전의 앞뒷면처럼 둘이면서도 둘이 아닌 성질이며, 하나이면서도 하나가 아닌 성질이다. 따라서 모든 사물의 특수성은 보편성과의 관계 속에서만 그 의미를 지닌다고 할 수 있다.

불교의 경우 인도로부터 비롯되었기 때문에 '같은 것' 혹은 '연속'의 근거는 당연히 인도가 되기 마련이다. 그리고 '다른 것' 혹은 '불연속'의 근거는 북방권에서 인도불교와 다른 티베트, 중국, 일본, 베트남 불교와 한국불교가 된다. 이때 인도와 다른 것 혹은 불연속의 내용(차이)을 규명하는 노력이 곧 해당 불교의 독자성을 드러내는 것이 된다. 한국불교의 독자성을 드러내려는 노력 역시 마찬가지이다.

이런 점에서 한국불교의 보편성과 특수성을 밝히는 노력은 간단하지 않다. 종래 이 주제에 대해 여러 논의가 있어 왔지만[1] 아직까지 '맞아,

---

1) 국제화 내지 세계화 시대가 되어 문호가 개방되면 될수록 이러한 논의는 거듭되고 있다. 이러한 논의들 대부분은 한국불교의 특수성을 찾기 위한 노력들이면서 동시에 보편성을 확인하는 작업들이기도 하다. 강건기, 「세계 속의 한국불교의 현황과 전망」; 로버트 버즈웰, 「국가시대 이전의 한국불교」; 정병조, 「한국불교 세계화의 이념과 방향」; 박성배, 「한국불교의 세계화: 종교적 성찰」 등 4편은 『21세기 문명과 불교』(동국대학교, 1996)에, 오강남, 「한국불교사상 記述의 問題」; 심재룡, 「한국 禪불교의 특수성과 보편성」 등 2편은 『한국불교의 보편성과 특수성』(인하대학교 한국학연구소, 1997)에 실려 있다. 또 심재룡, 「한국불교는 회통불교인가」, 『불교평론』 통권3호(2000, 여름호); 길희성, 「한국불교 정체성 탐구: 조계종의 역사와 그 사상을 중심으로」, 『한국종교연구』 제2집(서강대학교 종교연구소, 2000); 이봉춘, 「회통불교론은 허구의 맹종인가」, 『불교평론』 통권 제5호(2000) 등이 있다.

바로 그것이야' 혹은 '아마도 그런 것 같다'라고 수긍할 만한 논구를 찾아보기 어려운 것은 이러한 어려움 때문이라 할 수 있다. 그리고 이러한 논의는 앞으로도 여전히 유효한 것이기 때문에 물음 자체로서 이미 그 의미를 지니고 있는 것이기도 하다.

이 중에서도 오강남의 논의는 종래의 접근 방식에 대한 문제제기 차원에서 귀담아 들을 만한 것이다. 그는 한국불교사상의 기술에 있어서 먼저 ① 무엇이 한국불교 사상이고, ② 그 특수성은 어디에서 연유하는 것이며, ③ 그것의 보편성과 특수성이 균형 있게 연구되어야 하며, ④ 그것은 불교사 전체 내지 세계 종교사 일반의 맥락에서 비교학적으로 고찰되어야 하며, ⑤ 그것의 민족주의적 성향의 극복이 요청되며, ⑥ 그것이 세계 시민들이 다 같이 향유할 수 있도록 세계의 불교학계 내지 종교학계에의 기여까지 생각해야 하며, ⑦ 그것은 타종교들과의 대화를 염두에 두어야 한다[2]고 언급하고 있다.

이러한 지적들은 종래의 논구들이 비교적 그렇지 못했다는 전제 위에서 논의되는 것이다. 충분히 공감되는 얘기이기는 하지만 ⑥, ⑦과 같이 너무 거대담론을 염두에 두고 한국불교의 보편성과 특수성을 밝히려고 하다가는 자칫하면 알맹이는 제쳐두고 껍질찾기로만 치달아갈 위험성이 있다. 중요한 것은 우선 ①~⑤에 충실하면서 한국불교의 알맹이를 찾아가려는 노력이 먼저 이루어져야 한다는 것이다.

이봉춘은 한국 불교문화 지상주의 내지 불교인들끼리의 자찬은 한국불교의 건강한 발전을 위해서도 이제는 떨쳐버려야 할 자기애에 불과하다고 하면서도, 이 같은 생각이 한국불교의 긍정적 자기인식까지도 부인해서는 안 된다고 말하고 있다. 그러면서 그는 있는 그대로의 사실 속에서 자신의 존재의미를 확인하고 그 당위성을 분명히 하는 일로서 자신의 한국불교의 정체성 및 특성 논의에 참여[3]하는 근거로 내세우고

2) 오강남, 위의 글, 1~7면.

3) 이봉춘, 앞의 글, 177~178면. 논자는 한국불교의 회통적 특성은 역사적 사실에 근거한 이념적 지향

있다. 이런 관점은 종래 연구에 대한 반성에서 출발하고 있다는 점에서 긍정적인 접근 방법이라 할 수 있다.

문제는 한국불교는 어떤 것이냐의 물음으로부터 시작해서 인도와 중국과 일본과 같은 점(연속)과 다른 점(불연속)을 주제별 내지 내용별로 대비하여 우리만의 특성을 이끌어 내는 일일 것이다. 마치 다른 문화 속에 살아왔던 며느리가 시집을 와서 시댁의 문화를 자기 내면에서 숙성시키고 발효시켜 '그 집'의 안주인으로 자리 잡아 가는 과정처럼 친정과 시댁의 문화적 '차이'를 있는 그대로 기술해 가는 과정이 보편성과 특수성을 드러내는 작업이 될 수 있기 때문이다.

그러기 위해서는 주체와 분리된 타자화의 논의도 넘어서야 할 것이지만, 동시에 타자와 분리된 주체화의 논의도 경계해야 할 것이다. 때문에 낯선 대상이 서로 만나 시간이 지나면서 발효되고 숙성되는 우리의 전통적 담론은 이러한 논의에 적절히 원용될 수 있는 기제가 된다. 즉 어떤 물질에 들어 있는 효모나 박테리아 같은 미생물에 의해서 유기물이 분해되는 작용인 '발효'처럼 인도 및 중국 불교 속에 들어있는 불교 유기물이 이 땅의 틀 속에서 분해되어 한 몸이 된 한국불교를 사실 그대로 보여주는 것이다.

다시 말해서 어떠한 물질을 적당한 온도로 오랜 시간 내버려 두고 서서히 발효시키거나 콜로이드 입자를 생성시키거나 그 밖의 화학 변화를 일으키게 하는 '숙성'과 같이 인도 및 중국 불교를 받아들여 오랜 시간을 거쳐 화학적으로 변화시킨 한국불교는 과연 어떠한 것인가를 있는 그대로 보여주는 것이다. 그리하여 인도와 중국 불교를 받아들여 오랜 시간에 걸쳐 발효에 발효를 거듭하고 숙성에 숙성을 거듭한 한국불교의 특성을 있는 그대로 온전히 드러내 보여주는 것이다.

발효를 거쳐 숙성된 한국불교의 모습을 있는 그대로 보여주는 과정

의 논의이므로 결코 허구의 맹종이 아닌 것으로 결론짓고 있다.

자체가 보편성과 특수성을 균형 있게 드러내는 작업이라 할 수 있다. 해서 이 글에서는 인도 및 중국 불교와의 연속과 불연속, 같은 점과 다른 점의 논구를 이 시대의 주요 논제인 여성관과 생태관 및 생사관 속에서 추적해 보고자 한다. 이들 세 기호는 모두 생명을 매개항으로 하고 있다는 점에서 유기적인 주제라고 할 수 있다.

그러면 한국불교 속에 보이는 여성과 생태와 생사를 바라보는 시선이 보편과 특수의 기호 속에서 어떻게 발효되고 숙성되는지를 논구해 보자.

3. 평등: 여성의 몸으로도 성불할 수 있다

붓다는 살아 있는 것들은 모두 평등하다고 주장했다. 동시에 모든 존재는 실체가 아니라는 점에서만 평등하다고 했다. 그가 외친 인간 평등은 카스트로 표현되는 사성(四姓) 제도의 위계를 근원적으로 부정한 것이었다. 뿐만 아니라 그는 우주에 편재하는 궁극적 원리로서의 브라흐만이나 그것이 내면화된 불변하는 실재로서의 아트만, 그리고 어떠한 쌓임과 모임을 통해 이 세계를 형성하는 원자들과 같은 고정불변하는 실체를 인정하지 않았다.

특히 붓다의 카스트에 대한 강력한 부정은 그의 가계를 부정하는 담론 제기의 근거가 되기도 했다. 이를테면 그가 아리안족이 아니었기에 기마민족인 아리안족의 지배이데올로기인 카스트제를 강력하게 부정할 수 있었다는 주장이다. 그가 과연 아리안족이었다면 그렇게 강력하게 카스트제를 부정할 수 있었겠느냐는 것이다. 그러나 반대로 그가 아리안족임에도 불구하고 카스트제를 부정하였기에 그의 위대함이 더욱더 높게 평가되는 것이라고 할 수 있다.

무엇보다도 붓다는 인간의 평등성을 누구보다도 강력히 주장하였다 해서 그의 생각은 불교의 근본 입장이 되었다. 그러나 붓다의 입멸 뒤 네 차례에 걸쳐 인도에서 경전이 결집되면서 붓다의 본래 입장이 부분적으로 변질되기도 했다. 때문에 대승불교의 주요 경전에서는 여성의 몸으로는 성불할 수 없다는 설[女人不成佛論] 내지 여인은 남성을 빌려 성불할 수 있다는 설[女人變姓成佛論]이 정설로 수용되었다. 이러한 경설은 대승불교 성립 이후 동아시아에서 오랫동안 정설로서의 권위를 유지해 왔다.

현존하는 대승 이전의 경전이 대부분 2차 내지 3차 결집을 통해 처음 성립된 것으로 보이지만, 초기 경전에서 여성에 대한 불평등의 시각은 거의 찾아볼 수 없다.[4] 아마도 이 시기는 불경의 결집(結集)기이자 불교를 통치이념으로 했던 마우리야 왕조기였기에 그러했다고 할 수 있다. 하지만 불교를 통치 이념으로 했던 마우리야 왕조가 소멸하고 슝가 왕조가 등장하면서부터 상황은 변화하기 시작했다.

바라문교에서 힌두교로 전환되는 시기이기도 했던 슝가 왕조기에는 바라문 부흥운동이 본격적으로 일어나기 시작했다. 동시에 사회적 약자였던 여성에 대해서도 불평등하고 부정적인 인식이 사회 전반으로부터 피어나기 시작했다. 이 시기는 또 부파불교가 위축되기 시작하면서 초기의 대승불교가 흥기하던 때였다. 때문에 지역에 따라 성립되었던 불교 경전에도 이러한 내용들이 수용되기 시작했다.

대표적인 경론이 『불설초일명삼매경』(佛說超日明三昧經』[5]), 『묘법연화경』, 『대지도론』 등이다. 이들 경론에서 여성에 대해 부정적이고 불평등한 인식을 보여주는 대표적 주장은 '여래삼십이상호설[如來三十二相好說]'과 '여인오장설(女人五障說)'로부터 비롯된 '여인불성불론(女人不成

---

4) 물론 초기 경전으로 분류되는 *The Gradual Sayings* (Anguttara-Nikaya, P.T.S, 92~93면)에서 "여성은 자제력이 없고 질투나 탐욕이 많으며 지혜가 적다"거나 『佛說玉耶經』(『大正藏』 제2책, 865상 면)에서 여성의 몸에 대한 부정적인 열 가지 근거(十惡事)에 대해 언급하고 있기는 하지만, 이들 경전 역시도 부파의 소의 경전이었다는 점에서 보면 해당 부파의 여성에 대한 부정적 인식이 투영된 것으로 볼 수 있을 것이다.

5) 『佛說超日明三昧經』(『大正藏』 제15책, 540상중 면).

佛論)'이다. 여래가 되기 위해서는 서른 두 가지 상호가 있어야 된다는 여래삼십이상호설 가운데에서 특히 '음마장(陰馬藏)'상은 여인들에 대한 부정적이고도 불평등한 인식의 투영이라 할 수 있다. 또 여인에게 부과된 다섯 가지 장애설 역시 마찬가지이다.

> 여인의 몸에는 다섯 가지 장애가 있다. 첫째는 범천왕이 될 수 없고, 둘째는 제석, 셋째는 마왕, 넷째는 전륜성왕, 다섯째는 부처님이 될 수 없으니 어찌 여인으로서 성불을 빨리 이룰 수 있겠는가.[6]

경전 성립사를 살펴볼 때 반야부와 법화부는 뒤이어 성립될 정도로 큰 차이가 없다. 반야부의 대표적 경전인 『대품반야바라밀경』의 부분 주석인 『대지도론』에서도 오장설의 관점은 이어진다.

> 또 여인에게는 다섯 가지 장애가 있다. 전륜성왕, 제석천왕, 마왕, 범천왕, 부처님이 될 수 없기에 말하지 않는다.[7]

여래삼십이상호설에서 나타나고 있는 것처럼 남성이 결핍된 여인들은 성불할 수 없다거나 왕들이 될 수 없다는 주장은 여성에 대한 불평등하고 부정적인 인식의 산물이라 할 수 있다. 하지만 여성에 대한 불평등하고 부정적인 인식은 대승불교의 사상이 난숙기에 접어들면서 점차 개선되기 시작했다. 이것은 모든 존재의 평등성을 선언했던 불교 본래 정신의 회복에 근거하는 것이기도 하겠지만, 더 구체적으로는 여성들의 사회적 위상이나 활동의 확산으로부터 비롯된 것으로 볼 수 있다.

그리하여 중기 대승불교 이래 새롭게 성립되는 경전들에서는 '여인의 몸으로 이루어질 수 없다'는 종래 인식에서 한 걸음 더 나아가 '여인이 남성의 몸을 빌려 성불할 수 있다[女人變姓成佛論]'는 과도기적인 경

6) 『妙法蓮華經』 「提婆達陀品」.

7) 龍樹, 『大智度論』 권2.

설로 변주되기 시작했다. 하지만 남성이 결핍된 여인의 몸으로는 성불할 수 없다는 경설은 여전히 여인들에 대한 당대의 굴절된 인식을 보여주는 것이다.

그러나 이런 과도기적인 경설도 그렇게 오래가지는 않았다. 점차 여성들에 대한 종래의 부정적이고 불평등적인 시선이 완화되거나 거두어지면서 평등적 시선과 긍정적 시각이 투영기 시작했다. 대표적인 경설은 여인불성불설에서 여성변성성불론으로 옮겨가는 과정이 수용된 『법화경』의 용녀(龍女) 변성성불설이다. 이 설은 『무량수경』과 『대아미타경』 등에서도 보이고 있다. 급기야는 일부에서나마 주장되어 왔던 여인즉신성불론(女人卽身成佛論)이 대승불교의 가장 대표적 경전인 『법화경』「법사품」에 등장하기에 이른다.

> 만일 선남자 선여인이 내가 멸도한 뒤에 몰래 한 사람을 위하여 『법화경』 (전체) 내지 한 구절이라도 설하게 되면 이 사람은 여래의 사도요, 여래가 보내어 여래의 일을 한 사람임을 알아야 한다.[8)]

경을 설하는 이는 설법사이며 여래사이며 여래가 보내어 여래의 일을 한 사람이라는 이 경설은 여성에 대한 인식의 전환을 보여주는 것이다. 여래의 일을 대신한다는 것은 여래의 분신 내지 화신이라는 의미로까지 이해되는 것이므로 이것은 여인의 몸으로도 부처가 될 수 있다는 것을 암시하는 경설이기 때문이다.

여인의 몸으로 곧바로 성불한다는 설은 『유마경』과 『승만(사자후일승대방편방광)경』으로 이어지면서 불교의 여성관으로 확고하게 자리잡게 된다. 여인의 몸으로 바로 성불하는 천녀와 승만부인의 이야기는 종해의 여인불성불론에서 과도기의 설인 여인변성성불론을 거쳐 여인성불론으로 꽃피우게 된다. 이렇게 경설이 변주되면서 성불론으로 정

---

8) 『妙法蓮華經』 권10 「法師品」(『大正藏』 제9책, 30하 면).

착된 것은 여인들 스스로의 사회적 활동과 역할을 통해 이룩한 것으로 짐작된다. 이처럼 불교의 여성관은 시대와 지역에 따라 달리 변주되면서 붓다의 인간 평등의 사상으로 복귀하게 된다.

하지만 북방불교권 대부분의 지역에서는 아직까지 여인불성불설 내지 여인변성성불론이 여성에 대한 주요 경설로 자리해 왔던 것으로 보인다. 신라 불교를 공인시킨 법흥왕은 말년에 출가하여 법공(法空)이란 비구가 되어 진흥왕 때 낙성되는 '대왕흥륜사'로 들어갔다. 어린 조카였던 진흥이 왕이 되자 그가 친정을 할 때까지 수렴청정을 끝낸 법흥의 왕비 역시 영흥사를 개창하여 묘법(妙法)이란 비구니가 되었다. 눌지왕과 미추왕 시절에 아도가 신라에 들어왔을 때 머물렀던 모례(록)의 여동생이 출가하여 비구니가 된 적이 있었지만 그때는 아직 불교가 공인되기 전이어서 공식적이지는 않았던 것으로 보인다.

출가한 법흥왕의 뒤를 이었던 진흥왕 역시 말년에 출가하여 법운(法雲)이란 비구가 되자 그의 왕비 역시 출가하여 묘주(妙住)라는 비구니가 되었다.[9] 이처럼 왕이 출가할 때 왕비 역시 왕과 차별 없이 동등한 위상으로 출가하여 비구니가 되었던 사실은 어느 나라 역사에서도 찾아보기 어려운 평등사상의 정화로 보인다. '신라'라는 나라를 반석 위에 공고하게 세웠던 두 왕의 내외가 말년에 평등하게 출가하였다는 것은 이후 신라 불교의 성격을 잘 보여 준다.

또 한국인들의 경전이라 할 『삼국유사』의 「욱면비염불서승」 조목에서는 여인의 몸으로도 성불할 수 있음을 명료하게 드러내 주고 있다. 이 조목은 삼국 통일 이후의 경덕왕대 이야기로 기술되어 있지만, 그때까지 여인불성불론 내지 여인변성성불론이 주요 담론이었던 시기에 여종 욱면의 즉신성불론은 한국불교의 특수성을 잘 보여주고 있다.

9) 一然, 『三國遺事』, 「元宗興法 厭髑滅身」; 覺訓, 『海東高僧傳』 「流通篇」.

> 법당 밖에 있던 여종 욱면이 법당에 들어가 지극 정성 염불하다가 법당 들보를 뚫고 나가 서쪽 교외로 가더니 해골을 버리고 부처의 몸으로 변해 연화대에 앉은 채 큰 광명을 내쏘면서 천천히 가버렸으며 음악소리는 하늘에서 그치지 않았다.10)

상전이었던 귀진 아간으로부터 지극 정성 염불한다고 해서 일감을 늘려 받았고, 더욱이 같은 법당에 들어서지도 못하였던 그녀였지만, 욱면은 끝내 지극한 염불을 통해 여인의 몸 그대로[卽身] 성불하였다. 이러한 것은 여인의 몸으로는 곧바로 성불할 수 없기에 열심히 수행하여 남성을 빌린 뒤에 다시 수행하여야만 부처가 될 수 있다는 여인변성성불론을 뛰어넘은 해석이다.

여인변성성불론이 비록 과도기의 경설이기는 해도 당시 동아시아 대승불교의 주요 경설이었다는 점에서 볼 때 욱면의 즉신 성불을 결코 평가절하 할 수 없다. '살아 있는 것들은 모두 부처가 될 가능성을 지니고 있다[一切衆生, 皆有佛性]'는 대승 불설에 입각해 볼 때, 욱면의 즉신 성불설은 당시의 주요 경설을 과감하게 뛰어넘어 서려 했다는 점에서 대단히 지혜로운 해석이라 할 수 있다.

여인의 몸으로도 바로 이 자리에서 성불할 수 있다는 이것은 주요 경전이 하지 못한 얘기를 과감하게 하고 있다는 점에서 한국불교의 독자적인 모습이라고 할 수 있다. 『삼국유사』는 한국인들의 정체성이 담긴 경전적 의미를 지닌다. 이러한 텍스트에 이 같은 해석의 지평이 투영되었다는 것은 주목할 만한 사건이자 사실이라고 할 수 있다.

따라서 법흥왕과 진흥왕 내외가 평등하게 출가하여 수행을 하는 모습이나, 여인의 몸 그대로 성불한 욱면의 기록 등에서 우리는 인도와 중국 및 일본 불교와 연속(같은 것)되면서도 불연속(다른 것)되는 한국불교의 보편성과 특수성 확인할 수 있다. 아울러 한국불교의 여성 이해

---

10) 一然, 『三國遺事』 권제5, 「感通」, '郁面婢念佛西昇'.

는 남성과 여성의 성적 구분과 역할에서 매우 역동적인 관점을 견지하고 있다는 확인할 수 있다.

4. 평화: 꿀벌처럼 필요한 것만 가져간다

붓다는 살아 있는 것들은 모두 불성을 지니고 있다고 말한다. 이 말은 인식, 사유, 판단 능력이 있는 유정에만 해당되는 것이 아니다. 법신의 입장에서는 일체의 차별이 없기 때문에 성불이 가능한 것이기도 하지만 여기서 한걸음 더 나아가 담장, 벽, 기와, 돌 등의 무정조차도 언젠가는 불성을 회복할 가능성을 열어 두어 성불의 길을 막아 버리지 않는다. 이처럼 생명을 지닌 존재들과 무생물까지 섬기고 따르는 마음[孝順心]을 지닌 불교의 생태관을 온전히 보여주고 있는 것이다.

『숫타니파타』는 꽃의 아름다움과 색깔, 그리고 향기를 전혀 해치지 않은 채 그 꽃가루만을 따 가는 저 벌처럼 그렇게 잠깬 이는 이 세상을 살아가야 한다[11]고 언급한다. 꿀벌은 자정능력 너머까지 취하지 않는 지혜를 지니고 있다. 스스로를 회복할 수 있는 능력 안에서만 취하는 꿀벌의 지혜는 생명에 대한 최소한의 예의가 된다. 신라의 원광대사 역시 이 같은 꿀벌의 지혜를 취하고 있다.

원광은 세속오계의 설정과 해석을 통해서 불교의 생태 이해에 깊은 탄력을 제공하였다.[12] 그는 자신을 찾아온 추항과 귀산 두 젊은이에게 세속에서 지켜야 할 오계(世俗五戒)를 건네주고 있다. 그중에서 다섯 번째의 살생유택(殺生有擇) 조목은 한국불교의 독자적인 생태이해를 보여주고 있다. 그는 경론에 나오는 구절을 원용하여 '택시'와 '택물'의 기호로 자신의 생명관 내지 생태관을 확립하고 있다.

---

11) 『법구경』 제4장 49절.

12) 졸저, 「불교의 생태관」, 『연기와 자비의 생태학』(서울: 연기사, 2001), 79면.

"여섯 날과 봄철, 여름철에는 생물을 죽이지 않는 것이니 이는 '시기를 가림[擇時]'이다. 가축을 죽이지 않음은 곧 말, 소, 닭, 개를 이름이며, 작은 생물을 죽이지 않음은 곧 고기가 한 점도 되지 못하는 것을 이름이니 이는 '생물을 가림[擇物]'이다. 이는 또한 쓸모 있는 것만 하고, 많이 죽이지 말아야 할 것이다. 이것이 세속의 좋은 계목이다."13)

원광은 경론에 나오는 구절을 원용하고 있지만 그것을 현실 속에서 보다 예각화하여 활용하고 있다. 그는 우선 매월 6재일인 8, 14, 15, 23, 29, 30일에 주목하여 생명을 살려 주려고 노력하고 있다. 이 6재일은 사천왕이 사람의 선악을 살피는 날이자 악귀가 사람을 엿보는 날이다. 때문에 사람마다 몸을 깨끗이 하고 계를 지켜야 되는 날이다. 몸을 깨끗이 하고 계를 지키는 구체적인 방법은 한 달 중 이 6일 동안은 결코 생명을 죽여서는 안 된다는 것이다. 또 살아 있는 것들이 생식을 통해 번성하는 봄철이나 여름철에 살생을 피하라고 했다. 이것은 생물들이 지니고 있는 번식의지를 자르지 말고 존중해야 한다는 생명 존중의 사상이 된다.

뿐만 아니라 우리들에게 직접적인 도움을 주는 말(移動), 소(勞動), 닭(識時), 개(護家) 등의 가축들은 나름대로 제 몫이 있으므로 목숨을 끊어서는 안 된다는 것이다. 한 점 고기도 안 되는 생물은 죽여 봐야 아무런 도움이 되지 않으므로 살생의 업을 짓지 말고 생명을 존중하라고 가르친다. 또 보다 많은 사람들을 위해 쓸모 있는 것만 하되 그렇다고 해서 많이 죽이지는 말아야 할 것이라고 역설한다.

또 원효는 『대반열반경』「가섭보살품」에서 "가장 높은 깨달음을 얻지 못하였을 때의 온갖 선과 불선과 무기의 법까지도 모두 '부처의 성품'이라 이르며, 담과 벽과 기와와 돌 등의 정식(情識)이 없는 물건을 제외하고는 모두 불성이 있다"는 경설을 인용하여 그의 생명관을 보여주고 있다.

13) 一然, 『三國遺事』 권제4, 「義解」 제5, '圓光西學'(『韓佛全』 제6책, 342중 면).

> 이 경문은 바로 '보신 부처의 성품'을 밝힌 것이다. 그것은 번뇌[染]를 따라 움직이는 마음은 비록 '선과 불선과 무기'의 삼성에 공통되지만 또한 신령스런 이해[神解]의 성품을 잃어버리지 아니하므로 이것을 '보신 부처의 성품'이라 이른다. 다만 법신 부처의 성품이 일체의 정식이 있는 것이나 (정식이 없는 것에 두루 하는 것과) 구별하기 위해서 보신 부처의 성품에서는 정식이 없는 것은 취하지 아니한 것이다.[14]

보신은 영원불멸이어서 인간성이 결여된 법신과 인격성이 풍부하지만 일시적이고 무상한 응신의 두 모습을 통합한 염원과 실천을 거듭하는 것에 의해 보답되어 나타나는 붓다의 몸이다. 이 때문에 원효는 번뇌에 따라 움직이는 마음이 비록 좋은 것[善]과 좋지 않은 것[不善]과 좋지도 않고 싫지도 않은[無記] 세 가지 성품에 공통된다 하더라도 신령스런 이해의 성품을 잃어버리지 않는다고 말하는 것이다. 이는 보신 부처의 성품에 근거해 말하는 것이다.

원효는 법신 성품의 입장에서는 유정지물과 무정지물을 구별하지 않는다고 말한다. 법신은 붓다의 본신법이자 이상적인 덕을 갖춘 완성된 인격으로서의 붓다이기에 유정과 무정에 대한 차별이 없다. 다시 말해서 순수하고 차별상이 없는 궁극이자 절대의 존재이며 영원한 이법인 진리의 몸인 법신의 입장에서는 유정과 무정, 불성의 유무라는 구분이 없다. 그러므로 장벽과 와석조차도 (법신 성품의 입장에서는) 불성이 있으므로 언젠가는 성불할 수 있다고 해명하고 있다.

이러한 그의 해석은 법신과 응신과 보신의 삼신(三身) 전체의 조망 위에서 해명해 낸 역동적인 해석이다. 원효는 불설의 핵심인 중도의 입장에 서서 무정지물과 유정지물의 불성 유무를 해명하고 있다.[15]

본디부터 갖추고 있는 영원한 이법으로서의 몸인 법신의 입장에서 보

---

14) 元曉, 『涅槃宗要』(『韓佛全』 제1책, 539중 면).

15) 졸론, 앞의 글, 앞의 책, 83면.

면 유정지물과 무정지물 모두 불성을 지니고 있다. 인식 사유 판단 능력을 지닌 유정과 그것이 없는 담, 벽, 기와 돌 등은 법신의 입장에서 보면 차별이 없는 것이다. 유정뿐만 아니라 무정조차도 모두가 부처가 될 가능성이 있으며 언젠가는 그것이 발현되어 부처가 된다고 보는 것이다.

이처럼 일시를 택하고 사물을 택하는 과정을 통해 생명에 대한 존중의 태도를 보여주는 원광과 법신의 입장에서 유정과 무정의 무차별적 인식을 보여주는 원효의 생명관 내지 생태관은 불교의 보편적 불성관의 연장에 있으면서도 독자적인 무늬를 지니고 있다. 원광은 지극히 현실적인 불교관을 보여주고 있으며, 원효는 현실과 이상을 넘나드는 역동적인 불교관을 보여주고 있다.

꿀벌이 타자에 대한 배려 위에서 자신이 필요한 만큼만 가져가듯, 원광과 원효의 생명관 내지 생태관 역시 생명에 대한 배려 위에서 이루어지고 있다. 해당 생명체의 자정능력 이상까지 과도하게 취하는 자기중심적 사유가 아니라 그에 대한 끊임없는 섬김과 따름의 마음[孝順心]가짐은 꿀벌의 지혜와도 통하는 것이라 할 수 있다. 원광과 원효가 보여주는 이러한 태도는 인도 중국 일본과 변별되는 한국불교의 특수성이자 보편성이라고 할 수 있다.

5. 자유: 보살처럼 잘 살아야 잘 죽는다

죽음은 삶의 대척점에 있는 것이 아니다. 삶 속에는 태어남[生有]과 죽어감[本有]과 죽음[死有]과 죽음 이후[中有]가 통섭되어 있다. 죽음에 대해 자유자재하기 위해서는 잘 살아야만 가능한 것이다. '참살이' 혹은 '넉넉살이(well being)'는 풍요롭고 '가멸(富)'한 삶이다. 지금 이 순간의 넉넉살이의 태도는 현생을 잘 살아야만 가능한 것이며 그래야만 잘 죽을 수 있음을 보여준다. 다시 말해서 죽음을 당당하게 맞이할 수 있기 위해서는 무엇보다도 잘 살아야 하는 것이다.

사복은 신라 최초의 절이었던 흥륜사 금당에서 신라의 현인으로 추존된 인물이다. 그의 어머니가 세상을 떠나자 그는 원효를 청해 장사를 지내게 된다. 원효는 그 주검 앞에 가서 빌었다. "나지 말지어다, 죽는 것이 괴로움이니라. 죽지 말지어다, 나는 것이 괴로움이니라." 그러자 사복이 "말이 너무 길다"고 말했다. 원효는 이를 고쳐 말했다. "사는 것도 죽는 것도 괴롭다." 그런 뒤에 두 사람이 상여를 메고 활리산 동쪽 기슭으로 갔다.

원효는 말했다. "지혜 있는 범을 지혜의 숲 속에 장사지내는 것이 어찌 마땅하지 않겠는가?"[16] 생사(윤회)를 넘어선 자유인은 윤회(생사)를 자유롭게 선택할 수 있게 된다. 마치 이미 생사윤회의 바퀴를 벗어난 붓다가 해마다 사월 초파일에 '이와 같이 오는' 것으로 믿는 것도 바로 이 때문이다. 사복이 죽음에 대해 이렇게 받아들일 수 있는 것도 불교 세계관에 대한 그의 깊은 이해에서 비롯되는 것이다.

또 신라 경덕왕대의 김대성은 흥륜사 육륜회를 위해 시주하러 온 점개 화상에게 품팔이로 받은 베 50필과 고용살이로 얻은 밭 3묘전을 보시하여 죽은 뒤 재상인 김문량의 집으로 환생했다. 자라서는 사냥을 좋아하여 토함산에서 곰 한 마리를 잡았다가 꿈속에서 만났던 곰 귀신에게 용서를 비는 대가로 장수사라는 절을 지음으로써 자비의 원을 더욱 더 쌓아 갔다. 그 뒤 이생의 양친을 위해 불국사를 세우고, 전생의 부모를 위해 석불사를 세워 두 부모로부터 받은 양육의 수고를 갚았다.

가난했던 김대성이 어렵게 벌은 베 50필과 밭 3묘전을 보시함으로써 잘 죽을 수 있었고, 그 결과 보다 나은 조건으로 환생할 수 있었다. 그로 인해 또 새로운 불사를 할 수 있었고 두 부모로부터 받은 은혜를 되갚을 수 있었다. 어떠한 보편적 원리(진리)를 위해 기꺼이 자기를 기꺼이 던지는 보살처럼, 자기의 모든 것을 던졌던 김대성처럼 우리는 잘

16) 一然, 『三國遺事』, 권제4, 「義解」 제5, '蛇福不言'.

살아야 잘 죽을 수 있다.

무아와 윤회 및 환생과 해탈은 불교의 두 축이다. 윤회는 고정불변하는 어떤 주체가 한 생에서 다른 생으로 옮아가는 것이 아니라 존재 그 자체가 변화를 계속하는 것이다.[17] 우리는 해당 생에서 지은 업으로 윤회하여 환생을 거듭하게 된다. 환생을 거듭하다가 언젠가는 해탈에 이르게 된다. 따라서 업식과 윤회와 해탈의 구도는 인도 이래 불교의 보편적인 세 축이라 할 수 있다.

이 축의 연속 위에서 사복이 '더 이상 말하지 않았던[不言]' 것이나 대성이 '진리를 위해 기꺼이 자기의 소유를 모두 버린 것[孝道]'은 불교의 윤회와 해탈의 생사관을 잘 보여주고 있다. 생사는 많은 말로서 해명되는 것이 아니라는 통찰을 보여준 사복과 효도를 통해 윤회 인과의 과보를 보여준 대성의 생사 이해는 존재에 대한 깊은 통찰 위에서 이뤄진 것이라고 할 수 있다.

보살은 오늘의 내가 존재하게 된 것은 무수한 인연들의 도움과 협동에 의해서임을 온몸으로 통찰한 존재이다. 때문에 보살은 남의 목숨을 구하기 위해서 자신의 목숨을 기꺼이 던질 수 있는 존재이다. 우리 역시도 보살과 같은 삶을 살아 생사에 걸림이 없을 때 비로소 생사에 자유자재할 수 있다. 사복과 대성 또한 무아와 윤회 및 환생과 해탈로 표현되는 불교의 생사관 속에 투철하였기에 이러한 행위를 보여줄 수 있었던 것이다.[18]

불교의 생사관은 잘 살아야 잘 죽는다는 것이다. 누구라도 죽음을 초연히 맞이할 수 있기 위해서는 생사의 실상에 대한 통찰이 있어야 한다. 죽음이라는 현실 앞에 선 사복과 대성의 자유자재한 모습 역시 불교의 생사관을 잘 보여주고 있다. 생사에 대한 투철한 인식으로부터 비롯된 무애 자재한 삶은 현실적 인간들의 가장 큰 공포이자 두려움인 죽

17) 윤호진, 「불교의 죽음 이해」, 『신학과 사상』 제21집, 1997, 가을, 가톨릭대학교, 15면.

18) 졸론, 「佛儒의 生死觀」, 『2003년 교수불자회논문집』(서울: 푸른세상, 2003).

음조차 자유자재로 맞이할 수 있게 한다.

우리는 삶과 죽음에 대한 무애 자재한 태도를 지닌 사복과 대성의 모습에서 불교 보편의 생사관과 함께 보살처럼 잘 살아야 잘 죽는다는 한국 불교의 생사관을 읽어낼 수 있다. 이것은 곧 한국불교의 보편적인 모습이자 독자적인 모습이기도 하다.

6. 보림: 정리와 과제

한 나라의 사상이나 철학의 보편성과 특수성을 다루는 문제는 간단하게 마무리 지을 수 있는 일이 아니다. 때문에 여러 차례의 시도에도 불구하고 아직 만족할 만한 결과를 내오지 못하고 있다. 가시적인 성과가 쉽게 손에 잡히지 않는다는 점에서 보면 이러한 논제는 문제제기 그 자체가 의미가 있는 것이라고 자위할 수 있을지 모르겠다.

한국불교의 보편성과 특수성은 한국 사상가들의 저술과 문화 속에 잘 드러나 있다. 그중에서도 특히 여성관과 생태관과 생사관 속에는 인도와 중국과 일본과 변별되는 '한국적'인 것이 담겨져 있다. 하지만 그것을 인접 국가들의 그것과 비교 내지 대비하여 한국적인 것만을 이끌어 내는 것 역시 쉽지 않다.

해당 지역과 시대의 보편성을 드러냄으로써 특수성이 보이기도 하고, 해당 주제나 내용의 특수성을 다룸으로써 보편성이 드러나기도 한다. 때문에 보편과 특수는 동전의 양면처럼 함께 움직인다. 보편과 특수는 하나이면서도 하나가 아니고 둘이면서도 둘이 아니다. 마치 부부 사이가 무촌이면서도 한 사람이 아닌 것처럼 말이다.

둘 이상의 주체가 건강하게 만나는 방법은 여러 가지가 있을 것이다. 이들 사이에서 건강한 만남이 이루어지기 위한 지름길은 남을 인정하고 배려하고 대화하고 소통하는 일이다. 이러한 과정은 저마다의 정체성을 올곧게 지니면서도 더불어 존재하는 방식이 된다. 서로의 차이를 정확하게 인정하고 배려하고 대화하면 소통이 가능하게 되어 행복하고 건강한 삶이 이루어질 것이다.

한국적인 것은 인도와 중국과 일본과 겹쳐 있으면서도 또 다른 면모를 지니고 있는 것이다. 때문에 같은 것(연속)과 다른 것(불연속)의 지형도는 인도와 중국과 일본 불교와의 비교와 대비를 통해서 어느 정도 윤곽을 그려갈 수 있을 것이다. 그런 방식이 아니라면 주제나 내용별로 접근하는 것도 한 방법이 될 수 있을 것이다.

이 글에서는 한국 불교가 머금고 있는 세 가지 측면을 중심으로 살펴보았다. 이들 주제는 이 시대의 대표적 논의로 부상하고 있는 여성, 생태, 생사관의 범주들이다. 여성의 몸으로서도 부처가 될 수 있다는 인간 평등으로서의 여성관, 꿀벌처럼 필요한 만큼만 가져간다는 평등 평화로서의 생태관, 보살처럼 잘 살아야 잘 죽는다는 무애 자재로서의 생사관을 통해 한국 불교의 보편성과 특수성을 주제 중심으로 살펴보았다.

한국 불교 여성 이해의 사례로 언급했던 묘법과 묘주 및 욱면, 생태 이해의 사례로 언급했던 원광과 원효, 생사 이해의 사례로 언급했던 사복과 대성의 사례에서뿐만 아니라 보다 많은 예들 속에서도 한국불교의 보편성과 특수성은 논증될 수 있을 것이다. 좀 더 광범위한 저술들에서 사례들을 적출하여 촘촘한 논리 속에서 재구성해 내는 것이 또 하나의 과제가 될 것이다.

부파불교 전래와 전통 한국불교*

-테라와다 불교의 전래와 관련하여-

1. 문제와 구상

전통 한국불교는 자신을 북방불교이자 대승불교로서 그 정체성을 삼고 있다. 이것은 전통 한국불교의 자기동일성을 북방불교인 대승불교에 두고 있음을 의미한다. 고구려와 백제 및 신라인들 역시 남전불교보다는 북전불교를 주로 수용하였다. 이것은 한국불교의 통설이 되어 있다. 하지만 역사의 근거가 되는 사료와 기억(구술) 및 유물과 유적에 의하면 반드시 그런 것만도 아니다. 한국불교의 초기 전래과정을 살펴보면 분명히 '비담(毗曇, 俱舍)'과 '성실(成實)' 혹은 '비바사(毘婆沙)'로 표현되는 '부파불교'[1])의 전래 근거가 없지 않기 때문이다.

---

* 이 논문은 사단법인 '한국테라와다불교'가 2009년 8월 28일(금) 한국불교역사기념관 국제회의실에서 개최한 '한국불교 전통과 테라와다 불교'에서 발표한 글을 수정 보완한 것이다.

1) 대승불교에 상응하는 표현은 역사적 혹은 철학적 맥락에서 '아비달마불교'였다는 점과 근본-부파-대승의 시대구분법을 고려하여 여기서는 '부파불교'를 사용하기로 했다. 여기에서 논자가 사용하는 '部派佛教'는 서구에서 중국, 티베트, 몽골, 한국 일본, 대만, 베트남 등으로 전해진 '북방불교(Northern Buddhism)'에 대응하여 스리랑카와 미얀마, 태국, 라오스, 캄보디아 등으로 전해진 테라와

고운 최치원(857~?)이 쓴 「봉암사지증대사적조탑비(鳳巖寺智證大師寂照塔碑[2]))」의 기록에 의하면 "비바사(毗婆沙[3]))가 먼저 이르자 온 고을 사람들이 사제(四諦)의 바퀴를 몰아가고, 마하연(摩訶衍[4]))이 뒤에 이르자 온 나라 사람들이 일승(一乘)의 거울을 비추이네"라는 구절이 보인다. 여기서 '비바사'는 자각(自覺)과 존재의 분석[阿毘達磨]에 집중하는 '부파불교'를 일컫는 개념이고, '마하연'은 대승의 교법으로서 자각(自覺)과 각타(覺他)를 원만히 이루려는 '대승불교'를 일컫는 용어이다. 또 '비바사'는 부파불교의 소의논서인 『대비바사론』 등과 같은 '자세한 주해[廣解]'로 널리 알려져 있고, '마하연'은 대승불교의 교과서인 『대승기

다 불교를 가리키는 '남방불교(Southern Buddhism)'가 빠알리어계 삼장에 근거한 불교라는 제한적 사용의 의미를 뛰어넘어 대중부에 상응하는 '근본상좌부'와 그로부터 파생된 '지말상좌부'를 계승한 설일체유부를 비롯한 대승불교 이전의 불교교학을 총칭하는 '아비달마불교'를 일컫고 있다. '부파불교'의 개념을 이렇게 사용하게 되면 설일체유부 등을 중심으로 하는 지말상좌부와 연관된 개념간의 혼란을 어느 정도 해소할 수 있다. 나아가 '부파불교'의 의미는 북방불교권에 전래된 '비바사' 혹은 '아비담' 또는 '비담'과 '성실'학까지도 아우를 수 있으며 아울러 대승불교 이전의 불교 교학을 통틀어 일컬을 수 있다고 보아 사용했다.

2) 崔致遠(1976), 89면. "毗婆娑先至則四郡驅四諦之輪, 摩訶衍後來則一國輝一乘之鏡".

3) 여기서 최치원이 사용한 '비바사'는 '대승'에 상대되는 '소승' 아비달마 교학 전반을 일컫는 것으로 보아야 할 것이다. 불광대사전편찬위(BK4), 3855下면. 【毘婆沙】 梵語 vibhāṣa. 註解書之名. 又作毘婆娑·鞞婆沙·鞞頗沙·鼻婆沙. 略作婆沙. 意譯廣解·廣說·勝說·種種說. 註釋經書者, 稱爲優婆提舍; 而以律·論之註釋爲主者, 稱爲毘婆沙. 現存漢譯藏經有關律之註釋, 有薩婆多毘尼毘婆沙·善見律毘婆沙; 有關論之註釋, 有大毘婆沙論·五事毘婆沙論等. 又廣解廣說之經論, 統稱爲毘婆沙論(梵 Vibhāṣā-śāstra). 於大藏經中, 題爲毘婆沙論者凡四部：(一)阿毘達磨大毘婆沙論, 唐玄奘譯, 凡二百卷, 世稱新婆沙. 略作婆沙論. 其異譯本爲北涼浮陀跋摩·道泰合譯者, 凡百卷, 今僅存六十卷, 世稱舊婆沙. (二)鞞婆沙論. (三)五事毘婆沙論. (四)十住毘婆沙論. [大智度論 卷二·大唐西域記 卷三·玄應音義 卷二十·大唐內典錄 卷五]. 아울러 설일체유부의 일곱 달마[七足論] 중에서 가장 후대에 성립되었고 제일 정통성이 있는 것으로 평가받는 『阿毘達磨發智論』(Jñānaprāsthana)에 대한 방대한 주석서인 『大毘婆沙論』(Mahā vibhāṣā-śāstra)의 줄임말을 일컫는 것으로 볼 수도 있을 것이다. 하지만 인도 북부의 카슈미르를 중심으로 하는 '보수적인 정통파 설일체유부의 교단'을 일컫는 '비바사사(Vaibhāṣikas, 毘婆沙師)'를 지칭하는 것으로 보기에는 무리가 있다.

4) 최치원이 일컫는 '摩訶衍'은 '小乘'인 '毘婆沙'에 대응하는 '大乘' 전반을 가리키는 것으로 볼 수 있다. 불광대사전편찬위(BK7), 6079中下면. 【摩訶衍】 梵語 mahā-yāna. <一>乃摩訶衍那之略稱. 指大乘之敎法. (參閱「大乘」807); 『불광대사전』 제3책, 【大乘】 807下면. 梵語 mahā-yāna. 音譯摩訶衍那, 摩訶衍. 又作上衍, 上乘, 勝乘, 第一乘. 爲小乘(梵 hīnayāna)之相反詞. 乘(梵 yāna), 卽交通工具之意, 係指能將衆生從煩惱之此岸載至覺悟之彼岸之敎法而言. 有如次各說: (一)在阿含經, 尊稱佛陀之敎說爲「大乘」. (二)大乘, 小乘之語, 係釋尊入滅後一段時期, 大乘佛敎興起後, 由於大, 小乘對立而起之名詞. 一般而言, 係大乘佛敎徒對原始佛敎與部派佛敎之貶稱, 若由部派佛敎之立場來看, 大乘並非佛敎. 然由思想史之發展而言, 小乘乃是大乘思想之基礎. 혹자는 儒者였던 최치원이 이처럼 전문적인 불교학의 용어를 알았겠느냐고 비판하고 있지만 논자는 9~10세기를 살았던 고운이 비록 출가자는 아니었지만 佛道儒 삼교를 아우르면서도 그 정체성을 佛子에 두고 있다고 생각하고 있다. 오늘날에 비추어 보더라도 최치원 정도를 '佛子'로 보지 못한다면 출가자 이외 그 어디에도 재가자로서 불자가 될 수 있는 근거는 찾아볼 수 없을 것이다.

신론』 등에서 강조하는 '커다란 탈것[大乘]'으로 잘 알려져 있다. 때문에 불교사의 흐름 속에서 보더라도 이 구절은 "성문승의 가르침인 '사(성)제'를 역설하는 부파불교가 먼저 이른 뒤에 일불승의 가르침인 '일(불)승'을 역설하는 대승불교가 전래되었다"는 것을 의미한다.

'비바사'에 대한 최치원의 언급은 부파불교 전래[5]의 역사적 사실을 일컫는 것이다. 일찍이 그는 당나라에 유학하여 「토황소격문(討黃巢檄文)」이란 명문장을 써서 황소의 난을 물리친 뒤 출사까지 하였다. 그 뒤 그는 신라로 돌아와 고승들과 고찰들의 비문(『四山碑銘』 등) 및 기문을 쓰고 말년에는 불도유(佛道儒) 삼교를 회통시켰다. 때문에 비문에 씌어진 '비바사(毗婆娑[6])'는 아비달마 교학 전반을 일컫는 '부파불교'를 가리킨

---

5) 班固志(2009), 75~84면. 최근 인도 출신 사학자 판카즈 모한(Pankaj Mohan, 班固志)은 '남방불교 전래설'을 비판하는 「대가야의 불교 전래와 수용」이라는 논문을 발표했다. 그는 "기존의 반복된 논쟁과 시각에서 벗어나 당시 가야가 불교사상과 문화를 수용할 수 있는 사회경제적인 요건을 갖췄는지를 밝힘으로써 11세기말 편찬된 「가락국기」 내용의 진실 여부 및 그 의도의 규명을 시도하여" 남방불교 전래설은 "가야출신으로 삼국통일을 이끌었던 김유신 측이 가야왕실의 권위를 부각시키려는 정치적인 목적을 위해 만든 조작된 역사이며, 허황옥도 공주가 아니라 사실은 2~3세기경 표류해 가야에 도착한 인도 여인"이라고 주장했다. 나아가 "수로왕의 배우자가 인도출신이라는 것이 7세기 가야왕실 후손들의 막강한 힘과 영광에 의해 만들어졌다는 증거들은 곳곳에서 발견된다며 허황후나 가야불교 남방전래설을 역사적인 사실로 볼 것이 아니라 7세기 신라의 정치상황으로 봐야 한다"고 주장하고 있다. 아울러 그는 "가야가 자이나교의 한 텍스트인『나야담마카하오』(Nayadhammakahao)에 2~3세기 무역을 하던 사람들이 금과 보석이 풍부하다고 기록돼 있는 '가륵(Kalik)'국일 가능성이 높다"고 주장하고 있다. 그러면서도 판카즈 모한은 가야의 질지왕 452년 수로왕과 허황후가 결혼한 자리에 왕후사를 세웠다는『가락국기』(11세기 작)의 기록에 주목해 이때를 가야왕실이 불교를 공식적으로 후원했던 시기로 추정했다. 그렇다면 판카즈 모한 역시도 허황후의 인도 전래와 首露王-許王后의 결혼은 인정하는 것이 된다. 따라서 김유신에 의한 '시기'와 '정체'의 왜곡을 지적한 판카즈 모한의 주장은 일정 부분 타당성이 있지만 그 역시 통설인 銍知王 대에 전래하여 공인(452)받은 가야불교는 인도 또는 중국 남부 지역을 거쳐 유입해 온 아비달마불교 기반의 소승불교를 수용했을 가능성까지는 부정하지 못하고 있다.

6) '毘婆沙'의 성취는 중국불교 13종의 일파였던 '毘曇宗'으로 이어졌다. 불광대사전편찬위(BK4), 3857上면. 【毘曇宗】又作毘曇學派・薩婆多宗・數論・數家. 屬於小乘二十部中之薩婆多部, 亦爲我國十三宗之一. 南北朝時代, 硏習阿毘曇心論(法勝造, 僧伽提婆等譯)・雜阿毘曇心論(法救造, 僧伽跋摩等譯)等說一切有部(卽薩婆多部)諸論之宗派; 亦卽講究舊譯論書之學派, 以慧數或法數爲基本, 故又稱數家・數論. 阿毘曇(梵 abhidharma), 略稱毘曇, 意譯爲「大法」, 指可尊可讚之最究竟法, 包含現象界之分析觀察與超經驗界之證悟. 此類論書爲諸種論書中最早傳入我國者, 據出三藏記集卷二載, 後漢安世高時卽譯有阿毘曇五法行經・阿毘曇七法行經・阿毘曇九十八結經等, 可見此類論書硏習之早. 至前秦末年(四世紀末), 僧伽提婆・僧伽跋澄等相繼自薩婆多部之重鎭罽賓東來, 傳入阿毘曇諸論, 爾後講學日盛. 僧伽提婆譯出阿毘曇八犍度論二十卷(與新譯發智論同本), 僧伽跋澄譯出雜鞞婆沙論十四卷及尊婆須蜜菩薩所集論十卷. 道安更深究毘曇義趣, 除作諸論之序外, 竝撰九十八結經進約通解一卷以弘宣毘曇. 東晉隆安元年(397), 提婆入建康(今南京)講阿毘曇, 衆皆悅從, 毘曇講習之風由是漸開. 後陸續譯出雜阿毘曇心論, 法顯自中印度攜回同論之梵本六千偈, 於揚州(今江都)與佛陀跋陀羅共譯爲十三卷, 伊葉波羅・

것으로 보아야 할 것이다. 분석적 성향을 지닌 부파불교는 신행적 성향을 지닌 대승불교에 앞서 들어왔지만 이내 대승불교와의 사상적 고투 속에서 밀려나 대승사상 속에 용해되어 버리고 말았을 것이다. 부파불교는 당시 북방불교권 불자들의 기질과 토양과 문화와 언어 등과의 이질감 때문에 토착화가 어려웠는지도 모른다.

지난 이십 년 이래 전래된 남방불교에는 빨리어계 삼장에 기초한 사마타[止]와 위빠사나[觀[7]] 및 아나빠나사띠[入出息念] 등의 다양한 수행법이 존재한다. 때문에 대중적인 수행법인 위빠사나만으로는 온전히 남방불교라고 단정할 수 없다는 이론이 있을 수 있다. 하지만 이들 수행법들은 부파불교로 이어지면서 아비달마 교학 속에서 보다 체계화되었다. 최치원 기록의 문맥은 분명 존재 분석[阿毘達磨]을 기초로 하는 부파불교의 별칭으로서 '비바사'를 쓰고 있다. 동시에 일불승[一佛乘]을 기초로 하는 대승불교의 별칭으로서 '마하연'을 쓰고 있다. 이러한 맥락을 고려한다면 '비바사'는 위빠사나만이 아니라 사마타와 아나빠나사띠 등까지 포괄하는 부파불교의 수행체계와 교학체계 전체를 일컫는 표현으로 보아야 할 것이다. 마찬가지로 산스크리트계 경론에 기초한 '마하연'은 대승의 교법을 일컫는 것으로 보아야 할 것이다.

이 글에서는 이러한 문제의식을 통해 한국불교역사 속에서 고중세 이래 전래된 '부파불교'와 지난 이십 년 이래 전래된 '남방불교'의 접점

求那跋摩・僧伽跋摩先後補譯. 北涼亦有道泰, 歷遊西域, 攜回婆沙論之梵本十萬偈, 與浮陀跋摩共譯, 元嘉四年(427)始竟其業.; 【說一切有部】, 5919下면. 梵名 Sarvāsti-vādin, 巴利名 Sabbattivāda. 音譯薩婆阿私底婆地. 略稱爲薩婆帝婆, 薩婆多, 薩衛. 全稱阿離耶暮扌羅薩婆悉底婆拖(梵 Ārya-mūla-sarvāsti-vāda). 意譯聖根本說一切有部. 略稱有部, 有部宗, 有宗. 又稱說因部(梵 Hetu-vidyāḥ). 爲小乘二十部派之一. 約於佛滅後三百年之初, 自根本上座部分出. 以主張三世一切法皆是實有, 故稱說一切有部. 創始者爲迦多衍尼子(梵 Kāṭyāyanīputra, 紀元前後. 又作迦旃延尼子). 據異部宗輪論, 三論玄義等載, 佛滅後, 上座部由迦葉, 阿難至優婆掘多, 皆唯弘經教, 至富樓那始稍偏重毘曇, 至迦多衍尼子則以毘曇爲最勝, 而專弘阿毘曇, 遂與上座弟子對立, 導致分裂. 蓋上座部各派一般以經, 律爲主要依據, 此派則主要以阿毘達磨論書爲依據. '비담'은 범어 '아비다르마'의 한자표기인 '아비담'의 약칭이다. 고구려와 백제 역시 '아비달마' 불교 전반을 '毘曇'이란 용어로 표현했다.

7) 위빠사나는 빨리어 '위(Vi)'와 '빠사나(Passana)'의 복합어이다. '위(Vi)'는 '뛰어나다' 혹은 '다양하다'는 뜻이고, '빠사나(Passana)'는 '보다'라는 뜻이다. 해서 위빠사나는 '뛰어난 관찰', 혹은 '뛰어난 통찰' 등으로 해석할 수 있다. 다시 말하면 '뛰어난 관찰'로 '고(苦)', '무상(無常)', '무아(無我)' 등의 삼법인(三法印)을 보며 "진리를 지혜로 보고 열반에 이른다"는 뜻을 의미한다.

을 통해 전통 한국불교의 특성인 '대승불교와 부파불교의 통로'를 찾아 보려거 한다. 이를 기반으로 다시 전통 한국불교와 현대 남방불교의 접점과 통로를 모색해 보고자 하는 것이다. 고중세의 부파불교 전래에 대한 논의와 현대의 남방불교 전래에 대한 논구는 북방불교의 전통을 고수해 온 한국불교의 정체성을 훼손하기보다는 오히려 한국불교의 외연을 넓히는 길이라고 할 수 있다. 여기에서는 관련 선행 연구[8]를 참고하면서 부파불교와 대승불교의 통로를 모색해 보기로 한다. 이를 통해서 부파불교 전래설의 역사적 근거와 남방불교 전래의 현실적 논거를 통해 한국불교의 외연을 넓히는 계기로서 삼아 보고자 한다.

2. 비바사의 전래와 수용

상좌부를 중심으로 하는 남방불교는 빠알리어계 삼장에 기초해 있으며, 설일체유부와 정량부 및 경량부 등으로 대표되는 부파불교는 산스끄리트 논서로 된 아비달마 교학을 내용으로 한다. 남방불교는 불교 탄생지인 인도로부터 서남아시아 및 동남아시아로 전래된 불교를 일컫는다. 부파불교는 '격의(格義)'와 '교판(教判)' 및 '돈오(頓悟)'와 '견성(見性)'을 강조하는 대승불교의 교학체계와 수행체계와 다른 방식으로 전래되었고, 현대의 남방불교의 수행법은 대중성을 얻으면서 널리 수용되고 있다. 해서 논자는 종래 고중세에 전래되었음에도 한국불교의 주변으로 치부해 왔던 부파불교와 근래 이십 년 이래 전래된 남방불교의 수용을 통해 한국불교 내부로의 자리매김을 시도해 보고자 한다.

---

8) 고령군 대가야박물관&계명대 한국학연구원(2009). 여기에는 다음과 같은 가야 관련 논문들이 실려 있다. 조영현, 「고령 지산동 72~73호군 조사보고」; 반고지, 「대가야의 불교 전래와 수용」; 이상목, 「고령 암각화가 보여주는 정신세계」; 나희라, 「대가야의 신화와 의례」; 이송란, 「대가야인의 미의식」; 권주현, 「대가야의 음악과 사상적 배경」; 이성준, 「한반도 고대사회에서 殉葬의 사상적 배경과 그 성격」; 高崇文, 「殷周시기 殉葬과 사상」; 김용성, 「대가야의 상장의례」; 土生田純之, 「일본 고대의 상장의례」.

우리 역사에서 남방불교의 전래는 서남아시아 및 동남아시아를 배경으로 한 불교의 동류(東流)를 의미한다. 그리고 한국의 부파불교는 한반도 남부에 자리했던 금관가야와 대가야 및 탐라국(耽羅國)[9]으로 유입된 불교이자 중국 남조의 동진(東晋[10]) 및 남제(南齊[11])로부터 유입된 백제불교의 일부[12]이다. 가야는 지역적으로 한반도 남부에 자리해 있으면서 바다를 끼고 있어 일찍부터 인도와 동남아시아 및 중국 남부를 거쳐 온 부파불교를 받아들인 것으로 알려져 왔다. 하지만 가야불교는 전래설과 기원설 등에서부터 여러 주장이 혼재하고 있다.[13]

선행연구에서는 종래 가야불교, 특히 대가야 불교의 전래 경로에 대해서는 대체로 세 가지 방향으로 짐작하고 있다. 하나는 바다 가까이 접근해 있던 금관(김해)가야로부터의 불교 유입 가능성이고, 또 하나는 중국 남제로부터의 불교 유입 가능성이며, 그다음은 백제로부터의 불교 유입 가능성[14]이다. 그러면 대가야불교의 유입 과정과 수용에 대해 살펴보기로 하자.

첫 번째는 금관가야에서 대가야로의 불교 전래 가능성이다. 금관가야

---

9) 任那伽倻 혹은 倭伽倻의 일부였다가 백제권과 신라권으로 편입되었던 耽羅國은 지리적으로 소승 아비달마불교를 받아들였을 가능성이 있다. 이 부분에 대해서는 보다 전문적인 논구가 요청된다.

10) 백제 불교의 초전자 摩羅難陀는 인도 혹은 서역을 거쳐 중국 東晋에 머물다가 384년 침류왕 원년에 백제로 입국했다.

11) 케네스 첸(1991), 139~153면. 당시 중국은 6조 시대로 불리는 남북조시대였다. 비한족계 왕조인 북조는 北魏(386~534)－東魏(534~550)/西魏(535~557)－北齊(550~577)/北周(557~581)－隋(581~618)로 이어졌고, 단명한 한족계 왕조들이었던 남조는 劉宋(420~479), 南齊(479~502), 梁(502~557), 陳(557~589)으로 유지되었다. 남조 일부에서 토착종교인 유교와 도교의 저항으로 반불교적 정서가 있기는 했으나 南齊의 경우 사원수가 2,015개, 승려수가 32,500명이었다. 특히 남조 불교의 가장 강력한 후원자였던 齊 武帝의 둘째 왕자인 竟陵王 蕭子良(460~495)은 “이름 있는 승려들을 불러들어 佛法을 講論하며 經唄의 새로운 성가를 이루었다. 출가자와 재가자의 무성함이 양자강 아래[江左]에 일찍이 있지 않았다”(『南齊書』 권40)고 전해질 만큼 불법이 융성하였다. 가마다 시게오(1989), 96면.

12) 백제불교의 내용을 보면 북방불교의 전래와 수용으로 이루어져 있다. 중국 13종 가운데 대승이전 불교인 ‘俱舍學(毘曇學)’과 삼론학과 겸학하였던 ‘成實’學 등은 한동안 백제에서 연구되다가 일본으로 전해져 성행하였던 것으로 보인다.

13) 가야와 가야불교에 대해서는 다음의 논고들이 있다. 金煐泰(1991); 洪潤植(1992); 金煐泰(1994); 金福順(1995).

14) 金福順(1995), 284면.

의 불교가 대가야를 거쳐 신라에 전해진 것이라면, 대가야에는 신라보다 먼저 불교가 전래되어 있었을 것으로 짐작해 볼 수 있다. 그리고 신라는 『삼국사기』[15]와 『삼국유사』[16] 등의 기록처럼 고구려에서 처음으로 불교를 수용한 것이 아니라 가야지방에서 신라로 수용되었을 가능성이 있다. 왜냐하면 묵호자(墨胡子)가 고구려로부터 온 것이기보다는 대가야나 성산가야 쪽에서 일선(一善, 선산) 지방에 이르는 것이 훨씬 용이했을 것이기 때문이다.[17] 선행연구에서는 그 이유를 세 가지로 들고 있다. 첫째, 인도 쪽에서 가락의 바닷가에 도착한 전법승(傳法僧)이 불교를 전하므로, 질지왕(銍知王)으로 하여금 창사 흥법(創寺興法)하게 하고, 이어서 낙동강 연안의 여러 가야 나라들을 차례로 유력하면서 전법하고는, 강을 건너 신라 땅까지 전교의 행각을 뻗쳤을 가능성이 있다. 둘째, 당시의 일선군이 고구려 쪽보다 가야 쪽이 더 가깝고 또 강을 연해서 교통상으로도 고구려에서보다는 훨씬 왕래하기가 쉬웠을 것이다. 셋째, 묵호자란 그 호칭이 남방(인도) 도래적인 분위기를 풍겨 주고 있다. 그래서 신라의 불교유입은 금관가야→대가야→신라로의 경로가 되었을 것이다.[18] 이 주장은 고구려에서 건너온 아도의 대승불교 전래설과 달리 신라로 건너온 묵호자의 소승불교 전래설을 부분적으로 뒷받침하고 있다.

두 번째는 중국 남조 남제에서 대가야로 불교 전래 가능성을 유추해 볼 수 있다. 당시 남제와 긴밀한 교류관계를 유지했던 대가야는 선진문물을 받아들이려고 노력하였을 것이다. 때문에 『남제서』에 나오는 대가야의 사신파견[19]은 단순한 외교사절의 파견이기보다는 오히려 문화사절로 방문했던 것이며 남제의 발전적 모습을 이룬 근거로서의 불교에

15) 金富軾, 『三國史記』 권4, 「新羅本紀」 제4, 法興王 15년.

16) 一然(H6), 『三國遺事』 권3, 「興法」 제3, '阿道基羅'.

17) 金煐泰(1991), 36~37면.

18) 金煐泰(1991), 3⑥~37면.

19) 『南濟書』 列傳 39, 東南夷傳 加羅國.

자극과 영향을 받아 불교를 들여왔을 것이다. 해서 남제에서 백제를 거쳐 신라, 백제의 접경처인 일선군에 들어왔을 것[20]이며, 소지(毘處)왕대에 백제 불교의 동점(東漸) 가능성[21]도 같은 맥락 속에서 살펴볼 수 있다. 특히 대가야의 악기인 가야금이 남제 악기의 6줄과 같은 것도 바로 이러한 영향 속에서 만들어진 것으로 보기도 한다.[22] 이렇게 본다면 백제 불교의 성격이 무엇이었으며 백제에 전해 준 중국 남조의 남제 불교 성격이 무엇이었느냐가 중요한 문제가 된다.[23]

세 번째는 백제에서 대가야로의 불교 전래 가능성은 5~6세기로 접어들면서 대가야와 백제의 회맹관계 속에서 짐작해 볼 수 있다. 이 시기 고구려와 말갈과 함께 북쪽 변경에 침입해서 호명(狐鳴) 등 7개성을 빼앗고 다시 미질부(彌秩夫)로 진군하였다. 대가야는 고구려의 남진정책에 대항하기 위해 백제군과 공동전선을 펴고 있었다. 동시에 신라와 공조한 연합군의 일원으로도 참가하였다.[24] 백제의 성왕은 고구려에게 빼앗긴 한강 유역을 회복하기 위하여 가야군과 신라군과 함께 북진군을 일으켜 한강 하류의 6개 군을 차지하고 신라는 한강 상류의 120개 군을 차지하였다. 그 후 신라의 배신으로 벌어지게 된 관산성 전투(554)에서 대가야는 백제의 성왕을 도와 함께 출전하였다. 이러한 양국 간의 지속적인 군사동맹은 두 나라의 긴밀성을 대변해 주는 것이라 하겠다.[25]

---

20) 李丙燾(1976), 653면.

21) 辛鍾遠(1992), 153면.

22) 田中俊明(1992), 78~80면. 金福順(1994), 재인용.

23) 가마다 시게오(1989), 96~97면. 남제불교에 대한 몇몇 관련 기록에 근거해 볼 때 南齊는 산스끄리트 경론에 의거한 북방불교에 의해 신행을 하였던 것으로 추정된다. 竟陵王 蕭子良은 華嚴齋·龍華會·道林齋 등의 齋會를 제정했으며 捨身·放生·施藥 등의 慈善事業을 하였고 또한 불경 71권을 손수 썼다고 한다. 그리고 齊代에는 도래한 외국승 僧伽跋陀羅가 『善見律毘婆沙』를, 曇摩伽陀耶舍는 『무량의경』(중국 僞經으로 인정)을, 達磨摩提는 『법화경』 「제바달다품」을 번역했다. 뿐만 아니라, 중천축 사람인 求那毘地는 제나라 建元 초기에 建康으로 와서 毘耶離寺에 머물며 『백유경』, 『십이인연경』, 『수달장자경』 등을 번역하였다. 재회와 자선사업 및 불경의 성격으로 미루어 보아 남제로부터 대가야로 전래해 온 불교는 북방불교였을 가능성이 있다.

24) 金富軾, 『三國史記』 권3, 「新羅本紀」 제3, 炤知(비처)마립간 3년.

25) 천관우(1991), 24~27면.

『미륵불광사사적(彌勒佛光寺史蹟[26])』에 따르면 불교를 신봉했던 군주로 널리 알려진 백제 성왕은 인도에 가서 중인도의 상가나대율사(常伽那大律寺)에서 수학하고 인도 승려 배달다(倍達多) 삼장과 함께 아비담장(阿毘曇藏)과 5부[27]의 율문(律文) 72권을 가지고 돌아온 겸익(謙益)에게 범어 율부를 번역하게 하였다. 또 성왕은 담욱(曇旭)과 혜인(惠仁) 등이 지은 율소 36권에 몸소 아비담 신율의 서문을 지을 정도로 불교에 몰입하였다. 이러한 배경으로 미루어 볼 때, 백제에는 이미 승관제(僧官制)가 정비되어 있었을 것으로 추측되고 있다.[28] 또 평소 성왕과 함께 움직임을 가졌던 대가야로서는 백제로부터 불교를 전해 받았을 가능성이 농후하다고 할 수 있다.[29] 실제 성왕은 552년에 불교를 전수하는 등의 문화공세를 펴다가 이듬해인 553년에는 왜의 군병을 요청하였다.[30] 이런 역사적 사실 관계를 중심으로 분석해 보면 실크로드를 넘어왔던 북방불교의 흐름과 달리 동남아 해상로드를 거쳐 온 부파불교 전래는 역사적 사실일 가능성이 있다.[31]

5세기 초부터 대가야는 백제와 공조 관계를 유지해 오면서 불교를 받아들였을 것으로 추정된다. 백제로부터의 불교 유입 가능성은 김해

---

26) 이 기록은 1918년에 李能和가 간행한 『朝鮮佛教通史』에 처음 실려 있다. 때문에 지금 전하지 않는 책을 인용하여 전할 뿐 다른 어떤 문헌에도 등장하지 않기 때문에 후대의 역사적 사실 여부에 대해 종종 신뢰성에 문제가 있어 이 기록에 큰 무게를 두기는 어렵다는 지적이 있다. 李道學, 「百濟와 東南아시아 諸國과의 交流」, 『백제문화의 세계화를 위한 국제학술회의 논문집: 大백제국의 국제교류사』, 충청남도 역사문화연구원, 2008, 161~185면. 하지만 현존하지 않는 자료라고 하여 후대의 역사 기술에서 신뢰성 문제를 제기한다고 한다면 역사의 사료는 점차 제한될 수밖에 없다. 더욱이 李能和는 실증주의 사학자로서 방대한 자료를 섭렵하고 소화하여 이 저술을 기록하고 있다는 점 또한 고려하지 않으면 아니 될 것이다.

27) 金東華(1987), 57~58면. 소승부파의 오부율은 1) 曇無德部의 『四分律』, 2) 薩婆多部의 『十誦律』, 3) 彌沙塞部의 『五分律』, 4) 迦葉遺部의 律은 未傳, 5) 摩訶僧祇部의 『摩訶僧祇律』이다.

28) 盧重國(1988), 169~172면.

29) 金福順(1994), 286면.

30) 『日本書記』 권19, 欽明天皇 13년 冬十月 및 14년 春正月.

31) 붓다의 遺跡 참배와 佛典 입수를 위해 인도 및 서역으로 떠난 고구려-백제-신라의 求法僧들은 기록상 10여 명에 이른다. 梁啓超, 「千五百年前之中國佛教留學生」(1921), 『中國佛教研究史』(上海: 上海三聯書店, 1988); 李柱亨, 「인도로 간 구법승과 신라불교」, 『2008 신라학 국제학술대회 논문집: 실크로드와 신라문화』, 신라문화유산조사단, 2008, 77~104면.

지역에서 불교식 장법(葬法)이 도입되면서 고총고분이 사라지고 있는 점에서도 알 수 있다. 하지만 대가야(고령)에서는 이렇다 할 변화를 보이지 않고 있어 금관(김해)가야에서 불교 유입 가능성은 희박한 것으로 보인다. 대가야 지역의 고아동 고분에서는 불교 신앙의 주요 상징인 연꽃 문양이 나오고 있는 점도 이것을 뒷받침하고 있다.[32] 고아동 벽화고분의 천정에 새겨진 연화문은 그 형식에 있어 여제(麗濟)식을 따르고 있는 것으로 보이지만, 고구려 고분보다는 백제의 무령왕릉 및 공주 송산리 6호분, 송산리 29호분 등 백제의 벽화 고분을 닮은 것으로 추정하고 있다. 이런 점에서 대가야의 불교는 백제로부터 유입 가능성이 제일 큰 것으로 생각할 수 있다.[33]

백제는 이미 침류왕 원년 때(384) 호승 마라난타(摩羅難陀)가 동진을 거쳐 백제로 건너오면서 불교를 적극적으로 수용해 왔다.[34]마라난타[童學]는 인도 또는 서역 출신의 승려로 보이며 이 시기 불교의 성격[35]으로 보아 아비달마 관련 불교 신행을 했던 승려로 추정된다. 아비달마는 존재의 분석과 자기의 구원에 집중하는 가르침이다. 동진에서 온 마라난타에 이어 성왕 때에는 위에서 언급한 것처럼 백제의 겸익(謙益) 등이 인도에서 배달다 삼장과 함께 아비담장과 범본 오부율 72권을 가져와 번역하였다. 담욱과 혜인은 이 율부에 주석을 달아 율소 36권을 저술하였다. 또 성왕은 번역된 비담과 신율의 서문을 지었고 새로 번역된 불전을 태요전에 받들어 간직했다. 따라서 겸익이 인도에서 돌아와 번역한 율부가 부파불교 율부라는 점과 혜균(慧均[36])과 도장(道藏[37]) 및 혜현

---

32) 계명대학교 박물관, 『高靈 古衙洞 壁畵古墳 實測 照査報告』 제2집, 1984, 76~77면. 金福順, 앞의 논문, 재인용.

33) 金福順(1994), 286~287면.

34) 一然, 『三國遺事』 권3, 「興法」 제3, '難陀闢濟.'

35) 玄奘이 구술하고 제자 辯機가 기록한 『大唐西域記』(12권)는 당시(629~645) 인도 불교는 소승(아비달마)불교 신행이 6할이었고 대승불교 신행이 2할 4푼이었으며 나머지 1할 6푼은 대소승 불교 신행을 병행했다고 전하고 있다.

36) 崔鉛植(2009). 지난 2007년 이래 학계에서 논란이 된 백제계 혜균의 『대승사론현의』에 대한 교감본

(慧顯[38])과 현광(玄光[39]) 등의 교학이 삼론학과 성실학과 법화학 등이라는 점을 고려할 때 백제불교는 대승불교만이 아니라 부파불교도 수용하였고 대가야불교는 대소승 불교 모두를 받아들인 백제불교와 긴밀한 연관을 가졌을 가능성이 있다.

3. 마하연의 전래와 수용

전통 한국불교는 고운 최치원의 「봉암사지증국사적조탑비」의 기록처럼 '비바사(毘婆沙)' 불교와 '마하연(摩訶衍)' 불교를 모두 받아들였다. 다시 말하면 한국불교는 인도 대승 이전의 부파불교와 대승불교를 모두 받아들였다고 할 수 있다. 이것은 빠알리어계 경론을 기초로 한 남방 테라와다 불교(근본상좌부+아비달마 교학)와 산스크리트계 경론을 기반으로 한 인도 대승불교를 아울러 수용했다는 것을 의미한다. 그 순서는 고운의 표현처럼 "비바사가 먼저 이르렀고 마하연이 나중에 전래했음"을 알 수 있다. 여기서 비바사는 소승불교를 일컫고 마하연은 대승불교를 가리킨다.

고구려는 제17대 소수림왕 2년(372)에 중국 전진(前秦)왕 부견(符堅)이 보낸 사문 순도(順道)와 불상과 경문을 수용하였다. 순도 이후에도 법심(法深)과 의연(義淵)과 담엄(曇嚴)이 불교를 전해 왔다. 또 2년 뒤(374)에

이 최근에 출간되었다. 이 저술은 흔히 삼론으로 불리는 용수의 『중론』과 『십이문론』 및 제바의 『백론』의 삼론에다 『대지도론』을 아우르는 '四論'이 아니라 삼론학의 주요 이론들을 종합적으로 설명하고 있는 개론서라고 할 만하다. 때문에 여기서의 '사론'은 당시 삼론학과 경쟁관계에 있었던 地論學, 攝論學, 成實學, 毗曇學 등의 4론학에 대해서 구체적으로 언급하고 있어 당시 이들 학통과 경쟁관계에 있었던 삼론학통의 사상적 차이를 분명하게 밝히고 있다. 해서 이 저술은 삼론학뿐만 아니라 다른 학통들의 이론을 이해하는 주요 문헌으로 평가받고 있다.

37) 金天鶴(2008). 이 논고는 일본 불교논저에 인용되어 있는 백제계 道藏의 『성실론소』(16권)의 逸文을 집록하고 있다. 당시 일본의 성실학 연구는 삼론학과 겸학으로 다루었던 고구려와 백제의 성실학 연구의 흐름을 계승하고 있다.

38) 惠現은 충남 예산 수덕사에 머물면서 삼론학과 『법화경』 강의에 집중하였다.

39) 陳나라 南嶽 惠思의 제자였던 玄光은 혜사가 강조한 『법화경』 安樂行法門을 백제에 널리 전하였을 것으로 보인다.

는 사문 아도(阿道)가 중국 동진(東晋)에서 건너와 불교를 전했다. 왕실은 초문사(肖門寺)와 이불란사(伊弗蘭寺)를 지어 순도와 아도를 각기 머물게 했다. 불보(佛寶)를 상징하는 불상(佛像)과 법보(法寶)를 인증하는 경문과 승보(僧寶)를 대표하는 순도의 삼보를 구비함으로써 고구려불교는 본격적으로 시작되었다. 내용적으로는 비담(毘曇)과 성실(成實) 및 삼론(三論)과 법화(法華) 등이 모두 있었던 것으로 보이며 부파불교와 대승불교가 공존했던 것으로 추정된다.

백제는 제15대 침류왕 원년(384)에 인도승 마라난타(摩羅難陀)가 중국 동진(東晋)에서 건너와 불교를 전했다. 왕이 교외에까지 나아가 그를 맞아들여 궁중에 머물게 하고 공경히 받들어 공양하며 그의 가르침을 품수했다. 이듬해 2월에는 왕실은 새롭게 도읍한 한산주(漢山州)에 절을 짓고 10명의 승려를 출가[受具得度]시켰다. 제17대 아신왕은 "불법을 높이 받들어 믿고 복을 구하라[崇信佛法求福]"는 교지를 내렸다. 왕이 불교의 교화를 좋아하여 크게 불사를 일으키고 함께 기리며 받들어 행하자 불교가 널리 퍼져 나갔다. 내용적으로는 이미 앞에서 언급했듯이 구사와 성실 및 삼론과 법화 등이 공존했던 것으로 추측된다.

가야는 인도 혹은 동남아 또는 백제에서 불교를 받아들였다. 가야는 시조인 수로왕(首露王, 42~199)의 부인인 허황옥(許黃玉)이 아유타국(阿踰陁國)에서 올 때 배에 싣고 왔다는 바사석탑을 주요한 근거로 삼고 있다. 그런데 이 석탑만으로 가야불교의 기원을 잡기에는 여러 면에서 무리가 있다. 이 외에도 수로왕의 도읍 지정 이야기와 만어사 설화 그리고 장유사의 전설과 칠불암 설화 등이 있다. 하지만 이들 설화와 전설 역시 역사적 사실로 인정하기 어렵다. 그 뒤 제8대 질지왕 2년(452)에 왕이 수로왕의 부인인 허왕후의 명복을 빌기 위해 수로왕과 왕후가 결혼한 곳에다 왕후사를 세웠다. 그리고 삼보에 공양 올릴 비용으로 절 주변의 평전(平田) 10결을 주었다.

해서 가야불교는 왕실에 의한 기획과 지원을 공인의 기점으로 삼고 있다. 특히 국호인 '가락(駕洛)'이 '가야(伽倻)'로 바뀌게 된 것은 그 땅에 불교가 전해진 뒤에 오래지 않아서 그 불전(佛典)의 이름을 취하여 종래의 '가락'이나 '가라(加羅)'라 써 오던 옛 이름 대신에 '가야(伽倻)'라 하였을 것이며 그 지방에 불교가 처음으로 행하여진 때(질지왕 2년, 452)를 상한선으로 하여 그 뒤의 오래지 않은 시기에 가야라 하였을 것[40]으로 추정되고 있다. 이렇게 본다면 가야불교는 북방에서 전해 온 대승불교와 남방에서 전해 온 부파불교 모두를 받아들였을 가능성이 있다.

신라는 제13대 미추왕 2년(263)과 제19대 눌지왕(417~458) 및 제21대 비처왕(479~499)과 제23대 법흥왕 14년(527)에 승려 아도(阿道) 혹은 사문 묵호자(墨胡子)가 불교를 전해 왔다는 기록이 혼재한다.[41] 그런데 이들 기록에는 모두 아도(阿道)와 묵호자가 자주 등장하고 있다. 물론 아도는 '머리카락을 깎은 사람[阿頭, 我頭]'으로, 묵(흑)호자는 '얼굴이 시커먼 외래 사내[黑胡子]'라는 일반명사의 뜻으로 볼 수 있다. 그렇다면 신라에는 미추왕 대에 불교가 이미 들어와 있었다는 사실을 알 수 있다. 하지만 국가적 수용이 있기까지는 시간이 더 필요했다. 결국 법흥왕 대에 있었던 이차돈(異次頓, 506~527)의 순교사건을 계기로 삼아 불교를 공인했다.[42] 그리고 고목신앙의 성소였던 천경림(天鏡林[43])은 불교 사찰인 대왕흥륜사(大王興輪寺)로 탈바당했다.

이들 네 나라로 대표되는 초기 한국불교는 사찰을 '복을 닦아 죄를 멸하는 곳[修福滅罪之處]'으로 인식했다. 이것은 선인선과(善因善果)와 악인악과(惡因惡果)와 같은 소박한 업설(業說)에 대한 이해로부터 비롯된

40) 金煐泰(1993), 78면. 필자는 406년(弘始 8년)에 중국에서 鳩摩羅什이 번역한 『妙法蓮華經』에서 비로소 부처님의 修行 및 成道處로서의 伽倻가 분명히 보이고 있으며 같은 역자의 『文殊門菩提經』에서 摩伽陀國의 伽倻山이 들어 있다는 것을 근거로 삼고 있다.

41) 一然(H6), 『三國遺事』 권3, 「興法」 제3, '阿道基羅'.

42) 一然(H6), 『三國遺事』 권3, 「興法」 제3, '元宗興法 猒髑滅身'.

43) 현재의 흥륜사 자리가 아니라 현재의 경주공업고등학교 자리에서 2008년에 출토된 기와조각에 새겨진 '大王興輪寺'라는 명문을 통해 이곳이 대왕흥륜사 터임이 최종적으로 확정되었다. 국가의 성황당이었던 것만큼 그 규모가 경주공업고등학교의 넓은 터만큼은 되어야 할 것이다.

것이었다. 해서 왕은 이들 사찰을 중심으로 '불법을 받들어 믿고 복을 구하라[崇信佛法求福]'는 교지를 내렸다. 고구려와 백제 및 가야는 왕들의 적극적인 수용과 지원에 의해 국가불교가 되었다. 이와 달리 신라는 천신(天神)신앙과 고목(古木)신앙 및 귀족세력의 반대를 물리치고서야 불교를 공인할 수 있었다. 결국 김서현-김유신계의 금관가야(532)와 월광태자계의 대가야(562)는 신라에 의해 흡수되었고 고구려와 백제 역시 당나라와 연합한 신라에 합병되어 통일신라가 탄생하였다. 통일신라 불교는 이들 네 나라 불교의 에너지를 종합하여 한민족의 이해와 요구에 부응하는 민족불교로 한국불교를 꽃피웠다.

4. 대승불교의 확산과 전통화

사국의 불교는 각기 독자적으로 발전했다. 고구려와 백제 및 가야의 적극적인 불교정책은 불교의 확산에 큰 도움이 되었다. 반면 신라는 이차돈 순교를 겪고 난 뒤에서야 비로소 불교를 공인할 수 있었다. 신라는 법흥왕과 진흥왕 이래의 르네상스에 힘입어 통일의 기반을 다지면서 먼저 가야를 흡수(532, 562)하였다. 당나라와 연합하여 백제(부여 풍왕 3년, 663)와 고구려(668)를 무너뜨리고 신라는 사국을 통일(676)하였다. 반도 내의 통일신라와 대륙의 대발해(698~926)는 남북국시대를 열면서 각기 한민족의 기질과 토양을 아우르며 발전해 나갔다.

먼저 고구려는 승랑(僧朗)의 삼론학과 보덕(普德)의 열반학을 기반으로 고구려불교의 독자성을 확립하였다. 여기서 구사학과 성실학은 이미 언급한 것처럼 부파불교를 기반으로 한 종학으로 전개되었다. 백제는 현광(玄光)의 법화학과 혜현(慧顯)의 삼론학 및 겸익(謙益)의 율학을 기반으로 백제불교의 독자성을 확보하였다. 여기서 겸익의 율학은 아비담 율부를 기초로 한 부파불교 교학이었으며 백제불교는 아비담율을 수용하고 주석을 달고 왕이 서문을 달 정도로 불교 이해의 적극성을 보여주고 있다.

통일신라는 고구려와 백제에서 활발했던 삼론학과 열반학, 구사학과 성실학 등을 이어받았고, 스스로도 중국으로 유학승을 보내 지론학과 섭론학, 율학과 밀학, 자은(법상)학 등을 흡수하였다. 이어 중국불교의 최종적 형태인 천태종과 화엄종, 정토종과 선종까지도 흡수하였다. 통일신라는 고구려와 백제 불교의 성취를 계승하면서 유식을 기반으로 한 문아(圓測)의 일승(一乘-대승/소승)학과 여래장을 기반으로 한 원효(元曉)의 일심(一心-心眞如/心生滅)학 및 화엄을 기반으로 한 의상(義湘)의 이기(二起-性起/緣起)학 등으로 승화되었다. 태현(太賢)의 유식학과 원표(元表)의 화엄학도 신라불교의 주축을 세워 갔다. 이는 통일신라 불교가 본질[性宗]에 치중하는 삼론학과 천태학보다는 현상[相宗]에 집중하는 유식학과 화엄학에 집중한 결과로 보인다. 이처럼 신라 통일 전후기의 사상적 경향은 유식학과 화엄학이 주축이었다.

특히 이 시기는 불교의 토착화에 기반한 교학의 발전으로 민족불교의 문예부흥을 이루어 냈다. 통일신라 불교사상가들은 당시 동아시아 불교사상사의 논의들을 흡수하여 이 땅의 기질과 토양 위에서 대승불교를 새롭게 해석해 내었다. 이러한 사상적 토대 위에서 과학과 종교와 예술을 아름답게 통섭한 미륵반가사유상과 불국사 및 석불사 본존불(석굴암)과 같은 미학이 탄생할 수 있었다. 통일신라 불교사상가들은 중국 이래의 13종파를 수용하면서도 1종 1파에 매이지 않았다. 각 사상가들은 유식가였다가 정토가가 될 수 있었고, 화엄가였다가 유식가가 될 수도 있었다. 오히려 각 종파가 지니고 있는 한계를 지적하면서 불교통합의 노력을 기울였다. 대발해 불교 역시 고구려 불교를 계승하고 당시 북위(北魏) 및 당(唐)으로 대표되는 중국불교를 흡수하면서 독자적인 불교를 일구었고 일본불교와 여러 차례 교류하였다.[44]

---

44) 高榮燮(2009), 87~105면.

신라 하대와 고려 전기에는 종래의 교학 및 교종에 대응하는 선학 및 선종이 전래해 왔다. 선법의 전래는 구산선문(九山禪門)을 확립시켰고 이후 한국불교의 특징이 되는 교선일치(禪敎一致) 혹은 선교일원(禪敎一元)의 전통을 확립하는 계기가 되었다. 고려불교는 붓다의 마음을 일컫는 선과 가르침을 일컫는 교의 기반과 토대를 확보하면서 한국불교의 정체성을 만들어 갔다. 더러는 교가 주가 되고 선이 종이 된[主敎從禪] 적이 있었다. 더러는 선이 주가 되고 교가 종이 된[主禪從敎] 적도 있었다. 고려의 균여(均如)와 의천(義天)은 교학의 정점인 화엄학의 독자적 문법을 세웠다. 그리고 간화선법을 기반으로 한 선종과 화엄학을 기반으로 한 교종의 경쟁은 오히려 한국불교의 건강한 토대를 마련했다. 그 결과 지눌(知訥)과 일연(一然)은 간화선과 묵조선의 기반을 마련했으며, 태고(太古)와 나옹(懶翁)은 임제선과 무심선의 기틀을 확보했다. 이들은 이 시기 고려불교의 대표적인 선사들이었다.

조선조에 들어서자 이전 시대와 같은 국가불교 시대를 마감하고 자생(自生)불교 시대를 열어 갔다. 조선의 태종과 세종은 고려 이래의 불교교단을 7종 혹은 선교(禪敎) 양종으로 구조 조정하였다. 세조의 흥불(興佛) 이후 연산군의 승과(僧科) 폐지와 중종의 『경국대전』의 도승(度僧)조 삭제는 불교의 구심을 완전히 해체하였다. 조선 정부는 세종 조 이래 서울 사대문 안에 승려들을 출입하지 못하게 했다.[45] 하지만 불교는 여전히 백성들의 가슴속에서 살아 있었다. 불자들은 외유내불(外儒內佛) 혹은 양유음불(陽儒陰佛)의 삶의 방식을 유지하면서 존재감을 유지해 갔다.

조선 중기에는 임진왜란과 병자호란을 맞이하면서 승병을 일으켜 호법(護法)을 위한 호국(護國, 勤王)에 전력을 기울였다.[46] 이후 휴정의 문

---

45) "승려로서 도성에 들어가는 것을 금지하고, 이를 어긴 자는 棍杖 1백 대에 처한 뒤 노비에 충당한다"는 것을 골자로 하는 승려들의 도성출입금지 조치는 조선 세종 조에 처음으로 시행되었다. 이 '僧侶都城出入禁令'은 임진왜란이 일어났던 16세기 말에 잠시 완화되다가 인조1년(1623)에 다시 강화되어 1895년 3월 29일 高宗이 해제할 때까지 지속되었다. 그 뒤 나라를 잃어버린 1910년까지 解禁과 禁令을 반복하면서 역사 속으로 사라졌다.

도들인 사명, 소요, 편양, 중관의 사대문파들은 부휴계와 연합하여 임제 법통의 확립과 간화선 우위의 선교겸수의 전통을 확립했다. 이 과정에서 태고 보우 법통설이 확립되었다. 이러한 변화를 거친 뒤 강원과 선원과 염불원의 삼문(三門) 수업(修業)의 형식이 형성되면서 불교의 수행 체계는 정비되었다.

청허 휴정(淸虛 休靜, 1520~1604)의 제자 편양 언기(鞭羊 彦機, 1581~1644)는 스승의 사상을 계승하여 경절문(徑截門)과 원돈문(圓頓門)과 염불문(念佛門)에 짝지었다. 그리고 그는 이들 삼문에 대응하는 '근기는 각기 다르지만 법은 하나'라고 했다. 즉 삼문은 방편상 셋[47]이기는 했지만 궁극적으로는 일심문에서 나온 하나였다.[48] 해서 이 시기에 공식적인 교단은 없었지만 삼문 수업의 확립과 유기적 체계의 형성이 교단의 형식을 띠었다. 그리고 이때 확립한 임제 태고법통은 조선 후기 불교의 정체성을 확고히 다졌고 그 역사적 권위는 근대까지 이어졌다.[49]

조선 말 대한 초에 들어서면서 불교계 사정은 어려워졌다. 다만 몇몇 선각자들의 노력에 의해 대한불교의 명맥을 유지할 수 있었다. 1910년 국권을 잃고 1911년 조선총독부가 반포한 사찰령에 의해 불교교단은 반도 내의 모든 재산권과 인사권을 박탈당했다. 하여 식민지 시절의 불교는 더욱 어려워졌고 그 후유증에서 비롯된 대처-비구의 갈등은 분규의 실마리를 제공하였다. '삼문수업(三門修業)'을 기반으로 하는 불교 전통은 항일독립기(일제강점기)와 해방 공간 이래의 교단 분규의 소용돌이 속에서 상당 부분을 잃어버렸다. 그리고 1954년 이래의 정화 이후에도 여러 차례의 분규로 인해 불교교단은 많은 것을 잃어버렸다. 하지만 21세기에 진입한 한국불교는 여러 차례의 개혁불사를 통해 다시 소

46) 高榮燮(2005), 30면. 물론 청허 휴정의 격문에는 '護國'이 아니라 '勤王'을 위해 궐기하자는 내용을 표명하고 있다. 彦機(H8), 254~255면.

47) 彦機(H8), 254~255면.

48) 彦機(H8), 262~263면.

49) 金龍泰(2008).

생하여 발전을 거듭하고 있다.

오랜 역사 동안 한국불교는 북방불교의 흐름 속에서 이루어진 13종파의 물리적 종합(비빔)과 화학적 삼투(곰)의 방법으로 인도-중국-일본 불교와는 다른 개성을 발휘해 왔다. 그 개성은 선법과 교학의 통섭 노력인 '교선일치(教禪一致, 義天)', '선교일원(禪教一元, 知訥)', '사교입선(捨教入禪, 休靜)'으로 표현되어 왔다.[50] 그리하여 한국불교에서 대승불교는 확산되었고 전통으로 확고하게 자리 잡았다. 따라서 한국불교는 북방불교를 수용하면서도 소승에 상대되는 대승을 넘어선 일승(一乘)의 종합성과 13종의 지류들을 통섭하는 바다와 같은 일미(一味)의 독자성을 발휘하였다고 할 수 있다.

5. 테라와다의 전래와 수용

우리나라 고중세 이래 한동안 단절되었던 부파불교는 개혁과 개방의 물결을 타고 남방 테라와다 불교와 함께 아비달마 교학으로서 새롭게 전래되었다. 때는 민주화가 막 마무리되어 가던 1980년대 말엽이었다. 한국은 1960~1970년대의 산업화를 마감하고 1980년대 이래 민주화시기를 맞이했다. 민주화시절 내내 군사정부에 대한 비판적 에너지의 발산으로 극도의 대립을 경험한 세대들은 민주화의 막바지에 이르자 이념갈등에서 비롯된 정치적 혼란상 때문에 피로감이 높아졌다.

해서 바깥으로만 발산하던 에너지의 고갈로 생긴 심신의 피로감을 해소하기 위한 새로운 대안이 필요한 시점이었다. 이즈음 불교계 일부가 민주화 과정에 동참[51]하면서 불교계 내에서는 주요 수행법인 간화

50) 高榮燮(2005). 30~34면. '捨教入禪'에서 '捨'는 교를 버리고의 의미가 아니라 '由' 혹은 '借'로 읽어야 '교를 말미암아 선에 들어간다'는 온전한 의미가 전달될 수 있다. 그렇게 되면 한국불교는 '禪教 竝進' 혹은 '禪教 兼修'의 전통을 지녀왔다는 사실을 알 수 있다.

51) 당시 불교계는 '민중불교연합'(여익구)과 '실천불교승가회'(지선) 등의 이름으로 민주화운동에 동참했다.

선(看話禪)의 효용성에 대한 비판의 소리가 들려왔다. 그리고 1989년 무렵 위빠사나의 본고장이라 할 수 있는 스리랑카[52]와 태국 및 미얀마[53] 등으로부터 위빠사나가 알려졌다. 때문에 '테라와다(上座, 上座部[54])' 불교의 전래는 한국불교가 직면하고 있는 여러 문제들에 대한 반성이자 성찰이며 새로운 대안의 요청이자 부응을 의미했다. 동시에 아미달마 교학의 존재감을 재확인시켰다.

당시 조계종 수행자였던 거해(巨海)의 초청으로 한국에 온 미얀마의 우 판딧따 사야도는 그의 스승 마하시 사야도(1905~?)가 전 세계에 널리 알린 수행법[55]인 위빠사나를 한국에 소개하였다. 그 뒤 거해는 위빠사나선우회를 조직하여 많은 회원들을 이끌고 미얀마 등지에서 수행하면서 테라와다 불교로의 출가를 촉발시켰다. 특히 이 선우회는 90년대 초반 이래 활발한 수행프로그램과 미얀마 등지의 성지순례법회를 이끌면서 국내에 위빠사나 수행 붐을 조성했다.

위빠사나는 수행방법에 따라 행선과 좌선, 생활선 등으로 구분할 수 있다. 먼저 호흡을 자연스럽게 하면서 배의 팽창과 수축에 주의를 기울여 지켜보며 배가 팽창하고 수축하는 것을 알아차리는 단계부터 시작한다. 일정한 수준에 오르면 저림과 아픔, 가려움 등 몸에서 일어나는

---

52) 一中(안병희)(1997), 11~83면.

53) 正圓(김재성)(1997), 87~160면.

54) 전재성 역(2002), 512면, M.I. 164. '테라와다'에 대한 정의는 학자마다 다양하다. 깨달음을 얻기 이전의 싯다르타에게 알라라 깔라마는 자신의 능력을 설명하는 과정에서 '자신의 이론'을 '장로의 이론(Theravāda)'이라고 말한다. 때문에 '테라와다'는 불교 이전에도 '스승을 통해서 내려오는 전통적인 가르침 또는 이론'이라는 의미로 써 온 용어임을 알 수 있다. 동남아시아에서는 "붓다의 가르침을 고스란히 유지하고자 하는 보수적 성향을 지닌 불자들의 모임"을 '테라와다 불교'라고 일컫는다. 그리고 지리적 위치 때문에 학자들은 이들의 불교를 '남방불교'라고도 부르고 漢譯하여 '상좌부 불교'라고도 일컫는다. 학자들 사이에서는 제1차 結集에서 확정된 律藏에 대한 문제제기로부터 '상좌부'와 '대중부'가 갈린 뒤에 분열 이전의 '根本상좌부'와 분열 이후의 '部派상좌부'에 대한 시각 차이가 존재한다. 문제는 테라와다를 '분열 이전의 근본 상좌부'로 볼 것이냐 아니면 '분열 이후의 부파 상좌부로부터 파생된 부파불교'로 볼 것이냐에 집중된다.

55) 正圓(김재성)(1997), 129면. 마하시 수행법의 창시자는 마하시 사야도의 스승은 '밍군 제타완 우 나라다(Mingun Jetavan U Narada, 1868~1954)' 사야도이다. 이 수행법을 미얀마 일국을 넘어 전 세계에 알린 이가 마하시 사야도여서 통칭하여 이 수행법을 '마하시 수행법' 혹은 '마하시 위빠사나 수행법'이라고 한다.

다양한 감각과 망상, 기억, 분노, 행복 등 마음의 상태를 관찰할 수 있다. 때문에 비교적 배우기 쉽고 경전에 제시된 수행방법을 그대로 따라하기만 하면 된다는 장점이 있어 출가자뿐만 아니라 재가자들에게서 큰 호응을 얻어 갔다.

이즈음 미얀마를 비롯한 태국과 스리랑카의 고승들의 서적이 국내에 소개되었다. 민주화 운동을 통해 바깥으로 에너지를 발산하던 한국인들은 이제 내면의 자기를 찾고자 위빠사나에 대해 크게 주목하기 시작하였다. 일부 국내 출판사와 불교 출판계가 초기 불전들과 동남아 고승들의 저술을 번역해 내면서 남방불교에 대한 이해의 분위기를 조성했다. 때마침 미얀마와 태국 및 스리랑카 등지에서 수행을 마치고 돌아온 위빠사나선우회 출신의 김열권 등 재가 수행자들에 의해 테라와다 불교는 불교계를 넘어 우리 사회에 새롭게 인식되었고 널리 확산되었다.

더욱이 동남아 출가 수행자들과 노동자들이 국내에 들어오기 시작하면서 출가자와 신행 중심의 북방불교와 재가자와 수행 중심의 남방불교는 한국 불교계의 지형을 변화시키기 시작했다. 이러한 변화는 일찍이 간화선 수행의 관성화를 경계하고자 무심선(無心禪)을 제창했던 고려 말의 인도 날란다 대학 출신 지공 선현(指空 禪賢, 1235~1361[56]) 선사의 가풍과도 상통하는 점이 있다.[57] 간화선법을 들고 정진하던 수좌들도 잠시 화두를 내려놓고 미얀마 등지로 수행을 떠났다. 그들은 위빠사나를 통해 간화선 수행의 장점과 단점을 비교해 볼 수 있었다.[58]

56) 許興植(1997), 16면. 그의 생몰년에 대해서는 통일되어 있지 않다. 해서 '연대미상'으로 처리하거나 '75세 입적설'을 따라 1289~1361년으로 수록한 경우도 있다. 한국인명대사전편찬위(1967), 『한국인명대사전』(서울: 신구문화사), 1101면; 일본 구택대학(1978), 『선학대사전』(동경: 대수관서점), 680면.

57) 許興植(1997), 1면.

58) 印鏡(김형록). 필자는 "위빠사나는 대상(對象)과 하나됨을 추구하지만, 간화선은 일체의 대상과 현상을 배제하는 길을 선택한다. 전자가 긍정의 길이라면, 후자는 부정의 길이다"는 주장을 통해 간화선과 위빠사나는 대상에 대한 인식의 차이로부터 극명하게 갈린다고 밝히고 있다. 그는 또 "위빠사나는 대상을 향해 다가가서 대상과 어떤 간격도 없이 완전히 하나가 됨으로써 번뇌를 초극하려는 입장이다. '대상을 향한 집중, 지킴(사띠, sati)'으로 대상을 존재하는 그대로 관찰함으로써 대상과 온전히 하나가 될 때 번뇌를 벗어나는 것이 위빠사나라면, 간화선의 이론적 모태인 대승불교는 법무아(法無我)로 일관한다. 현상으로서의 대상 자체가 부재하다는 것. 따라서 애초부터 대상관계

위빠사나 수행이 저변화되자 점차 출가 중심 정통교단의 울타리를 넘어서서 재가 중심의 수행공동체와 수행문화가 탄생하기 시작했다. 그리하여 수행에 목말랐던 다수의 불자들이 미얀마 등지로 건너가 출가수행을 계속하기에 이르렀다. 때문에 수행 중심으로 이어지던 위빠사나 공동체를 제어하기는 어려웠다. 위빠사나가 소개되기 시작하던 1989년 전후 전통 교단은 남방불교의 안착을 경계하면서 위빠사나 지도자들을 회유하기도 하였다.

하지만 위빠사나는 대중적인 기반을 확보하고 있는 제3수행법과 함께 널리 확산되면서 새로운 수행법으로 자리를 잡아 갔다. 이렇게 되자 기존 교단은 더 이상 위빠사나를 제어할 수 없게 되었고 교단 내에서도 자기반성에 기반한 변화의 기운이 태동했다. 급기야 종래 사찰에서도 위빠사나와 사마타 및 아나빠나사띠 수행법을 가르치는 프로그램을 개설하기 시작했다. 그리고 2000년대 전후에 이르러 전통 교단은 대중들의 수행에 대한 욕구와 변화를 감지하면서 종래의 간화선을 되돌아보며 간화선 전반에 대한 지침을 담은 교재[59]와 간화선 대중화 프로그램[60]을 만들기 시작했다.

속에서 발생하는 번뇌가 없다"고 주장한다. 또 필자는 "위빠사나는 현상을 있는 그대로 보는 것이 중요하지만 간화선은 오히려 대상으로서 현상과의 관계를 근원적으로 부정해 버리는 방식으로 의심을 택한다"며 위빠사나와 간화선이 갈라짐을 분명히 하고 있다. 필자는 또 "간화선의 입장에서 대상에 집착하는 위빠사나의 작위성을 지적하고 있다." 그는 또 "간화선이 펼치는 화두 참구는 사물에 대한 관찰이 아니라 사물을 관찰하는 방식 자체를 문제 삼는다. 그것의 종착지는 주체도 대상도 없으며 이 세상이 깨달음 그 자체임을 깨닫는 것이기 때문에 위빠사나는 떠나라 하지만 간화선은 떠나라 하지 않는다. 떠날 '대상'이 없기 때문이다"라고 밝히고 있다. 아울러 필자는 "견성이 중요할 뿐 위빠사나에서 말하는 대상에 대한 관찰이나 집중된 알아챔으로써 지킴 등의 수행기법은 폐기된다"고 비판했다. 그러면서도 필자는 "한국불교의 중흥을 전제로 위빠사나의 적극적인 수용을 주장하고 있다." 또 "다시 새롭게 시작해야 할 한국불교"를 전제하면서 "간화선은 간화선대로 위빠사나는 위빠사나대로 우리 식으로 소화해 수행문화를 더욱 알차게 해야 한다"고 덧붙이고 있다. «불교신문» 2002년 11월 4일자. 논자 역시도 한국불교의 외연을 넓히고 내포를 단단히 하기 위해서 남방불교의 장점을 적극적으로 흡수할 필요가 있다고 생각하고 있다. 그리고 그것이 궁극적으로 한국불교의 수행문화를 살찌우는 것이라고 보고 있다.

59) 조계종교육원(2005).

60) 조계종 교육원은 2006년부터 '간화선 대중화를 위한 프로그램'을 개설하여 '간화선 지도사'를 배출했으나 간화선 지도사 배출에 대한 비판의 여론에 접하자 이 프로그램 진행을 중단하고 있다. 대신 '간화선의 대중화를 위한 소통과 모색'을 위해 2009년까지 '제10차 조계종 간화선 세미나'를 거

그 결과 한국불교의 브랜드인 간화선의 장점을 극대화하고 단점을 보완하는 노력이 이루어졌다. 동시에 템플스테이(사찰체험)문화가 보편성을 얻으면서 간화선의 대중화에 대한 폭넓은 관심을 유도하고 있다. 이처럼 위빠사나의 확산은 전통 교단에 큰 자극제가 되었고 수행에 대한 방법을 재검검하고 올바른 방향으로 나아가기 위한 촉매제가 되었다. 동시에 위빠사나 수행자도 크게 늘어나면서 선원과 수행처가 탄생하였고 기성 교단과 변별되는 새로운 불교 공동체가 생겨나기 시작했다. 불교계로 보아서는 일거양득이었고 모두가 사는 윈-윈의 길이었다.

이와 더불어 티베트의 달라이라마와 베트남의 틱낫한의 서적들이 국내에 번역되어 열독되면서 수행공동체 설립은 더욱 확산되었다. 비록 달라이 라마는 한국에 오지 못했지만 그는 인근 일본과 대만 및 호주 등지에서 한국불교의 발전을 기원했다. 2003년 봄에 틱낫한이 한국에 오면서 프랑스의 '플럼빌리지(자두마을)'는 세계적인 수행처로서 전국에 널리 소개되었다. 결국 수행에 대한 다양한 요구는 새로운 수행공간을 탄생시켰고 급기야는 새로운 수행문화로 확산되기 시작했다.

위빠사나[61]에 대한[62] 국내 언론 및 불교계 언론[63]들의 보도에 힘입어 수행 관련 정보들이 공유되었고 교단 안팎에 수행의 필요성에 관한 여론이 조성되었다. 아래 표는 현재 한국불교계 내에서 이루어지는 남방불교 수행처 내지 위빠사나 수행 프로그램이 진행되고 있는 도량들이다. 우선 선원 대표와 정진 일시 등이 확인되는 도량 중심으로 표를 작성해 보면 아래와 같다.

행해 오고 있다.

61) «법보신문» 967호, 2008년 10월 10일자.

62) «법보신문» 980호, 2008년 12월 30일자.

63) «법보신문» 1004호, 2009년 6월 14일자.

〈표 1〉 전국 위빠사나 선원 현황

선 원	선원장	정진 일시	위 치	비 고
보리수선원	붓다락킷따	토요집중수행	경기도 과천	
마하보디선원	냐나로까(慧照)	둘째 · 셋째 주말	경북 경주 내남면 박달리	
상좌불교한국명상원	妙圓	월화수토/자율정진	서울 강남/경기도 가평 설악면	
홍원사	性悟	매주 금토 자율정진	서울 관악	
봉인사	寂境	주말 초심수행자 금 9박10일 집중수행	경기도 남양주	
호두마을	能慧	금 2박3일/집중수행 5박6일	충북 천안	
마하연위빠사나 명상원	牧牛	매일 자율정진	광주 주월동	
담마로까(연방죽선원)	담마위하리(法住)	경험수행자 수시가능	경북 봉화	아나빠나사띠
깔야나미따 명상선원		수시/월말 집중수행	경기도	
붓다선원 지장사	김열권	목 4박5일 집중수행	충북 조치원	아나빠나사띠
직지사		넷째주 금요일 집중수행	경북 김천	
서울 반냐라마	붓다빨라(本願)	토 집중수행/자율정진	서울 서초	
대구 반냐라마	붓다간다	목 집중수행/자율정진	대구	
울산 반야라마	담마디빠	자율정진	울산	
도성사	빤냐완따(忍法)	넷째 일 오전10시	경남 산청	
인월사 담마선원	재범	두 달에 한번 6박 7일	강원 강릉	
다보사 다보수련원	平等	수시(여름집중수행)	충북 괴산	사마타, 자애명상
한국마하시선원	우또다나	목/자율정진	부평	
붓다의 길따라	빤냐와로(眞用)	화목일/자율정진	부산	
가람사		자율정진	경남 양산	
서운암	法山	화목토	경북 영천시 청통면	
빤디따라마	우빤딧따	주말/자율정진	서울 약수동	
담마코리아		수시	경북 상주 푸른누리 도량	고엥카 명상코스 수행
여래향선원	소빠카(性讚)	수시	경기도 성남시 분당	
정각선원		화목 10시/월화목토 오후3시	서울	
동양위빠사나명상선원		주말 자율정진	서울	
반냐라마 사띠스쿨	붓다빨라(本願)	수시/여름집중수행	경남 김해	
오곡도명상수련원	장휘옥·김사업	수시/여름집중수행	경남 거제	간화선 병행
명상상담연구원	印鏡	수시/여름집중수행	서울 중구 마음바꾸기 명상클리닉	
한국명상원		매주 수/여름집중수행		
통도사 반야암	아눌라	수시/ 여름집중수행	경남 양산	인터넷 수행모임
미얀마선원	산디마	매주 토일/여름집중수행	경기도 남양주 마석	
제따와나선원	一默	수시/여름집중수행	서울 강남	사마타-위빠사나 수행
밝은 세상	오원명	수시/여름집중수행	서울 강남	사단법인
만일사	마가	수시/여름집중수행	충남 공주	

이 표는 위빠사나 도입 20여 년 만에 급성장한 30여 개의 남방불교 수행도량의 현황을 보여주고 있다. 그 내용을 살펴보면 1) 선원의 전국적인 분포, 2) 사시사철 프로그램의 특성화, 3) 대중적 기반의 확보, 4) 친절하고 용이한 접근 방법 등을 특징으로 한다. 하여 수행의 과정과 결과에 '문답'과 '점검' 등 체계적 지도를 특징으로 하는 위빠사나는 지식층에 큰 관심을 불러일으키면서 '생활선법'으로 자리를 잡아 가고 있다. 특히 2008년 12월 30일에는 문화체육관광부 산하의 사단법인 '한국테라와다불교'로 등록하면서 새로운 '교단' 혹은 '종단'으로서 자리매김하고 있다. 이러한 성장의 핵심에는 대중들의 수행에 대한 욕구가 자리하고 있다.

위빠사나 수행에 크게 자극받은 전통 교단 역시 간화선 수행법을 새롭게 대중화해 가고 있다. 그럼에도 불구하고 몸과 마음에서 끊임없이 일어나고 사라지는 현상을 면밀히 관찰해 탐냄과 성냄과 어리석음 등을 끊으려는 위빠사나의 수행 열기는 여전히 식지 않고 있다. 이것은 전통 불교가 해소시켜 주지 못한 대중들의 수행 욕구를 위빠사나가 어느 정도 해소시켜 주고 있기 때문이라고 할 수 있다. 동시에 일상성과 보편성 및 대중성을 지니고 있는 위빠사나 수행의 친연성 때문이라고 할 수 있다.

이미 살펴온 것처럼 부파불교는 고대 백제와 가야와 신라불교 일부에 유입되었고 수용되었다. 하지만 북방불교이자 대승불교가 주류가 되면서 불교 지형은 신행적 성향이 강한 대승불교 중심으로 확산되었고 전통화되었다. 그 대신 분석적 성향이 강한 부파불교는 설 자리를 잃었다. 하지만 고려 말에 인도 날란다대학 출신이었던 지공 선현이 인도에서 중국을 거쳐 고려에 들어오면서 관성화된 간화선법에 일정한 자극을 주었다. 그리고 그의 선법은 그의 계승자들에 의해서 조선 중기까지 주류의 법통을 이어 가다가 다시 단절되었다. 비록 한시적이었지만 인도의 지공 선현을 통해 부파불교와 대승불교의 접점이 이루어졌었다.

20세기에 들어와 1920년대에 스리랑카로 유학을 갔던 범란 이영재(1900~1927[64])와 1960년대에 인도로 유학 갔다 돌아온 우촌 원의범(1922~[65]) 등은 초기불교를 국내에 소개하였다. 그 이후 국내 불교학계는 영미학계와 인도학계 및 일본학계의 연구 성과를 흡수하면서 국내에 부파불교와 남방불교를 소개하였다. 그 뒤 민주화 시대를 맞이하면서 한동안 잊혔던 부파불교는 1980년대 막바지에 위빠사나 등의 수행법을 기반으로 하는 남방불교와 함께 전래되었다. 1990년대에서 2000년대에 들어서면서 위빠사나 수행법은 보다 저변화되고 대중화되면서 간화선에 대응하는 수행법으로서 확고하게 자리를 잡았다. 이러한 수행법은 아비달마 교학에 대해 새롭게 환기시켜졌으며 부파불교의 존재감을 더욱더 확인시켰다.

6. 정리와 맺음

고운 최치원(857~?)이 쓴 「봉암사지증대사적조탑비(鳳巖寺智證大師寂照塔碑)」의 기록에 의하면 "비바사(毗婆沙)가 먼저 왔고, 마하연(摩訶衍)이 뒤에 왔다"라는 구절이 보인다. 여기서 '비바사'는 '부파불교'를 일컫는 개념이고, '마하연'은 '대승불교'를 일컫는 용어이다. 이 구절은 "성문승의 가르침인 '사(성)제'를 역설하는 부파불교가 먼저 이른 뒤에 보살승의 가르침인 '일(불)승'을 역설하는 대승불교가 전래되었다"는 것을 의미한다.

하지만 이 기록은 지금껏 '무시'되어 왔거나 '부정'되어 옴으로써 한

64) 梵鸞 李永宰(釋宗圓)는 1926년(大正 15년)에 한용운이 간행한 월간 『佛教』지에 '渡錫記'(23~27호)와 '錫蘭의 佛教'(31호)에 대해 원고를 게재하였다. 韓龍雲은 '暹羅의 佛教'(89호)를 소개하였다. 이것은 국내에 스리랑카와 태국[暹羅는 타이(Thailand)의 예전 이름인 '시암(Siam)'의 한자음 표기] 불교뿐만 아니라 테라와다 불교 전반을 재인식시키는 계기를 마련했다.

65) 1960년대에 인도 바라나시대학에 유학했던 尤村은 귀국 후 동국대학교 불교대학에 재직하면서 『법구경』과 『숫타니파타』 등 초기 불경들을 번역하면서 초기불교를 국내에 소개하였다.

국불교의 통설이 되지 못했다. 우리 역사에서 '비바사(毘婆沙)'는 '비담(毘曇)' 혹은 '구사(俱舍)'와 '성실(成實)'로 표현되는 아비달마(부파)불교의 다른 표현이다. 특히 바닷가에 접해 있던 가야와 탐라 및 백제와 신라 일부는 빠알리어 계통 경론과 산스크리트 계통 경론을 기반으로 한 아비달마 계통의 부파불교를 접했던 것으로 추측된다. 이러한 역사적 사실 때문에 한국불교사에서 부파불교는 낯설지 않다.

가야는 지역적으로 한반도 남부에 있으며 바다를 끼고 있어 일찍부터 인도와 동남아 및 중국 남부를 거쳐 온 부파불교를 받아들인 것으로 알려져 왔다. 백제의 성왕 때에는 겸익(謙益) 등이 배달다 삼장과 범본 아비담장과 오부율 72권을 가져와 번역하였다. 담욱과 혜인은 이 율부에 주석을 달아 율소 36권을 저술하였다. 또 성왕은 번역된 비담과 신율의 서문을 지었고 새로 번역된 불전을 태요전에 받들어 간직했다.

때문에 동진에서 건너온 마라난타는 인도 또는 서역의 전법승이라는 점과 겸익이 인도에서 돌아와 번역한 율부가 부파불교 율부라는 점, 그리고 혜균(慧均)과 도장(道藏 및 혜현(慧顯)과 현광(玄光) 등의 교학이 삼론학과 성실학과 법화학 등이라는 점을 고려할 때 백제불교는 대승불교만이 아니라 아비달마를 기반으로 하는 부파불교도 수용하였고, 대가야불교는 대소승 불교 모두를 받아들인 백제불교와 긴밀한 연관을 가졌을 가능성이 있다. 일선군 일대에 출현한 묵(흑)호자들을 통해서 신라 불교 일부도 부파불교와 접목한 역사가 있었던 것으로 추측된다.

이것은 한국불교가 빠알리어계 경론을 기초로 한 남방불교와 산스크리트계 경론을 기반으로 한 부파불교를 모두 수용한 것을 의미한다. 하지만 통일신라 이후 한국불교인들은 분석적 성향을 지닌 소승 비바사(毘婆沙) 불교보다는 신행적 성향을 지닌 마하연(大乘)을 불교를 취하였다. 하여 한국불교는 중국 이래 13종파의 물리적 종합(비빔)과 화학적 삼투(곰)의 방법으로 인도-중국-일본 불교와는 다른 개성을 발휘해 왔으며 교학과 선법을 통섭하려는 '교선일치(教禪一致, 義天)', '선교일원

(禪敎一元, 知訥)', '사교입선(捨敎入禪, 休靜)'을 특징으로 해 왔다. 결국 한국불교는 대승불교 전통을 확립하고 대승불교의 집대성지로 자리를 잡았다.

한편 한국의 민주화가 막 마무리되어 가던 1980년대 말엽, 군사정부에 대한 비판적 에너지의 발산으로 극도의 대립을 경험한 세대들은 이념 갈등에서 비롯된 정치적 혼란상에 대한 피로감이 높아졌다. 해서 바깥으로만 발산하던 에너지의 고갈로 생긴 심신의 피로감을 해소하기 위한 새로운 대안이 필요한 시점이었다. 이즈음 불교계 일부가 민주화에 동참하면서 불교계 내의 주요 수행법인 간화선의 효용성에 대한 비판의 소리를 내기 시작했다. 뒤이어 1989년 무렵 테라와다 불교의 본고장이라 할 수 있는 스리랑카와 태국 및 미얀마 등지로 무렵부터 위빠사나 수행법이 유입되었다. 때문에 '테라와다(上座, 上座部)' 불교의 전래는 한국불교가 직면하고 있는 여러 문제들에 대한 반성이자 성찰이며 새로운 대안의 요청이자 부응을 의미했다.

남방불교의 전래는 고중세 이래 전래되었다가 오랫동안 단절되었던 아비달마 교학의 존재성을 환기시켰다. 특히 남방의 테라와다 불교는 이십여 년의 역사를 거쳐 오면서 위빠사나 등의 수행법을 기반으로 확고하게 자리를 잡아 가고 있다. 해서 테라와다 불교는 이미 한국불교의 '역사적 사실'이 되어 있다. 이러한 '역사적 사실'을 이제 전통 한국불교에서는 더 이상 부정할 수가 없게 되었다. 앞으로의 과제는 '대승불교와 소승불교의 접목을 위한 다양한 노력들이다. 이를 위해 부파불교 전래설의 역사적 근거와 테라와다 불교 전래의 현실적 논거를 통해 한국불교의 내포를 단단히 하고 외연을 넉넉히 하는 계기로 삼아야 할 것이다.

지금 한국은 세계 최저 합계출산율(가임여성 1인당 출산율)인 1.19명과 해외 이주민 숫자가 120만 명을 기록하고 있다. 하여 단일민족에 대한 인식을 새롭게 해야만 할 때가 되었다. 또 수행의 전통과 깨침의 열정이 살아 있는 한국 불교계 역시 출가자의 급격한 감소로 큰 고민을 안고 있다. 이 때문에 전통이 지니고 있는 '단일'과 '순수'라는 명제에서 자유로워질 필요가 절실해졌다. 설사 '단일'과 '순수'를 고수하지 않는다고 해서 '전통'이 사라지는 것은 아니기 때문이다. 해서 전통 한국불교를 구심으로 하고 남방불교를 원심으로 하여 한국불교의 내포와 외연을 확고하게 만들어 가야만 할 시점이라는 사실을 자각할 수밖에 없게 되었다.

따라서 테라와다 불교의 수용은 대승불교의 전통을 고수해 온 한국불교의 정체성을 훼손하기보다는 오히려 한국불교의 외연을 넓히는 길이라고 할 수 있다. 아울러 그것은 부파불교 교학에 대한 새로운 인식을 통해 대승불교 교학의 외연을 확장하는 일이라고 할 수 있다. 더 이상 종파 이기주의에 의거한 불필요한 충돌[66]은 불식시켜야만 한다. 우리의 급선무는 남방불교와 부파불교와 대승불교를 한국불교라는 '하나의 원' 속에 담아내어 이 땅의 불교로 온전히 자리매김시키는 일이다. 그리하여 우리는 고중세 전래 이래의 아미달마 교학과 남방불교를 적극적으로 수용하여 대소승을 아우르는 새로운 한국불교를 만들어 갈 절호의 기회를 맞이하고 있다는 사실을 잊어서는 아니 될 것이다.

---

66) 權五民(2009). 이 논문에서 필자가 지적하고 있는 것처럼 자기의 입각지에 의거해서만 대승경전과 아함경전의 불설과 비불설론을 주장하는 것은 비생산적인 것이라고 하지 않을 수 없다. 소승과 대승, 아함과 대승 경전을 우위의 입장에서 볼 것이 아니라 '경전 성립'의 과정과 '진리 전달'의 방식을 함께 바라보는 균형적 시선과 텍스트 내에 투영되어 있는 '맥락적 의미'와 '사료적 의미'를 동시에 읽어 내는 훈련이 요청된다.

Ⅱ.

남북국시대 이래

통일신라와 대발해시대의 법화학과 천태학

1. 남북국시대의 『묘법연화경』 이해

'고씨가 세운 구려'인 고구려 및 백제를 통합한 통일신라와 고구려의 북방 고토에 '대씨가 세운 발해'인 대발해는 남북국시대를 열었다. 남북국시대는 통일신라(676~936)와 대발해(698~926)를 아우르는 시대구분법이다. 이것은 신라의 삼국통일 이후에도 한민족의 역사가 반도를 넘어 대륙까지 지속되었음을 의미한다. 여기서는 통일신라시대의 『묘법연화경』과 법화신앙의 이해 및 관음신앙과 천태학의 인식을 중심으로 살펴볼 것이다.

삼국 통일을 주도했던 문무왕대 이래 신라 중대 왕실은 불교를 적극적으로 믿고 후원했다. 당시 왕실의 후원은 동아시아에 유행했던 유식학과 화엄학에 집중되었다. 이것은 당나라 초중기에 크게 유행했던 대표적인 교학과도 긴밀하게 상통하고 있다. 하지만 이들 두 교학 이외에도 여러 신앙형태가 존재하고 있었다. 그중에서도 『법화경』에 대한 믿음과 법화학의 인식도 일정한 지형을 이루고 있었다.

통일신라시대의 『법화경』 내지 법화삼부경 이해는 주로 불학자들의 연구와 이것을 기반으로 한 신행으로 대별된다. 연구는 불학자들에 의해 주도되었고 신행은 몇몇 고승들과 다수의 백성들 사이에서 이루어졌다. 연구자 중에서도 특히 낭지와 원효, 문아(원측)과 의상 및 지통, 경흥과 순경, 현일과 의적, 도륜과 태현 및 연회 등이 『법화경』과 법화신앙을 주도한 인물들로 추정된다.

대발해 역시 『법화경』 이해를 통해 법화신앙과 관음신앙이 널리 퍼져 있었던 것으로 추측된다. 정소와 무명 등 대표적인 몇몇 고승들의 활동으로 미루어 볼 때 고구려 불교를 계승하면서도 불교신앙을 독자적으로 일구어 갔을 것으로 추정된다. 대표적인 유물로 알려진 이불병좌상 등 몇몇 유물들을 통해 당시 대발해 불교 신앙의 지형을 짐작해 볼 수 있다.

(1) 낭지와 원효

낭지(朗智)는 아곡현(양산) 영축산에 살면서 늘 『법화경』을 강의하고 신통력을 보인 고승으로 알려져 있다. 그는 구름을 타고 중국의 청량산까지 날아가서 강의를 듣고 왔다고 전한다. 여기서 영축산과 청량산은 법화도량이 시설된 대표적 산들이다. 영축산에 상주하였던 낭지와 분황 원효(芬皇 元曉, 617~686)는 젊은 시절부터 교유를 해 왔던 것으로 보인다.

원효는 영축산 서쪽 골짜기의 반고사(磻高寺)에 머물며 항상 동쪽 봉우리의 낭지법사를 찾아뵙고 공경했다고 한다. 그의 처녀작으로 추정되는 『초장관문(初章觀文)』과 『안신사심론(安身事心論)』은 낭지의 제안으로 이루어진 것으로 전해지고 있다. 이 두 저술은 원효가 은사 문선(文善)을 통해 낭지에게 전하며 감수를 요청했던 저술들이다. 원효는 이들 저술편 말미에 다음과 같은 게송을 적어 두고 있어 이 사실을 뒷받침해 주고 있다.

서쪽 골짜기의 사미는 머리 조아려 예배하옵고
동쪽 봉우리의 큰 스님 높은 바위 앞에다
가는 티끌을 불어 영축산에 보태고
가는 물방울을 날려 용연에 던집니다.

이 게송에서 원효는 자신을 '서곡 사미'로 낮추고 낭지를 '동악 상덕'으로 높이고 있다. 이 게송은 원효가 『법화경』과 삼론학의 대가였던 낭지법사로부터 원효가 깊은 영향을 받았음을 시사해 주고 있다. 그리고 원효는 자신의 저술을 '가는 티끌'과 '물방울'에 비유하고 낭지의 살림살이를 '영축산'과 '용연'에 대응시키고 있다. 때문에 원효는 낭지법사를 통해서 『법화경』의 가르침을 전승했을 것으로 추정해 볼 수 있다. 아울러 통일신라시대의 법화학은 낭지의 가르침을 전승해 받은 원효 전후로부터 널리 전해졌을 것으로 미루어 짐작할 수 있다.

원효의 87부 180여 권 중 법화관련 저술은 현존하는 『법화경종요』(1권)를 비롯하여 산실된 『법화경방편품요간』(1권), 『법화경요략』(1권), 『법화약술』(1권) 등 네 가지가 있다. 현존하는 것은 『법화경종요』뿐이어서 그의 법화경관에 대해서는 이 저술에 의거할 수밖에 없다. 그런데 전하는 기록에 의하면 이 경전과 원효는 대단히 긴밀했던 것으로 추정된다. 그가 사불산의 백련사(白蓮社)에서 『법화경』을 강의하자 맨 땅에서 흰 연꽃이 피어났으므로 훗날 '백련사'라고 불렀다고 전한다. 이것은 원효의 『법화경』 강론이 얼마나 깊었는가를 잘 보여주는 실례라고 할 수 있다.

하지만 그의 폭넓은 『법화경』 이해와 달리 이 경전을 자신의 논리로 체계화한 천태 지의(天台 智顗, 538~597)의 저술에 대한 논구는 보이지 않는다. 다만 원효는 그의 『열반경종요』 말미에서 천태 지자와 신인(神人)과의 문답 형식으로 된 내용의 글을 교판(敎判)에 대한 문증(文證)으로 인용하고 있다. 때문에 원효는 자신의 교판을 수립할 때 천태교판을 참조하였던 것으로 보인다. 이 점에서 본다면 원효는 천태의 저술에 대한 일정한 검토는 거친 것으로 추정된다.

그렇다면 원효의 저술목록에 천태 지자 관련 저술에 대한 본격적인 논저가 없는 이유는 어디에 있을까? 아마도 이것은 신라시대의 불교학이 인도불교의 경론을 중심으로 진행되었기 때문일 것이다. 현존하는 원효의 저술목록을 검토해 보면 그의 저술은 종래 중국 찬술의 장소류에 대한 주석인 2차적인 저술이 아니라 인도 찬술의 경론에 대한 직접적인 주석이 대부분이다. 원효는 부처님과 보살논사들의 저술에 대한 자신의 안목을 담아 저술을 했다. 때문에 불교사상사에서 보면 그의 저술은 1차 저술인 원전적 의미를 지닌다. 그의 『금강삼매경소』를 인도의 번경삼장들이 보살 논사의 저작인 '론'으로 높여 『금강삼매경론』으로 불렀다는 설화는 원효 저술의 특성을 시사해 주고 있다.

해서 원효의 저술은 인도 찬술의 경론에 대한 논저 중심일 수밖에 없었다. 그의 저술 목록에 중국 찬술의 장소류에 대한 주석이 없는 것은 아직 중국의 불학자들이 대승불교 경론을 자신의 안목에서 소화한 저술이 많지 않았기 때문으로 보인다. 때문에 원효의 안목으로 볼 때 당시 중국 찬술의 장소류는 크게 주목할 만한 것이 없다고 파악했는지도 모른다. 이렇게 본다면 애초부터 원효는 중국 찬술 장소류(교장)에 대한 주석에 대해서는 염두에 두지 않았던 것이라고 짐작해 볼 수 있다.

원효의 『법화경』 이해의 특징은 법화를 화엄과 동일하게 구경(究竟) 요의교(了義教)로 파악하고 있는 점이다. 이것은 그의 대표적 교판인 삼승별교－삼승통교－일승분교－일승만교의 4종 교판에서 잘 나타나고 있다. 원효의 『법화경종요』는 『법화경』의 대의와 강요를 개론화한 것이다. 동시에 이 저술은 『법화경』의 종지를 가장 요령 있게 회통한 저술로 평가받고 있다. 그 내용은 이 경전의 대의를 밝히고 있는 서문에 잘 나타나 있다. 그는 『법화경』을 "삼세의 모든 부처님이 세상에 나오신 큰 뜻이며, 아홉 세간[九世]의 네 가지 생명체[四生]가 일도(一道)에 들어가는 요문"이라고 설파하고 있다.

원효는 이 경전은 "문장이 교묘하고 함의가 깊디깊어 묘법의 궁극을 다하지 않음이 없고, 언사가 활짝 펴고 이치가 환히 트여 묘법의 선언을 드러내지 않음이 없다"고 했다. 그리고 "문장과 언사가 교묘하고 활짝 펴서 꽃피었으면서도 열매를 품었으며 함의와 이치가 깊디깊고 환히 트여 진실하면서도 방편과 함께 한다"고 하였다. 나아가 "이치가 깊디깊고 (환히) 트였다는 것은 (일승만 있을 뿐) 둘이 없고 (이승과 삼승의) 다름도 없음이요, 언사가 교묘하고 활짝 피었다는 것은 방편을 열어 진실을 보임이다"고 하였다.

그런 뒤 원효는 방편의 삼승과 진실의 일승을 역설하며 『법화경』의 회삼귀일(會三歸一) 사상을 보다 구체화하여 드러내고 있다. 그리하여 그는 '무량승이 곧 일승'임을 선언하고 있다. 이것은 시방삼세의 일체 불법이 모두 이 법화일승(法華一乘)에로 회통된다는 뜻을 노래한 것이다. 원효의 통화(統和)적인 불교사상은 이 『법화경종요』에 의해서 그 대요가 잘 드러나 있다.

(2) 문아와 의상과 지통

그리고 신라에서 출가하여 중국으로 건너갔던 문아(圓測, 613~696)는 23부 90여 권의 저술을 지었다. 다만 『법화경』 주석서는 남기지 않았으나 『무량의경』에 대한 주석서인 『무량의경소』(3권, 최근 저자 확인)를 저술했다. 이 저술에 대한 본격적인 연구는 앞으로 보다 구체적으로 이루어져야 할 것이다. 그렇게 된다면 문아의 법화삼부경에 대한 시각을 엿볼 수 있게 될 것이다.

화엄학승으로 널리 알려진 의상(義湘, 625~702)에게 『법화경』 관련 저술은 없다. 다만 그의 낙산사를 기반으로 한 관음인식은 『화엄경』에 기반한 신앙이기는 해도 『법화경』에서 독립한 『관음경』 신앙과도 상통하는 것으로 보인다. 더욱이 낭지에게서 법화사상을 배운 지통이 뒷날 의상의 10대 제자 중 하나가 되기 때문에 화엄사상과의 긴밀한 관련을 엿볼 수 있다.

낭지는 평소 보현관행을 강조했으므로 지통이 배운 낭지의 교학은 의상 화엄이 지향하는 보현행원의 연속이라 할 실천적 화엄관행과 밀접한 것이었다고 할 수 있다. 의상 역시 낭지-지통으로 이어지는 보현관행을 접하고는 화엄의 보현행원과 연계시키면서 실천적 화엄관행으로 열어 나갔을 가능성이 있다.

> 삽량주 아곡현 영축산에 비범한 스님이 있었다. 수십 년을 암자에 살았지만 고을 사람들은 아무도 알지 못하였고 스님 역시 성명을 말하지 않았다. 언제나 『법화경』을 공부하여 그로 인해 신통력을 가지게 되었다. 용삭 초년에 지통이라는 상좌스님이 있었는데 이량공의 집 종이었다. 일곱 살에 스님이 되니 까마귀가 와서 울면서 일렀다. "영축산으로 가서 낭지의 제자가 되어라."
>
> 지통이 이 말을 듣고 그 산을 찾아가서 골 가운데 있는 나무 아래에서 쉬는데 별안간 이상한 사람이 나타나서 말하였다. "나는 바로 보현보살인데 너에게 계율을 주려고 일부러 여기 왔노라." 그는 계를 베풀고 나서 그만 사라졌다. 지통은 정신이 활짝 열리고 지혜가 일시에 원만해졌다. 이리하여 앞으로 가는데 길에서 스님 한 사람을 만나 물었다. "낭지 스님이 어디에 계시나이까?" 한 스님이 말하였다. "낭지는 어찌하여 묻느냐?"
>
> 지통이 이상한 까마귀 이야기를 자세히 일렀더니 스님이 빙그레 웃으면서 말하였다. "내가 바로 낭지이다. 지금 막 법당 앞에 역시 까마귀가 와서 알리기를 '거룩한 아이가 스님한테로 올 터이니 꼭 나가서 맞으라'고 하기에 이 때문에 와서 너를 마중하는 것이다." 그리고는 손을 잡고 감탄하여 말하였다. "신령한 까마귀가 너를 깨우쳐 나에게 오도록 하고 나에게도 알려 너를 맞도록 하니 이 무슨 상서로운 일인고! 아마도 산신령의 도우심인가 보다." 전해 오는 말에 따르면 산신령이 바로 변재천녀라고 한다.
>
> 지통이 이 말을 듣고 울면서 사례하고 입문하는 절차를 치렀다. 얼마 후에 장차 계를 주려고 하니 지통이 말하였다. "저는 동구에 있는 나무 아래서 벌써 보현보살님의 바른 계를 받았습니다." 낭지

가 감탄하며 말하였다. "참 좋구나! 너는 벌써 직접 보살님의 원만한 계를 받았구나! 나는 한평생 매일 자기반성을 하면서 열심히 보살님 만나기를 염원하였지만 아직도 만날 수 없었는데, 너는 벌써 계까지 받았으니 네가 나보다 훨씬 낫다." 그리고 도로 지통에게 절을 하고 따라서 그 나무를 '보현수'(普賢樹)라고 이름 지었다.

지통이 말하였다. "법사께서는 이곳에서 머무신 지 오래되셨습니까?" 낭지가 말하였다. "법흥왕 정미년에 처음으로 발을 붙였으니 지금 얼마나 되는지 모르겠다." 지통이 산에 왔을 때는 바로 문무왕 즉위 원년 신유(661)이니 세어 보면 벌써 135년이 되었다.

위의 『삼국유사』에 따르면 본디 지통(智通)은 이량공(伊亮公)의 가노(家奴)였다. 지통은 변재천녀로부터 낭지의 제자가 되라는 계시와 보현보살에게 수계를 받고 7세의 나이로 영축산의 낭지에게 출가하여 제자가 된다. 그는 낭지의 지도를 받아 열심히 수행하여 신통을 얻었다. 지통은 변재천녀의 인도로 보현보살을 뵙고 계를 받았다. 그가 받은 계는 아마도 보현관행으로 미루어 짐작된다. 이는 뒷날 원성왕대에 연회가 지어 세상에 널리 전해졌던 『낭지전』에 의해서도 추정해 볼 수 있다.

낭지는 『법화경』의 대가이면서도 늘 보현관행을 닦았다. 때문에 그의 문하에서 공부했던 지통은 낭지에게서 법화사상을 전수받았을 것이다. 그 뒤 지통은 의상에게로 나아가 화엄사상을 배우고 십대 제자 중의 하나가 된다. 의상의 문하에서 화엄 대경을 공부하여 『추동기』를 지었다. 이로 미루어 볼 때 아마도 지통은 낭지가 강조하는 보현관행을 흡수하여 화엄의 보현행원과 결부시켰을 것이다.

그 결과 낭지의 보현관행과 화엄의 보현행원은 의상에게도 영향을 미쳤을 것으로 보인다. 그리하여 낭지에 의해서 당시 주요 교학이었던 화엄과 법화의 접점이 이루어졌고 그의 문하에 의해서 상승되고 대중화되었음을 짐작해 볼 수 있다. 여기에서 우리는 낭지－지통－연회로 이어지는 화엄사상 계통과 낭지－원효－연회로 이어지는 법화사상 계통의 상관성을 볼 수 있게 된다.

(3) 경흥과 순경과 현일

원효와 태현과 함께 신라 삼대 저술가로 널리 알려진 경흥(憬興)은 40여 부 250여 권의 저술을 남겼다. 그는 『법화경』에 대한 주석서로서 『법화경소』(16권 혹은 8권)를 지었으나 현존하지 않는다. 때문에 그의 현존 『무량수경연의술문찬』(3권, 존)과 『삼미륵경소(요간기)』(1권, 존) 등 및 당시 불학자들의 저술 속에 인용된 구절들을 참고하여 그의 법화관을 재구할 수밖에 없다. 하지만 그의 현존 두 저술을 살펴보아도 대승의 기본 개념을 『법화경』을 인용하여 설명하고 있으나 법화학에 대한 그의 구체적인 이해는 알 수 없다.

기원사에 머물렀던 순경(順璟)은 4부 13여 권을 지은 유식학자였다. 그는 국내에서 현장(602~664)의 '유식비량(唯識比量)'을 전해 얻고는 원효가 현장의 '유식비량'을 비판해 지어 놓았던 '결정상위(決定相違)'를 이해하지 못해 건봉(建封, 666~667)년간에 '결정상위'를 제자 영유(領裕) 편에 보냈다. 하지만 현장은 이미 입적한 2년 뒤여서 제자 규기(窺基)가 보고 순경이 (원효의 결정상위에서) 알지 못한 것이 무엇인지를 알았지만 변방의 승려가 이같이 본 것에 대해 추앙했다고 한다.

순경은 『법화경요간』(1권)을 썼으나 현존하지 않는다. 또 일본 중산(中算, 935~976)의 『묘법연화경석문』에 '신라순경사음의(新羅順璟師音義)'가 인용되어 있다. 이것으로 미루어 보아 이 '음의'는 순경이 지은 『법화경음의』를 가리키는 것으로 보아야 할 것이다. 이렇게 본다면 순경은 『법화경』 주석으로 『법화경요간』과 『법화경음의』를 지은 것을 알 수 있다.

그런데 그는 현장 문하의 구사학(俱舍) 3대가인 보광(寶光)·신태(神泰)·법보(法寶) 등처럼 "구사에 밝았다." 그리고 규기의 증언처럼 "대소승에 두루 밝았다." 나아가 송나라 찬녕(贊寧)에게서는 "전생에 쌓은 힘이 아니고서야 스스로 어떻게 여기까지 이를 수 있겠는가?"라는 평가를 받았다. 또 일본 응연(凝然)에게는 "당나라에서 공부할 때 그 지혜로운 판단력을 상대하기 어려웠다"는 평가를 받았다. 이러한 평가들은 모두 구사(俱舍)·법상(法相)·인명(因明)에 대한 그의 탁월한 이해로부터 비롯된 것들이다. 이미 이들 분야에서 널리 알려진 순경이 『법화경』의 요간서를 2종이나 찬술하였다는 것에서 우리는 당시 이 경전의 대중적 위상을 엿볼 수 있다. 하지만 그의 저술들이 현존하지 않아 그의 법화관을 살펴보기는 쉽지 않다.

현일(玄一)은 목록에 신라승이라고만 기록되어 있을 뿐 그의 행적은 알 수가 없다. 현일의 현존 『무량수경소』(2권 혹은 3권 상, 존)에는 원효의 주장을 많이 인용하고 있어 그는 원효 이후의 인물임을 알 수 있다. 그의 10종 37여 권의 적지 않은 저술 목록 가운데에 『법화경소』(8권 혹은 10권, 실)가 보이지만 현존하지는 않는다. 때문에 현일의 법화 관련 저술이 부재한 현 단계에서 그의 법화관을 살펴보기는 쉽지 않다.

(4) 의적과 도륜과 태현

금산사에 머물렀던 의적(義寂)은 현존하는 『범망경보살계본소』(3권 혹은 2권, 존) 등을 포함하여 25부 70여 권의 저술을 지었다. 그는 이들 저술 중 『법화경론술기』(3권 혹은 2권, 권상 존), 『법화경강목』(1권, 실), 『법화경요간』(1권, 실), 『법화경집험기』(2권, 존) 등 네 종류의 법화관련 저술을 지었다. 하지만 현존하는 것은 세친(世親)의 『법화론』에 대한 주석서인 『법화경론술기』의 상권뿐이었다. 해서 세친과 변별되는 그의 법화관을 탐구하기는 쉽지 않다.

다행히 최근에 중국에서 선행한 영험기류에서 법화신앙에 대한 영험담을 가려 뽑아 편집한 『법화경집험기』(2권, 존)가 확보되어 부분적이나마 그의 법화 이해를 더듬어 볼 수 있게 되었다. 이 저술은 종래 중국의 기록에서 영험담 39항목을 선별하여 집성하고 풍송(諷誦)·전독(轉

讀)・서사(書寫)・청문(聽聞)의 4편으로 구성한 뒤 각기 인용전거를 대부분 명기하고 있다.

서문에서 의적은 『법화경』의 공덕을 "대승에 귀의하는 사람은 두르고 있던 유루(有漏)를 버려 번뇌의 적을 격파하게 되고, 묘법에 회향하는 사람은 미혹(迷惑)을 제거하여 생사의 군대를 허물어 버린다"고 찬양하고 있다. 이어 그는 『법화경』의 수지(持四句)・서사(點一字)・청문(聞一品)・해설(廣爲他說)의 공덕을 강조하고 있다. 이렇게 하게 되면 "사구게를 수지하여 단수(短壽)의 인연을 없애고, 목칼과 족쇄의 근심을 풀게 된다"고 영험의 실례를 제시하고 있다. 그리하여 "『법화경』을 존경하는 이는 허공에 매려 해도 오히려 허공이 부족하고, 법계에 쌓으려 해도 법계 또한 좁다"고 이 경전의 공덕을 찬양하고 있다. 이처럼 유식가로 널리 알려진 의적은 화엄가인 의상의 제자 의적과는 동명이인으로 추정된다.

흥륜사 출신의 둔륜(遁/道倫)은 18부 60여 종의 저술을 남긴 학승이었다. 그는 『법화경소』(3권, 실)를 지었으나 현존하지 않는다. 때문에 둔륜의 현존 『유가론기』(24권 상하, 존)와 『해심밀경주』(10권) 그리고 당시 불학자들의 저술 속에 인용된 구절들을 통해 그의 법화관을 재구해 볼 수밖에 없다. 그의 『유가론기』는 여러 이판본이 존재하고 『해심밀경주』는 현대 중국에서 발견되어 간행되었다. 하지만 둔륜의 『법화경소』는 산일되었기에 현 단계에서 그의 법화관을 살펴보기는 쉽지 않다.

태현(太賢)은 52부 120여 권의 저술을 남긴 학승이었다. 그는 처음 화엄가였으나 뜻한 바 있어 유식가로 전향하였다. 태현은 유식에 대한 깊은 조예가 있어 불자들은 그를 '유가조사(瑜伽祖師)' '대덕 태현(大德太賢)'이라고 불렀다. 태현은 '고인들의 발자취를 기록한다[古迹記]'는 겸사로 자신의 독특한 명목을 덧붙인 저술을 지었다. 그 역시 『법화경고적기』(4권, 실)를 지었으나 현존하지 않는다.

때문에 그의 현존 『약사본원경고적기』(1권 혹은 1권, 존), 『범망경고적기』(3권 혹은 2권 또는 4권, 존), 『범망경보살계본종요』(1권, 존), 『성유식론고적기』(10권 혹은 5권, 존), 『기신론고적기』(1권, 존) 등과 당시 불학자들의 저술 속에 인용된 구절들을 참고하여 그의 법화관을 재구해 볼 수밖에 없다. 하지만 현 단계에서 그의 법화관을 살펴보기는 쉽지 않다.

2. 법화신앙의 이해

법화신앙은 법화삼부경에 포함되는 『무량의경』과 『묘법연화경』 및 『불설(관)보현보살행법경』(劉宋 曇摩密多 譯)에 대한 신앙을 말한다. 아울러 『법화경』에서 독립한 『관음경』에 기반한 관음신앙까지 포괄한다. 또 관음신앙은 『화엄경』에 기반한 관음신앙과 상통하고 있지만 주로 『법화경』 「관세음보살보문품」과 『불설십일면관세음신주경(佛說十一面觀世音神呪經)』 및 『천수천안관세음보살노다라니신경(千手千眼觀世音菩薩姥陀羅尼身經)』 등에 기초한 십일면 관음신앙과 천수관음신앙 등의 신앙체계를 일컫는다.

법화삼부경을 이루고 있는 『무량의경』은 『법화경』을 중심으로 한 개경(開經)이며 『불설(관)보현보살행법경』은 『법화경』 「보현권발품」과 표리(表裏)가 되어 법화 후분(後分)이라고 할 수 있는 그 결경(結經)이다. 해서 통일신라시대의 법화사상은 주로 『법화경』과 법화신앙을 중심으로 이루어졌으며 이에 근거하여 법화도량도 시설되었다. 더불어 『관음경』과 『불설십일면관세음신주경』 및 『천수천안관세음노다라니신경』도 관음도량을 중심으로 수지 독송되었고 신행되었다.

불교 전통에서 등장하는 법화도량은 영축산(靈鷲山)이다. 영축산은 인도 마갈타국 수도 왕사성 동북에 자리한 기사굴산을 일컫는다. 석존은 이곳에서 『법화경』을 설하였다. 『법화경』에 의하면 "무량무변 백천만억 나유타 아승기겁 이전에 성불하여 항상 이 사바세계에 머물면서 설법 교화하는 부처님은 중생이 일심으로 부처님을 뵙고자 몸과 목숨을 아끼지 아니할 때에는 뭇 승려들과 함께 영축산에 출현하여 중생을 위해 설법하므로 항상 이곳을 떠나지 않는다[常在此不滅]. 또 신통력이 그와 같으므로 부처님은 아승기겁에 언제나 영축산에 있으면서[常在靈鷲山] 중생을 위하여 설법한다."고 한다.

이처럼 영축산은 부처님의 상주설법처이며 『법화경』을 상설하는 근본도량이다. 우리나라에도 영축산으로 불리는 산 이름은 경기의 개성, 경남의 울주, 양산의 통도사, 경남의 창녕, 밀양의 무안, 전남의 순천 등 여러 곳에 보이고 있다. 기록이 보이지는 않지만 이들 지명에는 불타상주의 법화도량이 시설되어 있었을 것으로 추정된다. 특히 낭지와 뒷날 연회가 머문 경남 울주의 영축산은 구체적인 설화가 전해지고 있다. 때문에 이곳은 옛날부터 법화도량으로 안착되어 왔다. 그리고 낭지가 중국 청량산에 꺾어 갔다는 '혁목(赫木)'은 인도와 해동의 영축산에만 자라는 것으로 알려져 있다.

그런데 인도의 영축산과 해동의 영축산은 모두 제10 법운지 보살이 머무는 곳이라고 했다. 이렇게 본다면 인도(西竺)의 영축산에 맞서는 해동(東竺)의 영축산 역시 법화상주의 도량이라고 할 수 있을 것이다. 이와 같이 신라인들은 인도에 있는 경전 속의 영축산을 이 땅 신라의 영축산으로 만들어 법화정토 실현의 불타 상주도량으로 시설하였다. 이것은 신라인들의 현실 본위(위주) 사상에 입각한 창의적인 설정이라고 할 수 있다.

중대의 말기에 이르면 불교계는 종래의 유식학과 화엄학 이외에도 선사상과 정토신앙 및 미륵신앙과 법화신앙, 관음신앙과 밀교 등의 양상까지 나타난다. 경덕왕 이후 화엄계는 주로 왕실과 진골 계층에서 믿었으며, 법상계는 대체로 육두품 이하의 중간 계층에서 믿었다. 법화신앙은 주로 진골 계층과 하층에서 두루 읽혔던 것으로 보인다. 선덕왕은 경덕왕을 이은 혜공왕대에 정변을 일으켜 재위에 올랐다.

하지만 그의 후사가 없자 무열왕계의 후손인 김주원이 왕위에 오르기로 결정했다. 국왕 추대 당일 북천이 범람하여 회의장에 도착하지 못하자 그 대신 아우 김경신이 원성왕으로 즉위했다. 새로운 정권을 연 선덕왕을 이은 원성왕(785~799)은 정권의 이론적 기반으로서 법화사상을 수용하기에 이른다.

(1) 연회의 법화신앙

이즈음 낭지에 이어 영축산에 숨어 살던 연회(緣會)는 늘 『법화경』을 읽고 보현관행을 닦았다. 하루는 원성왕으로부터 국사 추대를 요청받았으나 거절하고 달아났다. 결국 연회는 길 위에서 문수대성의 현신인 노인과 변재천녀의 현신인 노파를 만나 암자로 돌아온 뒤 원성왕의 국사 추대를 받아들인다. 『삼국유사』는 이 과정을 이렇게 기술하고 있다.

> 고승 연회가 머무르는 사찰의 뜰 연못에는 연꽃 두 세 송이가 피어 사철 내내 시들지 않았다. 원성왕은 그 상서롭고 기이함을 듣고 연회를 국사로 추대하려 했으나 연회가 암자를 버리고 달아났다. 서쪽 고개 바위틈을 건너가자니 한 늙은이가 밭을 갈다가 물었다. "스님은 어디로 가시오?"
>
> 그는 답했다. "내가 들으니 나라에서 잘못 알고 벼슬로써 나를 구속하려고 하므로 이곳을 피하는 길이요." 늙은이가 듣고 말하였다. "여기서 팔 일이지 수고스럽게 멀리 가서 팔 것 있소? 스님이야말로 이름 팔기[賣名]를 몹시 좋아하는구료!" 연회는 자기를 조롱하는 줄로만 여기고 그 말을 듣지 않았다. 그래서 몇 리를 더 가서 냇가에서 한 노파를 만났더니 또 어디로 가느냐고 물었으므로 처음과 같이 대답하였다.
>
> 노파가 물었다. "여기를 오기 전에 누구를 만났소?" 그가 대답하였다. "웬 늙은 첨지가 나를 매우 모욕하므로 화가 나서 왔소." 노파가 말하였다. "그는 문수보살이요, 그의 말씀을 왜 듣지 않았소?" 연회가 놀랍고 송구스러워 늙은이가 있던 곳으로 급히 가서 이마를 조아리고 후회하여 말하였다. "보살님의 말씀을 감히 어찌 거역하오리까! 지금 되돌아왔지만 냇가의 노파는 그 누구이신지요?" 늙은이가 말하였다. "변재천녀로세." 늙은이는 말을 마치고 그만 사라졌다.

> 연회가 도로 암자로 돌아왔더니 조금 뒤에 칙사가 조서를 받들고 와서 불렀다. 연회가 꼭 받아야 될 명임을 알고 곧 조서에 응하여 대궐로 갔더니 왕은 국사로 봉하였다. 연회는 늙은 노인에게 감동받은 곳을 문수점(文殊岾)이라고 이름 짓고 노파를 만난 곳을 아니점(阿尼岾)이라고 불렀다.

연회는 보현보살의 수호도량이자 법화영장인 영축산에서 『법화경』의 결론부 경전이자 심묘한 사상을 체현하는 실천경인 『불설(관)보현보살행법경』의 수관행(修觀行)에 입각하여 가장 중심이 되는 보현보살관을 닦고 있었다. 이 경전에는 보현보살관과 육근참회법, 대승력에 의해 악을 멸하고 선을 생함[滅惡生善]과 수계참회 등이 설해져 있다. 보현보살과 함께 세존의 좌우 보처보살인 문수보살은 세존이 『법화경』을 설하기에 앞서 결가부좌하고 무량의처삼매(無量義處三昧) 들어가 몸과 마음을 움직이지 아니하고 신이한 상서로움을 일으켰을 때 미륵보살 등 대중들의 궁금증을 풀어 주고 아울러 여래의 법화설법을 이끌어 내는 역할을 한 법화설법의 전도(前導)보살이라고 할 수 있다.

이처럼 문수보살은 법화설법을 선도(先導)하여 대중의 의심을 풀어 주는 지혜의 대보살이다. 때문에 국왕이 부르는 자리를 마다하고 도망가는 어리석음을 일깨워 주기 위하여 법사 연회의 앞에 몸을 나투어 그 길을 가로막았던 것이다. 해서 보현보살이 나타난 곳의 나무를 '보현수(普賢樹)'라 하고, 문수보살을 만난 곳을 '문수점(文殊岾)'이라고 한 것이다. 그리고 이들 두 보살뿐만 아니라 법화도량을 지키는 변재천녀는 산신령이자 또한 불교천신이었다. 이러한 설정은 신라 법화신앙의 한 특색이자 법화신앙의 신라화라고 할 수 있다.

(2) 김 과의의 법화영험

법화신앙의 효험을 담은 『법화영험전』에는 법화신앙의 영험담이 실려 있다. 진평왕 49년에서 진덕여왕 3년(627~649)에 있었던 일이다. 한 아이가 신라의 김 과의(果毅)의 아들로 태어나 어려서 출가하여 사미가 된 뒤 『법화경』을 열심히 독송하였다. 그러다가 잘못해서 이 경전 제2권의 한 글자를 불에 태운 일이 있었다. 오래지 않아 그는 18세의 나이로 죽었다. 그 뒤 그는 또 다른 김 과의의 집에 환생하였다. 그곳에서 다시 또 출가하여 『법화경』만을 애독했다. 그러나 제2권에 이르러서는 언제나 한 글자를 잊어버렸다.

어느 날 꿈에 어떤 사람이 나타나 전생에 그가 한 글자를 태워 버렸기 때문에 그 글자를 잊어버리게 된다고 일러 주었다. 꿈을 깬 그는 전생의 부모를 만나고 또 지난날에 읽었던 『법화경』을 찾아서 자신이 태운 글자를 확인하였다. 이 일로 인해 두 집안은 한 집안처럼 잘 지내게 되었다고 한다. 이것은 법화 지송공덕에 의한 환생과 그 영응을 보여주는 설화라고 할 수 있다. 동시에 『법화경』의 독송으로 거듭 같은 신분으로 법화신앙을 이어 갈 수 있었다는 법화신앙의 위력을 환기시켜 주고 있다.

이처럼 『법화경』 독송으로 인한 환생이나 연회의 『법화경』 독송과 강의의 영험으로 연꽃이 피어났다는 설화는 신라 전역에 퍼져 있었다. 이것은 이미 이 경전의 이름인 '묘법연화경'에 담겨 있는 것처럼 '연꽃'을 영험설화화한 것이라고 할 수 있다. 이들 영험담 대부분은 중국의 법화신앙에 기반한 영험설화들이지만 이것이 신라에 널리 소개됨으로써 신라의 법화신앙은 보다 활발해졌을 것으로 보인다.

(3) 적산 법화원의 법화신앙

통일신라시대의 한국인들은 국내만이 아니라 국외에서도 활발하게 활동했다. 일본 승려 원인(圓仁, 794~864)은 당시 신라 승려들에 대해 자신의 여행기인 『입당구법순례행기』에 상세히 싣고 있다. 당시 신라인들은 여러 곳에 신라사원을 세웠다고 전한다. 이것은 당시 나당의 무역이 얼마나 활발했는가를 잘 보여주는 사례가 된다. 기록 내용의 시점은 당나라 개성 4년(839)인 신라 문성왕 원년이다.

당나라 문등현(文登縣) 청녕향(淸寧鄕)에 자리한 적산(赤山)의 법화원은 신라 흥덕왕대(826~836)에 청해진 대사로 무역에 종사하던 장보고(張保皐)가 세운 절이다. 이 절에서는 겨울에는 『법화경』을 강론하고 여름에는 『금광명경』을 강론했다고 한다. 원인은 『입당구법순례행기』에서 이곳에서 이루어졌던 『법화경』의 강경회에 대해 자세히 소개하고 있다.

> 이 법화회의 기간은 2개월이다. 겨울 11월 16일에 시작하여 이듬해 1월 15일에 끝난다. 강경 법주(法主)는 성림(聖琳)화상이고 논의(論議)는 돈증(頓證)과 상적(常寂) 두 스님이다. 청중으로는 출가 및 재가의 남녀 사부대중이다. 저녁에는 예참(禮懺)과 청경(聽經)을 차례로 한다. 강경과 예참법은 모두 신라 풍속에 의거한다. 모인 사부대중의 숫자는 250명쯤이다. 강경 법회가 끝난 뒤 최종일에 결원(結願)을 한 후 청법대중에게 보살계를 준다. 적산법화원의 상주 인구는 비구 23명, 비구니 3명, 사미 1명, 노파 2명이다. 적산원의 1일 강경의식(講經儀式)은 다음과 같다.
>
> 강경종을 치면 대중이 입당한다. 강사가 당에 오르면[上堂] 대중은 부처님 명호를 외운다(음과 곡조는 신라 풍속). 강사가 앉으면 창은 끝나고 한 승려가 한 행의 시를 가지고 범패를 창하면 대중이 따라 외운다. 범패가 끝나면 강사는 경의 제목을 창하고 제목을 해석하면 법회를 총괄하는 유나사(維那師)가 나와 이 법회를 개설한 의의와 시주의 이름, 시물(施物)의 품명을 말한다. 강사는 불자(拂子)를 들고 시주 이름을 들어 서원을 말한다.
>
> 그러고서 논자는 논의를 시작하는데 묻기 시작하면 강사는 이를 듣고 답한다(日本과 같다). 논의가 끝나면 문구에 따라 강의하고서 끝낸다. 대중은 모두 장음(長音)으로 찬탄하고 그리고 회향게(廻向偈)를 외운다. 강사는 하단하며 시를 외운다. 한 승려가 세 번 계를 올리며 끝낸다. 여기에 복강사(覆講師) 1명이 있는데 강사가 어제 강의한 것을 읽는다. 뜻이 깊은 곳은 강사가 다시 복송하고 그 뜻을 해석한다.

이 법화회는 비록 당나라에서 행해졌지만 모든 의식과 곡조는 신라 풍속 그대로 이루어졌다. 논의와 문답 방식은 신라와 일본이 같은 방식을 취했음을 알 수 있다. 이 법회의 법주인 신라의 성림화상은 오대산과 장안 등지를 20년간 두루 유행한 고승이었다. 당시 법화원에 주석하고 있던 일본승 원인(圓仁)이 멀고 험한 강남의 천태산으로 가고자 하자 강북의 오대산으로 여정을 바꾸도록 종용한 적이 있다.

당시 중국 강남의 천태는 쇠퇴하였고 천태 6조인 담연 이후 120년간은 제2의 천태 암흑기였다. 이와 달리 강북의 오대산에서는 지원(志遠)과 현감(玄鑑)이 천태교관을 홍통하고 있었다. 이러한 인연으로 미루어 볼 때 원인의 기록은 법화원에 머물며 법화회의 기록을 체험하면서 적었던 것으로 보인다. 원인이 기록은 이해 '1월 15일' 조에는 다음과 같은 내용이 덧붙여져 있다.

"이 날에 산원의 법화회는 끝났다. 모여들은 남녀가 어제는 250인이었고 오늘은 200인쯤 되었다. 서원을 다짐한 뒤에 모여든 대중에게 보살계를 주었으며 재를 마친 뒤에 모두 헤어졌다." 이처럼 중국 당나라 산동반도의 끝자락인 문등현 청녕향 적산에 자리한 신라 법화원에서는 2개월간(11월 16일~1월 15일)에 걸쳐 법화경강회의 법화회가 행해졌던 사실을 알 수 있다. 처음에는 '강법화경(講法華經)'이라고 했으나 나중에는 '법화회(法花會)'라고 명명하고 있다.

이로 미루어 본다면 법화회는 단순한 사원 안의 학승을 위한 『법화경』 강의가 아니라 대중교화를 위한 불사로서의 성격을 지닌 법회였음을 알 수 있다. 비록 이 법화회가 당나라에서 행해졌으나 '모두 신라의 풍속에 의거하였다[皆據新羅風俗]'는 기록을 통해 이것은 신라의 법화회로 보아야 할 것이다. 해서 이 기록은 신라에서도 매해 11월 16일에서 이듬해 1월 15일까지 이루어졌던 이와 대등한 『법화경』 강론 법회가 열렸을 것으로 추정해 볼 수 있는 기록이라고 할 수 있다.

비록 일본의 한 구법순례승에 의해 전해진 것이기는 하지만 '시방의 뭇 승려와 인연이 있는 시주가 모두 와서 보게 된다'는 것처럼 이 법화회는 대단히 폭넓게 이루어진 대중교화 법회였음을 알 수 있다. 동시에 이것은 울주 영축산에서 활동했던 원성왕대 연회 이후의 신라 법화신앙까지 엿볼 수 있는 주요한 사료라고 할 수 있다.

위에서 살펴본 것처럼 통일신라시대 불학자들은 『법화경』 관련 주석서를 다수 저술했다. 하지만 현존하는 것은 원효와 의적 및 순경 등의 일부 주석서뿐이다. 때문에 통일신라시대의 『법화경』과 법화신앙에 대한 우리의 이해는 대단히 제한적일 수밖에 없다. 법화삼부경의 개경인 『무량의경』에 대한 주석서는 원측과 원효와 경흥 등 일부 불학자들에 의해 저술되었지만 현존하는 것은 최근에 확정된 원측의 것뿐이다. 따라서 통일신라시대의 『법화경』과 법화삼부경에 포함되는 『무량의경』과 『관보현보살행법경』 이해는 아직까지 지극히 부분적일 수밖에 없다.

그렇다면 『법화경』과 법화신앙의 지위는 어떠했을까. 『법화경』에 대한 신앙인 법화신앙과 『관음경』에서 비롯된 관음신앙은 통일신라시대에 널리 퍼져 있었다. 당시의 불학자들 역시 이들 경전에 대한 주석서를 적지 않게 지었다. 그런데 『법화경』에 대한 폭넓은 관심은 많은 주석서를 남긴 반면에 '관음'에 대한 저술은 거의 없었다. 그 이유는 『법화경』 속에서 논의된 관음신앙과 달리 이 경전에서 독립한 『관음경』에 대한 별도의 저술 필요성을 느끼지 못했던 때문인지도 모르겠다. 하여튼 의상의 『백화도량발원문』과 『일승발원문』 등과 같이 관음사상을 엿볼 수 있는 저술은 있었으나 관음만을 독자적으로 다루고 있는 주석은 현존하지 않는다.

이는 신라 삼대 저술가로 꼽히는 원효와 경흥 및 태현의 경우도 마찬가지이다. 그들의 저술 목록에는 『법화경』과 『무량수경』 및 『관무량수경』 관련 저술 목록은 보이고 있으나 정작 관음신앙에 관한 저술은 존재하지 않는다. 그 까닭은 위에서 언급한 것처럼 관음에 대한 별도의 주석을 필요로 하지 않았기 때문인지도 모른다. 다만 관음경류의 찬술서로서 지인(智仁)의 『십일면경소(十一面經疏)』와 둔륜(遁倫)의 『십일면경소』가 보이고 있을 뿐이다.

그런데 이들 주석서 역시도 현존하지 않아 그 내용을 자세히 알 수 없다. 이들은 『십일면경』류의 현존 네 경 가운데에서 북주의 무제(561~578) 때에 야사굴다(耶舍崛多)가 번역한 『불설십일면관세음신주경』과 당나라 현경 원년(656)에 현장(玄奘)이 번역한 『십일면신주심경(十一面神呪心經)』 역본 가운데 어느 한 경의 주석서로 추정된다. 시대적 상황과 주석서의 제목으로 보아 이 경전은 아마도 현장의 역본일 가능성이 높아 보인다.

현장 역본의 『십일면심주경』에 따르면 관자재보살에게 '십일면'이라고 하는 '신주심(神呪心, 야사굴다본은 心呪)'이 있으며 이 십일면 신주심은 대위력(大威力)과 제공덕(諸功德)을 갖추었다고 한다. 이 경전에는 근본심주(根本心呪) 외에도 수주(水呪), 의주(衣呪), 향등주(香燈呪), 결계주(結界呪), 자궁주(自宮呪) 등과 조상법(造像法) 및 팔공덕(八功德)을 성취하는 여러 가지의 수법 등이 설해져 있다. 그러나 지인과 둔륜의 저술 역시 현존하지 않기 때문에 이들 경전의 내용과 신앙적 성격을 짐작하기는 쉽지 않다.

다만 경주 남항사의 십일면 관음화상이 비구니의 몸을 나투어 경흥의 병을 고쳤다는 것을 통해 이 경전의 신앙을 엿볼 수 있다. 또 경주 토함산 석불사 본존불의 내면 벽에 돋을새김 한 십일면 관음상을 통해서 통일신라시대의 『십일면경』에 대한 신앙의 윤곽을 어느 정도 확인할 수 있다. 아울러 이들 경전들의 주석의 존재를 통해서도 이들 경전에 대한 신앙 현태를 짐작해 볼 수 있다. 『불설십일면관세음신주경』에 입각한 십일면 관음신앙 이외에도 『천수천안관세음보살노다라니신경』 등에 입각한 천수관음신앙도 유행했음을 미루어 알 수 있다.

다만 문아(원측)의 주석서인 『무량의경소』를 제외하고는 『불설(관)보현보살행법경』에 대한 신앙과 그 주석서가 흔치 않아 통일신라시대의 법화삼부경에 대한 이해와 그 지위는 온전히 가늠해 볼 수 없다. 하지만 위에서 살펴본 것처럼 통일신라시대 『법화경』과 법화신앙의 지위는 당시 유행했던 여타의 경전과 그 신앙에 견주어 결코 뒤지지 않았을 것으로 미루어 짐작해 볼 수 있다.

3. 관음신앙과 천태학의 인식

(1) 관음신앙의 인식

관음신앙은 서진의 축법호가 번역(286)한 『정법화경』(10권)의 「광세음보살보문품」(제23품)에 의한 신앙에서 비롯된다. 한동안 '광세음신앙'으로 전개되었던 관음신앙은 구마라집(344~413)이 번역한 『묘법연화경』(7권)의 「관세음보살보문품」(제25품)에 의해 비로소 '관세음신앙' 혹은 '관음신앙'으로 정착하게 되었다. 본디 중국에서 비롯된 영험과 영응에 기초한 관음신앙은 빠르게 민간에 퍼져갔다. 특히 「관세음보살보문품」이 『보문품경』 혹은 『관음경』으로 널리 유통되면서 지송신앙이 우리나라에까지 전해졌다.

통일 이전 신라의 관음신앙은 「관세음보살보문품」에서 설하는 순수한 관음신앙과 그 영험이 널리 퍼져 있었던 것으로 보인다. "모든 중생이 갖은 고뇌를 받을 때 관세음보살의 이름을 받아지니고 이름을 부르며 늘 생각하면서 공경하고 예배 공양하면 곧 고통과 고난을 구제하여 모든 소원을 성취하게 한다." 이것은 곧 "아들 얻기를 바라고 관세음보살에게 예배 공양하면 곧 복덕과 지혜를 갖춘 아들을 낳게 된다"는 가르침으로 자주 원용되었다. 이를테면 자장(慈藏)의 아버지인 소판(蘇判) 무림(茂林)은 아들을 얻기 위해 삼보에 귀심하고 관음상 천부를 조성하여 서원하였더니 4월 8일 불탄일에 그를 낳게 되었고 이름을 선종랑(善

宗郞)이라고 붙였다는 경우가 대표적이었다.

하지만 그 이후 낙산사의 창건연기에 나타난 것처럼 『법화경』에 기반한 관음 신앙은 『화엄경』에 기반한 관음신앙의 일면까지 수용하여 신라 관음의 신앙적 정착으로 굳건하게 확립된다. 하지만 신라의 관음신앙은 '일심칭명 예배공양에 의한 구제'와 '관음의 자발적 내현(來現) 구제'로 대별된다. 일심칭명 예배공양에 의한 구제는 경전에서 설하는 것처럼 지송(持誦)과 예념(豫念)에 의한 영험은 조건적 구제이지만, 관음의 자발적 내현구제는 '무조건적 무연(無緣)자비의 영응(靈應)'이라고 할 수 있다. 통일신라의 경우는 전자보다 후자의 경우가 훨씬 많았다는 점에서 신라 관음신앙의 독특한 창의와 그 특수성을 엿볼 수가 있다.

> 옛날 의상법사가 당나라에서 처음으로 돌아와서 관세음보살의 진신이 이 해변의 굴속에 있다는 말을 듣고 이 때문에 낙산이라고 이름 지었다. 이것은 서역에 보타락가산(寶陀洛伽山)이 있는 까닭이다. 여기서는 소백화(小白華)라고 부르는데, 이는 곧 흰 옷 입은 보살님의 산 형체가 계신 곳이라 하여 이 뜻을 따서 이름을 지은 것이다.
>
> 의상이 재계한 지 이레 만에 앉았던 좌구를 새벽 마다 물 위에 띄웠더니 용궁의 팔부 시종이 그를 굴속으로 인도하였다. 빈 굴 속에서 예배를 하였더니 수정 염주 한 꿰미를 내어서 그에게 주었다. 의상이 받아서 물러나오니 동해의 용이 역시 여의주 한 개를 바쳤다 법사가 받들고 나와서 다시 재계한 지 이레 만에야 바로 그의 산 모습이 나타나서 말하였다. "앉은 자리 위 산 꼭대기에 대나무 한 쌍이 솟아날 터이니 바로 그곳에 전각을 짓는 것이 좋을 것이다."
>
> 법사가 이 말을 듣고 굴을 나오니 과연 대나무가 땅에서 솟아났다. 곧 금당을 짓고 불상을 받들어 여기에 모시니 원만한 얼굴과 아리따운 체질이 마치 천작(天作)으로 생긴 것만 같았다. 대나무는 도로 없어졌으니 이것으로써 진정 보살의 진신이 살던 곳임을 알겠는지라 따라서 그 절 이름을 낙산사(洛山寺)라 하였다. 법사는 받은 구슬 두 개를 성전에 모셔두고 세상을 떠났다.

위의 낙산사의 연기설화에 따르면 의상(625~702)이 입당 구법을 마치고 돌아와 이 양양 낙산의 해변 굴 안에 관음진신이 머물고 있다는 말을 듣고 서역의 보타락가산의 이름을 따서 낙산이라 하였다고 한다. 또한 의상은 굴 안에서 관음진신을 어렵게 친견하게 되었으며 그 지시에 따라 산 위에 전당을 짓고 관음소상을 모셨다고 한다. 그리고 의상은 이곳 낙산을 신라 관음진신의 상주도량으로 삼았다.

이제 이곳의 관음은 서방극락세계에 상주하면서 아미타불을 협시하는 무량수불국 보살로서의 관음이 아니며, 인도 남해안의 보달락가산(또는 광명산)에 머물고 있다는 『화엄경』설의 관음과도 다른 신라적 관음보살의 창안인 것이다. 신라의 관음보살은 이 땅 해동 낙산의 해변석굴에 항상 머물러 있으며 이곳이 진신의 주처임을 성사 원효를 등장시켜 한 번 더 확인하고 이를 증명하고 있다. 즉 당대의 고승이었던 원효와 의상이 모두 이곳 낙산의 관음주처인 해변석굴에서 관음보살의 응현을 만남으로써 신라의 관음도량을 직접 열고 있다는 것은 특기할 만한 사실이다.

이와 같이 신라의 관음은 이제 전국 방방곡곡에 응현하여 인연이 있는 신라인을 주재하고 이롭게 하였다. 그 예는 『삼국유사』의 관음 응현 및 영험 사실들에서 두루 확인되고 있다. 경주 남항사의 십일면관음화상(十一面觀音畵像)은 스스로 비구니의 몸을 나투어 신문왕 때(681~692)의 국로(國老)였던 경흥을 병으로부터 일어나게 하였다. 또 백율사 대비상은 사문의 몸을 나투어 이국땅에 잡혀간 국선 부례랑(夫禮郞)과 안상사(安常師)를 구해 왔다.

그리고 분황사의 천수대비화상은 가난한 여인 우조(憂助)의 눈먼 딸의 눈을 뜨게 하였다.

경덕왕 때에 한기리 여자 희명(希明)의 아이가 나서 다섯 살 때 갑자기 눈이 멀었다. 하루는 그 어머니가 아이를 안고 분황사로 가서 왼쪽

전각 북쪽 벽에 그린 천수대비 앞에서 아이를 시켜 노래를 지어 빌었더니 드디어 눈을 뜨게 되었다. 그 노래는 이러하였다. "무릎을 꿇으며 / 두 손바닥을 모와 괴어서 / 천수관음 앞에 / 축원의 말씀을 올리노라 / 천 개 손으로 천 개 눈에서 / 하나를 내놓아 하나를 덜도록 / 두 눈이 다 먼 내라 / 하나나마 주어 고칠레라 / 아아! 내게 끼쳐준다면 / 내놓아도 자비심 뿌리로 되오리."

일연은 희명이 분황사 천수대비화상 앞에 엎드려 간절한 기원을 들이자 마침내 아이가 눈을 뜨게 되었다는 영험을 기술하고 있다. 이는 관음신앙 중에서 특히 천수대비신앙과 긴밀하게 연관된다. 또 민장사 관음상에 얽힌 영험 역시 마찬가지이다.

우금리에 보개(寶開)라고 하는 가난한 여자가 장춘(長春)이라고 하는 아들을 두었는데, 바다로 다니는 장사꾼을 따라 장삿길을 나간 채 오랫동안 소식이 없었다. 그 어머니가 민장사에 가서 관음보살 앞에 이레 동안 기도를 정성스럽게 드렸더니 갑자기 장춘이 찾아왔다. 어찌된 까닭인지 물었더니 장춘이 대답하였다. "바다에서 바람을 만나 배가 부서져 동무들은 다 죽고 나는 판자 한쪽을 타고 오(吳)나라 해변에 닿았습니다. 오나라 사람이 구원하여 들에서 농사를 짓는 중에 웬 이상한 스님이 와서 고향에서 온 것처럼 친절히 위문하고 나를 데리고 동행하는데 오는 길에 개천이 있어서 스님이 나를 겨드랑이에 끼고 뛰었는데 아찔하는 사이에 고국의 말소리와 함께 우는 소리 같은 것이 들리기에 보니 바로 여기에 도착해 있었습니다. 해질 무렵에 오나라를 떠나 여기에 닿으니 겨우 초저녁이었습니다." 이것은 곧 천보 4년 을유(745) 4월 8일의 일이었다. 경덕왕은 이 소문을 듣고 땅을 절에 시주하고 또 재물과 폐백을 바쳤다.

민장사의 관음상 앞에서 이루어진 보개의 간절한 기원은 낯선 승려로 하여금 몸을 나투어 바다에서 난파를 당해 생사를 알 수 없던 가난한 여인의 아들 장춘(長春)을 오나라 땅으로부터 어머니의 품으로 데리고 오게 했다. 뿐만 아니라 낙산사의 관음은 속세의 정을 끊지 못한 어리석은 승려 조신(調信)으로 하여금 인간세의 무상을 꿈으로 겪게 하여 탐염심을 떠나 수도승 본연의 자세로 되돌아가게 하였다. 또 수도할 곳을 찾는 신효(信孝)거사에게는 노부인의 모습으로 나타나 머무를 만한 곳[可住處]을 가르쳐 주었다.

나아가 중생사의 대비상은 아들을 낳게 해 주었을 뿐만 아니라 난리중에는 그 아들을 보름 남짓이나 젖을 먹여 길러 내었다.

신라 말년 천성(926~929)년간에 정보(正甫) 최은함(崔殷諴)이 오랫동안 자식이 없었으므로 이 절을 찾아 관음보살 앞에서 기도를 올려 아이를 배게 되어 아들을 낳았다. 그런데 그로부터 석 달도 안 되어 백제의 견훤이 신라 서울을 습격하여 성 안이 크게 혼란해졌다. 은함이 아이를 안고 절에 와서 고하였다. "이웃 나라 군사가 졸지에 닥치니 사세가 급박한지라 어린 것이 짐이 되어 둘 다가 화를 면할 수 없겠사온바 참말로 보살님이 주신 자식이라면 한없이 자비로운 힘을 빌리시와 보호하고 길러주시어 우리 부자가 다시 만나게 해주소서." 그러고는 눈물을 흘려 슬프게 울면서 재삼 고하고 아이를 강보에 싸서 보살님 앉은 자리에 감추어주고는 몇 번이나 뒤돌아보면서 갔다.

반 달이 지나 적병이 물러간 뒤 돌아와서 아이를 찾으매 살결이 갓 목욕한 것 같고 얼굴과 몸이 한결 고왔으며 젖냄새가 아직도 입에 남아 있었다. 아이를 안고 돌아와 길렀더니 그가 장성하매 총명과 지혜가 뛰어났다. 이가 바로 승로(丞魯)이니 벼슬이 정광(正匡)에 이르렀다. 승로가 낭중 최숙(崔肅)을 낳고 숙이 낭중 제안(齊顔)을 낳았으니 이로부터 자손이 끊어지지 않았다. 은함은 경순왕을 따라서 고려에 들어와 벌족이 되었다.

아이를 낳게 해 주고 전란 때에는 아이를 길러 주는 이 영험은 당시 사람들에게 관음신앙이 얼마나 큰 의지처가 되었는가를 보여주는 실례라 할 수 있다. 또 아리따운 낭자로 몸을 나툰 관음은 창녕의 남백월산 골짜기에서 수도하는 두 사문으로 하여금 신라의 두 부처님인 미륵불과 미타불로 성불하게 하였다. 급기야 분황사의 노비였던 여인은 십구응신의 하나로 광덕(廣德)의 처가 되어 정토에 태어나기 위해 수행하는 광덕의 왕생을 도왔고 그 도반승 엄장(嚴莊)을 일깨워 주었다. 또 팔진(八珍)은 동냥승의 몸으로 응현하여 천 명의 무리로 하여금 모임을 맺고 힘써 노력하여 정진 수행하게 하였다.

이처럼 신라의 관음은 여러 가지로 곳곳에 몸을 나투어서 이 땅의 사람들을 평안하고 이익되게 하였다. 따라서 낙산도량에서 확립되고 정착되어진 신라의 관음신앙은 다시 십일면관음과 천수관음의 신앙을 수용하여 더욱 풍부한 신앙으로 확장되었다. 그리하여 어디에서나 누구에게나 나타나서 따뜻한 손길을 뻗쳐 고통을 뿌리 뽑아 주고 즐거움을 주는 보살로서 신앙되었다. 이것은 세상을 구하여 중생을 이롭게 하려는 관음이 본원의 힘으로 시공을 넘나들며 응현하였던 것이라고 할 수 있을 것이다.

(2) 천태학의 인식

통일 이전 시대에 법화학은 백제의 혜현(慧顯)과 남악 혜사(慧思)에게서 천태 지의(智顗)와 함께 배운 현광(玄光), 그리고 천태 지의의 문하에서 천태학을 배운 신라의 연광(緣光)이 있었다. 이들을 기점으로 신라 법화 천태사상의 흐름을 살펴보면 크게 세 시기로 시대를 구분해 볼 수 있다. 먼저 통일 이전은 신라 『법화경』 신앙의 초창기로 구분해 볼 수 있다. 이 시기는 낭지와 연광 등으로 대표된다.

중기는 법화학의 연구기로 볼 수 있다. 이 시기는 원효, 경흥, 순경, 의적, 현일, 도륜, 태현 등으로 대표된다. 후기는 법화신앙기로 볼 수 있다. 이 시기는 원성왕대에 활동했던 연회 등으로 대표된다. 하지만 중기의 연구기에 해당하는 원효는 그의 교판 정립과정에서 천태의 교판을 참고하여 평가를 하고 있을 뿐 천태의 저술에 대한 본격적인 검토는 시도하지 않았다. 또 이때까지만 해도 통일신라에서 천태학은 유식학과 화엄학에 가려 크게 알려지지 않았던 것으로 추정된다.

물론 원효 이후에도 인도불교의 경론에 대한 주석은 이루어졌지만 정작 중국불교의 장소류에 대한 주석은 이루어지지 않았다. 이것은 신라 내지 통일신라의 불교학이 인도불교 연구의 연장선에 있었음을 보여주는 주요한 사례라고 할 수 있다. 뿐만 아니라 고려 중기 의천(義天, 1055~1101)에 의해 천태종이 창종될 때까지 이 땅에서는 주로 『법화경』과 『무량의경』과 『관보현보살행법경』 등 법화삼부경 연구와 신행이 중심이었다는 사실을 말해 주고 있다.

이것은 의천이 개성에 국청사를 새롭게 창건하며 "원효보살이 먼저 훌륭함을 칭찬하였고 뒤에 제관(諦觀)법사가 전해 드날렸으나 그 기연이 익지 못해 빛을 낼 수 없었다"고 밝히는 「신창국청사계강사(新創國淸寺啓講辭)」에서도 확인된다. 이어 의천은 "그 종을 세우지 아니하여 학자가 끊어진 지 이미 오래되었다"고 밝히고 있다. 이처럼 고려의 의통(義通, 927~988)과 제관(?~961) 및 지종(智宗, 930~1018) 이전에 이 땅에서 천태의 흔적을 찾기는 쉽지 않기 때문이다. 그들 이후와 의천이 천태종을 창종하기 이전까지도 마찬가지였다.

『법화경』의 회삼귀일(會三歸一) 사상은 법화천태사상의 요체라고 할 수 있다. 원효는 자신의 화쟁회통 논리를 펼치기 위해 회삼귀일의 논리를 원용하였다. 원효는 특히 『법화경』의 근본사상인 일승실상(一乘實相)을 실천주체로서의 일불승(能乘人)과 그 일불승에게 실현되는 소승법(所

乘法)의 구도로 해명하고 있다. 그러면서 원효는 삼승과 일승의 동이를 일목요연하게 정리하고 있다. 즉 부처가 세간에 출현한 뜻은 삼승의 가르침을 열어 방편을 나타내는 데에 있지만, 이 삼승 방편은 일승 진실과 다르지 않고 법성 실제는 세간 열반과 다르지 않다고 말이다.

이처럼 『법화경』 「비유품」의 삼승과 일승의 구도는 방편과 진실의 구도로 전이되어 원효 화회론의 주요한 기반이라고 할 수 있다. 때문에 원효는 대승불교의 궁극적 지향인 일승 개념을 강조하는 법화 천태학에 일정한 영향을 받았던 것으로 추정된다. 물론 이 경전의 대의를 약술하고 요지를 부각시킨 원효의 『법화경종요』와 이 경전에 대한 구체적인 상술을 시도한 지의의 『법화현의』의 체재는 전혀 다르다. 하지만 원효는 자신의 교판에서는 "『법화경』은 삼승(方便不了義經)을 설함과 동시에 일승(了義究竟)을 설하는 것"이라고 평가하고 있다.

해서 삼승과 일승의 구도는 법화 천태사상의 요체가 되어 있는 회삼귀일 사상의 두 축이며 원효의 화쟁회통론의 성립 근거가 되기도 한다. 동시에 천태학과의 접점이 되기도 한다. 그러나 원효 이후 통일신라기에 어떤 불학자들에게서도 천태학에 대한 본격적인 접목은 보이지 않는다. 이 시기에 법화학과 법화신앙은 이미 널리 퍼져 있었으나 천태학은 대중화되지 않았다. 다만 성덕왕 때에 당나라 천태종 5조인 좌계 현랑(左溪 玄朗, 673~754)에게서 천태교관을 수학한 법융(法融) · 이응(理應) · 순영(純英)이 귀국하여 천태교관을 전한 적이 있기는 했다. 그러나 그들 역시 저술이 없어 이후 천태학이 어떻게 전해졌는지에 대해서는 자세히 알 수 없다.

따라서 통일신라시대의 천태학의 인식은 『법화경』에 기초한 법화학 이해에서 천태학 인식으로 옮겨가는 이행기였다고 할 수 있다. 그리고 이 시기는 천태학의 파종기였다고 명명할 수 있다. 결국 천태학의 맹아기는 의통-제관-지종 등이 활동하는 고려시대로부터 비로소 시작되었다고 할 수 있다.

그렇다면 관음신앙과 천태학의 지위는 어떠했을까. 통일신라시대의 관음신앙은 법화신앙과 화엄신앙의 경계에서 꽃피워졌다. 법화신앙의 보현관행은 낭지－원효－연회로 이어졌고 화엄신앙의 보현행원은 낭지－지통－연회로 이어졌다. 이와 달리 관음신앙은 화엄사상과 법화사상 사이에서 꽃피웠다. 무엇보다도 삼국 통일 전쟁으로 갈라진 마음을 치유하기 위해서는 불교 신앙이 필요했다. 해서 중생의 발원에 집중하는 정토신앙과 함께 중생의 구제에 치중하는 관음신앙은 전국 곳곳에서 널리 유행했을 것으로 보인다. 그리고 관음신앙은 통일신라시대의 신앙들 중에서 폭넓게 신행되었으며 일정한 지위를 점하고 있었던 것으로 추정된다.

관음신앙과 달리 천태학의 지위는 매우 미미했던 것으로 보인다. 이 시기에는 당나라에 유학하여 천태교관을 받고 돌아온 몇 명의 선사들의 이름이 보인다. 『석문정통』(釋門正統) 권2와 『불조통기』 권7에 전하는 선사들은 법융(法融)·이응(理應)·순영(純英) 등이다. 이들 세 선사는 입당하여 천태종 제8조(지자 이후 5조)인 좌계 현랑에게서 법을 얻고 성덕왕 29년에 귀국하였다. 고국으로 돌아온 이들이 천태교관을 전하여 당시의 신앙과 교계에 무엇인가 적지 않은 기여를 했으리라 짐작할 수 있다.

일찍이 좌계 현량은 측천무후시대에 천태산에 은둔하여 천태지관의 깊은 뜻을 터득하고 두타행을 실천하며 제자를 기른 천태교단의 5조이다. 그의 동문에 영가 현각(永嘉玄覺)이 있었던 것과 관련하여 볼 때 이들의 관심은 주로 천태관문이었던 것으로 보인다. 때문에 더 이상의 기록이 없어 자세히 알 수는 없지만 좌계의 문하에서 공부한 신라의 세 선사 역시 천태관법에 역점을 두어 수행했을 것으로 추정된다.

이 밖에도 연대를 알 수는 없지만 돌에 새긴 『법화경』이 유행했다는 자료가 있다. 또 『삼국유사』(권3)는 성덕왕대(702~736)에 오대산 서대(西台)의 미륵방(彌勒房)에서 『법화경』을 독송하는 수정사(水精社)가 결성될 것으로 예정되기도 했다고 전하고 있다. 뿐만 아니라 『법화영험전』

하권에 의하면 경덕왕 대에 어떤 모자(母子)가 금자(金字)로 된 『법화경』 한 권을 신도들의 도움으로 만들어 매년 봄 도량을 세우고 『법화경』 묘리(妙理)를 홍포하여 예경참(禮敬懺)을 정성스레 닦았다는 기록이 있다.

따라서 이러한 사실들을 통해서 우리는 통일신라시대에 관음신앙과 천태학의 지위가 여타의 신앙과 교학에 결코 뒤지지 않았음을 엿볼 수 있다. 이것은 보현관행과 예경참의 광범위한 실행과 법화참법(法華懺法)의 광범위한 유통에서 확인해 볼 수 있다. 따라서 통일신라시대에는 『법화경』과 법화신앙 및 『관음경』과 관음신앙 등이 널리 퍼져 있었음을 알 수 있다. 반면에 천태학에 대한 인식은 아직 파종기에 머물러 있었다는 사실을 알 수 있다.

4. 대발해의 법화신앙과 관음신앙의 이해

고구려를 계승한 대발해의 불교 수용은 당나라 사서인 『책부원구(冊府元龜)』 권971의 기록(713)을 통해 알 수 있다. 고황 대조영의 명에 의해 태자가 당 조정에 나아가 시장 교역과 입사 예불을 청하는 기록에서 확인된다. 이후 일본에 건너간 사신 왕신복(王新福) 일행이 일본 교토의 동대사에서 예불했다는 기록(762)과 일본 천황이 대발해 사신 사도몽(史都蒙) 일행에게 장식한 말을 주었고 귀국할 때에는 수정 염주 네 꾸러미를 가지고 왔다는 기록(776)을 통해 불교 신행의 사실을 미루어 짐작해 볼 수 있다.

대발해 불교의 성격은 사료가 일천하고 남북 분단으로 인해 접근이 여의치 않아 발굴된 일부의 유물과 유적을 통해 재구성할 수밖에 없다. 대발해 불교 유물 중 가장 독특한 '이불병좌상(二佛竝坐像)'은 대발해 불교의 특성을 엿볼 수 있는 귀중한 문화재이다. 이 유물은 『묘법연화경』 「견보탑품」에 나와 있는 불탑을 형상화한 것으로 경주 불국사의 석가탑과 다보탑을 연상해 보면 잘 알 수 있다. 이 경전의 「견보탑품」은 다음과 같이 설하고 있다.

그때 부처님 앞에 칠보의 탑이 있었다. 높이는 오백 유순이요 넓이는 이백 오십 유순이었으며 땅에서 솟아나 공중에 머물러 있었다. …… 이 보탑 가운데에 여래의 전신이 계셨다. 저 먼 과거의 헤아릴 수 없는 천만 억 아승기 세계를 지나서 나라가 있었으니 이름이 보정(寶淨)이었다. 그곳에 부처님이 계셨으니 이름이 다보(多寶)였다. 그 부처님이 본래 보살도를 행할 때 큰 서원을 세웠다. 만일 내가 성불하여 멸도한 뒤 서방국토에 『법화경』 설하는 곳이 있으면, 나의 탑묘는 이 경을 듣기 위해서 그 앞에 솟아나서 증명하고 찬탄하되 거룩하다고 말하리라. (중략) 그때 다보불이 보탑 안에서 자리를 반분하여 석가모니불께 주시고 이 말씀을 하셨다. '석가모니불은 가히 이 자리에 앉으소서.' 즉시 석가모니불께서 그 탑 안으로 들어가시어 자리에 가부좌를 맺고 앉으셨다.

『법화경』의 「견보탑품」에 근거한 이불병좌상은 북위 시대의 운강(雲岡) 석굴 벽면에 조형되었다. 그 뒤에도 몇 가지 유사한 유형이 조형되기도 했다. 그런데 대발해에서 조성된 이불병좌상은 양손을 무릎 위에 자연스럽게 올려놓고 오른손은 우불(右佛)의 왼손 위에 겹쳐 놓여 있다. 왼쪽의 협시상은 정병을 들고 있는 관음보살로 보이고, 오른쪽의 협시상은 파르라니 머리를 깎은 승려상으로 보이지만 지장보살상으로 확정하기는 쉽지 않다.

그런데 고구려 불상에서도 찾아볼 수 없는 이불병좌상이 특히 중경과 동경 지역에서만 발견되고 있다. 때문에 우리는 고구려 후기 이래의 불상 전통이 이들 지역을 중심으로 계승된 것임을 알 수 있다. 그리고 대발해 발굴 사지와 유적 및 유물을 통해 상경 용천부 지역에서는 법화신앙과 관음신앙이 유행하였다는 사실을 알 수 있다. 뿐만 아니라 연해주 지역에서는 민간신앙까지 흡수한 신앙형태들이 혼재하고 있어 법화신앙과 관음신앙 이외에도 다른 신앙들이 존재했던 사실을 알 수 있다.

하지만 대발해의 불교 지형과 법화신앙 및 관음신앙의 지형을 추적하기는 쉽지 않다. 무엇보다도 일천한 사료와 발굴된 일부의 유물과 유적만으로 대발해 불교 지형을 재구성하기는 어렵다. 그러나 고구려 이후 230여 년간 동북아시아의 강역을 지배한 제국 대발해는 통일신라와 함께 남북국시대를 열었다는 점에서 주목하지 않을 수 없다.

그리고 고구려 이후 동북아시아를 무대로 우리 민족의 역사와 문화를 계승 발전시켜 왔다는 점에서 반드시 복원해야만 할 역사 문화라고 할 수 있다. 특히 이불병좌상은 대발해 불교의 존재와 그 법화사상의 존재를 알려 주는 귀중한 문화유산이라고 말할 수 있다. 따라서 대발해 불교의 성격 속에서 법화사상과 관음사상의 흔적은 여타의 사상보다도 부각되었었다고 추정해 볼 수 있을 것이다.

한국불교사에서 구역(舊譯) 인왕경(仁王經)의 소통(疏通)과 소원(疎遠)

1. 불법과 왕법의 긴장과 탄력

(1) 불법과 왕법

불교는 우리가 사는 현실을 '고뇌의 바다'라고 표현한다. 이러한 진단 속에는 탐냄과 성냄과 어리석음으로 무늬진 고통의 현실을 뛰어넘으려는 초월의 정신이 담겨 있다. 그런데 현실의 진단과 고통의 치유를 담당하는 불교 교단은 국가 안에 자리 잡고 있다. 때문에 교단은 국가와의 관계 설정을 소홀히 할 수 없다. 왜냐하면 왕권과 교권, 즉 국가와 승단은 현실 속에 자리 잡고 있으면서도 그 지향점이 다르기 때문이다.

종교적인 세계는 현실에서의 초월과 내재의 긴장과 탄력 위에서 전개된다. 불교 역시 현실에서의 초월과 내재의 길항 속에 자리하고 있다. 출세간을 통치하는 이가 붓다라면 세간을 통치하는 이는 국왕이다. 붓다는 세간을 넘어서는(출세간) 수행을 거치고 회향하기 위해 다시 세간으로 돌아왔지만(입세간, 출출세간) 국왕과 같은 세간적 삶의 방식과는 다른 삶을 사는 존재이다. 이러한 배경에 의해 초기 불교는 출세간적 경향이 강하였다. 초기 경전에 나타난 것처럼 출가교단 중심 지향은 이를 반영하고 있다. 때문에 출가자는 국가와 정치 등 세속적인 것으로부터 초연하였다. 다만 초기 경전에서 붓다가 보여주는 삶의 방식은 불법이 왕법을 가르치는 것으로 나타나 있다. 이는 당시 인도의 독특한 상황의 반영이라 할 수 있다.

그 당시 인도사회의 사성제도는 많은 영향을 끼치고 있었다. 사제자였던 바라문은 최상층에 자리하고 있었다. 그리고 치자계급인 찰제리는 바라문 아래에 속해 있었다. 하지만 점차 통일제국이 등장하면서 왕권이 강화되었다. 때문에 불교 교단은 존속을 위해 왕권과 타협하지 않으면 아니 되었다. 뿐만 아니라 홍법을 위해서도 강한 왕권이 필요하였다. 붓다의 가르침(佛法)을 보호한다는 측면에서 '호법(護法)'은 불교 교단이 취해야 할 길이다. 왜냐하면 세간 속에 머물러야 비로소 출세간과 입세간이 가능하기 때문이다. 하여 국가 안에 존재하는 교단은 호법(護法)이라는 실리를 위한 호국(護國)의 명분을 받아들이지 않을 수 없었다. 따라서 '호법(護法)은 곧 호국(護國)'이라는 진호국가(鎭護國家) 사상으로까지 전개되었다.

이때부터 왕권과 교권의 관계는 필요충분조건이 되었다. 불교는 불법을 보호하기 위해 국가를 보호하는 방편을 수용하게 되었고, 국가는 불교를 통해 국가를 보호하고 아울러 불교 교단을 자신의 영향권 안에 두게 되었다. 이런 점에서 중국에서 왕권과 교권의 교섭 과정에서 성립된 경전의 하나로 여겨지는[1] 『인왕경』은 일찍부터 주목받아 왔다.

(2) 한국에서 『인왕경』의 위치

한국불교사에서 『인왕경』이 차지하는 위치는 여느 경전과 달랐다.

---

1) 望月信亨, 『經典成立史論』(법장관, 1977), 445면; 椎尾辨匡, 「仁王經解題」, 『國譯一切經: 釋經錄部』 5하.

고구려 소수림왕 2년(374), 백제 침류왕 원년(384), 가야 질지왕 2년(452), 신라 법흥왕 14년(527)에 불교를 공인한 이래 『인왕경』은 통일신라를 거쳐 고려시대 내내 주요 경전의 자리를 차지했다.

『해심밀경』이나 『화엄경』을 소의경전으로 하는 교단 아래에서도 『인왕경』은 주요 경전의 자리를 차지할 정도로 대중적인 경전이었다. 이는 『인왕경』이 머금고 있는 '호국적(護國的) 법용(法用)' 때문이었다. 호국삼부경인 『묘법연화경』·『금광명경』과 함께 『인왕경』은 불법(佛法)의 신해(信解)와 봉지(奉持)로써 '나라를 보호하게 된다'는 의미를 머금고 대량으로 유통되었다. 그 이유는 『인왕경』이 『법화경』 『금광명경』과 더불어 호국삼부경이라 하지만, 어느 경보다도 가장 적극적으로 나라를 보호하는 방법(護國法)을 설한 경이며 호국에 대한 불설(佛說)로는 가장 중요한 중심적인 경[2]이기 때문이었다.

뿐만 아니라 『인왕경』의 호국사상은 불법과 왕법과의 관계에서 오는 심각한 마찰과 이것을 해결하려는 줄기찬 노력 속에서 결실한 가장 체계적인 이론[3]이라고 평가되기 때문이기도 했다. 이러한 이유로 한국불교사, 특히 신라와 고려 시대 불교에 있어 『인왕경』은 신구역[4]을 막론하고 주요 경전으로 소통되었다.

고려 일대를 통하여 불교행사는 65종 600여 회 시설되었다. 이 가운데에서 『인왕경』 「호국품」(제5)에 입각한 인왕백고좌법회(仁王百高座法會)가 그 6분의 1을 차지하는 118(또는 120)회나 개설되었다[5]는 사실은

---

2) 金煐泰, 「新羅 眞興大王의 信佛과 그 思想 硏究」, 『佛敎學報』 제5집, 1967, 64면.

3) 黃台燮, 「仁王護國般若經의 硏究」, 동대 대학원 불교학과 석사논문, 1972, 99면).

4) 舊譯이 현존본의 기록대로 鳩摩羅什의 역출이라고 단정할 수 없다는 의견과 더불어 不空이 번역한 新譯 경전은 범본의 번역이라기보다는 舊譯本의 更訂本이라는 의견이 있다.(黃台燮, 「仁王護國般若經의 硏究」, 동대 대학원 불교학과 석사논문, 1972, 104면).

5) 徐閏吉, 「高麗時代의 仁王百高座道場 硏究」(동대 불교학과 석사논문, 1970), 23면. 김형우는 고려 현종 3년(1012) 5월에 內殿에 승려들을 모이게 하여 『仁王般若經』을 강독케 하였다는 기록으로부터 공민왕 22년(1373) 4월에 康安殿에서 天變을 물리치기 위하여 7일 동안 仁王道場을 설행하였다는 기록까지 모두 120회가 보인다고 했다(金炯佑, 「고려시대 국가적 불교행사에 대한 연구」, 동대 사학과 박사논문, 1992, 135면).

이 경이 한국불교사에 미친 영향이 어느 정도였는지를 짐작하게 한다.

그러나 대부분의 행사가 왕실과 수도를 중심으로 행하여져 귀족불교의 인상을 벗어나지 못하였다. 하지만 이 『인왕경』의 신앙만은 왕실과 귀족은 물론 경향(京鄕)과 서민의 남녀노소에 이르기까지 널리 신앙되고 또 실천되었던 것이다.[6] 이 점에서 『인왕경』이 한국불교사에 끼친 영향은 매우 크다고 할 수 있다.

2. 구역 인왕경의 성립과 사상

『인왕경』은 ① 서품(序品), ② 관공품(觀空品, 新譯, 觀如來品), ③ 보살교화품(菩薩敎化品, 菩薩行品), ④ 이제품(二諦品), ⑤ 호국품(護國品), ⑥ 산화품(散華品, 不思議品), ⑦ 수지품(受持品), ⑧ 촉루품(囑累品) 등의 2권 8품으로 구성되어 있다. 이는 신구역 모두 동일하다.

그러면 이러한 『인왕경』이 어떻게 성립되었는지에 대해서 알아보자.

(1) 『인왕경』의 성립사

현존하는 『인왕경』에는 두 본이 있다. 하나는 구마라집(鳩摩羅什, 혹은 法護 또는 眞諦)에 의해 번역되었다고 전해지는 『불설인왕반야바라밀다경(佛說仁王般若波羅密多經, 2권)』이다. 이 본을 우리는 구역(舊譯)이라 부른다. 다른 하나는 불공(不空)에 의해 번역된 『인왕호국반야바라밀다경(仁王護國般若波羅密多經)』이다. 이 본을 우리는 신역(新譯)이라 부른다. 이 논문에서 다루는 텍스트는 구마라집(또는 法護 또는 眞諦)에 의해 번역된 구역본이지만 신역이 구역의 갱정본(更訂本)이라는 측면에서 신구역을 두루 살펴볼 것이다.

여러 경록에 의하면 『인왕경』의 성립연대와 역출자에 대해서는 아직

6) 徐閏吉, 위의 논문, 23면.

정설이 형성되지 않았다. 특히 구역『인왕경』의 역출자는 경전에 적힌 '구마라집(鳩摩羅什) 역(譯)'출(出)이라고 단정할 수 없다. 그 이유는『인왕경』의 성립과정과 밀접하게 닿아 있다. 그러면 먼저 각 경록과 주석서에서 말하고 있는『인왕경』의 성립 연기에 대해 검토해 보자.

①『출삼장기집』(出三藏記集): 실역경(失譯經) 단정

구역『인왕경』의 역출연대와 역출자에 대해서는 경록마다 다르다. 현존하는 경록 가운데에서 가장 오래된 문헌인 승우(僧祐, 435~518)의『출삼장기집(出三藏記集)』(15권, 517년 성립)에 따르면『인왕경』은 실역경(失譯經)이라 되어 있다. 이 문헌 권4의『신집속찬실역잡경록(新集續撰失譯雜經錄)』제1에 나열된 실역경(失譯經) 1,306부 1,570권(이 가운데 460부 675권은 당시에 이미 궐본(闕本)이었다 함)[7] 가운데에『인왕호국반야바라밀경(仁王護國般若波羅蜜經, 1권)』이 들어 있다[8].

그런데 승우는『출삼장기집』에서 한 세기 전에 성립된 도안(道安, 312~385)의『종리중경목록(綜理衆經目錄, 散逸)』을 다수 인용하고 있다. 하지만 인용된『도안록』에서도『인왕경』이 나타나 있지 않다. 이것은 승우가 살아 있던 양나라 시대에『인왕경』은 있었지만 이것을 구마라집의 역출이라고 하지 않았음을 알 수 있다. 이때에 이미 실역경 내지는 궐본으로 기록되어 있었기 때문에 이 경을 구마라집(344~413)의 번역이라고 단정할 수 없다.

또『인왕경』의「서품」에 의하면 당시의 역경가(講經家)들이 붓다가 29년에 걸쳐『마하(摩訶)반야』(1시),『금강(金剛)반야』(2시),『천왕문(天王問)반야』(3시),『광찬(光讚)반야』(4시)의 4부 반야경을 설한 뒤 이제『인왕(仁王)반야경』(5시)을 설한다[9]고 하여 '반야오시설(般若五時說)'을 말하고

7) 僧祐,『出三藏記集』권4(『대정장』55책, 21중 면~38중 면).

8) 僧祐, 위의 책 29하 면.

9)『仁王護國般若波羅蜜經』권1(『대정장』제8책, 825중 면).

있지만 이것은 조리에 맞지 않는다는 것이다. 이는 승우가 대량(大梁) 황제인 양무제의 『주해대품(注解大品)』「서(序)」를 인용하여 실은 『출삼장기집』 권8에 의해서도 승우 당시에 이미 『인왕경』이 '의경(疑經)'으로 간주되고 있었음을 알 수 있다.[10)]

따라서 승우가 『출삼장기집』을 찬술할 당시까지 구역 『인왕경』의 역출자를 '구마라집이라고 하지 않았고' 아울러 『인왕경』은 이미 '의경(疑經)'으로 간주되고 있었음을 알 수 있다. 그렇다면 『인왕경』은 『출삼장기집』의 기록처럼 '실역경(失譯經)'이었을 것으로 추정된다. 이어서 『출삼장기집』 이후에 성립된 『중경목록』에 대해 살펴보자.

② 『중경목록』(衆經目錄): 의혹경(疑惑經) 분류

『중경목록』(594년 성립)은 수(隋)나라 법경(法經) 등이 집록하였기 때문에 『법경록』이라고도 부른다. 후한(後漢)으로부터 수(隋)나라에 이르는 번경(飜經)을 아홉 부분으로 나눈 뒤 다시 일역(一譯)·이역(異譯)·실역(失譯)·별생(別生)·의혹(疑惑)·위망(僞妄)의 여섯 부분으로 나누고 있다. 『인왕경』은 그중에서 대승 수다라장(修多羅藏) 제1의 '중경(衆經) 의혹(疑惑) 제5'의 맨 처음에 실려 있다.

그런데 이 목록의 '인왕경 이권(二卷)' 밑의 할주(割注)에는 '별록에서는 이 경을 일컫기를 축법호(竺法護) 번역이라고 하고, 경의 머리 제목에는 또 구마라집(鳩摩羅什)이 붓다의 말씀을 찬집했다고 하지만, 지금 이 경의 시말(始末)과 의리(義理)와 문사(文詞)를 살펴보니 두 현인이 번역한 것 같지 않기 때문에 의[疑(惑)經]록(錄)에 넣는다'[11)]고 말하고 있다.

따라서 승우(僧祐)의 『출삼장기집』에서는 '실역(失譯)'이라 하고, 양 무제의 『대품』「서」에서 '의경(疑經)'이라 하였던 『인왕경』이 『중경목록』

10) 僧祐, 『出三藏記集』 권8(『대정장』 55책, 54중 면). "講說般若經者, 多說五時, 一往聽受, 似有條理, 重更硏求, 多不相符, 唯『仁王般若』具書名部, 世旣以爲疑經, 今則置而不論."

11) 法經 等撰, 『衆經目錄』 제2(『대정장』 제55책, 126중 면). "別錄稱此經是竺法護譯, 經首又題云是羅集撰集佛語, 今案此經始末義理文詞, 似非二賢所譯, 故入疑."

에서 '의혹경(疑惑經)'으로 규정되고 있음은 주의 깊게 보아야 할 사항이다. 이렇게 보면 이전에는 보이지 않던 '축법호 번역설'이나 '구마라집 찬집불어설'이 이 『중경목록』에 갑자기 등장한 것은 주목할 일이다.

이러한 기록을 종합해 볼 때 『인왕경』은 현존하는 구역 1본만이 유통되고 있었던 사실을 알 수 있다. 계속해서 『법경록』 성립 3년 뒤에 찬술된 『역대삼보기』를 검토해 보자.

③ 『역대법보기』(歷代三寶記): 3회 전역설(傳譯說) 제시

『역대삼보기』(597년 성립)는 번경학사(飜經學士) 비장방(費長房)에 찬술된 15권짜리 경록이다. 이 텍스트는 경록과 삼보의 홍통(弘通) 사실까지를 4부의 사전(史傳) 형식으로 구성되어 있다. 권1에서 권3까지는 제년(帝年), 권4에서 권12까지는 역경(譯經), 권13에서 권14까지는 입장목(入藏目), 권15는 총목(總目)이다.

이 가운데에서 역경 부분 중 권6 '역경서진(譯經西晋)'조에서 월지국 사문 담마라찰(法護)이 번역한 210부 394권의 목록 안에는 "『仁王般若波羅蜜經』 一卷(或二卷, 見『晋世雜錄』)"이 있다. 여기서 『진세잡록』이라는 텍스트에 의하면 『인왕경』은 法護에 의해 번역되었다는 사실을 확인할 수 있다.

그런데 『역대삼보기』 권8의 '역경(譯經) 부진(符秦) 요진(姚秦)'조에 의하면 구마라집(鳩摩羅什, 童壽)이 번역한 98부 425권의 목록 안에는 "『仁王護國般若波羅蜜經』 一卷(見『別錄』, 第二出, 與晋世竺法護出者文少異)"이 있다. 이 할주(割注)는 『별록』에 보이는 제2 역출본은 진나라 때 축법호가 역출한 경의 문장과는 조금 다르다는 것이다.

이러한 규정은 법호 역출의 『인왕경』(제1譯出)과 구마라집 역출의 『인왕경』(제2譯出)을 별도로 보고 있는 점이다. 여기서 『별록』과 『진세잡록』은 모두 『법경록』과 『역대삼보기』가 근거로 삼는 문헌이다. 따라서 6세기 말엽에 성립된 『법경록』과 『역대삼보기』는 두 본 (이상)의 『인왕경』

을 전제하고 있었음에 틀림없다.

또 이 텍스트의 권15의 '역경(譯經) 제(齊)·양(梁)·주(周)'조에 의하면 바라말타(波羅末陀, 眞諦, 499~569)가 번역한 16부 46권의 목록 안에는 "『인왕반야경』 1권(第三出, 與晋世法護者少異, 同(承聖)3年 在寶田寺飜, 見『眞諦錄』)"[12)]이 있다.

이 할주(割注)는 진제의 제3 역출본은 축법호 역출본과 조금 다르다는 것과 승성 3년 보전사에서 번역을 했다는 것이다. 그러한 사실이 『진제록』에 보인다는 것이다. 뿐만 아니라 진제에 의해 다시 '『인왕반야소』 6권이 태청(太靑) 3년에 출간'[13)]되었다는 것이다.

여기에서 『인왕경』이 법호－구마라집－진제에 의해 3번의 역출과정이 있었으며 특히 진제는 당시에 이미 주석서까지 저술했다는 사실을 알 수 있다. 그러면 뒤이어 나온 『언종록』을 살펴보자.

④ 『언종록』(彦琮錄): 절충(折衷)의 입장

수(隋)나라 시대 언종(彦琮)과 더불어 번경(飜經) 사문 및 학사(學士)들에 의해 간행된 『중경목록』(衆經目錄, 602년 성립)은 『언종록』이라고도 한다. 이 경록의 '단본(單本, 原來一本, 更無別飜)'조에는 "『仁王般若經』 二卷"[14)]으로 기록되어 있다. 『인왕경』은 원래 한 본이었으며 다시 따로 번역되지 않았다는 것은 『역대삼보기』의 3회의 역출설을 부인하는 것이 된다. 이는 『출삼장기집』의 '실역경(失譯經)'이나 『법경록』의 '의혹경(疑惑經)'과 맥을 같이하는 것이라 할 수 있다.

그런데 『언종록』은 권1의 '단본(單本)'조에서의 기록과 달리 권5의 '궐본(闕本, 舊譯有目, 而無經本)'조에는 "『仁王經』 一卷(重飜闕本) 陳世眞諦

12) 『歷代法寶記』 권11(『대정장』 49책, 99상 면). 『大唐內典錄』(『대정장』 55책, 266상 면)에 의하면 『역대법보기』의 '第二出'은 '第三出'의 잘못이 분명하다. 또 『대정장』(49책 99면)의 각주와 문장에서 『眞諦錄』이 『曹毘錄』 또는 『曹毘眞諦錄』, 『歷代三寶記』에서 '曹毘三藏傳文'으로 기록하고 있는 점에서 같은 목록의 별명임을 알 수 있다.

13) 위의 책, 99상 면.

14) 彦琮 외, 『衆經目錄』 권1(『대정장』 55책, 152하 면).

譯"15)이 적혀 있다. 구역『인왕경』은 목록에는 있지만 경본은 없다는 '궐본'에는『인왕경』 1권은 거듭 번역되었지만 지금은 경본이 없다고 할주(割注)로 설명하고 있다. 아울러 진(陳)나라 때의 진제(眞諦)가 번역한 것으로 기록하고 있다.

이 할주(割注)는 중역(重譯)설과 궐본(闕本)을 전제하면서도 제3 역출자로 진제를 언급하고 있는 것이다. 이는 1본설과 3본설을 절충하면서『법경록』의 '의혹경'설과『역대삼보기』의 '3회 전역'설(진제역)을 종합하는 입장이라 할 수 있다. 그러면 경록뿐만 아니라 대표적인 주석서를 통해서 구역『인왕경』의 성립문제를 살펴보자.

⑤ 구역『인왕경』 주석서: 3회 역출설 지지

구역『인왕경』의 주석서로 대표적인 것은 수나라 지의(智顗, 538~597)가 수나라 개황 3년(585)에 설하고 관정(灌頂, 561~632)이 기록하여 후에 간행한『인왕호국반야경소』와 길장의『인왕반야경소』, 그리고 신라 문아(원측)의『인왕경소』 세 가지이다. 이 중에 가장 먼저 간행된 것은 길장의 주석서이다. 왜냐하면『역대삼보기』(597년 성립)를 인용하고 있는 관정의 기록에 의해 출간된 지의의 주석은 길장의 주석보다 나중에 간행되었기 때문이다.

그런데 길장의 저술에 의하면『인왕경』의 역출에 관해서는 전혀 언급하지 않고 있다. 이는 길장이 주석서를 낼 즈음에『인왕경』이 소통되지 않았든지, 아니면 역출자의 이름이 확정할 수 없어 언급을 생략했기 때문이라 추정된다. 길장의 주석서 이후에 성립된 관정의 주석서 권1에 의하면『인왕경』의 3회 역출설에 대해 자세히 언급하고 있다.

> 앞뒤의 3본에 대한 번역자는 다르다. 첫 번째는 진(晋)나라 때 영가(永嘉)년(307, 泰始 원년) 월지국 삼장 담마라찰(曇摩羅察, 晋에서는 法護라 함)이『인왕반야경』을 역출했다. 두 번째는 진(秦)나라 弘始 3년(401) 鳩摩羅什(童壽)이 장안 소요원 별관에서『불설인왕호국

15) 彦琮 외, 위의 책, 175상중 면.

> 반야바라밀경』 2권을 번역했다. 세 번째는 양나라 때 진제(眞諦)가 대동(大同) 3년(537) 예장의 보전사에서 『인왕반야경』 1권을 번역하고 주석서 6권을 지었다. 비록 세 본이 있으나 진(秦)본이 두루 소통되었으므로 비장방에 의하여 목록에 입장되었다고 이를 뿐이다.[16)]

관정은 비장방의 『역대삼보기』에서 언급한 『인왕경』의 3회 역출설을 따르고 있다. 그러면서도 『역대삼보기』와는 달리 3회 역출의 번역 연도와 장소에 대해 자세히 언급하고 있다. 또 문아(원측)의 『인왕경소』 상권에도 『인왕경』 역출에 대한 기록이 실려 있다.

> 이 경의 일부는 아래 경문에 준해 보면 본래 두 본이 있었다. 첫 번째는 광본(廣本)으로 아래의 「산화품」에서 이르기를, '그때 16대 국왕이 붓다가 설한 십만억게의 『반야바라밀경』을 듣고 꽃을 뿌려 공양했다. 그러므로 이 경 또한 광본이 있음을 알 수 있다. 두 번째는 약본(略本)으로 범본은 비록 하나지만 역자에 따라 달라 곧 세 본이 이루어졌다. 첫째는 晋나라 때 태시(泰始) 원년 진나라에서는 법호(法護)라고 하는 월지국 삼장법사 담마나찰이 『인왕반야경』 1권을 번역해 내었다. 둘째는 진(秦)나라 때 홍시 3년 진나라에서는 동수라고 하는 삼장법사 구마라집(鳩摩羅什)이 상안에 있는 서명각 소요원의 별관에서 『인왕호국반야바라밀경』 1본을 번역해 내었다. 셋째는 양나라 때 승성 3년 양나라에서는 진제(眞諦)라고 하는 서천축 우선차국 삼장법사 파라말타가 예장 보전사에서 『인왕반야경』 1권을 번역해 내었으며 주석서도 6권이 있다. 비록 세 본이 있지만 처음 지어진 진(晋)본은 아마도 두루 소통하지 않았던 것 같다. 진제의 1본도 사라져서 소통되지 않았다. 지금은 다만 진(秦)나라 때의 1본에 의거한다.[17)]

---

16) 灌頂, 『仁王護國般若經疏』 권1(『대정장』 33책, 254중 면). "譯者不同, 前後三本. 一者晋時永嘉年(泰始元年)月支三藏曇摩羅察, 晋云法護, 飜出卷名『仁王般若』. 二是後秦弘始三年, 鳩摩羅什於長安逍遙園別館飜二卷, 名佛說『仁王護國般若波羅蜜』. 三者梁時眞諦大同年, 於豫章寶田寺飜出一卷, 名『仁王般若經』, 疏有六卷. 雖有三本, 秦爲周悉, 依費長房入藏目錄云耳."

17) 文雅, 『仁王經疏』 권上(『대정장』 45책, 361중하 면). "此經一部准下經文, 自有兩本. 一者廣本故, 下「散華品」云, 爾時十六大國王聞佛所說, 十萬億偈『般若波羅蜜經』, 散華供養. 故知此經亦有廣本. 二者略本. 梵本雖一, 隨譯者異, 乃成三本. 一者晋時泰始元年, 月支國三藏法師曇摩羅察, 晋云法護, 飜出一卷, 名仁王般若. 二者秦時弘始三年, 三藏法師鳩摩羅什, 秦言童壽, 於常安西明閣逍遙園別館, 飜出一本, 名『仁王護國般若波羅蜜』. 三者梁時承聖三年, 西天竺優禪差國, 三藏法師波羅末陀, 梁云眞諦, 於豫章寶田寺, 飜出一卷, 名『仁王般若經』, 疏有六卷.

문아의 글은 관정의 글과 3회 역출설에 대해서는 동의하지만, 그 외는 상당한 견해 차이가 보인다. 관정은 제1 역출을 영가(永嘉)년(307~312)으로 비정하지만 문아는 태시(泰始) 원년(265)이라고 하고 있어 42년 이상 차이가 난다. 또 제2 역출에 대해 두 사람은 모두 홍시(弘始) 3년(401)이라고 하면서도, 제3 역출에 대해서 문아는 관정이 주장하는 대동(大同)년(535~545)설을 취하지 않고 『역대삼보기』의 승성(承聖) 3년(554)설을 따르고 있다.

문아나 관정 모두 『인왕경』의 역출 연도와 장소에 대해서는 차이를 보이고 있지만 이들은 『법경록』의 '의혹설(疑惑說)'을 따르지 않고 『역대삼보기』의 '3회 역출설'을 수용하고 있다는 점에서 『인왕경』 성립에 대한 중요한 시사를 하고 있다.

⑥ 『대당내전록』(大唐內典錄): 『역대법보기』(歷代三寶記)의 3회 역출설 수용

『대당내전록』은 당나라의 도선(道宣)이 찬술한 10권짜리 경록이다. 이 텍스트의 권2에는 "『仁王般若波羅蜜經』 일권(一卷, 見『晋世雜錄』, 已後單經)"[18]이라는 기록이 있다. 도선은 할주(割注)를 통해 『인왕경』이 『진세잡록』에 보인다는 점에서 『역대삼보기』에서 말한 『별록』의 근거와 더불어 축법호 번역으로 전제하고 있다.

아울러 권3에도 "『仁王護國般若波羅蜜經』(見『別錄』, 第二出, 與晋法護者文少異.)"[19]이 적혀 있다. 이 할주(割注)에는 『별록』에 보이는 제2 역출본은 제1 역출본인 축법호의 번역문과는 조금 다른 구마라집의 번역이라는 것이다.

또 권4에도 "『仁王般若經』(是第三譯, 與晋世法護出者少異, 大同三年, 在寶

雖有三本, 晋本創初, 恐不周悉. 眞諦一本隱而不行. 今旦依秦時一本."

18) 道宣, 『大唐內典錄』 권2(『대정장』 55책, 233중 면).

19), 道宣, 위의 책, 253상 면.

田寺譯, 見曹毘眞諦傳)"[20]이 기록되어 있다. 할주(割注)에는 이 제3 역출본 『인왕경』은 축법호 역출과 조금 다른 진제 번역본이라는 것이다. 도선은 또 진제본 『인왕경』의 성립연대를 『역대삼보기』의 '동(同, 承聖) 3년' 설을 따르지 않고 관정의 『인왕경소』에서 말한 '대동년(大同年)'에 들어 있는 '대동(大同) 3년'설을 주장하고 있다는 점이 주목된다.

그러면 여러 경록 중에서도 가장 정연하고 정확하여 후대 경록의 귀감이 된 『개원석교록』의 『인왕경』 관련 기록을 살펴보자.

⑦ 『개원석교록』(開元釋敎錄): 3회 역출설 정립

당나라 현종 개원 18년(730)에 지승(智昇)에 의해 엮어진 『개원석교록』은 20권짜리 대작이다. 이 텍스트는 후한 효명제 영평 10년(67)부터 730년에 이르기까지의 664년간 번역된 2,278부 7,046권(譯者 176인)의 경록을 수록했다.

그런데 이 『개원석교록』 권2의 '서진법호(西晋法護)'조에는 "『仁王般若經』 一卷(或二卷, 三十一紙, 初出, 房云『晋世雜錄』)"[21]이 적혀 있다. 할주(割注)에는 비장방(費長房)이 『진세잡록』에 근거하여 『인왕경』이 처음 31지로 역출되었다고 말하고 있다.

또 『개원석교록』 권4의 '구마라집(鳩摩羅什)'조에는 "『仁王護國般若波羅蜜經』 二卷(亦云, 『仁王般若經』 或云一卷, 第二出. 與晋世法護, 與梁朝眞諦譯者, 同本異出. 房云見『別錄』.)"[22]이라고 적혀 있다. 할주(割注)에는 비장방이 『별록』에 근거하여 『인왕반야경』은 혹은 1권이라고도 하는데 제2 역출본은 진나라 때 법호(제1출)와 양나라 때 진제(제3출)의 번역본과 같은 경본의 다른 역출이라고 말하고 있다.

다시 또 권5의 '진제'(眞諦)조에 의하면 "『仁王般若經』 一卷(承聖三年,

---

20) 道宣, 앞의 책, 266상 면.

21) 智昇, 『開元釋敎錄』 권2, '西晋法護'(『대정장』 55책, 495중 면).

22) 智昇, 위의 책 권4, '羅什', 512중 면.

於豫章寶田寺譯, 第三出, 與西晋法護出者同本.)"[23]이라는 기록이 있다. 할주(割注)에는 승성 3년에 예장 보전사에서 번역된 제3 역출본은 서진의 축법호가 번역한 것과 같은 경본이라고 했다.

이 같은 『개원석교록』의 기록들을 종합해 보면 『대당내전록』과 『역대삼보기』의 3회 역출설을 그대로 수용하고 있다. 그런데 지승은 『개원석교록』 권10에서 고금의 여러 경록들을 열거한 다음 『법경록』의 저자인 담마라찰(法護)이 범한 오류를 네 가지로 정리하고 있다. 그 가운데에서 네 번째의 지적은 '『인왕경』과 『기신론』 등을 의[疑(惑)]록(錄)에 편입시킨 것은 잘못'이라는 것이다.[24]

다시 말해서 여러 경록에서 말하는 3회 역출설에 대한 언급을 생략하고 『인왕경』을 의혹부(疑惑部)에 집어넣은 것은 법호의 오류라는 것이다. 여기에서 지승은 『법경록』의 찬술자인 법호(法護)의 오류를 지적함으로써 『인왕경』의 3회 역출설을 힘주어 말하고 있다.

위에서 언급한 여러 경록과 주석서들의 기록들을 종합해 보면 구역 『인왕경』은 현재의 구마라집(鳩摩羅什)역이 아님은 물론 진제역도 법호역도 아니며, 원래는 실역경(失譯經) 또는 의경(疑經)이었다는 현대학자들의 견해는 타당한 것이라 생각된다.[25] 따라서 신구역 인왕경은 아래의 세 가지로 그 성립 가능성을 살펴볼 수 있다.

㉠ 범본에서 한역된 것이지만 역자(譯者)와 번역 시대 등이 망실되어 알 수 없게 된 것(失譯).

㉡ 범본을 중심으로 중국 실정에 맞게 개변(改變) 또는 중국적 요소(要素)가 보태어진 것(變造).

㉢ 범본에 관계없이 전혀 중국에서 찬술된 것(中國 撰述).[26]

---

23) 智昇, 위의 책 권5, '眞諦', 538중 면.

24) 智昇, 위의 책 권10, 575하 면. "以『仁王經』『起信論』等, 編在疑錄, 四誤也."

25) 望月信亨, 『佛教大事典』 5책, 4103면; 椎尼辨匡, 「仁王經解題」, 『國譯一切經釋經』 5下, 297하 면.

신역이 범본에서의 번역이라는 주장과 달리 구역『인왕경』과 같은 8품으로 되어 있다는 점, 품의 이름이 제2품, 제3품, 제6품을 제외하고는 모두 동일하다는 점 등에서 신역이 구역의 갱정본일 가능성이 크다. 그에 대한 연구는 이미 일본의 망월신형(望月信亨)[27]과 추미변광(椎尾辨匡)[28]의 글과 국내의 글[29]에서도 확인된다.

하여튼 구역『인왕경』은 법호(法護), 구마라집(鳩摩羅什), 진제(眞諦) 역으로 단정할 수없는 실역경(失譯經) 내지는 의혹경(疑惑經)이며, 신역『인왕경』은 현존하는 구역『인왕경』의 중국적인 요소를 말끔히 가셔낸 갱정본(更訂本)이며 그 과정에서 불공 삼장 계통의 밀교(密敎)의 영향이 크게 작용하여 부분적인 개변(改變)과 증광(增廣)이 아울러 행해졌다는 것이다.

따라서 신역『인왕경』은 대종(代宗)의 신번(新飜)『인왕경(仁王經)』「서(序)」와 양분(良賁)의 (新譯)『인왕경소(仁王經疏)』에서 언급하고 있는 것처럼 범본에서 번역된 것이 아니다. 동시에 구역『인왕경』은 진(晋)나라에서 양(梁)나라 사이, 좀 더 자세히 말하면 구마라집(鳩摩羅什) 이후 양(梁) 무제(武帝) 사이에 권위 있는 인도 기원의 자료를 가지고 중국에서 찬술된 것으로 추정할 수 있다. 번역어가 거친『천왕문반야(天王問般若)』가 언급하고 있음을 보면 찬술자는 서역(西域) 출신 승려(僧侶)로 생각되며,『인왕경』에서 맹렬히 반대하고 있는 승통제(僧統制)와 같은 것이 북위(北魏)의 불교정책과 일치하고 있는 것을 보면 그것과 밀접한 관계를 갖고 성립된 것으로 생각된다.[30]

---

26) 黃台燮, 앞의 논문, 35면.

27) 望月新亨,『佛敎大辭典』5책(세계성전간행협회, 1974), 4103면.

28) 椎尾辨匡,「仁王經解題」,『國譯一切經: 釋經錄部』5하, 297하 면.

29) 黃台燮, 앞의 논문. 이 글에서는 신구『인왕경』의 전혀 다른 부분을 첫째「서품」의 他國菩薩이름의 차이, 둘째「관여래품」의 追說, 셋째「봉지품」(구역「受持品」)의 重頌, 넷째「奉持品」의 五方菩薩이름과 陀羅尼를 통해 네 가지로 정리한다. 또 구역『인왕경』을 수정한 부분으로 첫째 譯語의 整備, 둘째 중국적 요소의 제거 등의 두 가지로 정리하고 있다.

30) 黃台燮, 앞의 논문, 110~111면.

(2) 인왕경의 사상과 주석서

『인왕경』에서는 불교의 정치관, 국가관, 현실관 등을 자세히 보여주고 있다. 그런데 두 번째의 「관공품」에 의하면 이 경전의 특징인 '호국(護國)'의 의미에 대해 설하고 있다.

> '내 이제 16대국왕의 뜻을 알고저 국토를 지키는 인연을 묻고자 하며, 내 이제 먼저 모든 보살을 위하여 불과(佛果)를 수호하는 인연과 십지(十地)의 행을 보호하는 인연을 설하고자 하노라. 잘 들으라. 그리고 이것을 잘 생각하여 법다이 수행하라.

이 인용문에서는 제불보살이 무상(無相)의 묘혜(妙慧)로써 무명(無名)의 묘경(妙境)을 비쳐내는 것을 밝힌다. 또 불과(佛果)를 비롯한 보살의 행과(行果)를 바르게 지키는 호과(護果)를 밝히고 있다. 이 점은『인왕경』이 시종일관 긴장을 유지하면서 설하는 메시지이다. 그러면 2권 8품의 내용을 간략히 요약해 본다.

「서품(序品)」 제1에서는 사위성 기사굴산 중에서 대비구 무리 8백 만억과 대선(大仙) 연각, 구백만억의 보살, 천만 억의 오계의 현자 그리고 16대 국왕과 오도(五道)의 일체 중생과 함께 계시면서 대공(大空)삼매에 들어 대광명을 놓아 보배 비를 내리게 하는 등의 상서로운 모습을 나투는 것으로 시작된다.

「관공품(觀空品)」 제2에서 붓다는 사위국 바사익왕의 문법(問法)에 대해 16대 국왕에게 여러 보살들이 불과(佛果)를 수호하는 인연과 십지(十地)의 행을 수호하는 인연을 설한다. 또 반야바라밀을 수호함은 살바야(薩婆若)와 십력(十力)과 십팔불공법(十八不空法)과 오안(五眼)과 오분법신(五分法身)과 사무량심(四無量心)과 일체 공덕과(功德果)를 수호함이 된다고 설한다.

「보살교화품(菩薩教化品)」 제3에서 붓다는 십지의 행을 수호하는 보살은 어떠한 행을 하며 어떠한 행(行)과 상(相)으로써 중생을 교화할 것인가에 대해서 설한다.

「이제품(二諦品)」 제4에서 붓다는 제일의제(第一義諦)와 세제(世諦)와 일의(一義) 이의(二義)에 대하여 보살은 제일의(第一義) 가운데에서 언제나 이제(二諦)를 비추고 중생을 교화한다. 붓다와 중생은 둘이 아니면서도 하나가 아니다. 보살이 아직 성불이 안 됐을 때는 보리로써 번뇌로 하고, 보살의 성불에는 번뇌로써 보리로 한다. 제일의(第一義)에서는 불이(不二), 제불여래(諸佛如來) 내지 일체법(一切法)은 여(如)로써, 일체법의 관문(觀門)은 하나도 아니며 둘도 아니다. 일체법은 또한 유상(有相)도 아니고 비무상(非無相)도 아니다고 설한다.

정종분의 전반부인 제2품에서 제4품까지는 반야가 능히 지켜져야 하는 이유, 즉 내호(內護)에 대해 설하고 있다.

「호국품(護國品)」 제5에서 붓다는 대왕들에게 바르게 국토를 보호하는 법용(法用)을 설하리니 국왕은 마땅히 반야바라밀을 받아 지닐 것이며, 국토가 어지러워져서 파괴되고 겁소(劫燒)되며 적(賊)이 쳐들어와서 국가를 파멸하려고 할 때 백의 불상과 백의 보살상과 백의 나한상을 모시고 백의 법사를 청하여 백의 사자후의 높은 자리에서 이 경을 설하게 하고, 그 앞에 백의 등과 백의 화향과 백 가지의 꽃으로 삼보를 공양하며 삼의(三衣) 십물(什物)로 법사를 공양하되 소반(小飯) 중식(中食)도 때를 맞추어 하며, 하루에 두 번 경을 독송하여 백의 비구중(比丘衆)과 사부중(四大衆)과 칠중(七衆)을 청하여 듣게 하면 국토 가운데의 백부(百部) 귀신은 즐겨하고 국가를 수호하게 된다. 국토가 어지러울 때는 먼저 귀신이 어지러우니 만일 물과 불과 바람의 난(難)같은 일체의 여러 난이 있으면 이 경을 강독할 것이다. 이는 단지 나라를 보호할 뿐 아니라 역시 복을 보호하게 되고 또한 뭇 난을 보호한다. 옛날 석제환인이 원적(怨敵)인 정생왕을 물리치고 보명왕이 천라국 반족태자의 잔인을 뉘우쳐 깨닫게 하여 출가하게 한 것도 모두 이 법용에 의하였다고 설한다.

「산화품(散華品)」 제6에서는 16대 국왕이 붓다의 설법을 듣고 환희가 헬 수 없어 흩어진 백만 억의 꽃이 허공 가운데에서 한 자리로 변하니 시방 제불은 함께 거기에 앉아 반야바라밀을 설하였다. 이때 붓다는 대왕들에게 반야바라밀은 제불과 제보살의 어머니이며 신통의 생처이며 삼세의 이익이니 자세히 듣고 잘 생각하여 법답게 수행할 것이라고 설한다.

「수지품(受持品)」 제7에서는 붓다의 멸도 후 불법이 다 사라지려 할 때 모든 국왕들은 이 반야바라밀을 받아지녀 크게 불사를 위할 것이며, 나라 가운데에 7난이 있더라도 반야바라밀을 강독하면 7난이 곧 멸하여 7복이 생하고 안락 환희할 것이다. 반야바라밀은 진실로 제불 보살과 일체 중생의 심식(心識)의 근본이며 일체 국왕의 부모이므로 만일 미래세에 삼보를 받아지니는 국왕이 있으면 붓다는 금강후(金剛吼)보살 등의 오대력 보살을 보내어 그 나라를 수호하고 나라 안에 큰 이익을 짓게 할 것이라고 설한다. 정종분의 후반부인 제5품에서 제7품까지는 반야에 의해 지켜지는 국토, 즉 외호(外護)를 설하고 있다.

「촉루품(囑累品)」 제8에서 붓다는 이 경과 삼보를 모든 국왕들과 4부의 제자들에게 간곡히 부촉한다. 이때 대중은 붓다가 설한 불과(佛果) 보호와 국토 보호의 인연 등을 듣고 환희를 헬 수 없어 붓다에게 예를 올리고 반야바라밀을 받아 지니게 된다.

이처럼 이 경전의 내용은 결국 '호국(護國)은 곧 호법(護法)'이라는 진호국가(鎭護國家) 사상을 역설하고 있다.

동아시아 한중일 삼국에서 헬 수 없이 시설된 호국 도량은 대개 호국 삼부경에 의거한 법회였다. 『묘법연화경』과 『금광명경』과 더불어 『인왕반야바라밀경』은 국토수호의 명분 아래 한중일 삼국의 통치자들에 의해 적극적으로 소통되었다.

우리나라 고대 사국 중 특히 신라에서는 통치자의 적극적인 지원과 관심 아래 『인왕경』에 대한 여러 저술이 이루어졌다.

현재 요진(姚秦) 구마라집(鳩摩羅什)에 의해 옮겨진(?) 것으로 알겨진 『佛說 인왕반야바라밀경』 2권(『고려장』 제5책; 『대정장』 제8책)에 대한 주석서는 한중일 삼국에서 모두 저술되었다. 그 목록을 살펴보면 아래와 같다.

중국:

① 隋 智顗 說 灌頂 記, 『인왕호국반야경疏』 5권(『대정장』 제33책)

② 宋 善月 述, 『불설인왕호국반야바라밀다경疏神寶記』 4권(『대정장』 제33책)

③ 隋 吉藏 撰, 『인왕반야경疏』 6권(『대정장』 제33책): 제일 먼저 성립됨.

④ 失名人, 『인왕반야實相論』<殘闕・敦煌出土>(『대정장』 제85책)

⑤ 失名人, 『인왕경疏』<殘闕・敦煌出土>(『대정장』 제85책)

한국:

① 新羅 文雅(圓測) 撰, 『인왕경疏』 6권(『한불전』 제1책; 『대정장』 제33책)

② 新羅 太賢 述, 『인왕반야古迹記』 1권(失)

③ 新羅 玄範 述, 『인왕반야경疏』(失)

④ 新羅 禮元 述, 『인왕경注』 4권 科1권(失)

일본:

① 覺超 述, 『호국抄』 3권(『일불전』 제6책)

② 良助親王 述, 『釋尊影響인왕경秘法』 8권(『일불전』 6책)

③ 失名人, 『인왕경問答』 1권(『일불전』 6책)

④ 失名人, 『인왕호국경疏』 3권(『일불전』 6책)

경록에 의하면 한중일 삼국에서 지어진 구역 『인왕경』 주석서는 위에서 소개한 것과 같다. 주석서를 지은 이들의 면면을 살펴보면 대부분이 당시의 주요 저술가였다. 신라의 경우는 문아(원측, 613~696)), 태현(680?~770?), 현범, 예원 등에 의해 4종이 지어졌다.

이 가운데에서 유일하게 현존하는 문아의 주석은 '유식(唯識)적 공관(空觀)'에 의해 해석되었으며 뛰어난 『인왕경』 주석서로 평가된다. 문아는 『인왕경』을 주석함에 있어 반야부 소속인 『인왕경』을 유식적인 안목에서 주석을 달고 있다. 이 점에서 반야중관(般若中觀)과 유가유식(瑜伽唯識)에 대한 문아의 해박한 이해를 엿볼 수 있다.

위의 구역 『인왕경』에 대한 주석뿐만 아니라 불공(703~774)의 신역 『인왕경』에 대한 주석서도 다수 보이고 있다. 구역 『인왕경』의 갱정본(更訂本)이라고 평가되는 신역 『인왕경』 역시 동아시아에서 광범위하게 유통되었다. 당나라 때의 밀교 삼장인 불공(不空)에 의해 번역된 『인왕호국(護國)반야바라밀경』 2권(『고려장』 제36책; 『대정장』 제8책)은 밀교(密教)의 영향이 크게 작용하여 부분적인 개변(改變)과 증광(增廣)이 아울러 행해진 것[31]으로 여겨지고 있다.

그런데 현존하는 경록에 의하면 한중일 삼국 중 특히 신라에는 중국과 일본과 달리 신역 경전에 대한 주석서를 남긴 이가 없다.

중국:

① 唐 良賁 述, 『인왕호국반야바라밀다경疏』 7권(『대정장』 제33책)

② 唐 遇榮, 『인왕호국반야바라밀경疏法衡鈔』 4권(『卍續』 제41책, 1~2)

③ 宋 淨源, 『인왕경疏』 4권(『卍續』 제41책, 2)

일본:

① 空海 撰, 『인왕경開題』 1권(『대정장』 56책)

② 行新 述, 『인왕호국경疏』 2권<3권 내 1권결>(『일불전』 제6책)

31) 黃台燮, 앞의 논문, 110면.

③ 光謙 述, 『인왕반야合疏講錄』 3권(『일불전』 제6책)

신라에 신역 『인왕경』에 의한 주석이 없다는 점은 한국불교의 성격과도 관련된다고 생각된다. 밀교 삼장인 불공의 번역은 구역 『인왕경』에 대한 밀교적 갱정본(更訂本)이라고, 할 수 있다. 때문에 신역에는 밀교적 요소가 깊이 투영되어 있다.

하지만 당시 신라 교단의 주류는 유가법상교단과 화엄교단이었다. 그 때문에 밀교적 요소를 머금고 있는 신역 『인왕경』의 주석서에 대한 국가적 수요가 없었을 것이라 생각된다. 그 대신 구역 『인왕경』에 대한 주석서를 통해 『인왕경』의 담론이 형성되었을 것이라 생각된다.

아마도 구역 『인왕경』에 의거한 '호국의 담론'이 이미 광범위하게 자리 잡고 있었기 때문에 밀교적 요소가 가미된 새로운 『인왕경』의 담론이 절실하지 않았을 수 있다. 그것은 당시 신라 불교교단의 성격과 깊은 연관이 있었을 것이다.

고려불교의 기복양재(祈福禳災)적 성격에 입각해 볼 때 고려시대에는 밀교적 요소가 가미된 신역 『인왕경』이 유통되었을 가능성이 있다. 하지만 현존하는 자료상 그것을 확정할 수는 없다. 신역에 의한 주석서 목록 역시 우리나라에선 전혀 보이지 않는다. 이로 미루어 볼 때 신라 이래 고려시대의 『인왕경』의 주요 담론은 구역본과 더불어 구역에 의거한 문아(文雅)의 현존 『인왕경소』를 중심으로 형성되었을 것이라 생각된다.

1973년 12월에 충청남도 서산군 운산면 태봉리 문수사 금동여래좌상 속의 복장물에서 발견된 고려시대 불경 낙장(落張) 5매가 구역 『인왕경』인 것은 이러한 사실을 잘 말해 주고 있다. 그 이유는 고려불교의 성격과도 관련된다. 그렇다면 수많은 『인왕경』 도량 시설의 이론적 근거는 신역보다는 대부분 구역 『인왕경』에 의해서였다고 추정해 볼 수 있을 것이다.

3. 한국불교사에서 구역 인왕경

『인왕경』을 중심으로 한 인왕법회가 시작된 것은 중국에서부터였다. 『인왕경』 도량은 당나라 건국을 전후하여 국가적으로 거행되었던 것으로 추정된다. 그 이후 '당나라와 송나라에서는 불공(不空)삼장이 번역한 『인왕경』을 가지고 백좌인왕회를 거행하여 비를 빌어 영험이 있었으니 이것이 인왕회의 시작이 된다'고 했다.

그러나 위의 기록처럼 당나라 이후에만 인왕법회가 열린 것은 아니다. 『인왕경』이 머금고 있는 호국적 성격을 엿보면 경록에서 살펴본 대로 이미 그 이전에도 『인왕경』을 강설하는 법회가 열렸음을 알 수 있다.

중국으로부터 불교를 받아들인 한국불교에 있어서도 구역(또는 신역) 『인왕경』과 이를 토대로 시설된 백고좌도량이 차지하는 위상은 막중했다. 고구려와 백제와 가야의 자료는 일천하여 자세히 추정할 수 없다. 하지만 신라시대와 고려시대에는 『인왕경』 도량을 개설하여 나라의 위기를 극복하려고 했던 사실을 도처에서 확인할 수 있다.

특히 신라시대와 고려시대에 중점적으로 거행된 인왕백고좌법회는 『인왕경』「호국품」(제5)에 의거한 호국법회였다. 국토수호의 법용이 절실했던 통치자들은 『인왕경』 등의 호국삼부경에 의거하여 호국법회를 적극적으로 지원하였다. 때문에 당시의 통치자들에게 있어서 호국삼부경은 호법보다는 '호국'(護國) 중심으로 이해되었다.

불교 교단 역시 외우와 내환의 국난을 진[鎭(壓保)]호(護)한다는, 다시 말해서 '호법은 곧 호국'이라는 진호국가(鎭護國家)사상에 의해 나라의 외침 등에 따른 외우(外優)와 극심한 한발과 가뭄과 홍수 등의 내환(內患)을 타개하기 위해 적극적으로 나섰다. 뿐만 아니라 통치자들은 『인왕경』에서 설하는 멸죄(滅罪), 기복(祈福), 기양(祈攘)의 효력 등을 믿어 자국의 상황을 해결하기 위해 즉자적으로 적용하고자 했다.

고구려・백제・가야・신라의 사국과 통일신라 및 고려시대에 국가적으로 『인왕경』 도량이 열렸던 것은 이러한 배경에서였다.

(1) 사국시대

불교가 고구려 소수림왕 2년(374), 백제 침류왕 원년(384), 가야 질지왕 2년(452), 신라 법흥왕 14년(527)에 공인된 이래 『인왕경』은 사국에서 주요한 경전으로 다루어졌다. 신라에 합병된 김해가야(532)와 대가야(563?)를 중심으로 한 가야연맹은 불교를 받아들인 뒤 오래지 않아 사라졌기에 자세히 알 수 없다.

고구려의 수용 이래 백제나 가야 역시 불교를 '나라에 이익이 되는 가르침'으로 인식하고 적극적으로 받아들였었다. 때문에 통치자에게 있어 나라에 이익을 준다는 의미는 나라의 어려움, 다시 말해서 외우(外憂)와 내환(內患)을 헤치고 나아갈 비결이 불교에 있다고 인식했다는 점에서 불교의 정치 사회적 역할이 있었던 것이다.

고구려와 백제 역시 자료가 없어 알 수는 없지만 불교를 '나라에 이익을 주는 종교'라 이해하고 적극적으로 수용하였던 사실을 통해 『인왕경』 도량의 시설 가능성을 추정해 볼 수 있다.

신라시대에는 인왕도량(仁王道場)이라 하여 인왕백고좌법회 등이 여러 차례 거행되었다. 명칭도 다양하여 '인왕도량', '인왕경도량', '인왕백좌도량', '백고좌인왕도량', '백고좌회', '백고좌도량', '백좌인왕회', '백좌인왕경도량', '백좌인왕도량', '백좌회', '백좌도량', '백좌법석' 등으로 불려졌다.

통일 이전의 신라에서도 이러한 도량이 시설되었다. 『삼국사기』에 따르면 신라시대에 '백좌인왕강'이라는 법회가 열렸다는 기록이 있다. 거기에 보면 "하루는 백좌를 시설하여 『인왕경』을 강설하였는데 백좌의 법은 경 안에서 설한 것이다'고 전해진다.

백고좌에 대한 설명이 부족하여 『인왕경』 도량에 대해 자세히 알 수는 없다. 하지만 '백고좌'를 시설하였다는 것은 『인왕경』 「호국품」에 근거하였음에 틀림없다. '국토가 파괴되고 어지러우며 크게 가물고 불타며 도적이 들어와 국가를 파괴하려 할 때면, 백좌의 불상·보살상·나한상과 백 명의 비구중, 사대중, 일곱 대중, 백 명의 법사[32) 등을 청하여 반야바라밀을 설하라'고 한 것처럼 『인왕경』은 이 도량의 시설 근거였던 것이다.

신라 진흥왕 12년(551)에도 거칠부(居柒夫)와 함께 온 혜량(惠亮)법사로 하여금 승통(僧統)으로 삼고 백좌강회(仁王法會)와 팔관법을 설치했다[33)] 고 한다. 하지만 이 인왕도량이 언제부터 시설되었는지는 자세히 알 수 없다. 또 진평왕 35년(613)조에도 '백고좌도량'에 대해 언급되고 있다.

> '가을 칠월 수(隋)나라 사신 왕세희(王世儀)가 황룡사에 이르러 백고좌(百高座)를 시설하고 원광(圓光) 등의 법사를 불러 경을 설하게 했다.'[34)]

선덕(여)왕 5년(636)조에도 백고좌 법회에 대한 기록이 있다.

> 왕이 병이 났는데 의사의 기도도 효험이 없었다. 황룡사에 백고좌를 시설하고 승려를 불러 『인왕경』(仁王經)을 강설하게 했으며 승려 백 명을 득도(得度)하게 했다.[35)]

---

32) 신라 元曉는 仁王百高座法會에 100명의 법사를 추천할 때 사람됨 나쁘다고 평가받아 거절당한 적이 있었다. 나중에 『금강삼매경론』을 지어 황룡사 법당에서 강론할 때 "지난날 100개의 서까래를 구할 때에는 비록 내가 법회에 참예하지 못했지만(昔日採百椽時, 雖不預會), 오늘 하나의 대들보를 가로지르는 곳에서는 나만이 할 수 있구나(今日橫一棟處, 唯我獨能)!"라고 사자후를 했다.

33) 金富軾, 『三國史記』 권44, 「居柒夫」. "王以爲僧統, 始置百座講會, 及八關之法."

34) 金富軾, 위의 책 권4, 「眞平王」. "秋七月, 隋使王世儀至皇龍寺, 設百高座, 邀圓光等法師說經."; 一然, 『三國遺事』 「圓光西學」. "又建福三十年, 癸酉 秋 隋使王世儀至於皇龍寺設百座道場, 請諸高德說經, 光崔居上首."

35) 金富軾, 위의 책, '善德王' 5년조.

국가에서는 나라 바깥의 침략 등과 같은 외환이나 극심한 한발·가뭄·홍수 등의 내환뿐만 아니라 왕실의 질병(疾病) 등까지도 불보살의 위신력과 반야바라밀(般若波羅蜜)의 지송을 통해 치유하고자 했다. 때문에 『인왕경』 도량은 자주 시설되었다.

이러한 법회는 통일 이후에도 종종 시설되었다. 이때부터 신라 말까지 『삼국사기』는 7건, 『삼국유사』는 1건의 기록을 전하고 있다.[36]

(2) 남북국시대

『삼국사기』에 의하면 혜공왕 15년(779년),[37] 헌강왕 2년(877),[38] 헌강왕 12년(887), 정강왕 2년(889),[39] 진성왕 즉위년(889)[40]에 『인왕경』 도량이 시설되었고, 『삼국유사』에서는 경애왕 즉위년(924)[41]에 『인왕경』 도량이 베풀어졌음을 알 수 있다.

그런데 이들 법회는 첫 회를 제외하고는 모두 황룡사에서 열렸다는 특징이 있다. 이를 통해 통일 신라에서 황룡사가 차지하는 비중이 어느 정도였는지 알 수 있다. 원래 궁궐을 짓다가 황룡이 나오는 바람에 절을 지었다는 연기설화도 있지만, 호국을 위한 법회가 대부분 이곳에서 거행되었다는 것은 주목되는 일이다.

이처럼 통일 신라시대에는 『인왕경』에 의거한 백고좌 도량이 7~8차례 열렸던 것을 알 수 있다. 이때 열렸던 『인왕경』 도량이 구역(舊譯)에 의거한 것인지 신역(新譯)에 의거한 것인지는 알 수 없다. 다만 신역이 불공(不空, 705~774)[42]에 의해 번역되었으며 이에 대한 신라인들의 주

36) 呂東贊, 「高麗時代 護國法會에 對한 硏究」(동대 대학원 불교학과 석사논문), 1970, 35면.

37) 金富軾, 위의 책, 권제9.

38) 金富軾, 위의 책, 권제11.

39) 金富軾, 위의 책, 권제11.

40) 金富軾, 위의 책, 건제11.

41) 一然, 『三國遺事』 권제2, 「景哀王」.

석서가 전무한 점을 볼 때 아무래도 통일 신라에서 대중적으로 유통된 것은 구역 『인왕경』이 아니었을까 추정된다.

이는 불공이 재입국(746)하여 경론 번역과 밀교 홍법에 전력한 행적을 살펴볼 때 적어도 746년 이후에야 신역 『인왕경』이 번역되었음이 분명하기 때문이다. 따라서 신역 『인왕경』에 의해 인왕도량이 시설되기 위해서는 8세기 중엽 이후, 즉 통일 신라 경덕왕 대에나 가능한 것이다.

하지만 신구역 『인왕경』 모두가 불보살의 위신력과 반야바라밀의 지송을 통해 외침・한발・기근・홍수・질병 등의 외우내환(外憂內患)을 해결하기 위해서 통치자에 의해 적극적으로 수용되었던 것은 분명하다고 할 수 있다.

(3) 고려시대

고려시대에는 호국도량이 자주 시설되었다. 태조 왕건 이래로 진호국가(鎭護國家)와 비보산천(裨補山川)의 신불(信佛)사상은 결국 도참설(圖讖說)의 속신(俗信)과 더불어 불교로 하여금 기복(祈福)과 양재(攘災)의 사상으로 흐르게 하였다.[43] 그 결과 고려 일대는 각종의 법회(法會), 도량(道場), 설재(設齋), 법석(法席) 등의 행사가 잦아 말기에 이르러서는 국고를 탕진하는 사태에까지 이르렀다. 그것이 결국은 억불(抑佛)의 빌미가 되었으며, 조선 초기의 극심한 불교 비판의 근거 역시 여기에서부터 비롯되었던 것이다.

『고려사』와 『조선불교통사』에 의하면 고려시대에 시설된 각종 도량의 종류는 『소재길상다라니경(消災吉祥陀羅尼經)』을 독송함으로써 온갖

---

42) 不空이 중국에 온 것은 16세 때인 개원 8년(720)이었고 개원 12년(724)에 광복사 戒壇에서 有部律을 받은 뒤 金剛智삼장을 모시고 譯經에 힘쓰고 密學을 깊이 닦았다. 731년 금강지 삼장이 입적하자 그의 뜻을 이어 『금강정경』을 구하기 위해 다시 인도의 阿陵國을 거쳐 사자국의 佛牙寺에 머무르면서 普賢아사리에게 비밀교의 대법을 전수받았다. 천보 5년(746)에 다시 중국에 와서 현종의 귀의를 받고 경론 번역과 밀교의 홍법에 힘을 쓰다가 대력 9년(774)에 입적하였다.

43) 禹貞相・金煐泰, 『韓國佛敎史』(진수당, 1969), 90면.

재난을 없애려는 소재도량(消災道場)으로부터, 『금강경』을 강독하고 받들어 지니는 금강경도량, 『약사경』을 읽고 외우는 약사경도량, 『인왕경』을 강설하는 『인왕경』 도량 등 65종 600여 회였다고 한다.[44] 이 가운데에서도 『인왕경』 도량은 118회(또는 120회)에 이르렀다고 한다.

『인왕경』을 근거로 한 신앙행사는 정기적으로 9월이나 10월에 궁궐에서 반승(飯僧)을 수반하여 열리는 대규모의 '백고좌인왕도량'과 특정목적을 가지고 수시로 열린 '인왕도량'으로 구분할 수 있다. 대개 반승(飯僧)이 수반되는 정기적 백고좌인왕도량은 명종대까지 이어지고 원(元) 간섭기에 접어든 이후에는 그 성격과 설행시기, 횟수에 변화가 생긴다.[45]

고려 일대에 걸쳐 여러 왕들이 『인왕경』 도량을 시설한 회수는 헬 수 없이 많다. 『고려사』에는 현종 4회, 정종 1회, 문종 6회, 선종 4회, 숙종 8회, 예종 14회, 인종 13회, 의종 7회, 명종 13회, 신종 1회, 희종 2회, 고종 19회, 원종 8회, 충렬왕 4회, 충선왕 1회, 충목왕 1회, 공민왕 9회로 기록되어 있다.

그런데 구제도(舊制度)에 의하면 '인왕백고좌회'는 3년마다 한 번씩 열리는 것이 규정이었으나 갑작스런 재앙을 물리치기 위해서는 3년에 구애받지 않고 열렸던 것 같다. 명종 9년(1179) 11월의 기록[46]이나 명종 8년에 열린 10월 도량, 12월 도량[47]이 그 예이다. 그렇다면 3년마다의 정기법회와 재앙이 심할 때 임시로 시설된 것도 있을 것인데 이들에 대한 기록은 자세하지 않다.

또 3년마다 열리는 것이 일반적인 규칙이라고 했지만 실제로 인종[48]

---

44) 呂東贊, 앞의 논문, 36면. 이 논문에서 논자는 『고려사』와 『고려사절요』의 인왕법회 관련 기사수를 115종으로 정리하고 이능화의 『조선불교통사』의 기록에는 몇 건의 기록이 누락되었다고 적고 있다.

45) 金炯佑, 앞의 논문, 135면.

46) 『高麗史』 권제20. "辛酉 說百座會, 于開國時, 是年兵刃, 數起國家患之, 術僧致純奏曰, 舊制三年一設百座會, 前年十月, 雖已行之, 今宣別例復行, 以攘其災, 從之."

47) 『高麗史』 권제19.

48) 『高麗史』 권제15, 권제16, 권제17.

조에 보면 원년, 5년, 7년, 9년, 11년, 13년, 15년, 17년, 19년, 21년, 23년에 시설되었다는 기록이 있다. 고종조 39년에는 3월, 4월, 7월, 8월, 10월에 시설되었으며, 40년에는 3월 4월, 7월 8월, 11월, 12월에 열려 2년 동안 무려 14회나 열렸다. 이 법회는 한 번 열리면 3일 동안 진행되었고 많게는 5일(명종 8년 12월) 내지 10여 일까지 계속되기도 했다.

문종조부터 의종 5년(1151)까지는 원칙적으로 2년에 한 번씩 열렸고, 의종 17년 이후 원종조까지는 3년에 한 차례씩 열렸다. 이것은 반승(飯僧)을 수반하고, 9월 또는 10월에 열린 백고좌도량을 살펴볼 때 대체적으로 일치하기 때문이다. 백고좌인왕도량 때에 아울러 행해졌던 반승(飯僧)은 수도 개경에서 1만 명, 지방의 각 주부(州府)에서 2만 명을 공양할 정도의 대규모 행사였다. 하지만 이 인왕도량 때의 반승(飯僧)은 3만 명에게 공양한 명종 23년(1193) 10월에 거행된 행사를 끝으로 고려대(代)에는 자취를 감추었다.

고려조에 시설된 인왕도량은 절에서 시설된 몇 차례를 제외하고는 대부분 왕이 거처하는 내전(內殿), 회경전(會慶殿), 문덕전(文德殿), 선경전(宣慶殿) 등의 왕궁에서였다. 아마도 이것은 『인왕경』의 교설내용이 대부분 통치자인 왕에게 부촉하는 것이기 때문이었을 것이다.

법왕사(法王寺)에서 시설된 인왕도량에는 왕이 행차하였다.[49] 정종이 5월에 죽자 그해 즉위했던 문종은 9월에 백좌인왕경도량을 3일 동안 시설했다. 또 예종이 4월에 죽자 전년에 정기 인왕도량이 있었는데도 인종은 즉위한 해(1122)에 회경전에서 백고좌도량을 시설했다.[50]

의종, 충선왕, 공민왕 대에 거행된 인왕도량 역시 천재지변이나 멸죄(滅罪), 기복(祈福). 기양(祈攘) 등을 위해 시설되었다. 의종 4년(1150)조에

---

49) 『高麗史』 권제12. 숙종12년(1105). "四月 壬午 行大內法雲寺, 設仁王道場."
『高麗史』 권제13. "行法王寺, 設座道場三日, 內外齊僧三萬."

50) 『高麗史』 권제15.

의하면 '명인전(明仁殿)에서 『인왕경』 도량을 시설하여 하늘의 재난(天災)을 물리쳤다'[51]고 하고, '태백[(太白(星)]이 나타나고 하늘에 해 두 개가 떴'는데 이들을 물리치기 위해 『인왕경』 도량을 열었다는 것이다.

『인왕경』의 교설에 의하면 변재(變災)가 있을 때는 수시로 도량을 시설하도록 되어 있지만, 고려조에는 너무 지나치게 열려 국고를 과도하게 탕진하였다. 비록 원(元) 간섭기에는 진호국가(鎭護國家)적 성격을 지닌 백고좌 인왕도량이 거의 열리지 못하였지만 그 이후에 이따금 비정기적으로 열렸던 인왕도량은 대부분 천변(天變)을 물리치기 위한 것이었다.

이처럼 고려시대의 인왕도량은 『인왕경』의 가르침을 유권해석하여 모든 재난을 물리치는 방편으로 삼았다. 때문에 인왕도량은 수많은 도량 중에서도 주요한 법회로 인식되었다. 그 결과 고려 일대의 불교에는 밀교적 요소, 도참적 요소, 토속신앙적 요소까지 끼어들어 있었다.

(4) 조선시대

조선시대는 억불의 시대였다. 때문에 공식적인 불교행사는 태조－정종－태종－세종으로 이어지는 조선 초기에 일부 행해졌을 뿐이다. 정종－태종－세종은 독실한 불교신자였던 태조의 뜻을 받들어 비공식적으로 사리각 등을 보수하고 경찬회 등의 일부 법회의식을 거행했을 뿐, 공식적인 행사는 금지되었다.

고려 이래 11종이던 교단을 태종은 7종으로[52] 통폐합하였다. 그 뒤를 이은 세종은 7종을 다시 선교(禪敎) 2종으로[53] 통합시켰다. 뒤이어 성종의 척불(斥佛)과 연산군의 폐불(廢佛)을 거쳐 중종에 이르러서는 종명(宗名)도 없어지고 불교인재의 선발제도인 승[(僧)(과고]시(試)도 사라

51) 『高麗史』 권제17.

52) 『太宗實錄』 권제14, 7년 12월.

53) 『世宗實錄』 권제17, 4년 4월.

진 무종(無宗) 무파(無派)의 암흑기였다. 이러한 시기에 공식적인 『인왕경』 도량과 같은 공식적인 불교행사는 이루어질 수 없었다.

따라서 왕성하게 열렸던 신라-고려 이래의 『인왕경』 도량은 자취를 감추었다. 다만 '호법은 곧 호국'이라는 진호국가(鎭護國家) 사상(思想)에 입각하여 임란(壬亂)과 병란(丙亂)의 외침을 당할 때 불교의 승병(僧兵)들은 분연히 일어나 외적을 물리쳤다. 나라를 지키려는 호국의 정신은 『인왕경』을 주로 하는 호국삼부경의 가르침에서 비롯된 것이었다. 그리고 이러한 경향은 한국불교의 한 특성을 이루게 되었다.

하지만 왜란(倭亂)과 호란(胡亂) 이후 불교는 서민층에 광범위하게 스며들어 가면서 저변화되었다. 산중불교 승단은 선법 속으로 침잠해 갔고, 강원의 정비를 통한 교육제도가 자리 잡혀 갔지만 『인왕경』과 같은 호국적 법용을 담은 경전은 교과목에 포함되지 않았다. 그 결과 『인왕경』은 불교도들에게서조차 점점 소원(疎遠)해져 갔다.

4. 구역 인왕경의 위상

한국불교사에서 『인왕경』의 위상은 신구역이 동시에 소통되었던 것으로 보인다. 하지만 주요 담론의 층을 형성했던 것은 구역 『인왕경』이었던 것으로 추정된다. 주석서의 이름이 전혀 남아 있지 않은 신역과 달리 구역 『인왕경』은 4종의 주석서와 더불어 호국에 대한 거대담론을 형성했던 것으로 보인다. 현존하는 문아(원측)의 『인왕경소』를 통해서도 확인되듯 구역 『인왕경』은 소통의 역사 중심에 서서 호국의 담론을 만들어 내었던 것으로 생각된다.

(1) 소통(疏通)의 역사

한국불교사에서 『인왕경』은 소통과 소원의 역사를 아울러 갖고 있다. 고구려-백제-가야-신라로 전개되었던 사국시대의 불교는 국가불교였다. 국가의 적극적 지원 아래 펼쳐졌던 불교는 백성들에게 '이익을 주는' 종교로 인식되었다. 때문에 호국적 법용을 담고 있는 『인왕경』은 국가적으로 광범위하게 소통(疏通)되었다.

현존 기록으로 볼 때 신라 진흥왕에서부터 시작되었던 것으로 추정되는 신라의 호국법회는 『묘법연화경』과 『금광명경』과 『인왕경』의 호국삼부경을 중심으로 도량이 개설되었다. 특히 『인왕경』 도량은 「호국품」에 근거하여 '호국(護國)은 곧 호법(護法)'이라는 진호국가사상(鎭護國家思想)으로 전개되었다. 『삼국사기』에 7건, 『삼국유사』에 1건이 기록된 것으로 보아 통치자는 도량과 법회를 시설하여 외우와 내환을 극복하고자 했던 것으로 보인다.

고려시대 『인왕경』 도량의 정기법회는 평균 3년마다 한 번씩 열렸다. 하지만 국난이 있을 때에는 3년에 구애받지 않고 수시로 열렸다. 때문에 고려 일대는 65종 600여 종의 호국 도량 가운데에서 『인왕경』 도량이 120여 회나 시설되었을 정도로 국민들 사이에서 인왕도량에 대한 담론이 형성되었다.

비록 원(元) 간섭기에는 진호국가(鎭護國家)적 성격을 지닌 백고좌 인왕도량이 거의 열리지 못하였지만 그 이후에 이따금 비정기적으로 열렸던 인왕도량은 대부분 천변(天變)을 물리치기 위한 것이었다. 때문에 후기에 이를수록 호국적 법용의 의미가 퇴색되고 변재(變災)를 타개하는 방편으로 바뀌어 갔다.

따라서 고려조에는 너무 지나치게 도량들이 열려 국고를 과도하게 탕진하였다. 그 결과 정몽주와 정도전 등과 같은 신흥사대부들에게 억불(抑佛)의 근거를 제공하였고 조선 건국 이후는 도량 시설의 흔적조차 찾아볼 수 없게 되었다.

(2) 소원(疎遠)의 역사

한국불교사에서 『인왕경』 도량의 소원(疎遠)은 국가불교시대였던 사국시대와 신라-고려시대가 아니라 조선조라 할 수 있다. 숭유 억불(崇儒 抑佛)을 건국이념으로 내세운 조선조는 불교 지원에 대해 지극히 소극적이었다. 태종은 종래 11종이던 종단을 7종으로 통폐합하였고, 세종은 7종이던 종단을 다시 선교(禪教) 2종으로 만들어 버렸다.

그 결과 불교는 산중승단만으로 명맥을 유지할 수 있었다. 성종의 척불과 연산군의 폐불에 이어 중종은 명목상이나마 유지되어 오던 선교(禪教) 양종을 뿌리째 뽑아 버렸다. 뿐만 아니라 승[(僧)(과고]시(試)를 통한 인재양성제도인 승과제를 합법적으로 폐지하여 불교의 구심을 완전히 없애 버렸다. 때문에 『인왕경』의 담론은 국민들 사이에서 소원해져 갔다.

하지만 세조와 중종의 생모인 정현황후 윤씨, 그리고 중종의 후비이자 명종의 생모인 문정대비에 의해 스러져 가던 교단은 잠시나마 부흥되는 듯했다. 특히 허응당 보우의 노력으로 복원된 승과에 의해 서산(휴정)과 사명(유정)과 같은 선사들이 발탁되어 임란과 병란의 외환을 주도적으로 타개해 가게 되었다. 서산-사명-기허 등의 의승(義僧)들의 참여는 『인왕경』 등이 머금고 있는 '호국적 담론'에 근거한 보살행이었다.

임란과 병란을 경험한 조선조 불교는 점차 서민 속으로 파고들었다. 선법(禪法)만이 조선조 불교의 중심은 아니었다. 간경(看經)과 참선(參禪)과 염불(念佛)을 중심으로 하는 삼문수행(三門修行)돠 더불어 기도와 주력 등 외우(外優)와 외환(外患)을 극복하려는 『인왕경』 등의 호국적 법용 밑바탕에 깔려 있었다. 이는 한국 선법이 가지고 있는 종합적인 모습과도 맥을 같이하는 것이라고 할 수 있다.

조선 일대에 있어 『인왕경』은 전면에서 사라져 소원(疎遠)의 역사를 경험했다. 『인왕경』에 의거한 도량도 전혀 열리지 못했다. 하지만 국민들 사이에선 '나라를 보호하는' 호국(護國)적 법용(法用)의 중심엔 여전히 불교가 자리매김되었다. 따라서 조선조 역시 호국적 담론에 근거한 『인왕경』 등의 도량이 열리지는 않았지만 소원(疎遠)의 역사 속에서도 여전히 호국의 명분은 이어지고 있었다고 할 수 있다. 이는 식민지 시대에 대한독립을 위해 여러 불제자(佛弟子)들이 군자금 등을 하고 나라의 독립을 위해 조석으로 기원했던 것에서도 확인되고 있다.

大渤海 文皇代 이래 佛教 地形의 動向*

1. 문제와 구상

고조선(古朝鮮)과 부여(夫餘)를 이은 대제국 고구려(高句麗)의 소멸 이후 동북아시아 권역을 주도한 나라는 한민족이 세운 대발해(大渤海)와 제(濟)나라였다. 대발해는 고구려 고씨(高氏)의 별종(別種)인 대씨(大氏)가 세웠고, 제나라는 고구려의 장군이었던 이정기(李正己)가 세운 나라였다. 특히 고구려의 장군이었던 대중상(大仲象)은 678년 소국에 준하는 정치세력을 형성[1]시킨 뒤 684년에 진국(震國, 小渤海)을 건국하였다.[2]

---

* 이 논문은 2008년 9월 24일 중국 요녕성 조양시에서 열린 중국조양 제2차 국제불교문화학술회의－중국불교의 불사리 숭봉과 조양 요대 북탑－에서 발표한 논문을 수정 보완한 것이다.

1) 一然, 『三國遺事』 권1, 「靺鞨渤海」. 여기에 인용된 『三國史』에는 "儀鳳 3년(678) 고(구)려 유민들이 태백산 아래에 의거하여 나라를 세우고 渤海라고 하였다"고 했다. 金富軾의 『三國史記』 「崔致遠傳」 역시 의봉 3년 고구려 유민들이 세운 渤海에 대해 기술하고 있다.

2) 李承休, 『帝王韻紀』 下에는 "고(구)려의 옛 장수 대조영이 태백산 南城에 의거하여 측천무후 갑신년(684)에 나라를 열어 渤海라고 이름하였다"고 하였고, 『陝溪太氏族譜』 권1, 先祖世系에는 "嗣聖 13년(696)에 仲像이 고구려 유민을 이끌고 요하를 건너 태백산 동쪽에 나라를 세우고 '震國'이라고 하였다"고 하였다.

이 소발해(진국)는 다시 대중상의 아들 대조영(大祚榮)에 의해 '대씨의 발해'이자 '광대한 발해'인 '대발해'로 이어졌다.

698년 대조영이 건국한 '대발해'는 '고씨의 고구려'를 계승한 '후고구려'이자 '고씨의 별종'인 대씨가 세운 후 대제국이었다. 대발해의 건국은 종래 동북아시아 지역을 통치하였던 고구려의 복원과 당나라에 맞서는 새로운 제국의 출현을 의미하는 것이었다. 한동안 낯선 영주(營州)로 떠나 객지의 삶을 살아야 했던 고구려 유민과 고구려의 지배를 받던 속말말갈(粟末靺鞨)과 백산말갈(白山靺鞨) 등은 이 지역의 글안(거란)족들과 반당(反唐) 전선을 형성하면서 새로운 제국의 건설에 전력하였다.

696년 반당 봉기로 이진충-장만영에 의해 글안(거란)국이 건설되었고 고구려 유민들과 고구려를 지배를 받던 말갈족 등은 동북쪽으로 이동했다. 이들을 쫓던 당나라 대군과 천문령 전투에서 대승한 대조영은 동모산(東牟山)으로 이동하여 대발해[3]를 세웠다. 건국을 완성한 고황 대조영(大祚榮, 698~719)대에 이어 2대 무황 대무예(大武藝, 719~737)대는 국력이 크게 신장하였고 영토가 넓게 확장하였다.

3대 문황 대흠무(大欽武, 737~793)에 이르러 내치(內治)가 강화되고 국력이 더욱 공고해졌다. 고구려 불교를 계승한 대발해 불교가 본격화된 것은 불교식 황명이자 존호인 '대흥보력효감금륜성법대왕(大興寶歷孝感金輪聖法大王)이라고 일컬어진 문황대였다고 할 수 있다. 이 글에서는 한국의 통일신라와 대발해로 전개된 '남북국시대'[4] 불교의 한 축인

---

3) 高氏가 세운 '句麗'가 '高句麗'이듯이 고씨의 별종인 大氏가 세운 渤海가 大渤海이다. 대조영이 홀한해(경박호) 가까운 곳에 수도인 상경 용천부(東京城)를 잡았기에 나라 이름을 '홀한해'를 달리 말하는 '발해'라고 불렀던 것이다. 하지만 '작은 바다'를 나타내는 보통명사 '渤海'는 길이가 약 35킬로미터, 폭이 약 10킬로미터의 타원형으로 된 '경박호'를 가리키는 이름이다. 때문에 이 호수를 바다처럼 넓다고 여긴 '홀한해'(渤海)를 제국의 이름으로 사용하는 것에 대해 당시부터 문제를 인식해 왔다. 따라서 668년 고구려의 멸망 이후 유민들은 678년 소국에 준하는 정체세력을 형성시켰고, 684년에는 동모산을 중심으로 대걸중상이 이끄는 '小渤海'(震國)를 건국하였으며, 698년에는 그의 아들 대조영이 '大渤海'를 건국하였다. 따라서 앞뒤의 발해를 분명히 하고 여러 나라와 부족을 지배했던 대제국의 위상을 온전히 드러내기 위해서는 260여 년간 동북아시아를 지배했던 대제국을 '대발해'라고 부르는 것이 합당할 것이다. 그렇게 되면 발해가 멸망한 뒤에 열만화가 세운 '後渤海'인 '定安國'과도 변별할 수 있게 되고 글안(거란)이 대발해 유민을 이끌고 세운 위성국 '東丹國'과도 구분할 수 있게 된다.

대발해 불교에 대해 검토해 보려고 한다. 선행 연구[5]와 관련 사료를 통해 주로 불교의 전파 시기와 경로 및 문황대 이래 불교계의 동향을 통해 대발해 불교의 특성에 대해 살펴볼 것이다.

2. 문황 대흠무의 불교관

대발해 불교 관련 기록은 고황 대조영(698~719)대의 몇몇 기록들에 처음 나타나 있다. 이들 기록들에 근거해 보면 무황에 이은 문황 때부터는 고구려 이래 대발해 황실 역시 불교를 적극 지원하였던 사실을 짐작해 볼 수 있다. 이는 고구려의 고토를 계승하였다는 역사적 사실과 오경(五京) 지역에서 출토된 불교 유물과 유적의 고구려 불교적 연속성을 통해서도 확인할 수 있다.

대발해 황실의 불교 정책은 당나라의 사서인 『책부원구』의 기록과 일본의 몇몇 기록에 의거해 재구해 볼 수 있다.

> 개원 원년(713) 12월, 말갈(靺鞨, 大渤海) 왕자(태자)가 조정에 나아와 아뢰기를 '신이 시장에 나아가 교역할 수 있게 해 주시고 절에 들어가 예불하기를 허락해 주소서'라고 청하였다.[6]

---

4) 李成市, 「발해사 연구에서 국가와 민족: '南北國時代論'의 검토를 중심으로」, 임상선 편역, 『발해사의 이해』(서울: 신서원, 1996 3판), 59~90면. 논자는 남국과 북국을 중심으로 한 '남북국시대'와 남조와 북조를 중심으로 한 '남북조'의 차이에 대한 자세히 논구하고 있다. 논자는 "고구려·부여·穢·挹婁 등의 여러 종족과의 융합이 있었던 점을 인정한 위에서 여러 말갈족, 다시 후세의 여진족도 포함하여 그것들을 한국민족형성사 속에 설정하는 노력이 필요하며 그러한 민족형성사를 근거로 한 국가관을 가질 수 있다면, 고구려 문화를 계승·발전시킨 발해 독자의 국가형태가 부상될 것이며, 발해사도 한국사의 체계적인 역사서술의 대상이 될 수 있을 것이다"라고 결론을 내리고 있다.

5) 방학봉, 『발해불교연구』(연길: 연변대학출판사, 1998); 방학봉, 『발해의 불교유적과 유물』(서울: 서경문화사, 1998); 방학봉, 「발해의 절간」, 『발해불교와 그 유적·유물』(서울: 신성출판사, 2006); 송기호, 「渤海佛教의 展開科程과 몇 가지 特徵」, 논총간행위원회 편, 『伽山李智冠스님 華甲記念論叢 韓國佛教文化思想史』 상, 1992; 車玉信, 「渤海 佛像에 관한 연구」, 이화여대 미술사학과 석사학위, 1991; 金志垠, 「渤海佛教의 연구현황」, 『慶州史學』 제24·25合集, 동국대학교 경주사학회, 2007.

6) 『冊府元龜』 권971.

> 762년 일본에 사신으로 갔다가 이듬해 귀국한 왕신복(王新福) 일행이 동대사(東大寺)에서 예불하였다.7)

> 정사년(776) 천황이 중각문에 나아와 대발해 사신 사도몽(史都蒙)을 불러 활 쏘는 것과 말 타는 것을 보았다. 또한 활 쏘는 곳에서 만나 오위(五位) 이상에게 장식한 말을 주었다. 이들이 대발해로 돌아갈 때는 수정 염주 네 꾸러미[貫]를 가지고 갔다.8)

처음의 기록은 태조인 고황 대의 기록이고 나머지 두 기록들은 모두 문황대에 이루어진 기록들이다. 재위 기간이 가장 길었던 문황대임에도 불구하고 대발해 불교에 관한 기록은 많이 남아 있지 않다. 아마도 대발해를 멸망시켰던 글안(契丹)이 대발해 유민들을 요동으로 강제 이주시키고 수도와 사료들을 불태웠기 때문으로 보인다. 그 결과 고구려를 계승한 대발해임에도 불구하고 인접 국가들의 이해관계에 따라 대발해의 정체성을 자의적으로 해석하고 있다.9)

개원 원년(713) 당나라는 사신 최흔(崔炘)을 보내 발해와 공식적인 외교 관계를 맺었다. 고황 대조영은 그 보답으로 태자를 당나라에 사신으로 보냈다.10) 이것은 고구려 멸망 이후 그 유민이 주도하여 건국한 대발해의 실체를 당나라가 처음으로 인정한 것이라고 할 수 있다. 동시에 대발해 황실은 고구려 황실 못지않게 적극적인 불교 정책을 펼쳤음을 짐작할 수 있다.

우선 대발해 태자의 사신 파견은 제국과 제국 사이의 교류를 위한 공식적인 첫 만남을 의미한다. 그런데 국가 간 교류의 핵심인 무역 교역과 동시에 사찰에 들어가 예불하기를 청했다는 것은 파격적인 것이라고 할

---

7) 東京帝國大學, 『大日本古文書』 16, 東京帝國大學 人文學部 史料編纂掛, 1927.

8) 『續日本記』 권34. 光仁天皇 寶龜 8년 5월 23일 조.

9) 특히 김부식은 정사로 평가받고 있는 『삼국사기』에서 '대발해'에 관한 일체의 기록을 제외함으로써 한국사 속에서 대발해 역사는 오랫동안 소외되어 왔다.

10) 이해에 唐은 大祚榮은 渤海郡王으로 册封했다고 기록하고 있다. 여기서 '朝貢'과 '册封'은 국가와 국가 사이에 이루어지는 外交的 慣行이자 교역의 한 方便로 보아야지 종속국으로 보면 아니 된다.

수 있다. 뿐만 아니라 이것은 대발해 황실이 이미 불교를 깊이 숭신하고 있었음을 시사하는 것이며 대발해와 당의 관계를 불교가 추구하는 평화의 관계로 유지하자는 의미를 내포한 것이기도 해서 주목된다.

또 조금 후대이기는 하지만 일본에 파견된 사신 왕신복 일행이 교토의 동대사에서 예불을 하였다는 기록도 대발해－일본의 관계를 불교가 지향하는 평화의 관계로 유지하자는 의미를 지니는 것이다. 이들 기록은 두 나라 간 평화 관계의 유지뿐만 아니라 두 나라 관료들의 적극적인 불교 신봉의 현실을 아울러 보여주고 있다. 나아가 대발해 사신 사도몽 일행이 돌아올 때 수정 염주 네 꾸러미를 가지고 왔다는 것 역시 일본 불교의 상황과 대발해 불교의 상황을 아울러 보여주는 것이라고 할 수 있다.

756년 문황이 상경 용천부(上京 龍泉府)로 수도를 천도한 뒤부터 지배층은 통치 질서의 유지와 정신적인 안위를 위해 불당에 불상을 모시고 불공을 드리게 하여 불교를 융성시켰다.[11] 이는 문황대 이후 대발해 황실이 취했던 불교 정책과 대외 관계 방향의 상통성을 보여준다.[12] 특히 문황의 재위 56년은 발해 전 역사의 4분의 1에 이르는 기간이다. 뿐만 아니라 이 시기는 대발해의 태평성대를 이룬 기간이라는 점에서 주목해야 한다. 위의 기록은 대발해 황실의 적극적인 불교 수용 정책에 힘입어 전국에 불상을 널리 보급하였고 국민들 스스로도 불교를 깊이 숭신했음을 시사해 주고 있다.

이 시기 문황은 상경 용천부를 비롯해 중경 현덕부(中京 顯德府)와 동

---

11) 李殿福, 「渤海國的建築與造形藝術」, 『淸溪史學』 6, 아세아문화사, 263면.

12) 『日本後記』 권24, 嵯峨天皇 弘仁 6년 정월 을묘조. “을묘일에 오위 이상 및 발해 사신에게 연회를 베풀고 여악을 연주하게 했다.”; 『册府元龜』 권972. “원화 9년(814) 정월 발해에서 파견한 사신 고진례 등 37인이 조공하여 금과 은으로 조성한 불상 각 1구씩을 바치었다.”; 일본 石山寺에 소장되어 있는 『불정존승다라니경(佛頂尊勝多羅尼經)』은 861년 일본에 사신을 갔던 李居正이 전해 준 것이다; 平安時代 편집, 『經國集』(827) 권10. “814년 가을에 일본에 사신으로 갔던 王孝廉(?~825)이 일본의 弘法大師 空海(774~835)와 시문을 주고받으면서 교유한 이야기와 발해 사신이 예불을 드렸다는 소식을 듣고 감격해서 적은 7언시(「聞渤海客禮佛感而賦之」)가 전한다.”

경 용원부(東京 龍原府) 지역에 불교 사찰을 창건하였다. 이는 문황 이전의 중심지였던 돈화 지역에서 불교 유적이 단지 하나밖에 나타나지 않는 점과 달리 상경성, 중경성, 동경성 지역에서 집중적으로 발굴된 절터에 의해서 확인된다. 특히 무치(武治)에 힘썼던 아버지 무황의 업적에 기반하여 문치(文治)에 역점을 두었던 문황은 과감한 불교 정책 아래 도성 내외에 다수의 사원을 개창하였던 것으로 추정된다.

그의 딸들인 정혜공주와 정효공주 묘비의 기록에 의하면 문황은 자신을 '대흥보력효감금륜성법대왕(大興寶歷孝感金輪聖法大王)'이라 일컬었다. 여기서 '대흥'과 '보력'은 모두 문황 자신이 사용하던 연호였다. '효감'은 효행의 덕이 신인(神人)을 감동시켰다는 유교적 덕행을 의미한다.[13] '금륜'은 사천하를 통치하였던 '금륜왕'을 의식한 것에서 비롯된 것이다. 전륜성왕은 일곱 가지 보배를 성취하고 네 가지 덕을 갖추어 수미산(須彌山)을 둘러싼 동남서북 4주를 통일하고 정법으로 세상을 다스리는 제왕을 말한다. 전륜성왕의 윤보에는 금·은·동·철의 네 종류가 있어 이것을 금륜왕·은륜왕·동륜왕·철륜왕이라고 일컫는다. 그리고 '성법왕'은 과거불인 세자재왕불(世自在王佛)을 가리키며 전륜성왕과 관련이 있다.

문황의 이 호칭은 당나라 측천무후(則天武后)에 대한 적극적 의식에서 비롯된 것으로 보인다. 측천무후는 690년에 이르러 국호를 '당(唐)'에서 '주(周)'로 바꾸었다. 그 뒤 그녀는 자신의 권위를 강화하기 위해 불교와 미신을 적절하게 활용하였다. 또한 그녀는 궁중에다 '금륜보'를 비롯한 칠보를 만들어 신하들에게 조회 때마다 보도록 하였다. 693년에 이르러서는 종래의 존호에다 '금륜성신황제(金輪聖神皇帝)'를 덧붙였다.[14] 694년 5월에 이르러서는 그녀는 '월고금륜성신황제(越古金輪聖神

13) 『冊府元龜』 권757. 이 사서에 '孝感篇'이 들어 있다는 것에서 시사받을 점이 적지 않다.

14) 『大正新脩大藏經』 제8책, 1면. 그녀는 實叉難陀 三藏에 의해 695~699년에 번역된 新譯 80권 『大方廣佛華嚴經』의 序文에서도 스스로 존호를 붙여 '天冊金輪聖神皇帝製'라고 쓰고 있다.

皇帝)'로 칭하였고, 695년 1월에는 '자씨월고금륜성신황제'(慈氏越古金輪聖神皇帝)'로 일컬었으며, 그해 9월에는 '천책금륜성신황제(天冊金輪聖神皇帝)'로 바꾸어 사용하기에 이르렀다.[15]

자신의 권위를 강화하기 위해 전륜성왕 설화를 이용하여 붙인 측천무후의 불교식 황명은 당나라에 맞서 제국을 경영하였던 대발해 황제에게도 매력적인 것이었다. 문황 역시 전륜성왕 설화를 적극적으로 활용하였다. 그리하여 스스로를 '대흥보력효감금륜성법대왕'이라고 일컬었다.[16] 774년 문황은 유신(維新)을 단행하여 연호를 대흥(大興)에서 보력(寶歷)으로 개원(改元)했다. 그리고 스스로 '고려국'(高麗國)이란 국호와 '대왕' 및 '천손'(天孫)과 '황상'(皇上)이란 칭호를 사용하였다.

이윽고 통치 후반기에 들어선 문황 대흠무는 국력을 크게 신장하면서 자신감이 생겼다. 이에 힘입어 그는 불교 정책을 좀 더 과감하게 펼친 것으로 보인다. '대왕'과 '천손' 및 '황상'의 칭호와 맞물려 전륜성왕 설화를 채택한 것은 자신의 권위를 강화하려는 데에 목적이 있었을 것[17]으로 보인다. 이것은 수도를 비롯한 5경 등에 세웠던 다수의 사원들과 유적 유물 및 정혜·정효 공주 묘비의 유물들 그리고 팔련성과 반랍성 등을 중심으로 한 이불병좌상의 광범위한 분포 등에서도 확인된다.

이러한 기록과 유적 및 유물들을 통해 문황은 불교를 통치에 활용한 호불 황제였으며 국가의 기강을 공고히 한 제국 대발해의 황제였음을 알 수 있다. 대발해 역시 문황에 의해 제국으로서의 기반을 탄탄히 다질 수 있었다.

---

15) 『舊唐書』 권6, 「則天武后本紀」; 『新唐書』 권76, 「則天武皇后傳」.

16) 신라의 法興王 역시 불교를 공인한 527년부터는 '法興大王'이라고 일컫고 있음은 주목할 대목이다. 이러한 호칭의 변화는 불교 공인을 통해 신라나 대발해 또는 당나라가 고대국가의 반석 위에 확고히 올라섰음을 안팎으로 선포하는 의미를 지니는 것이기도 하다.

17) 송기호, 「渤海佛敎의 展開科程과 몇 가지 特徵」, 논총간행위원회 편, 『伽山李智冠스님 華甲記念論叢 韓國佛敎文化思想史』 상, 1992, 706면.

3. 발굴 사지의 유적과 유물들

대발해 황실은 여타의 제국과 달리 건국 이래 네 차례나 수도를 옮겼다. 동모산 아래 '구국(舊國, 敦化 지역)'에 도읍을 한 대발해는 3대 문황 천보(天寶, 742~756) 년간에 '구국'에서 '중경'(吉林省 和龍縣 西古城)으로 천도하였다. 문황은 756년 중경에서 다시 상경(黑龍江省 寧安縣 東京城)으로 수도를 옮겼다. 785년에는 다시 동경(吉林省 琿春市 八連省)으로 수도를 천도했다. 5대 성황은 즉위하자마자 상경으로 옮긴 이래로 대발해 멸망 때까지 이곳은 수도로 자리했다.

대발해 불교 관련 기록은 다른 나라의 기록에 비해 현저히 부족하다. 대발해를 멸망시킨 글안은 대발해 유민을 요양(遼陽) 지역으로 강제 이주시키고 상경성과 여러 절들 및 대발해 관련 기록들을 불태웠다. 그 뒤 글안은 발해 강역을 잠시 동단국(東丹國)이라 하여 지배하였다. 하지만 오래지 않아 이 지역은 말갈의 후신인 여진족의 무대가 되면서 대발해 관련 기록은 더욱 더 묻혀 버렸다. 여진은 이곳에다 금(金)나라를 세웠고 금에 이은 후금(後金)은 뒷날 다시 청(淸)나라가 계승했다. 그 뒤 이곳은 일본의 위성국인 만주국(滿洲國)으로 이어지다가 사라졌다.

이 때문에 지난 7세기 후반부터 10세기 초반까지 약 229년간 혹은 그 이상을 이 지역 동북 삼성을 무대로 했던 대발해의 강역에서 불교의 기록과 유적 및 유물들을 찾아내는 일은 쉬운 일이 아니다. 우선 대발해 불교 관련 기록의 부족을 보충하기 위해서는 근래에 발굴된 유적과 유물에 의존할 수밖에 없다. 선행 연구에 힘입어 이들 유적과 유물과 기록을 구분해 보면 다음과 같다.[18)]

---

18) 방학봉, 「발해의 절간에 대하여」, 『발해불교연구』(연길: 연변대학출판사, 1998), 1~14면; 방학봉, 「발해의 불교유적」, 『발해의 불교유적과 유물』(서울: 서경문화사, 1998), 13~89면; 방학봉, 「발해의 절간」, 『발해불교와 그 유적·유물』(서울: 신성출판사, 2006), 13~74면. 방학봉은 "발해국 지역 범위 내에서 발견된 발해 시기의 절간자리는 도합 44곳이다."라고 했는데 정확히 세어 보면 46곳 혹은 43곳이 된다.

〈표 1〉 대발해 발굴 사지의 유적과 유물

구분	發掘寺址	특징
舊國 권역 (1)	紅石鄉의 廟屯寺址	
中京 권역 (17)	高山村寺址　軍民橋寺址　龍海村寺址 東南溝寺址　仲坪村寺址　神仙洞寺址 大東溝寺址　舞鶴洞寺址　咸場村寺址 東淸村寺址　傅家淸寺址　崇實村寺址 新田村寺址　駱駝山屯寺址　英城古城寺址 河南村寺址　紅雲寺址	고산촌사지에서 8각형 法堂址 혹은 塔址 발견
東京 권역 (8)	新生村寺址　五一村寺址　八連城東南寺址 馬適達村寺址　楊木林子村寺址　大荒溝村寺址 東南溝寺址　三家子優良鍾場寺址	팔련성 인근에서 二佛竝坐像 출토
上京 권역 (10)	城內의 8寺址　城外의 2寺址	3·4사지에서 소불상군들 출토
南京 권역 (2)	梧梅里寺址　開心寺寺址	오매리사지에서 113자가 새겨진 고구려 金銅板 발견
연해주 권역 (5)	馬蹄山寺址　香山寺址　우스리스크 3사지* (우스리스크　크라스키노　아브리코스)	
동북 권역 (3)	칠도하자촌사지　백도고성사지　대성자고성사지	
총계 (46)	* 동북 권역 3사지는 연해주 권역 우스리스크 3사지와 같은 사지일 가능성이 있다.	

우선 이들 발굴 사지에서 나온 불상군들과 탑지들을 통해 미진하나마 대발해의 불교 사상과 불상 양식을 추정해 볼 수 있다. 이곳에서는 대략 1천여 구의 불상들이 출토되었다. 그런데 이들 불상군들은 이미 중국, 러시아, 일본, 북한과 남한 등지에 각기 보관되어 있다. 이 때문에 이들의 출토량이나 불상의 정체성과 양식들을 분석하는 일도 쉽지 않게 되었다. 이들 불상군들은 대개 상경성과 팔련성의 절터에서 대부분 출토되었으며 전불이 대다수를 차지하고 있다.

전불(塼佛)은 틀빼기를 해서 구워 만든 불상이다. 둥글고 입체적인 형태를 띠고 있으며 고구려 원오리 절터에서 출토된 전불과 흡사해서 고구려의 영향을 받았을 것으로 보인다. 또 고구려 옛 영토지역에 해당하는 팔련성 인근에서는 이불병좌상이 다수 출토되었다. 팔련성으로 추정되는 동경 용원부에서는 법화신앙이 유행하였고, 상경 용천부 지역에서는 관음신앙이 유행했음을 알 수 있다.

불상 양식은 과거 고구려 영역 밖이었던 돈화·상경 지역과 달리 원래 고구려의 중요 지역이었던 대발해의 중경·동경 등지에서는 고구려 불교가 그대로 이어지고 있었다.[19] 그런데 이들 불상들은 북위(北魏)와 동위(東魏)의 양식 및 북제(北齊)와 주(周) 및 수(隋) 양식을 띠고 있다.[20] 특히 북위의 양식이 주조를 이루고 있다는 점은 주목된다. 이는 통일신라가 당나라 양식을 적극 수용하고 있는 것과는 대조된다.

따라서 대발해 불상의 양식이 전 시대의 고구려의 고식(古式) 양식을 고수하고 있다는 점과 이후 자생적인 대발해의 새로운 양식을 가미하여 독특한 양식[21]으로 탄생시킨 것은 대발해 불교의 독자성으로 평가할 수 있다. 바로 이러한 관점에서 대발해 불교의 정체성을 확립해야 할 것이다.

4. 貞惠·定孝 공주 묘비의 유물들

오랜 재위에 있었던 문황과 달리 그의 셋째 딸인 정혜공주(貞惠公主, 738~777)와 다섯째 딸인 정효공주(貞孝公主, 757~792)는 몸이 약하여 젊은 날에 세상을 떠났다. 문황은 성대한 장례의식을 거행하고 무덤을 두텁게 마련하게 했다. 부황의 깊은 사랑을 받았던 이들 공주들은 무덤 속에서나마 부친의 마음을 전해 받을 수 있었다. 문황이 베푼 화려한 무덤의 양식은 결과적으로 당시 대발해 불교의 모습을 보여주는 주요 자료가 되고 있다.

문황의 불교관은 정효공주의 무덤을 통해서도 알 수 있다. 대발해 전통 건축에서는 무덤 위에 건물을 짓는 것이 자연스러운 것이었다. 그런데 정효공주의 무덤은 지하에 무덤칸을 만들고 그 위에 불탑을 쌓았다.

---

19) 송기호, 「발해불교와 그 성격」, 불교신문사 편, 『한국불교사의 재조명』(서울: 불교시대사, 1994), 149면.

20) 차옥신, 앞의 논문, 84면.

21) 차옥신, 앞의 논문, 84~97면.

이것은 불교가 널리 퍼지면서 무덤 위에 짓던 일반 건축물 대신 탑을 쌓는 방식으로 변화되었다는 점에서 주목되는 것이다. 무덤 위에 탑을 세운다는 것은 이전과는 현격히 다른 양식이며 이는 대발해 건축의 전환점이 된다고 할 수 있다.

같은 자매임에도 불구하고 두 공주의 무덤 양식에는 확연한 차이가 있다. 15년 전에 조성된 정혜공주의 무덤에는 일반 건축물이 세워져 있다. 시기적으로 앞선 정혜공주의 무덤은 문황의 통치 전기 말엽에 조성되었다. 이와 달리 봉분 위에 벽돌탑이 세워진 정효공주의 무덤은 문황의 통치 후기 시절에 시설되었다. 전기까지만 해도 유교의 이념에 익숙하던 문황은 유신을 통해 강력한 제국을 운영해 왔다. 하지만 후기에 들어서면서 불교의 이념으로 돌아선 것을 보여주고 있다.

774년 문황은 유신을 단행하면서부터 보다 과감한 불교정책을 펼치기 시작했고 이 와중에 정혜공주의 죽음(777년)을 맞이했던 것으로 보인다. 그런데 이때까지만 해도 본격적인 묘탑장(墓塔葬)이 일반화되지 않았기 때문으로 보인다. 해서 정혜공주의 무덤에는 아직까지 일반 건축물을 세울 수밖에 없었던 것으로 보인다. 하지만 그 이후 불교의 성행과 함께 묘탑장이 성행했던 당나라의 영향을 받아 본격화된 것으로 보인다. 당에서는 산동의 영암사혜종탑(靈岩寺慧宗塔), 하남의 소림사동광탑(少林寺同光塔), 섬서성의 흥교사현장사리탑(興教寺玄奘舍利塔)에서 볼 수 있듯이 고승의 묘제로서 묘탑장이 이루어졌다. 대발해에서는 당의 문화를 받아들이는 과정에서 이러한 장례형식을 채용한 것으로 보인다.[22)]

이들 공주들의 무덤은 유교와 불교의 공존 양식 혹은 유교에서 불교로 이행되는 양식의 변화과정을 보여주고 있다. 근래 용두산 고분군 정상부에 자리하는 정효공주 무덤에서 50미터 떨어진 작은 평탄지에서

22) 방학봉, 「정혜공주묘와 정효공주묘에 대하여」, 『발해사연구』1(연변대학출판사, 1993), 43~76면.

건물터 하나가 발견되었다. 또 동남쪽으로 150미터 떨어진 산기슭 평지에서도 건물터 하나가 발견되었다. 이들 건물터는 아마도 이들 무덤들과 긴밀한 관련 속에서 이해해야 할 것이다.

전통적으로 불교가 공인된 이래 무덤 옆에는 영가의 안녕을 위무하기 위해 능침사찰이 세워졌다. 이곳에도 정효공주 무덤 탑을 세우면서 이 무덤과 탑의 관리를 위해 승려들이 거주하는 절을 세웠을 것으로 보인다. 그렇다면 이 절은 정효공주 무덤을 관리하던 능사(陵寺)였을 것이 분명하다. 이와 같은 예는 훈춘시 마적달탑에서도 발견되고 있다. 처음 마적달탑은 탑터로 이해되었으나 발굴을 끝내고 나자 정효공주 무덤과 동일한 양식의 무덤인 것으로 밝혀졌다. 이곳에서 서북쪽으로 260미터 떨어진 산기슭에서도 이와 같은 절터가 발견되었다.[23]

또 문황 시절에 축조된 것인지는 알 수 없지만 장백현(長白縣)에 온전히 남아 있는 것으로는 대발해 시대의 영광탑(靈光塔)이 있다. 이 탑에는 1층의 4면에 각각 '왕(王)', '립(立)', '국(國)', '토(土)'로 판독할 수 있는 벽돌문양이 새겨져 있다.[24] 이것을 '왕립국토'로 읽어야 할 지 혹은 '국립왕토'로 읽어야 할지 확정하기 어렵다. 하지만 이 탑은 대발해 황실과의 긴밀한 관련을 보여준다는 점에서 주요한 유적이라고 할 수 있다.

'왕이 국토를 세운다' 또는 '나라가 왕토를 세운다'라는 이 문구는 전륜성왕을 자임했던 신라 진흥왕의 순수비가 보여주는 것처럼 강력한 제국의 건설을 목표로 삼았던 문황의 국가 인식을 상징적으로 보여준다. 더욱이 불탑의 탑면에 이러한 문양을 새겼다는 것을 통해 적어도 대발해 황실은 불교를 주요한 통치이념으로 인식하고 있었음을 보여주고 있다.

23) 吉林省文物志編委會, 『琿春縣文物志』, 1984, 72면; 송기호, 앞의 논문, 재인용.

24) 송기호, 앞의 논문, 708면.

5. 二佛竝坐像과 대발해 불교의 특성

통일신라에 세워진 경주 불국사의 다보탑과 석가탑에 투영된 것처럼 다보불과 석가불에 관한 내용은 주로 『묘법연화경』「견보탑품」에 나와 있다. 불탑으로 형상화된 불국사의 경우와 달리 불상으로 도형화된 경우는 한국불교사에서는 대발해의 경우가 유일하다. 때문에 이불병좌상은 대발해 불교를 이해하는 주요한 기제가 된다.

> 그때 부처님 앞에 칠보의 탑이 있었다. 높이는 오백 유순이요 넓이는 이십 오십 유순이었으며 땅에서 솟아나 공중에 머물러 있었다. (중략) 이 보탑 가운에 여래의 전신이 계셨다. 저 먼 과거의 헤아릴 수 없는 천만 억의 아승기 세계를 지나서 나라가 있었으니 이름이 보정(寶淨)이었다. 그곳에 부처님이 계셨으니 이름이 다보(多寶)였다. 그 부처님이 본래 보살도를 행할 때 큰 서원을 세웠다. 만일 내가 성불하여 멸도한 뒤 서방 국토에 『법화경』을 설하는 곳이 있으면, 나의 탑묘는 이 경을 듣기 위해서 그 앞에 솟아나서 증명하고 찬탄하되 거룩하다고 말하리라. (중략) 그때 다보불이 보탑 안에서 자리를 반분하여 석가모니불께 주시고 이 말씀을 하셨다. '석가모니불은 가히 이 자리에 앉으소서.' 즉시 석가모니불께서 그 탑 안으로 들어가시어 그 반분된 자리에 가부좌를 맺고 앉으셨다.[25)]

이 경전의 가르침에 기반한 이불병좌상은 특히 북위 시대의 운강석굴 벽면에 조형되었다. 몇 가지 유형이 있기는 하지만 이불병좌상의 두 불상의 양손은 무릎 위에 자연스럽게 올려놓고 오른손은 우불(右佛)의 왼손 위에 겹쳐 놓여 있다. 왼쪽의 협시상은 정병을 들고 있는 관음보살로 보이고, 오른쪽의 협시상은 파르라니 머리를 깎은 승려상으로 보이지만 지장보살상으로 확정하기는 어렵다.

그런데 고구려 불상에서도 찾아볼 수 없는 이불병좌상이 특히 중경

---

25) 『妙法蓮華經』「見寶塔品」.

과 동경 지역에서만 발견되고 있다. 때문에 고구려 후기 이래의 불상 전통이 이들 지역을 중심으로 계승된 것임을 알 수 있다. 그리고 대발해 발굴 사지와 유적 및 유물을 통해 상경 용천부 지역에서는 관음신앙이 유행하였다는 사실을 알 수 있다. 또 동경 용원부 지역에서도 관음신앙이 널리 유행하였다. 하지만 연해주 지역에서는 이들 도성과는 달리 민간신앙까지 흡수하고 있음을 보여주는 유물과 유적들이 존재하고 있다.

기록이 일천한 대발해 불교의 성격을 검토하기 위해서는 여러 유적과 유물에 의존할 수밖에 없다. 먼저 자신의 딸인 정혜공주 묘지에 '대흥보력효감금륜성법대왕'으로 존칭되었던 것을 통해서 문황이 전륜성왕을 꿈꾸었던 사실을 알 수 있다. 또 문황이 696년 1월에 '자씨월고금륜성신황제'에서처럼 측천무후의 전례와 유사하게 자신을 전륜성왕을 넘어 미륵불로 의불화(擬佛化)했다는 사실[26]도 알 수 있다. 불교사를 살펴보면 절대왕정을 꿈꾸었던 제왕들은 일종의 '종성론(種姓論)'인 '진종설(眞種說)'을 제창하여 자신을 석가족의 일원이라고 주장해 왔다. 이는 부처의 권위를 빌어 '황제가 곧 부처' 또는 '왕이 곧 부처'로 가탁하여 강력한 통치를 하기 위함이었다.

'자씨'는 미륵을 의미한다. 미륵은 '미리' 혹은 '미르'로 불리는 '용'을 상징하기도 한다. 용은 현존하지는 않지만 '킹코브라'처럼 두려움과 강한 힘을 뿜어내는 동물을 상징한다. 전륜성왕을 자처했던 문황 역시 종래의 전륜성왕을 넘어 이제는 미륵불로 자신을 의불화하였다. 이러한 시도는 당시 당의 측천무후를 의식한 것에서 비롯된다. 그리고 이것은 당대에 널리 유행했던 현장-규기 이래의 유식(唯識) 법상(法相)계와 맥을 같이한다고 할 수 있다. 이러한 점에 기초해 보면 문황 당시 발해 불교의 사상은 당과 같은 맥락에서 유식 법상의 사상이 한 흐름으로 자리했을 것으로 추정해 볼 수 있다.

---

26) 氣賀澤保規, 『則天武后』(東京: 白帝社, 1995), 242~259면; 文明大, 「渤海 佛像彫刻의 流派와 樣式 硏究」, 『강좌미술사』 Vol. 14 No. 1, 1999, 8~9면.

이후에는 팔련성 인근에서 대량 출토된 이불병좌상을 통해 법화사상이 유행했음을 미루어 짐작할 수 있다. 이불병좌상은 『법화경』 「견보탑품」에 나오는 것처럼 석가불과 다보불이 나란히 앉아 설법하고 있는 두 부처를 도상화한 것이다. 특히 동경에서 출토된 이불병좌상의 광배에는 천불들이 새겨져 있다. 이것은 법화사상에 의거한 도상들이라 할 수 있다. 수대 이래 『법화경』을 기반으로 형성된 천태종이 이후 당대에 널리 성행하였다. 때문에 법화사상이 유행했던 대발해 역시 이를 기초로 한 천태종이 자연스럽게 수용되었을 것으로 추정된다.

문황대 이후 대발해는 당대에 성행하였던 화엄사상도 널리 수용하였던 것으로 보인다. 자료가 많지는 않지만 8세기에 활동했던 승려들[27]인 석인정(釋仁貞, 혹은 仁眞, ?~815), 석정소(釋貞素, ?~828), 살다라(薩多羅), 재웅(載雄) 등 가운데에서 석정소의 활동이 비교적 구체적이다. 그가 자신의 은사인 응송(應松)의 은사이자 당나라에 유학했던 일본의 영선(靈仙)대사를 방문한 곳이 칠불교계원(七佛敎誡院)이며 여기에는 '팔지초난야(八地超蘭若)'의 현판이 걸려 있었다.[28]

'칠불교계원'은 과거 비바시불-시기불-비사부불-구류손불-구나함모니불-가섭불-석가모니불 칠불이 공히 일깨워 준 '칠불통계게'를 실천하는 절이라는 의미를 지니고 있다. 즉 "나쁜 일들 짓지 말고(諸惡莫作) / 좋은 일들 받들어 행하여(諸善奉行) / 스스로 그 마음을 깨끗이 하는 것(自淨其意) / 이것이 여러 부처들의 가르침(是諸佛教)"이라는 게송을 몸소 행하는 사원이라는 뜻이다. 또 『화엄경』 「십지품」에서 강조하고 있는 제8 부동지(不動地)인 무생법인(無生法忍)을 뛰어넘는 난야라는 의미도 내포하고 있다.

후반기에 사신 이거정이 일본에 밀교 경전인 『대불정존승다라니』를 전해 준 예를 통해서도 알 수 있는 것처럼 대발해는 밀교사상도 수용하

27) 圓仁, 『入唐求法巡禮行記』 권3, 開成5년 7월 3일.

28) 文明大, 앞의 글, 10면.

였던 것으로 보인다. 뿐만 아니라 통일신라 하대에 당나라로 유학을 떠난 많은 선승들처럼 대발해 역시 유학승들의 귀국과 함께 선종이 유행했을 가능성이 있다. 이는 이 나라 사신이 일본의 선종 사찰을 참배한 사실[29]을 통해 대발해의 선종 수용을 미루어 짐작해 볼 수 있다.

따라서 대발해 문황 이래 불교의 사상적 특성은 유식 법상으로부터 법화 천태사상 및 화엄사상과 밀교사상 및 선사상까지 광범위하게 분포되었던 것으로 보인다. 나아가 대발해와 당 및 대발해와 일본과의 교류 그리고 인간의 보편성에 기초하여 당나라와 통일신라의 불교적 흐름과 궤를 같이하였던 것으로 보아도 크게 무리는 없을 것이다. 한 가지 아쉬운 점은 대발해 불교 지형의 동향을 일부 기록과 유적과 유물에 나타난 사상과 양식적 특성 분석에 의존하여 파악할 수밖에 없다는 사실이다. 해서 남북한의 물리적 통일이 시급히 요청된다.

6. 정리와 맺음

고조선(古朝鮮)과 부여(夫餘)를 이은 대제국 고구려(高句麗)의 소멸 이후 동북아시아 권역을 주도한 나라는 대발해(大渤海)였다. 3대 황제 문황(文皇)이 756년 상경 용천부(上京 龍泉府)로 수도를 천도한 뒤부터 지배층은 통치 질서의 유지와 정신적인 안위를 위해 불당에는 불상을 모시고 사람들로 하여금 불공을 드리게 하여 불교를 융성시켰다. 이는 문황대 이후 대발해 황실이 취했던 불교 정책과 대외 관계와 맥을 같이하는 것이다. 특히 문황의 재위 56년은 대발해 전 역사의 4분의 1에 이르는 기간이다. 태평성대를 맞이한 이 시기는 대발해 황실의 적극적인 불교 수용 정책에 힘입어 전국에 불상을 널리 보급하였고 대발해 국민들

29) 王承禮, 『발해의 역사』, 송기호(춘천: 한림대, 1987), 172~173면. 일본의 石山寺에도 발해에서 전해준 『大乘本生心地觀經』이 봉안되어 있다고 한다. 또 당나라에 유학한 뒤 대발해로 돌아와 다시 일본에 건너갔던 대발해의 貞素 역시 이 경전을 번역했다고 전하고 있다.

스스로도 불교를 깊이 숭신했다.

이 시기 문황은 상경 용천부를 비롯해 중경 현덕부(中京 顯德府)와 동경 용원부(東京 龍原府) 지역에 불교 사찰을 창건하였다. 이는 문황 이전의 중심지였던 돈화 지역에서 불교 유적이 단지 하나밖에 나타나지 않는 점과 달리 상경성, 중경성, 동경성 지역에서 집중적으로 발굴된 절터에 의해서 확인된다. 특히 무치(武治)에 힘썼던 아버지 무황의 업적에 기반하여 문치(文治)에 역점을 두었던 문황은 과감한 불교 정책 아래 도성 내외에 다수의 사원을 개창하였다.

774년 문황은 유신(維新)을 단행하여 연호를 대흥(大興)에서 보력(寶歷)으로 개원(改元)했다. 그리고 스스로 '고려국(高麗國)'이란 국호와 '대왕' 및 '천손(天孫)'과 '황상(皇上)'이란 칭호를 사용하였다. 이윽고 통치 후반기에 들어선 문황 대흠무는 국력을 크게 신장하면서 생겨난 자신감에 힘입어 불교 정책을 좀 더 적극적으로 펼쳤다. '대왕'과 '천손' 및 '황상'의 칭호와 함께 전륜성왕 설화까지 채택하여 '대흥보력효감금륜성법대왕'이라는 존호로서 자신의 권위를 강화하려고 하였다. 이는 정혜공주묘(貞惠公主墓)와 정효공주묘(貞孝公主墓)의 묘비에 나타난 기록과 양식의 변천과정을 통해서도 알 수 있다.

대발해 불교의 사상적 특성은 유식 법상(唯識法相)으로부터 법화 천태(法華天台) 및 화엄(華嚴)과 밀교(密教) 및 선(禪) 사상까지 광범위하게 분포되었던 것으로 보인다. 이는 일부나마 남아있는 사료, 대발해와 당 및 대발해와 일본과의 교류 그리고 당나라와 통일신라의 불교적 흐름과 궤를 같이하였던 것으로 볼 수 있기 때문이다. 온전히 남아 있는 영광탑의 탑면에 새겨진 '왕립국토(王立國土)' 혹은 '국립왕토(國立王土)'의 문양은 강력한 제국을 세우려 했던 대발해 황실이 불교를 주요한 통치이념으로 인식하고 있었음을 잘 보여주는 것이다. 따라서 대발해 불교의 특성은 문황 이래 국가의 강력한 지원을 받은 국가불교의 모습을 띠고 있었다고 말할 수 있다.

Ⅲ.

고려시대 이래

한국의 불전 번역과 불서 간행

-梵巴藏漢 佛典의 우리말 옮김을 중심으로-

1. 불교 전래와 불전 수용

한국불교는 인도불교와 중국불교를 주체적으로 받아들여 한국의 토양과 기후 및 한국인들의 기질과 개성이 숙성 발효한 '한국화된(koreanized)' 불교라고 할 수 있다. 고구려는 제17대 소수림왕 2년(372)에 중국 전진(前秦) 왕 부견(符堅)이 보낸 사문 순도(順道)와 불상과 경문을 받아들였다. 순도 이후에도 법심(法深)과 의연(義淵)과 담엄(曇嚴) 등이 전해 온 불교를 수용하였다. 또 2년 뒤(374) 중국 동진(東晋)에서 건너온 사문 아도(阿道)로부터 불교를 받아들였다. 왕실은 초문사(肖門寺)와 이불란사(伊弗蘭寺)를 지어 순도와 아도를 각기 머물게 했다. 그리하여 고구려불교는 불보(佛寶)의 상징인 불상(佛像)과 법보(法寶)의 인증인 경문(經文)과 승보(僧寶)의 대표인 순도의 삼보 모두를 구비하면서 시작되었다. 하지만 이때에 들여온 경문이 어떤 종류였는지 확인할 수 없다. 그 뒤 광개토왕 6년(396)에는 중국의 백족화상(白足和尙) 담시(曇始)가 경율(經律) 수십부를 가지고 들어와 요동(遙東) 지방에서 교화를 폈쳐다. 또 중국에서 활동한 삼론가 승랑(僧朗)을 비롯하여, 또 평원왕 18년(576)에는 재상 왕고덕(王高德)이 중국에 파견했던 의연(義淵)이 돌아와 『대지도론』(大智度論), 『보살지지론』(菩薩地持經), 『금강반야론』(金剛般若論) 등을 전했다. 그리고 영류왕 때는 보덕(普德)이 『열반경』(涅槃經)을 강의했다. 이러한 사실로 미루어 고구려 중기 불교교학이 삼론학과 성실학 및 지론학과 율학 그리고 열반학과 방등학 등이었음을 감안하면 이들 계통의 경론들이 수용되었을 것으로 추정된다.

백제는 제15대 침류왕 원년(384)에 중국 동진(東晋)에서 건너온 인도승 마라난타(摩羅難陀)를 통해 불교를 수용하였다. 왕은 교외에까지 나아가 그를 맞아들여 궁중에 머물게 하고 공경히 받들어 공양하며 그의 가르침을 품수했다. 이듬해 2월에 왕실은 새롭게 도읍한 한산주(漢山州)에 절을 짓고 10명의 승려를 출가[受具得度]시켰다. 또 제17대 아신왕은 "불법을 높이 받들어 믿고 복을 구하라[崇信佛法求福]"는 교지를 내렸다. 국왕이 불교의 교화를 좋아하여 크게 불사를 일으키고 함께 기리며 받들어 행하자 불교가 널리 퍼져 나갔다. 성왕 때 중인도의 상가나대율사(常伽那大律寺)로 유학을 떠난 겸익(謙益)은 5년 뒤(531)에 인도의 배달다(倍達多) 삼장 등과 함께 아비담장(阿毘曇藏)과 범어 율본(律本) 72권을 가져와 한문으로 번역했다. 그 뒤 현욱(曇旭)과 혜인(惠仁)은 36권의 율소(律疏)를 지었다. 백제 불교는 겸익과 현욱과 혜인을 비롯하여 법화학의 현광과 삼론학의 혜현 등의 활동을 통해 이들 관련 불교 전적들이 주로 강론되었을 것으로 짐작된다.

가야는 고구려와 백제와 달리 인도의 부파불교와 백제를 거쳐 중국 남조에서 전해 온 대승불교를 모두 받아들였다.[1] 가야불교는 시조인 수로왕(42~199)의 부인인 허황옥 왕후가 서역 아유타국(阿踰陁國)에서

---

1) 고영섭, 「부파불교의 전래와 전통 한국불교: 테라와다 불교의 전래와 관련하여」, 『한국선학』 제24호, 한국선학회, 2009년.

올 때 배에 싣고 왔다는 바사석탑을 주요한 근거로 삼고 있다. 하지만 학계에서는 이것을 사실로 인정하지 않고 있다. 제8대 질지왕이 재위 2년(452)에 왕이 수로왕의 부인인 허왕후의 명복을 빌기 위해 수로왕과 왕후가 결혼한 곳에다 왕후사를 세웠다. 그리고 삼보에 공양 올릴 비용으로 절 주변의 평전 10결을 주었다. 해서 가야불교는 왕실에 의한 기획과 지원에 의해 이루어진 왕후사 창건을 공인의 기점으로 삼고 있다. 하지만 대가야의 경우는 중국 남조를 통해 건너온 대승불교를 백제를 통해 받아들였다. 이때 가야에 어떤 불전이 전해왔는지는 알 수 없다. 신라에는 제13대 미추왕 2년(263)과 제19대 눌지왕대(417~458) 및 제21대 비처왕대(479~499)와 제23대 법흥왕 14년(527)에 승려 아도(阿道) 혹은 사문 묵호자(墨胡子)가 불교를 전해 왔다는 기록들이 혼재한다. 그리고 이들 기록들에는 아도와 묵호자가 자주 등장하고 있다. 여기서 아도는 '머리를 깎은 사람[阿頭]'으로, 묵(흑)호자는 '얼굴이 시커먼 외래 사람[黑胡子]'이라는 일반명사로 보아야 할 것이다. 그렇다면 신라는 미추왕 대부터 불교가 이미 들어와 있었다는 사실을 알 수 있다.

하지만 신라불교는 국가적 수용과 공인을 받기까지 시간이 더 필요했다. 결국 신라는 네 번째 기록처럼 법흥왕과 이차돈의 신묘한 책략[神略[2]]인 순교사건을 계기로 삼아 불교의 교화와 전법을 공식적으로 인정하였다. 진흥왕 10년(549)에는 양나라 사신과 함께 불사리(佛舍利)를 가져온[3] 이래, 진흥왕 26년(565)에는 입학승 명관(明觀)이 진나라 사신 유사(劉思)와 함께 '석씨경론(釋氏經論)' 1,700권을 가져왔고,[4] 진흥왕 37년(575)에는 당나라로 유학 갔던 신라 최초의 국비유학생 안홍(安弘, 安含[5]))이 서역의 세 삼장과 중국 승려 두 사람과 함께 돌아오면서 『능

2) 一然, 『三國遺事』 「興法」 권3, '阿道基羅'.

3) 金富軾, 『三國史記』 권4, 新羅本紀 眞興王 10년조; 覺訓, 『海東高僧傳』 권2, 覺德.

4) 金富軾, 『三國史記』 권4, 新羅本紀 眞興王 26년조; 覺訓, 『海東高僧傳』 권2, 覺德

5) 覺訓, 『海東高僧傳』 권2, 「安含傳」. 여기의 安弘은 安含과 동일인으로 추정된다. 신종원, 「안홍과 신라 불국토설」, 『신라초기불교사연구』(민족사, 1987), 232~249면 참고.

가경』과 『승만경』 및 불사리를 바쳤다.[6)] 북인도 오장국의 비마라진제(毘摩羅眞諦, 44세), 농가타(農加他, 46세), 마두라국의 불타승가(佛陀僧伽, 46세) 등이 황룡사에 머물면서 밀교계통의 경전인 『전단향화성광묘녀경(栴檀香火星光妙女經)』을 번역하자 신라승 담화(曇和)가 그것을 한문으로 받아 적었다.[7)] 뒤이어 선덕여왕 12년(643)에는 당나라에 유학 갔던 자장(慈藏)이 돌아오면서 장경 일부(4백여 상자)를 가져왔다.[8)] 또 통일신라 말에는 보요(普耀)선사가 오월국에서 두 차례나 대장경을 가져온 일[9)]이 있으며, 후당으로부터 묵(默)화상이 대장경을 가져온 사실[10)]이 있다. 해서 통일신라 불교인들은 이들 전적들에 기초하여 연구에 임하였던 것으로 짐작된다. 대발해[11)](698~926) 황실 역시 8세기 중후반에 무명(無明)과 정소(貞素) 등의 유학승을 인도와 중국에 파견한 뒤 그들이 가져온 『대승본생심지관경(大乘本生心地觀經)』 등을 번역할 수 있게 했다. 이처럼 고대에 불교를 수용한 한국은 인도와 티베트 및 중앙아시아와 중국 등을 통해 들여온 불전을 한역하거나 한역된 불전을 수용하였다. 그리고 이를 기반으로 신행에 정진하고 교학을 연찬하였으며 그 결과물들을 간행했던 것으로 이해된다. 여기에서는 고대에서 현대에 이르기까지 한국에서 이루어진 불전 번역과 불서 간행의 주체를 ① 공적기관을 통해서 이루어진 경우와 ② 개인 의지에 의해 이루어진 경우로 나눠볼 것이다. 그리고 번역 언어의 대해서는 ① 향찰과 한역을 넘어 순한문의 현토 구결화와 ② 선한(鮮漢) 호용문의 사용 및 ③ 순언문과

---

6) 金富軾, 『三國史記』 권4, 新羅本紀 眞興王 37년조.

7) 覺訓, 『海東高僧傳』 권2, 「安含傳」.

8) 一然, 『三國遺事』 권4, 「義解」, '慈藏定律'.

9) 一然, 『三國遺事』 권3 「塔像」, '前後所將舍利'.

10) 一然, 『三國遺事』 권3 「塔像」, '前後所將舍利'.

11) '高'씨의 '句麗'를 '高句麗'라고 불렀던 것처럼 大(乞)仲象(?~698년) 또는 大乞乞仲象 혹은 乞乞仲象 중심의 정치연맹체였던 소발해(震國, 676~698)와 대조영의 대발해(698~926) 및 거란에 의해 멸망된 이후 대씨에 의해 부흥되었던 후발해(926/927~935/1003/1007/1114) 등을 아울러 '大'씨의 '渤海'인 '大渤海'라고 부른 것이다.

한글 옮김 그리고 4) 우리말 옮김의 경우로 구분해 볼 것이다.

2. 향찰 향가와 한역 향가

고대의 사국을 통해 형성된 초기 한국불교는 사찰을 '복을 닦아 죄를 멸하는 곳[修福滅罪之處]'으로 인식했다. 때문에 국왕은 이들 사찰을 중심으로 '불법을 받들어 믿고 복을 구하라[崇信佛法求福]'는 교지를 내렸다. 고구려와 백제 및 가야는 왕들의 적극적인 수용과 지원에 의해 국가불교가 되었다. 이와 달리 신라는 천신(天神)신앙과 고목(古木)신앙에 침윤되어 있던 토착 귀족세력의 반대를 물리친 뒤 불교를 공인하였다. 가야를 먼저 합병한 신라는 당나라와 연합하여 고구려와 백제를 무너뜨리고 종래의 사국체제를 하나의 체제로 통일시켰다. 통일신라 불교 역시 네 나라 불교를 통합하였고 전대의 고구려 불교를 이은 북국의 대발해 불교는 북위와 당나라 및 일본과 교류하면서 동북아제국의 문화를 이어 갔다.

그런데 이들 각 나라에서 수용한 '불전(佛典)'은 백제의 성왕 때 겸익(謙益)이 인도에서 가져온 범본의 아비담장과 율장 및 신라의 진평왕 때 안홍(安弘, 安含)이 중국에서 서역의 세 삼장과 중국의 두 승려와 함께 가져온 범본의 『전단향화성광묘녀경(檀香火星光妙女經)』 등을 제외하고는 주로 중국에서 한역(漢譯)한 경율론 삼장(三藏)과 이것에 대한 장소(章疏/疏鈔)류 들이었다. 또 고려 성종 10년(991)에는 한언공(韓彦恭)이 송(宋)나라로부터 480질(帙) 5,047권에 이르는 개보판(開寶板) 한역 경론들을 가지고 왔다. 이들 불교 전적[佛典]은 주로 한자를 매개하여 연구한 저술들이었다. 삼국시대의 서민들은 한자를 사용했던 귀족들과 달리 주로 한자를 빌어 표기하던 이두(吏讀[12])와 향찰(鄕札[13]) 및 각필(角筆[14])과 구결(口

12) '吏讀'는 '吏頭'라고도 쓰며 한자의 음과 뜻을 빌려 우리말을 적던 표기법으로 신라에서 발달했다. 이두는 넓은 의미로는 漢字 借用 表記法 전체를 가리켜 향찰·구결 및 삼국시대의 固有名詞 表記 등을 총칭하는 말로 쓰이지만, 좁은 의미로는 한자를 국어의 문장 구성법에 따라 고치고 이에 吐를 붙인 것만을 가리킨다. 때문에 鄕札·口訣 등과는 다른 의미로 사용된다. 다른 표기인 吏頭·吏吐·

訣[15]) 등으로 자신의 의사표시를 해 왔다. 때문에 한자를 빌어 표기하는 이두와 향찰 및 각필 구결 등은 당시 사람들의 언어생활을 보여준다는 점에서 번역(飜譯)의 맥락에서 이해해 볼 수 있다. 특히 한자를 빌려 시적 감흥을 표현한 향찰시와 이들 시를 다시 한자로 옮긴 한역시의 경우 구체적인 예들을 통해 번역의 범주에서 살펴볼 수 있을 것이다.

吏套・吏書 등은 이승휴의 서사시인 『제왕운기 帝王韻記』(1287경)에 처음으로 나타난다. '吏道'는 『大明律直解』(1395)에 처음 나타나는 것으로 보아 신라시대에는 이러한 명칭이 쓰이지 않은 것으로 간주되며, 고려시대에 들어와 이두가 점차 공문・관용문에만 쓰이게 되면서 생겨난 명칭으로 보인다. '이두'의 표기법이 '吏胥(이서: 아전)'와 관련이 있음을 보여준다는 점에서 금석문 등에 나타난 신라시대의 이러한 표기법에 대한 명칭으로서 이두라는 명칭은 오히려 적합하지 않다고 할 수도 있다. 하지만 신라 帳籍 등에도 이러한 표기법이 나타나는 것은 일찍이 이두가 바로 吏胥들의 것이었으리라는 추측의 근거를 제공하고 있다. 국어의 문장구조를 가지고 있다는 점에서는 보다 이른 시기의 胥記體(서기체) 표기와 공통점을 가지고 있으나, 문법 형태소들을 보충하여 그 문맥을 분명히 드러낸다는 점에서는 차이점을 가지고 있다. 또한 문법형태를 보충하여 문맥을 보다 정확히 한다는 점에서는 구결과 공통점을 보이지만, 口訣은 중국어의 어순을 가지고 있다는 점에서 이두와 차이가 있다. 이두는 신라 초기부터 발달하기 시작했다고 추측된다. 대체로 '의미부'는 '한자의 새김[釋]'을 취하고 '형태부'는 한자의 음을 취하여 특히 곡용이나 활용에 나타나는 격이나 어미를 표기하다가(이두를 이러한 요소들의 명칭으로 쓰는 경우도 있음), 국어 문장 전체를 표기하게 되는 향찰에 와서 그 난숙기에 다다른다. '서동요'・'혜성가'는 진평왕대(579~631)의 작품이므로 7세기경에는 그 표기법이 고정된 것으로 추측된다. 훈민정음이 창제된 뒤 쇠퇴하기 시작했으나 소송문・고시문・보고서 등의 관용문서에는 조선 후기까지 사용되었다. 이두의 薛聰제작설은 '서동요'・'혜성가'의 제작연대 및 '경주 남산 신성비'(591)의 예와 설총이 신문왕대(681~691)에 활약한 사람이라는 사실로 보아 인정하기 어렵다. www.seelotus.com/.../hyang-ga-outline.htm 참고.

13) 鄕札은 한자를 활용한 향가 표기에 주로 사용된 한국어 표기법이다. 향찰은 한자의 음(소리)과 새김(뜻)을 이용하여 한국어를 적었으며 고대 한국어를 분석하기 위한 자료로서 중요한 위치를 차지한다. 한문 해석을 위한 보조 문자이기 때문에 입겿토를 빼면 그대로 한문이 되는 구결과는 달리, 향찰은 그 자체로 한국어 문장을 완벽하게 표기할 수 있다. 때문에 향찰은 온전한 "한국어 적기"를 목적으로 만들어진 표기법이라고 할 수 있다. <위키백과> 참고.

14) 2000년대 들어서야 밝혀지기 시작한 '角筆'은 고대 문헌에 뾰족한 도구를 사용해 한자 옆에 點과 線을 새겨 넣어 발음이나 해석을 알려 주는 양식으로 한문 해석을 돕기 위해 구절 사이에 한국어로 토를 다는 '구결'의 한 방식이다. 육안으론 눌린 흔적이 잘 보이지 않고 특수 조명기구가 있어야 볼 수 있다. 지금까지 발견된 '角筆 口訣'은 주로 구절의 끝 한자에 點과 線 등으로 吐를 붙이는 방식이었다. 하지만 최근에 발견된 『법화경』 권7 「묘음보살품」엔 기존 양식과 달리 구절의 중간에 나오는 동사(서술어)에 각필로 토를 붙였다.

15) 口訣(입겿→口訣), 입겿, 이토(吏吐)는 한문의 단어나 구절 사이에 붙이는 한국어 토씨를 표시할 때 사용되었던 문자이다. 원래는 입겿이며, 이것을 석독+음차한 표기가 口訣이다. 중국어 어순의 한문을 쉽게 읽기 위해서 또는 올바른 해석을 위해 문법 구조를 나타내기 위하여 각 구절마다 한국어 토를 다는데 그것을 기록하는 데 한자나 한자의 약자체를 빌려서 사용하는 것이 구결이다. 향찰과 서로 상승 작용을 하여 함께 발달된 것으로 생각된다. 구결은 이두의 발달 과정에서 다시 한문의 원전을 읽을 때 문장의 뜻을 돕기 위하여 한자의 이두식 용법으로 발달한 것으로 한문으로 문자생활을 영위한 고려시대에 일찍이 한학자들에 의해 창안, 이용되었으리라 추측된다. 구결은 한글로 쓴 것이 아니고 한자의 획을 일부 줄여서 쓰기도 하고, 간단한 한자는 그대로 쓰기도 했다. 주로 한국어의 관계사나 동사 등 한문 구절의 단락(段落)을 짓는 데 사용되었다. <위키백과> 참고.

(1) 향찰시

고중세 이래 한자는 중국뿐만 아니라 한국과 일본과 베트남(월남)에서도 사용해 왔다. 때문에 고중세에 동아시아인들이 공유해 온 '한자(漢字)'를 중국말이라고 단정할 수만은 없다. 고대 이래 우리 민족은 이두, 향찰, 각필 구결 등 한자 차용 표기법을 매개하여 언어생활을 했다. 하지만 사국을 통일한 신라로부터 남북국시대의 통일신라를 거쳐 고려 초에 이르기까지 이두와 향찰 및 각필과 구결 등의 한자 차용 표기법을 사용하여 언어생활을 하면서도 '번역(飜譯)'이라는 의식은 크지 않았던 것으로 보인다. 오히려 우리에게 '문화의 옮김'으로서 '번역'이란 의식이 본격화된 것은 최행귀(崔行歸)가 한역한 균여 향가를 혁련정(赫連挺)이 『균여전』에 수록하면서부터라고 할 수 있을 것이다.

그런데 향찰시에 대한 최행귀의 한역화는 중국이라는 대국을 섬기려는 사대주의의 시도로 보이지 않는다. 이것은 오히려 오랫동안 신라의 울타리 안에서 사용해왔던 향찰시를 한역함으로써 동아시아의 지평 위에서 논의할 수 있는 계기를 마련한 것으로 볼 수 있다. 동시에 이것은 한국시의 국제화와 세계화의 과정임과 동시에 객관화와 타자화의 과정이기도 했다. 아래는 한자를 빌어 향찰로 창작한 신라가요(향가) 14수와 향찰을 풀어 한자로 옮겨낸 고려가요(향가) 11수의 목록이다.[16]

〈표 1〉 신라 가요 목록

번호	작품명	작가	창작 연대	형식	출전 조목	표기
1	서동요(薯童謠)	薯童	진평왕대	4구체	武王	향찰
2	혜성가(彗星歌)	融天師	진평왕대	10구체	融天師 彗星歌	향찰
3	풍요(風謠)	未詳	선덕왕대	4구체	良志使錫	향찰
4	원왕생가(願往生歌)	廣德?	문무왕대	10구체	廣德 嚴莊	향찰
5	모죽지랑가(慕竹旨郎歌)	得烏谷	효소왕대	8구체	孝昭王 竹旨郎	향찰

16) 대부분의 학자들은 12세기 초에 고려 16대 睿宗이 지었다는 「悼二將歌」와 鄭敍의 「정과정」 2편을 그 문자와 형식의 유사성 때문에 鄕歌의 殘影으로 보고 있다.

6	헌화가(獻花歌)	失名老翁	성덕왕대	4구체	水路夫人	향찰
7	원가(怨歌)	信忠	효성왕대	8구체	信忠掛冠	향찰
8	제망매가(祭亡妹歌)	月明師	경덕왕대	10구체	月明師 兜率歌	향찰
9	도솔가(兜率歌)	月明師	경덕왕대	4구체	月明師 兜率歌	향찰
10	찬기파랑가(讚耆婆郞歌)	忠談師	경덕왕대	10구체	景德王 忠談師	향찰
11	안민가(安民歌)	忠談師	경덕왕대	10구체	景德王 忠談師	향찰
12	도천수대비가(禱千手大悲歌)	希明	경덕왕대	10구체	芬皇寺 千手大悲 盲兒得眼	향찰
13	우적가(遇賊歌)	永才	원성왕대	10구체	永才 遇賊	향찰
14	처용가(處容歌)	處容	헌강왕대	8구체	處容郞 望海寺	향찰

『삼국유사』에 수록된 신라 향가 14수는 형식면과 내용면으로 분류해 볼 수 있다. 형식면으로는 4구체 · 8구체 · 10구체로 나눠볼 수 있다. 여기서 '구'는 '줄' 혹은 '행'의 의미로 이해할 수 있다. 4구체인 「서동요」 · 「풍요」 · 「헌화가」 · 「도솔가」는 구전되던 민요나 동요가 정착된 것으로 추정된다. 또 8구체인 「모죽지랑가」 · 「원가」 · 「처용가」는 4구체에서 10구체로 발전해 가는 과정에서 생겨난 과도기적 형식으로 짐작된다. 그리고 10구체인 「혜성가」 · 「원왕생가」 · 「제망매가」 · 「찬기파랑가」 · 「안민가」 · 「도천수대비가」 · 「우적가」 · 「보현십원가」는 향가 중 가장 정제된 형식으로 평가된다. 이들 10구체는 대체적으로 매우 세련되고 격조 높은 서정시이며 기교나 서정성이 대단히 뛰어나다.[17)]

내용면으로는 먼저 떠난 누이를 보내는 월명사의 「제망매가」는 충담사의 「찬기파랑가」와 함께 향가 중 백미로 이해되고 있다. 현전하는 다수의 신라 향가는 붓다를 찬탄(佛讚)하는 데에서 기원했다는 견해가 있다.

시적 영감	향찰시
죽고 사는 길은	生死路隱

17) 신라 향가 14수 가운데에서 서정성이 깊이 투영되어 있는 月明師의 「祭亡妹歌」는 忠談師의 「讚耆婆郞歌」와 함께 가장 빼어난 작품으로 평가받고 있다.

예 있음에 두려워하여	此矣有阿米次儷伊遣
나는 간다는 말도	吾隱去內如辭叱都
못 다 이르고 갔는가?	毛如云遣去內尼叱古
어느 가을 이른 바람에	於內秋察早隱風未
여기저기 떨어지는 나뭇잎처럼	此矣彼矣浮良落尸葉如
같은 가지에 나고서도	一等隱枝良出古
가는 곳을 모르겠구나	去奴隱處毛冬乎丁
아아, 미타찰에 만나 볼 나는	阿也 彌陀刹良逢乎吾
도를 닦으며 기다리겠다.[18]	道修良待是古如

신라 향가는 내용상으로는 민요계 향가와 사뇌가계 향가로 구분되고 있다. 형식상으로는 초기의 4구체에서부터 최종 완성형인 10구체로, 그리고 사뇌가인 향가로 발전한 것으로 짐작된다. 이러한 현전 향가의 몇몇 맥락을 고려해 볼 때 민요를 바탕으로 하여 점차 개인 창작시로 발전한 것이라는 주장이 더 설득력이 있어 보인다. 가장 최종적인 형태로 알려진 10구체는 6세기에 창작된 첫 작품인 「혜성가」로부터 균여의 「보현십(종)원(왕)가」가 지어진 10세기까지 활발하게 지어졌던 것으로 추정된다. 그리고 12세기에 창작된 「도이장가」는 10구체의 마지막 잔영으로 이해된다.

그런데 10구체 향가에서 낙구(落句, 혹은 隔句·後句)의 첫머리는 감탄사로 시작된다. 이것은 후대에 발생한 시조의 종장(終章) 첫 구에 흔히 나타나며, 가사의 낙구에도 이러한 형식이 나타난다. 이것으로 미루어 보아 향가의 형식은 시조나 가사의 후대 시가에 직접 영향을 끼친 것으로 보기도 한다. 설사 새로운 형식이 나타나더라도 기존 형식은 사라지지 않았으며 어느 시기에는 세 가지 형식이 공존하기까지 한 것으

18) 역자 미상.

로 짐작된다. 하지만 이두와 향찰을 빌어 표기한 이들 신라 향가에서 '번역'의 의미를 직접적으로 느끼기는 쉽지 않다. 한 문화를 다른 문화로 옮기는 과정으로서의 번역에 대한 인식은 오히려 향찰로 표기한 균여 향가를 한자로 번역한 최행귀의 한역 향가에서 확인해 볼 수 있다.

(2) 한역시

균여(923~973)는 승려이자 화엄학자[19]이자 향가를 지은 시인이었다. 그는 고려 광종의 부름을 받고 당시 남북악으로 갈라져 있는 화엄계를 통합한 고려 전기의 대표적인 불교사상가이다. 균여는 의상(義湘)의 사태보다 원리를 강조하는 횡진(橫盡)법계와 법장(法藏)의 원리보다 사태를 강조하는 수진(竪盡)법계를 아우르는 '주측(周側)'법계의 사유체계와 '원통(圓通)'의 인식방법으로 동아시아 화엄학을 새롭게 구축했다.[20] 그는 불교의 대중화를 위하여 『화엄경』(入不思議解脫境界普賢行願品, 40권)에서 보현보살이 선재동자에게 설하는 10가지 행원에 대응하여 각기 향가 한 수씩을 짓고 마지막의 11수는 결론으로 마무리하여 보현십(종)원(왕)가를 지어냈다. 이 보현십(종)원(왕)가는 10구체로 된 고려의 대표적 향가이다.

최행귀는 균여의 "11수로 된 향가는 가사가 맑고 싯구가 곱다[十一首之鄕歌 詞淸句麗]"며 이들 향찰시들을 다시 한문으로 번역(983)하였고, 혁련정(赫連挺)은 『균여전[21]』(大華嚴首座圓通兩重大師均如傳, 1075)에다

---

19) 균여의 『十句章圓通記』에서 보이는 것처럼 그의 저술에는 鄕札式 표기가 많아 義天의 『高麗敎藏』에서 배제되는 수모를 겪기도 했지만 뒷날 문중의 후손이었던 守其(天其)에 의해 교정되어 재조본 『고려대장경』에 入藏되었다.

20) 고영섭, 「균여의 추측학」, 『한국불학사』(연기사, 1999; 2005).

21) 전체 열 장으로 된 『균여전』은 <初 降誕靈驗分>(태어날 때의 영험과 성장), <第二 出家請益分>(집을 떠나 스승 識賢과 義順에게 배움을 청함), <第三 姝齊賢分>(세 살 위의 누나 秀明과 지혜를 겨룸), <第四 立義定宗分>(南岳과 北岳으로 갈라져 반목하는 화엄종의 통합을 꾀함), <第五 解析諸章分>(智儼과 法藏의 저술에 대한 균여의 해설서들), <第六 感通神異分>(균여의 감통과 신이), <第七 歌行化世分>(균여 <普賢十種願王歌>의 서문과 내용), <第八 譯歌現德分>(<보현십종원왕가>

균여의 향찰시와 최행귀의 한역시를 모두 담아내었다. 균여의 10구체 향가 형식을 최행귀(崔行歸)는 '삼구육명(三句六名)'이라고 일컬었다.[22] 여기서 '삼구'와 '육명'이 무엇을 의미하는지는 자세히 알 수 없다. 다만 각 작품 모두가 의미단위로는 세 단락으로 되어 있고 이들 세 단락을 이루는 구수(句數)는 4구 또는 2구이며, 작품은 4・4・2의 구수로 구성되어 있다는 특징이 있다.

바로 이 점을 고려하면 의미단위인 4・4・2의 3단위는 향가의 형식을 말해 주는 3구 6명(三句六名)의 '3구'를 지칭하는 것으로 볼 수 있을 것이다. 그리고 '6명'의 해석에도 여러 가지 견해들이 있다. 하지만, 3구 6명의 '구'와 '명'은 불경에서 이야기하는 명구문(名句文)의 '명'과 '구'라는 데는 거의 견해를 같이하고 있다. 그렇게 되면 아비달마 교학의 14불상응행법과 유식(대승아비달마) 교학의 24불상응행법에 속하는 '두 개 이상의 명사(名身, nāmakāya)'와 '두 개 이상의 구절(句身, padakāya)'과 '두 개 이상의 음절(文身, vyanjanakāya)' 가운데에서 3개의 구절[句]과 6개의 명사[名]를 뜻하는 것이 된다.

다시 말해서 문신(文身)은 음운(音韻)적인 부분을 가리키고, 명신(名身)은 문신을 엮어 사물을 나타내며, 구신(句身)은 명신을 엮어 동작과 의미(義理)를 설명한다. 결국 명신과 구신과 문신은 성음의 굴곡(屈曲)과 소전(所詮)의 차별에 의해 구분된다. 명신은 자신(字身)과 같으며 성음(聲音)과 자모(字母)는 독립된 몸체[獨體]이다. 여기서 '신'(身)은 '취집'(聚集)

를 漢譯한 崔行歸의 서문과 한역시), <第九 感應降魔分>(正秀의 참소를 물리치고 靈通寺 白雲房을 重修하면서 地神과 대결함), <第十 變易生死分>(균여의 입적)이다. 이 가운데 균여의 향가가 실린 <제칠 가행화세분>과 <제팔 역가현덕분>이 전기 가운데에서 가장 많은 분량을 차지하고 있다.

22) 최행귀는 자신의 한역시 서문에서 "그러나 한시는 한문으로 되어 있어 5언과 7언으로 다듬지만[然而詩構唐辭 磨琢於五言七字] 향가는 우리말을 배열하여 3구와 6명으로 다듬는다"[歌排鄕語 切磋於三句六名]에서는 점에서 다르다고 했다. 하지만 모두 '義海'로 돌아가는 것은 동일하며 각각 자기 구실을 하고 있으니 어찌 잘된 일이 아니겠는가라고 반문하고 있다. 그가 보기에 「보현십종원왕가」의 서문은 한자로 되어 있으나, 가사는 향찰로 되어 있어 "중국 사람들이 보려하면 서문 이외에는 자세히 알기 어렵고, 고려 사람들이 들을 때는 노래에 빠져들어 쉽게 왼다. 두 나라 사람들 모두 반쪽의 이로움만을 취할 뿐 온전한 성공은 놓친다고 했다. 그래서 근원은 하나이지만 물줄기가 둘로 나뉘듯이, 시와 노래는 본질은 같으나 이름은 다르므로[詩歌之同體異名] 한역을 했다고 했다.

의 뜻이며 두 개 이상의 복수를 가리킨다. '명(名)'과 '명신(名身)'의 구분은 "이명(二名) 이구(二句) 이문(二文) 이상(以上)은 모두 '신'이라고 일컬을 수 있다[皆得稱身]"는 정의에 의해 알 수 있다.[23] 하지만 향가의 '형식'(분절)과 '운율'(율격)을 이렇게 볼 수 있을지에 대해서는 아직 논의의 여지를 남겨 두고 있다.

〈표 2〉 고려 가요 목록 – 보현십종원왕가

번호	향찰 작품명	작자	한역 작품명	역자	형식	기타
1	예경제불가	均如	禮敬諸佛歌	崔行歸	10구체	
2	칭찬여래가	均如	稱讚如來歌	崔行歸	10구체	
3	광수공양가	均如	廣修供養歌	崔行歸	10구체	
4	참회업장가	均如	懺悔業障歌	崔行歸	10구체	
5	수희공덕가	均如	隨喜功德歌	崔行歸	10구체	
6	청전법륜가	均如	請轉法輪歌	崔行歸	10구체	
7	정불주세가	均如	請佛住世歌	崔行歸	10구체	
8	상수불학가	均如	常修佛學歌	崔行歸	10구체	
9	항순중생가	均如	恒順衆生歌	崔行歸	10구체	
10	보개회향가	均如	普皆回向歌	崔行歸	10구체	
11	총결무진가	均如	總結无盡歌	崔行歸	10구체	

「보현십종원왕가」는 보현보살이 선재동자에게 가르쳐 준 열 가지 행원을 화엄행자인 작자 스스로 행하고자 다짐하는 내용으로 되어 있다. 균여는 이들 각 행원들에 대응하여 한 편의 시들로 형상화한 뒤 마지막에다 총괄하는 시 한 수를 덧붙였다. 제일 첫 시인 「예경제불가(禮敬諸佛歌)」를 살펴보기로 하자. 이 시는 모든 붓다들을 공경하고 예배하겠다고 내용을 담고 있다.

23) 呂澂, 『聲明略』(남경: 지나내학원, 1933). 이운표, 「고려대장경에 나타난 고전 범어문법(聲明論)의 統辭에 대하여」, 『고려대장경의 고전범어문법 연구』(고려대장경연구소, 2000), 재인용.

시적 영감	향찰시	한역시
마음의 붓으로	心未筆留	以心爲筆盡空王
그리온 부처 앞에	慕呂白乎隱佛體前衣	瞻拜唯應遍十方
절하는 몸은	拜內乎隱身萬隱	一一塵塵諸佛國
법계 없어지도록 이르거라	法界毛叱所只至去良	重重刹刹衆尊堂
티끌마다 부첫 절이며	塵塵馬洛佛體叱刹亦	見聞自覺多生遠
절마다 뫼셔 놓은	刹刹每如邀 里白乎隱	禮敬寧辭浩劫長
법계 차신 부처	法界滿賜隱佛體	身體語言兼意業
구세 내내 절하옵저	九世盡良禮爲白齊	總无疲厭此爲常
아아,	身語意業无疲厭	歎曰 身語意業无疲厭
이리 宗旨 지어 있노라[24]	此良夫作沙毛叱等耶	

균여의 아름다운 시구와 가락은 대중들에 의해 노래가 되었다. 그의 시는 사람들 사이에 퍼져서 이따금씩 담벼락에 쓰이기도 했으며 병을 낫게 하는 영험도 보였다고 전해진다. 이처럼 균여 향가는 당시에 담벼락에 적혔을 정도로 대중성을 지니고 있었다. 그리고 균여가 자신의 시적 영감을 한자를 빌려와 표기했다면 균여 향가의 향찰표기 역시 이미 '번역'의 의미를 함축하고 있다고 할 수 있다. 마찬가지로 이 향찰시를 다시 7언 율시로 옮긴 최행귀의 한시 역시 '번역'의 의미를 지니고 있다. 반면 향가 연구자들은 최행귀의 한역 향가가 균여 향가 해독에 크게 도움이 안 된다고 보고 있다. 이와 달리 불교 연구자들은 취행귀의 한역(漢譯)시는 균여의 향가를 글자 그대로 번역한 것이 아니라 보현 행원(普賢行願) 사상을 충분히 이해한 다음 그 의미에 도달하여[達意的] 해석한 것으로 보기도 한다.

향가의 작자들은 대체적으로 왕・승려・화랑・여류・무명씨 등 여러 계층에 걸쳐 있다. 그리고 현전하는 신라 향가의 작자들은 대부분 화랑

---

24) 김완진, 『향가해독법연구』(서울대출판부, 1983). 저자와 달리 다음처럼 풀이한 이도 있다. "마음의 붓으로 그린 / 부처님 앞에 / 절 하옵는 / 이 내 몸아 // 법계(法界)의 끝까지 이르러라 / 티끌마다 부처님 나라요 // 나라마다 모시옵는 / 법계에 가득한 부처님 / 구세(九世) 다하도록 절하고 싶어라 // (후렴) 아, 몸과 말과 뜻에 싫은 생각 없이 / 이에 부지런히 사무치리"(역자 미상)

과 승려들이다. 충담사와 월명사는 승려이자 화랑으로 짐작되며, 또 월명사와 융천사 등은 승려이자 주술사로 추정된다. 반면 「안민가」를 지어 바친 충담사의 경우처럼 설화와 함께 재구성된 가상인물도 있다고 이해하는 이들도 있다. 또 「원왕생가」와 「헌화가」의 경우처럼 작가의 이름과 신분을 알 수 없는 경우도 있다. 반면 「보현십종원왕가」의 작자인 균여는 상당한 법력을 지닌 출가자였다. 그리고 번역자인 최행귀는 불자이자 문장에 능한 학자였다. 때문에 균여의 향찰시에 대한 최행귀의 한역시도는 우리에게 번역에 대한 인식의 전환을 가져다주었다고 볼 수 있다.

또 최행귀의 한역화에 의해 비로소 중국인들도 고려 시의 미학에 대해 접할 수 있었다. 하지만 최행귀의 번역이 균여 향찰시의 한역화였다는 점, 그리고 그것은 훗날 세종의 한글 창제를 경험한 우리에게 있어 여전히 한글 번역의 과제로 남을 수밖에 없었다[25]는 점에서 우리는 향찰시와 한역시가 지니고 있었던 시대적 상황과 역사적 한계를 읽어낼 수 있다. 따라서 한글을 쓰는 한국인에게서 타자화 혹은 객관화로서 '번역'에 대한 첫 인식은 조선 전기에 새롭게 창제된 한글에 의해 비로소 이루어지기 시작했다는 사실을 자각하게 된다.

3. 불전 목록과 불전 편집

중국의 제지술이 고구려에 전래(593)된 이래 불교인들의 저술 활동은 상당히 진전되었다. 한역 불전의 간행을 위해 진전된 목판 인쇄술은 7세기경 중국에서 시작되어 740년경부터 동양과 서양으로 각각 전파되

25) 경성제대 교수였던 일본인 학자 오쿠라 진페이(小倉進平, 1882~1944)는 오랫동안 朝鮮の方言을 연구하여 『小倉進平博士著作集』(1: 『鄕歌及吏讀の硏究』(京都大学国文学会, 1929; 1974)를 펴냈다. 이 저술은 향가와 이두 및 부론의 3편으로 되어 있다. 제1편은 향가 일반의 고찰에 이어 현전 향가 25수를 註解하고 향가에 있어서 한자의 용법, 어법, 형식 등에 관하여 논하고 있다. 제2편에서는 이두의 명칭, 의의, 향찰과의 관계, 작자, 주해, 한자의 사용 예 등에 관하여 논하고 있다. 제3편에서는 모음조화, 된시옷, 향가와 이두에 나타나는 '白'에 관한 논문을 수록하고 있다. 그의 저술은 향가 전반에 관한 주석으로는 최초의 것으로 높이 평가되고 있다. 梁柱東의 『朝鮮古歌硏究』(박문서국, 1942)와 『麗謠箋注』(을유문화사, 1947)는 오쿠라 진페이에 자극받아 이루어졌으며 향가 해석의 새로운 기원을 열었다.

었다. 현존 기록상 목판 인쇄에 의한 가장 오랜 불전 인출은 신라 경덕왕 10년(751) 이전에 제작된 『무구정광대다라니경(無垢淨光大陀羅尼經)』(너비 8㎝, 길이 5m)으로 추정된다. 현존 세계 최고의 목판 두루마리 인쇄물인 이 경전은 대개 한 줄 8자로 되어 있으며 경주 불국사 석가탑 제2층 탑신부의 사리함 속에서 발견(1966. 10.)되었다. 이 다라니경의 출간연대는 상한선을 700년대 초로, 하한선을 석가탑의 건립연대인 751년경으로 보고 있다. 그 근거는 이 경문 속에 당(唐)나라 측천무후(則天武后) 집권기(15년)에만 통용된 뒤 자취를 감춘 신제자(新制字) 4글자(注[證]·埊[地]·稐[授]·䓜[初])가 기록되어 있기 때문이다. 해서 이 『무구정광대다라니경』은 종래 가장 오래된 것으로 알려진 일본의 『백만탑다라니경(百萬塔陀羅尼經)』(770년 간행)보다 20여 년 앞선 것이다. 또한 지질(紙質)면이나 목판 인쇄에 의한 인경 형태면에서 한국 고인쇄문화(古印刷文化)의 높은 성취를 보여주고 있다. 이러한 성취는 고려의 인쇄문화 발전에 큰 영향을 주었다.

고려는 초기부터 비서성(秘書省), 수서원(修書院), 서적포(書籍鋪) 등을 설치하여 출판문화 정책을 세우고 실행하였다. 경적(經籍)과 축문(祝文)을 맡아보던 비서성은 국가출판기관의 역할을 하였다. 또 왕의 고서(庫書)로 설치(990)된 수서원은 많은 소장 도서를 신하들이 이용할 수 있게 했다. 그리고 국자감의 진흥책으로 설치(1095~1105)한 서적포는 도서 간행에 힘썼다. 고려는 이들 관청을 통해 많은 도서를 간행, 보관하고 때로는 송나라에 수출하기도 하였다. 이 때문에 유학경전과 불교경전의 수요가 증대하여 목판 인쇄술이 발달하였고 송나라 판본의 유입은 인쇄물 간행을 더욱 촉진시켰다. 이 시기에 총지사에서 간행(1007)한 『보협인다라니경』은 대표적인 목판 인쇄물이었다.

고려는 이들 관청을 통해 많은 도서를 간행, 보관하고 때로는 송나라에 수출하기도 하였다. 이 때문에 유학경전과 불교경전의 수요가 증대하여 목판 인쇄술이 발달하였고 송나라 판본의 유입은 인쇄물 간행을 더욱 촉진시켰다. 이 시기에 총지사에서 간행(1007)한 『보협인다라니경』은 대표적인 목판 인쇄물이었다. 이러한 목판 인쇄술에 힘입어 금속활자를 발명하여 불교 전적과 유교 전적을 간행하여 전국에 널리 유통시켰다. 고려시대는 무인들이 오래도록 정권을 장악한 시기였음에도 불구하고 인쇄술의 발전과 도서의 보급에 의해 문인들의 시대를 열었다. 그 성취는 고스란히 조선으로 이어졌다. 그러면 이처럼 목판 인쇄술과 금속활자를 발명하기까지 밑거름이 된 대장경과 교장 등의 조성과정에 대해서 살펴보기로 하자.

(1) 장경 목록

불교문화의 집대성인 대장경을 판각하기 위해서는 장경 목록이 전제되어야 한다. 장경 목록은 새롭게 펴낼 전서의 지형도이기 때문이다. 송대 이후 중국에서 대장경이 집대성된 이래 동아시아 각국에서도 대장경의 조성이 이루어졌다. 고려 역시 초조본 『고려대장경』을 판각하기 위해서 선행하고 있는 장경 목록들을 검토하였다. 이미 양(梁, 445~518)나라의 승우(僧祐)가 511년경에 편찬한 『출삼장기집(出三藏記集, 15권)』과 수(隋)나라의 법경(法經)이 594년에 편찬한 『중경목록(衆經目錄)』이 유통되고 있었다. 초조본을 편찬하기 위해 설립된 대장도감과 재조본 조성을 담당한 대장도감에서는 이들 목록들을 검토하였다. 고려 정부는 당(唐)나라의 지승(智昇)이 선행 목록들을 검토하여 730년에 편찬한 『개원석교록(開元釋敎錄)』에 의거해 대장경을 편찬하기에 이르렀다.

① 개원석교록

『개원석교록』은 『개원목록』(開元目錄) 혹은 『개원록』(開元錄) 또는 『지승록』(智昇錄)으로도 불린다. 지승은 불교가 전해진 후한 시대 명제(明帝) 영평(永平) 10년부터 당(唐) 현종(玄宗) 개원(開元) 18년까지 664년 동안에 번역된 대승, 소승의 경율론 3장, 역자가 알려지지 않은 경우, 결본(缺本)들을 정리 수록하여 이 목록을 편찬했다. 이것은 당(唐)대까지 성립된 『출삼장기집』, 『법경록』, 『역대삼보기』, 『대당내전록』 등의 목록을 비교 검토하면서, 종래의 경록을 비판적으로 집대성하여 정연한 조직 체계를 갖추고 있다. 모든 경록 가운데 가장 완전하게 정비된 이 목록은 칙명으로 대장경에 입장(入藏)되었으며 송장본(宋藏本) 이후 모든 장경은 이것에 의거하였다. 또한 예부터 전해져 온 모든 언어 및 번역 경전의 글들도 이 책을 기준으로 분류하거나 수록을 했다. 이 목록은 전체를 '총괄군경록(總括群經錄)'과 '별분승장록(別分乘藏錄)'의 두 부분으로 나누고 있다.

'총괄군경록'은 제1권부터 제10권에 걸쳐 있다. '총괄군경록'은 후한 이후의 역경 사실을 연대별, 역경의 표목(標目), 권수, 년월, 동본(同本) 이역(異譯)의 유무 등을 수록하고 있다. 역자는 출가자와 재가자를 포함하여 176명이며 이들이 옮긴 불전은 모두 2,278부 7,046권이다. 이 부분의 목록은 연대별, 역자별 수록이라는 원칙에 따르고 있다.

'별분승장록'은 제11권부터 제20권에 걸쳐 있다. '별분승장록'은 다시 둘로 나눠 볼 수 있다. 제11권부터 제18권은 '별분승장록'을 7문(門)으로 나누어서 설명하고 있으며, 제19권과 제20권은 대장경에 입장(入藏)된 불전의 목록을 따로 정리하고 있다. '별분승장록'의 7문 중 첫째의 '유역유본록(有譯有本錄)'은 번역도 되었으며 그 역본도 있는 불전을 열거하면서 특기 사항을 적고 있다. '유역유본록'은 제11권부터 제13권에 걸쳐서 서술되고 있으며 크게 '보살장(菩薩藏)', '성문장(聲聞藏)', '성현집전(聖賢集傳)'으로 나눠진다.

처음의 '보살장'은 여러 이역(異譯)이 있는 대승경, 이역이 없이 한 번만 번역된 단역(單譯) 대승경, 대승율, 대승론의 순서로 분류하였다. 여기서 대승경은 실제로 중역(重譯) 대승경에 해당하며, 반야부, 보적부, 대집부, 화엄부, 열반부 등 5대부(大部) 외 여러 경전의 중역본(重譯本)으로 세분하고 있다. 뒤이은 '성문장' 역시 소승경, 즉 중역 소승경, 단역 소승경, 소승율, 소승론 등의 순서로 분류하고 있다. 마지막의 '성현집전'은 붓다나 고승에 대한 전기, 그들의 문집 등을 모은 것이다. 이는 다시 인도인 찬술과 중국인 찬술 부분으로 나누고 있다.

둘째의 '유역무본록(有譯無本錄)'은 이미 번역은 되었지만 그 역본이 남아 있지 않은 불전을 정리한 것이다. 제14권과 제15권에서는 총 1,148부 1,980권의 산실된 불전을 열거하고, 그 특기 사항을 적고 있다. 셋째의 '지파별행록(支派別行錄)'은 반야부 등 대부(大部)의 경전 중에서 어느 한 부분만 따로 번역되어 유통된 경우에 대해 기록하고 있다. 제16권에서는 총 682부 812권을 수록하고 있다. 넷째의 '산략번중록(刪略繁重錄)'은 동본(同本) 이명(異名) 또는 광본(廣本)을 간략하게 추려낸 총 147부 408권의 불전을 수록하고 있다.

다섯째의 '보궐습유록(補闕拾遺錄)'은 이전에 나온 경록에 수록되지 못한 새로운 번역을 정리한 것으로 총 306부 1,111권을 수록하고 있다. '산략번중록'과 '보궐습유록'은 모두 제17권에 정리되어 있다. 여섯째의 '의혹재상록(疑惑再詳錄)'은 성립 번역 유통의 과정에서 다시 살펴볼 필요가 있는 의혹이 있는 불전들을 수록한 것이다. 하나하나의 문헌에 대하여 편자 스스로의 결론을 유보한 채, 재고해야 할 이유들을 기록하고 있으며 총 14부 19권으로 되어 있다. 일곱째의 '위망난진록(僞妄亂眞錄)'은 위경 목록이며 총 392부 1,055권으로 되어 있다. '의혹재상록'과 '위망난진록'은 제17권과 제18권에 수록되어 있다. 제19권과 제20권은 대장경에 입장된 불전의 목록인데, 이는 '유역유본록'에서 제시된 해설들을 생략한 채 다시 한 번 반복한 것이다.

이 문헌의 두드러진 특색은 정연한 조직체계에 있다고 할 수 있다. 이전의 경록들에서는 볼 수 없었던 독창적인 노력을 기울이고 있다. 이후 모든 경록들은 이 책을 모범으로 삼으면서도 이 문헌을 능가하지 못한 채 이 목록에 따라 대장경을 편찬하였다. 고려시대 때 이루어진 초조본 『고려대장경』과 재조본 『고려대장경』의 초조대장경 부분(K-1～

1087) 역시 '유역유본록'에 의거한 것이다. 지승은 또 이 문헌의 '유역유본록' 부분을 간략히 하여 별행(別行)시킨 『개원석교록약출(開元釋教錄略出)』 4권을 편집하였다.[26] 첫 대장경인 『송판대장경』 역시 이 『개원석교록』에 의지하여 편찬했다.

② 대장목록과 대장교정별록

재조본 『고려대장경』 판각 과정을 기획하고 종합한 인물은 당시 화엄종 개태사 승통 수기(守其)였다. 그는 대장경의 목록 작성과 교정의 책임을 맡아 『고려대장경』의 교감을 주도하였다.[27] 수기는 재조본 『고려대장경』을 집성하기 위해 먼저 초조본 『고려대장경』의 체재를 따르면서도 자신의 교학적 입장에 의해 새로운 경판을 추가하고 대장경의 여러 판본의 내용을 비교하여 바른 것을 택하여 판각(板刻)하였다. 때문에 그의 역할을 단순한 목록 선별과 교정에 그치지 않았다. 수기는 교정승을 동원하여 대장경의 본문을 일일이 살펴내어 판각용(板刻用) 바탕책을 마련하자, 각수들은 이를 목판에 뒤집어 붙이고 하나하나 새겨 냈다.

수기는 대장경 제작 과정에 있었던 목록의 선택과, 판본의 교정 등 작업과정의 여정을 일일이 기록으로 남겼다. 이것이 『대장목록(大藏目錄)』과 『고려국신조대장교정별록(高麗國新彫大藏校正別錄)』이다. 『대장목록』은 상·중·하의 3권 분량이며, 『교정별록』은 30권에 이르는 방대한 분량이다. 이러한 작업은 많은 수의 학자와 승려 및 여러 지식인들의 참여에 의해 가능할 수 있었으며, 수기는 대장경 간행의 교정책임을 맡아 이를 종합 완성하였다.

『대장목록』은 『여장목록(麗藏目錄)』 혹은 『고려판목록(高麗版目錄)』 또는 『고려장목록』 및 『고려본목록』 또는 『여본목록』 등으로 불리는 재조본 『고려대장경』 정장(正藏)의 목록이다. 1248년 대장도감(大藏都監)

---

26) 고려대장경연구소, 『개원석교록』 해제 참고.

27) 『大藏校正別錄』 卷首 (『고려대장경』 제38책, 512상 면). "高麗國新雕大藏校正別錄卷第一 俊 沙門守其等奉 勅校勘."

에서 편찬된 『대장목록』은 천자문(千字文) 순으로 된 함(函)에 들어가 있는 불전(佛典)의 이름, 권수, 역자 및 저자를 밝히는 형식을 취하고 있다.

> 천(天), 지(地), 현(玄), 황(黃), 우(宇), 주(宙), 홍(洪), 황(荒), …… (중략) ……내(柰) 함(函)에는 600권이 들어 있으며, 종이는 748첩(牒) 18장(張)이 들어갔다. 『대반야바라밀다경(大般若波羅蜜多經)』 600권은 대당(大唐) 삼장법사(三藏法師) 현장(玄奘)이 조서를 받들어 번역하였다.[28)]

이 『대장목록』 상권에는 천(天) 함의 『대반야바라밀다경』부터 공(空) 함의 『십지경론(十地經論)』까지의 총 556종의 목록을 수록하고 있다. 여기에는 반야부(般若部)·화엄부(華嚴部)·열반부(涅槃部)에 속하는 경전들과, 방등부(方等部)·비밀부(秘密部)·논부(論部)에 속하는 일부 문헌을 수록하고 있다.

중권에는 곡(谷) 함의 『미륵보살소문경론(彌勒菩薩所問經論)』부터 설(設) 함의 『중경목록(衆經目錄)』까지 총 506종의 목록을 수록하고 있다. 여기에는 대승·소승의 논부와 율부(律部), 아함의 제부(諸部)를 비롯하여, 소승경전의 대부분을 싣고 있다.

하권에는 석(席) 함의 『대당내전록(大唐內典錄)』부터 동(洞) 함의 『일체경음의(一切經音義)』까지 총 459종의 목록을 수록하고 있다. 여기에는 여러 가지 『중경록(衆經錄)』과 『고승전(高僧傳)』 등과 비밀부에 속하는 대부분의 목록, 대·소승에 속하는 경전들의 목록 일부를 싣고 있다. 이와 같이 『대장목록』에 들어 있는 경전의 수는 1,521종이며 이것은 대장도감에서 이 목록을 작성할 때까지 판각된 불전의 수이다.

당시 교정의 총책임을 맡았던 수기는 당시 유통되고 있던 대장경들과

28) 『大藏目錄』(『고려대장경』 제39책, 174상 면). "天地玄黃宇宙洪荒日月盈昃辰宿列張寒來暑往秋收冬藏閏餘成歲律呂調陽雲騰致雨露結爲霜金生麗水玉出崑岡劍號巨闕珠稱夜光果珍李柰函入六百卷　入紙七百四十八牒十八張　大般若波羅蜜多經六百卷　大唐三藏法師玄奘奉　詔譯."

장경 목록류를 바탕으로 새로이 첨가, 삭제, 교감하면서 그 과정과 내용을 기록하였다. 이것이 '고려에서 새로 조성한 대장경을 교정한 기록'인 『고려국신조대장교정별록』이다. 때문에 이 『대장목록』은 『고려대장경』의 내용과 구성, 편찬 형식과 체재를 일목요연하게 알려 주는 귀중한 자료가 된다. 이 『교정별록』은 『고려대장경』을 조성하면서 국본(國本)・송본(宋本)・단본(丹本) 등 세 대장경 판본을 대조하고 교감하여 여러 가지 착오를 바로잡은 부분에 대해 적은 것이다. 이 목록은 『개원석교록(開元釋敎錄)』을 주로 참고하였고, 『출삼장기집(僧祐錄)』, 『속정원석교록(續貞元釋敎錄), 『법상록(法上錄)』 등의 목록을 부분적으로 활용하였다.

『교정별록』의 교감 내용은 역자, 권수, 주석, 제목, 위경 여부 등을 검토하고, 누락된 문장은 다른 경전을 참고하여 보완하였다. 또 경전이 중복되거나 본문이 있어야 할 위치가 바뀐 것 등을 바로잡고, 문장, 문구, 글자의 착오 등을 바로잡았다. 교감의 내용은 대체적으로 다음과 같다. 첫째, 단본(丹本)에 수록된 경전이 옳지만, 국본과 송본에 실린 경전 또한 함께 수록했다. 둘째, 단본에 의해 국본과 송본의 착란과 누락을 보완한 불전을 수록하였다. 셋째, 국본과 송본을 버리고 단본만을 취한 불전이 있다. 예컨대 『본사경』의 교감기에서 국본과 송본의 네 가지 착오와 단본의 두 가지 옳음을 예시한 뒤에 단본을 취하고 있는 것처럼, 이 교감은 매우 정교하다. 넷째, 단본만 있어서 단본을 취한 불전이 있는데, 이는 『거란대장경』이 일실(逸失)된 지금 『고려대장경』이 아니었으면 전래되지 못했을 자료들이다. 다섯째, 2본(本), 타본(他本), 제본(諸本), 동북(東北) 2본으로 송본을 교감한 예도 있다. 어느 나라 대장경을 참조하였는지 명확히 밝히지 않고 2본 등으로 부르고 있으나 국본과 송본을 일컫고 있음이 틀림없다. 왜냐하면 한결같이 송본을 교감하고 있기 때문이다. 여섯째, 국본과 단본에 의해서 송본을 교감한 불전이 있다. 일곱째, 단본에 없거나 잘못된 경우의 불전도 있다. 단본이 가장 정교한 것으로 파악되었지만, 단본에도 잘못된 경우가 있다. 여덟

째, 국본의 특수성이 보이는 경우의 불전들도 있다. 국본으로 타본을 교감하거나 국본에만 있는 불전들이다. 이로써 초조본 『고려대장경』 역시 단순한 송본의 복각이 아니며, 국내에 전하던 사본과 송본을 서로 대조해 정본(定本)을 만들었음을 알 수 있다. 다음으로 국본이 잘못되어서 취하지 못한 경우도 발생하였다. 아홉째, 세 나라의 본이 모두 결락되거나 오류인 경우의 불전이 있다. 열째, 기타의 경우가 있다. 세 나라의 본을 대조 교감한 것이 아니라 함(函)의 차례 이동, 서(序)와 문(文)의 착오 등을 여러 목록류와 대비, 분석하여 바로잡고 있다. 이때 이용한 목록으로는 『개원석교록』을 주로 하고, 당시 유통되었던 경록(經錄)들을 참조하였다.[29)]

아울러 균여계통의 먼 후학이었던 수기의 화엄인식은 『교정별록』의 교감내용에도 반영되어 있다. 이것은 『대집경(大集經)』 교감에 반영된 내용을 통해 엿볼 수 있다.

> 이 경을 살펴보건대 『국본(國本)』과 『송본(송본)』은 모두 60권 17품이고, 『거란본(丹本)』 장경에는 30권 11품이 있다. …… (중략) …… 삼가 『개원석교록』 전후의 문장을 살펴보건대 지금 두 대장경 본 경 60권은 여섯 가지 과실이 있기 때문에 의거할 수 없다. …… (중략) …… 이것을 이치적으로 바로잡아야 하지만 어떻게 바로잡겠는가. 간략히 한다면 『개원석교록』의 거란 장경처럼 30권으로 한 것이 올바른 것이고, 종합한다면 『개원석교록』 중에 있는 제6본과 같이 80권으로 하면 비로소 갖춰지게 된다. 그러나 지금은 바로잡을 수 없다. 이 60권 본을 우리나라의 분황종(芬皇宗)에서 선택하여 사용해서 경행(經行)한지 오래되었기 때문에 오래된 것은 변개(變改)시키기 어렵다.[30)]

---

29) 오용섭, 「고려국신조대장교정별록 연구」, 『서지학연구』 창간호, 서지학회, 1986, 220~236면 참조.

30) 『大藏校正別錄』(『고려대장경』 제38책, 513하~514하 면). "推函 大集經<國宋二藏皆六十卷丹藏三十卷開元錄云三十卷> 按此經國本宋本皆六十卷凡十七品丹藏中三十卷十一品……중략……謹按開元錄前後文相今此兩藏本經六十卷者有六失故不可依行……중략……是則理須正之正之如何略則如開元錄及丹藏經爲三十卷乃正矣合則如開元錄中第六本爲八十卷方備矣然今不能卽正者以此六十卷本是本朝芬皇宗選行經行來已久久則難變耳."

교감의 내용처럼 수기는 오류를 알면서도 분황종의 입지를 염두에 두고 바로잡을 수 없다고 했다. 분황종은 분황사에 머물며 경전과 계율을 혁신한 원효가 민중과의 광범위한 기반을 확보하면서 이를 계승한 종단이었다. 이것은 수기가 원효를 종조로 하는 분황종을 달리 평가한 것과 연관 지어 볼 수 있을 것이다. 뿐만 아니라 무신집권기 자신이 소속된 균여계 화엄학통이 크게 부상하였다 하더라도 분황종은 상당한 세력을 유지하고 있었기 때문에 그들을 의식하지 않을 수 없었을 것으로 짐작된다. 아울러 같은 화엄종 속에서도 학통 간 소의 경론의 차이가 있었을 것으로 이해된다. 수기 등의 교감자들은 이러한 내외적인 현실 상황을 의식하면서 이것을 대장경 교감에 반영한 것으로 추정된다.

또한 이러한 사실과 더불어 수기는 『교정별록』 권14, 『법계무차별론(法界無差別論)』 1권의 내용에서는 "단과 단마다 각기 우리 현수(賢首)조사가 쓰고[疏] 풀이한 것[所釋]이 이 본이다"[31]라고 하였다. 이것은 화엄계 후학인 수기가 부석종의 의상과 현수종의 법장 두 사람 모두를 종조로 받들고 있는 것을 보여주는 것이다. 반면 원효는 입당(入唐)하지 않고 독자적인 화엄 교학을 세워 분황종의 시조가 되었다. 자세한 자료가 없기 때문에 화엄가인 수기(守其)의 계통을 정확히 알기는 어렵다. 하지만 그가 주석한 바가 있는 개태사와 연관시켜 보면 이 시기 화엄종 계열 내부의 상호 교류와도 일정한 연계성을 지니고 있는 것으로도 유추해 볼 수 있다.[32] 때문에 이 『교정별록』에는 화엄가로서의 그의 인식이 어느 정도 투영되어 있음을 짐작해 볼 수 있다.

『교정별록』이 밝혀 주는 것처럼 재조본 『고려대장경』은 세 나라의 판본을 엄밀히 대조, 교감하여 조성하였다. 뿐만 아니라 초조본 『고려대장경』 역시 중국의 여러 대장경 판본을 대조하고 교감하여 판각하였

31) 『大藏校正別錄』(『고려대장경』 제38책, 611하 면). "叚叚各釋吾祖賢首疏所釋者此本也."

32) 배상현, 「『고려국신조대장교정별록』과 수기」(『민족문화논총』 제17집, 영남대학교 민족문화연구소, 1997), 61~67면, 참조.

다. 이렇게 이루어진 『고려대장경』의 정교성과 우수성은 20세기에 활판으로 편찬된 일본의 『대정신수대장경』조차 『고려대장경』을 저본으로 삼을 수밖에 없었던 이유를 통해서도 짐작해 볼 수 있다. 따라서 수기의 『대장목록』과 『대장교정별록』은 『고려대장경』의 우수성과 정교성이 어디에 근거하는지를 밝혀 주고 있을 뿐만 아니라 현전하지 않는 『송판대장경』과 『거란대장경』에 관한 정보를 담고 있다는 점에서 귀중한 자료라고 평가할 수 있다.

③ 영인본 고려대장경총목록

동국대학교는 1958년부터 영인본 『고려대장경』 편찬을 추진하여 1959년에 제1책을 간행하기 시작했다. 그 이후 4·19가 일어나 기존 체제가 크게 변하면서 일시 중단되었다. 동국대학교는 1964년 학교 부설기관으로 동국역경원을 설립하였다. 동국역경원은 1976년 개교기념일에 맞추어 총 48책으로 영인본 『고려대장경』을 집대성하였다. 영인본 『고려대장경』은 상-중-하 삼단의 양면으로 편집된 전47책으로 인간되었고 제48책으로 『고려대장경총목록해제색인』을 덧붙였다. 『고려대장경총목록해제색인(高麗大藏經 總目錄 解題 索引)』은 『개원석교록』에 의해 조성된 『고려대장경』에 입각해 영인본의 총목록과 해제 및 색인을 아우르고 있다.

그런데 『고려대장경』은 북방불교권 대장경 편제의 일반적 형식에 따라 반야부를 필두로 하여 법화부와 화엄부를 거쳐 본연부 등으로 편집되어 있다. 반면 『한글대장경』은 반야부가 제1책이 아니라 아함부의 『장아함경』과 『중아함경』을 제1책으로 간행했다.[33] 이것은 동국역경원이 『고려대장경』의 편제에 따르지 않고 경전성립사를 의식하여 편찬했기 때

33) 제1책을 『장아함경』으로 간행한 것은 『고려대장경』을 저본으로 하여 활자화한 일본의 『대정신수대장경』의 편제를 의식한 것으로 보인다. 뿐만 아니라 譯者와 財政 상황에 따라 번역을 진행했기 때문에 체계적인 번역일정을 지켜내기 어려워 국제적인 대장경 분류체계에 따른 체재를 마련하지 못하였다.

문으로 짐작된다. 이렇게 시작된 번역사업은 37년에 걸쳐 2001년 318책의 『한글대장경』으로 마무리되었다. 하지만 318책의 목록이 『고려대장경』 편제와 상응하지 않아 『고려대장경』을 번역한 것이 아니라 이것과는 별도의 『한글대장경』을 간행한 것이 되었다.

차제에 민족문화의 보고인 『고려대장경』의 한글번역으로서 『한글대장경』의 위상을 확보하기 위해서는 전 세계 불교학계가 공인하는 대장경분류법에 따른 체계적인 분류와 함께 일련번호를 부여[34]하여 『고려대장경』 목록과 『한글대장경』이 상응하도록 해야 할 것이다.

(2) 소초 목록

① 신편제종교장총록

의천은 초조본 『고려대장경』에서 누락된 소초류를 보완하기 위해 오랜 기간을 준비해 왔다. 14개월 동안의 중국 전역을 유행하며 고려는 물론 송, 요, 일본의 장소류들까지 모았다. 그의 요청으로 선종 3년(1086)에는 흥왕사(興王寺)에 교장도감(教藏都監)을 설치하면서 교장 편찬작업은 시작되었다. 의천은 먼저 이들 장소(章疏·疏鈔)류를 담을 바구니인 '교장(教藏)'을 간행하기에 앞서 제 종파의 교장 목록인 『신편제종교장총록』(新編諸宗教藏總錄, 3권)을 펴내었다. 이 목록집 상권[35]에는 경에 대한 장소(章疏) 561부 2,586권, 중권[36]에는 율에 대한 장소 142부 467권, 하권[37]에는 논에 대한 장소 304부 1,687권을 각기 수록하고 있다.

---

34) 이진영, 「한국의 경전번역 실태: 동국역경원 한글대장경을 중심으로」, 경전연구소, 『세계 각국의 경전번역 실태 및 체계에 관한 연구 발표회 자료집』, 2006년 2월 25일, 90면.

35) 上卷 經部에는 華嚴·涅槃·大日·法華·無量義·楞伽·楞嚴·圓覺·維摩·金光明·仁王·金剛般若·般若理趣分·大品般若·般若心·六波羅密·金剛三昧·勝鬘·不增不減·諸法無行·般舟三昧·思益·深密·無上依·寶積·心地觀·文殊般若·觀無量壽·無量壽·阿彌陀·稱讚淨土·彌勒上生·彌勒成佛·藥師·灌頂·方廣·四十二章·溫室·盂蘭盆·無常·天請問請觀世音·消災·八大菩薩曼荼羅 등의 經으로 순차하고 있다.

36) 中卷 律部에는 梵網·瓔珞·地持·遺教의 諸經에 이어서 四分·十誦 등의 律들로 배순하고 있다.

37) 下卷 論部에는 起信·釋摩訶衍·唯識·因明·正理門·瑜伽·五蘊·顯揚·攝大乘·雜集·中邊·唯識二十·成業·觀所緣緣·掌珍·法界無差別·中觀·百·廣百·十二門·大智度·十二門·法華經·遺教經·

이 목록에 의거한 『고려교장』(高麗教藏) 조성사업은 그때까지 수집한 1,010부 4,740여 권[38]의 고서를 9년에 걸쳐 경판에 새겨내면서 마무리되었다.[39] 하지만 『고려교장』은 1232년의 몽골군 침입으로 인해 초조본 『고려대장경』과 함께 경판은 물론 인쇄본마저 대부분 소실되었다. 다행스럽게도 일부 인쇄본과 조선 초에 중수 간행한 『신편제종교장총록』[40]이 전라남도 순천 송광사에 남아 있다. 그리고 다른 인쇄본 일부가 일본 나라(奈良)의 동대사(東大寺)와 나고야 진복사(眞福寺)에 전하고 있어 『고려교장』의 면면을 어느 정도나마 복원해 볼 수 있다.[41]

② 한국불교찬술문헌총록

11세기 의천의 『고려교장』 편찬에 이어 다시 천년의 세월을 맞이한 20세기의 한국 불교계는 새로운 교장의 집대성을 시도했다. 한국의 대표적 사학인 동국대학교 불교문화연구소는 의천 이후 새로운 한국판 교장의 편찬을 위해 전국 각지의 자료수집을 거쳐 『한국불교찬술문헌총록』(1975)을 간행하였다. 이 목록에는 신라시대편과 고려시대편 및 조선시대편으로 3분한 뒤 언해본과 금석문 목록을 덧붙이고 있다.[42]

이 목록에 의거하여 동국대학교출판부 소속의 한국불교전서편찬실

阿毘曇・大毘婆沙・俱舍・順正理・雜阿毘曇心 등의 論으로 차제하고 있다.

38) 조명기, 「대각국사의 천태의 사상과 속장의 업적」, 『백성욱박사송수기념불교학논문집』(동국대학교출판부, 1959); 이병욱 편, 『한국의 사상가 10인: 의천』(예문서원, 2002), 주)35. 이 집계는 1,010부 4,740권 혹은 1,085부 4,857권이라고도 하는데 이것은 卷數가 명확하지 않아 1권 혹은 2권 또는 5권 혹은 10권 등이라고 한 것을 合卷 혹은 開卷으로 계산한 것이다.

39) 고려 교장은 한때 '속장(續藏)' 혹은 '속장경(續藏經)'으로도 불려 왔으나 최근 정식 명칭이 '교장(教藏)'으로 통일되었다.

40) 이 목록은 『한국불교전서: 고려시대편 1』(동국대출판부) 제4책에 수록되어 있다.

41) 『고려교장』의 판목은 초조대장경의 경판과 함께 부인사에 이관하여 보존되었다. 하지만 고종 19년(1232)에 몽골군의 침입으로 대부분이 소실되었다. 현재는 『고려교장』의 인쇄본 일부와 목록인 『신편제종교장총록』이 순천 송광사에 『大般涅槃經疏』 중 제9권과 제10권과 함께 있고, 고려대학교 도서관에 제관의 『天台四教儀』, 일본 奈良 東大寺에 징관의 『華嚴經隨疏演義鈔』 40권, 나고야 眞福寺에 이통현의 『석마하연론통현초』(釋摩訶衍論通玄鈔) 4권 등 총 47권이 전해 오고 있다.

42) 여기에 私誌와 私記에 대해 수록하지는 않았으나 이것은 『한국불교전서』 편찬 이후의 과제로 남게 되었다.

에서는 1979년 제1책으로 신라시대편을 간행한 이래 1996년에 총 10책으로 완간하였다. 그 뒤 추가로 발견된 여러 판본들을 2차에 걸쳐 2책씩 추가하여 보유편 4책을 포함한 14책의 『한국불교전서』를 2003년에 재차 완간하였다. 때문에 『한국불교찬술문헌총록』에 의거한 본편 간행 이후에 보충된 보유편 부분 역시 이 『한국불교찬술문헌총록』 안에 보완을 해야만 하게 되었다.

(3) 전서와 총서

전서(全書)는 해당 분야의 거질(巨帙)을 종합적으로 담은 서물을 가리킨다. 때문에 이들 전서는 개인에 의해서[43]가 아니라 공적 기관에 의해 이루어지는 것이 일반적이다. 대장경은 거질 또는 전서에 해당한다. 초조본 『고려대장경』과 재조본 『고려대장경』 역시 『고려대장경』 전서에 해당한다. 그리고 이것을 번역한 『한글대장경』과 한국판 교장인 『한국불교전서』 역시 전서에 포함된다. 그리고 이들 불전을 번역하기 위해서는 불전 목록과 함께 불전 편집이 전제되어야 한다.

재조본 『고려대장경』은 초조본을 계승하면서 선행하는 여러 대장경의 장점들을 취하여 판각한 것이다. 하지만 재조본 『고려대장경』의 제작은 국가적인 대사업이었으므로 고려 사회의 재정 질서를 위기에 몰아놓을 정도로 국민들의 부담이 컸다. 반면 이 판각 과정은 인쇄술의 발달과 출판기술의 발전에 큰 공헌을 하였다는 점도 간과해서는 아니 될 것이다. 이처럼 고려시대의 불전 목록과 불전 편집은 크게 보아 두 차례의 대장경 편찬과 한 차례의 교장 편찬으로 마무리되었다고 할 수 있다.

조선시대의 불전 목록과 불전 편집은 주로 불경 언해본과 불교 의례서의 간행으로 요약된다. 초기의 불전 간행은 정부 주도에 의해 이루어지다가 점차 불교 사찰 중심으로 옮겨져 갔다. 한글을 창제한 세조는

---

43) 통도사 서운암주지(性坡)에는 개인에 의해 이루어진 『도자기대장경』이 보존되어 있다.

간경도감(1461~1471)을 설치하고 다수의 불전 언해본을 간행하게 하였다. 불교 전적의 언해본이 간행될 수 있었던 것은 여말 선초 불경의 구결(懸吐)은 빨랐던 반면 사서(四書)의 구결 확정은 늦었기 때문에 자연 사서의 언해도 늦을 수밖에 없었다.[44)]

사서(四書)뿐만 아니라 오경도 마찬가지였다. 이것은 당시 유교가 국시(國是)임에도 불구하고 유자들이 오경(五經)에 대한 합의할만한 수준의 내용 해석을 공유하지 못했기 때문에 오경을 언해하지 못한 까닭이다. 퇴계와 율곡의 시대를 거치면서 유가의 오경의 언해가 출현하고 있다[45)]는 점은 이러한 사실을 뒷받침해 주고 있다. 이와 달리 불서의 대다수는 이미 고려 말부터 당시 독서계에 소개되어 애독되고 연구되어 왔기 때문에 당시의 불교 지성계가 이런 불경 경전에 대한 내용적 해석에 있어 일정한 수준에 도달했다는 것을 의미하는[46)]것이기도 하다.

대한시대(1897~)의 불전 목록과 불전 편집은 영인본『고려대장경』 목록 간행과『한글대장경』편찬 및『한국불교찬술문헌총록』의 간행과『한국불교전서』의 편집 그리고『한글본 한국불교전서』의 편찬으로 대표된다. 나아가 백련선서간행회의『선림고경총서』발간 및 북한의『팔만대장경 해제』(25책)와『선역본 팔만대장경』(17책) 간행 등이 대표적인 사례들이다. 이들 작업을 위해 대체적으로 불전 목록의 간행이 선행되었으며 그 위에서 비로소 전서들과 총서들이 집성될 수 있었다.

① 초조본 고려대장경

동아시아 최초의 간본(刊本) 대장경은 북송 태조(太祖)가 개보 4년(971년)에 판각을 명하여 983년에 완성시킨 개보칙판(開寶勅板)인『송판대장

---

44) 김무봉,「조선시대 불전언해 연구」,『불교어문논집』한국불교어문학회, 1999, 30면.

45) 李忠九,『經書諺解硏究』성균관대 박사학위논문, 1990, 53면. 여기에 의하면 유가의 四書가 校正廳에 의해 언해, 간행된 것은 선조 23년(1590)에 이르러서이다. 세조 8년(1462)에 간경도감에서 처음으로 언해된「능엄경언해」가 나온 지 128년 만이다.

46) 신규탁,「漢譯 불전의 한글 번역에 나타난 경향성 고찰: 간경도감, 백용성, 이운허, 김월운 스님들의 경우를 중심으로」,『동아시아불교문화』제6집, 2010. 12.

경(宋板大藏經)』이다. 중국에서는 송나라 이후에도 『거란대장경』을 비롯한 여러 대장경이 간행되었다. 고려는 성종(成宗) 10년(991년)에 한언공(韓彦恭)이 송(宋)나라에서 초판고본 480질(帙) 5,047권을 가져오면서 대장경을 공유할 수 있었다. 고려 최초로 조성된 초조본 『고려대장경』은 송나라 개보판(開寶板)을 저본(底本)으로 하여 이루어졌다. 초조본 『고려대장경』 편찬사업은 대구 부인사(符仁寺)에 1011년에 대장도감(大藏都監)을 설치하면서 시작되었다.

고려는 현종 3~4년(1012~1013)경에 거란이 쳐들어오자 그 사이 진행되고 있는 대장경 조성사업을 통해 문화국으로서의 자존심과 우월감을 이웃 나라에 널리 알리는 계기로 삼고자 했다. 동시에 붓다의 힘[佛力]에 의지하여 국민을 단결시키고 적병을 물리치기 위한 발원으로 이어지면서 대장경 조성은 급진전 급진전되었다. 초조본 『고려대장경』은 현종(顯宗) 20년(1029)경에 이미 『대반야경(大般若經, 600권)』, 『화엄경(華嚴經)』, 『금광명경(金光名經)』, 『묘법연화경(妙法蓮華經)』 등 5,000축의 방대한 분량이 되었고, 대장경 판각 과정에서는 개보칙판본 이외에 거란본(契丹本), 국내전본(國內傳本), 『송조대장경(宋朝大藏經)』 등을 모본으로 삼아 교정하였다.

그 이후 잠시 정체를 면치 못하였으나 문종(文宗) 5년(1051)에 다시 진행하여 총 6,000여 권으로 조조(雕造)하면서 마무리되었다. 결국 이 사업은 고려 현종 2년(1011)에 시작해 덕종(德宗)대로 이어졌으며 문종(文宗)에 이르러 더욱 활발히 진행되어 선종(宣宗) 4년(1087)에 판각이 완료된 국가의 대형 프로젝트였다. 완성된 경판은 팔공산 부인사(符仁寺)에 봉안하였다.

그 뒤 유라시아를 제패하면서 세력을 키운 몽골이 고종 18년(1231)에 제1차 침입을 시도했다. 이때까지만 해도 초조본 『고려대장경』은 팔공산 부인사에 무사히 보존되어 있었다. 하지만 고종 19년(1232년)에 제2차 침입을 감행하면서 부분적으로 피해를 입었고 이후 제5차 침입(1254) 때에는 몽골의 별동부대에 의해 부인사에 봉안되었던 초조본 『고려대장경』 대부분이 소진되었던 것으로 짐작된다. 이 때문에 몽골의 병화 이후 초조본 『고려대장경』은 목판이나 완질 인쇄본이 없어 그 실체를 알 수 없었고 복원을 염두에 둘 수 없었다.

그러던 중 근래 일본에서 보관하고 있는 초조본 『고려대장경』의 인간본(印刊本)을 통해 그 실체를 확인할 수 있게 되었다. 그 분량은 일본 고베[神戶]의 선림사에 보관되어 있다가 임란 직후 옮겨온 교토[京都] 남선사(南禪寺)의 1,715권, 국내[47] 사찰・박물관・도서관 등의 300여 권, 일본 쓰시마 역사민속자료관의 600여 권 등에 이른다. 이들 현존본들을 집성하여 종합 계산해 보면 초조본 『고려대장경』은 총 5,000~6,000권으로 추정되고 있다. 몽골 침입에 의해 초조본 『고려대장경』이 불에 타 없어진 뒤 고려인들이 대장도감(大藏都監)을 설치하여 다시 재조본 『고려대장경』(해인사 팔만대장경)을 조성(1251년)하여 간직하기까지는 약 240년이 걸렸다.

재조본 『고려대장경』 전산작업을 위해 발족되었던 고려대장경연구소는 재조본 디지털 『고려대장경』을 완성한 뒤 다시 초조본 『고려대장경』의 복원사업을 추진해 왔다. 고려대장경연구소는 일본 학자들에게도 공개하지 않는 초조본 『고려대장경』의 인간본을 확보하기 위해 오랜 설득 끝에 남선사 측의 협조를 받아 2010년에 초조본 『고려대장경』 조사와 데이터베이스 작업을 끝냈다. 그리고 일본과 국내에 남아 있는 인본(印本) 2,686권을 밑본으로 삼아 같은 해에 디지털 대장경으로 복원하였다.

고려대장경연구소는 2011년에 복원한 두루마리 형태의 인쇄본 『고려대장경』 1차분 100권을 고려 종이로 3부씩 제작하였다. 각 권은 평균 25장의 목판 인쇄본을 이어 붙였으며 2014년까지 5년에 걸쳐 전부 복간할 계획이다. 이제 초조본 『고려대장경』은 디지털대장경뿐만 아니라 인쇄본 『고려대장경』으로 재탄생하고 있다. 이것이 완간되면 우리는 또 한

47) 국내에 남은 7권의 판목은 국보(265~269호)로 지정되어 있다.

질의 대장경 전서를 보유하게 된다. 그렇게 되면 우리는 또다시 초조본 『한글대장경』의 편찬이라는 번역 과제를 가지게 될 것으로 짐작된다.

② 고려교장

초조본 『고려대장경』이 간행 이후 여기에서 빠진 소초(疏鈔)류를 보완하기 위해 시도된 『고려교장』 편작 작업 역시 국가적인 프로젝트였다. 초조본 『고려대장경』이 경(經), 율(律), 논(論) 등 삼장(三藏)을 중심으로 집대성한 것이라면, 『고려교장』은 삼장 바깥의 장소(章疏)류를 집대성한 것이다. 『고려교장』의 문화사적 의미는 '삼장' 중심의 대장경이라는 좁은 울타리를 넘어서 삼장에서 소외된 장소류까지 껴안으며 최초로 '사장(四藏)'이라는 넓은 대장경 울타리를 창안했다는 점에 있다. 때문에 장소류를 담아내는 새로운 바구니인 '교장(教藏)'의 탄생은 불교문화사상 획기적인 것이었다.

천 년 전 의천은 초조본 『고려대장경』에 누락된 소초(疏鈔)류를 보완하기 위해 일찍부터 국내외에 흩어져 있던 자료들을 수집했다. 그는 초조본 『고려대장경』에서 누락된 요(遼)와 송(宋) 및 일본과 고려 나아가 티베트 등지의 교장들을 보완하기 위해 몰래 송나라로 유학을 떠났다. 고려를 떠난 그는 중국 남송의 여러 지역을 순례하면서 자료 수집과 고승과의 교류 및 천태종 창종을 발원했다. 고려로 돌아온 그는 왕실의 지원 아래 『고려교장』(續藏) 편찬 사업을 주도하였다. 의천은 대장경의 편찬을 "천 년의 지혜를 정리해 천 년의 미래로 전해 주는 일"이라고 했다.

의천 이후 다시 천 년 뒤인 2010년에는 초조본의 디지털 『고려대장경』이 완성되었다. 2011년은 고려인에게 미래였던 과거의 천 년(1011~2010)이 끝나고 새로운 미래의 천 년(2011~3010)이 시작되는 해이다. 디지털로 복원된 초조본 『고려대장경』은 이제 인쇄본 『고려대장경』의 완간을 향해 나아가고 있다. 인쇄본 『고려대장경』이 마무리되면 조만간 『고려교장』의 복원도 기대해 볼 수 있을 것이다. 『고려교장』은 초조본 『고려대장경』의 보완적 의미뿐만 아니라 이후 편찬된 『한국불교전서』의 원류로서도 그 의미가 매우 크기 때문이다.

③ 재조본 고려대장경

몽골의 대군에게 수도 개성이 함락당하자 당시 무인정부의 실권자인 최이(崔怡, 첫 이름 瑀)의 위협과 주도에 의해 고려 정부는 고종 23년(1236)에 강화도(江華島)로 천도하였다. 강화 천도의 공로로 1234년 10월에 진양후(晉陽侯)에 봉해진 최이는 고종에게 대장경 조성을 강력한 권유하였고 정부는 이를 적극적으로 추진하였다. 고종 역시 고려인들의 위기감과 상실감을 극복하기 위해 새로운 대장경의 조판(組版)을 적극 지원하였다.[48] 대장경 조성 이유는 최씨 무인정부 유지를 위한 유일한 길이었기도 했지만, 우리 민족 최초의 통일 강국이었던 고려의 문화적 우월감과 자존심을 내외에 과시하고 불심을 통해 국민들을 단결시켜 나라를 병화(兵禍)로부터 지켜내기 위해서였다.[49] 하지만 고려 정부는 수도를 버리고 황급히 강화로 천도하여 판각을 추진할 만한 재력이 없었다.

당시 무인정부를 이끌었던 진양후(晉陽侯) 최이는 하사받은 고향 진양(晋陽)의 식읍지(食邑地)와 선친 최충헌(崔忠獻)이 하사받은 땅과 함께 진주지방 일원의 녹전(祿轉) 세포(稅布) 모두를 곧장 거둬들였고 요공(搖貢) 또한 마음대로 부릴 정도로 재력이 있었다. 그는 자신의 시재(施財) 대부분을 대장경 판각에 투여하였다.[50] 그는 강화로 천도한 고종 23년

48) 최영호, 『강화경판 고려대장경의 판각사업 연구』(경인문화사, 2008), 100~102면. 대장경 판각의 주체를 고종, 혹은 최씨 무인정권 또는 국가 행정조직이나 사원조직의 적극적인 개입에 의해 이루어진 것이라는 등의 주장들이 제기되어 왔다. 최근에는 분사도감이 있었던 남해지역 이외, 경주시(당시의 東京), 晋州牧, 산청의 斷俗寺 및 당시 화엄계 소속 사원이었던 海印寺, 가야산 下鉅寺, 경주(동경)의 東泉社 등지에서 분사도감이나 작업공방이 분산되어 있었음이 밝혀졌다. 때문에 연구자들은 大藏과 外藏에 입장된 각 경판의 邊界線 안팎에 판각된 刻手들의 人名과 法名 및 기타 자료와 刊記자료, 그리고 해인사 寺藏本(일명 雜板, 寺・私刊本)에 새겨진 誌・跋文 등을 통해 참여자의 참여형태와 의식 및 출신성분, 조성 주체, 도감의 소재지와 운영형태, 판각공간 및 공방의 분포, 연도별 사업의 추이, 경판의 조성 성격, 대장경판 전체의 체재와 문화유산적 가치, 개별 경판의 판각시기와 그 성격 및 사상성 등의 규명을 통해 이 사업의 판각 주체가 최씨 무인정권이 아니라 통치의 정점이었던 고종이며 고종이 주도한 고려의 국가사업이었음을 밝혀내고 있다.

49) 이것은 이규보가 쓴 「大藏刻板君臣祈告文」과 『고려사』 「高宗世家」의 기록에서도 확인할 수 있다.

(1236)에 도성 서문 밖 3~4리에 자리한 용장사지(龍藏寺址)에 공식적으로 판각업무를 관장하는 구당관사(句當官司)인 대장도감(大藏都監[51])을 설치하고 각판(刻板)준비를 본격적으로 추진하였다.[52] 이 과정에서 재조본 『고려대장경』[53]이 의거한 주요 목록은 초조본 『고려대장경』처럼 『개원석교록』이었다. 뿐만 아니라 『대장목록』과 『고려신조대장교정별록』 및 『보유판목록』[54] 등이었다.

최이는 자신의 경제특구인 남해지방에 자생하는 교목(喬木)인 후박나무를 비롯하여 가래나무와 박달나무 및 산벚나무 등을 벌목하여 내호(內湖)처럼 형성된 바닷가로 실어 날랐다. 판각 공정을 단축시키기 위해 바닷물에서 나무결을 삭힌 다음 판목의 두께로 켜서 밀폐된 곳에 넣고 소금물로 쪄서 즙액을 빼고 살충작업을 했다. 그런 뒤에 넓은 응지에서 충분히 펴서 말려 판이 뒤틀리거나 갈라지지 않게 연판 처리(鍊板處理)를 하였다. 연판 처리된 목판을 곱게 대패질하고 양쪽 가장자리에 마구

---

50) 『高麗史』 권제129(「列傳」 권제42). "역대로 전해 내려오던 진병대장경(鎭兵大藏經) 판각이 적병에 의하여 모두 불타 버리고 나라에서는 사고가 많아서 다시 만들 겨를이 없었다. 그런데 최이는 도감(都監)을 따로 두고 자기 재산을 바쳐서 판각 조각을 거의 절반이나 완료하여 나라에 복을 주었으니 그 공적은 잊기 어렵다[且歷代所傳鎭兵大藏經板盡爲狄兵所焚國家多故未暇重新別立都監傾納私財彫板幾半福利邦家功業難忘]."

51) 천혜봉, 「고려 팔만대장경과 강화경」(기조연설), 천혜봉 외, 『고려 팔만대장경과 강화경』(인천: 새얼문화재단, 2001), 25~28면. 대장도감의 위치를 용장사지로 보고, 대장경판당의 자리를 선원사지로 나눠 보는 천혜봉의 주장이 정합성을 지니고 있다고 논자는 보고 있다.

52) 徐居正, 『東文選』 권117, 「臥龍山慈雲寺王師贈諡眞明國師碑銘」. 여기에 의하면 선원사는 대장경 조성사업이 시작된 10년 이후인 고종 32(1245)년에 창건되었다. 때문에 조성사업을 주도한 대장도감은 선원사에 위치하지 않았음을 알 수 있다. 김윤곤, 『고려대장경의 새로운 이해』(불교시대사, 2002), 31면.

53) 재조본 『고려대장경』의 명칭에 대해서도 다양한 논의들이 있다. 종래 연구자들은 '八萬대장경판', '再雕대장경판', '海印寺대장경판'으로 명명해 왔으나 근자에는 '高麗高宗官版大藏經'(허흥식)이란 명칭도 제기되었다. '초조대장경판'과 '재조대장경판' 사이의 단절을 인정하지 않고 '고려교장'을 단절시키지 않으면서 고려 현종 때 대장경판 조성 이래로 판각기능의 향상과 경판체계의 발전 등을 계승한 대장경의 결정판이라는 의미를 지니기 위해서는 고정 불변의 의미를 지닌 '江華京板 고려대장경'(김윤곤, 최영호)으로, 초조본은 '符仁寺藏 고려대장경'으로 부르자는 주장은 나름대로 설득력이 있다고 생각된다.

54) 金潤坤, 「『江華京板 高麗大藏經』의 체제에 대한 一考」, 『부산여대사학』 10·11합, 1993, 174면, 필자는 "『대장목록』에 의한 原藏·正藏·正板과 『보유판목록』에 의한 補板·補遺板·副藏으로 각기 명명할 것이 아니라 양자를 대등한 입장에서 이해하는 '『대장목록』의 內藏'을 줄여서 '大藏'과 '『대장목록』의 外藏' 혹은 '外藏'으로 지칭하는 것이 보다 타당성을 가진다"라고 주장한다.

리를 붙였다. 그리고 판각용 정서본(淨書本, 板書本)을 마련하기 위하여 엷은 닥종이를 대량 준비하고 판각하고자 하는 크기의 판식으로 만든 괘판(罫版)에서 용지를 밀어내며 판서하기 위해 다양의 먹을 만들었다.

그 뒤 개태사 승통(僧統)이자 오교도승통(五敎道僧統)인 화엄종 계통의 고승 수기(守其)법사에게 교정의 책임을 맡겼다. 수기는 수십 명의 교정승(校正僧)을 동원하여 대장경의 본문을 일일이 고증하여 오자와 탈문 및 착사와 이역 등을 권차(卷次) 단위로 교정 보수하였다. 본문 내용이 짧고 간단한 것은 교정이 1년 내에 끝났지만 본문 내용이 긴 것은 3~4년이 걸릴 정도로 신중하게 진행되었다. 이 작업이 완료되는 시점에 맞추어 판각이 이루어졌다.[55] 이렇게 해서 완판된 대장경의 연도별 판각 종과 권과 판수 목록은 아래와 같다.

〈표 3〉 대장경의 연도별 판각 종 · 권 · 판수[56]

연도별	판각 종 · 권 · 판수	연도별	판각 종 · 권 · 판수
고종 24 정유년 (1237)	2종 117권 3,139판	고종 30 계묘년 (1243)	474종 1,331권 32,413판
고종 25 무술년 (1238)	42종 511권 12,762판	고종 31 갑진년 (1244)	286종 1,852권 42,325판
고종 26 기해년 (1239)	103종 305권 6,481판	고종 32 을사년 (1245)	282종 776권 15,773판
고종 27 경자년 (1240)	73종 290권 7,221판	고종 33 병오년 (1246)	169종 484권 10,917판
고종 28 신축년 (1241)	107종 298권 7,146판	고종 34 정미년 (1247)	34종 222권 7,016판
고종 29 임인년 (1242)	176종 382권 8,926판	고종 35 무신년 (1248)	1종 3권 124판
소계	503종 1,903권 45,675판	1,246종 4,668권 108,621판	
총계	1,749종 6,571권 154,296판		

55) 천혜봉, 앞의 글, 앞의 책, 16~17면.

56) 천혜봉, 앞의 글, 앞의 책, 18면 재인용.

최이가 머무르는 강화의 대장도감에서는 6년 동안 정장의 1/3 분량에 해당하는 총 503종 1,903권 45,675판을 판각하였다. 또 고려 조정은 경남 남해와 진주 등지에 분사도감을 설치하면서 대장경의 조성을 적극 추진하였다. 특히 남해의 분사도감에서는 최이의 처남인 정안(鄭晏, 옛 이름 奮)의 시재(施財)의 주도에 의해 대장경 판각이 이루어졌다.

정안은 일찍부터 벼슬에 나아간 조부인 정세유(鄭世裕)와 부친인 정숙첨(鄭叔瞻)으로 이어지는 하동의 유복한 집안에서 태어나 어려서 급제하였고 음양(陰陽)과 의업(醫業)과 음율(音律)에 정통하였다. 자형인 최이를 도와 큰 뜻을 품었지만 누님의 사후에 고향인 하동으로 내려가 모친을 봉양하였다. 하지만 자형의 큰 뜻을 저버릴 수 없어 『묘법연화경』을 간행하면서 "이웃 군사의 침입이 와해하고 나라를 다스리는 수장(首長)의 토대가 영원할 것"을 기원하면서 다시 강화경으로 가서 최우의 판각을 도우며 국자좨주(國子祭酒)와 동지공거(同知貢擧)로 활약하였다. 그러나 언제부터인가 최이의 전횡이 두려워지자 다시 남해로 내려갔다.

그 뒤 명산과 승경을 순례하다가 불자로서 의미 있는 삶을 살고자 사재를 희사하여 진행 중인 대장경 판각에 투신할 것을 결심하고 자신의 의사를 나라(崔怡)에게 전달하였다. 그것은 자기의 일신을 안정하게 보존하는 길임과 동시에 대장경 조판을 위한 자형의 큰 뜻을 저버릴 수 없었기 때문으로 추정된다. 그리하여 1243년 아버지 최이의 수명장수를 기원하기 위해 최이의 아들인 단속사 주지 만종(萬宗)이 부탁한 『선문염송집』(30권) 판각을 시작하면서부터 이후 고종 35년(1248)까지 정장의 2/3 분량에 해당하는 총 1,246종 4,668권 108,621판을 주도하였다. 이것은 강화경 본사도감에서 이루어진 총 45,675판의 두 배 이상의 판각에 해당한다. 여기에서 판수(板數)는 대체적으로 한 판의 양면에 새겨진 숫자를 가리키지만 더러는 한 판의 한 면에 새겨진 판도 있음도 알아 두어야 할 것이다. 대장경판 총계가 81,137매(枚)의 양면인 162,274매가 되지 않고 154,296판이 되는 까닭은 이 때문이다.

이처럼 대장도감 간행 목판 70%에 해당하는 총 154,296판이 최이와 정안 두 사람의 주도와 지원에 의해 이루어질 수 있었다. 이것은 이들이 독실한 호불자들이었을 뿐만 아니라 자형과 처남이라는 혈연적 관계였기에 가능했다.[57] 그들은 승려 · 학자 · 군인 · 관리 · 백성들을 이끌고 일치단결하여 16년간의 노력 끝에 고종 38년(1251)에 재조본 『고려대장경』을 집대성하였다.[58] 그리하여 고려는 판각에 착수한 지 16년 뒤인 고종 38년(1251)에 대장경을 완성하였다. 1251년 최이가 죽은 뒤 그의 아들 만전(萬全)이 환속하여 최항(崔沆)으로 개명하고 실권을 이어 가자 정안은 강화경으로 부름을 받고 지문하성(知門下省) 참지정사(參知政事)가 되어 지금까지 조판한 대장경의 경찬회(慶讚會)를 거행하였다.[59]

고려인들은 중국의 여러 대장경들을 참고하여 그보다 더 완성된 대장경을 간행해 내었다. 그 결과 재조본 『고려대장경』은 이후 동아시아 대장경 판각의 기준(일본 『대정신수대장경』의 저본)이 되었다. 이것이 '팔만대장경'으로 잘 알려진 재조본 『고려대장경』이다. 재조본 『고려대장경』은 국본(國本: 초조본 『고려대장경』), 『송본』(宋本), 『거란대장경』 등 세 대장경과 중국의 여러 목록들을 참조 교감한 정본(定本)이다. 때문에 재조본 『고려대장경』은 초조본 『고려대장경』의 단순한 복각(覆刻)

57) 김윤곤, 앞의 책, 30~32면. 여기서 필자는 자신의 선행논문에 근거하여 대장경 각성사업은 1) 국가 내지 국왕이 주도하였다는 사실을 간과해서는 아니 될 뿐만 아니라 각성사업을 주도하고 경판의 대부분을 판각한 대장도감이 최이의 원찰인 강화경의 선원사에 있었던 것이 아니며, 2) 각성사업에 소요되는 분사도감의 막대한 경비나 노동력은 조판사업에 소요된 경비와 노동력은 무인 최씨가의 진양 식읍에서 나온 歲貢에서 나온 것이 아니라 각계각층의 施財와 '몸'보시 등에 의해 충당되었으며, 3) 정안이 각성사업에 관여한 시기는 그가 최씨 정권에 의해 견제되고 비판적 입장을 견지하고 있을 때일 뿐이므로 그를 무인 최씨정권과의 우호적 관계 내지 협조자로 이해할 수 없다고 주장하고 있다.

58) 최영호, 『강화경판 「고려대장경」의 판각사업 연구』(경인문화사, 2008), 20~27면. 필자는 김윤곤의 연구를 계승하여 강화경판의 판각사업에 담겨져 있는 고려불교의 국가적 염원과 기능인 진호국가의 성격을 왜곡하여 부인하고 최씨 무인정권의 개인적 측면을 강조한 일제식민주의 연구자들은 식민지배 하에서 성장하고 있던 민족해방 운동세력의 독립의식과 실천의지를 무력화하는 데 기여하였다며 이것을 통렬히 비판하고 있다.

59) 하지만 정안은 최항에게 猜忌를 받아 결국 집을 빼앗기고 白翎島로 유배된 뒤 바다에 버려지는 죽임을 당하였다.

이라고 할 수 없다.

고려 조정은 이 대장경을 최이의 원찰인 선원사(禪源寺)에 보존하였다. 이후 근 200여 년 동안 선원사에서 보존되던 대장경은 조선 태종 때에 이르러 여말 선초 이래 왜구(倭寇)의 잦은 침탈로부터 보호하기 위해[60] 내륙 해인사로의 이운 봉안[移安]이 검토되었다. 해서 재조본『고려대장경』은 해인사로 옮기던 중 극심한 비를 만나 한양의 서대문 지천사(支天寺)에 잠시 머문 뒤 남한강을 거쳐 합천 해인사에 봉안되었다. 현재 해인사 판전에는 조선시대에 다시 새긴 것까지 합하여 총 81,258판(板/枚, 중복 121枚)의 대장경판이 간직되어 있다.

고려는 이러한 목판 인쇄술에 힘입어 금속활자를 발명하여 불전 간행에 널리 활용했다. 현재 보물 738호로 지정되어 국립중앙도서관에 보존되어 있는『남명천화상송증도가(南明泉和尙頌證道歌)』에는 고종 26년(1239)에 최이(崔怡)가 이미 간행한 금속활자본을 다시 새겨 목판본을 발간한다는 발문이 남아 있다. 이 기록에 따르면 현재 남아 있는 목판본의 모본인 금속활자본『남명천화상송증도가』는 세계에서 가장 오래된 현존 금속활자본으로 청주 근교 흥덕사에서 찍어낸(1377)『백운화상초록불조직지심체요절(白雲和尙抄錄佛祖直指心體要節)』상하권(하권만 프랑스 국립도서관 보존)보다 138년이나 앞서는 것이다.

또 불전 이외에도 최윤의(崔允儀)가 쓴『고금상정예문(古今詳定禮文, 전 50권)』은 1234년에 만든 구리활자로 인쇄되었다. 이것은 세계 최초로 알려진 독일의 구텐베르크보다 2백 5년이나 앞선 기록이다. 하지만 애석하게도 이 사실은 고려의 문호인 이규보의『동국이상국집』에 기록만 남았을 뿐 그 원형은 전해지지 않고 있다.

④ 영인본 고려대장경

『고려사』에 의하면 일본은 1388년부터 대장경을 요구하기 시작하였

60) 박영수,「고려대장경의 연구」,『백성욱박사송수기념 불교학논문집』(동국문화사, 1959), 446~447면.

다고 전한다. 또 『조선왕조실록』에 의하면 고려 말 이후 16세기까지 150년간 83번에 걸쳐 대장경을 요구하였다고 전한다. 대장경은 고려 후기 이래 조선 전기에 일본과의 주요한 외교 품목이었다. 유교사회의 호불군주였던 세조가 불교가 유행했던 일본과 동질감을 느낀[61] 탓인지 대장경을 요구하는 일본에 자주 응했으며, 그의 치세 동안 일본과의 심각한 마찰은 없었다.[62] 호불왕이었던 세조는 일본의 요청을 기회로 삼아 1457년에 50부의 대장경을 인쇄하도록 명령하였다.[63] 당시에 거질의 대장경 전부를 인간했는지 확정할 수 없으나 『실록』의 표현대로 50부의 '대장경'이라면 전부였을 가능성이 있다. 하지만 얼마만큼의 인간본이 일본에 전해졌는지는 자세히 알 수 없다. 이때 인간한 상당수는 교종 수사찰인 흥천사(興天寺)를 비롯한 유명 산사에 보관하였다.[64] 세조 이후에도 왕실의 요청에 의해 『고려대장경』을 인간한 예는 더러 있었다. 하지만 이 거질을 본격적으로 인간하여 영인본으로 간행한 것은 20세기 세기 후반에 들어와서 이루어졌다.

영인본 『고려대장경』은 해인사에 보관 중인 재조본 『고려대장경』 판목을 인간한 인쇄본 대장경이다. 1958년 동국대학교 백성욱(白性郁) 총장에 의해 재조본 『고려대장경』의 영인 작업이 추진되었다. 1959년(단기 4290년) 9월 12일에 백성욱 총장은 『대반야바라밀다경(大般若波羅蜜多經)』을 영인본 『고려대장경』 제1책으로 발간하였다. 처음 이 작업은 백성욱 총장의 원력으로 순조롭게 진척되었다. 하지만 1960년의 4·19로 인하여 교내의 사정이 급격하게 변화하기 시작하면서 이 작업은 『수능엄경(首楞嚴經, 제13책)』을 발간한 채 중단되고 말았다.

1975년 10월 15일에 동국대학교 이선근(李瑄根) 총장의 주도 아래 『대

61) 한우근, 『유교정치와 불교-여말선초대 불교정책』(일조각, 1993), 77면.

62) 김종명, 「세조의 불교관과 치국책」, 『한국불교학』 제58집, 한국불교학회, 2010, 145면.

63) 나종우, 「조선 전기 한일 문화교류에 대한 연구-고려대장경의 일본 전수를 중심으로」, 『사상과 문화의 전개』(경서원, 1989), 315~337면.

64) 『세조실록』 제4책, 7년조, 27목.

지도론(大智度論, 제14책)』이 출간되었다. 이후 이선근 총장은 본교의 개교 70주년 기념사업의 일환으로 영인본 『고려대장경』 완간의 원력을 세우고, 1976년 5월 8일 동국역경원에서는 본교의 개교 70주년 기념식에 맞추어 『화엄경탐현기(花嚴經探玄記, 제47책)』를 마지막으로 출간하였다. 그리고 1976년 6월 10일에는 『고려대장경총목록해제색인(高麗大藏經 總目錄 解題索引)』을 간행하여 총 48책의 영인본 『고려대장경』을 간행하였다. 동국역경원은 이 영인본을 토대로 1964년부터 37년에 거쳐 번역에 착수하여 2001년에 『한글대장경』(318책)을 간행했다. 최근에는 동국대학교 전자불전문화콘텐츠연구소와 함께 『한글대장경』을 전산화하여 『디지털대장경』으로 보급하는 준비작업을 하고 있다.

⑤ 한국불교전서

의천의 『교장간행』 이후 한국의 불교 전적은 개별적으로 생산되고 전승되었다. 하지만 조선시대의 폐불훼석과 임란과 호란 및 조선 후기의 각종 민란, 그리고 대한시대의 국권 침탈을 겪으면서 주요 문헌들이 산일되거나 파손되었다. 때문에 불교계에서는 불교 전적에 대한 정리의 필요성을 제기하였다. 먼저 일제 치하에서 몇몇 뜻있는 불교학자들이 이능화(李能和)를 회장으로 추대하여 조선불서간행회(朝鮮佛書刊行會)를 조직하고 총서간행을 기획하였다. 이어 그 일환으로 1925년에 정황진(鄭晃震)과 이능화(李能和)를 공동대표로 하여 『조선불교간행예정목록(朝鮮佛教刊行豫定書目錄)』을 간행하였으나 더 이상 진척되지 못하고 말았다.

이즈음 일본 정부는 약 11년(1912~1922)에 걸쳐 총 140권에 달하는 『대일본불교전서(大日本佛教全書)』를 간행하였다. 이것은 국가사업으로 이루어졌기 때문에 방대한 분량의 저술들을 짧은 시간 내에 수집할 수 있었고, 출판비 등 경제적인 어려움도 겪지 않았다. 이에 자극받은 한국불교학계에서는 '한국불교전서' 편찬을 수차에 걸쳐서 추진하였으나 뜻을 이루지 못하였다. 그 뒤 동국대학교 불교문화연구소 관련 몇몇 교수들의 원력에 의해『한국불교전서』편찬위원회가 구성되었다. 불교문화연구소는 철저한 자료수집과정을 거쳐『한국불교찬술문헌총록(韓國佛教撰述文獻總錄, 1976)』을 간행하였다.

이를 기준으로 하여 신라시대부터 조선시대(1896)까지 한국인에 의해서 편찬되고, 저술된 자료를 총망라하는 10책의 전서를 기획하여 1979년 1월 25일에 신라시대편 1책을 세상에 내어놓았다. 이어 1979년부터 1980년 5월까지 신라시대편 2~3책을 출간하였다. 그러나 고려시대편에서는 판본과 마멸이 심한 원고정리와 빈약한 자료수집에 많은 어려움을 겪게 되었다. 하지만 조직상의 문제로 인하여 지원이 원활하지 못하자 1981년부터는 불교문화연구소에서 대학출판부로 업무를 이관하고 출판부 내에 한국불교전서편찬실(韓國佛教全書編纂室)을 설치하여 작업을 진행시켰다.

1982년부터 1984년까지 고려시대편 1~3책을 출간하였다. 이어 조선시대편 1~4책을 완성시켜 1989년 11월 25일에 총 10책을 완간하였다. 뒤이어 1996년에는 보유편으로 제11책과 제12책을 간행하였고 2003년에는 다시 보유편으로 제13책과 제14책으로 추가하여 총 14책으로 재차 완간하였다. 이것은 1970년『한국불교찬술문헌총록(韓國佛教撰述文獻總錄)』을 기획하던 때부터 계산하여 약 26년간 걸린 대작업이었다. 여기에는 원측(圓測, 613~696)의『불설반야바라밀다심경찬(佛說般若波羅蜜多心經贊』, 제1권)』부터 시작하여 구한말 송광사 도총섭을 지낸 보정(寶鼎, 1861~1930)의『염불요문과해(念佛要門科解』, 1권)』에 이르기까지 총 180명이 남긴 322(이본 포함)종의 문헌이 집성되어 있다. 각 책에 수록된 서적 목록은 아래와 같다.

〈표 4〉 한국불교전서 목록

책수	저술명	종수	찬자명	시대	기타
1	불설반야바라밀다경찬 佛說般若波羅蜜多心經贊 등	27	釋圓測 外	신라 1	본편
2	화엄일승법계도 華嚴一乘法界圖 등	14	釋義湘 外	신라 2	본편
3	유가론기 瑜伽論記 등	14	釋遁倫 外	신라 3	본편
4	일승법계도원통기 一乘法界圖圓通記 등	21	釋均如 外	고려 1	본편
5	선문염송집 禪門拈頌集 등	2	釋慧諶 外	고려 2	본편
6	조계진각국사어록 曹溪眞覺國師語錄 등	36	釋慧諶 外	고려 3	본편
7	불조종파지도 佛祖宗派之圖 등	36	釋自超 外	조선 1	본편
8	부휴당대사집 浮休堂大師集 등	27	釋善修 外	조선 2	본편
9	운봉선사심성론 雲峰禪師心性論 등	36	釋大智 外	조선 3	본편
10	운문대사시초 默庵大師詩抄 등	48	釋瘖嫓 外	조선 4	본편
11	해심밀경소권제10 解深密經疏卷第十 등	27	釋圓測 外	보유 1	보유편
12	조탑공덕경서 造塔功德經序 등	34	釋圓測 外	보유 2	보유편
13	유가론기 瑜伽論記 (이본)	1	釋遁倫	보유 3	보유편
14	유가론기 瑜伽論記 (이본)	1	釋遁倫	보유 4	보유편
총계	180인	322부			

『한국불교전서』는 천 년 전 의천이 집성했던 『고려교장』의 새로운 집대성이다. 의천의 작업이 동아시아에서 수집한 장소류를 집대성한 것이라면 『한국불교전서』는 오로지 한국인들이 1700여 년 동안 사유하여 저술해낸 한국판 불교 교장이다. 때문에 이 '한국판 교장'과 동아시

아판 『고려교장』은 그 성격이 동일하지 않다. 『고려교장』 속의 저자는 인도와 중국 및 한국 불교사상가들의 저작이 함께 실려 있지만 『한국불교전서』 속에는 오로지 한국 불교인들만의 저작들이 수록되어 있다. 바로 이 점에서부터 두 교장은 크게 변별된다. 두 교장 모두 전서이지만 필자의 국적이나 내용 그리고 목판본(고려교장)과 활자본(한국불교전서)인 점에서도 서로 다르다.

318책으로 완간된 『한글대장경』이나 약 250여 책으로 완간될 『한글본 한국불교전서』는 모두 전서에 해당된다. 이들 두 종류는 모두 한글본 전서라는 점에서 가장 한국적인 전서라고 할 수 있다. 그리고 백련선서간행회에서 10여 년에 걸쳐 간행한 『선림고경총서』(37권)와 북한에서 간행한 『팔만대장경 해제』 및 『선역본 팔만대장경』 역시 한글본 전서에 포함된다. 『선림고경총서』는 선종에서 유통되었던 어록류와 사서류들을 우리말로 옮겨 묶은 것이다. 때문에 선행하는 거질의 전서라고 할 『선장(禪藏)』 혹은 『선종전서(禪宗全書)』에서 번역한 것이 아니라 동아시아에서 널리 읽혀온 주요 선서들을 선별하여 한글로 옮긴 것이어서 여타의 전서와는 그 성격이 다르다고 할 수 있다.

『선림고경총서』를 총서의 범주에 담은 것도 바로 이러한 이유에서이다. '전서'가 공적 기관에 의한 거질의 집대성을 일컫는 명명이라면, '총서'는 공적 기관뿐만 아니라 사적 개인에 의해서도 이루어질 수 있는 명명이기 때문이다. 이처럼 한국의 불전 번역과 불서 간행 과정에는 공적 기관에 의한 전서 편찬과 공적 혹은 사적 개인에 의한 총서 간행이라는 두 가지 범주가 있다. 따라서 우리 시대에 필요한 불전 편찬의 과제는 공적 기관에 의한 전서 편찬과 공적 혹은 사적 개인에 의한 총서 간행의 장점들이 적절히 조합되어 질적으로 가장 좋은 결과물을 생산해 내는 것이라고 할 수 있을 것이다.

4. 불전 언해와 한글 번역

(1) 순한문과 현토 구결

고중세 이래 한글창제 이전에는 한자로 자신의 생각을 표현했던 귀족들과 달리 서민들은 당시의 문자였던 한자를 빌어 이두나 향찰 그리고 각필(현토)과 구결로 표기하면서 언어생활을 하였다. 지식인들이 한자를 본격적으로 사용한 것은 고려시대부터라고 할 수 있다. 당시의 지식인들은 대부분 한자로 자신의 생각을 표현하여 소통하거나 향찰로 된 글들을 한역하면서 새로운 문자생활을 이어 갔다. 반면 서민들은 여전히 한자 차용 표기법인 이두나 향찰 및 각필 구결 등을 사용하였다. 해서 고려 때까지만 해도 한자 차용 표기 혹은 한문 번역은 공적인 기관에 의해서가 아니라 사적인 개인에 의해서 이루어졌다.

고려 정부는 초조본『고려대장경』편찬을 위해 대장도감을 설치하여 판각을 지휘하였다. 또 초조본에서 빠진 장소류를 보완하기 위하여 교장도감을 시설하고『고려교장』을 간행하였다. 그리고 재조본『고려대장경』조성을 위해서 강화도에 대장도감을 설치하고 지방에 분사도감을 시설하여 대장경을 판각하였다. 이때 이루어진 표기들은 대부분 순한문이었으며 부분적으로 이두와 향찰 및 현토와 구결들이 통용되었다. 이렇게 되자 한자를 차용해서 표기하는 이두와 향찰을 뛰어넘어 보다 진전된 우리말의 필요성이 제기되기 시작하였다.

한자로 의사표시를 한 소수의 귀족들과 달리 대다수의 한국인들은 고중세 이래 이두와 향찰 및 각필 구결을 통해 우리말에 대한 강한 갈증을 지니고 있었다. 그들은 향찰시와 한역시뿐만 아니라 현토 구결을 적극적 사용하여 자신의 의사를 표시해 왔다. 그리하여 그들은 이두나 향찰 및 구결의 사용을 통하여 창작에 대한 요구뿐만 아니라 한자 문헌으로의 번역의 필요성도 배태시켜 나갔다. 이러한 현상은 이미 고려가 요인 「가시리」, 「쌍화점」, 「청산별곡」 등에 담긴 한글 유사 표기들에서도 확인되고 있다. 뿐만 아니라 고려 후기 유자들의 시조에서도 우리말 사용에 대한 강한 그들의 열망들을 읽어낼 수 있다.

(2) 선한(鮮漢) 호용문

고려 후기 이래 불교 지식계에서는 불전의 현토 구결본이 다량으로 유통되었다. 불전 유통의 시대적 흐름은 현토와 구결을 넘어 한글 유사 표기를 확장시켰고 한글 창제의 필요성을 더욱더 강하게 제기하였다. 조선 초기 세종은 이러한 시대적 요청들을 수용하여 한글을 창제하였고 급기야는 한글의 효용성과 기능성의 점검을 시도하면서 불경 언해본들을 탄생시켰다. 한글 창제 이후 불경 언해본들이 널리 간행되면서 한자 호용(互用)문의 사용은 이제 시대적 요청이자 거스를 수 없는 대세가 되었다.

그런데 이렇게 이루어진 현토구결본과 선한호용문의 서적들은 목판인쇄를 통해서 간행되어 대중들에게 전달되었다. 목판을 통하여 간행물을 제작하는 관서는 고려시대부터 이미 존재했었다. 하지만 본격적인 활동은 조선 태종이 숭문정책을 펴고(1400년경) 서울 남산에 왕립전용주자소를 설치하면서부터라고 할 수 있다. 여기에서는 조선 최초의 주조활자인 계미자(癸未字, 1403)를 선보였다.

서적간행에 관심이 매우 컸던 세종은 명을 내려 활자의 크기를 일정하게 하게 했다. 또 행과 행 사이에 줄을 넣어 조판이 쉽고 인쇄하기에 편하게 하여 당시만 해도 결점들이 적지 않았던 계미자를 경자자(庚子字, 1420)로 개량해 내게 했다. 나아가 조판이 쉽고 인쇄하기에 편하며 필선이 아름다운 초주 갑인자(初鑄 甲寅字, 1434)를 다듬어 내게 했다. 이들 활자의 정비는 언해본의 간행을 더욱 촉진시켰다. 그리하여 이들 활자들에 의해 국한문 혼용의 『석보상절(釋譜詳節)』과 『월인천강지곡(月印千江之曲)』을 간행하기에 이르렀다.

① 불경 언해본

조선조에 이르러 숭유억불의 불교정책이 시행되었고 태종은 고려 이래 11종파를 7종으로 통폐합하였다. 세종은 7종을 다시 선교 양종으로 통합하였지만 불교는 여전히 사회적인 영향력을 유지하고 있었다. 세종에 의해 훈민정음(한글)이 창제되면서부터 번역 작업은 이제 개인적인 차원을 넘어 국가적인 차원에서 이루어졌다. 세종은 한글을 창제한 이후 불전 간행과 불서 편찬을 시도하였고 수양대군(세조)은 이를 도왔다. 뒷날 문종과 단종에 이어 왕위에 오른 세조는 조카인 단종으로부터의 왕위 찬탈을 속죄하려는 마음에서 불교를 깊이 신봉하였으며 왕세자가 병으로 죽자 명복을 빌기 위하여 친히 불교 전적을 베끼기도 하였다. 이어 세조는 재위 7년(1461)에 왕명으로 고려의 대장도감과 교장도감을 원용한 간경도감(刊經都監)을 설치하여 많은 목판본과 금속활자본 불전을 간행하였다.

조선 전기에 금속활자로 간행된 불경은 을해자(乙亥字)로 인출한 『묘법연화경(妙法蓮華經)』, 『금강반야바라밀경(金剛般若波羅密經)』, 『대방광원각수다라요의경(大方廣圓覺修多羅了義經)』, 『대불정여래밀인수증요의제보살만행수능엄경(大佛頂如來密因修證了義諸菩薩萬行首楞嚴經)』, 『선종영가집(禪宗永嘉集)』, 『천태사교의(天台四敎義)』, 『능엄경언해(楞嚴經諺解)』, 『금강경언해(金剛經諺解)』를 비롯하여 정축자(丁丑字)로 인출된 『금강경오가해(金剛經五家解)』, 『금강경삼가해(金剛經三家解)』, 을유자(乙酉字)로 인출된 『대방광원각수다라요의경(大方廣圓覺修多羅了義經)』, 『벽암록(碧巖錄)』, 『육경합부(六經合部)』 중 『금강반야바라밀경(金剛般若波羅密經)』, 『대방광불화엄경입부사의해탈경계보현행원품(大方廣佛華嚴經入不思議解脫境界普賢行願品)』, 『관세음보살예문(觀世音菩薩禮文)』 삼경합책 등이 현존한다.

금속활자에 의한 인쇄술은 판목에 글자를 거꾸로 새겨 한 책만 찍어내는 목판본과 달리 낱개의 금속 글자로 만들어진 활자를 조판하여 찍어내는 인쇄 방식으로 새롭게 조판을 하면 다른 종류의 책을 거듭 찍어낼 수 있는 장점을 지니고 있다. 하지만 이와 같은 금속활자에 의한 인쇄 방식은 막대한 비용이 소용되는 것이어서 대부분 중앙 정부의 주도로 이루어질 수밖에 없었다. 조선 후기에 이르기까지 금속활자는 여러 차례 개량되었지만 고려시대 이래 여전히 대부분의 불전들은 목판 인쇄로 간행되어 유통되었다. 간경도감이 폐지(1471)된 이후에는 내수사(內需司) 등에서 잠시 불전이 간행되기도 했다.

간경도감은 이후 성종 2년(1471)까지 약 10여 년간 존속하면서 한문 불경 간행과 한글 불서 편찬을 주도했다. 간경도감은 한양에 본사(本司)를 두고 안동부, 개성부, 상주부, 진주부, 전주부, 남원부 등의 지방에 분사(分司)를 두었다. 직제는 도제부, 제조, 사, 부사, 판관 등으로 이루어졌으며, 관리는 약 20명이고 총 종사자는 170명에 이르렀다.[65] 이곳의 주요 업무는 이름 있는 승려나 학자를 초빙하여『고려교장』본을 판각하는 것과 한글로 번역하고 간행하는 일을 하였다. 아울러 불서를 구입하거나 수집하고 왕실의 불사와 법회를 관장했다.

판각과 간행에 따른 업무는 세조가 직접 관장하였고, 실무는 황수신(黃守身, 1407~1467), 김수온(金守溫), 한계희(韓繼禧) 등의 학자가 맡았고, 신미(信眉), 수미(守眉), 홍준(洪濬) 등의 승려들은 교정 관련업무만 맡았다. 간경도감에서 편찬해 낸 언해본 불교 전적들은 삼장과 교장에 걸쳐 매우 다양했다. 제일 처음 간행한 것은 불교의 교조인 석존에 대한 저술들이었다. 한글이 만들어진 이듬해인 세종 즉위 29년(1447)에 명을 받은 수양대군은 승우(僧祐)의 한문본『석가보(釋迦譜)』와『법화경』등의 경전을 가려 뽑아 엮고 이를 언해하여『석보상절(釋譜詳節,[66] 1477)』

65) 불경 간행 사업에 30일 이상 종사하면 원하는 사람에게 度牒을 주어 승려가 될 수 있게 하였다. 이 때문에 많은 이들이 이 일에 참여하였다.

66) 세종은 1446년(세종 28)에 昭憲王后가 돌아가자, 그녀의 명복을 빌기 위하여 수양대군에게 석가의 전기를 엮게 하였다. 이에 수양은 金守溫) 등의 도움을 받아『釋迦譜』,『法華經』,『地藏經』,『阿彌陀經』,『藥師經』등에서 뽑아 엮고 한글로 옮겨[編譯] 1447년(세종 29)에『석보상절』로 완성했으며 1449년(세종 31)에 간행하였다.

을 펴냈다. 다시 2년 뒤(1449)에는 세종이 친히 지은 찬불가인 『월인천강지곡(月印千江之曲)』을 간행하기도 하였다. 훗날 세조는 즉위 5년(1459)에 『월인천강지곡(月印千江之曲)』과 『석보상절』을 합해 『월인석보(月印釋譜)』를 간행했는데 이것은 다른 언해본과 달리 한문 본문이 실려 있지 않은 것이 특징이다.[67)]

선한문(鮮漢文)은 한글과 한문을 상호 이용한 문체를 일컫는다. 대부분의 언해본들은 한글과 한문을 상호 활용한 선한 호용문(鮮漢互用文)이었다. 때문에 한문 원문에 구결을 달고 언해문을 나란히 배열하는 전형적인 불경 언해서는 간경도감에서 간행한 『능엄경언해(楞嚴經諺解)』(10권, 校書館, 1461)가 처음이라고 할 수 있다. 『능엄경언해』는 원낙은 활자(乙亥字)로 간행되었지만 1461년 세조가 간경도감(刊經都監)을 설치하고 불경언해 사업을 본격화하면서 이듬해에 목판본으로 다시 간행되었다. 이 책은 송나라의 온릉 계환(戒環)이 요해(要解)한 『능엄경』에 세조가 한글로 구결을 달고 한계희(韓啓禧)·김수온(金守溫) 등이 신미(信眉)의 도움을 받아 번역한 것이다. 목판본 『능엄경언해』는 간경도감에서 간행한 최초의 불전 언해서라는 점에서 이후 불전 언해서의 서지 형태, 번역 양식, 정서 방법 등의 전범이 되었다.

간경도감에서는 1461년(세조 7) 설치 이후 1471년(성종 2)에 해체될 때까지 약 10년간 『수능엄경언해(首楞嚴經諺解)』, 『아미타경언해(阿彌陀經諺解)』, 『몽산법어언해(蒙山法語諺解)』, 『묘법연화경언해(妙法蓮華經諺解)』, 『선종영가집언해(禪宗永嘉集諺解)』, 『금강반야바라밀경언해(金剛般若波羅密經諺解)』, 『반야바라밀다심경언해(般若波羅蜜多心經諺解)』, 『원각경언해(圓覺經諺解)』, 『사법어언해(四法語諺解)』, 『목우자수심결언해(牧牛子修心訣諺解)』 등 10종의 불전 언해본을 간행하였다.[68)] 선행 연구들[69)]을 참

67) 학계에서는 『석보상절』이 다른 불경 언해서와 달리 언해문과 한문 원문이 함께 실려 있지 않을 뿐만 아니라 자유로운 산문체로 적혀 있어 불경 언해의 범주에서 제외시키고 있다.

68) 金斗鍾, 『韓國古印刷技術史』(탐구당, 1974), 159~162면. 여기서는 『몽산법어언해』를 언급하지 않는

고하여 표를 만들어 보면 아래와 같다.

〈표 5〉 언해본 불교 전적 목록

번호	언해본 불전 및 불서	간행자	권차	간행년	간행처	비고
1	석보상절 釋譜詳節	活字本		1447/1561	校書館	釋迦譜번역
2	월인석보 月印釋譜	木版本		1459/1542	校書館/ 영주 희방사	
3	대불정 여래밀인 수증요의 제보살만행 수능엄경 언해 大佛頂如來密因修證了義諸首菩薩萬行首楞嚴經 諺解	活字本/ 木版本	10권	1461/1462	校書館/간경도감	溫陵戒環解/一如集注 세조 口訣
4	불설아미타경 언해 佛說阿彌陀經 諺解	乙亥字/ 木版本	1권	1461/1464/1558	교서관/간경도감/나주 쌍계/청도 수암사/고성 운흥사/묘향산 보현사/팔공산 동화사/양주 봉인사/청도 운문사/양주 덕사/밀양 표충사	
5	몽산법어 언해 蒙山法語 諺解		1권	1459~1461/1521……	간경도감/	懶翁 초록/信眉 諺解
6	묘법연화경 언해 妙法蓮華經 諺解	木版本	7권	1463/1523……	간경도감/	溫陵戒環解
7	선종영가집 언해 禪宗永嘉集 諺解	木版本	2권	1464/1520……	간경도감/	信眉 등 諺解
8	금강반야바라밀다경 언해 金剛般若波羅密多 諺解		2권	1464/1495	간경도감/	韓繼禧 등 諺解
9	반야바라밀다심경 언해 般若波羅密多心經 諺解		1권	1464/1475	간경도감/	韓繼禧 등 諺解
10	대방광원각수다라요의경 언해 大方廣圓覺修多羅了義經 諺解	木版本	11권	1465/1459?	간경도감/	信眉 · 孝寧大君 · 韓繼禧 등 諺解
11	사법어 언해[70] 四法語 諺解		1권	1467/1500	간경도감/	信眉 口訣, 諺解

채 9종으로 파악하고 있다.

69) "불경언해" 한국 브리태니커 온라인. <http://preview.britannica.co.kr/bol/topic.asp?article_id=b10b1676a>; 김영배, 『국어사자료연구: 불전언해 중심』(월인, 2000); 김영배, 「조선 초기의 역경」, 『대각사상』 제5집, 대각사상연구원, 2002.

70) 이 『사법어언해』는 혜각존자 신미가 '환산정응선사 시몽산법어(皖山正應禪師示蒙山法語)', '동산숭장주 송자행각법어(東山崇藏主送子行脚法語)', '몽산화상시중(蒙山和尙示衆)', '고담화상법어(古潭和尙法語)'의 법어 4편에 正音을 달고 번역한 것이다.

번호	언해본 불전 및 불서	간행자	권차	간행년	간행처	비고
12	목우자수심결 언해 牧牛子修心訣 諺解	木版本	1권	1467	간경도감/	信眉 口訣, 諺解
13	수구영험 언해 隨求靈驗 諺解		1권	1476/1569	은진 쌍계사	
14	금강경삼가해 언해 金剛經三家解 諺解	活字本	5권	1482	간경도감 언해/內需司 간행	慈聖大妃 후원, 學祖 간행
15	영가대사증도가남명천 선사계송 언해 永嘉大師證道歌南明泉 禪師繼頌 諺解	乙亥字 活字本	2권	1482	간경도감 언해/內需司 간행	慈聖大妃 후원, 學祖 간행
16	불정심다라니경 언해 佛頂心陀羅尼經 諺解	乙亥字	3권	1485/1533/1561		仁粹大妃 후원
17	영험약초 언해[71] 靈驗略抄諺解	乙亥字 活字本	1권	1485/1550		仁粹大妃 후원
18	오대진언 언해 五大眞言 諺解		1권	1485		仁粹大妃 후원
19	육조법보단경 언해 六祖法寶壇經 諺解	木活字本	3권	1496/?		學祖 諺解
20	진언권공·삼단시식문 언해 三壇施食文·眞言勸供 諺解	木活字本	1권	1496		學祖 諺解
21	관음경 언해 觀音經 諺解					
22	법집별행록 언해 法集別行錄 諺解			1522		
23	불설대보부모은중경 언해 佛說大報父母恩重經 諺解		1권	1553		
24	선가귀감 언해 禪家龜鑑 諺解		2권	1569	묘향산 보현사	
25	염불작법 언해 念佛作法 諺解			1572		
26	초발심자경문 언해 初發心自警文 諺解		1권	1577		계초심학인문/발심수 행장/야운자경서
27	십현담요해 언해 十玄談要解 諺解		1권	1548	강화도 淨水寺 판각	1475 雪岑 書
28	성관자재구수육자선정 언해 聖觀自在求修六字禪定 諺解六字禪定 諺解		1권	1560		

71) 이 『영험약초언해』는 '대비심다라니', '수구즉득다라니', '대불정다라니', '불정존승다라니' 네 가지

번호	언해본 불전 및 불서	간행자	권차	간행년	간행처	비고
29	진언집 언해 眞言集 諺解		1권	1569		
30	미타참절요 언해 彌陀懺節要 諺解		1권	1704		
31	염불보권문 언해 念佛普勸文 諺解	木版本		1704/1764/1765/1765/1776/1787	예천 용문사/대구 동화사/구월산 흥률사/묘향산 용문사/합천 해인사/무장 선운사	
32	조상경 언해 造像經 諺解					
33	지장경 언해 地藏經 諺解			1569/1762		

이들 언해본들의 인간을 분석해 보면 당시에 수요가 많았던 전적들 중심으로 간행되었다. 간경도감과 내수사에서 간행된 『능엄경언해』, 『법화경언해』, 『원각경언해』, 『금강경삼가해언해』, 『불설아미타경언해』, 『불정심다라니경언해』 그리고 『몽산법어언해』 등은 조선 전기의 불자들과 일부 유자들 사이에서도 널리 읽혔던 전적들이다. 그러나 세조가 왕위에서 물러난(1470) 뒤 왕위에 오른 성종은 이듬해에 유자들의 상소에 의해 폐지하였다. 이 중 『금강경삼가해언해』와 『증도가남명계송언해』는 세종대에 처음 번역이 시작되어 간경도감이 폐지되기 이전에 이미 다른 불경언해 사업과 함께 추진되어 완성되어 있었던 것을 자성대비의 후원으로 학조(學祖)가 내수사(內需司)에서 간행했기 때문이다. 이들 언해본들은 활자(乙亥字)로 간행되었으며 내용면에서는 폐지된 간경도감의 후속 사업적 성격을 지니고 있었다.

인수대비의 후원을 받아 간행된 『불정심다라니경언해』와 『오대진언언해』 그리고 『영험약초언해』는 모두 다라니의 성격을 지니고 있는 책들이다. 이 중에서도 학조가 언해하여 간행한 『육조법보단경언해』와 『진언권공』 및 『삼단시식문』은 활자(木活字)로 간행되었다는 점과 한자음표기

의 영험담을 모아 번역한 것이다.

에 있어 동국정운식 한자음을 지양하고 현실 한자음을 표기한 점에서 주목을 받고 있다. 또 당시에 간행된 언해본들 대부분이 선법 관련 불서뿐만 아니라 의례 관련 서적들이었다는 대목과 왕실이 국가의 안녕을 기원하는 의식 거행에 필요한 불교 의례집의 간행을 위해 원찰들을 지속적으로 후원했다는 사실은 조선시대 불교의 지형도와 관련해서 주목해야할 부분이다.[72] 동시에 이것은 우리는 조선조에서도 불교의 기능과 역할이 엄존하고 있었다는 사실을 재확인하게 해 주는 대목이기도 하다.

정부 주관의 교서관과 간경도감에서 불서들을 언해하고 간행하던 전기와 달리 중기 이후에는 왕실의 후원이 소원해졌다. 그 대신 각 지역 관아(官衙)의 후원과 지역의 수사찰이나 유력 인사의 후원을 받는 특정 사찰 등과 같은 단위 사찰에서 기존의 불전 언해본들을 복각하는 형식으로 이루어졌으며 인간된 종수도 적지 않았다. 이들 사찰에서는 당시 대중들에게 가장 폭넓게 자리 잡고 있던 정토신앙에 기인해 『미타참절요언해(彌陀懺節要諺解, 1704)』, 『염불보권문언해(念佛普勸文諺解, 1741)』, 『지장경언해(地藏經諺解, 1762)』 등과 같이 주로 정토계통의 불전들이 언해, 인간되는 일이 많았다. 특히 『불설대부모은중경』의 경우는 고려시대 판으로부터 이래 조선 후기 용주사판까지 국내에서 간행된 이판본만도 삼십여 종에 가깝다. 또 대승경전과 수행관련 불전들인 『묘법연화경(妙法蓮華經)』, 『금강반야바라밀경(金剛般若波羅密經)』, 『육경합부(六經合部)』, 『화엄경소(華嚴經疎)』, 『지장경(地藏經)』 등과 『진언집(眞言集)』 등이 필요에 따라 지방 관아와 지역의 사찰에서 여러 차례 인간되었다.

그리고 이들 판본들에 판각된 다양한 종류의 변상도와 삽화는 해당 경전의 핵심 내용을 응축한 사상적 체계를 바탕으로 당대의 빼어난 예술성을 반영한 수준 높은 작품들이며 저마다 각 시대별 인쇄 미학의 백미를 잘 보여주고 있어 주목된다. 하지만 18세기 후반으로 접어들면서

72) 고영섭, 「금강산의 불교 신앙과 수행 전통」, 『보조사상』 제34집, 보조사상연구원, 2010.

불경과 언해본 간행이 점차 줄어들고 불교 의례집들의 간행이 주조를 이루게 되었다.[73] 당시 의례집들이 안고 있는 문제점들을 비판하면서 새롭게 집성한 백파 긍선(白坡 亘璇, 1767~1852)의 『작법귀감』은 이 시대의 대표적인 의례집이라고 할 수 있다.

그러나 이들 불교 의례집 간행조차도 조선말까지 진행되다가 대한시대(1897~)에 들어서 국권을 잃게 되면서 한동안 불전 간행이 미미하게 된다. 이즈음 불교계는 1899년 창사된 동대문 밖의 원흥사(조선불교중앙포교당)를 사대문(도성) 안으로 이전시켜 포교의 전진기지로 삼기 위해 1902년에 세운 각황사를 거점으로 새로운 모색을 하고 있었다. 이후 1908년 원흥사에서 창종한 원종이 일본 조동종과 연합 체맹을 맺자 이를 매종 행위라고 반발한 지방 불교계에서는 1910년에 임제종을 탄생시켰다. 원종은 1910년 5월경에 각황사를 지금의 종로구 수송동으로 옮겨 창건하였다. 그러던 와중에 1910년 8월 29일 대한제국 정부는 일제에 국권을 빼앗겨 버렸다. 정국은 혼미 속에 빠져들었다. 불교계 역시 조선총독부가 반포한 사찰령의 통제(1911)에서 벗어날 수 없었다.

불교계는 각황사를 옮겨 열은 이후 다시 역경(譯經)에 대한 시도를 하였다. 먼저 한양의 중앙포교당 역할을 하던 각황사는 『미륵상생경』을 한문(漢文) 및 선문(鮮文) 두 갈래로, 또 조선선종중앙포교당(寺洞)에서는 『여래팔상록』을 선문(鮮文)으로 역술(譯述) 간행(刊行)하였다.[74] 이어 『해동불교』 3~8호에는 영호 정호(映湖 鼎鎬, 朴漢永, 1870~1948)가 『법보단경』을 역술하여 연재하였고, 해동불보사에서는 청년승려들의 교재로 활용하기 위해 『치문』을 현토 분류한 『정선치문집설(精選緇門集說)』을 간행하였다.[75] 또 한용운의 『불교대전』이 간행되자 그 『해동불교』의 광고

---

73) 고영섭, 「한국의 근대화와 전통 불교의례의 변모」, 『불교학보』 제56집, 동국대학교 불교문화연구원, 2010, 411~451면.

74) 「雜貨布」『조선불교월보』 제19호, 조선불교월보사, 73면.

75) 『해동불보』 제5호, 해동불보사, 76면; 『해동불보』 제6호, 해동불보사 89면.

문에서는 선한문(鮮漢文)으로 초역(抄譯) 간행했다 광고하고 있다.[76] 이후 이능화, 정황진, 권상로, 봉문거사, 백의거사 등은 불교잡지에 불전을 소개하고 번역을 시도하였다.

3・1운동이 일어난 뒤 1920년 2월 17일 "한국사에서 역사와 전통이 심대한 불교를 계승하고 그를 조선동포에게 널리 알림과 동시에 세계에도 발휘하자"[77]는 취지에서 결성된 조선불교회는 새로운 사업을 전개하기 위한 방안을 검토하면서 역경에 대해 관심을 기울이게 된다. 1924년 조선불교회는 편집동인 성격의 발기인 중심으로 『불일』지를 창간하고 창간호 사고(社告)에 불전 번역 연재 소식을 전하고 있다. 2호까지 확인되고 있는 『불일』지 제2호에는 권상로의 번역기고문인 「불설무량수경 48원」이 게재되었다.[78] 이때의 번역문은 대부분 조선글과 한문을 혼용한 선한문(鮮漢文)이었다. 이처럼 대한시대의 역경 언어는 순한문의 현토와 구결과 언해를 지나 선한(호용)문의 사용으로 넘어가고 있었다.

② 삼장역회 번역본 외

용성 진종(龍城 震鐘, 1864~1940)은 3・1운동 이후 출옥한 뒤 58세의 나이에 삼장역회(三藏譯會,[79] 1928. 8.)를 조직하여 불전 번역과 불서 간행을 주도하였다. 당시의 대표적 선승이었던 그는 대각교(大覺教)의 창안, 선농일치(禪農一致)의 실현 등을 통해 대 사회적 발언과 참여를 해왔다. 하지만 출옥 이후 그는 "이제부터 나아가지 않겠다"고 결심하고 "경전을 번역하는 일 외는 청산을 묵묵히 대할 뿐"이라며 숙연하게 발원하였다. 그리고 그는 한문 불전을 '조선글'(조선어)로 번역하는 일을 가장 우선순위에 두었다.

---

76) 『해동불보』 제6호, 해동불보사, 89면.

77) 『조선불교총보』 제21호, 조선불교총보사, 9~11면. 조선불교회의 발기인은 권덕규, 김돈희, 김정해, 김홍조, 박한영, 양건식, 이능화, 이명칠, 이지광, 정황진 등 29명이다.

78) 『佛日』지의 편집동인은 김익승, 김세영, 박한영, 백상규, 백우용, 양건식, 이능화, 최남선, 황의돈, 권상로 등이다. 김광식, 「일제하의 역경」, 『대각사상』 제5집, 대각사상연구원, 2000, 52~53면 참고.

79) 한보광, 「백용성 스님의 역경 활동과 그 의의」, 『대각사상연구』 제5집, 대각사상연구원, 2002.

오직 원컨대 모든 선지식께서는 나를 자유롭게 놓아주소서. 본디 머리가 있고 꼬리가 없는 놈은 말할 줄도 모르는 것입니다. 오로지 내가 결심한 일은 이제부터 나아가지 않겠다는 것입니다. 다만 경전을 번역하는 일 외에 묵묵히 청산을 대할 뿐입니다. 나의 마음은 이미 결정되어 털끝 하나 들어올 곳이 없습니다. 오직 바라건대 모든 선지식께서는 나를 버린 물건으로 여기소서.[80)]

"털끝 하나 들어올 곳이 없"을 정도로 굳게 결심한 용성은 선지식에게 자신을 '버린 물건으로 여기라'고 단언하며 경전 번역과 간행에 몰두하였다. 그의 삼장역회는 1인으로 구성된 역회임에도 불구하고 공동역회를 방불케 할 정도로 방대한 역경사업을 완수하였다. 이 점은 한국불전 번역사에서 용성이 그 누구와도 견줄 수 없을 정도로 확고한 위상을 세웠다고 평가받는 이유이기도 하다. 아래의 삼장역회의 목록은 용성의 사유와 인식의 지형을 보여주고 있다.

〈표 6〉 삼장역회 및 대각교회 간행 목록

번호	불서명	권차	연도	간행처
1	범망경연의 梵網經演義	1권	1921.	미출판
2	심조만유론 心造萬有論	1권	1921.	삼장역회
3	금강경 선한문 신역대장경 金剛經 鮮漢文 新譯大藏經	1권	1922. 1.	삼장역회
4	수능엄경 선한연의 수능엄경 鮮漢演義	1권	1922. 7.	삼장역회
5	만금비라(동자위덕)경 卍金毘羅(동자위덕)經	1권	1922. 9.	대각교회
6	팔상록 八相錄	1권	1922. 9.	삼장역회

80) 金泰洽 편『용성선사어록』하권(『용성대종사전집』제1집, 1990, 555면), 29면. 윤창화,「해방 이후 譯經의 성격과 의의」,『대각사상』제5집, 대각사상연구원, 2002, 136면 재인용.

7	각정심관음정사총지경 覺頂心觀音正士摠持經	1권	1922. 12.	대각교회
8	대방광원각경 大方廣圓覺經	1권	1924. 6.	삼장역회
9	선한문역 선문촬요 (부록 수심정로) 鮮漢文譯 禪門撮要 (附錄 修心正路)	1권	1924. 6.	대각교회
10	상석과해 금강경 詳譯科解 金剛經	1권	1926. 4.	삼장역회
11	팔양경 八陽經	1권	1928. 1.	삼장역회
12	조선글 화엄경	12권	1928. 3.	삼장역회
13	조선어 능엄경	1권	1928. 3.	삼장역회
14	각해일륜 (부록 육조단경요역) 覺海日輪 (附錄 六祖壇經要譯)	1권	1930. 3.	대각교당
15	각설범망경 覺說梵網經	1권	1933. 1.	대각교중앙본부
16	청공원일 晴空圓日	1권	1933. 6.	
17	수심론 修心論	1권	1936. 4.	대각교중앙본부
18	석가사 釋迦史	1권	1936. 7.	대각교중앙본부
19	임종결 臨終訣	1권	1936. 9.	삼장역회
20	오도의 진리 吾道의 眞理	1권	1937. 6.	삼장역회
21	오도는 각 吾道는 覺	1권		
22	육자영감대명왕경 六字靈感大明王經	1권		
23	천수경 千手經	1권		
24	지장보살본원경 地藏菩薩本願經	1권		

3·1운동의 중심에 섰던 용성은 출옥 이후 커다란 심경의 변화를 맞이했다. 감옥에서 보았던 다양한 문화와 사조들을 경험하면서 시대정

신과 역사의식이 우러나왔다. 이후 그의 모든 인식은 불교계 내부로 모아졌다. 그것은 3・1운동의 영향, 여타 종교의 한글화된 교재에서의 충격, 한문 및 시대사조에 대한 판단, 민중불교에 대한 관심 등의 종합이었다.[81] 그리하여 그는 '불교의 민중화 운동', '불경의 번역이 신앙과 깨달음에 이르게 하는 문제와 직결'되며, '대중을 위한 역경', '역경이 포교, 불교의 대중화, 불교의 민중화라는 방향에서 접근'되었다. 그리고 이러한 용성의 이러한 '가시적 성과'[82]는 당시에 활동하던 이능화(李能和, 1869~1943), 한암 중원(寒巖 重遠, 方寒巖, 1876~1951), 권상로(權相老, 退耕, 1879~1965), 한용운(1879~1944), 정황진(鄭晄震), 김영수(1884~1967), 봉문(鳳門)거사, 백성욱(無號山房, 1897~1981), 김태흡(金泰洽, 大隱), 김법린(金法麟, 梵山, 1899~1964), 안진호(安震湖, 1880~1965), 허영호(許永湖, 1900~1952, 拉北), 조종현(趙宗玄, 鐵雲, 1904~1989, 김동화(金東華, 雷虛, 1902~1980), 소천 의탁(韶天 宜倬, 1897~1978), 김적음, 현서봉 등과도 대비된다.

용성에 의해 번역된 이 시기의 불서들은 대체적으로 ㉠ 선교일치(禪教一致)적 경향의 서적이 많이 유통되었고, ㉡ 남종선 중에서도 송대의 간화선(看話禪) 계통의 서적이 여러 차례 반복적으로 언해되었으며, ㉢ 법성(法性) 사상을 근간으로 하는 경전들과 그 주석서들이 주로 번역되었고, ㉣『오대진언』,『진언권공』,『삼단시식문언해』,『진언집』,『염불작법』 등 의례에 관한 의문(儀文)의 언해가 중심이었다. 용성 이전 선－교－염불의 삼문수업(三門修業)이 중심이었던 조선 중 후기에는 선(禪; 남종선－간화)－교(教; 법성교학)－진언(眞言; 염불왕생) 중심의 불교 서적이 번역 유행되었다.[83] 이러한 세 경향은 조선 초기를 넘어 종단이 없어진 중기와 후기에까지 나타날 뿐만 아니라 심지어는 대한 초기에

81) 김광식,「일제하의 역경」,『대각사상』 제5집, 대각사상연구원, 2002, 56면.

82) 김광식,「일제하의 역경」,『대각사상』 제5집, 대각사상연구원, 2002.

83) 신규탁, 앞의 논문, 앞의 책.

까지도 보이고 있다.

용성의 번역은 ㉠ 선에 관한 서적, ㉡ 강원 이력과정에서 수학하는 경전이나 논서, ㉢ 의식에 관한 서적으로 나눠볼 수 있으며, 그의 번역은 ㉣ 원문의 글자에 구애되지 않고 요점을 추리고, ㉤ 과목을 붙이며 번역하고 있다. 뿐만 아니라 그의 사상체계와 일생의 활동 첫 단계는 의정(疑情)의 독로(獨露)를 통해 대원각체성(大圓覺體性)을 체험했고, 둘째 단계는 그 체험을 바탕으로 해서 당시 강원의 이력을 열람하여 법성(法性)의 철학체계를 터득했으며, 셋째 단계는 첫째의 선적인 체험과 둘째의 법성철학의 체계를 바탕으로 정립한 자신의 대각사상의 실천 운동으로 돌입한다[84]고 평가되고 있다. 이것은 용성이 여타의 번역자와 달리 선사로서의 정체성을 분명히 하고 있을 뿐만 아니라 대각교(大覺教)로서 불교의 대중화를 동시에 모색하였기 때문으로 이해된다.

더욱이 그는 조선후기 이래 선교일원(禪教一元) 혹은 사교입선(捨教入禪)의 전통의 담지자로서 선법과 화엄에 대한 깊은 이해가 있었다. 나아가 그는 조선 후기와 대한 전기를 살면서 투철한 시대정신과 역사의식 위에서 '조선글'에 대한 남다른 이해를 바탕으로 하고 있다는 점에서 역경가로서 독자적 위상을 확보하고 있다. 이것은 용성의 찬불가 보급과 선농일치의 체화 그리고 대한독립운동의 발기인(33인) 참여 등에서도 확인되고 있다. 이러한 그의 가풍은 소천 의탁의 『금강경』 번역과 각운동 그리고 고광덕의 반야바라밀 운동으로 이어졌다. 용성의 삼장역회(三藏譯會)와 대비되는 또 다른 축은 만해의 주도로 이루어진 법보회(法寶會)였다. 그러나 '평이한 한글 혹은 국한문 혼용체[鮮漢互用文]로 번역하여 대중에게 적합한 팜푸레트 혹은 단행본'[85]의 필요성을 역설했던 만해의 번역은 『십현담주해』(1926. 5. 15.)와 선한문(鮮漢文)으로 초역(抄譯)된 『불교대전』뿐이었다.[86] 그렇지만 만해의 인식은 그의 영향

84) 신규탁, 앞의 논문, 앞의 책.

85) 한용운, 「조선불교의 개혁안」, 『불교』 88호, 1931. 10, 8면.

을 받은 이들에 의해 개화되었다. 백성욱(無號山房)은 당시의 불전 번역 사업에 대해 삼장역회를 제외하고는 역경의 흔적이 보이지 않음을 지적하면서 "우리가 소화하고 해석하였다고 할 만한 대중에 대한 책임과 성의 있는" 역경을 강조하였다.[87)]

백성욱은 당시의 불전 번역의 현실에 대해 다양한 문제의식에도 불구하고 무책임하고 무성의하여 '재래의 역출방식인 한문 현토식을 한글로 써 놓은 것에 불과'[88)]했다고 통렬히 비판하고 있다. 결국 그가 지적한대로 우리 스스로 소화하고 해석한 불교는 여전히 다음 시대의 과제로 남게 되었다. 김법린(鐵啞) 역시 "불전의 민중화 현대화야말로 민중적 불교운동의 초미적 문제"라고 인식하였다.[89)] 조종현 또한 역경사업을 주도할 '불교학회(佛教學會)'를 종단 교무원에 설치 운영하자는 제안을 했다.[90)] 이러한 문제의식들은 결국 순언문과 한글 옮김으로 나타날 수밖에 없었다.

경성(서울)에서 이루어진 삼장역회와 법보회와 달리 지방에서도 역경에 대한 문제의식이 제기되었다. 만해는 '역경의 급무'[91)]를 역설하고 "역경에 있어서는 (다소의 진보가) 요요무문(寥寥無問)이다"라고 주장하였다. 그러면서도 "하기야 개인적으로 소부분의 번역이나 저술이 아주

---

86) 『동아일보』 1922년 9월 25일. 「불교사회화를 위하여 한룡운 씨 등이 법보회를 조직」. "불교계의 명사 한룡운 씨 외 제씨의 발기로 법보회를 조직하고 스러저 가는 선인의 행적을 상고하야 우리의 광휘잇는 과거 력사를 장식하는 동시에 일반 불경을 순조선말로 번역하여 언문만 알면 능이 석가세존의 참뜻을 아라볼 수 있도록 할 터이라는대 그 회의 중심인물인 한룡운씨는 말하되 우리 회의 첫재 목뎍은 불교를 통속화(通俗化)함이외다. …… 우리의 부족하나마 팔만대장경을 전부 순조선말로 번역하고 또 그래도 모를 때에는 주를 내이어 아모리 초학자라도 한번 보면 뜻을 알고자 하고자 하며, 둘재는 이천년 동안 고승대사의 독특한 학설을 수집하야 발행코자 함이라. …… 우리가 조선민족으로 조선민중에 그러한 고명한 학설이 잇섯든 것을 알지도 못하고 모다 남의 손에 빼앗기엇다는 것이 엇지 민족의 죄가 아니라 하리요. 나는 통절히 늣기는 바가 잇서."

87) 無號山房, 「譯經의 必要는?」 『불교』 58호, 1929. 4, 20~23면.

88) 無號山房, 위의 글, 30면.

89) 鐵啞, 「民衆本位的 佛教運動의 提唱」, 『一光』 2호, 1929. 9, 42면.

90) 조종현, 『불교』 93호, 1932. 3, 17면.

91) 한용운, 「譯經의 急務」, 『불교』 신3집, 1937. 5, 2면. 만해는 여기서 역경의 대상인 經을 광의적으로 經律論과 기타 불교에 관한 문헌의 전부인 藏經으로 전제하고 있다.

없는 것은 아니나 양으로 근소할 뿐만 아니라 질로도 완전하다고 할 수 없다"[92]며 공동 역경의 필요성을 제기했다. 만해가 "아직 규모가 협소하야서 완벽의 역에 이르기까지는 거리가 원원(遠遠)하다"[93]고 언급한 곳은 불교계 공동경영의 해동역경원(원장 김구하)이었다.[94]

1935년 경남 3본산인 통도사와 해인사와 범어사에서 공동 출자(부담)하여 창립한 해동역경원(主任譯經師 허영호)은 첫해에 『불타의 의의』와 『사종(四種)의 원리』(사성제)를 펴낸 데 이어 순조선문으로 된 『불교성전』(상권)을 편역해 냈다. 1937년에는 『아미타경』을 펴냈으나 이해 3월부터 허윤(영호)은 휴간 중이었던 『불교』지의 책임(편집 및 발행인)을 맡게 되었다. 또 중앙불전의 교수 겸 학감과 다솔사 및 범어사 강원의 강사로 재직하면서 실무책임자로서의 역할이 분산되었다. 이렇게 되자 해동역경원은 1938년 9월 28일 3본산 종무협회 제5회 총회를 개최하고 역경사업을 당분간 중지한다는 결의를 내렸다.[95] 그 결과 해동역경원은 중단되고 말았지만 『불교』지를 통한 일본유학생 출신 허영호의 열정적인 역경사업[96]은 끊이지 않았다. 이것은 만상회를 운영하며 저술과 역경을 이끈 동시대의 안진호와도 비교된다.

안진호는 경북 예천에서 태어나 용문에서 출가한 뒤 용문사, 김룡사, 대승사의 강사로 활동했다. 1929년 그는 서울로 올라와 서대문에 불교서점 겸 출판사(발행소)인 만상회(卍商會)를 열고 저술과 역경 작업 및

92) 한용운, 「불교의 2대 문제」, 『一光』 3호, 1931. 3, 7면. 만해는 여기서 두 가지 물음에 대해 1) 역경사업이 문학에 기여하며, 2) 역경이 포교사업의 발전에 기여한다고 답변하고 있다.

93) 한용운, 위의 글, 위의 책, 7면.

94) 都監은 김구하, 김경산, 김설암, 이고경, 임환경, 김경봉, 백경하, 오성월, 차운도 등 9명을 위촉했다.

95) 김광식, 앞의 글, 앞의 책, 69면.

96) 해동역경원의 역경사업이 중단되자 허윤(영호)은 자신이 번역한 몇몇 불서들을 『불교』지에 분재하였고, 몇몇 불서들은 佛教社에서 간행하였다. 허윤이 번역한 책은 『불교성전』(1937); 『俱舍論大綱』; 『能斷金剛般若波羅密經 註解』(梵漢朝 대역, 불교 신1집~신4집); 『十二門論』(불교 신5집~9집, 1937); 『千手千眼觀自在菩薩廣大圓滿無碍大悲心大陀羅尼經』(불교 신8집~신9집); 『마등가의 딸경』(불교 신10집, 1937); 『大乘起信論』(불교 신10집~신13집, 1938); 『보시태자경』(불교 신11집~신12집) 『天台四教儀』(불교 신14집~신19집) 등이다. 그의 범한조 대역 『금강경』 번역은 20세기 최초로 산스크리트본에 의거한 번역이라는 점에서 주목을 요한다.

보급에 힘썼다. 특히 안진호는 불교의 의식을 정리하여 『불자필람(佛子必覽, 1931)』을 간행한 뒤 그 속편으로 다시 『석문의범(釋門儀範, 1935. 10.)』을 펴내어 우리나라 불교의례를 집대성하였다. 그는 만상회를 통해 많은 불서들을 현토, 언(문)해(석), 주해하여 불교의 대중화에 이바지하였다.[97] 안진호의 역경 목록은 매우 다양하였다. 그 구성도 원문, 현토, 주해, 번역, 사기(私記), 해석 등의 분류를 통해 이루어지고 있다. 이 점에서 그의 번역은 동시대의 상황에 견주어 매우 현대적이었다고 할 수 있다. 국내 출신임에도 불구하고 이러한 작업을 그 혼자 이루어 낸 것으로 보여 안진호의 열정이 새삼 돋보이고 있다.

허영호와 안진호와 대비되는 또 한 인물이 일본유학생 출신의 김태흡이다. 그는 1935년 8월부터 『불교시보』를 창간하여 1944년까지 발간하면서 불교 언론 및 포교사로서 전위에 섰다. 김태흡은 불전을 철학적(능엄경, 반야경, 원각경, 화엄경), 신앙적(지장경, 16관경, 무량수경, 아미타경, 미륵상생경, 약사본원경, 법화경), 문학적(아함경, 출요경, 현우경, 잡보장경, 법구비유경) 경전으로 분류하였다. 특히 그는 '대중취향의 대중불교 문학'으로 볼 수 있는 문학성이 깊은 불전에 대해 "우부우부(愚夫愚婦)라도 듣기만 하면 감동을 받을 수 있는 경전"이라고 보았다. 그러면서 자신은 "이에 대한 경전을 소규모이나마 하나식 둘식 간행하려는 계획을 갖고 있거니와 재정의 여유가 있는 각 대본산(大本山)가튼 데서는 포교비를 세워서 이러한 대중불교의 문학적 경전부터 현토(懸吐) 간행도 하고 혹은 번역(飜譯) 발행도 하기를 요망하는 바이다"[98]라며 현토와 번

97) 安震湖가 번역한 것은 『현토 자해 初發心自警文』; 『언문 千手經』; 『원문 현토 언문 해석 阿彌陀經』; 『원문 현토 언문 해석 八大覺經』; 『원문 현토 해석 觀世音普門品經 附 高王經 及 佛祖歷代』; 『원문삽화 附 현토 해석(鮮譯) 目連經 附 恩重經』(1936); 『현토 주해 精選緇門』(1936); 『원문 附 현토 음역 의역 地藏經』(1936); 『현토 三經合部(화엄경 행원품, 법화경 보문품, 원각경 보안장)』(1936); 『현토 주해(선역) 藥師經』; 『현토 선역 北斗七星延命經』; 『현토 석가여래 十地行錄』; 『언문 十地行錄』; 『52종 秘密諺文佛經』; 『현토 해석 彌勒上生經』(1939); 『현토 사기 주해 禪要』(1938); 『현토 주해 書狀』(1938); 『현토 都序』(1938); 『현토 節要』(1938); 『심지관경보은품』(1938); 『현토 선역 天地八陽神呪經』; 『언문 주해 한문 방서 新編 八相錄』(1942); 『정토발원문』(1942); 『현토 해석 維摩經』(1943); 『묘법연화경』(1944); 『포교자료 영험실록 200종』 등이다. 김광식, 앞의 논문, 72~73면 참고.

역에 대한 생각을 보여주고 있다. 김태흡의 번역 목록 역시 매우 다양하며 특히 문학분야에 상당한 관심과 접근을 보여주고 있다는 점이 특기할 만하다. 이 시기 불교 잡지에 기고한 김태흡의 방대한 글쓰기 작업은 이러한 그의 인식에서 비롯된 것으로 읽을 수 있다.[99]

허영호, 안진호, 김태흡(대은) 이외에 권상로, 소천 의탁, 김어수(金魚水, 影潭, 1909~1985), 한암 중원, 현서봉, 김동화, 초부 적음 등도 불전을 번역하여 불교 잡지에 발표하거나 사찰에서 책자로 펴냈다. 하지만 이들의 번역 사업은 대부분 개인 번역일 뿐만 아니라 종수도 두어 종을 넘지 못해서 여기서는 자세히 다루지 않는다. 이들 이후 불전의 번역과 불서의 간행은 한동안 위축되게 되었다. 1937년 중일전쟁이 일어나고 연이어 태평양 전쟁이 일어나면서 일본의 식민통치는 더욱 잔혹해져 갔다. 불교계에서 역경의 과제는 수면 아래로 잠복하면서 공적인 담론이 되지 못하고 사적인 과제로 묻혀 버렸다.

1945년 해방이 이루어지면서 불전 번역의 문제는 다시 수면 위로 떠오르게 된다. 해방 전후부터 선리참구원을 통해 한국불교의 정체성을 모색해온 선학원은 해방 이후에도 주도적으로 한국불교를 이끌어 이후 현 조계종을 탄생시킨 산실이었다. 당시 선학원을 이끈 이는 경봉 정석(鏡峰 靖錫, 1892~1982)이었으며 한글선학간행회는 선서의 번역과 간행을 위한 단체였다. 이 간행회가 기획한 선서 간행을 위한 재정 모금 화주는 대의 만업(大義 萬業, 1901~1978)이었다.

해방 이후 선학원을 실질적으로 창건한 초부 적음(草夫 寂音, 1900~1961)은 1947년 1월에 선학원에다 해동역경원(원장 김적음, 부원장 金法龍, 金龍

98) 金泰治, 「대중불교 경전간행의 요망」, 『불교시보』 12호, 1936. 7, 1~2면.

99) 포교사이자 문학자이기도 한 김태흡의 글들은 『불교의 근본정신』; 『불교의 입문』; 『長壽王의 慈悲』; 『浮說居士』; 『六祖大師』; 『釋迦如來略傳』; 『부처님말씀』; 『觀音菩薩靈驗錄』; 『法起菩薩의 緣起』; 『빛나는 주검』; 『佛陀의 聖訓』 등은 당시의 불교 잡지들에 발표되었다. 그는 불법연구회의 이름으로 불교시보사에서 『佛教正典』 합권(金剛經, 般若波羅密經, 四十二章經, 佛說罪福報應經, 佛說賢者五福經, 佛說業報差別經, 修心訣, 牧牛十圖頌, 休休庵坐禪文 編疑頭要目)을 번역해 내기도 했다. 김광식, 앞의 논문, 73~75면 참고. 2009년에는 그의 전집이 간행되었다.

潭)을 설립하였다.[100] 이후 이 기구는 조선불교중앙종무원의 부설기관으로 편입되었던 것으로 짐작된다. 해동역경원의 공동 부원장을 맡은 김용담은 혁명불교도연맹, 조선불교혁신회 등 기존의 혁신적 성격을 가진 여러 단체를 통합하여 새로 출범한 불교혁신총연맹(1946. 12.)의 총무로서 불교혁신총연맹(의장 경봉 정석)을 실질적으로 이끌어 갔다.[101]

한글선학간행회에서 처음 간행(1949, 단기 4282)한 것은 조선 중기 이후 한국 선종의 지침서이자 필독서인 청허 휴정(清虛 休靜, 1520~1604)의 『선가귀감(禪家龜鑑)』이었다. 이것은 "순 우리말을 살려가면서도 원래의 뜻을 잘 전달하고 있는 훌륭한 번역으로 문체는 1960년 북한에서 간행된 『삼국유사』나 최근에 나온 『팔만대장경 선역본』의 문체와도 비슷"하며, 이 역주본의 주인공은 1948년 김구 일행을 따라 남북연석회의 참가차 북행에 오른 뒤 돌아오지 않은 김용담으로 추정되고 있다.[102]

하여튼 이 역주본은 선서 간행에서 요구되는 ㉠ 한문 독해 능력, ㉡ 선어록에 일가견(의미 전달), ㉢ 한글에 대한 조예(번역문체)와 우리말 구사능력, ㉣ 깔끔한 역자 주를 다는 능력까지 골고루 갖춘 인물에 의해 이루어진 모범적인 번역 사례로 평가되었다. 하지만 이후에 간행된 이 『선가귀감』 역주본에 김용담의 이름이 전면에 나타나지 않고 역자란에 김달진, 윤석오, 정중환과 윤문란에 이운허, 성낙훈의 이름이 기재되어 있는 것은 아마도 반공을 국시로 삼고 있던 당시(1970) 정황으로

---

100) 초부 적음은 1945년 12월 17일에 서울 충무로 3가 50번지에 있는 정토종 본원사에 호국역경원을 설립하고 초대 원장에 취임하였다.

101) 김광식, 「해방공간의 불교인물 행적 조사록」, 『한국근대불교의 현실인식』(민족사, 1998), 292면의 주23) 및 340면.

102) 윤창화, 앞의 논문, 앞의 책, 138~146면. 논자는 法寶院을 설립하여 『불교사전』(운허 용하), 『열반경』(운허 용하), 『유마경』(운허 용하), 『법화경』(운허 용하), 『현우경』(이종익), 『육조단경』(한길로), 『선가귀감』(김용담) 등의 불교서적을 간행하기로 했는데 1차로 간행된 것이 『선가귀감』이었다는 昔株스님의 증언("그렇게 번역을 잘하는 스님은 처음 보았다.")에 의해 이 역주본의 주인공을 김용담으로 확정하고 있다. 심지어 주24)에서 김용담이 북행할 당시 그의 나이는 40대 후반을 넘지 않았다는 것을 근거로, 그리고 북한판 『팔만대장경 해제』와 『팔만대장경 선역본』이 각각 10여 년 전인 1987년과 1993~4년 간행되었지만 번역은 그 이전에 완료했다고 보이기 때문에 이들 작업에 그가 初譯 또는 고전이나 불경 번역자 양성에 참여했지 않았을까라고 추정하고 있다.

서는 북행 후 돌아오지 않은 그의 이름을 전면에 표기할 수 없었기[103] 때문으로 짐작된다.

이처럼 해방 이전 역경의 주축이었던 삼장역회의 영향은 이후 법보회(만해 용운), 해동역경원(영호), 만상회(진호), 불교시보(대은), 해동역경원(초부 적음), 한글선학간행회(경봉 정석)로까지 미쳤다고 할 수 있다.

③ 법보원 번역본 외

해방 이후 불전 번역사에 큰 획을 그으며 이름을 남긴 이는 동국역경원의 운허 용하(耘虛 龍夏, 1892~1980)와 월정사의 탄허 택성(呑虛 宅成, 1913~1983)이라고 할 수 있다. 물론 이들 이외에도 율사(律師)였던 자운 성우(慈雲 盛祐, 1911~1992)와 강사였던 석주 정일(昔珠 正一, 1909~2004)의 역경도 있었다.[104] 또 김달진, 성낙훈(成樂薰), 이기영(李箕永), 이원섭(李元燮), 이민수(李民樹), 이창섭(李昌燮), 김무득(金無得), 한정섭(韓定燮), 심재열(沈載烈) 등도 있었다. 특히 유점사 승려출신이었던 김달진은 『보조국사집』을 비롯하여 한국불교 고전과 선시 번역에서 일가를 이루었다.[105] 이원섭 역시 『법화경』과 『법화문구』 등을 비롯하여 『당시(唐詩)』와 『논어(論語)』 및 선시 번역에서 일가를 이루었다. 하지만 공적 기관의 요청에 의해 역경에 투신한 김달진(법보원+동국역경원)과 이원섭(영산법화종)과 이창섭(동국역경원)을 제외한 대부분의 번역자들은 개인 의지에 의해 불전을 번역하였다.

운허 용하는 공적 기관을 무대로 번역한 대표적인 인물이었다. 그는 뒷날 동국역경원의 밑거름이 된 법보원(선학원에서 강석주 발의)을 통

---

103) 윤창화, 앞의 논문, 앞의 책, 145~146면. 논자는 1970년대에 간행된 『서산대사집』 판권의 역자 난에 김달진 등의 이름이 표기되어 있는 것으로 보아 김용담 외에도 김달진 등이 어떤 형태로든 교열에 참가했지 않았을까 생각된다고 추정하고 있다.

104) 慈雲은 『범망경』(1957); 『사미율의요략』(1959); 『사분비구니계본』(1959) 등을 번역하였고 1987년부터 입적 전까지 동국역경원장과 동국역경원사업진흥회 이사장을 역임했다. 昔珠는 법보원을 설립하여 『범망경』; 『수릉엄경』; 『법화경』; 『유마경』; 『화엄경』 등을 간행했다.

105) 金達鎭은 『보조국사집』; 『대각국사집』; 『진각국사어록』; 『백운화상어록』; 『나옹집』; 『太古集』; 『해동고승전』 등 한국고승들의 문집과 『한국선시』와 『한산시』 및 『법구경』 등을 번역하였다.

해 독자적인 번역을 추진하였다. 운허의 번역은 우리말로 읽기 쉬운 의미 중심의 번역에 치중했다. 반면에 탄허 택성의 번역은 개인 의지에 의해 이루어졌으며 종래의 국한문체를 그대로 고수한 축자 중심의 번역에 집중했다.[106] 한국 불전 번역사에 획을 그은 이 두 인물은 번역관에 있어서나 번역의 무대에 있어서도 대조적이었다. 운허의 경우는 법보원과 동국역경원이라는 든든한 무대가 있었던 반면 탄허의 경우는 자신의 처소(화엄학연구소)에서 학인과 전문학자들의 연구를 위한 직역의 축자역에 치중하면서 외롭게 번역에 임했다. 운허 용하가 법보원과 해인사 천화율원 및 동국역경원에서 옮겨낸 역경 목록과 서적들은 아래와 같다.

〈표 7〉 법보원과 해인사 천화율원 및 동국역경원의 역경 목록과 서적들[107]

번호	불전명	간행처	간행 연도	기타
1	수능엄경	안성 청룡사 통도사/ 동국역경원	1952 1959/1972	프린터본
2	사미율의요략	해인사 천화율원	1956/1959	
3	무량수경	해인사 천화율원	1956	
4	범망경	해인사 천화율원	1957	
5	사분계본	해인사 천화율원	1957	
6	新刪定 사분승계본	해인사 천화율원	1957/1959	
7	한글 금강경	통도사	1958	
8	정토삼부경	부산 정토문화사	1958	
9	사분비구니계본	해인사 천화율원	1959	
10	보현행원품	법보원/ 동국역경원	1959/1964	
11	유마힐경	선학원	1960	
12	부모은중경		1961	
13	목련경		1961	
14	우란분경		1961	

106) 윤창화, 앞의 논문, 앞의 책, 147~157면.

107) 신규탁, 앞의 논문, 앞의 책, 참고.

15	승만경 금광명경	법보원	1962	
16	자비수참		1964	
17	40권본 화엄경	동국역경원	1964	
18	범망경	법보원	1965	
19	사미율의	청룡사	1965	
20	열반경	법보원	1965	
21	80권본 화엄경	동국역경원	1966	
22	무구정광대다라니		1966	동대 70주년 기념
23	문수보살영험록	봉선사	1967	
24	문수사리발원경	봉선사	1967	
25	금강반야바라밀경	홍법원	1970	
26	정토심요	대각회출판부	1971/1983	초판/3판
27	묘법연화경(2책)	법보원/아성출판사	1971/1979	
28	수능엄경주해	동국역경원	1974	
29	60권본 화엄경	동국역경원	1974	
30	자비도량참법	대각회출판부	1978	
31	능엄경강화 (전3책)	동국역경원	1993	운허강화/월운녹취
32	大敎指文		1920	
33	한국독립운동사		1956	
34	조계종강요			
35	불교사전	법보원	1961	
36	增編 法數		1961	
37	우리말 팔만대장경	편찬책임 홍법원	1962	
38	불교의 자비		1964	
39	법계도기총수록	동방원	1988	
40	여인성불	불광출판부	2001	
41	방생의식:불교의 자비와 방생의 이야기	동국역경원	1991	
총계	41종			

운허의 번역 가운데 대표적인 것은 『수능엄경』과 『대반열반경』이라고 할 수 있다. 그의 번역은 직역과 의역을 모두 병행하고 있으며 경전에 따라서는 의역을 취하고 있다. 이 때문에 운허의 번역은 살아있는 구어체를 즐겨 사용하여 대중들이 읽기에 편하고 친근하다. 이러한 그의

언어 감각은 그가 22세부터 28세까지 중국 봉천의 동창(東昌)학교와 흥동(興東)학교 및 배달학교에서 교사생활을 했을 뿐만 아니라 28~29세 때에는 봉천 유하현에서 서로군(西路軍)의 기관지인 『한족신보』의 기자 겸 사장을 맡아 독립운동을 한 이력[108]과 경험을 통해서 형성되었을 것으로 짐작된다. 아울러 30세에 입산한 뒤 운허는 1936년에 봉선사 강사를 역임했고 이후 1950년대에 동학사, 해인사 강원의 강사를 지내며 불전에 대한 안목을 심화시켰을 것으로 추정된다.

운허의 번역 경향에 대한 선행 연구에서는 ㉠ 교상(敎相)의 측면, ㉡ 번역의 형태면, ㉢ 교학 사상적인 측면에서 살펴보고 있다. ㉠의 경우에는 ㉮ 계율 관계 서적, ㉯ 정토 관계 서적, ㉰ 효행 관계 서적, ㉱ 조선 초기에 언해된 불경, ㉲『화엄경』 관계 서적, ㉳ 재가불자에 친숙한 불서 번역, ㉴ 신앙적인 서적 중심으로 검토하고 있다. ㉡의 경우에는 ㉮ 경의 본문 번역과 과목(科目) 시도, ㉯ 고래의 설을 종합하여 주해 추가, ㉰ 대중을 향한 경전 강의를 중심으로 파악하고 있다. ㉢의 경우에는 ㉮『능엄경』 주석에 명나라 진감(眞鑑)의 정맥소(正脈疏)를 애용했으며, ㉯ 일심법계(一心法界) 사상이 바탕을 이룬다[109] 분석하고 있다. 아직 그의 역경과 사상 연구가 제대로 이루어지지 않고 있지만 조만간 그에 대한 연구들이 본격화될 것으로 보인다.

불전 번역사에 남긴 운허의 커다란 공헌에도 불구하고 그의 번역에는 몇 가지 단점들이 보인다. 이를테면 문장이 지나친 만연체여서 현대역으로서는 지루한 점이 없지 않다. 아울러 번역한 경전의 문체가 일정하지 않다. 즉『수능엄경』과『열반경』의 경우처럼 구어체를 즐겨 사용하여 유려한 문체가 돋보이는 번역이 있는가 하면『유마힐경』의 경우처럼 난삽하거나 늘어지는 번역도 있다. 이러한 차이점은 의역에서 오는 '문장 다듬기', 즉 윤문과 교열의 차이점 때문으로 보이며, 혼자 고

108) 윤창화, 앞의 논문, 앞의 책, 149면.

109) 신규탁, 앞의 논문, 앞의 책 참고.

독하게 원고지와 대면했던 초기 번역들에서 주로 나타난다. 하지만 1960년대 말경에 번역된 경전의 경우에는 종래의 구어체에서 상당히 탈피하여 문장체로 바뀌고 있다.[110] 이러한 그의 스타일은 초창기(1964~1980) 동국역경원 번역본들에도 깊이 투영되어 있다.

④ 화엄학연구소 번역본

탄허 택성은 유자의 집안에서 태어나 일찍부터 유서(儒書)를 섭렵하다가 한암 중원(漢巖 重遠)선사와 3년간의 서신 왕래 끝에 출가하였다. 이후 젊은 비구임에도 불구하고 스승 한암의 증명 아래 중강(中講)으로서 『금강경』과 『선종영가집』을 강의하게 되면서 본격적으로 불교 전적과 만나게 된다. 이를 계기로 그는 한암 아래에서 상원사 선방에서 화두 참구를 하는 한편 틈틈이 『능엄경』을 비롯 『사교』, 『보조법어』, 『육조단경』, 『선문염송』, 『전등록』 등을 배웠다. 이후 다시 『화엄경』과 이통현 장자의 『신화엄합론』을 접하면서 이를 독파하려는 뜻을 세웠다. 6·25 동란 중 스승 한암이 입적하자 월정사 주지와 조실을 맡아 대중을 교화하면서도 인재양성을 위해 '대한불교 조계종 오대산 수도원'(1956. 4, 1차 5년 계획)을 세워 하루 6시간씩 강의하였다.

그 사이 그는 틈틈이 수도원생을 위해 교재를 준비하면서 본격적으로 번역에 착수하게 되었다. 그리하여 개운사 대원암과 오대산 월정사 방산굴을 무대로 『화엄경』(80권), 『신화엄합론』(40권), 『화엄경수소연의초』(청량소초, 150권), 『화엄현담』, 『능엄경』과 『육조단경』, 『보조법어』, 『선종영가집』, 그리고 외전인 『주역선해』, 『노자도덕경』, 『장자남화경』 등 그의 사상 형성의 기저를 이룬 서적들을 17년 동안 번역하여 120,000매의 원고로 옮겨냈다. 하루 평균 20~30매의 원고를 쓴 그는 『신화경경합론』 번역 이후에는 오른팔이 마비되는 증세까지 와서 4~5년간은 번역에 착수하지 못하였을 정도였다.[111] 이렇게 초인적인 번역을 하면서 탄

110) 윤창화, 앞의 논문, 앞의 책, 149면.

허는 종래 강원의 자구 해석을 넘어 『신화엄경합론』의 번역을 통해 화엄의 대의를 알 수 있도록 했다. 탄허의 거처였던 화엄학연구소의 역경 목록은 아래와 같다.

〈표 8〉 화엄학연구소의 역경 목록

번호	불전 및 외전명	권차	간행 연도	간행처	기타
1	대방광불화엄경	80권		화엄학연구소	
2	신화엄합론	40권		화엄학연구소	
3	대방광불화엄경수소연의초	150권		화엄학연구소	淸凉疏鈔
4	화엄현담			화엄학연구소	
5	수릉엄경			화엄학연구소	戒環解+正脈疏
6	대승기신론			화엄학연구소	元曉疏+眞界註
7	금강경			화엄학연구소	
8	원각경			화엄학연구소	函虛疏+通潤註
9	육조단경			화엄학연구소	
10	보조법어			화엄학연구소	
11	사집:선요, 서장, 도서, 절요			화엄학연구소	
12	치문			화엄학연구소	
13	선종영가집			화엄학연구소	
14	주역선해			화엄학연구소	
15	노자 도덕경			화엄학연구소	
16	장자 남화경				初譯 완료, 未刊
총계	16종				

이러한 탄허의 경전 이해와 화엄 인식은 그가 현토 주해한 이통현의 『신화엄경합론』의 서문에 잘 나타나 있다. 그는 경과 논을 반복하여 읽어야만 마음속에 화엄의 본뜻을 깨치는 기쁨이 있다고 역설하고 있다.

> 이 경을 보는 방법은 경을 읽은 후에 논을 읽고 논을 읽은 후에 다시 경을 읽어 재삼 반복하면 흉중(胸中)에 반드시 통철(洞徹)의

111) 윤창화, 앞의 논문, 앞의 책, 152면.

락(樂)이 있으려니와, 만일 경론을 숙독하지 않고 먼저 소초(疏鈔)를 심석(尋釋)한다면 대경(大經)의 종지(宗旨)를 파악하기 어려울 뿐만 아니라 도리어 현애(懸崖)의 상(想)과 망양(望洋)의 탄(嘆)을 면치 못할 것이다.[112)]

이 같은 탄허의 인식은 종래 전통 강원의 청량의 『소(疏)』, 『초(鈔)』 중심의 독법에 대한 통렬한 비판으로 읽을 수 있다. 즉 그는 지금까지의 『청량소초』 중심 독법으로는 수행자들에게 절망의 생각과 아득한 탄식만 줄 뿐 화엄의 종지를 파악하기 어렵다 역설하고 있다. 탄허의 인식은 그의 사상적 맥이 『육조단경』의 돈오사상과 이통현의 『화엄론』과 『보조법어』로 이어지는 화엄선(華嚴禪[113)]에 있음을 보여주고 있다. 화엄선은 이미 의상(義湘)으로부터 실마리가 시작되어 보조 지눌에 의해 꽃을 피웠다. 그리고 그것은 이후 한국 불교의 중심 줄기를 형성해 오고 있다. 탄허 역시 화엄과 선의 통로인 화엄선의 연속에 자리하고 있음을 확인할 수 있다.

탄허의 이러한 태도는 종래 『계환해(戒環解)』 중심의 『능엄경』 인식을 뛰어 넘어 『정맥소(正脈疏)』를 추가하고 있고, 『원효소』 중심의 『기신론』 외에 진계주(眞界註)를 참고하고 있으며, 『함허소(函虛疏)』 중심의 『원각경』 외에 『통윤주(通潤註)』를 채택하고 있는 대목에서 잘 드러나고 있다. 우리는 그가 『현토역해 신화엄합론』 서문에서 "문법소개를 주로 하여 경은 경대로 논은 논대로 했을 뿐 추호도 사의(私意)가 개재되지는 않았을 것"이라고 표현하는 대목에서 경론에 대한 그의 투철한 인식을 확인해 볼 수 있다.

뿐만 아니라 탄허는 "경론 교정에 있어서 『고려장경』을 주로 할" 정도로 주체성이 투철했다. 또 "문법상 편의를 좇아 개정하였고 의거(依據)없는 곳은 일자일구(一字一句)도 망령되이 가손(加損)치 않았다"고 했

112) 金呑虛, 『懸吐譯解 新華嚴經合論』 1책, 화엄학연구소, 1975, 7면.

113) 윤창화, 앞의 글, 앞의 책, 154면.

다. 이처럼 그가 학인과 전공학자들의 연구자료가 될 수 있도록 하기 위해서 축자역을 완고하게 고수하고 있는 까닭을 감안하면 우리는 그에게서 확고한 실증주의 학자의 모습을 엿볼 수 있게 된다.

(3) 순언문과 한글 옮김

한자를 빌려 표기하던 향찰과 한역을 거쳐 한글 창제 이후의 불전 번역은 크게 ㉠ 순한문의 현토 구결화와 ㉡ 선한(鮮漢) 호용문을 거쳐 ㉢ 순언문과 한글 옮김으로 진행되어 왔다. 순언문은 국한문 혼용체인 선한 호용문에서 좀 더 진행된 단계의 글을 말한다. 전체적으로는 한글과 다르지 않지만 부분적으로 한자체를 사용하고 있어서 아직 완전한 한글체로 보기는 어렵다. 순언문은 대한시대(1897~) 초중기의 선한 호용문 시대를 거쳐 해방 전후까지 주로 사용되었다. 이러한 순언문의 시대를 거쳐 비로소 완전한 한글의 시대로 진입할 수 있었다. 본격적인 한글시대는 해방 이후부터 6·25전쟁을 거치면서 비로소 경험할 수 있었다.

한국불교계는 1954년 이래 정화불사를 통해 조계종을 정비하면서 역경에 대해 재인식하게 되었다. 1950년대 후반에 이르자 해방 이후의 해동역경원과 한글선학간행회 및 법보원 등을 잇는 공동 역경기구의 필요성이 제기되었다. 1962년 통합종단이 된 대한불교조계종은 '도제양성'과 '포교'와 함께 '역경'을 종단의 3대 사업으로 확정했다. 여기에 힘입어 역경은 종단의 주요한 사업이 되었고 역경위원회는 이 사업을 추진하는 중심기구가 되었다. 역경위원회는 1963년 2월 13일 1차로 17명의 역경위원을 위촉하고 역경위원회의 조직을 위원장(운허), 역경부장(석주), 사업부장(석정)으로 구성하였다.

하지만 당시 종단은 재정적으로 어려움이 컸기 때문에 역경위원회는 자체적으로 재정을 조달해야만 했다. 이에 정부로부터 지원을 받기 위해 법인체를 구성하려 했지만 그럴 만한 여력이 없었다. 1963년 9월에 이르러 역경위원장(운허)이 동국대학교 총장(김법린)과 동국대학교 내에 역경기관을 설치를 협의하여 정부의 지원을 받을 수 있도록 합의했다. 1964년 2월에는 당시 조계종 종정(효봉)이 역경위원을 추가로 위촉하고 역경위원회를 대폭 강화하여 동국역경원을 발족한 뒤 『한글대장경』 편찬에 착수하였다.

① 한글대장경

『한글대장경』은 우리 문화 유산의 정수이자 세계적인 자랑거리인 『고려대장경』의 한글판이다. 『고려대장경』을 보관하고 있는 장경판전이 1997년에는 유네스코가 지정한 세계의 문화유산이 되었다. 이어 2007년에는 고려대장경판도 유네스코가 지정한 세계문화유산이 되었다. 『한글대장경』 편찬사업은 한국불교문화의 보배창고인 재조본 『고려대장경』의 번역사업이었다. 저본인 재조본 『고려대장경』은 현존 대장경 중 가장 오래되었을 뿐만 아니라 완성도가 제일 높은 것으로 평가받고 있다. 『고려대장경』은 경(經)·율(律)·논(論)의 삼장(三藏)뿐 아니라, 대승경전[菩薩藏]과 경의 논소(論疏)·전기(傳記)·여행기·목록·사전류 등을 포함하고 있는 방대한 일대 총서(叢書)라 할 수 있다. 뿐만 아니라 여기에는 불교의 역사와 철학과 문학과 예술 등이 총망라되어 있다.

하지만 일본의 『신수대장경』 집대성과 『대일본불교전서』 편찬 및 『국역일체경』 번역의 경우처럼 『고려대장경』 영인본 간행과 『한국불교전서』 편찬 및 『한글대장경』 번역의 경우는 국가 주도로 이루어지지 못했다. 일본과 식민지 체제와 남북의 분단을 경험한 한국은 외세의 강력한 영향력 아래 남북 정치가 진행되면서 민족문화 계승이 온전히 이루어지지 못했다. 그 사이 세종대왕기념사업회에서 『조선왕조실록』의 일부분이 번역되었고, 민족문화추진회에서 『문집총간』의 집대성과 함께 일부 문집이 번역되어 간행되었으며, 『조선왕조실록』이 완역되었다. 반면 『한글대장경』의 번역 및 간행은 일부 국고 지원을 받기는 했지만 번역 주체는 온전히 불교계 내부일 수밖에 없었다. 이것은 북한의 사회과학원 민족고전연구소가 주도한 『리조실록』 번역과 『팔만대장경 해제』와 『선역본 팔만대장경』의 편찬 및 간행의 예와는 비교할 수 없는 것이다.

동국역경원은 『장아함경(長阿含經)』을 제1책(1964)으로 펴내기 시작하여 37년간의 대장정 끝에 2001년 『한글대장경』을 318책으로 완간하였다.[114] 이 318책을 대표저서명 중심의 종수별로 살펴보면 205종으로 분류된다. 이들 대표저서명으로 된 205종 1,618부 17,061권은 분량에 따라 1책(별역잡아함경)뿐만 아니라 적게는 2책(조당집)에서부터 많게는 20책(대반야바라밀다경)으로 분책되어 총 318책으로 구성되어 있다. 이 가운데는 경율론 삼장뿐만 아니라 경소와 율소와 논소 등의 장소류를 비롯하여 여러 종의 목록도 있다. 또 문아 원측의 『해심밀경소』 등의 경소, 용장 태현의 『범망경종요』 등의 율소, 분황 원효의 『대승기신론소·별기』 등의 논소와 보조 지눌의 『보조국사집』, 진각 혜심의 『선문염송집』, 나옹 혜근의 『나옹화상집』 등의 어록을 수록한 한국인 찬술 문헌도 들어 있어 한국 교장의 역할도 겸하고 있다.

『한글대장경』의 완간 이후 동국역경원은 현재 국고의 일부 지원 아래 개역작업을 하고 있다. 주로 초기 번역본들의 보완 및 역주 작업 중심으로 이루어지고 있다. 동시에 대중들이 활용할 수 있는 별도의 단행본을 제작하여 간행하고 있다. 그리고 2001년부터는 정부의 일부 지원과 자체 예산으로 동국대학교 전자불전문화콘텐츠연구소와 함께 『한글대장경』의 전산화작업을 진행하고 있다. 지난 37년간 번역해 낸 『한글대장경』 318책의 목록은 아래와 같다.

114) 동국역경원, 『한글대장경』 해제 및 목록 참고.

〈표 9〉 한글대장경 목록[115)]

책수	한글대장경	총 수록된 경전 수	총권수	쪽수			
				차례	해제	본문	소계
제1책	장아함경(長阿含經)	1부	22권	4	8	528	540
제2책	중아함경(中阿含經) [1]	1부(1~20권)	20권	7	5	460	472
제3책	중아함경 [2]	(21~41권)	21권	6	0	454	460
제4책	중아함경 [3]	(42~60권)	19권	5	0	417	422
제5책	잡아함경(雜阿含經) [1]	1부(1~17권)	17권	2	9	516	527
제6책	잡아함경 [2]	(18~34권)	17권	2	0	492	494
제7책	잡아함경 [3]	(35~50권)	16권	2	0	508	510
제8책	별역잡아함경(別譯雜阿含經)	1부	16권	2	7	542	551
제9책	증일아함경(增壹阿含經) [1]	1부(1~25권)	25권	5	4	511	520
제10책	증일아함경 [2]	(26~51권)	26권	4	0	518	522
제11책	대루탄경(大樓炭經) 외	26부	40권	5	8	481	494
제12책	불반니원경(佛般泥洹經)	38부	45권	3	8	599	610
제13책	아라한구덕경(阿羅漢具德經) 외	85부	90권	6	0	490	496
제14책	비화경(悲華經) 외	4부	24권	5	12	548	565
제15책	불본행집경(佛本行集經) [1]	1부(1~29권)	29권	6	8	448	462
제16책	불본행집경 [2]	(30~60권)	31권	5	0	446	451
제17책	찬집백연경(撰集百緣經) 외	2부	25권	3	8	591	602
제18책	현우경(賢愚經) 외	7부	31권	11	5	744	760
제19책	출요경(出曜經)	1부	30권	4	6	751	761
제20책	법구경(法句經) 외	4부	15권	8	7	571	586
제21책	대반야바라밀다경(大般若波羅蜜多經) [1]	1부(1~22권)	22권	4	11	432	447
제22책	대반야바라밀다경 [2]	(23~50권)	28권	4	0	518	522
제23책	대반야바라밀다경 [3]	(51~75권	25권	4	0	472	476
제24책	대반야바라밀다경 [4]	(76~102권)	27권	4	0	442	446
제25책	대반야바라밀다경 [5]	(103~132권)	30권	4	0	468	472
제26책	대반야바라밀다경 [6]	(133~165권)	33권	4	0	504	508
제27책	대반야바라밀다경 [7]	(166~200권)	35권	5	0	552	557
제28책	대반야바라밀다경 [8]	(201~235권)	35권	5	0	535	540
제29책	대반야바라밀다경 [9]	(236~270권)	35권	4	0	526	530
제30책	대반야바라밀다경 [10]	(271~300권)	30권	4	0	503	507
제31책	대반야바라밀다경 [11]	(301~330권)	30권	4	0	546	550
제32책	대반야바라밀다경 [12]	(331~360권)	30권	4	0	537	541
제33책	대반야바라밀다경 [13]	(361~390권)	30권	4	0	526	530
제34책	대반야바라밀다경 [14]	(391~420권)	30권	5	0	547	552
제35책	대반야바라밀다경 [15]	(421~450권)	30권	5	0	519	524
제36책	대반야바라밀다경 [16]	(451~480권)	30권	5	0	524	529

책수	한글대장경	총 수록된 경전 수	총권수	쪽수			
				차례	해제	본문	소계
제37책	대반야바라밀다경 ⑰	(481~510권)	30권	4	0	581	585
제38책	대반야바라밀다경 ⑱	(511~540권)	30권	4	0	594	598
제39책	대반야바라밀다경 ⑲	(541~570권)	30권	6	0	619	625
제40책	대반야바라밀다경 ⑳	(571~600권)	30권	3	0	504	507
제41책	법화경(法華經) 외	3부	18권	6	8	502	516
제42책	화엄경(華嚴經) ①(60권본)	1부(1~24권)	24권	4	17	617	638
제43책	화엄경 ②	(25~52권)	28권	4	0	614	618
제44책	화엄경 ③ 외	(53~60권) 9부	30권	5	0	586	591
제45책	화엄경 ①(80권본)	1부(1~24권)	24권	4	15	514	533
제46책	화엄경 ②	(25~54권)	30권	6	0	524	530
제47책	화엄경 ③	(55~80권)	26권	8	0	531	539
제48책	화엄경 (40권본)	1부	40권	10	6	605	621
제49책	대반열반경(大般涅槃經) ①	1부(1~26권)	26권	4	6	532	542
제50책	대반열반경 ② 외	(27~36권) 2부	16권	3	6	424	433
제51책	대방등대집경(大方等大集經) ①	1부(1~28권)	28권	5	12	740	757
제52책	대방등대집경 ②	(29~60권)	32권	6	0	692	698
제53책	대애경(大哀經) 외	5부	42권	6	10	641	657
제54책	아차말보살경(阿差末菩薩經) 외	6부	41권	6	14	652	672
제55책	대집회정법경(大集會正法經) 외	8부	23권	3	6	501	510
제56책	현겁경(賢劫經) 외	9부	27권	3	13	442	458
제57책	유마경(維摩經) 외	4부	19권	5	16	502	523
제58책	입능가경(入楞伽經) 외	3부	16권	4	15	486	505
제59책	정법염처경(正法念處經) ①	1부(1~29권)	29권	4	16	595	615
제60책	정법염처경 ②	(30~59권)	30권	5	0	627	632
제61책	정법염처경 ③ 외	(60~70권) 8부	25권	5	0	500	505
제62책	사분율(四分律) ①	1부(1~20권)	20권	3	13	522	538
제63책	사분율 ②	(21~41권)	21권	3	0	584	587
제64책	사분율 ③	(42~60권)	19권	3	0	539	542
제65책	선견율비바사(善見律毘婆沙)	1부	18권	2	13	509	524
제66책	구사론(俱舍論) ①	1부(1~20권)	20권	3	7	482	492
제67책	구사론 ② 외	(21~30권) 10부	22권	5	0	463	468
제68책	중론(中論)·백론(百論) 외	4부	17권	5	9	517	531
제69책	현양성교론(顯揚聖敎論) 외	2부	21권	4	11	456	471
제70책	대승기신론소별기(大乘起信論疏別記) 외	9부	11권	4	16	541	561
제71책	부휴당집(浮休堂集) 외	3부	7권	1	6	424	431

115) 동국역경원, 『한글대장경』 간행 목록 전재.

책수	한글대장경	총 수록된 경전 수	총권수	쪽수			
				차례	해제	본문	소계
제72책	선문염송집(禪門拈頌集) [1]	1부(1~6권)	6권	4	8	494	506
제73책	선문염송집 [2]	(7~12권)	6권	3	0	517	520
제74책	선문염송집 [3]	(13~18권)	6권	6	0	456	462
제75책	선문염송집 [4]	(19~24권)	6권	5	0	469	474
제76책	선문염송집 [5]	(25~30권)	6권	11	0	469	480
제77책	조당집(祖堂集) [1]	1부(1~10권)	10권	4	2	408	414
제78책	조당집 [2]	(11~20권)	10권	3	0	357	360
제79책	경덕전등록(景德傳燈錄) [1]	1부(1~11권)	11권	7	26	407	440
제80책	경덕전등록 [2]	(12~21권)	10권	10	0	437	447
제81책	경덕전등록 [3]	(22~30권)	9권	10	0	471	481
제82책	무용당집(無用堂集) 외	3부	8권	2	5	591	598
제83책	백곡집(白谷集) 외	2부	4권	1	2	666	669
제84책	법원주림(法苑珠林) [1]	1부(1~19권)	19권	4	1	616	621
제85책	법원주림 [2]	(20~37권)	18권	4	0	599	603
제86책	법원주림 [3]	(38~59권)	22권	5	0	626	631
제87책	법원주림 [4]	(60~80권)	21권	4	0	586	590
제88책	법원주림 [5]	(81~100권)	20권	4	0	625	629
제89책	경률이상(經律異相) [1]	1부(1~24권)	24권	5	1	575	581
제90책	경률이상 [2]	(25~50권)	26권	6	0	605	611
제91책	본생경(本生經) [1]	1부(총서~1편)	1편	7	14	511	532
제92책	본생경 [2]	(2~5편)	4편	7	0	556	563
제93책	본생경 [3]	(6~14편)	9편	4	0	584	588
제94책	본생경 [4]	(15~21편)	7편	2	0	510	512
제95책	본생경 [5]	(22편)	1편	1	0	578	579
제96책	대보적경(大寶積經) [1]	1부(1~24권)	24권	3	15	528	546
제97책	대보적경 [2]	(25~48권)	24권	3	0	667	670
제98책	대보적경 [3]	(49~72권)	24권	4	0	623	627
제99책	대보적경 [4]	(73~96권)	24권	3	0	576	579
제100책	대보적경 [5]	(97~120권)	24권	3	0	627	630
제101책	대지도론(大智度論) [1]	1부(1~20권)	20권	4	21	589	614
제102책	대지도론 [2]	(21~40권)	20권	3	0	551	554
제103책	대지도론 [3]	(41~60권)	20권	4	0	498	502
제104책	대지도론 [4]	(61~80권)	20권	4	0	530	534
제105책	대지도론 [5]	(81~100권)	20권	3	0	512	515
제106책	종경록(宗鏡錄) [1]	1부(1~25권)	25권	2	4	517	523
제107책	종경록 [2]	(26~49권)	24권	2	0	632	634

책수	한글대장경	총 수록된 경전 수	총권수	쪽수			
				차례	해제	본문	소계
제108책	종경록 [3]	(50~75권)	26권	2	0	564	566
제109책	종경록 [4]	(76~100권)	25권	2	0	532	534
제110책	유가사지론(瑜伽師地論) [1]	1부(1~24권)	24권	4	4	582	590
제111책	유가사지론 [2]	(25~48권)	24권	6	7	580	593
제112책	유가사지론 [3]	(49~75권)	27권	6	0	613	619
제113책	유가사지론 [4]	(76~100권)	25권	5	0	602	607
제114책	불성론(佛性論) 외	16부	26권	5	10	580	595
제115책	아비달마집이문족론(阿毘達磨集異門足論) 외	2부	32권	4	10	665	679
제116책	아비달마식신족론(阿毘達磨識身足論) 외	3부	26권	4	10	491	505
제117책	아비달마품류족론(阿毘達磨品類足論) 외	2부	30권	3	7	677	687
제118책	아비달마대비바사론(阿毘達磨大毘婆沙論) [1]	1부(1~25권)	25권	2	12	558	572
제119책	아비달마대비바사론 [2]	(26~50권)	25권	3	0	584	587
제120책	아비달마대비바사론 [3]	(51~75권)	25권	2	0	584	586
제121책	아비달마대비바사론 [4]	(76~100권)	25권	3	0	571	574
제122책	아비달마대비바사론 [5]	(101~125권)	25권	3	0	596	599
제123책	아비달마대비바사론 [6]	(126~150권)	25권	3	0	577	580
제124책	아비달마대비바사론 [7]	(151~175권)	25권	2	0	575	577
제125책	아비달마대비바사론 [8]	(176~200권)	25권	3	0	584	587
제126책	십송률(十誦律) [1]	1부(1~20권)	20권	3	9	588	600
제127책	십송률 [2]	(21~40권)	20권	3	0	681	684
제128책	십송률 [3]	(41~51권)	11권	3	0	397	400
제129책	근본설일체유부비나야(根本說一切有部毘奈耶) [1]	1부(1~25권)	25권	4	11	555	570
제130책	근본설일체유부비나야 [2]	(26~50권)	25권	5	0	674	679
제131책	정법화경(正法華經) 외	2부	17권	3	5	711	719
제132책	예념미타도량참법(禮念彌陀道場懺法) 외	2부	20권	4	32	420	456
제133책	대일경(大日經)·금강정경(金剛頂經) 외	8부	25권	4	26	714	744
제134책	기세인본경(起世因本經) 외	5부	43권	3	7	541	551
제135책	고려국신조대장교정별록(高麗國新彫大藏校正別錄)	1부	30권	5	8	646	659
제136책	해심밀경소(解深密經疏) [1]	1부(1~5권)	5권	1	7	436	444
제137책	해심밀경소 [2]	(6~10권)	5권	1	0	543	544
제138책	해동고승전(海東高僧傳) 외	4부	10권	6	14	459	479
제139책	대각국사문집(大覺國師文集) 외	4부	39권	32	19	622	673
제140책	범망경술기(梵網經述記) 외	3부	8권	7	16	500	523
제141책	화엄경탐현기(華嚴經探玄記) [1]	1부(1~5권)	5권	1	9	444	454
제142책	화엄경탐현기 [2]	(6~10권)	5권	1	0	444	445
제143책	화엄경탐현기 [3]	(11~15권)	5권	1	0	459	460
제144책	화엄경탐현기 [4]	(16~20권)	5권	1	0	459	460

책수	한글대장경	총 수록된 경전 수	총권수	쪽수			
				차례	해제	본문	소계
제145책	근본설일체유부비나야잡사(根本說一切有部毘奈耶雜事) 1	1부(1~29권)	29권	6	4	615	625
제146책	근본설일체유부비나야잡사 2 외	(30~40권) 14부	32권	6	14	580	600
제147책	십주비바사론(十住毘婆沙論) 외	2부	26권	4	13	585	602
제148책	부자합집경(父子合集經) 외	8부	35권	5	4	593	602
제149책	무량청정평등각경(無量淸淨平等覺經) 외	21부	39권	7	10	615	632
제150책	대승보살장정법경(大乘菩薩藏正法經) 외	9부	56권	4	4	592	600
제151책	니야야빈두 외	3부	3권	1	14	572	587
제152책	성실론(成實論)	1부	16권	7	6	542	555
제153책	지혜와 자비의 말씀 외	2부	2권	7	47	551	605
제154책	대승본생심지관경(大乘本生心地觀經) 외	20부	50권	5	10	583	598
제155책	방광대장엄경(方廣大莊嚴經) 외	3부	22권	6	8	627	641
제156책	과거현재인과경(過去現在因果經) 외	7부	30권	4	9	597	610
제157책	문수사리문경(文殊師利問經) 외	19부	44권	5	9	592	606
제158책	무소유보살경(無所有菩薩經) 외	16부	31권	6	4	521	531
제159책	금색동자인연경(金色童子因緣經) 외	54부	72권	5	11	514	530
제160책	보살영락경(菩薩瓔珞經)	1부	14권	3	2	548	553
제161책	심밀해탈경(深密解脫經) 외	40부	54권	6	11	575	592
제162책	제법집요경(諸法集要經) 외	31부	43권	6	15	599	620
제163책	십력경(十力經) 외	64부	71권	6	14	592	612
제164책	보우경(寶雨經) 외	3부	21권	4	4	508	516
제165책	본사경(本事經) 외	29부	44권	5	8	531	544
제166책	보조국사집(普照國師集)	9부	9권	2	9	463	474
제167책	나옹화상집(懶翁和尙集) 외	4부	5권	10	10	726	746
제168책	원감국사집(圓鑑國師集) 외	2부	3권	7	13	660	680
제169책	소요당집(逍遙堂集) 외	4부	6권	13	4	616	633
제170책	반니원경(般泥洹經) 외	16부	28권	5	12	448	465
제171책	불본행경(佛本行經) 외	3부	9권	5	4	517	526
제172책	불퇴전법륜경(不退轉法輪經) 외	9부	24권	4	7	469	480
제173책	수릉엄경(首楞嚴經) 외	3부	16권	2	11	367	380
제174책	도행반야경(道行般耶經) 외	3부	25권	4	17	564	585
제175책	아비담팔건도론(阿毘曇八犍度論)	1부	30권	4	6	684	694
제176책	아비달마발지론(阿毘達磨發智論) 외	5부	26권	4	40	638	682
제177책	아비담심론(阿毘曇心論) 외	3부	21권	3	16	861	880
제178책	아비달마순정리론(阿毘達磨順正理論) 1	1부(1~20권)	20권	2	3	532	537
제179책	아비달마순정리론 2	(21~40권)	20권	2	0	491	493
제180책	아비달마순정리론 3	(41~60권)	20권	2	0	564	566
제181책	아비달마순정리론 4	(61~80권)	20권	2	0	534	536

책수	한글대장경	총 수록된 경전 수	총권수	쪽수			
				차례	해제	본문	소계
제182책	아비담비바사론(阿毘曇毘婆沙論) 1	1부(1~20권)	20권	2	10	614	626
제183책	아비담비바사론 2	(21~40권)	20권	2	0	569	571
제184책	아비담비바사론 3	(41~60권)	20권	2	0	471	473
제185책	사리불아비담론(舍利弗阿毘曇論) 1	1부(1~20권)	20권	2	15	566	583
제186책	사리불아비담론 2 외	(21~30권) 1부	24권	4	0	729	733
제187책	근본설일체유부필추니비나야(根本說一切有部苾芻尼毘奈耶) 외	5부	28권	10	8	724	742
제188책	근본설일체유부비나야파승사(根本說一切有部毘奈耶破僧事) 외	3부	22권	2	7	571	580
제189책	근본설일체유부니타나목득가(根本說一切有部尼陀那目得迦) 외	8부	24권	7	25	590	622
제190책	근본살바다부율섭(根本薩婆多部律攝) 외	4부	19권	11	19	658	688
제191책	마하승기율(摩訶僧祇律) 1	1부(1~20권)	20권	3	9	689	701
제192책	마하승기율 2	(21~40)	20권	2	0	756	758
제193책	성유식론(成唯識論) 외	3부	12권	1	23	454	478
제194책	대방광십륜경(大放廣十輪經) 외	16부	38권	4	14	652	670
제195책	해탈도론(解脫度論) 외	13부	28권	4	20	679	703
제196책	십송률(十誦律) 4	(52~61권)	10권	2	0	437	439
제197책	일자불정륜왕경(一字佛頂輪王經) 외	9부	18권	2	12	404	418
제198책	유가대교왕경(瑜伽大敎王經) 외	15부	37권	3	11	455	469
제199책	수호국계주다라니경(守護國界主陀羅尼經) 외	19부	31권	3	20	575	598
제200책	아비달마장현종론(阿毘達磨藏顯宗論) 1	1부(1~20권)	20권	2	11	564	577
제201책	아비달마장현종론 2	(21~40권)	20권	2	0	645	647
제202책	아비달마구사석론(阿毘達磨俱舍釋論) 1	1부(1~18권)	18권	2	11	578	591
제203책	마하반야바라밀경(摩訶般若波羅蜜經) 1	1부(1~20권)	20권	4	16	545	565
제204책	마하반야바라밀경 2 외	(21~27권) 4부	18권	4	17	596	617
제205책	광찬경(光讚經) 외	6부	22권	3	7	641	651
제206책	대승이취육바라밀다경(大乘理趣六波羅蜜多經) 외	12부	31권	4	10	580	594
제207책	대방광보살십지경(大方廣菩薩十地經) 외	11부	23권	3	22	563	588
제208책	대승아비달마잡집론(大乘阿毘達磨雜集論) 외	3부	32권	4	11	679	694
제209책	대승장엄경론(大乘莊嚴經論) 외	2부	21권	5	22	657	684
제210책	반야등론석(般若燈論釋) 외	3부	35권	4	22	680	706
제211책	신화엄경론(新華嚴經論) 1	1부(1~20권)	20권	3	7	550	560
제212책	신화엄경론 2	(21~40권)	20권	3	0	530	533
제213책	보운경(寶雲經) 외	14부	29권	2	16	547	565
제214책	십지경론(十地經論) 외	7부	25권	2	27	566	595
제215책	삼법도론(三法度論) 외	13부	32권	3	16	596	615

책수	한글대장경	총 수록된 경전 수	총권수	쪽수			
				차례	해제	본문	소계
제216책	대당자은사삼장법사전(大唐慈恩寺三藏法師傳) 외	2부	20권	3	16	467	486
제217책	속고승전(續高僧傳) [1]	1부(1~10권)	10권	7	2	410	419
제218책	속고승전 [2]	(11~20권)	10권	8	2	499	509
제219책	속고승전 [3]	(21~30권)	10권	10	0	502	512
제220책	근본설일체유부비나야약사(根本說一切有部毘奈耶藥事) 외	2부	28권	4	13	712	729
제221책	계소재경(戒消災經) 외	22부	28권	11	29	541	581
제222책	석화엄교분기원통초(釋華嚴教分記圓通鈔) [1]	1부(1~4권)	4권	1	15	364	380
제223책	석화엄교분기원통초 [2]	(5~10권)	6권	2	0	468	470
제224책	초의집(草衣集) 외	9부	16권	27	31	711	769
제225책	연담대사임하록(蓮潭大師林下錄) 외	4부	11권	25	17	587	629
제226책	아비달마구사석론 [2] 외	(19~22권) 11부	21권	3	18	522	543
제227책	존바수밀보살소집론(尊婆須蜜菩薩所集論) 외	6부	19권	3	16	594	613
제228책	대위덕다라니경(大威德多羅尼經) 외	2부	28권	2	6	513	521
제229책	대법거다라니경(大法炬多羅尼經) 외	3부	24권	3	11	485	499
제230책	현증삼매대교왕경(現證三昧大敎王經)	1부	30권	4	17	579	600
제231책	방광반야경(放光般若經)	1부	20권	4	14	553	571
제232책	대명도경(大明度經) 외	6부	37권	5	19	563	587
제233책	섭대승론석(攝大乘論釋) 외	2부	18권	4	13	565	582
제234책	섭대승론석론(攝大乘論釋論)외	4부	25권	4	14	625	643
제235책	비나야(鼻奈耶) 외	8부	17권	7	18	507	532
제236책	미사색부화혜오분율(彌沙塞部和醯五分律) [1]	1부(1~15권)	15권	2	7	533	542
제237책	미사색부화혜오분율 [2] 외	(16~30권) 1부	16권	7	0	528	535
제238책	법계도기총수록(法界圖記叢髓錄) 외	6부	9권	13	10	522	545
제239책	십구장원통기(十句章圓通記) 외	3부	6권	2	8	522	532
제240책	여래부사의비밀대승경(如來不思議秘密大乘經) 외	20부	55권	5	17	624	646
제241책	아촉불국경(阿閦佛國經) 외	17부	23권	2	20	566	588
제242책	법집경(法集經) 외	5부	20권	4	21	584	609
제243책	복개정행소집경(福蓋正行所集經) 외	10부	36권	5	15	640	660
제244책	사익범천소문경(思益梵天所問經) 외	5부	20권	3	8	575	586
제245책	미증유정법경(未曾有正法經) 외	24부	36권	3	23	524	550
제246책	월등삼매경(月燈三昧經) 외	7부	27권	2	13	691	706
제247책	대승입능가경(大乘入楞伽經) 외	6부	23권	3	11	667	681
제248책	고승전(高僧傳) 외	3부	19권	16	14	680	710
제249책	대승집보살학론(大乘集菩薩學論) 외	9부	38권	4	18	621	643
제250책	입세아비담론(入世阿毘曇論) 외	12부	31권	4	25	708	737
제251책	석마하연론(釋摩訶衍論) 외	13부	49권	5	30	690	725

책수	한글대장경	총 수록된 경전 수	총권수	쪽수			
				차례	해제	본문	소계
제252책	대반니원경(大般泥洹經) 외	6부	19권	3	25	530	558
제253책	대반열반경(大般涅槃經) [1]	1부(1～20권)	20권	2	14	472	488
제254책	대반열반경 [2]	(21～40권)	20권	4	0	628	632
제255책	불공견색신변진언경(不空羂索神變眞言經)	1부	30권	4	13	628	645
제256책	대공작주왕경(大孔雀呪王經) 외	24부	33권	8	22	511	541
제257책	다라니집경(陀羅尼集經) 외	5부	16권	18	12	477	507
제258책	무구정광대다라니경(無垢淨光大陀羅尼經) 외	45부	46권	5	30	539	574
제259책	소실지갈라경(蘇悉地羯羅經) 외	7부	22권	6	12	472	490
제260책	칠불팔보살소설신주경(七佛八菩薩神呪經) 외	56부	60권	4	25	609	638
제261책	문수사리근본의궤경(文殊師利根本儀軌經) 외	32부	56권	5	35	470	510
제262책	금강수보살대교왕경(金剛手菩薩大敎王經) 외	44부	58권	6	24	488	518
제263책	금강불공삼매대교왕경(金剛不空三昧大敎王經) 외	22부	41권	5	22	608	635
제264책	불모대공작명왕경(佛母大孔雀明王經) 외	34부	42권	3	15	506	524
제265책	칠구지불모다라니경(七俱지佛母陀羅尼經) 외	34부	38권	4	15	625	644
제266책	십주단결경(十住斷結經) 외	7부	16권	2	9	451	462
제267책	대방광총지보광명경(大方廣總持寶光明經) 외	40부	49권	3	23	567	593
제268책	살바다비니비바사(薩婆多毘尼毘婆沙) 외	2부	19권	8	4	509	521
제269책	좌선삼매경(坐禪三昧經) 외	23부	33권	5	23	644	672
제270책	선법요해(禪法要解) 외	19부	30권	2	21	623	646
제271책	제경요집(諸經要集) [1]	1부(1～12권)	12권	6	25	621	652
제272책	제경요집 [2] 외	(13～20권) 1부	18권	12	10	660	682
제273책	대승보요의론(大乘寶要義論) 외	4부	23권	3	23	570	596
제274책	화엄경수현기(華嚴經搜玄記) 외	4부	19권	8	22	569	599
제275책	석가보(釋迦譜) 외	3부	8권	6	7	588	601
제276책	대당서역기(大唐西域記) 외	5부	22권	7	17	719	743
제277책	집고금불도논형(集古今佛道論衡) 외	6부	19권	17	19	639	675
제278책	홍명집(弘明集)	1부	14권	9	9	473	491
제279책	광홍명집(廣弘明集) [1]	1부(1～15권)	15권	6	4	512	522
제280책	광홍명집 [2]	(16～30권)	15권	17	0	776	793
제281책	어제비장전(御製秘藏詮) [1]	1부(1～14권)	14권	1	3	450	454
제282책	어제비장전 [2]	(15～30권)	16권	2	0	450	452
제283책	어제연화심윤회문게송(御製蓮花心輪廻文偈頌)	1부	25권	4	3	556	563
제284책	어제소요영(御製逍遙詠) 외	3부	19권	2	9	462	473
제285책	역대삼보기(歷代三寶紀) 외	3부	21권	17	10	589	616
제286책	출삼장기집(出三藏記集) 외	3부	20권	13	9	600	622
제287책	대당내전록(大唐內典錄) 외	8부	20권	13	26	662	701
제288책	개원석교록(開元釋敎錄) [1]	1부(1～12권)	12권	8	9	590	607

책수	한글대장경	총 수록된 경전 수	총권수	쪽수			
				차례	해제	본문	소계
제289책	개원석교록 [2] 외	(13~20권) 2부	21권	5	7	650	662
제290책	정원신정석교목록(貞元新定釋敎目錄) [1]	1부(1~15권)	15권	9	5	517	531
제291책	정원신정석교목록 [2] 외	(16~30권) 1부	16권	4	4	524	532
제292책	중경목록(衆經目錄) 외	5부	31권	7	11	594	612
제293책	일체경음의(一切經音義) [1]	1부(1~12권)	12권	36	10	627	673
제294책	일체경음의 [2]	(13~25권)	13권	30	0	660	690
제295책	신집장경음의수함록(新集藏經音義隨函錄) [1]	1부(1~3권)	3권	22	5	569	596
제296책	신집장경음의수함록 [2]	(4~6권)	3권	21	0	570	591
제297책	신집장경음의수함록 [3]	(7~9권)	3권	21	0	606	627
제298책	신집장경음의수함록 [4]	(10~12권)	3권	29	0	616	645
제299책	신집장경음의수함록 [5]	(13~15권)	3권	22	0	606	628
제300책	신집장경음의수함록 [6]	(16~18권)	3권	19	0	495	514
제301책	신집장경음의수함록 [7]	(19~21권)	3권	23	0	521	544
제302책	신집장경음의수함록 [8]	(22~24권)	3권	12	0	575	587
제303책	신집장경음의수함록 [9]	(25~27권)	3권	5	0	637	642
제304책	신집장경음의수함록 [10]	(28~30권)	3권	4	0	553	557
제305책	일체경음의(一切經音義) [1]	1부(1~10권)	10권	12	14	454	480
제306책	일체경음의 [2]	(11~20권)	10권	13	0	462	475
제307책	일체경음의 [3]	(21~30권)	10권	13	0	513	526
제308책	일체경음의 [4]	(31~40권)	10권	17	0	433	450
제309책	일체경음의 [5]	(41~50권)	10권	22	0	483	505
제310책	일체경음의 [6]	(51~60권)	10권	22	0	494	516
제311책	일체경음의 [7]	(61~70권)	10권	18	0	408	426
제312책	일체경음의 [8]	(71~80권)	10권	17	0	444	461
제313책	일체경음의 [9]	(81~90권)	10권	6	0	391	397
제314책	일체경음의 [10]	(91~100권)	10권	5	0	385	390
제315책	속일체경음의(續一切經音義)	1부	10권	10	4	393	407
제316책	대장일람집(大藏一覽集) [1]	1부(1~4권)	4권	2	15	367	384
제317책	대장일람집 [2]	(5~10권)	6권	5	0	458	463
제318책	일체경음의(慧琳) 색인	·	·	1	·	410	411
총계		1618부	7061권	1819	2579	176275	180673

『한글대장경』의 간행은 우리시대의 가장 방대한 불전 번역 편찬 사업이었다. 동시에 동아시아의 한자문화권에서 형성된 대장경을 한글세대들에게 전해주는 대형 프로젝트였다. 나아가 불교학 연구를 한 단계 도약시킬 기초자료를 확보하는 사업이었다. 하지만 이러한 방대한 『한글대장경』 편찬 사업임에도 불구하고 이에 대한 불교계의 평가는 대단히 냉정하다. 모든 일에는 포폄과 공과가 함께 논의되어야 한다. 그래야만 균형감각에 입각한 시각을 견지할 수 있다. 하지만 이 사업에 대해서는 공적과 포상보다는 과실과 폄하의 평가가 적지 않다.[116)]

우선 외형적인 문제점으로는 ㉠ 정확한 대장경 분류체계에 따라 간행하지 못했다, ㉡ 한정된 예산과 촉박한 시간으로 급하게 번역되어 오역과 누락 부분이 많은 채로 간행되었다 지적받고 있다.[117)] 특히 이들 두 문제점은 『한글대장경』의 학술적 가치를 반감시키고 있으며 학자들로부터 외면을 받게 된 이유가 된다. 때문에 이들 문제가 개선되지 않는 한 불교학 연구를 위한 기초자료 확보의 미비라는 지적은 여전히 남게 된다. 『한글대장경』의 분류체계 개선과 개역 작업이 모색되어야 한다.[118)] 동시에 ㉠ 역경 전문가의 양성이 시급하다, ㉡ 정보화 시대에 걸

---

116) 이미령, 「한글대장경 번역사업에 대한 공과」, 『불교평론』 제1호, 1999. 논자는 4장의 역경불사의 반성에서 "1) 애당초 정부와의 계약은 합리적인 수준이었을까?, 2) 역경예규는 완벽하게 적용되는가?, 3) 증의(證義)작업은 꼼꼼하게 진행되었는가?, 4) 역자의 태도 마음을 열었는가?, 5) 역경불사 효과의 극대화를 위한 장치는 마련되었는가?"라는 물음을 통해 이 사업의 공적과 과오를 함께 살펴보고 있다.

117) 이진영, 앞의 글, 앞의 책, 90면 참고.

118) 『대정신수대장경』은 『고려대장경』을 저본으로 하면서도 인도의 범본과 팔리본 및 중국의 여러 대장경을 비교 검토하여 문헌학적 연구성과와 경전 성립사를 반영하여 편찬하였다. 모두 정장 24부(삼장, 55책), 교장 7부(속장, 30책), 도상 및 목록 2부(15책)의 총 33부 100책과 색인 48부(도상 및 목록 제외 31부 분차)로 되어 있다. 구체적으로 말하면 인도와 중국(한국 포함)의 찬술부가 55책, 일본 찬술부가 29책, 돈황사본이 1책, 圖像部 12책, 목록 3책으로 이루어져 있다. 이 중 도상부와 목록을 제외한 85권이 佛典으로 총 3,053부, 1만 1,970권에 이른다. 이 중에서 정장(삼장) 24부는 1) 아함부(1~2책), 2) 본연부(3~4책), 3) 반야부(5~8책), 4) 법화부(9책), 5) 화엄부(9~10책), 6) 보적부(11~12책), 7) 열반부(12책), 8) 대집부(14~17책), 9) 경집부(14~17책), 10) 밀교부(18~21책), 11) 율부(22~24책), 12) 석경론부(25~26책), 13) 비담부(26~29책), 14) 중관부(30책), 15) 유가부(30~31책), 16) 논집부(32책), 17) 경소부(33~39책), 18) 율소부(40책), 19) 논소부(40~44책), 20) 제종부(44~48책), 21) 사전부(49~52책), 22) 사휘부(53~54책), 23) 외교부(54책), 24) 목록부(55책)로 분류되어 있다. 속장(교장) 7부는 1) 속경소부(56-61책), 2) 속율소부(62책), 3) 속론소부(63~70책), 4) 속

맞은 전산화 작업에 힘써야 한다는 과제 역시 지속적으로 준비되어야 하고 개선되어야 하는 것들이다.

하지만 완전 번역이 이루어지려면 해당분야의 학문적 축적과 어학적 온축이 전제되어야 한다. 뿐만 아니라 재정적 지원과 인적 지원이 동시에 요청된다는 점을 고려해야만 한다. 그리고 번역은 일정한 시점이 지나면 재번역이 되어야만 동시대인들과 호흡할 수 있다는 점을 고려해서 문제점의 지적과 함께 개선책의 제시도 동시에 이루어져야 한다. 그리하여 다시는 그러한 오류를 범하지 않도록 사전에 예방하고 준비해야만 할 것이다. 어떠한 비판이 가능한 것은 그 비판의 근거가 확보되어 있기 때문에 가능하다는 사실도 간과해서는 아니 된다. 한글이 변하고 사람들의 의식이 변해 가는 한 『한글대장경』은 끊임없이 재번역되어야 하기 때문이다.

② 선역본 팔만대장경

1980년대 이후 불전 번역사에서 빠뜨릴 수 없는 것이 북한 사회과학원 부설 민족고전연구소(소장 홍기문)가 7년에 걸쳐서 작업을 하여 1987년 7월 간행한 북한판 『팔만대장경 해제[119]』(25책)이다. 북한은 지난 1937년부터 묘향산 보현사에 보관돼 온 해인사 『팔만대장경』 인경(印經)을 보관해 왔다. 6・25전쟁 때에는 묘향산 보현사 뒷산의 깊숙한 금강굴 속에 대

제종부(70~84책), 5) 실담부(84책), 6) 고일부(85책), 7) 의사부(85책)로 되어 있으며, 도상 및 목록 2부는 1) 도상부(86~97책), 2) 소화법보총목록(98~100책)으로 되어 있다. 반면 『대정신수대장경』의 색인 48부는 1) 아함부, 2) 본연부, 3) 반야부, 4) 법화부－열반부, 5) 화엄부, 6) 보적부, 7) 대집부, 8) 경집부(상), 9) 경집부(하), 10) 밀교부(상), 11) 밀교부(하), 12) 율부, 13) 석경론부－열반부, 14) 비담부(상), 15) 비담부(중), 16) 비담부(하), 17) 유가부, 18) 논집부, 19) 경소부(1), 20) 경소부(2), 21) 경소부(3), 22) 경소부(4), 23) 율소부－논소부(1), 24) 논소부(2), 25) 제종부(1), 26) 제종부(2), 27) 제종부(3), 28) 사전부(상), 29) 사전부(하), 30) 사휘부－외교부, 31) 목록부, 32) 속경소부(1), 33) 속경소부(2, 상), 34) 속경소부(2, 하), 35) 속율소부, 36) 속논소부(1), 37) 속논소부(2, 상), 38) 속논소부(2, 하), 39) 속논소부(3), 40) 속제종부(1), 41) 속제종부(2), 42) 속제종부(3, 상), 43) 속제종부(4), 44) 속제종부(4), 45) 속제종부(5), 46) 속제종부(6), 47) 실담부, 48) 고일부－의사부로 되어 있다.

119) 북한 사회과학원 민족고전연구소, 『팔만대장경 해제』(25책, 1987)는 '경의 제목과 유통'에 대한 해설, '경전의 중요한 대목을 가려 뽑아' 정리한 '해제집'이다. 때문에 해당 경전을 온전히 번역한 것이 아니다. 반면 『選역본』은 '가려 뽑은[選]' 해당 원문을 비교적 자세히 번역하고 있다. 하지만 이것 역시 온전한 번역이라고 보기는 어렵다.

장경을 안치하였다. 전쟁 뒤에는 보현사의 절터 가까이에 대장경 보존고를 새로 지어 보관했다. 그 뒤 다시 묘향산의 풍치와 환경에 어울리는 웅장한 조선식 건축물로 『팔만대장경』 보존고를 지어 간직해 오고 있다.

북한은 1980년대 말까지 종교 활동을 거의 허용하지 않았다. 때문에 불교 전적에 대한 특별한 관심과 배려가 없었다. 하지만 『리조실록』 번역사업을 마무리하고 난 뒤 "대장경에 대해 고려 인민들의 높은 기술 수준이 반영되어 있다"며 "『팔만대장경』의 문화사적 가치를 깊이 헤아리시고 그것을 귀중한 국보로 보존하도록 크나큰 배려를 돌려주시었던"[120] 김일성과 김정일의 지시에 의해 이 책의 번역에 착수하게 되었다.

> 『팔만대장경』과 목판활자는 우리나라 인쇄기술의 발전면모를 보여주는 귀중한 국보입니다. 물론 『팔만대장경』은 불교를 설교하기 위한 책입니다. 그러나 선조들이 벌써 수백 년 전에 목판활자를 8만 매나 만들어 수 천 권에 달하는 방대한 대장경을 훌륭히 출판하였다는 그 자체가 우리나라와 민족의 큰 자랑입니다.[121]

북한은 대장경 번역 사업의 완성도를 높이기 위해 사회과학원 소속의 30~40대 소장학자들 40여 명을 배치하여 범어를 비롯한 한문 문헌학, 불교 교리 등을 집중 교육한 뒤 본격적인 번역 사업에 투입했다. 수많은 참고도서들을 지원하면서 해제 및 번역 사업에 필요한 여러 가지 기술들과 연구 성원들의 생활문제까지 뒷받침하면서 사업에 착수하게 하였다.

북한은 『팔만대장경』 속의 복잡한 내용을 간략하게 이해할 수 있도록 전면적 해제 작업을 먼저 시도하였다. 『해제』본의 출간 방침의 세부 내용은 ㉠ 원본을 최대한 살릴 것, ㉡ 경전 단위 내용을 서술하고 경전 매권은 요약하여 알기 쉽게 풀이할 것, ㉢ 주관적 비판이나 분석을 배제할 것, ㉣ 불교 관계 자료들은 간략하게 소개할 것 등이다. 이 출간

120) 사회과학원 민족고전연구소, 『팔만대장경 해제』(조선 평양, 1992), 4면.

121) 『김일성저작집』 제25권 282면. 『팔만대장경 해제』 재인용.

방침은 민족문화의 중심인 불교의 대장경 번역 사업에 대한 그들의 인식을 보여주고 있다. 이러한 고전 정리의 원칙과 서지학적 방법에 의하여 6,000여 권의 내용을 일일이 해석하여 『팔만대장경 해제』(전 25책)를 간행해 내었다.

이 『해제』본은 묘향산 보현사에 보관돼 온 해인사 『팔만대장경』 인경(印經)을 우리말로 쉽게 풀어 출간한 것이다. 이것은 해인사 장경각 소장 『고려대장경』과 동일한 경판의 내용을 색인화하여 주요 내용만을 풀어 '해제'로 발간한 것이다. "1987년에 출판되었던 이 『해제』(전 25책)본은 그 부수가 제한되어 내외의 요구를 충족시킬 수 없었다. 이번에 그 사이 수요자들의 요청과 사회적인 관심을 고려하여 편의상 25책의 내용을 그대로 15책으로 묶어서 재판하였다."[122] 이후 2001년에는 다시 『팔만대장경 선역본』(17책)을 펴냈으며 이것은 남한에서 영인되어 국내외에 널리 퍼져 있다. 『해제』본과 이것의 축약 『영인본』 및 『선역본』의 목록은 아래와 같다.

〈표 10〉 북한판 팔만대장경 해제와 영인본 및 선역본

책수	팔만대장경 해제 (1987) 경교명	팔만대장경 해제 축약 영인본(1991) 경교명	팔만대장경 선역본 (2001) 경교명	기타
1	대반야경 대품반야경 소품반야경 등	대반야경에서 대품반야경(27권)까지 3종의 반야계통의 대승경 수록	불본행집경(1~20)	해제본 대승3장
2	광찬반야경 보성다라니경 보적경 대집경 등	광찬반야경에서 보성다라니경까지 75종의 반야, 보적, 대집경 등 대승경 수록	불본행집경(21~40)	대승3장
3	화엄경(1~15)	화엄경(60권본)에서 광박엄정불퇴전륜경까지 58종의 화엄, 법화, 열반 등 계통의 대승경 수록	불본행집경(41~60)	대승 3장
4	화엄경(16~30)	불퇴전법륜경에서 제불요집경까지 248종의 밀교, 정토 등 대승경 수록	비화경(10권) 잡보장경(10권) 법구비유경(4권) 백유경(4권)	대승 3장

122) 사회과학원 민족고전연구소, 『팔만대장경 해제』(조선 평양, 1992), 6면. 현재 국내에는 북한판 『팔만대장경 해제』(15책+색인1책, 1992)본이 보급되어 있다. 인쇄 및 발행은 1992년에 10월에 이루어졌다.

책수	팔만대장경 해제 (1987) 경교명	팔만대장경 해제 축약 영인본(1991) 경교명	팔만대장경 선역본 (2001) 경교명	기타
5	화엄경(31~45)	보살영락경에서 문수사리보살문보리경까지 182종의 다라니, 불명 등의 대승경과 범망 등의 대승률, 반야, 유식 등의 대승론 수록	불설장아함경(22권)	대승 3장
6	화엄경(46~60)	묘법련화경우파제사에서 십이인연론까지 86종의 유가, 중론, 섭대승, 불성, 중변, 기신, 인명, 유식 등의 대승론 수록	묘법연화경(7권) 대반열반경(1~8)	대승3장
7	묘법연화경(7권) 대반열반경(1~8)	장아함경에서 대애도반니원경까지 108종의 장, 중, 증일, 잡, 별역 등의 아함과 니원, 기세, 대루탄, 중본기 등의 불전류들 수록	대반열반경(9~24)	해제본 소승3장
8	대반열반경(9~24)	불설만원자경에서 현자오복덕경까지 134종의 정법념처, 불본행집, 본사 등의 소승부와 본연부 계통 경전 수록	대반열반경(25~40)	소승3장
9	대반열반경 (25~40)	마하승기률에서 승갈마까지 35종의 십송, 유부비나야, 오분, 사분 등의 소승률 수록	대방광불화엄경(1~15)	소승 3장
10	불퇴전법륜경 제불요집경 등 밀교, 정토 등 대승경 수록	니갈마에서 아비담비파사론까지 28종의 우파색, 살바다부, 선견률, 률명료 등 소승률과 팔건도, 발지, 법온족, 집이문족, 식신족, 계신족, 품류족, 아비담, 비파사 등 소승론 수록	대방광불화엄경(16~30)	소승 3장
11	보살영락경 문수사리보살문보리경 다라니경, 불명경 등 대승경범망 등 대승률, 반야, 유식 등 대승론 수록	대비파사론에서 벽지불인연론까지 27종의 구사, 순정리, 성실, 아비담, 해탈, 비파사 등의 소승론 수록	대방광불화엄경(31~45)	해제본 보유잡장
12	묘법련화경우파제사 십이인연론 등 유가, 중론, 섭대승, 불성, 중변, 기신, 인명, 유식 등 대승론 수록	불본행경에서 속고승전까지 97종의 행찬, 백연, 출요, 현우, 도지, 백유, 요집, 보장, 아육, 법구, 석기보, 십구의, 경률, 삼장기, 중경록, 삼보기, 석교록, 음의, 서역기, 론형, 법사전, 고승전 등 전기, 의도, 불전, 목록, 력사류의 잡장들 수록	대방광불화엄경(46~60)	보유잡장
13	불설장아함경(22권)	변정론에서 부동사자다라니비밀경까지 214종의 파사, 홍명, 니전, 의궤, 불명, 음의, 비장, 화엄(40권본), 반야 등 대승경과 고승론, 사서류와 전기류의 잡장들 수록	금강반야바라밀경 유마힐소설경(3권) 대방광원각수다라요의경 금광명최승왕경(10권) 불설미륵하생경 불설아미타경 대비로자나성불신변가지경(7권)	보유잡장
14	대애도반니원경 중, 증일, 잡, 별역 등의 아함과 니원, 기세, 대루탄, 중본기 등의 불전류들 수록	대승유가금강대교왕경에서 불모반야바라밀다명관상의궤까지 165종의 십지, 약사, 파승사, 마하연, 정원, 을사, 신정, 교정별록, 열반(36권본), 불명, 법원주림, 상론 등 목록류, 사서류, 대승경류, 대승론류, 소승론류의 잡장들 수록	미사색부화혜오분률	

책수	팔만대장경 해제 (1987) 경교명	팔만대장경 해제 축약 영인본(1991) 경교명	팔만대장경 선역본 (2001) 경교명	기타
15	불설만원자경에서 현자오복덕경까지 134종의 정법념처, 불본행집, 본사 등의 소승부와 본연부 계통 경전 수록	광명동자인연경에서 화엄경탐현기까지 77종의 대승경과 대승론, 사서류와 보유부의 종경록 이하 금강삼매경론, 원통초등 고승론의 잡장들을 수록	미사색부화혜오분률	
16	마하승기률에서 승갈마까지 35종의 십송, 유부비나야, 오분, 사분 등의 소승률 수록	색인	근본설일체유부비나야약사(18권) 범망경노사나불설보살심지계품(2권)	
17	니갈마에서 아비담비파사론까지 28종의 우파색, 살바다부, 선견률, 률명료 등 소승률과 팔건도, 발지, 법온족, 집이문족, 식신족, 계신족, 품류족, 아비담, 비파사 등 소승론수록		중론(4권) 대승기신론 금강삼매경론(3권)	
18	대비파사론에서 벽지불인연론까지 27종의 구사, 순정리, 성실, 아비담, 해탈, 비파사 등 소승론 수록			
19	불본행경(1~20)			
20	불본행경(21~40)			
21	불본행경(41~60)			
22	속고승전 등 97종의 행찬, 백연, 출요, 현우, 도지, 백유, 요집, 보장, 아육, 법구, 석기보, 십구의, 경률, 삼장기, 중경록, 삼보기, 석교록, 음의, 서역기, 론형, 법사전, 고승전 등 전기, 의도, 불전, 목록, 력사류의 잡장들 수록			
23	변정론에서 부동사자다라니비밀경까지 214종의 파사, 홍명, 니전, 의궤, 불명, 음의, 비장, 화엄(40권본), 반야 등 대승경과 고승론, 사서류와 전기류의 잡장들 수록			
24	대승유가금강대교왕경에서 불모 반야바라밀다명관상의궤까지 165종의 십지, 약사, 파승사, 마하연, 정원, 읍사, 신정, 교정별록, 열반(36권본), 불명, 법원주림, 상론 등 목록류, 사서류, 대승경류, 대승론류, 소승론류 잡장들을 수록.			
25	광명동자인연경에서 화엄경탐현기까지 77종의 대승경과 대승론, 사서류와 보유부의 종경록이하 금강삼매경론, 원통초 등 고승론의 잡장들 수록			
총계	25책	색인 1책 포함 16책	17책	

이 『해제』본은 『고려대장경』의 3장과 잡장(교장)의 내용을 『고려대장경』의 편제에 맞추어 크게 '대승 3장'과 '소승 3장' 및 '보유 잡장'으

로 분류하여 작업하였다. 반면 남한에 유통된 『선역본』은 『해제』본(25책)과는 다른 형식으로 간행한 것이다. 이 『선역본』은 경전 성립사를 반영하여 17책으로 편집되어 있다. 『해제』본은 『고려대장경』의 교판 편제에 따라 반야부, 화엄부, 법화－열반부 등의 경부, 『미사색부화혜오분률』 등의 율부, 『중론』 등의 논부 등으로 편집되어 있다. 반면 2001년에 펴낸 『팔만대장경 선역본』(17책)은 『고려대장경』의 편제로 된 『해제』(25책, 16책)본과 체재가 다르다. 아마도 북한은 『선역본』을 남한에 유통시키기 위해 경전 성립사를 반영하여 종래 『해제』본의 편제에 구애받지 않고 현재의 『선역본』의 편제로 바꾼 것으로 짐작된다.

『고려대장경』의 편제에 따른 『팔만대장경 해제』본과 달리 『팔만대장경 선역본』의 특징은 경전 성립사를 기반으로 하면서도 경장, 율장, 논장을 총섭하고 있다. 『선역본』은 해인사의 『고려대장경』(재조본)을 인간(印刊)한 묘향산 보현사의 『팔만대장경』 보존고 소장 밑본을 가려 뽑아(전체의 5% 분량) 풀어낸 것이다. 『선역본』 1책에 실린 '머리말'에 따르면 모두 22종 294권을 번역하고 그것을 17책으로 묶었다고 전한다.[123] 이 머리말은 『고려대장경』 체재에 맞춘 『해제』본과 달리 『선역본』은 경전 성립사를 반영하여 현재의 체재로 편집했음을 암시해 준다.

이 『선역본』은 ㉠ 우리말의 역동적인 활기를 살리기 위해 기본 개념을 명사(존재태)가 아니라 동명사(생성태)로 옮기고 있고, ㉡ 번역문의 편의를 도모하기 위하여 원문의 소주와 역자의 주해를 덧붙이고 있으며, ㉢ 각 품 속에 들어 있는 게송 수를 품명 밑에 괄호 처리하여 소개하고 있고, ㉣ 두음법칙을 무시하고 표시하고 있으며, ㉤ 가능한 한 우리말로 풀이하되 그렇지 않은 것은 한자 병기 없이 '음'만을 취하여 한글 전용으로 통일하였다. 이것은 괄호 속에 한자를 일부 부기한 『해제』본과는 변별된다. 이 때문에 『선역본』 역시 적지 않은 문제점을 지니고 있다.

---

123) 고영섭, 「북한 선역본 팔만대장경」, 『불교적 인간』(신아사, 2010), 233~237면.

가장 중요한 지적 사항은 불교전적임에도 불구하고 ㉠ 불교학 전공자들이 가세하지 못했으며, ㉡ 그 결과 잘못된 번역(오역)과 빠뜨린 번역(결역) 부분이 많으며, ㉢ 음독을 넘어 훈독을 하는 과정에서 부사가 남용된 점이다. 이 외에도 ㉠ 뜻을 분명히 하기 위해 한글로 풀어 쓰면서도 한자 병기를 하지 않아 의미가 잘 통하지 않고, ㉡ 주요한 개념들을 유물론적 관점에서 풀어쓰고 있으며, ㉢ 번역자의 주석(각주)이 달려 있지 않아 번역서로서의 무게를 떨어뜨리고 있다. 하지만 이러한 몇몇 단점에도 불구하고 『선역본』은 대체적으로 쉽게 읽히고 있고 의미가 잘 전달되고 있어 남한의 『한글대장경』보다 가독률이 높다고 평가받고 있다. 남북한 대장경의 장점을 계승하고 단점을 줄이기 위해서는 하루빨리 남북통일이 되어 『우리말 통일대장경』의 간행사업이 이루어지기를 기대해 본다.

③ 한글본 한국불교전서[124)]

『한국불교전서』는 고려 대각국사 의천이 집성한 『고려교장』 간행 이후 우리나라의 불교전적을 집대성한 것이다. 동국대학교 불교문화연구소가 작업을 시작하여 1989년에 전 10책으로 동국대학교 출판부에서 간행하였고, 1997년에 2책의 보유편과 2003년에 2책의 보유편을 덧붙여 총14책으로 재차 완간했다. 한국판 교장인 『한국불교전서』는 한문으로 된 불교전적을 발굴 조사하고, 고증을 거쳐 시대 순으로 정리한 대총서(大叢書)이다. 때문에 국내외 학계에서 일차 학술 원전으로서 널리 인정하고 있다. 하지만 최근까지만 해도 일부만이 번역되어 있어 『한글본 한국불교전서』(250책 예정)의 간행은 우리 인문학계의 오랜 과제가 되어 왔다.

2008년부터 문화체육관광부의 지원을 받아 진행 중인 『한국불교전서』의 우리말 역주사업은 『한글대장경』 편찬 사업에 필적하는 대형 프로젝트이다. 현재 동국대학교 불교문화연구원 산하의 '한국불교전서 역주단'이 중심이 되어 『한국불교전서』(14책)를 우리말로 옮겨가고 있

124) 동국대출판부, 『한국불교전서』 책소개 참고.

다. 이 사업은 『한국불교전서』에 실린 180인의 저술 322종을 2020년까지 완역 출판을 목표로 하고 있다. 1차분으로 2010년 6월 10일에 『인왕경소』(신라, 원측), 『일승법계도원통기』(고려, 균여), 『작법귀감』(조선, 백파) 등 7권의 『한글본 한국불교전서』를 출간하였다. 1차분으로 간행된 목록은 아래와 같다.

〈표 11〉 한글본 한국불교전서 1차분

시대	권차	저술명	저자명	기타
신라	1	인왕경소 仁王經疏	文雅 圓測	1차분
고려	1	일승법계도원통기 一乘法界圖圓通記	圓通 均如	1차분
	2	원감국사집 圓鑑國師集	圓鑑 冲止	1차분
조선	1	작법귀감 作法龜鑑	白坡 亘璇	1차분
	2	정토보서 淨土寶書	栢庵 性聰	1차분
	3	백암정토찬 栢菴淨土讚	栢庵 性聰	1차분
	4	*일본표해록 日本漂海錄	楓溪 賢正	1차분

* 2020년까지 250여 권 번역 예정

이 사업을 통해 한글본 전체가 완간되면 대략 200~300권 분량이 될 것으로 짐작된다. 200자 원고지 분량으로는 약 24만 매에 달할 것으로 추정된다. 현재까지 번역 작업에 투입된 인원만 해도 연인원 60여 명에 이르며 참여하는 번역자들도 불교 연구자들뿐 아니라 문(文)·사(史)·철(哲) 분야의 전공자들을 망라해 구성했다. 더욱이 이 번역본 다수가 국내에서 초역되는 것이어서 한국 인문학 연구에 일정한 공헌이 있을 것으로 기대된다. 2010년 9월부터 동국대학교 불교학술원은 산하의 불교문화연구원이 주관하는 『한국불교전서』 번역사업과 함께 현재 『한국불교전서』 증보편이 될 사지(寺誌)와 사기(私記) 등을 정리하는 후속작업도 진행하고 있다.

④ 백련선서간행회 번역본

해방 이전과 이후의 불전 번역은 주로 교학 서적 중심으로 진행되었다. 해방 이후 선학원 내에 '한글선학간행회'가 조직되어 『선가귀감』(김용담 역, 1949) 1종을 간행한 적이 있었다. 하지만 6·25가 일어나면서 더 이상 진행되지 못했다. 선종의 전통이 강한 나라임에도 불구하고 선서 번역이 이루어지지 않은 것은 시절 인연(번역자+후원자 등)이 이루어지지 않았기 때문이었다. 해서 종래의 선서 번역은 공적 기구에 의해 이루어지지 못한 채 대부분이 개인 의지에 의해 이루어졌다. 그러나 백련불교재단 내에 백련선서간행회(白蓮禪書刊行會)가 조직되면서 공적 기구에 의한 선서 번역이 본격화되었다.

1988년 7월부터 1997년 10월까지 번역과 정서, 대역과 보완, 윤문과 체제를 잡으며 최종적으로 퇴옹 성철(退翁 性徹, 1912~1993)의 증의를 거쳐 총 37권으로 간행하였다.[125] 성철은 증의를 통해 초벌된 원고에 선기의 활력을 불어넣은 것으로 짐작된다. 이 번역작업은 한국불교사에서 본격적인 선서의 번역이라는 독자적인 위상을 확보했다. 백련불교재단 백련선서간행위원회는 이들 주요 선서의 번역작업을 마무리하면서 성철선사상연구원을 설립하고 그동안 녹음해 둔 성철의 법어를 풀어 『성철선사법어집』(총 11권)을 간행하였다.

〈표 12〉 선림고경총서 목록

권차	선서명	저자	증의/감수	연도	간행처
1	선림보전 禪林寶典	退翁 性徹	退翁 性徹	1988. 7.	장경각
2	산방야화 山房夜話	天目 中峰	이하 동일	1988. 7.	이하 동일
3	동어서화 東語西話	天目 中峰		1992	
4	치문숭행록 緇門崇行錄	雲棲 株宏		1993	
5	참선경어 參禪警語	博山 無異		1993	
6	선림보훈 禪林寶訓	妙喜 宗杲 竹庵 士珪 衡岳 淨善		1989	

125) 백련선서간행회의 발기인으로는 월운(동국역경원장), 원융(해인사선원장), 송찬우(중앙승가대교수) 등 7인을 위촉하였다.

7	임간록 林間錄 상	慧洪 覺範		1989	
8	임간록 林間錄 하	慧洪 覺範		1989	
9	오가정종찬 五家正宗贊 상	白雲 守端		1990	
10	오가정종찬 五家正宗贊 하	白雲 守端		1990	
11	마조록 馬祖錄/ 백장록 百丈錄	馬祖 道一 百丈 懷海		1989	
12	임제록 臨濟錄/ 법안록 法眼錄	臨濟 義玄 法眼 文益		1989	
13	위앙록 潙仰錄	潙山 靈祐			
14	조동록 曺洞錄	曺山 本寂		1989	
15	운문록 雲門錄 상	雲門 文偃		1992	
16	운문록 雲門錄 하	雲門 文偃		1992	
17	양기록 楊岐錄/ 황룡록 黃龍錄	楊岐 方會 黃龍 慧南		1990	
18	조주록 趙州錄	趙州 從諗		1991	
19	설봉록 雪峰錄	雪峰 義存		1991	
20	현사록 玄沙錄	玄沙 師備		1991	
21	태고록 太古錄	太古 普愚		1991	
22	나옹록 懶翁錄	懶翁 惠勤		1992	
23	인천보감 人天寶鑑	四明 曇秀		1988	
24	나호야록 羅湖野錄	曉瑩 仲溫		1992	
25	종문무고 宗門武庫	大慧 宗杲		1992	
26	총림성사 叢林盛事	古月 道融		1992	
27	운와기담 雲臥紀談	曉瑩 仲溫		1992	
28	고애만록 枯崖漫錄	枯崖圓悟		1992	
29	산암잡록 山菴雜錄	恕中 無온		1992	
30	원오심요 圓悟心要 상	圜悟 克勤		1993	
31	원오심요 圓悟心要 하	圜悟克勤		1993	
32	종용록 從容錄 상	宏智 正覺		1993	
33	종용록 從容錄 중	宏智 正覺		1993	
34	종용록 從容錄 하	宏智 正覺		1993	
35	벽암록 碧巖錄 상	圜悟 克勤		1993	
36	벽암록 碧巖錄 중	圜悟 克勤		1993	
37	벽암록 碧巖錄 하	圜悟 克勤		1993	
총계	총 32종				

백련선서간행회에서 펴낸 37종은 종래 동아시아 선종사에서 널리 읽혀 왔던 선서들이다. 구산선문(九山禪門)이 형성된 신라 하대부터 고려 초기 이래 한국불교는 선서들을 본격적으로 입수하였고 이들에 입각하여 수행과 저술이 이루어졌다. 이후 보조 지눌(普照 知訥, 1155~1201)의 여러 저술들이 한국 선서의 주류를 형성하였지만, 한편으로는 중국의 당송대 어록과 명청대 여러 불서들이 절 집안에서 널리 읽혔다. 특히 남종선 중 임제종의 양기파 계통을 주류로 인식해온 한국의 선사들은 중국의 선서들을 자연스럽게 수용하면서 자신의 살림살이를 살찌웠다.

이러한 맥락을 통해서 알 수 있는 것은 번역된 대부분의 선서들이 동아시아 선종사에서 공유되었던 서적들이며 이들 중 몇몇 저술들은 그 원문이 강원의 주요 필독서로 채택되어 왔다는 사실이다. 하지만 한문세대의 단절과 한문해독력의 부족 및 시대적 변화와 스피디한 속도에 의해 강원의 학승들도 이들 한글본 총서들을 선호해 가고 있다. 최근에는 조계종 교육원이 마련한 강원 교과목들 일부는 한글본으로 대체되어 가고 있다. 이러한 상황은 한문 불전의 한글 번역을 더욱 재촉하고 있다. 근래 대한불교조계종이 소의경전인 한글본 『금강경』을 간행한 것도 같은 맥락 속에서 이해할 수 있다.

(4) 우리말 옮김

종래의 한문 불전의 한글 번역에서 한 걸음 더 나아가 팔리어와 범어 및 티베트본의 우리말 옮김도 다양하게 이루어지고 있다. 여기서 '우리말'이란 객관화와 타자화된 '한글'이란 표현과 달리 주체화와 자내화에 좀 더 의미를 둔 표현이다.[126] 다시 말해서 한자문화권과 변별

126) 이것은 우리의 '국학'이 국제화와 세계화 시대를 맞이하여 '한국학'이란 표현으로 명명하는 것과도 관련된다. '한글(한국어) 옮김'은 '한문'을 부분적으로 매개하면서 객관적이고 타자적으로 옮겨온다는 표현이지만 '우리말 옮김'이란 한자문화권의 전통을 매개하지 않고 곧바로 바깥에 있는

되는 의미에서의 '한글(한국어) 옮김'이란 표현과 달리 '우리말 옮김'이란 표현은 한자문화권 바깥에 있는 다른 문화권을 우리말로 곧바로 옮겨내려는 주체적이고 자내적인 의미를 담고 있다. 이것은 가급적 한자문화권의 전통을 매개하지 않고 오늘 이 시대의 우리말로 곧바로 옮겨오겠다는 의미를 지니고 있다.

자유로운 유학활동과 인터넷 구매를 통해 한문 이외 불교고전어인 범파장본 불전이 직수입되면서 이들에 대한 번역 요구가 증가하고 있다. 더욱이 사마타와 위빠사나 및 아나빠나사띠(Anapana sati) 등의 수행을 통해 남방불교의 잦은 접촉은 이들 불전들의 우리말 옮김 욕구들을 확장시켰다. 최근 사단법인 한국테라와다불교(2008. 12.)가 발족되었지만 아직 공적 기구에 의해 번역이 이루어진 것은 없다. 다만 개인들의 의지로 연구원(소)을 세워 저마다 번역작업을 해 가고 있다. 아래에서는 범파장본의 대표적인 우리말 옮김 작업들에 살펴보기로 한다.

① 팔리본

2000년대에 들어서면서 간행된 오부 니카야 전 부분의 번역본과 아비달마 논서의 일부 번역본들이 종래의 한역 4아함의 한글 번역본에 필적할 정도로 널리 읽혀지고 있다. 이러한 경향은 근래 한역 경론 중심의 불교에서 벗어나 붓다의 원음과 직접 만나려는 불자들의 수요가 늘어나고 있는 현실과도 연결된다. 더욱이 불자들로 하여금 '독경의 일상화'와 '수행의 주체화'로 이어지게 하는 위빠사나와 사마타 및 아나빠나 사띠 수행은 팔리본 삼장을 더욱 친근하게 할 것으로 예측된다. 1990년대부터 최근까지 우리말로 옮겨진 팔리본 텍스트의 목록은 아래와 같다.

다른 문화권을 주체적이고 자내적으로 옮겨온다는 표현이라고 할 수 있다.

〈표 13〉 팔리본 우리말 옮김 목록

번호	분류	경교명	번역처	한역
1	경부	장부(디가) 니카야 실라칸다왁가 및 범망경(梵網經,Brahmajāla Sutta) 외 34경	팔리불전연구소 초기불전연구원	장아함 30경 상응
2		중부(맛지마) 니카야 제번뇌단속경 (Sabbaasavasamvara Sutta) 외	초기불전연구원 등	중아함 221경 상응
3		상응부(상윳타)니카야 유취게(有偈聚) 외 2889경 5권 56편 203품 2889경	한국팔리성전협회 초기불전연구원	잡아함 1362경 상응
4		증지부(앙굿타라) 니카야 '숨은 뜻을 알아내어야 할 경' (neyyattha suttanta) 외	초기불전연구원 한국팔리성전협회	증일아함 471경 상응
5		소부(코다카) 니카야 숫타니파타, 담바빠다 등 15부	부분 번역 법구경 다수	법구경 등
6	율부외 건도부	마하 박가(대품)	불교원전번역연구소 최봉수	
7		마하 붓다왕사(대불전경, 밍군 사야도)	불교원전번역연구소 최봉수(영역참고)	2009
8	논부외 주석서	청정도론	초기불교연구원 대림	2004
9		빠띠삼바다 박가 (마하 박가/ 유가난다 박가/ 빤냐 박가)	가산불교문화연구원 임승택	2001
총계				

팔리본의 우리말 옮김은 경부인 오부 니카야 중심에서 최근에는 논부(외)로 확산되고 있다. 아비달마의 교학에 근거한 논서들은 더욱 더 번역될 것으로 전망되고 있다. 하지만 아직 율부에 대한 번역은 본격적으로 진행되고 있지 못하다. 반면 최근에는 논서 이외의 주석 문헌들도 번역되고 있다. 남방불교의 소의 삼장과 주석서들이 온전히 번역된다면 종래의 북방불교 중심과 대승불교 중심의 틀에서 좀 더 확장된 불교관을 가지게 될 것으로 기대된다. 팔리본의 우리말 옮김은 아직 초기단계이기는 하지만 수행에 대한 관심을 통해 그 지평이 점차 확산되고 있다. 이러한

분위기는 범본과 티베트본 번역에도 일정한 영향을 미치고 있다.

② 범어 티베트본

대승경전의 범본이 몇 종 남아있지 않지만 현존하는 주요 범본 경전들은 점차 우리말로 옮겨지고 있다. 『금강경』과 『반야심경』의 역주본은 이미 몇 종이 나와 있으며 최근에는 티베트 텍스트에 대한 역주본도 간행되었다. 또 율장에 영향을 받아 창작된 불전문학의 대표작 『붓다차리타』의 역주와 논장인 『아비달마구사론』 일부분과 티베트 주석문헌들이 번역되었다. 더욱이 최근의 서구 불교학의 경향이 티베트불교 및 중앙아시아의 사본 연구에 모아지고 있어 이들 번역본들에 대한 관심도 증가하고 있다. 지금까지 번역된 범어 티베트본의 우리말 옮김 목록은 아래와 같다.

〈표 14〉 범어 티베트본 우리말 옮김 목록

번호	분류	경교명	번역처	원전
1	경장	금강경	초기불교연구원 전재성 양승규	범본 티베트본
2		반야심경	다수	
3		팔천송반야경	경전연구소 김형준	범본, 일역본 참고
4		칭찬정토불섭수경 외	불교원전번역연구소 최봉수	범장한본 비교
		아미타경	중앙승가대불전국역연구소 최종남 외	
5	율장 외	붓다차리타	정태혁	일역본 참고
6	논장 외 주석서들	아비달마구사론: 근품/계품	박인성/김영석	
7		보리도차제론	청전	
8		보리도차제약론	양승규	
9		람림	초펠	티베트본
10		입보리행론 입보리행론	청전 최로덴	티베트본
총계				

티베트 논장 외 주석문헌들 중 쫑카파와 샨티 데바의 번역본들이 점차 늘어나고 있다. 특히 샨티 데바의 『입보리행론』은 널리 읽히고 있다. 최근에는 쫑카파의 『보리도차제론』도 많은 독자층을 확보해 가고 있다. 이들 티베트 주석서들은 모두 국내 첫 우리말 번역이라는 점에서 신선함을 주고 있으며 자비행이 부족하다고 자평하고 있는 한국불교의 현실에 비추어 볼 때 이들 번역본은 보리행과 자비행의 균형적 겸비를 강력히 시사해 주고 있다.

5. 담당 기관과 역경 주체

한국의 불전 번역은 역경원과 같은 공적 기관에 의한 번역과 개인 의지에 의해 이루어져 왔다. 고중세에는 왕의 명에 의해 공식적인 기관이 설치되면서 편찬 사업과 번역 사업이 이루어졌다. 대장경과 교장 편찬을 위한 '도감'은 공적 기관의 대표적인 기구이다. 이 외에 국가의 지원이 아니더라도 해당 종교단체 등에서 설치한 공적 기구가 있다. 공적 기구는 종단의 부설 기관이거나 아니면 종단의 책임 있는 이들의 지원 아래 공식적으로 만든 곳이다.

이와 달리 개인의 의지에 의해 몇몇 뜻있는 이들의 후원을 받아 연구소(원)를 개설하여 번역에 임하는 사적 기관도 있다. 또 최근에는 정부나 공공기관의 프로젝트 공모에 응모하여 번역 작업을 하는 공적 기관과 사적 기구가 늘어나고 있다. 이 경우에도 대학 연구원(소)의 틀을 빌어 하는 공적 기구와 개인이 해당 저술에 대한 번역신청서를 제출한 뒤 채택되어 진행하는 사적 기구가 있다. 특히 도감과 연구원 및 역주단이 공적 기관이라면 개인은 스스로의 필요와 사명에 의해 번역 사업을 하는 사적 기구라고 할 수 있다.

(1) 도감과 역경원

공적 번역을 위해서는 먼저 전서 혹은 총서의 집성이나 전체적 윤곽이 전제되어야 한다. 이러한 작업을 위해서는 공식적인 기구가 조직되어야 한다. 고려시대에는 대장경을 판각하기 위해 대장도감(초조본, 재조본)을 설치하였고 교장을 판각하기 위해 교장도감을 시설하였다. 조선시대에는 언해본을 간행하기 위해 간경도감을 설치하였다. 이들 도감은 국가의 정책 아래 설치한 공공 기관이기 때문에 모든 작업이 공적으로 이루어진다. 이를테면 전서의 집성을 위해 설치된 공적 기관에서는 우선 해당 전서의 목록을 편찬한 뒤 그 위에서 번역에 임하게 된다. 그렇게 해야만 전체적인 지형도 아래서 온전히 작업을 해나갈 수 있기 때문이다.

역경원은 경전을 번역하는 기관을 가리킨다. 대한시대에 이루어진 삼장역회는 삼장의 번역을 위해 용성 진종이 세운 번역기관이다. 만해 역시 법보회를 구성하고 번역을 시도했다. 또 『불교』지(영호), 만상회(진호), 『불교시보』(대은) 등을 통한 번역도 이루어졌다. 이와 달리 일제시대에는 역경을 위해 경남 삼사(통도사, 해인사, 범어사)의 후원아래 해동역경원(원장 구하; 주임역경사 영호)이 세워졌다. 해방 이후에도 선학원에서 해동역경원(적음)과 한글선학간행회가 구성되어, 경교의 번역에 착수했다. 이후에도 법보원(석주), 해인사(천화율원), 동국역경원(운허; 월운) 등에 의해 번역이 이루어졌으며 이들은 공적인 역경기관이었다.

(2) 연구원과 역주단 및 개인

대학의 연구원(소)을 주체로 하는 번역 사업은 대체적으로 학교 예산이 아니라 정부나 공공기관의 프로젝트 수주를 통해서 진행하는 경우가 대부분이다. 동국대학교 '한국불교전서역주단'이 여기에 해당된다. 정부의 예산으로 학교에서 설치한 이 역주단(모임) 역시 공적기관이라 할 수 있다. '한국불교전서역주단'은 2008년부터 문화관광부의 지원을 받아 동국대학교 불교문화연구원 산하에 소속된 번역집단이다. 2008년부터 불교학자들과 함께 문·사·철 분야의 번역·연구자들을 다양하게 참여시켜 증의, 교감, 주석, 해제 등 학술적 완성도를 높이는 번역작업을 추진해 오고 있다. 또한 불교문헌들 중 상당한 비중을 차지하는 문집들에 대해서는 일반 독자들도 쉽게 읽을 수 있도록 윤문과정을 거치며 『한글본 한국불교전서』를 번역 편찬해 가고 있다.

이와 달리 개인이 자발적 발의에 의해 연구원을 설치하고 주변의 도움을 받아 번역에 임하는 경우도 있다. 초기불전연구원(각묵, 대림)이나 한국팔리성전협의회(전재성) 및 경전연구소(돈연)와 팔리불전연구소(최봉수)가 여기에 해당된다. 또 개인의 자발적 의사에 의해 번역이 이루어지는 경우도 있다. 이 경우는 공동 기구에 의한 번역과 달리 자기와의 싸움이 전제된다. 때문에 이러한 지난한 과정 속에서는 전문적인 번역과 지속적인 번역이 이루어지기가 쉽지 않다. 무엇보다도 철저한 시간관리의 어려움이 있을 뿐만 아니라 번역, 교정, 윤문, 주석, 증의 등의 유기적인 작업이 오로지 자신에 의해 이뤄지기 때문에 매너리즘에 빠지기 쉽다. 반면 공적 기관에 소속되어 진행하는 경우는 상호 번역과 검토가 가능하므로 번역작업이 유기적으로 이루어질 수 있다.

때문에 번역 주체의 설정은 어느 한쪽만의 장점만을 취할 것이 아니라 공적 기구에 의한 번역과 개인의 의지에 의한 번역의 장점을 모두 고려하여 양질의 번역을 일궈내는 것이 중요하다. 또 번역 언어의 문체는 ① 향찰과 한역을 넘어 순한문의 현토 구결화와 ② 선한(鮮漢) 호용문의 사용을 거쳐 ③ 순언문과 한글 번역 및 ④ 우리말 옮김 등의 역사적 변천과정을 충분히 검토하면서 선택해야 할 것이다. 그리하여 가급적 완전한 번역을 통해 불교문화를 보편화하고 불교적 세계관을 공유하여 모든 사람들에게 안락하고 이익되는 삶을 누릴 수 있도록 해야 할 것이다.

6. 불전 번역과 불서 간행

고대에서 현대에 이르기까지 한국에서 이루어진 불전 번역과 불서 간행의 주체는 ① 공적 기관을 통해서 이루어진 경우와 ② 개인 의지에 의해 이루어진 경우로 나눠진다. 그리고 번역 언어는 ① 향찰과 한역을 넘어 순한문의 현토 구결화와 ② 선한(鮮漢) 호용문의 사용을 거쳐 ③ 순언문과 한글 번역 및 ④ 우리말 옮김으로 구분해 볼 수 있다.

삼국시대의 서민들은 한자를 사용했던 귀족들과 달리 주로 한자를 빌어 표기하던 이두(吏讀)와 향찰(鄕札) 및 각필(角筆)과 구결(口訣) 등으로 자신의 의사표시를 해 왔다. 때문에 한자를 빌어 표기하는 이두와 향찰 및 각필과 구결 등은 당시 사람들의 언어생활을 보여준다는 점에서 번역(飜譯)의 맥락에서 이해해 볼 수 있다. 즉 한자를 빌려 시적 감흥(영감)을 표현한 향찰시와 이들 시를 다시 한자로 옮긴 한역시의 경우 역시 번역의 범주에서 살펴볼 수 있다.

균여의 향찰시는 최행귀의 한역시에 의해 비로소 번역에 대한 인식의 전환을 가져다주었다. 중국인들도 최행귀의 한역화에 의해 비로소 고려 시의 미학에 대해 접할 수 있었다. 하지만 최행귀의 번역이 균여 향찰시의 한역화였다는 점, 그리고 그것은 훗날 세종의 한글 창제를 경험한 우리에게 있어 여전히 한글 번역의 과제로 남을 수밖에 없었다는 점에서 우리는 향찰시와 한역시가 지니고 있었던 시대적 상황과 역사적 한계를 느끼게 된다. 따라서 한국에서 타자화 혹은 객관화로서 '번역'에 대한 첫 인식은 조선 전기에 새롭게 창제된 한글에 의해 비로소 이루어지기 시작했다고 할 수 있다.

불교문화의 집대성인 대장경과 교장을 판각하기 위해서는 장경 목록과 소초 목록이 전제되어야 한다. 마찬가지로 전서와 총서를 간행하기 위해서는 전서 목록과 총서 목록이 전제되어야 한다. 왜냐하면 목록은 새롭게 펴낼 전서와 총서의 지형도이기 때문이다. 초조본 『고려대장경』

과 『고려교장』 및 재조본 『고려대장경』도 목록 편찬 이후에 판각되었다. 고려 후기 이래 불교 지식계에서는 불경의 현토 구결본이 다량으로 유통되었다.

이러한 시대적 흐름은 현토와 구결을 넘어 한글과 유사한 표기로 확장되었고 한글 창제의 필요성은 더욱더 강하게 제기되었다. 조선 초기 세종은 시대적 요청들을 수용하여 한글을 창제하였고 급기야는 불경 언해본들을 탄생시켰다. 한글 창제 이후 불경 언해본이 널리 간행되면서 현토 구결본과 언해와 한자 호용(互用)문의 사용은 시대적 요청이자 거스를 수 없는 대세가 되었다.

선한문(鮮漢文)은 한글과 한문을 상호 활용한 문체를 일컫는다. 대부분의 언해본들은 한글과 한문을 상호 활용한 선한호용문(鮮漢互用文)이라고 할 수 있다. 때문에 한문 원문에 구결을 달고 언해문을 나란히 배열하는 전형적인 불경 언해서는 간경도감에서 간행한 『능엄경언해(楞嚴經諺解)』(10권, 校書館, 1461)가 처음이었다. 이들 언해본들은 수요가 많았던 전적들 중심으로 간행되었다. 또 조선 중후기가 되면서는 경전 언해본은 점차 줄어들고 불교의례집들이 주로 간행되었다. 대한시대에는 조선글을 강조했던 용성 진종의 삼장역회가 대표적이었다. 그 외에도 몇몇 역경들이 이루어졌지만 개인적인 작업들이 대부분이었다. 해방과 6・25 이후에는 운허 용하의 무대였던 법보원과 동국역경원을 통해 주요 경전들이 번역되었다. 탄허 택성은 학승과 학자들을 위해 화엄과 선학이 결합된 화엄선 계통의 저술들을 축자역하면서 선한(鮮漢) 호용문체로 번역을 하였다.

『한글대장경』(318책)의 간행은 우리 시대의 가장 방대한 번역사업이었다. 『한글대장경』 간행 이후 이제 한국판 교장인 『한글본 한국불교전서』(250책 예정)가 번역 출판되고 있다. 이들 두 전서는 불교학 연구를 뒷받침할 일대 전서이며, 북한판 『팔만대장경 선역본』과 백련선서간행회의 『선림고경총서』역시 순언문을 거쳐 한글로 옮겼다는 점에서 불전 번역의 가장 모범적인 사례가 된다. 뿐만 아니라 근래에 활발한 범파장본의 우리말 옮김 역시 한문본 중심의 한글 번역을 넘어 우리말의 주체화와 자내화를 꾀하고 있다는 점에서 새롭게 평가할 수 있다.

이제 번역의 주체의 설정은 개인 혹은 공동 어느 한쪽만의 장점만을 취할 것이 아니라 공적 기구에 의한 번역과 개인의 의지에 의한 번역의 장점을 모두 고려하여 양질의 번역을 일궈내는 것이 중요하다. 번역 언어의 문체는 ① 향찰과 한역을 넘어 순한문의 현토 구결화와 ② 선한(鮮漢) 호용문의 사용, 그리고 ③ 순언문과 한글 번역 및 ④ 우리말 옮김 등의 역사적 변천과정을 충분히 검토하면서 선택해야 할 것이다. 그리하여 가급적 완전한 번역을 통해 불교문화를 보편화하고 불교적 세계관을 공유하여 보다 많은 사람들이 안락하고 이익되는 삶을 누릴 수 있도록 해야 할 것이다.

Ⅳ.

조선시대 이래

금강산의 불교신앙과 수행전통
-표훈사, 유점사, 신계사, 건봉사를 중심으로-

1. 문제와 구상

숭유억불 정책으로 경직되었던 조선 전기와 달리, 임란과 호란 이후 조선 후기 불교 정책은 비교적 완화되었다. 때문에 조선시대 불교인들은 산중불교[1]의 탈(脫)역사적 성격과 달리 자생불교[2]의 입(入)역사적 성격을 나름대로 확보해 갔다. 불교인들의 무대가 저자에 있든 산중에 있든 간에 조선정부의 공식적 지원을 받지 못한 이 시대의 불교는 풀뿌리 자생불교일 수밖에 없었다. 반면 조선 후기의 불교는 산중불교 체제를 확립하면서 그 명맥을 이어 갈 수 있었고 산중불교의 중심지로 자리잡은 명산으로는 금강산 이외에도 묘향산, 지리산 등이 있었다는 주장도 있다.[3] 이처럼 조선조 불교를 산중불교로 보는 관점은 앞으로 조선조 불교를 어떻게 볼 것인가라는 성격 규정의 문제를 제기하고 있다.[4]

1) 김영태, 『한국불교사』(서울: 경서원, 1997), 238~241면.

2) 고영섭, 『한국불학사: 조선・대한시대편』(서울: 연기사, 2005), 30면.

3) 최윤정, 「조선후기 금강산의 불교」, 동국대학교 대학원 사학과석사학위논문, 2008, 12면.

금강산[5]의 이름은 『화엄경』에서 유래되었다.[6] 금강산 이외에도 이 산에는 개골산(皆骨山), 풍악산(楓嶽山), 열반산(涅槃山), 기달산(怾怛山[7]) 등의 이름이 있다. 이 중에서 금강산(『80권화엄경』)과 기달산(『60권화엄경』)은 두 종류의 『화엄경』에서 처음으로 명명되고 있다. 특히 이 금강산은 고려 이래 북송대의 시인 소식(蘇軾)의 '고려국에 태어나 한번 금강산을 보는 것이 소원'[8]이라는 표현으로 중국에까지 알려졌고, 이러한 인식은 조선 후기 화엄가들 사이에서 널리 읽힌 청량(淸凉) 징관(澄觀)의 『화엄경소』에 근거하여 금강산이라고 불리게 된 것과 맞물려 이 산은 지리산, 묘향산, 구월산, 오대산, 태백산, 계룡산 등과 더불어 한국 산악신앙의 대표적인 공간으로 자리 잡아 왔다. 『화엄경』의 보살주처 신앙에 의하면 금강산에는 담무갈(曇無竭)보살 또는 법기(法起)보살이 1만 2천의 권속을 거느리고 상주해 있다고 알려져 있다. 이것은 금강산의 빼어난 봉우리들과 법기보살의 권속을 연계시켜 은유한 것이라고 할 수 있다.

『구역화엄경』에서는 '일만 이천' 권속과 '담무갈' 보살이란 명칭이 등장해 있고, 『신역화엄경』에는 '금강산'과 '법기' 보살이 등장해 있다. 이 금강산이 보살이 머무르는 신앙처로 형성된 것은 『화엄경』 신앙이 널리 퍼지면서 정착된 것으로 추정된다. 아울러 금강산 '1만 2천 봉'이

4) 종래 불교사 연구자들 사이에 익숙해 있는 교단사 중심의 관점인 산중불교와 사상사와 지성사 및 생활사 중심의 자생불교가 등가적 개념이 될 수 있느냐라는 문제제기가 있을 수 있다. 하지만 신앙 중심의 기존 불교사 관점을 넘어서서 사상 혹은 지성 또는 생활의 관점에서 불교사를 전관해 보면 기존의 교단사 중심 관점을 넘어 사상사와 생활사 및 지성사 등의 관점으로의 전환도 가능하다고 여겨진다. '등가'는 범주 유형의 상응뿐만 아니라 내용 유형의 상응에서도 적용될 수 있는 개념이기 때문이다.

5) 『新增東國輿地勝覽』 권47, 淮陽都護部, 山川, 金剛山, 19면. "금강산은 長楊縣의 동쪽 30리에 있다. 府와의 거리는 1백67리다. 회령부의 亏羅漢峴으로부터 갑산에 이르러 동쪽은 頭里山이 되고, 영흥의 서북쪽에서 劒山이 되었으며, 府의 서남쪽에서 分水嶺이 된다. 서북쪽으로는 鐵嶺이 되며, 通川의 서남쪽에서 楸池嶺이 되고, 長楊의 동쪽, 高城의 서쪽에서 이 산이 되었다. 분수령으로부터 여기에 이르기까지는 무릇 8백30여 리다. 內山과 外山에 모두 1백8 곳의 절이 있는데, 표훈사・정양사・장안사・마하연・보덕굴・유점사가 가장 이름난 사찰이라고 한다."

6) 『80華嚴經』 권45, 「菩薩住處品」, 제32 『大正藏』 제9책).

7) 『60華嚴經』 권 29, 「菩薩住處品」 제27(『대정장』 제8책).

8) 일찍이 북송대의 시인 蘇軾은 "고려국에 태어나서 금강산을 한 번 보는 것이 소원이다[願生高麗國, 一見金剛山]"라고 하였다.

라는 표현은 금강산의 보살주처 신앙과 맞물려 '1만 2천'의 권속으로부터 비롯되었을 것으로 보이며 '1만 2천 개 사찰' 역시 같은 맥락에서 붙여진 것으로 추측된다. 이러한 명명은 불교사상사에서 금강산이 차지하는 위상을 잘 보여주고 있다. 동시에 조선조의 불교정책 아래서도 금강산 사찰이 유독 예외적으로 불교신앙과 수행전통을 간직해 올 수 있었던 이유이기도 하다. 그것은 아무래도 고려 불교 이래 불교신행에 대한 '관행적 기풍'과 유학의 '종교적 기능'에는 명확한 한계가 있었기 때문에 불교를 근절할 수 없었기 때문이라고 해야 할 것이다.

이러한 사실은 조선 정부가 숭유억불 정책에도 불구하고 스스로 불교의 종교적 기능을 인정할 수밖에 없었음을 보여주는 증좌라고 할 수 있다. 조선 정부의 억불시책의 과녁은 사원세력과 사원경제를 붕괴시키기 위한 전략적 의미에서 이루어진 것으로 보이기 때문이다.[9] 해서 조선 정부의 억불 정책 아래서도 금강산 사찰들이 일정한 사격을 유지할 수 있었던 것은 정부 스스로가 금강산 지역의 장안사, 신계사, 유점사, 표훈사[10] 등을 왕실 기도처로 삼아 왕의 어필(御筆)을 하사받거나, 왕실 부녀자들의 기복도량(祈福道場)으로써 왕실과 밀접한 관계를 유지해 왔기 때문이다. 뿐만 아니라 한국불교사에서 금강산과 금강산 사찰들은 조선후기 및 대한시대 이래 불교 수좌들이 마하연 선방으로 가서 한 철 나는 것을 전통으로 삼아왔을 정도로 신앙과 수행에 대해 남다른 의미를 담고 있는 공간이기 때문이다. 이 글에서는 이러한 맥락 위에서 현존하지 않는 장안사 대신 건봉사를 포함하여 현존하거나 최근에 복원된 신계사, 유점사, 표훈사 등 금강산 4대 사찰[11]의 불교신앙과 수행전통의 시

9) 金容祚, 「허응당 보우의 불교부흥운동」, 『허응당보우대사연구』(제주: 불사리탑, 1993), 89면.

10) 흔히 금강산 4대 사찰하면 유점사, 장안사, 신계사, 표훈사 등을 꼽는다. 이들 사찰은 조선조 이래 왕의 御筆을 하사받거나, 왕실 부녀자들의 祈福道場으로써 왕실과 밀접한 관계를 유지하였다. 이 네 사찰 가운데 유일하게 남아있는 사찰이 표훈사였는데 최근 남한의 3년에 걸친 지원에 힘입어 대웅전, 명부전 등 11개 전각을 갖춘 신계사가 복원되었다. 이 글에서는 남한의 건봉사를 필두로 하여 유점사와 신계사와 표훈사에 대해 살펴볼 것이다. 절터만 남아 있는 장안사는 제외하였다.

11) 조선문화보존사 편, 『조선의 절 안내』(평양: 조선문화보존사, 2003); 장용철 편저, 『오늘의 북한불

대적 추이와 지역적 추이의 분석을 통해 금강산 불교[12]에 대한 전반적 모습을 살펴보고자 한다.[13]

2. 금강산 지역 소재 사찰들

한국의 국토는 7할 이상이 산악이다.[14] 때문에 한국인들은 전통적으로 산악에 종교적 의미를 부여하여 숭배하면서 여러 가지 의례를 행하는 산악신앙을 유지해 왔다.[15] 산악신앙은 금강산, 지리산, 묘향산, 구월산, 오대산, 태백산, 계룡산 등의 명산들에게 이어져 오고 있다. 단군이 세운 조선의 아사달도 산악에 있었다. 금강산[16]은 현재 강원도 고성

교』(서울: 진각종 해인행, 2009). 이 책은 조선문화보존사가 대외홍보용으로 제작한 것으로 북한의 9개도에 산재한 사암 60여 개 중 30여 개에 대한 간략한 소개와 사진을 덧붙인 화보집이다. 장용철 편저『오늘의 북한불교』는 이 책의 남한 복각판이다. 강원도 편에는 석왕사, 석왕사 보문암, 명적사, 표훈사, 보덕암, 정양사, 안변 보현사, 영추암, 신계사 등이 실려 있다. 이 가운데에서 금강산에 소재한 사암은 표훈사와 신계사를 비롯하여 정양사, 보덕암 등이 소개되어 있다.

12) 논자는 이 글에서 금강산 불교를 불교적 산명인 금강산과 금강산이 머금고 있는 불교 전통 안에서의 역사, 사상, 문화, 수행, 신앙 등을 아우르는 개념으로 사용할 것이다.

13) 금강산 불교에 대한 연구는 앞으로도 금강산 불교의 개념, 불교사상, 불교역사, 불교문화, 불교수행 등의 분야에 이르는 다양한 주제의 접근이 요청된다.

14) 국토의 7할 이상이 '凹凸형'의 산악이어서 혹자들은 한반도를 망치로 두드려 '一字형'의 강판으로 펴면 평면상으로 45배 가까이가 되는 중국보다도 한반도가 더 넓다고 주장하고 있다.

15) 산악신앙은 산악에 종교적 의미를 부여하여 여러 가지 의례를 거행하는 형태를 일컫는다. 흔히 두 갈래로 나뉜다. 하나는 산 자체를 인격화하여 그 양감(量感)·위엄(威嚴)·수려(秀麗)·운무(雲霧), 접근 곤란, 등산의 위험, 암석의 낙하, 기묘한 소리, 메아리, 화산폭발 등을 두려워하고 존숭(尊崇)하는 신앙이다. 다른 하나는 산에 있다고 믿어지는 신령(神靈), 즉 산신에 대한 외포감(畏怖感)에서 비롯되는 신앙이다. 이것은 모든 자연물에는 정령(精靈)이 있고 그것에 의하여 생성이 가능하다고 믿는 원시신앙인 애니미즘(animism)에서 비롯된 것이다. 그런데 산악신앙은 건국신화와도 깊은 관련이 있다. 우리나라의 경우 단군을 비롯하여 고구려, 가야, 신라의 개국조들은 대체적으로 천신→산정강림→산신으로 이어지고 있으며 고려와 조선에 이르면 이것이 조금씩 변형되어 가고 있다. 이들 모두는 한국 민족의 신관(神觀)을 보여주고 있다.

16) 금강산은 전통적으로 금강산, 개골산, 열반산, 풍악산, 기달산으로 불려 왔다. 이후 많은 예술가들에 의해 새롭게 정의되면서 사계절마다 이름을 달리해 왔다. 봄의 이름인 '금강'을 포함해 여러 가지가 있지만 현재는 대개 금강산이라 불린다. 여름에는 신선이 사는 산 중의 하나인 봉래산(蓬萊山), 가을에는 단풍이 든 큰(언덕) 산인 풍악산(楓嶽/岳山), 겨울에는 모두가 바위 뼈로 되어 있는 개골산(皆骨山)으로 불렸다. 동서로 40킬로미터, 남북으로 60킬로미터, 총면적 530제곱킬로미터로 수많은 봉우리, 오랜 기간의 지질 활동과 풍화 작용으로 생긴 기암괴석 및 폭포, 바다를 낀 지역으로 이루어져 있으며, 이들은 침엽수림과 활엽수림으로 덮여 있다. 흔히 內金剛, 外金剛, 海金剛으로 나뉘며, 때로는 외금강의 남쪽 지역이 新金剛으로 분류되기도 한다.

군과 금강군과 통천군에 걸쳐 있는 1,638미터의 산이다. 이 산에 대한 탐구는 오래 전부터 우리 문화의 부정할 수 없는 전통이 되어 왔다. 현대에 이르러서도 여전히 예술가들의 미적 도전의 대상이 되고 있다. 금강산에 대해 중국 송・원 및 명・청대에 이르기까지 이 산에 대한 찬탄의 기록이 제법 남아 있다.[17] 뿐만 아니라 구한말 이래 조선에 한반도에 건너온 서양인들[18] 역시 적지 않은 기행문[19]을 남기고 있다.

그런데 조선 전기 이전의 금강산 사찰들 통계에 대해서는 자세히 알 수 없다. 다만 『삼국유사』[20]와 『고려사』[21] 등을 통해 그 일부만을 알 수 있을 뿐이다. 또 조선 전기[22](1481년, 성종12) 이후 관찬지리서로서

17) 우리 속담에 "아무리 재미있는 일이라도 배가 불러야 흥이 나지 배가 고파서는 아무 일도 할 수 없다"는 뜻으로 '금강산도 식후경(食後景)'이란 말이 있다. 『세종실록지리지』에는 "이 산은 천 개의 봉우리가 눈처럼 서서, 높고 절묘함이 으뜸이며, 또한 불서(佛書)에 담무갈보살이 거하던 곳이란 이야기가 있어서, 사람들이 인간정토(人間淨土)라 이른다. 전하기로는, 중국 사람들이 또한 이르기를, '고려국에 나서 친히 보기를 원한다'[此山千峯雪立. 高竣奇絶 又爲之冠 且以佛書有曇無竭菩薩所住之說 世遂謂人間淨土 傳中國人亦云 '願生高麗國 親見之'.]"고 하였다. 주로 세종−문종−단종−세조대를 살았던 雪岑은 이 지역을 순례하고 다수의 시를 지었으며, 선조 때의 鄭澈은 「관동별곡」에서 관동팔경과 금강산 일대의 절경을 노래하였다. 영조 때의 鄭歚(1676~1759)은 금강산의 풍경을 많이 그린 화가로 유명하다. 영국의 여행가 이사벨라 비숍은 1890년 금강산을 여행 후 다음과 같이 기록하고 있다. "여기 11마일에 걸친 금강산의 자태는 세계 여느 명산의 아름다움을 초월하고 있다. 대협곡은 너무나 황홀해 우리의 감각을 마비시킬 지경이다." 일제 시대 때 우리나라를 방문한 스웨덴의 구스타프 국왕은 금강산에 감탄하여 "하느님이 천지창조를 하신 여섯 날 중 마지막 하루는 금강산을 만드는 데 보내셨을 것이다"고 말하기도 했다. 춘원 이광수는 「금강산유기」에서 "나는 천지창조를 목격하였다. / 신천지의 제막식을 보았다."라고 내금강을 표현했다. 이 외에도 한상억 작사, 최영섭 작곡의 가곡 '그리운 금강산'이 있고, 강소천 작사, 나운영 작곡의 동요 '금강산'도 있다. 북한에서는 보천보 전자악단에서 연주한 민요 "금강산타령"과 함께 성악곡 "가고 싶은 금강산", 영화 "금강산을 찾아서"가 있다.

18) 박영숙・김유경 엮음, 『서양인이 본 금강산』(서울: 문화일보, 1998). 이 책에는 서양인 최초의 금강산 기록인−1889년 캠벨 영국 부영사, 비숍과 동행한 선교사 밀러의 1894년 금강산, 영국인 기자 해밀턴의 1903년 금강산 절과 불교, 학자이며 선교사인 제임스 게일의 1917년 금강산, 미술사학자 존 코벨의 칼럼 및 조선시대 유학자 3인의 유산기 및 그것들의 英譯文과 서양인의 눈에 비친 금강산에 대한 영문의 기록이 수록되어 있다.

19) 샤를 바라・샤이에롱, 『조선기행: 백여 년 전에 조선을 다녀간 두 외국인의 여행기』, 성귀수(서울: 눈빛, 2006).

20) 一然, '關東楓嶽鉢淵藪碑記', 「義解」『三國遺事』 제5권에는 진표율사가 고성군에 당도하여 개골산으로 들어가 처음으로 발연수를 세워 점찰법회를 열고 그곳에서 7년간 머물렀다고 기록되어 있다.

21) 『고려사』에는 고려 후기 원나라 사신들까지 금강산에 들러 해마다 큰 불교 행사를 벌였다는 기록이 있다. 충목왕 때에는 금강산의 유점사에서 행하는 불교행사의 비용을 마련하기 위해 '永福都監'이란 관청을 두었다. 때문에 고려시대에는 금강산에 어느 때보다 많은 사찰과 암자들이 생겨나게 되었다.

22) 世祖는 유점사를 왕실의 복을 비는 願堂으로 정하였고 조선의 왕 중에서는 유일하게 직접 금강산

편찬된 『동국여지승람』을 통해 개괄적이나마 사찰수를 헤아려 볼 수 있다. 이후 조선 정부는 중기(1530년, 중종 25)에 들어서면서 다시 이 지리서의 부족한 부분을 보충하여 『신증동국여지승람』을 편찬해 내었다. 이들 관찬지리서와는 별도로 유학자들의 금강산 유산기(遊山記)의 기록을 통해서도 조선 후기 승려와 사찰의 모습에 대해 살펴볼 수 있다.[23] 이들 기록들에 나타난 강원도에 소재한 금강산의 불우(佛宇)조에 의해 당시 현존했던 사암굴 등은 아래의 표와 같이 집계해 볼 수 있다.[24]

이들 금강산 4대 사찰은 시기를 달리하며 왕실원당으로 기능한 대표적 사찰들이다. 왕실 원당은 대체적으로 ① 능침수호사찰, ② 태실봉안사찰, ③ 왕실기복사찰로 구분된다.[25] 그런데 금강산 사찰들은 주로 왕실기복사찰의 기능을 담당하였다. 이들 사찰들은 조선정부로부터 공식적 또는 비공식적으로 지원을 받았다. 때문에 이러한 지원은 조선 정부 스스로가 불교의 종교적 기능을 인정하고 있었음을 보여주는 증좌라고 할 수 있다. 그리고 이것은 조선 후기 이래 전국 사찰의 잦은 불교 의례 거행과 의례집 간행 등을 측면 지원한 것[26]에서도 확인되고 있다.

에 와서(1446) 장안사, 표훈사, 정양사 등을 들러보며 매년 쌀 100섬과 소금 50섬을 금강산 사찰에 지급하도록 지시하였다. 이를 '世獻'이라고 하는데 뒤에는 200여 섬으로까지 늘어나기도 했다. 반면 반역죄로 처형당한 사람의 토지와 노비, 삼림 등을 금강산 사찰에 주기도 했다. 또 숙종 때에는 금강산 유점사에 하나의 전각을 설치하여 宣祖, 仁祖, 顯宗의 영정을 봉안하고 춘추로 제를 올렸다는 기사가 있다. 이로 보아 조선 왕실의 원당으로서의 역할은 조선 후기까지도 계속되었음을 알 수 있다. 正祖 때에는 세조의 영정을 모신 표훈사를 수리해야 한다는 기사도 보인다. 나아가 思悼世子의 명복을 빌기 위한 御香閣을 신계사에 짓고, 절의 보수, 개축 등에 자금, 노동력을 대주는 등 금강산의 절들은 여전히 조선 왕실의 막대한 지원을 받았다. 심지어는 '이름을 비워 놓은 관리 임명장'인 空名帖을 지급하여 각 절이 이를 팔아 경비에 쓰도록 하기도 했다. 비록 실제 관직은 아니지만 그 당시에는 누구든 돈을 내면 空名帖을 살 수 있었다. 공명첩을 산 이들은 왕실로부터 관리의 임명장을 받은 셈이어서 이후 양반으로도 행세할 수 있었다. 결국 불교가 탄압 받던 시절에도 금강산의 절들은 왕실의 보호를 받았고, 그 이유는 다름 아닌 왕실의 願堂으로서의 역할을 충실히 했기 때문인 것으로 보인다. 동시에 중국 황제의 복을 빌기 위해 사신들이 금강산 사찰을 찾았던 것도 이 지역 사찰들이 보호받을 수 있었던 이유 중의 하나가 될 것이다.

23) 윤재승, 「『山中日記』로 본 조선후기 불교상황」, 동국대 대학원 석사학위논문, 2004.

24) 『新增東國輿地勝覽』 권47, 淮陽都護部, 佛宇, 金剛山, 23~25면.

25) 탁효정, 「조선후기 王室願堂의 사회적 기능」, 『청계사학』 제19집, 청계사학회, 2004. 12.

26) 고영섭, 「한국의 근대화와 전통의례의 변모」, 동국대학교 중점연구소 불교문화연구원, 『불교학보』 제56집, 2010. 8.

고려 이후 조선의 사암(寺菴)들은 조선 정부의 불교 억제 정책 아래 규모가 작아지고 기능이 축소되었다. 이러한 상황은 고려 이래 구축하였던 경제적 토대가 현저히 붕괴되면서 예고된 것이었다.[27][28] 그리하여 '사(寺)'가 '암(菴)'으로, '암(菴)'이 '굴(窟)'로 불리는 경우가 적지 않았다. 그 이유는 사찰 재정의 규모나 승려 숫자의 감소에 따라 사찰의 사격이 축소되었기 때문이다. 반면 금강산 대사찰에 소속된 산내 암자들은 여타의 명산에 소속된 산내 암자들에 비해 비교적 사격이 우월했다.

당시의 사찰들을 기록한 문헌에서 사와 암의 표기가 혼용된 것은 사격이 축소된 때문이다. 하지만 한편으로는 '사'와 '암'과 '굴'의 구분에 대한 인식이 부족했던 유학자들의 기술상의 오류 때문이기도 하다. 해서 유학자들이 기록한 유산기에는 '사'와 '암'이 혼용되는 경우가 적지 않았다. 이 부분은 당시의 표기들의 비교를 통해 엄밀한 분석이 요청되는 부분이다. 『신증동국여지승람』과 『증보문헌비고』[29]에 의하면 이 시기 금강산에만 모두 108개의 사찰이 있었다고 전한다. 또 당시의 사찰 상황을 기록하고 있는 사료들에 나오는 암자들의 이름을 종합해 보면 약 180여 개나 된다.

하지만 조선 중기까지 금강산 사찰의 통계는 100개 이상 드러나지 않고 있다. 아마도 위의 통계는 누락된 부분과 늘어난 사암들까지 보충한 것으로 보인다. 그러면 각 기록들에 나타난 금강산 사찰의 현황에 대해 살펴보기로 하자.

---

27) 『太宗實錄』 권11, 6년 4월조; 『太宗實錄』 권11, 6년 6월조; 『太宗實錄』 권14, 7년 12월조. 조선 태종은 고려 이래 11종을 7종으로 구조 조정하였고 선종 사찰과 교종 사찰의 숫자를 제한하여 전국에 242개의 사찰만을 남겼다. 전국의 法定寺刹 242寺 이외에 나머지 사원은 토지와 노비를 모두 국가에서 몰수하여 토지는 軍資에 속하게 하고 노비는 官公에 소속시켜 각 官司에 분배하였다. 그리하여 定數 이외의 나머지 절들은 자연히 廢寺가 되고 말았다.

28) 『世宗實錄』 권6, 원년 12월조; 『世宗實錄』 권12, 3년 5월조; 『世宗實錄』 권24, 6년 4월조. 세종은 7종을 다시 禪教 兩宗으로 구조 조정하면서 전국에 선종과 교종 소속의 사찰을 36개로 제한하였다. 선종 18사에 전잡 4,250결, 각 절의 승려는 도합 1,970명, 교종 18사에 전답 3,700결, 각 절의 승려는 도합 1,800명으로 제한하여 각각 그 사찰과 전답 및 승려수를 한정하였다.

29) 『增補文獻備考』 권23. 金剛山.

〈표 1〉 1530년대 금강산 사암굴들(『新增東國輿地勝覽』 소재, 가나다순)

구분 \ 지역	강원도 淮陽도호부	강원도 高城	비고
寺	都山寺, 三藏寺, 神琳寺, 圓通寺, 長安寺, 正陽寺, 表訓寺	鉢淵寺, 楡岾寺	사찰
菴	開心菴, 金藏菴, 妙德菴, 妙峰菴, 普賢菴, 佛地菴, 獅子菴, 善住菴, 松蘿菴, 修善菴, 知佛菴, 眞佛菴, 天德菴, 天親菴	兜率菴, 柏田菴, 寶門菴, 成佛菴	암자
窟	普德窟		토굴
기타	摩訶衍		초당
총계	23	6	

<표 1>에 따르면 회양도호부에 소속된 사찰이 7개, 암자가 14개, 토굴이 하나, 초당이 하나이고, 고성에 소속된 사찰이 2개, 암자가 4개로 금강산 사찰은 도합 30개 사암굴들로 나타나 있다. 이것은 1530년대 금강산 사찰의 현황이다. 그런데 15~16세기 유학자들의 유산기에 따르면 이것보다 훨씬 더 많은 사암굴들이 집계되어 있다. 그 이유는 이전의 관찬지리서에서 빠진 것을 보충했을 뿐만 아니라 늘어난 사암굴들까지 집계했기 때문일 것으로 추정된다. 해서 우리는 15~16세기 유학자들의 유산기들을 통해서 결락 혹은 증가된 사찰의 숫자를 보완할 수 있다.

〈표 2〉 15~16세기 유학자들의 遊山記들에 나타난 금강산 사암굴들

구분 \ 지역	강원도 淮陽도호부	강원도 高城	遊山記類
寺	神溪寺, 神琳寺, 長安寺, 正陽寺, 表訓寺	발연사(鉢淵菴), 楡岾寺	남효온의 『遊金剛山記』; 이원의 『遊金剛錄』(1498)
菴	개심암, 거빈굴, 견극선암, 관음암, 길상암, 대명암, 대송라암, 대장암, 대평암, 만회암, 명수암, 묘길상암, 묘덕암, 묘봉암, 미타암, 보문암, 불사의암, 불지암, 사자암, 상개심암, 소송라암, 수정암, 안양암, 양심암, 영쇄암, 영원암, 웅호암, 원적암, 원통암, 윤필암, 적멸암, 지장암, 천덕암, 천친암, 포적암,	도솔암, 백전암, 성불암,	
窟	普德窟		
기타	摩訶衍		
총계	43	4	

이들 15~16세기 유학자들의 유산기들에 보이는 사암굴들은 회양도호부에 소속된 사찰이 5개, 암자가 36개, 토굴이 1개, 기타(초당)가 1개이며, 고성에 소속된 사찰이 2개, 암자가 3개이다. 이 시기 금강산 사찰의 숫자는 모두 47개로 집계되고 있다. 이들 유산기에도 분명히 누락부분과 증가 부분이 반영되지 않았을 것이다. 그런데 16세기의 유산기들은 앞 시대 유산기들보다 많은 사암들을 적고 있다.

〈표 3〉 16세기 유학자들의 遊山記들에 나타난 금강산 사암굴들

구분 \ 지역	강원도 淮陽도호부	강원도 高城	遊山記類
寺	상원사, 영원사, 원통사(원통암, 원통굴), 장안사, 적멸사(적멸암), 정양사, 표훈사	발연사, 유점사	성제원의 『遊金剛錄』; 양대박의 『金剛山紀行錄』; 유운룡의 『遊金剛新錄』; 이이의 『登毘盧峰』; 이정구의 『유금강산기』; 허균의 『楓嶽紀行』; 홍인우의 『關東錄』
菴	가섭암, 건암, 개심암, 거빈굴암, 견불암, 계빈굴, 계조굴암, 계조암, 고원적암・신원적암, 고초암, 관음암, 금장암, 기기암, 길상암, 남초암, 내원암, 능인암, 대명암, 대송라암・소송라암, 돈도암, 두운암, 둔암, 마상암, 만회암, 명적암, 묘길상암, 묘덕암, 묘봉암, 문수암, 미타암, 반야암, 백운암, 보현암, 불정대암, 불정암, 불지암, 사자암, 삼일암, 삼장암, 상운재암, 상견성암・하견성암, 상미수암・하미수암, 선암, 성적암, 수선암, 신림암, 안심암, 안양암, 영대암, 영은암, 외개심암, 오현함, 운서굴암, 운점암, 은장암, 의의암, 이엄암, 장경암, 주영암, 지불암, 지장암, 진불암, 진솔암, 천덕암, 천진암, 청련암, 축수굴, 칠보암, 태장암, 향로암, 홍성암	도솔암, 백전암, 성불암	
窟	보덕굴, 양진굴		
기타	마하연		
총계	85	5	

<표 3>의 16세기 유산기들에 의하면 회양도호부에 소속된 사찰이 7개, 암자가 75개, 토굴이 2개, 기타(초당)가 1개이며, 고성에 소속된 사찰이 2개, 암자가 3개이다. 이들을 모두 합하면 이 시기 금강산 지역에는 90개의 사암굴이 있었던 것을 확인할 수 있다. 이것은 15~16세기 유산기들에 견주

어 이 지역에는 훨씬 더 많은 사암굴들이 존재하였음을 알려 준다.

이러한 증가는 앞 시대의 유산기 등에서 빠진 사암굴들의 집계에 대한 보완적 기록의 의미를 지닌다. 뿐만 아니라 이러한 통계는 사암굴들의 가파른 증가를 담고 있다는 점에서 이 시기 청허 휴정계의 문도들의 주류 대두와 법통 확립 및 수행체계 정립[30]을 통한 불교계의 부흥을 시사해 주고 있다. 그런데 18세기 유산기들에 의하면 사암굴들은 이전 시대보다도 더욱더 늘어나고 있다.[31]

〈표 4〉18세기 유학자들의 遊山記들에 나타난 금강산 사암굴들

구분 \ 지역	강원도 淮陽도호부	강원도 高城	遊山記類
寺	대장사, 백련사(백련암), 신계사, 신림사(신림암), 영원사(영원암), 장안사, 정양사, 표훈사	발연사(발연암), 유점사	남한조의 『金剛山遊記』; 박영석의 『東遊錄日記』; 안경점의 『遊金剛錄』; 안석경의 『東遊記』; 어유봉의 『遊金剛山記』와 『再遊金剛內外山記』; 유경시의 『遊金剛山錄』; 이덕수의 『楓嶽遊記』; 이동항의 『楓嶽叢論』과 『海山錄』; 이의현의 『遊金剛山記』; 이진택의 『金剛山遊錄』; 이하곤의 『東遊錄』
菴	개심암, 거빈암, 견성암, 계빈암, 계수암, 계조암, 구연암, 극락암, 금수암, 기구암, 기기암, 남초암, 내원통암·외원통암, 능인암, 대송라암·소송라암, 대적암, 돈도암, 두운암, 만천암, 만회암, 명수암, 명적암, 묘길상암, 묘덕암, 묘봉암, 무위암, 문수암, 미타암, 반야암, 백운암, 백화암, 보현암, 보회암, 불암, 불정암, 불지암, 사자암, 삼일함, 상방암, 상불사의암·중불사의암·하불사의암, 상원암, 상초막암·하초막암, 상백운암·중백운암, 상관음암·하관음암, 서귀암, 선암, 선정암, 세정암, 송림암(송림굴), 수건암, 수미암, 수선암, 수운암, 수월암, 수정암, 신원적암·구원적암, 안심암, 안양암, 양심암, 영대암, 영쇄암, 영은암, 운서암, 운수암, 운지암, 웅인암, 웅호암,	도솔암, 백전암, 성불암	

30) 김영태, 「조선조불교와 목우자사상」, 『보조사상』 제3집, 보조사상연구원, 1989; 김용태, 「조선중기 불교계의 변화와 '서산계'의 대두」, 『한국사론』 제44집, 서울대 국사학과, 2000.

31) 李廷龜, 「遊金剛山記」(1603), 『月沙集』. 이정구는 1603년 계묘년 8월 초에 한양을 떠나 함흥, 영흥, 안변을 거쳐 25일에 철령을 넘어 금강산에 들어섰다. 장안사, 표훈사, 미타사, 정양사 등의 사찰과 보덕암(굴)을 돌아보고 한양으로 돌아갔다. 당시 장안사에는 노승 담유가 그를 맞이했다.

	원각암, 윤필암, 은신암, 은적암, 의의암, 임적암, 자월암, 장경암, 적멸암, 적조암, 정륜암, 정심암, 지덕암, 지장암, 진견성암, 진불암, 진헐암, 천관암, 천덕암, 천진암, 천친암, 청련암, 청룡암, 축수암(축수굴), 칠보암, 칠보의장암, 태평암, 폭패암, 폭고암, 풍혈암, 향로암, 현불암, 홍덕암, 홍멸암, 홍송암		
窟	보덕굴		
기타	마하연		
총계	120	5	

<표 4>에 의하면[32] 회양도호부에 소속된 사찰은 8개, 암자는 110개, 토굴은 1개, 기타(초당)는 1개이며, 고성에 소속된 사찰은 2개, 암자가 3개이다. 이들 사암굴들을 모두 합해 보면 이 시기 금강산 사찰은 모두 125개가 있었던 것으로 추측된다. 회양부 사암굴들의 급증과 달리 고성의 사암굴들은 크게 변화를 하지 않았다.[33] 아마도 이 지역은 물리적으로 계곡이 매우 좁고 산들이 가팔라서 새로이 사암굴들이 들어설 수 있는 상황이 아니었던 것으로 보인다. 반면 회양도호부의 경우는 넓은 지역과 풍부한 물산이 있어 사암 증가에 일조했을 것으로 추정된다.

이들 가운데에서 금강산[34][35] 4대 사찰은 전통적으로 이 지역에서 가

32) 경제적으로 어려웠던 19세기에도 금강산 유산기를 남긴 이들이 있었다. 지은이를 알 수 없는『금강일기: 부 서유록』등이 있다. 조용호 옮김,『19세기 선비의 의주・금강산 기행』(서울; 삼우반, 2005).

33) 趙成夏,「金剛山記」(1865). 純祖의 아들인 孝明세자의 妃이자 憲宗의 어머니였던 趙大妃의 조카인 그는 과감하게 금강산 비로봉을 등정하면서 빼어난 비유와 적절한 고사를 동원하여 금강산 제일봉을 생생하게 묘사함으로써 당대의 명문장가로서의 필봉을 유감없이 보여주고 있다. 이 글에는 당시의 승려들이 나뭇가지와 덩굴들을 집어다 불을 피워 마른 음식을 데워 먹을 정도로 궁핍했던 생활에 대해 묘사하고 있다.

34) 고려 태조 왕건이 금강산 배점(拜岾 또는 拜在嶺)에 올랐을 때 담무갈보살이 1만 2천 권속을 거느리고 현신하자 태조가 황급히 엎드려 절을 하고 그 절한 자리를 배점(拜岾 또는 拜在嶺)이라 하고, 법기보살이 나타나 광채를 발하던 곳을 방광대(放光臺)라 하여 그 자리에 정양사(正陽寺)를 세우고 왕건의 원찰(願刹)로 삼았다고 한다. 이 설화를 배경으로 그린 현존하는 가장 오래된 금강산 그림으로 주목되는 불화의 대가 魯英의 阿彌陀九尊圖는 앞면의 아미타구존도와 뒷면의 금강산 담무갈 지장보살현신도로 되어 있다. 노영이 흑칠을 한 얇은 목판 위에 금니(金泥)로 그려 낸 그림으로, 화면에는 앞뒤로 아미타 구존도와 금강산 담무갈 지장보살 현신도가 있고, 화면 주위에는 주액이 돌려져 있

장 규모가 컸던 유점사, 장안사, 신계사, 표훈사를 꼽아 왔다. 경우에 따라서는 신계사 대신 정양사를 넣기도 하지만 일제강점기 총독부의 31본산 체제의 확립 이후 정양사는 표훈사의 말사가 되었기에 4대 사찰에서는 제외되었다. 그리고 전통적으로 금강산 4대 사찰로 인정되어 온 장안사는 현존하지 않는 사찰이라는 점에서 이 글에서는 남한의 건봉사로 대체했다. 그러면 금강산 4대 사찰들의 연보에 대해 간략히 살펴보자.

표훈사는 진평왕 20년(598)에 관륵과 융운이 함께 창건했다. 문무왕 15년(675)에 표훈과 능인과 신림 등이 중창했다고 하나 이들이 의상의 제자라는 점을 고려해 볼 때 이해에 중창했다고 보기는 쉽지 않다.[36] 이어 고려시대에는 원나라 영종(英宗)이 태황태후와 황후와 태자와 낭자와 대소신료 등으로부터 공양과 은포 등을 보시 받아 크게 중창하였다.[37] 영종은 지정(至正) 연호가 새겨진 은문동로와 향합 등을 하사했으며 이 절을 중심으로 각종 법회와 반승 등을 베풀었다. 조선 태종 8년(1408)에는 명나라 사신 황엄이 와서 반승을 베풀었다. 세종 6년(1424) 여름에는 나라에서 210결의 토지에 90결을 추가하여 지급했다. 당시 이 절에는 150여 명의 승려들이 머물렀다. 세종 9년(1427)과 14년(1432)에는 명나라 사신 창성과 백언 등이 금강산을 유람하면서 이곳에 와 반승회를 개최했다. 이후 일제 강점기의 31본산 시대에는 유점사의 말사였다. 1950년 6·25전쟁 때 전소하였다가 전후에 복구되었다.

유점사는 신라 남해왕 원년(서기 4)에 창건되었다고 전하며 53불 연기와 관련된 창건설화가 전해지고 있으나 신라불교가 공인된 해가 527

으며, 주액면에는 금강저가 묘사되었다.

35) 조선 태조 이성계는 불사리를 금강산 정상인 비로봉 아래에 모시고 나서 왕조를 열었다고 알려져 있다.

36) 「표훈사사적기」에는 이들에 의해 675년에 중창되었다고 적혀 있으나 670(671)에 귀국하여 675년경 부석사를 창건하고 이후 추동에서 『화엄경』을 강론한 의상(625~702)의 문하에서 공부하였을 이들과 이들의 활동 시기를 고려해 볼 때 이해에 중창했다고 보기는 어렵다. 그들이 이곳에 주석하면서 중창하였다면 조금 더 후대의 일일 것으로 추정된다.

37) 윤기엽, 「원 간섭기 원 황실의 보시를 통해 중흥된 고려사원」, 『보조사상』 제22집, 보조사상연구원, 2004, 311~312면.

년임을 고려할 때 이 기록은 수용하기 어렵다.[38] 그 뒤 고려 의종 22년(1168)에 자순과 혜쌍이 왕실의 시주로 당우 500여 칸을 중건하였다고 전한다. 고려 강종 2년(1213)에 왕이 백은 천 냥을 대선사 익장에게 보내 중수하도록 했다. 충렬왕 10년(1284)에 행전이 시주를 얻어서 공사를 착수하여 1295년에 중건을 마쳤다. 조선 태종 8년(1408) 효령대군이 태종에게 아뢰어 백금 2만 냥을 얻어서 건물 3천 칸을 중건했고, 단종 1년(1453)에는 신의와 성료 등이 중건했다. 이어 선조 28년(1595)에는 사명 유정이 인목왕후가 하사한 내탕금으로 중건했다. 인조 14년(1636) 소실한 뒤 곧 중건했다. 숙종 29년(1703)에는 백금 2천 냥으로 중창했으며, 영조 35년(1759)에 불타자 북한치영의 승병대장 보감이 와서 10년의 공사 끝에 중건했다. 고종 19년(1882) 대화재로 전소하자 우은과 금담 등이 순상 남진익의 주선으로 공명첩 500장을 하사 받아 1884년 중건하여 면모를 일신했다. 일제 강점기의 31본산 시대에는 본산 중의 하나였으며 산내, 산외 말사 60개를 관장했던 금강산 제일의 가람이었다. 하지만 1951년의 6·25 전쟁 중 절 전체가 소실되었다.

신계사[39]는 신라 법흥왕 6년(519)에 보운조사가 창건하였다고 전하나 신라불교 전래와 공인의 과정으로 볼 때 이 기록 역시 수용하기 어렵다.[40] 예로부터 이 절 옆에 있던 신계천에는 물고기가 많이 잡혔는데 살생으로 성역(聖域)의 참된 뜻을 더럽힌다고 하여 보운이 용왕에게 부탁해서 고기를 다른 곳에서 놀도록 했다고 하여 그 신이로움을 나타내

38) 「유점사사적기」에는 서기 4년(신라 남해왕 23년)에 53불 연기와 관련되어 창건되었다고 적혀 있으나 신라불교의 전래를 기록하고 있는 여러 사료들과의 정합성을 고려해 볼 때 수용하기 어렵다. 즉 신라 불교의 초전 사실을 기록하고 있는 1) 제13대 미추왕(未雛王) 2년(263)에 고구려 승려 아도가 신라에 와서 불교를 전하였다, 2) 제19대 눌지왕(417~458) 때 사문 묵호자가 고구려에서 일선군에 이르러 그곳 사람인 모례(毛禮)의 집에 머물렀다, 3) 제21대 비처왕(479~499) 때 아도화상이 시자 3인과 함께 또 모례의 집으로 왔다, 4) 양나라 대통 원년(법흥왕 14년, 527) 3월 11일에 아도가 일선군 모례 집에 왔다는 기록 등과 견주어 볼 때 받아들이기 어렵다.

39) 神溪寺는 新戒寺 혹은 新溪寺로도 표기되었다.

40) 신계사가 519년(법흥왕 9년)에 창건되었다는 기록 역시 신라불교 전래와 공인 과정을 살펴볼 때 수용하기 어렵다. 아마도 조금 후대에 창건되었으나 앞 시대의 보운조사로 가탁한 것으로 짐작된다.

기 위하여 '신'(神)자를 쓰게 되었다고 한다. 또 진덕여왕 7년(653)에 김유신에 대한 왕실의 기원을 기념하기 위해 중수했고 신문왕 2년(682)에는 김유신 부인이 중건했다고 하나 당시의 신라불교 현실을 고려해 볼 때 이 기록 역시 수용하기 어렵다. 원성왕 2년(786)에는 태능이 중건했으며, 정강왕 1년(886)에는 한림 왕영이 중수했다. 고려 광종 19년(968)에는 법인국사 탄문이 중수했고,[41] 인종 8년(1130)에는 왕사 묘청이 중건했다. 충숙왕 복위 1년(1332)에는 우심(尤心)이 중수했다. 이어 조선시대에는 문종 2년(1452)에는 해파(海波)가 중건했고, 성종 16년(1485)에는 지료가 중수했으며, 중종 28년(1533)에는 유환이 중건했다. 선조 25년(1592)에 임진왜란의 병화로 소실하자 1597년 강원감사 왕융중이 중건했다. 현종 10년(1669)에는 석철이, 숙종 37년(1711)에는 청휘가 각각 중건했다. 그 뒤 정조 6년(1782) 재우와 관성이 향료전을 중수했고, 순조 21년(1821)에는 유신이 다시 향로전을 중수했으며, 헌종 1년(1835)에 왕실로부터 모연금을 받아 새롭게 중수했다. 고종 6년(1869)에는 동하 성의가 영산전과 첨성각을 건립했고, 고종 11년(1874)에는 취암과 의성이 적묵당을 중건했으며, 1880년에는 의성과 지담이 유리전을 중수했다. 1887년에는 대웅전을 중창하고 영산전을 옮겨지었으며, 고종 30년(1893)에는 칠성각을 중수하고, 1914년에는 대향각을 중건했으며, 1919년에는 김우화가 최승전을 건립했다. 1922년 12월에는 용화전이 화재로 소실됐고, 1929년에는 만세루를 중건했다. 일제 강점기의 31본산 시대에는 유점사의 말사였으며 다시 화재로 소실하여 1945년에는 반야보전, 나한전, 칠성각 등의 전각이 남았고 반야보전 앞에 석탑 1기가 남았다. 1950년 6・25전쟁 때에 절 전체가 파괴되었다.

건봉사[42]는 신라 법흥왕 7년(520)에 아도가 창건하여 원각사라 했다

---

41) 현존 비문이 탄문의 주석사찰인 충남 보령 보원사를 중심으로 기록하고 있기 때문에 「신계사사적기」에서 언급하고 있는 것처럼 坦文이 이 절에 주석했는지에 대해서는 자세히 알 수 없다. 물론 이 사적기가 조선 후기에 기술되었기 때문이기는 하지만 이 보원사의 비문에 신계사 주석 기록이 없다고 해서 탄문이 신계사에 주석하지 않았다고 단정할 수만은 없다.

고 전한다. 경덕왕 17년(758)에 발징(發徵)이 중건하고 정신과 양순 등과 염불만일회를 베풀었는데 이것이 우리나라 만일회의 효시가 된다. 이 모임에는 신도 1,820명이 참여하여 120인은 의복을, 1,700인은 음식을 마련하여 염불인들을 공양했다. 선덕왕 3년(782)에 염불만일회에 참석했던 31인이 아미타불의 가피를 입어서 극락에 왕생했다고 하고 그 뒤 참여했던 모든 사람들도 차례로 왕생했다고 전한다. 신라 말에 도선이 중수한 뒤 절의 서쪽에 봉황 형태의 돌이 있다고 하여 서봉사(西鳳寺)라 했다. 이어 고려 공민왕 7년(1358)에 나옹 혜근이 중건하고 건봉사(乾鳳寺)라고 했다. 조선 세조 10년(1464)에 세조가 이 절에 행차하여 자신의 원당으로 삼은 뒤 어실각을 짓게 하고 전답을 내렸다. 이때부터 이 절은 조선 왕실의 원당이 되었다. 성종은 효령대군, 신숙주, 한명회, 조승수 등을 파견하여 노비와 소금을 하사하고 사방 10리 안을 모두 절의 재산으로 삼게 했다. 중종 18년(1523)에는 보림이 이 절과 보림암을 중수했고, 선조 38년(1605)에는 사명 유정이 일본에 사신으로 갔다가 오면서 부처님 사리와 부처님 치아를 되찾아 와서 이 절에 봉안한 뒤 1606년에 중건했다. 현종 14년(1673)에는 수흡과 도율이 천 2백 근의 범종을 주조하여 봉안했고, 숙종 9년(1683)에는 왕후가 시주한 천 금으로 불상을 개금했다. 경종 4년(1724)에는 주지 채보(彩寶)가 9층탑을 건립하고 부처님 치아를 봉안하자 왕후가 다시 천 금을 내렸다. 영조 2년(1726)에는 석가치상탑비(釋迦齒相塔碑)가 세워졌으며, 영조 30년(1754)에는 정성왕후가 상궁 이씨와 안씨를 보내 석가상을 만들게 하고 팔상전을 세워 원당으로 정했다. 이해 8월에는 영조가 숙종의 어제절함도와 어필서를 내려 어실각에 봉안하도록 했다. 정조 23년(1799)에는 강원도 순찰사 남공철(南公轍)이 유정의 기적비를 세웠고, 순조 2년(1802)에는 용허가 제2 염불만일회를 열었다. 1804년에는 왕비 김씨가 천 금과 오동향로, 오동화준 등을 내려 순조의 성수를 축원했다. 1805년에는 왕비 김씨가 나라

42) 한때 圓覺寺, 西鳳寺로도 불렸다.

를 위한 재를 올리고 병풍과 『화엄경』 1부를 하사했으며, 순조 28년(1828)에는 유정의 영각을 건립했다. 철종 2년(1828)에는 유총(侑聰)이 제3회 만일염불회를 열었고, 1881년에는 만화 관준(萬化寬俊, 1850~1918)이 제4회 만일 염불회를 열었다. 고종 2년(1865)에는 화은을 강사로 강원을 개설하여 대표적인 강원으로서 많은 강사를 배출하였다. 고종 15년(1878) 4월 3일 산불이 나서 건물 3, 183칸이 전소했는데 이때 학림이 불속에 뛰어들어 팔상전의 삼존불상과 오동향로 및 절감도를 구했다. 1908년에는 의중이 제4회 만일염불회를 회향했다. 그 뒤 1950년 6・25 전쟁으로 이 절은 완전히 폐허가 되었다. 최근 거진읍의 신도들이 법당을 신축하면서 불사를 계속해서 오늘에 이르고 있다.

위에서 살펴본 것처럼 조선후기 금강산 사찰들은 다른 지역 사찰들과 달리 중건과 중창이 잦았다. 이 같은 중창과 중건이 가능할 수 있었던 경제적 배경은 아마도 왕실의 원찰이었기 때문에 가능했을 것이다. 이들 대사찰은 왕실의 지원에 힘입어 여타 지역의 사찰에 비해 사격을 공고히 할 수 있었다. 물론 몇몇 대사찰 이외의 대다수 사암은 사격의 규모와 경제적 토대가 탄탄하지는 않았다. 이 같은 각 사암의 배경에는 불교 신앙의 형태도 반영되어 있다. 그러면 이 지역 사찰 불교 신앙의 유형에 대해 살펴보기로 하자.

3. 금강산 사찰의 불교 신앙

조선 전기 이래 후기 불교 사찰들의 신앙형태는 뚜렷하지 않았다. 세종대에 선교 양종으로 통폐합 된 뒤 연산군과 중종 대에 승과 폐지와 교단의 실체가 사라지면서 신앙형태들도 혼합되었다. 고려 이래 대표적인 신앙 유형인 법화 천태계통과 화엄 보현계통 및 정토 염불계통과 선법 참선계통 및 밀교 계통의 신행이 불자들 사이에서 일정한 경계 없이 뒤섞여 신행되었던 것으로 보인다.[43] 임란과 호란 이후 청허 휴정계의 문도들이 불교계의 주류로 등장하면서 불교의 구심이 회복되었고 뒤이어 임제법통을 확립하고 수행체계를 정립해 가면서 사정은 조금씩 나아지기 시작했다. 그 과정에서 불교계는 경절문(선종)과 원돈문(교종)과 염불문의 삼문 수업(수학) 형태로 종교적 기능을 어느 정도 회복해 갔다.

당시 금강산 사찰들에 보이는 신앙 유형은 구체적으로 드러나 있지 않다. 조선 후기에는 교단이 사라진 탓도 있겠지만 대체적으로 삼문 수업 체제와 연관되어 신앙 유형이 자리 잡히기 시작했었던 것으로 추정된다. 그런데 삼문 수업 체제 아래서도 정토신앙과 선학 우위의 공부가 중심적이었다. 또 선문과 교문과 염불문의 삼문이 전면에 부상되었다고 해도 여전히 관음신앙과 밀교신앙 및 오대산신앙 등은 그 저변에 깔려 있었다. 그 이유는 불교교단이 부재하였기 때문이기도 했겠지만 유교의 억압 아래서 스스로 생존해야 하는 조선 불교의 자생적 경향 때문이었을 것으로 추정된다.

조선 후기의 혼합된 불교신앙의 지형 속에서나마 신앙 유형의 특성에 대해 살펴보면 아래 표와 같이 분류해 볼 수 있다.

〈표 5〉 금강산 사찰의 불교 신앙 유형

사찰 \ 신앙유형	법화 천태계통	화엄 보현계통	정토 염불계통	선법 참선계통	밀교와 오대산신앙
표훈사[44]	관음신앙 관음도량	원돈문 화엄신앙 법기신앙			
유점사				경절문	문수신앙
신계사			미타신앙 염불문	경절문	
건봉사[45]		강학전통	염불문 만일염불회	법맥상승	

43) 교단과 종파가 존재하였던 고려시대의 신앙은 법화 천태계를 기반으로 한 관음신앙과 화엄 보현계를 기반으로 한 법기신앙이 주류였다. 이들 신앙 이외에도 그 저변에는 미타신앙과 밀교신앙이 깔려 있었다. 하지만 교단과 종파가 사라진 조선 전기 이후의 신앙형태는 앞 시대의 이들 주류의 신앙과 저변의 신앙들이 혼합되는 양상으로 나타난 것으로 추정된다.

<표 5>에서 살펴본 것처럼 금강산의 4대 사찰 가운데에서 표훈사는 『화엄경』을 기반으로 한 금강산 법기신앙과 의상계 관음신앙 및 원돈문에 입각한 강학전통을 수립한 중심사찰로 여겨져 왔다. 때문에 다른 금강산 사찰과 달리 왕실이 지원하는 각종 법회와 반승회 등이 잦았다. 특히 금강산에 법기보살이 상주하고 있다는 신앙은 이웃 원나라까지 유행하여 원 황실의 불사 활동을 북돋았다. 때문에 원 황실의 보시는 표훈사가 금강산 내의 주요사찰로 자리매김하는 주요한 계기가 되었다.[46] 세종의 불교 정책으로 7종이었던 불교 교단이 선교 양종이 통합되자 표훈사는 교종으로 소속되었고 유점사는 선종으로 소속되어 전국 36개 사찰 가운데 2개의 사찰이 금강산에 자리하게 되었다.

유점사는 조선 후기 이후에는 삼문 수업 중 경절문에 의한 참선 도량으로도 이름을 떨쳤다. 대한시대 이래 수좌들은 특히 금강산 사찰인 유점사에서 한 철 나는 것을 당연한 것으로 여겨온 것도 이 때문이다. 해서 유점사는 대대로 문수신앙만이 아니라 경절문에 의한 선법 참선 도량으로도 널리 알려져 왔다. 이 외에도 유점사는 서민 대중을 위한 신앙도 널리 성행했던 것으로 알려져 오고 있다.

특히 유점사 연기설화에 대한 가장 오래된 기록은 1297년 민지(閔漬)가 찬술한 「금강산유점사사적기」이다. 「사적기」에 따르면 문수보살의 교화로 주조된 53불과 종이 인도를 출발하여 바다를 항해하고 월지국을 지나 고성군에 표착한 뒤 최종적으로 유점사에 자리를 잡았다고 한다. 이때가 신라 남해왕 원년(4년)이었다.[47] 이 연기설화에 의하면 유점사는 전통적으로 문수신앙이 유행했던 곳으로 볼 수 있다. 문수신앙은 오대산 신앙

---

44) 休靜의 施教之地로 알려져 있다.

45) 「乾鳳寺本末寺法」, 『조선불교월보』 제9호, 조선불교월보사, 1912년, 49면. 제4조에는 "건봉사 본말일반의 사찰의 禪教兼修, 事理圓融, 二利雙行으로써 중생을 제도하며 護法資治의 본무를 완전케 하는 것으로 본지를 함"이라고 했다. 이 절은 惟政의 慕義之地로 알려져 있다.

46) 윤기엽, 앞의 논문, 310~314면.

47) 坂田沙代, 「金剛山 楡岾寺 緣起說話 연구」, 서울대학교 대학원 석사학위 논문, 2007.

에서 유래되었으며 신라 이래 밀교신앙과 긴밀하게 연결되어 있다.

신라 이래 유행했던 오대산 신앙은 고려와 조선을 거치면서 민간 속에 습합되어 들어갔다. 불교 교단이 통폐합되고 승과 등이 폐지된 조선 초중기를 지나 조선 후기에 이르러서 이 신앙은 아들 낳기를 바라는 이들에게 생남불공 신앙으로 승화되어 널리 유행하였다. '정선아라리'가 통속화된 것으로 널리 알려진 '정선아리랑'은 이 같은 사실을 뒷받침해 주고 있다.

> 금강산 일만 이천 봉 팔만 구 암자
> 유점사 법당 뒤에 칠성단 모아놓고
> 팔자에 없는 아들 낳아 달라고
> 두 손 모아 비나이다.
>
> 촛불을 밝혀두고 두 손 모아 비나이다.

'금강산 완경록'의 저자는 금강을 찾아가 보니 금강이 바로 불국토라고 역설한다. 그는 내 맘 속에 숨어 있는 굳건한 지혜인 자성금강의 발견을 통해 득도를 촉구하고 있다. 해서 그는 금강산에 가는 것이 곧 득도하는 것과 같다고 읊고 있다.[48] 이것은 금강산 불교 혹은 금강산 신앙에 대한 확고한 신뢰를 보여준다.

> 금강산이나 구경가세 / 금강이 바로 자성일세 / 자성금강 찾아가세 / 천하를 돌아다니며 / 밤낮없이 수행해도 / 자성금강 못 얻으면 / 밤새도록 가난 길에 / 득도 못해 원통하지 //
>
> 허위 허위 올라 앉아 / 금강산을 바라보니 / 중향성이 더욱 높다 / 부처보살 모인 곳이요 / 성문 연각 안주하는 곳이라 / 천하 명산이 여기로구나. //

---

48) 김영재 · 변경섭 · 양승봉, 『나는 지금 금강산으로 간다』(서울: 김영사, 1998), 217~218면.

이어 저자는 절을 소개하듯이 금강산을 소개하고 있다. 여기에 의하면 금강산은 관음도량이자 지장도량이며 수월도량으로 모든 신앙의 집합체가 된다. 내금강 만폭동 구역에 있는 보덕굴의 전설에 의하면 여기에는 문수와 보현과 관음이 주인공으로 등장한다. 회정(懷正)이라는 승려가 보덕이라는 처녀를 만나 혼인하거나 함께 살았거나 바람을 맞았거나 등등의 전설에서 그 주인공은 모두 관음이며 보덕은 관음의 다른 이름이다.

> 장경봉 아래 장경암은 장경도사 득도한 곳이요 / 관음봉 아래 관음암은 관음도량 절묘하다 / 지장봉 아래 지장암은 지장보살 도량이요 / 석가봉 아래 수월암은 수월도량 청정하다 //

여기서 관음, 지장, 석가 등 이름이 중심인 것은 금강산의 동관음, 남지장, 북석가, 중비로의 봉우리 이름은 신라 밀교와 오대산 신앙을 반영한다고 할 수 있다. 그런데 서쪽에 미타봉이 없는 이유는 금강산이 바로 아미타 정토 혹은 불국토라고 믿었기 때문으로 보인다.

신계사는 대부분의 산중 사찰이 그래 왔던 것처럼 그동안 미타신앙의 도량으로 알려져 왔다. 삼문 수학 체계가 정비된 조선 후기부터는 경절문을 기반으로 한 참선도량으로서 그 정체성을 확립해 왔다. 때문에 신계사 역시 조선 후기 및 대한시대 이래 불교 수좌들이 마하연 선방으로 가서 한 철 나는 것을 전통으로 삼아 왔을 정도로 신앙과 수행에 대해 남다른 의미를 담고 있는 공간이다. 최근 북한의 기술과 남한의 지원에 힘입어 이 절이 복원된 것도 이러한 의미를 계승하고자 한 불교계의 뜻이 담긴 것이라고 할 수 있다.

건봉사는 이 절에서 대대로 상속해 온 전통에 따르면 원효(元曉), 의상(義湘), 승전(勝佺) 세 성인으로 말미암아 경에 의한 상승의 법이 전하고, 발징(發徵), 용허(聳虛), 벽오(碧梧) 세 법사로 말미암아 염불(念佛)의 법의(法儀)가 전하며, 청허 휴정(休靜)선사의 법윤들이 적자에서 적자로 상승함에 이르러 법맥 상승의 법이 전하되 특히 호암(虎巖), 함월(涵月) 두 선사의 법제자 문도가 가장 많아 서로서로 전해 주는 것으로 일문의 관례를 삼아 왔다.[49]

잘 알려진 것처럼 건봉사는 염불만일회를 중심으로 한 미타신앙 도량으로 잘 알려져 있다. 발징화상에 의해 시작된 제1차 만일염불회는 27년 145일 동안 나무아미타불의 염불소리를 끊이지 않는 수행모임이다. 통일신라 때에 시작된 만일염불회는 이후 고려와 조선에 걸쳐 이어 왔고 19세기에는 3차례나 개설되었다.[50] 최근 불교계에서는 건봉사의 전통을 이어 제7차 만일염불회를 이어 가고 있다.

조선 후기 이래 금강산 사찰의 불교신앙은 삼문 수학의 체계가 정비되면서 특성을 확립해 갔다. 표훈사는 화엄사상에 기초한 법기신앙과 화엄의 원돈문을 기반으로 다져진 사찰이었다. 유점사는 경절문에 입각한 참선도량으로 이름을 떨쳤다. 신계사는 미타신앙의 기반 위에서 경절문에 입각한 참선도량으로 거듭 났다. 건봉사는 전통적으로 미타신앙에 입각한 만일염불회가 성행했으며 19세기 이래부터는 강학전통과 참선도량으로 이름을 떨쳤다. 육당 최남선은 금강산에 대해서 이렇게 말하였다.

> 금강산은 조선인에게 풍경 좋은 산만은 아닙니다. 조선 마음의 물적 표상, 조선 정신의 구체적 표상으로 조선인의 생활문화 내지 역사에 오랫동안 긴밀한 관계를 가져온 신성한 존재입니다. 옛날에 생명의 본원, 영혼의 돌아가 쉬는 곳으로까지 생각되고 근세까지도 허다한 예언자의 전당이 된 곳입니다.[51]

육당은 일찍이 불함문화론을 통해 한민족의 '밝사상'을 밝혀내었다.

---

49) 「乾鳳寺本末寺法」, 『조선불교월보』 제9호, 1912, 조선불교월보사, 1912, 49면.

50) 이종수, 「건봉사 제2차 만일염불회의 재검토」, 『불교학연구』 제25호, 2010. 4.

51) 김영재 외, 위의 책, 216면.

그는 금강산은 조선 마음의 물적 표상, 조선 정신의 구체적 표상일 뿐만 아니라 조선인에게 있어 신성한 존재이자 생명의 본원이며 영혼이 돌아가 쉬는 곳, 예언자의 전당이라고 정의내리고 있다. 육당의 말은 한민족에게 있어 금강산이 어떤 의미를 지닌 곳이며 어떤 정신체계를 담고 있는 공간인가를 잘 보여주고 있다.

금강산의 불교신앙은 법화 천태계와 화엄 보현계 및 정토 염불계와 선법 참선계통에 밀교 및 오대산 신앙이 결합된 모든 불교신앙의 집합체였다고 할 수 있을 것이다. 이러한 신앙 유형은 산악신앙이 성행했던 지리산, 묘향산, 구월산, 오대산, 태백산, 계룡산 등지에도 부분적이나마 보이고 있다. 이들 산들은 대부분 개별적인 일 신앙의 처소로 자리하고 있을 뿐 금강산처럼 여러 신앙이 종합적으로 집결된 곳은 아니라고 해야 할 것이다.

4. 금강산 사찰의 수행 전통

조선 후기 삼문 수업이 확립되기 시작하면서 불교 교단은 나름대로의 구심을 회복해 갔다. 삼문 수업의 확립은 종래 경절문 일변도에서 벗어나 삼문의 수평적 인식을 의미한다. 진허 팔관은 그의 『삼문직지』에서 "삼문은 문의 시설은 비록 다르나 요체의 융회는 같다. 만리에 같은 바람이 부니 삼문은 한 집안이다."고 역설했다. 이것은 몸짓[用]은 세 문으로 드러나지만 몸체[體]는 한 몸으로 나타난다는 뜻이라고 할 수 있다. 그의 주장은 이 시기 삼문을 바라보는 불자들의 인식을 대변해 주고 있다.

통일신라와 고려 및 조선 이래 금강산 사찰은 불교 신앙의 중심지였다. 부분적으로는 산악신앙의 형태와 겹쳐 있지만 그 신앙의 형태를 들여다보면 화엄신앙과 법화신앙(관음신앙) 및 미타신앙과 미륵신앙 등이 뒤섞여 있었다. 그 열기는 멀리 중국에서까지 알려져 금강산에 대한 신앙을 북돋우었다. 그러나 그러한 신앙이 온전한 수행 체계를 기반으로 한 전통으로 자리 잡지는 못하였다. 해서 현존하는 사료를 중심으로 살펴보더라도 금강산 사찰의 수행전통은 삼문 수업이 확립되고 난 이후를 중심으로 살펴볼 수밖에 없다.

'삼문 수업' 혹은 '삼문 수행' 또는 '삼문 수학'은 조선 후기 불교를 특징짓는 수행체계에 대한 명명이라고 할 수 있다.[52] 삼문은 선법과 간경과 염불 수행문을 총칭하는 것이다. 선원에서는 화두를 들고 참선 수행을 하였고, 강원에서는 경전과 장소류를 전강하였으며, 염불당에서는 염불 수행을 하였다. 처음에는 경절문이 우위에 있었지만 점차 참선과 강학과 염불의 삼문 수학은 모두 한 사찰 안에서 수평적으로 이루어지게 되었다.

청허 휴정계의 문도들이 주류를 이루고 임제법통이 확립되면서 삼문은 안정적인 체계로 자리를 잡았고 종파가 없던 이 시대에 교단에 준하는 역할을 하였다. 삼문 수학 체계가 정비된 이후 금강산 4대 사찰의 수행 치중도를 살펴보면 아래의 표와 같이 분류해 볼 수 있다.

〈표 6〉 삼문 수업의 치중도 현황

사찰 \ 삼문	경절문(禪門)	원돈문(敎門)	염불문	비고
표훈사		○		진허 팔관의 『삼문직지』
유점사	○	○		
신계사	○	○		
건봉사	○	○	○	

<표 6>에서 살펴본 것처럼 화엄신앙에 입각하여 화엄도량으로 널리 알려져 온 표훈사는 오래전부터 원돈문에 입각한 강학전통이 있었다. 이와 달리 유점사와 신계사는 경절문에 입각한 참선수행 전통이 확

52) 이종수, 「조선후기 불교의 수행체계 연구」, 동국대학교 대학원 사학과 박사논문, 2010; 김용태, 「조선후기 불교의 臨濟法統과 講學傳統」, 서울대학교 대학원 사학과 박사논문, 2003.

고하였다. 반면 건봉사는 미타도량의 확고한 전통[53] 아래 강학 전통과 참선 도량을 구축하였다.[54] 이러한 현황은 이들 사찰에 주석한 관련 인물들의 면면들과 가풍들을 통해서도 확인해 볼 수 있다. 아래의 <표 7>에 조사한 사찰 주석 인물들은 대부분 창건 이래 이 사찰에 머물면서 수행과 불사를 주도한 이들이다.

〈표 7〉 사찰 주석 관련 인물들

사찰 \ 인물	출가자	재가자	비고
표훈사	觀勒, 隆雲, 表訓, 能仁, 神琳, 義熙, 행담	원나라 英宗이 태후·태자와 함께 시주; 명나라 사신 黃儼이 반승 시설; 명나라 사신 昌盛과 白彦이 반승 시설	일제강점기 31본산시대엔 유점사의 말사
유점사	資順, 慧雙, 益藏, 行田, 信義, 性了, 四溟 惟政, 寶鑑, 愚隱, 錦潭,	孝寧大君	일제강점기 31본산, 산내, 산외 암자 60개 관장
신계사	寶雲, 太能,, 坦文, 妙淸, 尤深, 海波, 智了, 宥還, 石喆, 淸暉, 載雨, 寬性,, 宥信, 東河 性宜, 翠庵, 義性, 止潭, 金雨化,	翰林 王瀛, 강원감사 黃隆中,	일제강점기 31본산시대엔 유점사의 말사
건봉사	阿道, 發徵, 貞信, 良順, 연기 道詵, 懶翁 惠勤, 보림, 혜명, 수흡, 도율, 彩寶, 현붕, 치흡, 聳虛, 유총, 華隱, 萬化 寬俊, 인파, 범운, 의중, 능허, 경해, 덕성, 寒巖, 萬海, 海松, 운암, 쌍식, 이운파, 김연곡, 창기, 이대련, 이회명, 조세고, 金鏡峰, 이만허, 정두석, 이지광, 日字	강원도순찰사 南公轍이 惟政의 紀績碑 건립, 박종운, 김영찬, 장원규, 조영암, 조명암(영출, 筆名 金雲灘, 金嘉實), 조영암, 김보련, 박영발, 박설산, 최재형	일제강점기 31본산 중 하나

53) 李能和, 『朝鮮佛敎通史』 하권 (서울: 보련각, 1976), 915~924면. 여기에는 발징화상이 만일염불회를 결성하여 미타염불에 동참한 31명이 함께 왕생극락하였다는 기록이 보인다.

54) 1921년 겨울 동안거 때 잠시 염불회를 중단하고 漢巖 重遠을 조실로 추대하여 선원을 개설하고는 禪 結社를 추진하였다. 그런데 건봉사의 선원 개설이 경허를 필두로 전개된 선 부흥기의 일시적인 것인지는 확인할 수 없다.

<표 7>과 같이 표훈사의 경우는 이 절의 중창조들인 표훈과 신림 및 능인 등이 통일신라 이래 해동화엄의 초조인 의상의 문도였다는 점에서 이 절의 성격을 잘 보여주고 있다. 중국 초기 화엄은 관법(觀法)에 기반한 수행을 하지만 의상 화엄은 화엄일심(華嚴一心)을 기반으로 한 성기사상과 선사상과의 통로를 모색한 실천적 화엄사상이었다. 때문에 표훈과 신림 및 능인 등은 적어도 의상의 실천적 화엄사상을 계승하였을 것이며 이것은 이후 한국불교의 주요한 흐름을 형성한 선교일원 혹은 선교겸수 전통의 실마리를 놓았을 것으로 추측된다.

유점사의 경우는 조선 중기 이 절의 중창조인 사명 유정이 청허 휴정의 가풍을 고스란히 계승하고 있다는 점에서 선교겸학[55]의 전통을 이었을 것으로 보인다. 특히 소의의 경론을 한정하지 않는다는 것에서 이 점이 잘 드러나고 있다. 아래의 유점사본말사법 총칙은 유점사의 정체성을 잘 담고 있다.

> 제1장 총칙(總則)
> 제1조 본사법은 유점사 본말일반의 공준(公遵)을 법규로 홈.
> 제2조 유점사난 풍악 최초의 정사이며 금강불괴(金剛不壞)의 영장(靈場)이라. 고로 문말일반(門末一般)이 거개존숭(擧皆尊崇)하난 본산(本山)으로 홈.
> 제3조 유점사난 고래 존숙(尊宿) 추대(推戴)의 일법(日一)으로써 전등상속의 전례인 바 근고(近古)에 그 제(制)를 보하야 법맥상승의 법을 가미하고 이래 이리(二利)를 병행하야 면면상승(綿綿相承)한 법계보맥(法系譜脉)은 좌(左)와 여(如)홈.
> - 본사 소륭(紹隆) 청허 휴정(休靜)선사
> - 법맥 전조(傳祖) 환성(喚醒) 지안(志安)선사
> - 환성 적사(嫡嗣) 호암(虎巖) 체정(體淨)선사
> - 호암 사법(嗣法) 풍악(楓嶽) 보인(普印)선사
> - 이하 역대법맥 전조의 법손 입실사법(入室嗣法)과 학덕겸

55) 휴정이 주장한 捨敎入禪에서 '捨'의 의미는 '말미암다'는 '由' 혹은 '빌린다'는 '藉'의 의미와 상통한다. 그러니까 '교학으로 말미암아 선법에 들어간다' 혹은 '교학을 빌려 선법으로 들어간다'는 것이다. 결국 사교입선의 궁극적인 지향은 '禪敎兼學'을 말하는 것이다.

비(學德兼備)한 자가 본말주관(本末主管)에 보임(補任)되었나니 차(此)를 전등상속(傳燈相續)의 통규(通規)로 홈.

제4조 유점사 본말일반의 종의(宗義)난 불심(佛心)으로 체를 위하고 불어(佛語)로 용을 위하야 문문보입(門門普入), 사리구경(事理究竟), 원융무애(圓融無碍), 이리쌍행(二利雙行)으로써 중생을 제도하며 호법자치의 본무를 완전케 함은 본지(本旨)홈.

제5조 유점사 본말일반의 사찰은 선교겸학(禪敎兼學)으로써 소의의 경론을 한정치 아니함. 단 승려의 수행에 관(關)하난 규정은 차(此)를 승규장(僧規章)에 정홈.

제6조 유점사 본말일반의 사찰에서 난 섭심대중(攝心對衆)의 본존을 석가모니불과 아미타불로 홈. 단 종전에 차(此)와 이(異)한 불상을 안치하야 본존(本尊)으로 정한 자난 차한(此限)에 부재(不在)홈.[56)]

유점사의 선원에서 청허 휴정의 가풍을 계승한 사명 유정의 가풍을 이었다면 이 절의 수행 전통 역시 선교겸학(禪敎兼學)의 수행전통을 구축했을 것으로 보인다. 위의 유점사본말사법은 본사를 휴정으로 하고, 지안－체정－보인으로 이어지는 법맥을 면면히 이어 오고 있음을 잘 보여주고 있다. 문문보입(門門普入), 사리구경(事理究竟), 원융무애(圓融無碍), 이리쌍행(二利雙行)으로써 중생을 제도하며 호법자치의 본무를 완전케 한다는 유점사의 가풍은 경절문에 입각하면서도 원돈문을 제외시키지 않는 태도라고 할 수 있다. 또 석가모니불과 아미타불을 본존으로 한다는 조목에서 일반대중을 위한 염불신앙도 수용하고 있었다는 사실을 확인할 수 있다. 이처럼 유점사는 금강산 사찰 중 건봉사와 함께 역시 온전히 삼문 수업 체계를 갖춘 사찰이었음을 알 수 있다.

신계사의 경우는 고려 중기 화엄가이자 법안선을 수용한 탄문이나 불교사상을 실천하였던 묘청이 주석한 것으로 보아 교선일치의 수행체계를 강조해 왔을 것으로 보인다. 교선일치란 교학을 주로 하고 선법을 종으로 하는 법안선 내지 천태선과 상통하는 수행관이다. 이것을 조선

---

56) 「楡岾寺本末寺法」, 『朝鮮佛教月報』 제10호, 1912. 11. 58~59면.

후기 삼문 수업에 견주어 말하면 원돈문에 입각하면서도 경절문을 수용하는 관점이라고 할 수 있다. 대한불교조계종에서는 최근 이 절을 복원하여 대한시대 이래 수좌들 사이의 전통이었던 금강산에서 한 철 나는 수행문화를 복원하려는 염원을 담았다.

건봉사의 경우는 아도가 창건하여 원각사라고 했다고 전하지만 사료적 근거는 없다. 때문에 실제적인 창건주인 발징화상에서부터 중창조인 도선과 나옹 혜근 등의 가풍을 계승하고 있다는 점에서 미타신앙과 선법이 결합된 수행 전통을 간직해 왔을 것으로 추측된다. 건봉사에 대한 이전의 사료가 없어 자세히 알 수는 없지만 조선총독부에서 제정한 건봉사본말사법 총칙에서나마 건봉사의 정체성을 엿볼 수 있다.

제1장 총칙(總則)

제1조 본사법은 조사선덕(祖師先德)의 방촉(芳躅)을 소하며 정법홍통(正法弘通)하기 위하야 건봉사 본말일반(本末一般)의 주행(遵行)할 법규로 홈.

제2조 건봉사는 고구려 안장왕 원년(경자) 창건제 계한 삼보종찰인 바 풍악에 저명한 도량이라. 고로 문엽말맥(門葉末脉)이 거개숭경(擧皆崇敬)하난 본산(本山)으로 홈.

제3조 건봉사는 사문상속 상고래 삼종(三種)의 규도(規度)를 겸행(兼行)함이라. 즉 원효(元曉)・의상(義湘)・승전(勝佺) 삼성(三聖)에 유(由)하야 의경상승(依經相承)의 법이 전하고, 발징(發徵)・용허(聳虛)・벽오(碧梧) 삼사에 유(由)하야 법맥상승(法脈相承)의 법이 전하되, 특히 호암(虎巖)・함월(含月) 양사의 법사문엽(法嗣門葉)이 최(最)히 미만(彌滿)하야 체상전수(遞相傳授)를 일문(一門)의 관례로 홈 총히 조사선덕의 방촉을 계소(繼紹)하야 본말 일반 사문 상속의 강령으로 홈.

제4조 건봉사 본말 일반의 사찰은 선교겸수(禪教兼修), 사리원융(事理圓融), 이리호행(二利護行)으로써 중생을 제도하며 호법자치(護法資治)의 본무(本務)를 완전케 하는 것으로 본지로 홈.

제5조 건봉사 본말일반의 사찰은 의경상승의 조훈(祖訓)을 봉행함에 취(就)하야난 화엄경(華嚴經)을 정의로 하고 염불(念佛)을 법의상속에 취하야난 아미타경(阿彌陀經)을 정의로 하야 불

심(佛心)을 체로 하고 불어(佛語)를 기용(其用)으로 하고 법맥 상승(法脈相承)을 사문상속(寺門相續)의 주안(主眼)으로 함에 지(至)하야난 소의경론을 한정치 안이홈이 단 승니(僧尼)의 폐업(階業)을 차제(次第)로 하난 규정은 차를 승류장(僧規章)에 정(定)홈.

제6조 건봉사 본말일반의 사찰은 석가모니불과 아미타불로 본존으로 함 단 종전(從前)의 차(此)와 이(異)한 본존(本尊)을 봉안함은 차한(此限)에 부재홈.[57)]

건봉사본말사법에 나타나 있는 것처럼 건봉사는 옛날부터 원효・의상・승전으로 이어지는 강학의 전통, 발징・용허・벽오로 이어지는 염불의 전통, 발징・용허・벽오로 이어지는 법맥 상승의 전통 세 가지의 규도를 겸행하였다. 그리하여 건봉사는 선수와 교학을 함께 닦는[禪敎兼修]의 법맥상승, 차별과 원리를 원만히 융회하는[事理圓融] 강학전통, 자리(自利)와 이타(利他)를 나란히 행하는[二利雙行] 염불회 등을 그 정체성으로 해 온 사찰이었다.

특히 신라 이래 만일염불회를 기획한 발징 이후 이곳에 주석한 다수의 승려들은 만일염불회를 계승하면서 건봉사를 미타도량의 상징으로 만들었다. 하지만 건봉사의 수행전통은 미타수행 이외에도 조선 후기 이래 화은(華隱)이 강원을 개설(1865)하면서 원돈문에 입각한 강학의 전통을 또렷이 세워 수많은 강사들을 배출했다. 아울러 대한시대에는 건봉사 선원을 개설하여 참선수좌들의 공부를 뒷받침하기도 했다.[58)]

금강산의 4대 사찰은 저마다 개성적인 수행 전통을 간직해 왔다. 표훈사는 통일신라 이래 표훈과 신림 및 능인 등이 의상의 실천적 화엄사상을 계승하였고 이것은 이후 한국불교의 주요한 흐름을 형성한 선교

57) 「乾鳳寺本末寺法」, 『朝鮮佛教月報』 제9호, 1912. 10. 49~50면.

58) 『禪苑』, 선원사, 1935. 이 잡지에는 1935년 당시 전국선원의 명단이 두 번 나온다. 그런데 금강산 마하연 선원은 나오지만 건봉사 선원은 이름이 보이지 않는다. 건봉사는 1921년 한암 중원을 중심으로 건봉사 선원을 개설했으나 오래 이어지지 못하고 곧 폐지된 것으로 보인다. 아마도 건봉사 내의 다양한 사상적 신앙적 노선 갈등으로 중단된 것으로 추정된다.

일원 혹은 선교겸수 전통의 실마리를 놓았다. 유점사는 이 절의 중창조인 사명 유정이 스승인 청허 휴정의 가풍인 '선교겸학(禪敎兼學)'의 수행체계를 유지했을 것으로 보인다.

신계사는 고려 초기 화엄가이자 법안선을 수용한 탄문이나 불교사상을 실천하였던 묘청이 주석한 것으로 보아 교학을 주로 하고 선법을 종으로 하는 교선일치의 수행체계를 강조해 왔을 것으로 짐작된다. 건봉사는 창건주인 발징화상에서부터 중창조인 도선과 나옹 혜근 등의 가풍을 계승하고 있다는 점에서 미타신앙과 선법이 결합된 수행 전통을 간직해 왔을 것으로 추정된다.

이처럼 금강산 4대 사찰은 저마다 종합적인 그리고 독자적인 개성을 갖고 오랜 불교신앙과 수행전통을 간직해 왔다. 그것은 조선후기 불교의 용광로라고 할 지리산, 묘향산, 구월산, 오대산, 태백산, 계룡산 등 전국의 대표적 산악숭배 지역 중 금강산만이 지닌 독특한 특징이라고 할 수 있을 것이다.

5. 조선후기 불교의 용광로

산악을 숭배해 왔던 한국인들에게 금강산은 지리산, 묘향산, 구월산, 오대산, 태백산, 계룡산 등과 함께 불교의 오랜 성지였다.[59] 이 중에서도 특히 금강산은 신라 이래 이곳은 불자들의 성지뿐만 아니라 한민족의 성지가 되어 왔다. 고려 이래 중국에까지 알려졌던 금강산은 조선 전기는 물론 조선 후기부터 대한시대에까지지도 금강산은 시적 오브제[60] 혹은 예인들의

59) 權相老, 「金剛觀」, 『金剛山』 제1호, 금강산사, 1931, 4면. 퇴경은 "金剛은 세계에 冠한 名山이다. 印度의 喜馬拉山은 高則高矣라 하며 瑞西의 알프山은 神則神矣라 하나 奇觀壯觀의 衆妙咸萃로란 金剛山이 特勝이라 한다."고 했다. 퇴경은 금강산이 특별히 수승한 광경과 장대한 광경의 뭇 묘함을 다 모은' 것에서 찾고 있다. 그는 금강산의 이러한 소식을 전하기 위해 몸소 '금강산'이란 잡지를 10호까지 간행하고 있다.

60) 鷲山 九河, 『금강산관상록』(서울: 영축총림 통도사, 1998). 축산 구하(1872~1965)는 1932년 임신년 4월 17일 통도사를 출발하여 8월 26일까지 금강산의 절과 암자 및 명승지 34곳을 유람하고 감상을

미적 도전의 대상이 되어왔다. 그 이유는 여러 가지가 있을 것이다.

우선 「화엄경」에 근거하여 '금강산'이라 부르고 법기보살 혹은 담무갈 보살의 주처로 비정한 영향 때문일 것이다. 뿐만 아니라 계절마다 다른 이름으로 불리는 이 산의 빼어난 자태는 인간의 힘으로는 도저히 만들 수 없는 상상할 수 없는 아름다움과 신비로움을 겸비하고 있기 때문이다. 이 산은 보기만 해도 절로 마음과 몸이 숙여지는 모습이 마치 불세계에 도착한 듯한 느낌을 준다. 때문에 신앙을 가진 이들은 봉우리와 바위와 동굴과 폭포들을 모두 신앙의 대상으로 승화시켰다.

숭유억불 정책 아래 전국의 불교 사찰들이 구조 조정되기 시작한 조선조에서도 이곳의 사찰들은 일정한 사격을 유지할 수 있었다. 그 이유는 이곳의 대사찰들이 왕실의 원당이나 기복도량으로 자리매김되었기 때문이다. 당시 금강산의 사찰들은 왕실의 보호를 받기도 하였는데 이는 왕실의 기복 신앙이 조선 초 이래 지속되어 사찰들이 왕실의 원당으로서 기능했기 때문인 것으로 보인다. 조선 초에는 지방의 기존 대찰들을 위축원당(爲祝願堂)으로 지정하여 경영하는 것이 일반적이었다.[61] 특히 세조가 지정한 10개 사찰 중 4개(유점사, 장안사, 표훈사, 건봉사)가 금강산에 자리하고 있었다는 것은 이 사실을 뒷받침해 주고 있다.

뿐만 아니라 정조 대에는 금강산의 7개 사찰 중 정양사와 신계사 또한 금강산 내에 위치하고 있었다는 사실은 조선시대 불교에 있어서 금강산이 차지했던 비중이 그만큼 컸음을 시사하고 있다.[62] 조선 정부의 지원에 힘입은 부분이 크겠지만 유학자들 역시 금강산을 유람하고 많은 유산기를 남겼다.[63] 이러한 유산기들은 유자들의 풍류의 일종이기

기록하고 있다. 이것은 금강산에 대해 승려가 쓴 가장 방대한 기록이다. 그 내용은 대체적으로 7언 절구의 시들과 일지 등의 산문들로 집성되어 있다.

61) 박병선, 「조선후기 원당고」, 『백련불교논집』 제5·6합집, 해인사 백련불교문화재단, 1996.

62) 탁효정, 「조선후기 왕실원당의 유형과 기능」, 한국정신문화연구원 한국학대학원 석사학위논문, 2001.

63) 최윤정, 앞의 글, 3면.

도 하겠지만 이 산이 지닌 신령한 기운에 대한 종교적 귀의를 담고 있어 단순한 기행문으로만 볼 수 없는 그 무엇이 있다.

산이 넓고 깊은 탓이기도 하겠지만 여타의 산들과 달리 금강산에는 불교의 모든 신앙이 다 들어와 있다. 담무갈보살의 상주처로 비정된 화엄신앙뿐만 아니라 관음과 미타 및 지장과 미륵 신앙도 들어와 있다. 그리고 조선 후기 삼문 수업이 정착되고 난 뒤부터는 경절문과 원돈문과 염불문에 입각해서 각 신앙의 다양한 형식이 혼재하고 있다. 그중에서도 표훈사는 원돈문에 입각한 화엄도량과 관음신앙 및 화엄수행체계의 전통이 서려 있다. 유점사는 경절문에 입각한 참선도량과 화엄수행 체계의 전통을 겸비하고 있다. 신계사는 경절문에 입각한 참선도량을 유지하면서도 미타도량으로서의 기능을 아울러 갖고 있다. 건봉사는 염불문에 입각한 미타도량을 유지하면서도 강학 전통과 참선 전통을 겸비해 오고 있다.

따라서 조선 후기 금강산 사찰은 여타의 산들과 달리 불교 신앙과 수행 전통의 용광로라고 할 수 있다. 전국에 산재하는 모든 신앙을 금강산이라는 특정한 지역에 특화시킨 불교 신앙의 집중처이자 종교신앙의 모음체라고 할 수 있다. 여기에는 불교신앙의 대중적 기반을 지닌 관음 문수신앙과 미타 미륵신앙뿐만 아니라 도교적인 배경에서 이루어진 봉우리 이름과 바위이름 및 골짜기 이름과 폭포 이름도 있다. 해서 휴정조차도 "산은 동쪽 바다의 신선이 사는 곳이다. 절은 산속에 있는 부처님 나라이다"라고 했다. 이처럼 금강산 사찰은 불교의 성지이면서도 모든 종교신앙을 아우르는 집합체이기도 했다.

6. 정리와 맺음

조선 정부의 억불 정책 아래서도 금강산 사찰들이 일정한 사격을 유지할 수 있었던 것은 정부 스스로가 금강산 지역의 건봉사, 신계사, 유점사, 표훈사 등을 왕실 기도처로 삼아 왔기 때문이다. 더욱이 한국불교사에서 여러 산악숭배의 산들 가운데에서도 금강산과 금강산 사찰들이 여타의 지역 사찰들과 변별되는 까닭은 조선 후기 및 대한시대 이래 불교 수좌들이 마하연(摩訶衍) 선방으로 가서 한 철 나는 것을 전통으로 삼아 왔을 정도로 신앙과 수행에 대해 남다른 의미를 담고 있는 공간이기 때문이다. 최근 대한불교조계종이 신계사 등의 복원을 적극 지원하여 불사를 마무리한 것도 한국불교사에서 이 지역이 차지해 왔던 불교신앙과 수행 전통의 계승에 대한 남다른 염원 때문이라고 할 수 있다.

조선 후기 이래 금강산 사찰의 불교신앙은 삼문 수학(三門修學) 체계가 정비되면서 특성을 확립해 갔다. 표훈사는 화엄사상에 기초한 법기(法起)신앙과 화엄의 원돈문(圓頓門)을 기반으로 다져진 사찰이었다. 유점사는 경절문(徑截門)에 입각한 참선도량으로 이름을 떨쳤다. 신계사는 미타신앙의 기반 위에서 경절문에 입각한 참선도량으로 거듭 났다. 건봉사는 전통적으로 미타신앙에 입각한 만일염불회(萬日念佛會)가 성행했으며 19세기 이후 강학 전통과 참선 전통을 세워 왔다고 할 수 있다. 이처럼 금강산의 불교신앙은 법화 천태계와 화엄 보현계 및 정토 염불계와 선법 참선계통에 밀교 및 오대산 신앙이 결합된 모든 불교신앙의 집중처였다고 할 수 있을 것이다.

금강산의 4대 사찰은 저마다 개성적인 수행 전통을 간직해 왔다. 표훈사는 통일신라 이래 표훈과 신림(神琳) 및 능인(能仁) 등이 의상(義湘)의 실천적 화엄사상을 계승하였고 이것은 이후 한국불교의 주요한 흐름을 형성한 선교일원(禪敎一元) 혹은 선교겸수(禪敎兼修)의 전통의 실마리를 놓았다. 유점사는 이 절의 중창조인 사명 유정(四溟惟政)의 가풍이 스승인 청허 휴정(淸虛休靜)의 가풍인 '선교겸학(禪敎兼學)'의 수행체계를 유지했을 것으로 보인다. 신계사는 고려 중기 화엄가이자 법안선(法眼禪)을 수용한 탄문(坦文)이나 불교사상을 실천하였던 묘청(妙淸)이 주석한 것으로 보아 교학을 주로 하고 선법을 종으로 하는 교선일치(敎禪一致)의 수행체계를 강조해 왔을 것으로 보인다. 건봉사는 창건주인 발징(發澄)화상에서부터 중창조인 도선(道詵)과 나옹 혜근(懶翁惠勤) 등의 가풍을 계승하고 있다는 점에서 미타신앙과 선법이 결합된 수행 전통을 간직해 왔을 것으로 추정된다.

따라서 조선 후기 금강산 사찰은 불교 신앙과 수행 전통의 용광로라고 할 수 있다. 금강산 사찰은 전국에 산재하는 모든 신앙을 금강산이라는 특정한 지역에 특화시킨 불교 신앙의 집중처이자 종교신앙의 모음체라고 할 수 있다. 여기에는 불교 신앙의 대중적 기반을 지닌 관음 문수 신앙과 미타 미륵신앙뿐만 아니라 도교적인 배경에서 이루어진 봉우리 이름과 바위이름 및 골짜기 이름과 폭포 이름도 있다. 이처럼 금강산 사찰은 불교의 성지이면서도 모든 종교의 신앙을 아우르는 집합체이기도 했다. 대한불교 이래 금강산이라는 공간이 갖는 특성 역시 척박한 조선조 불교의 지형에서 수행 전통이 드물게 살아 있는 독자적 지점이었기 때문이었다. 앞으로 금강산 불교에 대한 이해를 보다 심화시키기 위해서는 금강산 불교의 개념, 불교사상, 불교역사, 불교문화, 불교수행 등의 분야까지 검토하는 지속적인 연구가 필요할 것으로 보인다.

韓國佛教에서 奉印寺의 寺格

1. 문제와 구상

숭유억불(崇儒抑佛)을 표방했던 조선시대지만 불교가 사라진 것은 아니었다. 불교는 국가의 공식적인 지원을 받지는 못했지만 자내적 노력에 의해 그 나름대로의 자생성을 확보하였다. 그리고 자생성이 이후 몇 백여 년을 지탱하는 힘이 되었다. 특히 조선 전기 이래 중기 직전까지만 해도 양유음불(陽儒陰佛) 혹은 내유외불(外儒內佛)하는 지식인들의 모습은 어느 정도 당연한 것으로 비춰졌다. 하지만 연산군과 중중대에 이르러 성리학이 점차 공고해지면서 국가와 불교계는 점점 긴장관계로 바뀌기 시작했다.

이러한 긴장관계 속에서도 '궁실의 안녕과 기복을 염원하는' 내원당과 능침사찰(원찰)을 통해 느슨하게나마 정부와 불교의 관계는 유지되고 있었다. 태종에 의해 11종이 7종으로, 다시 세종에 의해 7종이 선교양종으로 통폐합되었던 교단은 승과(僧科)를 폐지한 연산군 대에는 공식적으로 사라졌다. 중종은 통치의 근간인 『경국대전』의 도승(度僧)조를 없애 버림으로써 국정에서 불교의 존재 자체를 없애 버렸다. 각 지역에서 훼불과 폐불이 자행되면서 원찰들도 기능이 정지되었다. 이러한 배불의 상황에 비추어 광해군의 지원을 받아 원찰이 된 봉인사(奉印寺)의 경우는 아주 예외적인 곳이라고 할 수 있다.

재위 시절의 광해군(1608~1623)이 특별히 불교계에 대해 우호적인 태도를 취했다는 공식적인 기록은 없다. 단지 어머니 공빈 김씨(恭嬪金氏)의 명복을 빌기 위해 당시 불교계의 대표적 선사인 부휴 선수(浮休善修, 1543~1615)를 만나 봉인사의 불사를 측면에서 지원했던 것 정도를 알 수 있을 뿐이다. 하지만 광해군이 어머니의 명복을 빌기 위해 불교계를 필요로 했다는 점은 그의 유교관이 경직되지만은 않았음을 보여주는 증좌가 된다.

또 광해군은 중국에서 건너온 불사리 1과를 보은사(報恩寺[1]), 후의 봉인사)에 모시게 함으로써 이 절의 존재를 의식하고 있었다는 점은 분명하다. 그리고 임란 당시 승장으로 활동했던 부휴 선수와의 인연이 봉인사의 불사로 이어졌다는 것은 주요한 대목이라고 할 수 있다. 나아가 이후 봉인사가 원찰로서 왕실과 일정한 관계를 유지했던 것은 한국불교에서 이 사찰의 사격을 가볍게 볼 수 없게 하고 있다.[2] 이 글은 이러한 몇몇 관점 속에서 봉인사의 불교사적 지위를 더듬어 보려고 한다.

---

1) '報恩寺'라는 명명은 고유명사가 아니라 일반명사로 보아야 할 것이다. 그렇게 되면 일반명사 '보은사'는 이름 그대로 '은혜를 갚기 위해 세운 절'이 될 것이다. 기록상으로는 여주 神勒寺와 서울 도봉구 쌍문동 도봉산 우이암 동쪽 아래의 圓通寺도 報恩寺라고 불렀음을 알 수 있다. 신륵사의 경우는 조선 예종 1년(1469) 광주의 대모산에 있던 세종의 능인 英陵을 여주로 이장하여 이 절을 영릉의 원찰로 삼을 것을 결정했고, 조선 성종 4년(1673)에 대왕대비인 貞喜王后 尹氏가 報恩寺이라고 이름을 고쳤다. 이들 절에 대한 몇몇 기록으로 미루어 보아 봉인사 역시 '報恩寺'라고 불렀던 것으로 추정된다.

2) 봉인사의 이러한 위상에도 불구하고 선행연구는 대단히 미진하다. 이것은 조선조 불교 연구의 부진과 사료의 미진에서 비롯된 것으로 보인다. 黃壽永, 「日本 大阪美術館의 李朝舍利塔」, 『고고미술』 2권 10호, 1961; 黃壽永, 「일본에서 돌아온 朝鮮 王家의 舍利塔: 양주 봉인사의 부도암」, 『월간문화재』 32호, 1987. 李浩官, 「봉인사 사리탑」, 『三佛金元龍教授停年退任紀念論叢』(서울: 일지사, 1987); 임병규 편저, 『봉인사』(서울: 한길, 2005).

2. 조선 정세와 원찰들

불교를 국교로 했던 고려와 달리 조선은 유교를 정치이념으로 내세웠다. 때문에 불교의 기능은 종래와 현저히 달라졌다. 정부는 불교의 기능을 축소하고 종파를 혁신했다. 왕실 내의 내불당과 능침 주변의 사찰을 원찰로 만들어 왕실의 안녕을 기원하게 했다. 특히 교단을 선교양종으로 통폐합했던 세종 조에는 사대문 안에 승려들의 출입을 금했다.[3] 이렇게 되자 불교의 기능은 현격히 축소되었다. 연산군과 중종 대 이래 불교 교단의 존립을 없애 버린 유자들은 이제 성리학의 훈구척신과 사림 간의 신구파 논쟁으로 옮겨 갔다. 당시의 복잡한 정세는 이러한 정치적 지형도를 잘 보여주고 있다.

고려 말 전래된 성리학으로 조선을 건국한 주체였던 훈구와 외척들의 정치는 명종대에 이르기까지 기승을 부렸다. 훈구 척신들은 조선 초 이래 '공신'으로 책봉된 가문의 후예들과 혼인 등을 통해 왕실과 인척관계를 맺은 '외척'의 피붙이들이 대부분이었다. 이들은 권력의 핵심부를 장악하고 사회경제적 특권을 독점했다. 뿐만 아니라 척신들의 권력이 비대해지면서 그들은 이것을 남용했다. 권력형 부정 비리와 부정 축재가 가속화되면서 나라의 기강이 무너지고 사회의 공도(公道)는 땅에 떨어졌다. 심지어는 명종 대의 윤원형(尹元衡)의 경우처럼 권력을 오로지 하는 '권간(權奸)'이 되어 국왕의 통치권을 능멸할 정도였다.[4]

중종 조 이래 사림들은 '수기치인(修己治人)'을 표방하는 성리학의 이념으로 훈구 척신들을 비판하기 시작했다. 이에 훈구 척신들 역시 반격을 시작하여 연산군 대부터 명종대까지 네 차례 사화(士禍[5])를 일으켰

3) 세종조에 시행된 승려도성출입금지 조치는 '승려로서 도성에 들어가는 것을 금지하고, 이를 어긴 자는 곤장 1백 대에 처한 후 노비에 충당한다'는 것이었다. 이것은 이후 지속되었고 16세기 말에 잠시 완화되었다가 인조 1년(1623)에 재차 강화되어 1895년 3월 29일 고종이 해제할 때까지 계속되었다.

4) 한명기, 『광해군: 탁월한 외교정책을 펼친 군주』(서울: 역사비평사, 2000), 39면 참조.

5) 무오사화(연산군), 갑자사화(연산군), 기묘사화(중종), 을사사화(명종) 등이 대표적이다.

다. 하지만 후사 없이 명종이 세상을 떠나면서 척신들의 위세는 한풀 꺾였고 사림들이 다시 일어섰다. 비록 사림이 주도권을 잡기는 했지만 척신들이 사라진 것은 아니었다. 이들 척신들을 처리하는 방향을 놓고 사림들 내부에서 논란이 일어나면서 다시 동인과 서인으로 분립되었다.

세조의 일시적인 불사의 중흥이 있기는 했지만 이후 성종과 연산군 및 중종에 이르러 불교는 말할 수 없는 핍박을 받았다. 명종의 즉위 이후 그 모후인 문정(文定)대비 윤씨가 섭정을 하면서 불교계는 부흥의 조짐이 일어났다. 불교 중흥의 꿈을 지녔던 대비는 때마침 양주 회암사(檜巖寺)에 와 머무르는 허응 보우(虛應 普雨, 1515~1565)를 맞이하였다. 보우는 선교 양종을 일으키고 승과(僧科)를 복원했으며 봉은사(奉恩寺)를 선종본사(禪宗本寺)로 하고 봉선사(奉先寺)를 교종본사(敎宗本寺)로 삼았다.

선교 양종이 부활되고 승과가 실시되면서 교단은 활기를 띄고 유능한 인물들이 모여들었다. 봉은사에서 실시한 승과를 통해 청허 휴정(淸虛 休靜, 1520~1604)과 사명 유정(泗溟 惟政, 1544~1610)이 등용되면서 불교는 도약의 계기를 마련할 수 있었다. 하지만 약 15년 동안 교단의 부흥을 모색하던 대비가 명종 20년(1565) 세상을 떠나자 불교의 중흥의 기치는 도중에서 꺾여 버렸다. 그리고 보우는 제주도로 귀양을 가 장살(杖殺) 당하였다. 교단은 다시 예전의 상태로 되돌아갔지만 다행히 후비들이 머물고 있는 궁중의 숭불(崇佛)정신은 심화되었다.

동인과 서인으로 갈린 사림들은 광해군이 태어나던 시절(1575, 선조 8년) 이조전랑(吏曹銓郞) 김효원(金孝元, 1532~1590)의 후임 자리를 놓고 다시 갈등을 일으켰다. 주위에서 명종의 비 인순왕후의 동생이었던 외척 심충겸(沈忠謙)이 추천되자 사림 내부에서 그의 동생 심의겸(心義謙)의 외척이었던 자신의 고모부 이량(李樑)을 조정에서 몰아낸 예를 들어 외척이라도 옥석을 가려내야 한다는 입장이 생겨났다. 이 때문에 정치판의 주류로 자리를 잡아가던 사림들은 외척 배제라는 원칙론을 고수한 '동인'과 심의겸 형제를 포용하려 했던 '서인'으로 분열되면서 붕당이 시작되었다.

주로 퇴계 이황(退溪 李滉, 1501~1570)과 남명 조식(南冥 曺植, 1501~1572)에게서 수학했던 인물 대부분은 강경하게 외척 배제의 태도를 보인 영남 출신의 사림들로서 주로 언관이나 낭관 등의 자리에 있었다. 이와 달리 정철(鄭澈)과 이이(李珥) 및 성혼(成渾)과 윤두수(尹斗壽)와 박순(朴淳) 등 기호 지방 출신의 연장자들은 서인이 되었다. 이이는 동서 분열을 조정하여 화합시키려고 했으나 현실정치의 골을 메우기에는 역부족이었다. 이즈음 이이의 제자였다가 동인으로 당적을 바꾼 정여립(鄭汝立)이 역모를 기도하다가 여의치 않자 자살하면서 기축옥사(己丑獄死, 1589, 선조 22년)가 일어났다.

결국 남명 조식의 수재였던 최영경(崔永慶, 1529~1590) 등의 죽음에 대한 책임은 수사책임자인 정철(鄭澈)에게 옮겨 갔고 궁극적으로는 불만이 선조에게로 겨냥되었다. 기축옥사 이후 조식과 화담 서경덕(花潭 徐敬德, 1489~1546) 계열의 사림들은 북인으로 떨어져 나갔고, 최영경 등의 억울한 희생에 미온적인 반응을 보인 이황의 제자들은 남인이 되었다. 이어 선조의 후계자(建儲議)인 왕세자를 세우라고 건의한 서인의 영수인 정철이 실각하자 남인과 서인이 다시 주도권을 쥐게 되었다. 하지만 임진왜란이 일어나 종묘사직이 위태로워졌음에도 불구하고 이들 붕당은 아무런 입장을 표명하지 못했다.

광해군(1608~1623년 재위) 시대의 조망은 선조대 이래 생겨났던 복잡한 붕당에 대한 이해 위에서 이루어져야만 한다. 그러기 위해서는 이 시대의 정치적 지형도를 기록한 실록[6]을 꼼꼼히 대비하여 읽어야만 한

6) 한 임금이 세상을 떠나고 그를 이은 임금이 즉위하면 죽은 임금이 재위하던 시절의 역사를 편찬하기 위해서 '實錄廳'이라는 임시기구가 만들어진다. 일반적으로 정승급 인물이 실록청의 책임자인 總裁官이 되고, 그 아래에 堂上과 郎廳 등의 중간 관리자의 직책을 둔다. 명목상으로는 총재관이 실록 편찬과 관련된 모든 책임을 지지만, 실제로는 각 당상의 역할이 더 중요하다. 당상의 아래로는 사료 수집과 초고 작성의 실무를 맡은 사관들이 소속된다. 선왕이 실록 편찬이 결정되면 실록청의 관리들은 선왕 재위 시절 사료들의 수집 작업을 벌인다. 선왕을 따라다녔던 사관들이 매일 매일 기록한 원고인 史草와 국왕의 비서실인 承政院에서 기록한 『승정원일기』를 비롯하여 각 관청에서 남겨놓은 여러 가지 문서와 관리들이 개인적으로 남긴 기록들이 망라되어 모아진다. 이렇게 모아진 사료들의

다. 광해군대 북인들이 편찬한 『선조실록』과 인조반정 이후 인조를 선조의 후계자로 생각했던 서인들이 그 내용에 불만을 품고 다시 편찬한 『선조수정실록』, 그리고 현존하는 중초본 『광해군일기』[7]와 정족산본 『광해군일기』 등을 함께 보아야 한다.

뿐만 아니라 남인들이 편찬한 『현종실록』뿐만 아니라 서인들이 편찬한 『현종개수실록』과 소론들이 편찬한 『숙종실록』과 노론들이 편찬한 『숙종실록보궐정오』까지도 살펴야 한다. 그래야만 인조반정 이후 거의 전멸해 버린 북인들의 행적과 승리자인 서인들의 손에 의해 기록된 실록을 객관적인 시선을 유지하면서 해석해 낼 수 있기 때문이다.

이러한 붕당의 소용돌이 속에서 불교는 공식적으로 왕실의 안녕을 기원하는 원찰(능침사찰)의 기능으로서만 존재했다. 원찰은 왕실 내에 있었던 내원당과 달리 주로 한양 주변 경기권에 산재해 있었다. 여기서

내용을 토대로 실록청 소속의 사관들은 실록의 초고를 만들어 낸다. 방대한 사료를 바탕으로 바른 시간 안에 원고를 작성해야 하므로 초고는 대개 초서로 기록하는 것이 보통이다. 이렇게 만들어진 초벌 원고를 보통 '初草本'이라고 한다. 각 사관들을 감독하는 위치에 있는 당상들은 초초본을 검토하여 불필요한 부분을 덜어내고, 누락된 부분을 보충하는 등 수정 작업을 벌인다. 수정 작업을 통해 두 번째 원고가 만들어지면 총재관과 大提學 등은 그것을 다시 검토, 수정하는 작업을 벌인다. 이렇게 해서 완성한 원고가 '中草本'이다. 여전히 초서로 휘갈겨 쓴 이 중초본 원고를 알아보기 쉽게 정서하여 다시 만든 것이 '正草本'이다. 정초본이 완성되면 그것을 대본으로 활자를 뽑아 조판 작업을 벌이고 인쇄에 들어가는데 이것이 완성된 실록이다. 실록이 완성되면 그것들을 각지에 산재한 史庫에 보관하는 한편 초초본, 중초본, 정초본 등의 대본들은 물로 씻어내게 된다. 그것을 초고를 씻어버린다는 의미에서 '洗草'라고 한다. 세초를 하는 첫째 이유는 초고를 만드는 과정에서 사용된 방대한 분량의 종이를 '재활용'하기 위한 것이며, 둘째 이유는 이미 활자로 인쇄된 실록의 최종본과 비교하여 혹여 시비가 생길 것을 우려해서다. 한명기, 앞의 책, 20~22면 참조.

7) 중초본 『광해군일기』가 남을 수 있었던 것은 희유한 사례라고 할 수 있다. 1624년 7월 인조반정의 주체들이 『광해군일기』 편찬 작업을 시작하였으나, 이미 같은 해 1월 논공행상에 불만을 품었던 공신 李适이 반란을 일으켜 서울을 점령하는 과정에서 광해군 시대의 사료 대부분이 불타 버렸다. 반란을 진압한 뒤 부족한 사료를 보충하기 위하여 경향 각지에서 수집 활동을 벌이고 있던 1627년에 정묘호란이 일어났다. 後金군을 피해 인조와 신료들이 강화도로 피난하던 와중에 『광해군일기』 편찬은 중단되었다. 이후에도 넉넉하지 못한 재정 여건과 후금의 군사적 위협 때문에 작업은 지지부진하였고, 우여곡절 끝에 1633년 12월 중초본이 완성되었다. 다시 정서하여 활자를 뽑고 인쇄를 하려 했으나 또다시 재정문제가 불거졌다. 고민 끝에 인쇄는 포기하고 두 벌의 정서본을 만들어 하나는 강화도 정족산에 다른 하나는 무주의 적상산 사고에 보관했다. 정서하는 대본으로 썼던 중초본은 洗草하지 않고 봉화의 태백산 사고에 보관했다. 이 때문에 『광해군일기』만이 유일하게 정서본과 중초본이 동시에 남게 된 것이다. 다행스럽게도 남은 중초본과 정서본을 비교하여 '광해군 죽이기'의 실상을 어느 정도 엿볼 수 있다는 점에서 이 사료의 가치는 배가되며 다른 사료와도 차별된다. 한명기, 위의 책, 22~23면 참조.

는 주로 왕실에 머물렀던 이들의 만수무강과 극락발원의 기능을 맡았다. 틈틈이 승군을 통제하여 성벽을 개보수하고 군역을 부과하기 위해 승군소를 두기도 했다. 이러한 기능을 담당한 원찰들 역시 붕당 정치의 강화로 불교적 위상이 위축되면서 존재감 자체가 왜소해졌고 새로운 원찰의 시설은 이루어지기 어려웠다.

3. 보은사와 부도암 건립

남양주 천마산 송릉리의 봉인사는 조선 말기에 폐사되어 한동안 잊힌 절이다. 다행히 이 절은 1979년 이래 한길로 법사에 의해 재건되어 현재의 모습을 지녀오고 있다. 때문에 폐사와 무억(無憶) 속에 있던 봉인사의 초창을 확정하기는 쉽지 않다. 더욱이 이 절에 모셨던 사리탑과 중수비는 한동안 일본에 반출(1907)되어 봉인사의 연혁을 알기가 어려웠다. 반출 이후 탑과 비는 몇몇 일본인의 손에 전전하면서 일본인 사찰인 서울 본원사(本願寺)에 예치되어 있다가 1927년에는 일본으로 옮겨져 오사카 시립미술관 뜰에 보존 전시되어 있었다.

그 뒤 1987년 일인 소유자인 이와다센소(岩田仙宗)씨의 기증(寄贈) 반환(返還) 형식을 빌려 사리합(舍利盒)과 중수비(重修碑)와 함께 돌아와 경복궁 앞뜰에 복원되어 세워져 있다. 같이 돌아온 사리장엄구는 ① 대리석사리 외합, ② 청동사리 내합, ③ 은제사리 내합, ④ 수정사리병, ⑤ 사리기 비단 보자기로 구성되어 있다. 이 중에서 ③의 은제사리 내합은 원통형 소합(小盒)과 밥그릇 형합(形盒) 두 종인데 원통형 소합은 조선시대 전형적인 사리 내합이다. 이 그릇 밑바닥에 광해군 12년(1620)에 임금이 몸소 행차하여 왕세자 '이질(李祬)'을 위한 발원한 글과 년기(年記)를 새겨두었다.

> 만력 연간에 봉인사 부도 은제 사리합에 새긴다.

세자 무술생
오래 살며 복이 끝이 없기를
성군의 자손이 창성하기를
만력 48년(1620) 경신 5월　일[8)]

이 기록은 대신들의 반대에도 불구하고 광해군이 중국과의 외교문제를 내세워 봉인사에 거둥하여 몸소 발원한 근거라고 할 수 있다. 또 ④의 사리기 비단 보자기에도 가운데에는 궁체로 된 '생남 발원'이, 상하 오른쪽에는 '귀남자 성취'가 그리고 왼쪽에도 한 줄로 길게 발원문을 적고 있지만 자세히 읽을 수가 없다.

이러한 기록들에 의거해 볼 때 불사리를 봉안하면서 광해군은 왕세자의 장수와 수복 및 자손의 창성을 기원하고 있음을 알 수 있다. 때문에 이 절은 광해군에 의해 원찰이 되었음을 분명히 알 수 있다. 하지만 불탑의 양식과 내용에서 볼 때 몇 가지의 문제점이 없지 않다. 전통적인 사리봉납법(舍利奉納法)에 따르면 사리는 석탑 속에 모시는 것이 정설이기 때문이다.

이를테면 양주 회암사의 승탑(僧塔)인 무학대사의 부도탑과 비슷한 형식에 불사리를 모시는 것은 정설에서 벗어나는 경우라고 할 수 있다. 물론 역으로 이것이 조선 중기의 특이한 양식을 보여주고 있다는 점에서 오히려 조선시대 석물 연구의 새로운 기준을 보여주는 것이라고 볼 수는 있다. 하지만 중국에서 보내온 불사리 1과를 세자의 수복과 창성을 기원하는 뜻과 함께 사리탑 안에 봉납하는 것 역시 종래의 사리탑 부장물들에 담은 뜻과는 어울리지 않는 것이라고 할 수 있다.

봉인사 사리탑이 세워진(1620) 139년 뒤인 영조 35년(1759)에 풍암 취우(楓巖取愚)가 중수하면서 건립한 「사리탑중수비」에는 다음과 같이 적혀 있다.

---

8) 임병규 편저, 『봉인사』(서울: 한길, 2005), 44면. "萬曆銘奉印寺浮圖銀製舍利盒. 世子戊戌生. 壽福無疆. 聖子昌盛. 萬曆四十八年 庚申五月　日."

조선 광해군 11년(1619) 석가법인(釋迦法印)인 불사리(佛舍利)가 중국을 거쳐 이 땅에 온 것을 이듬해 5월 임금이 예관(禮官)에 명하여 천마산(天磨山) 봉인사(奉印寺)로 보내어 동쪽 이백 보(二百步)의 위치에 탑(塔)을 세우고 당(堂)을 지어 예(禮)를 받들어 마쳤다.[9)]

이 기록에 의하면 종래 있던 왕실의 원찰 '보은사'에다 불사리를 모시기 위해 지은 집이 부도암이었음을 알 수 있다. 그리고 실제 사리는 다음 해인 광해군 12년(1620) 5월 14일에 이 절에 모셔진다. 그러므로 부도암은 봉인사의 개명이 아니라 봉인사에 부속된 암자임이 분명하다. 이것은 아래의 『봉선본말사지』 「부도암연혁」에서도 확인할 수 있다.

광해주(光海主) 11년 기미(己未)에 개창하고 부도암(浮圖庵)이라 명명하니 거금(距今, 丙寅) 308년이오. 살펴보건대[按] 본 암자는 봉인사의 부속 암자[屬庵]로 이 절[該寺] 및 이 암자[此庵]의 초창(初刱)은 문헌에 뚜렷한 징표는 없으나[無徵] 「탑법당창건기문」(塔法堂刱建記文)에 비추어보면[照] 만력(萬曆) 기미(己未)에 석가법인(釋迦法印)을 받들어 모셨다 한즉 본 암자[本庵]은 법인탑(法印塔)을 수호하기 위하여 초창(初刱)되고 봉인사도 법인(法印)을 봉안하였다는 취지하에 동시개창(同時開刱)한 것이 아닌가 하는 추정(推定)에 의하여 본 암 개창을 광해주 11년으로 단안(斷案)하노라.[10)]

그런데 이 기록은 결론부분에서 봉인사와 부도암의 동시 개창을 추정하고 있어 「사리탑중수비」의 기록과 상충된다. 이것은 서두에서 언급한 '봉인사의 부속 암자'라는 표현과도 어울리지 않는다. 만일 동시 개창이었다면 곧 바로 절 이름을 '더 큰 의미'를 지닌 '부도사'라 하지 않고 굳이 '봉인사'로 따로 붙인 연유도 부자연스럽다.

뿐만 아니라 '이 절'[該寺]의 동쪽 이 백보 위치에 사리를 보호하기 위해 지은 암자를 부도암이라고 했다면 이 암자를 통솔할 '이 절'[該寺]

---

9) 임병규 편저, 위의 책, 48면.

10) 『韓國寺誌叢書: 傳燈本末寺誌・奉先本末寺誌』(서울: 아세아문화사, 1978), 121면.

의 존재도 상정해야만 한다. 그렇게 되면 '이 절'과 '이 암자'의 관계는 '동격'의 관계가 아니라 '주종'의 관계가 된다. 이러한 단안은 이절의 원래 이름이었을 왕실 원찰 '보은사'의 존재를 인식하지 못했기 때문이다. 그러므로 상위개념의 '절'과 하위개념의 '암'과의 관계를 동시 개창으로 단안하게 된 것이다. 이러한 논의를 종합해 볼 때 부도암은 보은사(봉인사)의 동쪽 이 백보 지점에 자리했던 부속 암자임이 분명하다.

이를 입증하는 근거는 현존 「봉인사부도암기(奉印寺浮圖庵記, 1854)」와 「봉인사부도암금종기(奉印寺浮圖庵金鐘記, 1854)」 및 「봉인사부도암탑법당창건단확기문(奉印寺浮圖庵塔法堂創建丹雘記文, 1868)」에서도 확인된다. 이들 자료들은 그 제명(題名)에서 이미 봉인사와 부도암을 본사와 부속 암자의 관계임을 분명히 보여주고 있다.

그리고 '봉인사부도암탑법당창건기문'의 '창건'이 종래의 부도암을 일컫는 것이라면 문제가 복잡해진다. 이것은 "거금 40년 전(1887년경)에 궐내로부터 '나라를 위하여 치성하라[爲國致誠]'라는 뜻으로 향촉을 하사(下輝)받아 이에 응하여 사승이 그 황촉등을 법당 중앙에 높이 매달고 밤을 새우다가 등이 탁자 아래로 떨어져 불이 나면서 태운 20여 칸의 대법당 및 응진, 시왕 각 전과 기타 동산까지 몰소(沒燒)되고 다만 대방(大房) 및 노전(爐殿) 두 동(棟)이 남아 있었다"[11]는 표현에서처럼 부도암과 탑법당을 별개로 본다면 창건이란 표현은 크게 문제되지 않을 것으로 보인다.

그렇다면 봉인사는 불사리탑이 있는 지점에서 이백 보쯤 아래에 자리했던 것임이 분명하다. 그런데 봉인사의 초창에 대해 더욱 더 규명되어야 할 것은 봉인사 이전에 이곳이 절터였느냐의 문제이다. 기록에 따르면 이곳에는 봉인사의 전신이 있었음이 분명해 보인다. 『광해군일기』 제138권에는 아래와 같이 적혀 있다.

---

11) 「浮圖庵傳說」, 위의 책, 126면.

> 승정원이 아뢰었다: "신들이 삼가 보건대 웅유격(熊遊擊)이 바친 물건 가운데에 사리(舍利) 1개가 있었습니다. 사리란 바로 승려를 다비할 때에 나오는 것입니다. 그것은 오랑캐의 도이며 더러운 물건입니다. 더러운 물건을 전하께 바친 의도는 바로 오랑캐의 도로 전하에게 아첨하려는 것이니, 바친 물건은 매우 작지만 그 해는 클 것입니다. 옛날에 한유(韓愈, 768~824)는 부처의 뼈를 맞이해 오는 데에 대하여 간하였습니다. 참으로 영원한 행복을 하늘에 비는 것은 부처를 섬기는 데 있지 않고 실로 백성들에게 정성을 다하는 데에 있기 때문입니다. 사리를 받지 말아서 이단을 물리치고 유교를 숭상하는 훌륭한 뜻을 보여주시기 바랍니다." 임금이 전교하였다. "예조의 관원들로 하여금 의논하여 처리하게 한 다음 보은사(報恩寺)로 보내라."[12]

광해군 11년(1609)에 중국에서 불사리 1과가 전해져 왔다. 조정에서는 이 사리의 인정 여부와 이후 어디에 모실 것인가에 대해 고민했던 것으로 보인다. 이 『일기』에 의하면 광해군의 전교에 의해 사리를 모신 절의 이름은 분명 왕실 원찰인 '보은사'[13]임을 알 수 있다. 그렇다면 이 절 이름이 '부모의 은혜를 갚는 절'이라는 점에서 광해군의 어머니인 공빈 김씨(恭嬪金氏)와의 관련을 추정할 수 있다.[14]

광해군은 재위에 오른(1608) 이후 사친(私親)인 공빈 김씨를 자숙단인 공성왕후(慈淑端仁恭聖王后)로 추숭(追崇)하고 능호인 성묘(成墓)를 성능(成陵)으로 추봉(追封)하였다.[15] 이는 광해군 자신이 후궁의 둘째 아들이었던 점에 기인한다. 명나라는 임란 당시 선조와 대립각을 세우며 왕세

---

12) 『광해군일기』 138: 7. 22, 3월 11일(갑오).

13) 여기의 보은사를 여주 신륵사의 옛 이름으로 보기는 무리다. 보은사는 왕실 원찰을 일컬으며 '부모의 은혜를 갚는 절'이란 일반명사로 보아야 할 것이기 때문이다.

14) 훗날의 일이지만 근처에 있는 榛接邑 內閣里 天見山 '奉永寺'(한때 奉仁庵) 역시 신라 진평왕 21년(599) 초창 이래 조선 중기까지의 연혁을 알 수 없다가 영조 31년(1755년) 선조의 후궁인 仁嬪 등의 묘가 順康園으로 승격하면서 이 절을 仁嬪의 원찰로 삼고 神室을 지었으며 이름을 봉영사로 바꾸었다. 이때 토지 10결을 내려 설날과 추석에 제사를 모시게 했다. 절 주위에는 순강원과 풍양궁 터 및 인빈의 아들인 李光의 묘 등이 있다.

15) 조선시대 왕실에서는 품격에 따라 왕과 왕비의 무덤은 '陵', 왕의 생모·왕세자·빈의 무덤은 '園', 대군·공주 등의 무덤은 '墓'로 구분하여 불렀다.

자 광해군을 인정했었다. 그러나 일본이 물러간 뒤 평시가 되자 명나라의 신종은 그를 '둘째'라는 이유로 세자 책봉을 거부했다.

표면적인 이유는 광해군이 임해군에 이은 '둘째'이자 '첩의 자식'이라는 것이었다. 하지만 사실은 황제가 아직 황태자를 세우지 않은 상황에서 번국의 왕세자 책봉을 먼저 승인할 수 없다는 것이었다. 1600년(선조 33) 중전 박씨가 세상을 떠나자 선조는 왕세자의 책봉을 늦추며 먼저 장가를 들고자 했다. 1602년(선조 35) 선조는 광해군보다 아홉 살이나 어린 처녀를 취하여 장가를 다시 들었다. 그리고 1606년(선조 39) 봄 인목대비와의 사이에서 후계자로서 하자가 없는 적자 영창군이 태어났다.

결국 명나라는 어린 영창군이 아니라 광해군을 왕세자로 승인하였고 1608년(선조 41) 선조가 승하하자 광해군을 조선왕으로 책봉[16]하였다. 어렵게 왕위에 올랐던 광해군은 '반명 인식'과 함께 자신의 정통성을 확립할 필요가 절실해졌다. 인목대비는 세 살의 어린 영창군을 보호하기 위해 선조가 승하한 다음 날 광해군을 즉위시켰다. 재위에 오른 광해군이 먼저 착수한 것이 생모를 왕후로 추숭하는 작업이었다. 광해군은 이를 위해 생모의 무덤인 성묘를 성릉으로 추봉한 뒤 인근 사찰인 '보은사'를 왕후의 명복을 비는 원찰로 만들었던 것으로 보인다.

이들 기록을 중심으로 종합해 보면 워낙은 왕실 원찰이었던 '보은사'가 존재했었음이 분명하다. 그 뒤 광해군 11년(1619) 중국에서 전해온 불사리를 이 절 동쪽 이백 보 지점에 '당'을 세워 모시고 사리를 지키는 암자를 지어 부도암이라고 하였다. 그리고 '사리를 모신 암자를 거느린 절'(봉인사)이란 의미에서 절 이름을 '봉인사'로 바꾼 것으로 보인다. 여기서 '인[印]'은 곧 '부처님의 사리'를 의미한다. 따라서 이 절은 적어도 광해군 11년 이전에는 분명히 왕실 원찰이었던 '보은사'로서 존재해 있었다. 이것은 『광해군일기』가 분명히 보여주고 있다.

---

16) 대중국과의 관계에서 있었던 '조공'과 '책봉'의 기록은 국가 간의 외교적인 표현일 뿐 절대적인 종속의 의미는 아니다.

4. 봉인사 개명과 사격

위에서 살펴온 것처럼 봉인사의 전신은 '부모의 은혜를 갚는 절'인 보은사로 추정된다. 광해군이 중국에서 전해 온 불사리를 '보은사로 보내라'고 한 기록에 의거하면 적어도 봉인사 이전 이 절의 이름은 보은사였다. 이후 불사리를 모시면서 부도암을 건립하였고 동시에 '법신사리[法印]를 받드는 절'이라는 뜻에서 '봉인사'로 개명하였다. 절 이름의 개명에는 광해군과 부휴 선수와의 인연이 개입되었을 것으로 보인다.

그렇다면 두 사람의 인연을 해명하는 것이 봉인사 탄생의 배경과 이 절의 정체성을 밝히는 주요 관건이 될 것임은 분명하다. 임진왜란 당시 광해군은 선조의 명에 의해 인사권과 상벌권을 넘기며 임시정부와 같은 분조(分朝)활동을 하였다. 이어 광해군은 두 번째 분조 활동인 무군사(撫軍司, 1593. 윤달 11. 19.~1594. 8. 25.)를 이끌면서 조선 팔도를 누비고 다녔다. 1593년 즈음 그는 일본군이 머무는 곳 주변에서 포위되어 노숙을 하면서 병석에 눕기까지 하였다.

이때 승병을 이끌던 부휴 선수(浮休 善修, 1543~1615)의 도움을 받고 왕세자인 광해군은 일본군의 포위망을 벗어날 수 있었다. 이를 계기로 광해군은 승병을 이끌던 부휴 선수와 불교의 존재를 깊이 인식했던 것으로 보인다. 이후 광해군은 역모로 끌려온 선수에게서 불법의 요체를 듣고 마음을 열며 매우 기뻐했다. 많은 선물을 내려주며 두텁게 대접한 뒤 생모 공빈 김씨의 성릉 근처 사찰인 '보은사'에서 큰 재를 시설하여 증명법사를 맡게 했다.

이때까지만 해도 봉인사라는 이름은 등장하지 않았던 것으로 보인다. 1619년 중국에서 불사리 1과가 건너오자 광해군은 '보은사로 보내라'고 했다. 이듬해(1620) 봄에 보은사에서는 동쪽 언덕 이백 보 지점에 불사리를 모시게 되었고 이를 보호하기 위해 부도암을 지었다. 그리고 이 암자를 거느리는 절이란 점에서 보은사를 '봉인', 즉 '부처님의 법인'을 받드는 곳이라는 뜻에서 '봉인사'라고 개명했을 것이라고 짐작해 볼 수 있다.

송광사에 서 있는 「부휴당선수대선사비문(浮休堂善修大禪師碑文)」의 기록은 이러한 전후 맥락을 뒷받침해 주고 있다.

> 선수대사가 두류산에 머물 때 광란한 승려의 무고로 옥에 갇히게 되었다. 옥리가 대사의 기개가 크고 바르고 말이 논리 정연함을 보고 최찬에게 말하자 (최찬이) 광해군에게 아뢰었다. 광해군은 대사가 죄가 없음을 알아보시고 다음 날 내전으로 불러 도의 요체를 묻고 기뻐했다. (광해군은) 자주빛 금란 가사 한 벌[領]과 푸른 무늬 비단 장삼 한 진(袗), 녹색 비단 겹저고리 한 습(襲)과 금강석 구슬 한 곶(串)을 내려주었고 그 밖에 진귀한 물건과 두터운 선물들을 주었는데 모두 기록할 수 없을 정도였다. 곧바로 또 봉인사에서 대재(大齋)를 열게 하고 대사를 보내어 주관하게 하였다. 천리마 한 필을 준비하여 타고 가게 하고 호위하는 사람이 앞에서 이끌게 하였다. 한양 사람들이 대사의 풍모를 보고 와서 앞다투어 절을 하였고, 뒤처져 오는 것을 부끄러워 생각하였다.17)

비문에 따르면 광해군 4년(1612)에 선수가 임금을 궁궐에서 만난 것은 승려 천인(天印)이 무고로 끌어다 대면서였던 것을 알 수 있다.18) 그 승려가 실재하는 인물인지는 확인할 길이 없다. 다만 『광해군일기』 제51권에 의하면 3월 23일(정사)조에는 아래와 같이 적혀 있다.

> 대궐 뜰에서 국문하였다. 박응수(朴應守)에게 형장을 가하고, 천인이 끌어 댄 승려 선수(善修)와 삼혜(三惠) 등을 잡아오라고 명하였다.19)

---

17) 白谷 處能, 「浮休堂善修大禪師碑文」, 李智冠 편, 『韓國高僧碑文總集 朝鮮朝・近現代』(서울: 가산불교문화연구원출판부, 2000), 79면. 현재의 비문은 순천 송광사성보박물관에 보관되어 탁본을 근거로 대한민국 임시정부 2년(1920)에 다시 세운 것이다.

18) 淸虛 休靜도 정여립 사건에 誣告로 연루되어 宣祖의 국문을 받은 적이 있었다. 泗溟 惟政의 경우도 그러했다.

19) 『광해군일기』 51: 28. 7, 3월 23일(丁巳)조.

선수가 역모에 연루되어 대궐로 끌려왔다고는 하나 자세한 역모 내용[20]은 알 수 없다. 『광해군일기』에 의하면 고(故) 지사(知事) 허잠의 손자이자 대사간 최유원(崔有源)의 외삼촌인 천인이 선수의 이름을 끌어다 대었던 것으로 알려져 있다. 하지만 왕이 타던 말을 공양하고 봉인사에서 대재를 올리게 했다는 대목에 이르면 선수는 무고로 끌려온 것이 분명해 보인다.

선수는 1609년부터 1614년까지 이 절에 주석했다. 그가 이 절에 머물기까지 이 절의 이름은 보은사였다. 선수는 이 절에 머물면서 조선 불교의 재건을 꿈꾸었던 것으로 짐작된다. 그리고 그는 광해군의 심적 물적 지원에 힘입어 이 절을 중창하면서 사세를 확장했다. 선수는 이미 오래 전에 불사리가 이곳에 모셔질 것을 예견하고 '봉인사'라는 절 이름을 광해군에게 적어 주었던 것으로 보인다.

선수의 입적 4년 뒤인 1619년 불사리가 이곳에 모셔지면서 진신사리를 수호하기 위해 부도암이란 암자가 지어졌고 이 암자를 거느리던 절 이름은 자연스럽게 봉인사로 개명되었다. 선수가 방장산 칠불암에서 입적(1615)[21]하자 5년 뒤인 이해(1620)에 광해군은 '부휴당부종수교변지무애추가홍각대사선수등계존자(浮休堂扶宗樹教辯智無碍追加弘覺大師善修登階尊者)'라는 긴 시호를 내려주었다.

광해군이 내린 시호가 불사리를 모신 그해(1620)이므로 비문의 제액(題額)인 '부종수교변지무애추가홍각등계대선사부휴당비명병서(扶宗樹教辯智無碍追加弘覺登階大禪師浮休堂碑銘幷書)'를 근거로 볼 때 적어도 이 비문은 1620년 이후에 세워졌을 것이다. 이렇게 본다면 이 절이 불사리를

20) 광해군 4년 鳳山 郡守 申慄의 牒報에 의해 중화의 군사 金景立(濟世)이 '군역에 충정하지 말라'는 공문(關文)을 위조하였다가 잡혀 신문당하면서 '平山의 대장이 군내에서 반역을 일으키려고 우리 형제로 하여금 허실을 염탐하게 하였기 때문에 왔다'고 꾸며대었다. 그의 아우 익진(翼辰)을 심문했더니 '팔도의 도대장 金百緘이 그의 아버지 金直哉의 실직에 분을 품고 반역을 꾸며 무리가 모이기를 기다렸다가 불시에 서울을 침범한다'는 내용이었다. 이로부터 국문과 공초가 시작되어 많은 승려와 사람들이 끌려왔다. 승려 天印이 善修를 끌어대면서 선수는 광해군에게 국문을 받게 된다.

21) 그의 부도는 문도들에 의해 해인사, 송광사, 칠불암, 백장암에 세워졌다.

모시기 전만 해도 '봉인사'가 아니었음이 분명하다. 때문에 불사리를 모시기 전까지는 광해군과 선수 사이에서 공유되었던 '봉인'이란 절 이름 역시 아직 공식화되기 전이었던 것임을 알 수 있다.

「부휴대선사비문」에는 '봉인사'라는 사명이 나오지만 이것은 광해군과 선수 사이에서만 통용되었을 뿐 아직 공식화되지 않았던 이름이었다. 선수는 자신의 입적 전에 훗날 이곳에 모셔질 불사리 1과를 예견하여 절 이름을 '봉인(封印)'이라 적어둔 것으로 보이지만, 이것도 부휴 선수 주변의 송광사 내부에서 기록된 것일 뿐 한양과 경기 일대에서 통용된 사명은 아니었다. 그러므로 광해군은 불사리를 모시고 난 뒤 비로소 이미 선수와 공유하고 있었던 '봉인'이란 사명을 공식화한 것으로 볼 수 있다.

인조 22년(1549) 형인 임해군이 죽자 인조는 이곳에 무덤을 마련했고, 아우인 경창군(慶昌君)의 아들이면서 형인 임해군의 계자(繼子)가 된 양녕군(陽寧君)의 묘(1641)도 들어섰다. 그리고 뒷날 이 절 근처에 묻힌 부인의 무덤 옆에 광해군 역시 함께 묻혔다(1644). 따라서 봉인사는 왕실 원찰인 보은사로서 시작되어 부도암을 계기로 봉인사로 개명했으며, 이후 광해군의 원찰로서 일정한 사격을 지니면서 크게 번창하였다.

5. 봉인사와 한국불교

왕실 원찰인 '보은사'에서 불사리를 모시면서 세운 부도암을 거느리면서 봉인사로 개명한 이 절은 한국불교에서 여러 가지 면에서 주목된다. 조선 초기 이래로 원찰들은 왕실의 안녕과 기복을 비는 기능을 지녀왔다. 주로 한양과 경기도 주변에 머물던 이들 원찰들은 능침 사찰 기능을 담당하면서 국가와 불교 사이의 관계를 미미하게나마 이어왔다. 주로 '봉(奉)'자와 '흥(興)'자 혹은 '수(守)'자와 '국(國)'자 돌림의 이름을 지닌 원찰들은 능침 주변에 산재해 있었다. 이들 능호와 능침사찰들 일부를 표로 만들어 보면 다음과 같다.

〈표 1〉 조선시대 願刹과 陵號

寺刹	陵號	주인공	위치
奉國寺	貞陵	太祖 후비 신덕왕후	서울시 성북구 정릉동
奉先寺	光陵	世祖	서울시 남양주 진접읍
佛巖寺	泰陵	中宗 제2비 문정왕후 윤씨	서울시 남양주 별내면
	康陵	明宗과 인순황후 심씨	
佛巖寺 <東九陵>	建元陵	태조	서울시 남양주 별내면
	顯陵	文宗과 현덕왕후	
	穆陵	宣祖와 의인왕후, 계비 인목왕후	
	崇陵	顯宗과 명성왕후	
	徽陵	仁祖 계비 장렬왕후	
	惠陵	景宗의 비 단의왕후	
	元陵	英祖와 계비 정순왕후	
	景陵	憲宗과 효현왕후, 계비 효정왕후	
	綏陵	純祖의 세자인 익종과 신정왕후	
奉恩寺	宣陵/靖陵	成宗과 中宗	서울시 강남구 삼성동
守國寺 <西五陵>	敬陵	德宗과 소혜왕후	서울시 은평구 갈현동
	昌陵	睿宗과 계비 안순왕후	
	明陵	肅宗과 제1계비 인현왕후 제2계비 인원왕후	
	翼陵	肅宗의 원비 인경왕후	
	弘陵	英祖와 정성왕후	
蓮花寺	懿陵	景宗	서울 동대문구 회기동
興國寺	德陵	德陵대원군	경기도 남양주 별내면
西三陵	禧陵	中宗 계비 장경왕후 윤씨	경기도 고양시 덕양구
	孝陵	仁宗과 인성왕후 박씨	
	睿陵	哲宗과 철인왕후	
封印寺	成陵	宣祖 후궁 恭嬪金氏 (恭聖王后)	경기도 남양주 진전읍
奉永寺	松陵	宣祖 후궁 仁嬪 金氏	경기도 남양주 진전읍
奉陵寺 (金井寺)	章陵	仁祖 부친 元宗	경기도 김포시 풍무동
黔丹寺	長陵	仁祖와 仁烈王后	경기도 파주시 탄현면
龍珠寺	顯隆園	思悼世子	경기도 화성군 태안읍

그런데 이들 여러 원찰 가운데에서 봉인사는 여타의 사찰과 달리 오

랫동안 폐사되어 왔다. 봉인사는 국가의 공식적인 지원이 끊어진 조선조에서 드물게 왕의 지원 아래 지어진 원찰이라는 점이 각별하다고 할 수 있다. 이러한 사실을 주목해 볼 때 유자들이 정의한 '숭유억불(崇儒抑佛)'의 의미를 문자 그대로만 이해할 것이 아니라 좀 더 불교 주체적인 '외유내불(外儒內佛)' 내지 '양유음불(陽儒陰佛)'의 의미로 해석할 필요성을 느끼게 된다. 불교와 유교는 기능과 역할의 분리를 통해 나름대로의 존재 이유를 지니면서 계속 존재해 왔다는 사실이다.

열여덟 살에 왕세자에 올랐지만 '후궁의 둘째'라는 명분에 시달리며 어렵게 왕위에 올랐던 광해군은 재위하자마자 선모인 공빈 김씨를 왕후로 추존하였다. 그리고 생모[私親]의 명복을 빌기 위해 당시 불교계를 대표하는 부휴 선수 선사에게 '보은사'에서 대재를 요청하고 그를 이 절 주지로 머물게 하였다. 종래 왕이 몸소 불교계의 대표를 만난 경우는 선조가 청허 휴정과 사명 유정 등을 만나 팔도도총섭을 제수한 경우가 있기는 했다. 하지만 생모의 명복을 빌기 위해서 선수를 만나기는 했지만 불사리를 모시면서부터 광해군은 불교에 대해 좀 더 유연한 생각을 가지게 되었던 것으로 보인다.

때문에 예상하지 못한 일이었지만 중국에서 건너온 불사리를 모시기 위해 광해군이 중국과의 외교를 문제 삼아 몸소 이 사찰에 거둥하였다는 점은 크게 주목되는 일이다. 특히 숭유억불의 국시에도 불구하고 중국에서 모셔온 불사리탑을 이 절에 모시게 된 것은 조선시대에 좀처럼 찾아보기 어려운 경우라고 할 수 있다. 본디 사리와 탑은 분리되면 아니 된다. 하지만 아직도 사리탑은 경복궁에 방치되어 있어 부득이 사리만을 절에 따로 모시고 있다. 결국 근래(1987)에는 다시 남방에서 불사리를 모셔 와서 새로운 불사리탑을 모시게 되었으니 이제 경복궁에 있는 사리탑도 제자리로 돌아오게 해야 한다.

긴 역사 동안 이 절은 부휴 선수를 필두로 모운 진언(慕雲 震言, 1622~1703[22]), 보광 원민(葆光 圓旻, ?~?), 회암 정혜(晦庵 定慧, 1685~1741), 풍암

취우(楓巖 取愚, 1695~1766), 혜암 보혜(慧庵 普慧, ?~?), 환옹 환진(幻翁 喚眞, 1824~1904), 동파 덕우(東坡 德佑, ?~?), 월초 거연(月初 巨淵, 1858~1934), 한길로 법사(1919~1996) 등 고승 대덕들 다수가 머물며 수행과 강론을 병행하면서 이 절의 사격을 크게 선양했다.

동시에 이들은 주요한 불서를 개판하여 불교 대중화에 큰 역할을 하였다. 특히 조선 후기와 대한 초기 시절 주지였던 환옹 환진은 불서 개판에 적극적이었다. 이런 전통은 조선 중기 이래 교종본사로서 자리해 온 본사인 봉선사의 영향이라고 보이며 오히려 역으로 이 절이 봉선사에도 상당한 영향을 미친 것으로 추정된다. 이들이 머물며 간행한 대표적인 개판 불서로는 다음과 같은 것들이 있다.

① 『한글판 불설아미타경』: 천마산 봉인사판(1759)－산기문고(山氣文庫)－1부 소장
② 『수선결사문』: 천마산 봉인사판(1860)－조선 후기 봉인사 유일 간행본
③ 『금강반야바라밀경윤관』: 득통 기화－천마산 봉인사판(1883) 100권 발간
④ 『대방광원각수다라요의경』: 천마산 봉인사판(1883)－보판 자체 특이
⑤ 『선문염송집설화』: 구곡 각운－천마산 봉인사판(1889)－목활자 인출선서 3권 3책
⑥ 『선원소류』: 설두 유형－천마산 봉인사 부도암 간행(1889)

현존하는 봉인사판 이들 불서는 조선 후기 이 사찰의 대중화를 위한 노력을 잘 보여주고 있다. 이는 봉인사 인근의 천마산 보광사에서 인출된 목활자본 『금강경석주』와 『육조법보단경』등과 동일한 것으로 보인다.[23] 이를 통해 우리는 봉선사 본말사의 사찰들이 불교의 대중화와 저변화를

22) 忽滑谷快天, 『朝鮮禪敎史』, 鄭湖鏡(서울: 보련각, 1978).

23) 송일기, 「봉인사 開板佛書 해제」, 林炳圭 편저, 앞의 책, 154면.

위해 불서 개판과 보급에도 상당한 노력을 기울였음을 알 수 있다. 그리고 봉인사는 불서뿐만 아니라 비문 등의 유적 및 유물이 적지 않게 보존되어 있는 사찰이다. 현존하는 유물들로는 아래와 같은 것들이 있다.

① 봉인사 부도암 사리탑(1620) – 경복궁 뜰 안
② 사리장엄구 – ㉠ 대리석 사리외합(1620)
　　　　　　　㉡ 청동사리 내합(1620)
　　　　　　　㉢ 은제사리 내합(1620)
　　　　　　　㉣ 수정사리병(1620)
　　　　　　　㉤ 사리기 비단 보자기(1620)
③ 봉인사 사리탑 비(1759) – 조선 중기를 대표하는 우수한 조각 양식
④ 풍암취우대사비(1767) – 이 절과 사리탑을 중수한 주지의 행장비 – 봉인사 안
⑤ 봉인사 부도암 신중탱(1867. 9.) – 경선 응석(慶善 應碩) 작품 – 예천 용문사 소장

이들 유물들이 모두 봉인사에 보관되어 있지는 않지만 조선 중후기를 이해하는 주요한 문유물들이라는 점에서 주목되는 것들이다. 특히 이 절의 상징이라고 할 수 있는 사리탑은 왕실이 당대 최고의 조각장을 동원하여 제작한 중기를 대표하는 우수한 조각 솜씨를 지닌 조화된 예술적 작품[24]이라는 점에서 주목된다. 이들 유물들과 앞의 개판불서들을 통해 봉인사는 한국불교사에서 또렷한 사격을 지닌 사찰이었다고 평가할 수 있다.

최근 봉인사는 수련장 자광원을 통해 남방 수행법인 위빠사나(통찰선) 수행처로 거듭 나고 있다. 특히 미얀마의 고승들을 초빙하여 일정기간 위빠사나 수행을 지도하는 프로그램의 운영을 통해 간화선과 통찰선의 만남의 장을 만들고 있다. 또 매년 정기적으로 개최하고 있는 한길예술제(2000~)를 통해 음악회 등을 열고 있으며, 납골당 시설을 통해 장

24) 李浩官, 「奉印寺 舍利塔」, 林炳主 편저, 앞의 책, 244면.

례문화를 선도하고 있다. 이처럼 불교 수행의 대중화와 불교문화의 현대화를 위한 봉인사의 노력은 다른 사찰과 차별화되고 있다. 바로 이 점에서 봉인사는 사찰 운영의 모범 사례가 되고 있고 있다.

조선조의 유물 유적뿐만 아니라 현대의 여러 활동을 통해서도 봉인사의 위상은 확고하다고 할 수 있다. 한때 폐사가 되기는 했지만 지금은 전통사찰로서의 역사성과 현대 사찰로서의 대중성이 어우러진 사격을 만들어 가고 있다. 바로 이 점에서 봉인사는 한국불교에서 사격을 또렷이 지닌 사찰이라고 할 수 있다. 이제 경복궁에 나가 있는 사리탑을 되돌려와 봉인사의 역사성을 완결시키는 일이 급선무라고 보인다. 그렇게 된다면 전통의 역사성에 입각한 현대의 대중성은 더욱더 메아리치게 될 것이다.

6. 정리와 맺음

숭유억불시대에 유교 서원과 달리 불교 사찰을 중수하는 일은 쉬운 일이 아니었다. 더욱이 불교 사찰을 새롭게 세우는 일은 더욱더 어려운 일이었다. 훈구 척신들과 사림들 간의 붕당 정치로 조용한 날이 없었던 조선의 정치적 지형도에서 공식적으로 불교의 존재는 원찰(능침사찰)의 기능으로서만 존재했다. 승과(僧科)와 도승(度僧)이 사라지고 교단조차 흔적이 없어졌지만 자생성 하나만으로 버틴 불교는 임란과 호란을 맞이하면서 일정한 위상을 지니게 되었다. 임란을 통해 왕세자로서 활약하였으면서도 어렵게 왕위에 오른 광해군은 다행스럽게도 불교에 대한 유연한 시각을 지니고 있었다.

광해군은 어머니의 명복을 빌기 위해 불교의 필요성을 인식했고 부휴선수를 만나 불교와의 인연을 맺었다. 그는 중국에서 건너온 불사리 1과를 보은사에 모시고 이를 보호하기 위해 부도암을 조성하면서 봉인사로 사명을 바꾸게 했다. 이후 봉인사는 왕실의 원찰로서 크게 번창했다. 광해군의 지원에 의해 새로운 사격을 세워간 봉인사는 다음과 같은 몇 가지 위상을 확보함으로써 이후 한국불교에서 일정한 사격을 지닌 사찰로 자리매김되었다. 즉 보은사에서 불사리를 모시고 이를 보호하기 위해 부도암을 조성하면서 봉인사로 사명을 바꾸고 일정한 사격을 세워간 봉인사는 아래와 같은 몇 가지 이유에 의해 한국불교에서 독특한 사격을 지닌 사찰이라고 할 수 있다.

첫째, 국가의 공식적인 지원이 끊어진 조선시대에서 임금의 지원 아래 지어진 대표적 원찰이라는 점이다. 둘째, 광해군이 선모인 공빈 김씨를 왕후로 추존하면서 그 명복을 빌기 위해 불교계를 대표하는 부휴선수 선사에게 요청하고 그를 주지로 머물게 한 점이다. 셋째, 숭유억불의 국시에도 불구하고 중국에서 모셔온 불사리탑을 모신 조선 최초의 사찰이라는 점이다. 넷째, 거의 폐사에 이르렀던 사찰임에도 불구하고 개판 불서와 비문 및 탱화 등의 유적과 유물을 남기고 있는 사찰이라는 점이다. 다섯째, 수련장 자광원에서 이루어지는 남방 수행법인 위빠사나 수행 프로그램과 한길예술제를 통해 불교 수행과 불교문화 사찰로 거듭나고 있는 곳이라는 점이다.

봉인사는 전통 사찰이면서도 오랜 기간의 폐사를 겪으며 새롭게 탄생한 현대 사찰이다. 때문에 전통과 현대가 어우러진 봉인사는 과거의 왕실 원찰로서뿐만 아니라 현대의 국민 사찰로 거듭나기 위해 매진하고 있다. 특히 불교의 위빠사나 수행과 불교 예술 및 장례 문화 등의 만남을 통해 보다 많은 이들에게 다가가려는 노력을 기울이고 있다는 점은 다른 사찰의 모범 사례가 되고 있다. 따라서 이러한 몇몇 가지 특징을 통해 봉인사는 전통사찰의 역사성과 현대사찰의 대중성을 화회시켜 가는 사찰로서 특정한 사격을 지니고 있는 곳이라고 평가할 수 있다.

한국의 근대화와 전통불교의례의 변모

1. 문제와 구상: 근대화 과정과 전통불교의례

문화란 인류가 오랜 시대를 통해 학습에 의해서 이루어 놓은 정신적 물질적 성과를 일컫는다. 인간의 문화는 의식주 및 기술・학문・예술・도덕・종교 등의 물질적 문명에 상응하는 인간의 내적 정신활동의 소산을 가리킨다. 인간은 오랫동안 내면적 동력에 기반한 내적 정신활동을 통해 삶의 에너지를 발산해 왔다. 때문에 인간의 내면적 동력은 종교문화에 가장 넓게 담겨 있다고 할 수 있다. 그런데 종교문화는 대부분이 의례(儀禮) 혹은 의식(儀式) 속에 담겨 있다.[1] 여기서 의례란 의식을 차리는 예법을 말한다. 그리고 의식이란 예의를 정하거나 의례를 갖추어 행하는 일정한 방식 또는 그런 방식의 행사를 말한다. 그러므로 의례 혹은 의식 속에는 그 시대를 살았던 사람들의 삶의 양식과 태도가 담겨 있다.

1) 여기서 '儀禮'와 '儀式'은 유사한 개념이지만 동일하지는 않다. 儀禮가 어떠한 교리에 의거하여 이루어지는 의식 전반을 일컫는 상위개념이라면, 儀式은 의례 속의 法式과 禮式과 같은 실제적인 절차를 일컫는 하위개념이다. 필자는 '佛教儀禮'와 '佛教儀式'의 경우에도 같은 맥락에서 사용하고자 한다.

이는 조선시대 의례의 경우에도 마찬가지이다.

조선시대의 불교에 대한 선행 연구는 숭유억불정책에 의한 산중승단 불교 혹은 산승시대불교[2])로 보고 있다. 이것은 불교를 교단사 중심으로 파악하는 관점이다. 또 조선 후기 불교를 염불과 기도 등을 통한 기원적(祈願的) 신행활동에 의한 '의식불교' 또는 '신앙불교'[3])로 바라보는 시각이 있다. 이것은 조선시대를 국가(왕조) 중심으로 불교를 바라보는 관점이다. 이와 달리 조선시대 불교는 국가의 공식적 지원을 받는 '국가불교'가 아니라 풀뿌리 '자생불교'[4])로 보는 관점도 있다. 이러한 현상은 성리학이 공고해지기 이전까지 '겉으로는 유자이면서 속으로는 불자였고[陽儒陰佛]' 혹은 '밖으로는 유학을 내세우면서 속으로는 불학을 갈무리했고[外儒內佛]' 또는 '자취는 유자였으나 마음은 불자였던[迹儒心佛]' 조선 전기 유자들의 모습뿐만 아니라, 조선 후기 숙종~정조대의 활발한 불서 간행과 사원 중창이 양난 뒤의 수습 차원에서 국가적인 후원을 배경으로 이루어졌다[5])는 주장이 이러한 논거를 뒷받침하고 있다.

특히 조선시대 불교계의 의식 집례(執禮)는 유교일변도의 정책으로 역사의 전면에서 거행될 수 없었다. 때문에 불교의례는 종래의 공식적 신앙체계로부터 일탈함으로써 미신적·기복적 성격을 띠게 되었다. 이렇게 되자 조선 후기에 이르러 불교계 내부에서는 불교의식 개혁의 목소

---

2) 김영태, 『한국불교사』(서울: 경서원, 1997), 238~241면. 저자의 이러한 관점은 이후 조선조 불교의 성격 규정에 상당한 영향력을 미쳐 오고 있다.

3) 홍윤식, 「조선후기 불교의 신앙의례와 민중불교」, 『한국불교사의 연구』(서울: 교문사, 1988). 논자는 다른 논고에서 "조선시대의 불교의례는 불교의 민중화 과정에서 전개되어진 것이지만 이로 인하여 불교신앙의 주체인 민중층이 형성하게 되었다는 데 커다란 사회적 의미를 부여할 수 있게 된다."고 했다. 홍윤식, 「조선시대 眞言集의 간행과 의식의 밀교화」, 『한국밀교사상연구』(서울: 동국대출판부, 1986).

4) 고영섭, 「조선 전기 불자와 유자의 시공관」, 『동양철학』 제21집, 한국동양철학회, 2004; 고영섭, 『한국불학사: 조선·대한시대편』(서울: 연기사, 2005), 30면. 역사와 문화적인 측면에서 자생불교의 기반을 밝히려는 노력뿐만 아니라 철학과 사상적인 측면에서 자생불교의 기반을 밝히려는 노력도 배가해야 할 것이다. 三峰과 陽村의 불교관을 재비판하고 己和와 雪岑의 불교관을 재천명하는 과정을 통해서뿐만 아니라 普愚와 休靜의 불교관 및 處能과 鏡虛 등의 불교관 조명으로까지 확장시켜 철학과 사상 분야에서도 자생불교적 토대를 밝혀내야 할 것이다.

5) 정병삼, 「진경시대 불교의 진흥」, 『간송문화』, 제50호, 한국민족미술연구소, 1996; 정병삼, 「불교계의 동향」, 『한국사』 35(과천: 국사편찬위원회, 1998), 153~160면.

리가 일어났다. 이 개혁은 조선의 근대화 과정과 맞닿아 있다. 흔히 근대화란 정치・경제・사회・문화・가치관 등의 모든 면에서 전반적인 구조 변화가 진행되어 후진 상태에서 보다 향상된 생활조건을 조성해 가는 과정을 말한다. 조선의 근대화 역시 이러한 과정[6]을 겪었다. 이 과정 속에서 전통 불교의례의 개혁 방향은 크게 두 가지 측면으로 나타났다. 하나는 범패(梵唄)의 부흥을 주장하고 『작법귀감(作法龜鑑)』과 『불자필람(佛子必覽)』을 비롯하여 『석문의범(釋門儀範)』 등의 불교 의식집 간행으로 이어감으로써 '전통 불교의례의 정비와 간소화'를 시도했다. 다른 하나는 불교 의식문을 한글화하고, 불교의례의 절차 및 방법을 단순화했으며, 불교식 결혼을 장려함으로써 '불교의례의 생활화・현실화'를 꾀하였다.

조선 전기 이래 국가의 공식적인 신앙체계로부터 일탈한 불교의 전통의례는 큰 변모를 겪을 수밖에 없었다. 특히 전통 불교의례의 이러한 변모는 조선이 근대화되어 가는 과정에서 피할 수 없는 현상이었다. 그리고 조선 후기 불교는 민중들의 생활 속으로 깊이 스며들어 감으로써 그 존재감을 확보해 갔다. 그 과정에서 전국의 주요 사암들에서는 불교의례들이 자주 설행되었고 이를 뒷받침하기 위해 불교 의식집들을 널

6) 강재언, 『서양과 조선－그 이문화 격투의 역사』, 이규수(서울: 학고재, 1998). 저자는 이 저술에서 '전근대'라는 시기에는 대등한 교린국이었던 조선과 일본이 근대에 들어와, 일본이 자본주의국가로 탈바꿈하고 아시아 각국을 향한 제국주의로 발전한 것에 반해, 왜 조선은 그러한 일본의 식민지로 전락했는가, 그리고 그 갈림길은 어디에 있었는가라는 의문으로부터 조선과 일본의 근대화에 관심을 두고 있다. 특히 저자는 일본과 조선의 '비교사상사적' 입장에서 조선 근대화의 후진성을 해명하려고 시도하고 있다. 또 그는 하멜 일행을 기술자집단으로 평가하여 서양의 선진기술을 받아들이지 못한 조선 위정자의 문치주의와 조선유교의 사상적 체질을 비판하고 있다. 그는 조선 근대화 후진성의 원인을 다음의 세 가지 점에서 비교하고 있다. ① 서양 여러 나라의 개국 강요에 대한 양국 대응의 비교, ② 그러한 대응의 차이를 규정한 개국 전야의 서학(=양학) 수용의 태도, ③ 서학을 받아들여 새로운 국민교육으로 전환하는 문제이다. 즉, 이러한 세 가지 점에서 양국의 시간차가 근대화의 명암을 갈랐다고 보고 있다. 이 중에서 ②에 관한 문제점으로서 "조선은 쇄국기에 중국과의 사이에 한성과 북경을 연결하는 주요 통로가 있었고, 일본과도 부산과 쓰시마(대마번) 간의 통로를 통해 에도(江戸, 현 동경)와 연결되어 있었다. 특히, 서울과 북경을 연결하는 통로가 일본에는 없었지만, 조선에는 서양으로 열려진 '나가사키(長崎)'와 같은 창구가 없었다."라며 비교사적인 관점을 언급하고 있다. 이러한 조선의 근대화 과정 속에서 불교계 역시 일정한 영향을 받았음을 부인할 수 없으며 전통불교의례에 대한 변모 역시 이 과정과 맞닿아 있다고 보아야 할 것이다.

리 간행하였다.[7] 따라서 이 글에서는 조선 후기 불교의례의 개혁과 정비의 과정이 한국의 근대화와 어떻게 맞물려 왔는가에 대해 선행 연구[8]의 검토 위에서 살펴보고자 한다.

2. 조선시대의 불교의례 인식

조선 유자들은 신유학인 성리학을 정학(正學)으로 삼고 불교에 대해 대대적인 억압정책을 시행하였다. 하지만 고려 이래 불교신행에 대한 '관행적 기풍'과 조선 이래 유학의 '종교적 기능'에는 명확한 한계가 있었기 때문에 불교를 근절할 수 없었다. 그리고 억불시책 또한 사원세력과 사원경제를 붕괴시키기 위한 전략적 의미가 큰 것도 사실이었다.[9] 때문에 조선 전기에는 유학의 종교적 기능의 한계로 인해 불교신행에 대한 관행적 기풍이 어느 정도 허용되어 왔다. 조선 중기에 이르러서 사림파 지식인들이 '불사이군(不事二君)'과 '절의(絶義)' 및 '의리(義理)'론에 기초하여 정몽주(鄭夢周)－길재(吉再)－김숙자(金叔滋)－김종직(金宗直)－김굉필(金宏弼)－조광조(趙光祖)로 이어지는 도통론을 세우기 시작하면서 불교신행에 대한 배타가 심화되어 갔다.

그 과정에서 조선시대의 태종은 불교교단을 11종에서 7종으로 구조조정하였고, 세종은 7종을 다시 선교 양종(禪教兩宗)으로 통폐합하였다.

---

7) 남희숙, 「16~18세기 불교의식집의 간행과 불교대중화」, 『한국문화』 34, 서울대 한국문화연구소, 2005.

8) 김영태, 「불교의식의 역사와 사상성」, 동국대 불교문화연구원, 『새로운 정신문화의 창조와 불교』(서울: 우리출판사, 1994); 홍윤식, 「이조불교의 신앙의례」, 『숭산 박길진박사화갑기념: 한국불교사상사』(익산; 원광대출판부, 1975); 홍윤식, 『불교와 민속』(서울: 동국대 역경원, 1980); 박세민(편), 『한국불교의식자료총서』(1993); 홍윤식, 「전통불교수행의례(자료)」, 『문화사학』 6·7, 한국문화사학회, 1997; 송현주, 「현대 한국불교 의례의 과제와 제언」, 『철학사상』 11, 서울대 철학사상연구소, 2000; 박종민, 「한국 불교의례집의 간행과 분류 － 『한국불교의례자료총서』와 『석문의범』을 중심으로」, 『역사민속학』 12, 한국역사민속학회, 2001; 문상련(정각), 『한국의 불교의례』(서울: 운주사, 2001); 김종명, 『한국 중세의 불교의례』(서울: 문학과 지성사, 2001); 남희숙, 「조선 후기 불서간행 연구 － 진언집과 불교의식집을 중심으로」, 서울대 대학원 국사학과 박사학위 논문, 2004; 한상길, 「한국 근대불교의 대중화와 석문의범」, 『동아시아 불교, 근대와의 만남』(서울: 동국대학교출판부, 2008).

9) 김용조, 「허응당 보우의 불교부흥운동」, 『허응당보우대사연구』(제주: 불사리탑, 1993), 89면.

성종(23년, 1492)은 『대전속록(大典續錄)』 안에다 도첩제(度牒制)의 전폐와 일체의 출가(出家)를 금지하는 조치를 담았고, 연산군은 선교 양종을 폐지하였다. 중종(2년, 1507)은 승과(僧科)를 폐지하고 원각사(圓覺寺)를 헐어서 민가에 분배하였으며 불상(佛像)으로 군기를 만들었다. 이렇게 되자 불교와 국가의 공적인 관계는 단절되었고 불교계는 더 이상 자신의 존재감을 표현할 수 없었다.[10] 하지만 그렇다고 해서 불교가 사라진 것은 아니었다.

다행히 독실한 불자였던 명종의 모후인 문정대비는 15여 년간의 수렴청정 시기를 통해 불교의 복원을 전 방위에서 지원했다. 그녀에 의해 천거된 허응 보우(虛應 普雨, 1506?~1565)는 선교 양종과 승과 복원 및 도승(度僧) 실시와 도첩(度牒) 부여를 통해 승려들의 지위향상을 도모했다. 보우에 의해 발탁된 청허 휴정(淸虛 休靜, 1520~1604)과 송운 유정(宋雲 惟政, 1544~1610) 및 부휴 선수(浮休 善修, 1543~1615)는 뒷날 승병을 일으켜 누란의 위기에 처한 조선을 구해내었다. 문정대비 승하 이후 다시 선교 양종이 폐지된 이래 불교의 존재감은 팔도선교도총섭(八道禪敎都摠攝)과 같은 기구의 계승과 전국적이고 자발적인 승려들의 거병으로 이어졌다. 불교의 존재감을 표현할 수 있는 도승(度僧)과 승과(僧科) 등을 주도할 교단이 사라진 상황에서 불교의 존재감을 표현할 수 있는 유일한 활로는 나라의 위기를 이겨내기 위한 승병활동과 같은 호국(護國)의 길밖에 없었다.[11] 이것은 이미 보우가 갈파한 '헛되이 공만 지키는 바보 선사[徒守空之痴禪]'나 '인륜도덕을 등지는 미친 승려[背義而狂釋者]'로서는 불교의 존재감을 확보할 수 없다는 통찰에서 확인할 수 있다.

때문에 임진왜란과 병자호란을 경험하고 난 조선후기 불교계의 상황은 조선 전기와는 몇 가지 면에서 달랐다. 즉 새로운 이념에 의해 건국의 기틀을 다지려 했던 조선 전기 신흥사대부들과 달리 조선 후기의 유

---

10) 고영섭, 「허응 보우의 불교 중흥」, 『한국불교학』 第56집, 한국불교학회, 2010, 57~58면.

11) 고영섭, 「허응 보우의 불교 중흥」, 위의 책, 85면.

자들은 종래의 기득권을 유지하고 계승하기에 급급했다. 하지만 임란과 호란의 소용돌이 속에서 승병의 활약을 통해 그 존재감을 확보해 온 불교계에 대해 조선정부는 이전 시기처럼 무시할 수만은 없었다. 비공식적이기는 해도 조선정부는 국가적인 수습의 차원에서 종교적 기능을 지닌 불교계의 복원을 측면에서나마 지원하지 않을 수 없었다. 비록 종단은 없었지만 휴정의 직계인 송운 유정(宋雲 惟政)・편양 언기(鞭羊 言機)・소요 태능(逍遙 太能)・정관 일선(靜觀 一禪)의 4대 문파와 방계인 부휴 선수 문하의 벽암 각성(碧巖 覺性)・뇌정 응묵(雷靜 應默)・대가 희옥(待價 希玉)・송계 성현(松溪 聖賢)・환적 인문(幻寂 印文)・포허 담수(抱虛 淡水)・고한 희언(孤閑 熙言)의 7대 문파가 이루어지면서 교단은 서산종(西山宗)[12]을 방불케 하는 지형으로 나마 구심을 회복했다.

임란과 호란 이후 비록 교단은 실존하지 않았지만 교단에 준하는 불교의 구심은 어느 정도 존재했었다. 그 구심은 휴정과 휴정 방계 문도의 강력한 영향력 안에 있었다고 할 수 있다. 이즈음 불교계는 조선 전기와 달리 어느 정도 안정을 찾아갔다. 불교계 내에서는 자립의 기반이 움트고 있었고 경제적 토대를 마련하기 위해 안팎으로 힘썼다. 불교계는 민중적 기반을 확보해 가면서 재정적 기반을 마련하기 시작했지만 보다 근본적인 것은 천변 재이에 대해 두려움과 대응책 마련에 고심했던 왕실의 간접적 지원에 힘입은 바도 적지 않았다.

특히 조선 중기 이래 조선 후기에 이르기까지 많은 천변 재이가 있었다. 이에 대해 유자들은 유교의 재이관(災異觀)에 입각해 대응하려 하였다. 하지만 종교적 기능에 한계가 있는 유교는 전통적으로 하늘이 내리는 재이[13]를 해결하지 못했다. 해서 유자들은 이들 자연 이상 현상에

12) 김영태, 앞의 책, 281면. 저자는 西山 休靜禪師를 碧松(智嚴)을 初祖로 하고 大慧・高峰을 遠祖로 하는 한 宗派(西山宗이라고도 부를 수 있는 山僧佛教)의 開宗 완성자로 보았다.

13) 이태진, 「小氷期(1500~1750)의 天體 現象的 원인 -『조선왕조실록』의 관련기록 분석」, 『국사관논총』 72(과천: 국사편찬위원회, 1996). 논자는 기온강하와 자연재해, 이상기후 현상 등이 빈발했던 이 시기를 '小氷期'라는 개념으로 시대를 구분하여 인식하고 있다.

대한 두려움과 함께 그 해결책을 불교와 불교의례에서 찾고자 했다. 유자들은 공식적으로 불교와 불교의례를 인정할 수는 없었지만 불교의 종교적 기능만큼은 무시할 수 없었다. 더욱이 조선 중・후기에 들어서면서 갑작스런 기온강하와 자연재해 및 이상기후 현상에 대해 유자들은 속수무책이었다. 『조선왕조실록』에 실린 기록에 의해 조선시대에 일어났던 천변재이에 대한 시기별 건수를 집계한 아래의 <표 1>은 유자들이 불교와 불교의례의 기능에 대해 새롭게 인식하였던 근거를 뒷받침해 주고 있다.

〈표 1〉 조선시대 천변재이의 시기별 건수 일람표14)

시기순	해당 연도	총 건수
제1기	1392~1450	2,117
제2기	1451~1500	1,420
제3기	1501~1550	6,109
제4기	1551~1600	4,785
제5기	1601~1650	3,300
제6기	1651~1700	3,563
제7기	1701~1750	2,716
제8기	1751~1800	936
제9기	1801~1863	724

약 50여 년을 주기로 구분 집계한 위의 <표 1>은 조선조 내내 적지 않은 천변 재이가 있었음을 보여주고 있다. 특히 제3~제7기에 해당하는 이 시기에 천변 재이가 극심하였음을 알 수 있다. 기온강하는 주로 우박과 서리 등으로 인한 한냉화 현상을 일컫는다. 특히 우박은 그 크기가 크고 발생빈도도 매우 높아 농작물의 피해가 대단히 컸다. 또 자연재해뿐만 아니라 기근과 전염병 및 전란 등이 잇달아 일어나면서 통치에 적잖은 영향을 미쳤다. 이 시기에 빈번히 설행된 수륙재 의식 등

14) 이태진,「장기적인 자연재해와 전란의 피해」,『한국사』 30(과천: 국사편찬위원회, 1998).

은 이러한 천변 재이를 예방하고 다스리기 위한 불교계의 종교적 대응으로 이해할 수 있다.

수륙재 의식은 사자(死者), 전몰자(戰歿者)에 대한 천도(薦度)뿐만 아니라 전염병에 대한 치병(심리적 안정) 등도 포함하는 포괄적 의례라는 점에서, 이상기후로 인해 농토가 황폐화되고, 전쟁이 발발하고, 전염병이 만연하였던 16~17세기 조선사회의 현실에서는 서민들에게 가장 필요한 종교의례였다고 할 수 있다. 결국 조선후기에 승려들의 주도 하에 불교의식집이 활발하게 간행되고, 수륙재가 빈번히 설행되었던 것은 국가가 해 주지 못한 공적인 사회 위무 부문을 당시의 불교계가 적극적으로 담당하고 있었음을 의미한다.[15)]

이처럼 이 시기 불교계는 천변재이를 전담하는 주체로서 새로운 존재감을 확보해 갔다. 뿐만 아니라 임란과 호란이 일어나면서 자발적인 승병의 조직과 능동적인 양난의 참여를 통해 실질적인 존재감을 확장해 갔다. 사실상 조선 전기 이래 불교가 전면에 드러나지 못했던 것은 유자들의 과도한 배타성 때문이었다. 그런데 유자들의 과도한 배타성이 오히려 종래 국가불교적 체질을 개선시키고 후대의 불자들로 하여금 이 시대를 새롭게 성찰할 수 있게 했다는 점에서 대단히 역설적이다. 그리하여 조선조의 불교는 대중화되었을 뿐만 아니라 서민화되었고 나아가 자생불교적 기반을 확립할 수 있었다. 따라서 조선조 불교는 이러한 일련의 국가적 재난과 이상[災異]의 해결에 능동적으로 참여함으로써 조선 백성들에게 광범한 영향력을 미칠 수 있었다.

3. 각 사찰의 불교의식집 간행

위의 표에서 살펴본 것처럼 조선 중기 이래 천변재이의 잦은 발생은 조선시대 불교의식집의 간행 현황과도 긴밀하게 상응하고 있다. 당시

15) 남희숙, 위의 글, 140면.

주요 사암에서의 불서와 불교의식집 간행은 불교계 내부의 내적인 자각과 물적 토대의 확보 위에서 이루어진 것이었다. 뿐만 아니라 불교의 존재감 회복은 승병의 활약으로 누란의 위기를 극복한 것에 대한 조선 정부의 측면 또는 배후의 지원이 있었음을 무시할 수 없다. 이것은 불서 간행을 후원한 시주질(施主秩)의 명기나 서문 및 발문의 기술에서도 확인할 수 있다. 동시에 각 의식집들의 서문과 발문을 통해 언제, 어떤 불서들이, 왜 간행되었는지 그리고 간행주체는 누구였는지를 알아볼 수 있다.

다수의 의식집류는 왕실의 원찰을 비롯하여 일정한 규모가 있는 사암들에서 간행되었다. 이때에 간행된 불교의식집들은 종래의 번잡한 불교의식문들을 간추려 알기 쉽게 정리해 놓은 것이 다수이다. 잦은 의식의 거행에 동참하였던 유자들의 부인들이나 여성 불자들이 손쉽게 들고 참고할 수 있도록 판형과 글자체 및 편집과 지질 등이 매우 다양했다. 더러는 필사본도 있었지만 대량으로 인쇄할 수 있는 목판본이 다수였다. 그리하여 불교의식집들은 폭넓게 보급될 수 있었다. 현재 여러 판본 중에 수택본(手澤本)이 많이 남아 있는 것도 이러한 연유에서 비롯되었음을 알 수 있다.

그러면 조선시대 각 사암들에서 펴낸 불교의식집의 간행 현황에 대해 살펴보기로 하자. 근래에 국립문화재연구소가 조사 보고한 『불교민속문헌』에는 조선시대 전국의 사찰이 간행한 현존 불교의식집들에 대해 잘 정리해 놓고 있다. 여기서 불교민속은 불교의 다양한 신앙과 문화, 의식 등에 재래의 민속적 요소가 포함된 제반 문화[16]를 말한다. 현존하는 불교민속 자료는 크게 ① 일반의식집류와 ② 다라니・진언집류 및 ③ 위경류와 ④ 영험전류・기타 등으로 나눠 볼 수 있을 것이다.[17]

16) 국립문화재연구소, 『불교민속문헌해제』(대전: 국립문화재연구소, 2005). 19면.

17) 국립문화재연구소, 위의 책, 31~153면.

〈표 2〉 조선시대 간행 불교의식집의 목판본 및 필사본 현황

자료 분류	의식집 분류	불서명	현존 목판본 · 필사본	소장처
일반의식집류	종합의식집	刪補梵音集	6	국립중앙도서관 외
		釋門儀範	3	국립중앙도서관 외
		五種梵音集	2	동국대학교 도서관 외
		『入唐求法巡禮行記』 中의 新羅 寺院儀式		
		子蘷刪補文節次條例	2	서울대학교 규장각 외
		子蘷刪補文	2	서울대학교 규장각 외
		作法龜鑑	7	동국대학교 도서관 외
		作法節次	2	동국대학교 도서관 외
	일상의식집	勸供諸般文	1	국립중앙도서관
		大方廣佛華嚴經啓請	1	국립중앙도서관
		彌陀禮讚	2	고려대학교 도서관 외
		梵網菩薩戒經合附	1	동국대학교 박물관
		佛家日用集	1	서울대학교 규장각
		佛說大乘無量壽莊嚴經	1	국립중앙도서관
		詳校訂本 慈悲道場懺法	10	국립중앙도서관 외
		釋門喪儀抄	4	동국대학교 도서관 외
		禪門祖師禮懺作法	6	국립중앙도서관 외
		說禪儀	1	서울대학교 규장각
		誦呪	1	동국대학교 도서관
		受戒儀	2	영남대학교 도서관 외
		水月道場空花佛事如幻賓主夢中問答	4	국립중앙도서관 외 외
		僧家喪禮儀文	1	동국대학교 도서관
		僧家禮儀文	3	동국대학교 도서관 외
		僧家日用食時默言作法	8	서울대학교 규장각 외
		信徒日用集	1	한국학중앙연구원
		安樂窩沙門日課經偈	1	서울대학교 도서관
		念佛作法	2	성균관대학교도서관 외
		禮念彌陀道場懺法	9	고려대학교 도서관 외
		禮念往生文	4	서울대학교 규장각 외
		禮懺文	2	동국대학교 도서관 외
		要集	3	동국대학교 도서관 외
		雲水壇歌詞	7	동국대학교 도서관 외
		慈悲道場懺法集解	1	남권희 소장본
		七衆受戒儀軌	5	서울대학교 규장각 외

자료 분류	의식집 분류	불서명	현존 목판본 · 필사본	소장처
일반의식집류	일상의식집	華嚴大禮儀文	1	한국학중앙연구원
		華嚴禮儀文	1	계명대학교 도서관
		現行法會禮儀儀式	2	건국대학교 도서관 외
	재의식집	法界聖凡水陸勝會修齋儀軌	8	서울대학교 규장각 외
		水陸無遮平等齋儀撮要	10	동국대학교 도서관 외
		水陸儀文撮要	3	서울대학교 규장각 외
		豫修十王生七齋儀纂要	5	동국대학교 도서관 외
		一判集	1	국립중앙도서관
		諸般文	8	동국대학교 도서관 외
		眞言勸供	1	서울대학교 규장각
		天地冥陽水陸雜文	2	동국대학교 도서관 외
		天地冥陽水陸齋儀	3	동국대학교 도서관 외
		天地冥陽水陸齋儀纂要	8	동국대학교 도서관 외
	단행의식집	觀世音菩薩禮文	3	국립중앙도서관 외
		觀音經	2	서울대학교 규장각 외
		戒殺放生文	1	전남대학교 도서관
		茶毘說	1	동국대학교 도서관
		茶毘作法	7	국립중앙도서관 외
		大刹四明日迎靈魂施食儀文	2	국립중앙도서관 외
		聖迦抳忿怒金剛童子菩薩成就儀軌經	1	국립중앙도서관
		尸茶林法	1	국립중앙도서관
		淨土寶書	1	국립중앙도서관
		中峯和尙三時繫念儀範文	1	동국대학교 도서관
다라니경 · 진언집류	다라니경	觀世音菩薩六字大明王陀羅尼神呪經	4	국립중앙도서관 외
		觀世音菩薩六字大明王陀羅尼神呪經	3	국립중앙도서관 외
		大佛頂陀羅尼	1	한국학중앙연구원
		大陀羅尼末法中一字心呪經	1	동국대학교 도서관
		摩訶般若波羅密大明呪經	1	국립중앙도서관
		梵本陀羅尼抄	1	국립중앙도서관
		佛說光明陀羅尼經	1	전남대학교 도서관
		佛說度厄經	2	한국학중앙연구원 외
		佛說長壽滅罪護濟童子陀羅尼經	10	국립중앙도서관 외
		佛說千手千眼觀世音菩薩廣大圓滿無碍大悲心陀羅尼經	13	국립중앙도서관 외

자료 분류	의식집 분류	불서명	현존 목판본 · 필사본	소장처
다라니경 · 진언집류	다라니경	佛頂心觀世音菩薩大陀羅尼經	4	국립중앙도서관 외
		佛頂心觀世音菩母薩大陀羅尼經	3	국립중앙도서관 외
		隨求陀羅尼	1	서울대학교 규장각
	진언집	結手眞言集	1	서울대학교 규장각
		密敎開刊集	5	동국대학교 도서관 외
		聖觀自在求修六字禪定	3	국립중앙도서관 외
		五大眞言集	13	동국대학교 도서관 외
		眞言集	9	국립중앙도서관 외
		請文要集	2	국립중앙도서관 외
		書千手	1	서울대학교 규장각
위경류		高王觀世音菩薩眞經	5	국립중앙도서관 외
		北斗七星供養文	2	국립중앙도서관 외
		佛說大目連經	16	국립중앙도서관 외
		佛說童子延命經	1	고려대학교 도서관
		佛說滅義經	1	국립중앙도서관
		佛說明堂經	1	고려대학교 도서관
		佛說佛醫經	1	국립중앙도서관
		佛說壽生經	1	서울대학교 도서관
		佛說力士移山經合部	1	전남대학교 도서관
		佛說盂蘭盆經	1	한국학중앙연구원
		佛說解倒懸	1	동국대학교 도서관
		佛說竈王經	1	고려대학교 도서관
		佛說天尊却溫黃神呪經	3	서울대학교 규장각 외
		佛說天地八陽神呪經	7	국립중앙도서관 외
		佛說歡喜竈王經	1	고려대학교 도서관
		科註佛說孝子經註解	1	동국대학교 도서관
		三十八分功德疏經	1	삼십팔분공덕소경
		佛說豫修十王生七經	3	불설예수시왕생칠경 외
		六經合部	2	서울대학교 도서관 외
영험전류 · 기타	영험전	觀世音菩薩妙應示現濟衆甘露	4	국립중앙도서관 외
		觀世音菩薩靈驗略抄	10	서울대학교 규장각 외
		觀音靈課	1	국립중앙도서관
		觀音現相記	1	서울대학교 규장각
		觀音經持驗記	1	국립중앙도서관
		法華靈驗傳	7	영남대학교 도서관 외
		寫經持險錄	1	국립중앙도서관

자료 분류	의식집 분류	불서명	현존 목판본 · 필사본	소장처
영험전류・기타	영험전	舍利靈應記	1	동국대학교 도서관
		持經靈驗傳	3	국립중앙도서관 외
	기타	『大藏一覽經』「造像品」(造像經)	1	동국대학교 도서관
		『東文選』 중의 불교민속 자료	28	
		『東國歲時記』 중의 불교민속 자료	1	국립중앙도서관
		『京都雜誌』 중의 불교민속 자료	1	서울대학교 도서관
		『洌陽歲時記』	1	고려대학교 도서관

<표 2>에 의하면 일반의식집류에서는 일상의식집으로 『상교정본 자비도량참법』이 10종, 재의식집으로 『수륙무차평등재의촬요』가 10종이고, 다라니경・진언집류에서는 다라니경으로 『불설천수천안관세음보살광대원만무애대비심다라니경』이 13종, 진언집에서는 『오대진언집』이 13종, 위경류에서는 『불설대목련경』이 16종, 영험전류・기타에서는 영험전으로 『관세음보살영험략초』가 10종, 기타류로 『동국세시기』 속의 불교민속 자료가 28종이 남아 있다. 또 일상의식집의 경우는 『예념미타도량참법』이 9종이나 남아 있고, 다라니경의 경우는 『불설장수멸죄호제동자다라니경』도 10종이 현존하고 있어 당시에 이들 경이나 참법이 널리 유행하였음과 아울러 이들 수요에 맞게 의식집들이 보급되었던 사실을 미루어 알 수 있다.

물론 해당 판본이나 필사본이 제일 많이 남아 있다고 해서 가장 널리 유통되었다고 단정할 수는 없다. 왜냐하면 현존하지는 않지만 현존 판본이나 필사본보다 더 많이 유통된 의식집이 있을 수 있기 때문이다. 하지만 많은 전란과 소용돌이 속에서도 해당 판본이나 필사본이 살아남아 있다는 것은 당시 사찰이 거행한 의식법회의 수요에 부응하였기 때문이라고 해도 크게 틀리지는 않을 것이다. 때문에 현존 의식판본 및 의식집을 근거로 당시 유통의 사례를 도출하여 결론을 내릴 수밖에 없게 된다. 현재 집계가 가능한 불교의식집의 범주와 현존 판본 및 규장각 소장본 명단은 아래와 같다.

〈표 3〉 조선시대 불교의식집의 간행 현황18)

불서명	현존 판본	규장각 소장본
水陸無遮平等齋儀撮要	1469년(예종 1) 왕실간행본 외 23본	1574년(선조 7)에 충청도 은진 雙溪寺 개간본
天地冥陽水陸齋儀纂要	1529년(중종 24) 충청도 무량사 개간본 외 17본	1571년(선조 4) 강진 無爲寺 개판본, 1659(효종 10) 경상도 栖鳳寺 개간본, 1694년(숙종 20) 海印寺 개간본
水陸儀文撮要	1670(현종 11) 간행처 미상본 외 1본	간행년 및 간행처 미상본
仔虁文節次條例	1724년(경종 4) 경상도 해인사 개간본	1724년(경종 4) 경상도 해인사 개간본
子虁刪補文	1568년(선조 1) 경상도 학산 광홍사 개간본 외 1본	1568년(선조 1) 경상도 학산 광홍사 개간본 외 1본
法界聖凡水陸勝會修齋儀軌	1470년(성종 1) 전라도 송광사 본 외 6본	1573년(선조 6) 충북 속리산 공림사 개간본
天地冥陽水陸雜文	1531년(중종 26) 전라도 송광사 본 외 3본	1635년(인조 13) 삭녕 용복사 개간본
施食儀文	간행년 미상 해인사 개간본	간행년 미상 해인사 개판본
天地冥陽水陸齋儀梵音刪補集	1709년(숙종 35) 전라도 곡성 도림사 개간본 외 2본	1709년(숙종 35) 전라도 곡성 도림사 개간본, 1721년(경종 1) 경기 양주 삼각산 중흥사 개간본
梵音集	1731(숙종 39) 묘향산 보현사 개간본 외 1본	
靈山大會作法節次	1613년(광해군 5) 경상도 경산 안흥사 개간본 외 1본	
豫修十王生七齋儀纂要	1566년(숙종 39) 묘향산 보현사 개간본 외 1본	
諸般文	1566년(선조 19) 충청도 서산 보원사 개간본 외 5본	
天地冥陽水陸齋儀	1586년(선조 19) 황해도 곡산 불봉암 개간본	
五種梵音集	간년 및 간행처 미상본	
作法龜鑑	1827년(순조 27) 전라도 장성 운문암 개간본	1827년(순조 27) 전라도 장성 운문암 개간본
請文	1535년(중종 30) 경상도 영각사 본 외 8본	1719년(숙종 45) 해인사 중간본 1883년(고종 20) 인출본
排備文	1635년(인조 13) 경기도 용복사 개간본	1635년(인조 13) 경기도 용복사 개판본

18) 남희숙, 앞의 글, 149~151면. 논자의 표를 원용하여 일부 변형했다.

불서명	현존 판본	규장각 소장본
雲水壇	1607년(선조 40) 순천부 조계산 송광사 개간본 외 14본	1719년(숙종 45) 해인사 개간본 간행년 미상의 해인사 개간본 간행년 미상의 전라도 용흥사 개간본
雲水壇儀文	1732년(영조 8) 묘향산 개간본	1732년(영조 8) 묘향산 개판본
說禪儀	1634년(인조 12) 경기도 용복사 개판본	1634년(인조 12) 경기도 용복사 개간본
禮念彌陀道場懺法	1474년(성종 5) 왕실개간본(인수대비) 외 6본	1542년(중종 37) 황해도 석두사 개간본
禮念往生文	간년 및 간행처 미상(1715년 이전)	간행년 및 간행처 미상(1715년 이전)
念佛作法	1572년(선조 5) 천불산 개천사 개간본 외 1본	
慈悲蘭分目	간행년 및 간행처 미상	
彌陀略懺文	1741년(영조 17) 경상도 팔공산 수도사 개간본	
慈悲道場懺法集解	1474년(영조 17) 경상도 팔공산 수도사 개간본	
禪門祖師禮懺作法	1660(현종 1) 경상도 대구 부인사 개간본 외 1본	
眞言勸供	1496년(연산군 2) 왕실개간본	1496년(연산군 2) 왕실개간본
秘密敎集	1784년(정조 8) 경상도 쌍계사 수도암 개간본	1784년(정조 8) 경상도 쌍계사 수도암 개간본
七衆受戒儀軌	1908년 해인사 개간본	1908년 해인사 개간본
大藏一覽經造像品	1824년(순조 24) 금강산 유점사 개간본	1824년(순조 24) 금강산 유점사 개간본
僧家日用食時黙言作法	1496년(연산군 2) 경상도 옥천사 개간본 외 10본	1869년(고종 6) 해인사 도솔암 개간본 1882년(고종 19) 해인사 중간본
受菩薩戒法	1797년(정조 21) 경상도 함양 벽송암 개간 영각사 유진본	
釋門喪儀抄	1657년(효종 8) 전라도 증광사 개판본 외 1본	1657(효종 8) 전라도 증광사 개판본, 1705년(숙종 31) 증광사 중간본
釋門家禮抄	1660년(현종 1) 문경 襄珊瑚 개간본 외 1본	1660년(현종 1) 문경 양산호 개간본
僧家禮儀文	1669년(현종 10) 계룡산 갑사 개간본 외 2본	1669년(현종 10) 계룡산 갑사 개간본
茶毘文	1542년(중종 37) 강원도 춘천 문수사 개간본 외 2본	1882년(고종 19) 해인사 개간본

<표 3>을 통해서 우선적으로 알 수 있는 것은 조선 후기에 유통되었던 불서의식집 목록의 다양성이다. 현존하는 판본으로 집계가 가능한 불교의식집 목록은 38종이다. 간행처는 해인사, 송광사, 유점사, 부인사, 묘향사, 유점사 등의 전국 큰 절뿐만 아니라 장성 운문암, 곡산 불봉암, 쌍계사 수도암, 함양 벽송암 등 당시에 존재했던 전국의 암자들이 대부분이다. 물론 이 중에는 겉표지가 떨어져 나가 간행년 및 간행처를 알지 못하는 의식집류도 적지 않다.

현재 가장 많이 남아 있는 불교의식집은 『수륙무차평등재의촬요』이며 모두 24본이 존재한다. 또 『천지팔양수륙재의찬요』 18종, 『운수단』 15본, 『승가일용식시묵언작법』 10본 등이 그 뒤를 잇고 있다. 이들 불교의식집이 많이 개판된 것은 이들에 대한 수요가 적지 않았기 때문으로 추정된다. 왕실 원당에서 거행되는 법회에서뿐만 아니라 해당 사찰에서 거행된 법회를 뒷받침하기 위해 이들 의식집들이 다수 간행된 것으로 보인다. 이들 규장각 소장 의식집 26본을 분류해 보면 아래와 같이 재가자용과 출가자용으로 나눠볼 수 있다. 아래 <표 4>는 불교의식집의 세부와 서명을 보여주고 있다.

〈표 4〉 규장각 소장 불교 의식집의 분류[19]

간행목적	세부 구분	서명	소계	총계
在家信者가 참여하는 의식에 사용하기 위한 것	천도재	天地冥陽水陸雜文, 天地冥陽水陸齋儀梵音刪補集, 天地冥陽水陸齋儀纂要, 法界聖凡水陸勝會修齋儀軌, 水陸無遮平等齋儀撮要, 水陸儀文撮要, 施食儀文, 仔夔文節次條例, 子夔刪補文, 眞言勸供, 作法龜鑑, (靈山大會)作法節次, 請文, 雲水壇, 雲水壇儀文	15	21
	기타법회	禮念彌陀道場懺法, 禮念往生文, 秘密敎集, 說禪儀, 七衆受戒儀軌, 大藏一覽經造像品(十五則)	6	
僧侶들의 수행의식에 사용하기 위한 것	일상의식	僧家日用食時默言作法	1	5
	상례	釋門家禮抄, 茶毘文, 釋門喪儀抄, 僧家禮儀文	4	

19) 남희숙, 위의 글, 56면 재인용. 논자는 현재 奎章閣 소장 불교의식집류를 위의 <표 4>와 같이 총

위의 <표 4>를 분석해 보면 불교 의식집은 재가자를 위한 천도재용이 15종, 기타법회용이 6종이다. 또 승려들을 위한 일상의식용이 1종이고 상례용이 4종이다. 이들 불교의식문들이 편찬하게 된 의도와 과정에 대해서는 각 의식문의 서문과 발문에 잘 나타나 있다. 『천지명양수륙재의범음산보집』 중흥사본에는 서문을 쓴 명안(明眼)이 재편집자인 지환(智還)에 대해 "범학(梵學)의 참모습을 잃어가는 것을 염려하여 이 책을 언급하였다"는 사실과 "범패의 역사에 대해 간략하게 언급"하고 있다. 그리고 함께 서문을 쓴 수연(秀演) 역시 지환에 대해 "그 사람은 단정하고[其人端] 그 목소리는 웅장하여[其音雄] 발췌할 만한 이다[可謂拔萃者]"라고 언급하면서 그가 이 일을 할 만한 적임자임을 강하게 드러내 보여주고 있다.

또 성능 역시 지환과 같은 문제의식을 가지고 중국의 자기(仔夔)가 모은 수륙재 의식집인 『자기산보문(子夔删補文)』에서 필요한 것만 골라 수정하고 보충하여 1책 21장 분량의 소책자로 엮어 『자기문절차조례(仔夔文節次條例)』라는 의식문을 편찬해 내었다. 본디 '산보(删補)'란 불필요한 것은 깎아내고[删] 모자라는 것은 덧붙이는[補] 것이다. 일찍이 중국의 자기(仔夔)는 종래의 수륙재의식을 자신의 관점 위에서 '산보(删補)' 하였고, 또 성능은 자기의 의식문을 다시 '일의 순서'[節次]에 따라 '조목조목 규례를 나누었다'[條例]. 때문에 이러한 의식집의 잦은 간행의 과정에는 불교 의식이 처하고 있는 현실이 담겨 있다. 동시에 당시 왕실 내지는 불자들의 수요와 사암들의 공급, 그리고 조선의 근대화 과정과의 접점과 통로도 함께 마련되고 있었다.

청허 휴정의 제자인 편양 언기의 증손제자인 낙암 의눌(洛庵 義訥, 1666~1737)은 성능의 『자기문절차조례』의 서문에서 아래와 같이 쓰고

27종 43本으로 정리하고 있다. 이 43本을 도서번호상으로 분류해 보면, '규1번'에서 '규1만번'대까지가 16本, '고○○'식으로 된 것이 22本, '가람' 등 해방 후 기증 문고본 고도서가 5本이며, 경성제국대학 도서관에서 수집한 것이 가장 많고, 총독부에서 정리된 도서가 그다음 비중을 차지하며, 해방 후 서울대학교에 기증된 古圖書는 적다고 언급하고 있다.

있다. 여기에서 의눌은 성능이 전란의 피해를 복원하기 위해 이 책을 간행하였음을 밝히고 있다.

> 의식문의 대부분이 임진란의 전란(兵火)에 없어진 지 오래되어 전(前) 총섭 성능(性能)공이 그것이 인멸될까 걱정하여 공인(工人)에게 명하고 자재(資材)를 모아 간행에 참여한[刊役] 지 수 개월도 되지 않아 완성하였다.[20]

아울러 이 『자기문절차조례』의 권말에는 성능이 발문을 덧붙이고 있다. 성능은 발문에서 임진왜란으로 불타고 흩어져 버린 것을 제방 총림의 선사들이 들은 적은 있지만 가까이에서 보지 못하였다고 안타까워하고 있다. 이 안타까움은 결국 이 의식문 간행의 촉매가 된다.

> 수륙재의 의식문은 양(梁)나라에서 만들어지고 촉(蜀)나라로 계승되어 성현들이 깊이 탐구하였는데 자기(仔夔) 대현이 그 번잡한 것은 잘라내고 빠진 것은 보충하고 10권으로 찬술한 뒤 『산보자기문(刪補仔夔文)』이라고 하였다. 총통(總統) 큰 노장[大老]이 거듭 간행하여 동쪽[東面]으로 우리나라에 전해진 지가 거의 백 년이 되었다. 그런데 도이(島夷, 일본)의 변란(임진왜란)이 있어 불타고 흩어져 버려 제방 총림(叢林)의 (선사)들이 혹 들은 적은 있지만 가까이에서 보지 못한 지가 오래되었다. 스님들이 정본을 찾아 획득하고 뜻으로 발간하고자 남북으로 가서 조그만 힘이라도 모았으나 겨를이 없어 소원을 이루지 못했다. 모든 것이 풀리어 이때 이르러 귀결되었다. 절 안의 회의[寺議]에서 모두 함께 따라서 판각하는 데에 수고와 비용을 보탰다. 해인사의 공이 가장 크다.[21]

당시 수륙재 의식문으로는 『수륙무차평등재의촬요』가 가장 널리 개판되었다. 때문에 이 판본이 불자들 사이에서 두루 애독된 것으로 추정된다. 그리고 이때까지만 해도 대부분의 의식집들은 특정 주제 중심 내

20) 洛庵 義訥, 「序文」, 『仔夔文節次條例』[1724년(경종 4) 경상도 해인사 개간본].

21) 性能, 「跋文」, 『仔夔文節次條例』[1724년(경종 4) 경상도 해인사 개간본].

지 『오종범음집』 혹은 『오대진언집』처럼 주요 의식 5종의 집성으로 이루어져 있었다. 그런데 조선 중후기에는 정치・경제・사회・문화・가치관 등의 여러 면에서 전반적인 구조변화가 진행되어 갔다. 특히 임란과 호란이 일어난 뒤에는 조선인들의 생활조건이 급격히 변해 갔다. 그리고 이러한 급변한 변화는 조선을 새롭게 혁신시켜 가는 과정인 근대화 과정과 맞닿아 있었다.

조선사회가 점차 근대화 과정 속에 편입되면서 전통 불교의례도 정비가 요청되었다. 우선 개별적인 의식집에서 수지(受持)와 집례(執禮)의 편리함을 고려하여 간편한 통합의식집 간행이 요망되었다. 이것은 종래의 개별 혹은 주제 중심의 의식집이 가진 한계를 극복해 가는 과정에서 이루어졌다. 백파 긍선(白坡 亘璇, 1767~1852)에 의해 상하 두 권으로 편집된 『작법귀감』[22]은 이러한 시대적 요청에 의해 이루어진 것이라고 할 수 있다. 백파의 이 의식집은 불교의례 역사에서 그 이전과 그 이후를 가르는 주요한 전환점을 마련했다.

4. 통합의식집의 출현과 의례 개혁

조선 중후기 이래 『오종범음집』과 『오대진언집』 등 주요 의식 5종을 집성한 의식집들이 유통되기는 했다. 하지만 통합의식집으로서 편찬된 『작법귀감』은 여러 의식집들 중 가장 널리 전국의 사찰에 유통된 것으로 추정된다. 그런데 현존하는 『작법귀감』은 1827년(순조 27) 전라도 장성 운문암에서 개간한 판본이 유일하다. 이 책은 의식을 가리키는 '작법(作法)'이라는 표기와 그 벼리를 담고 있는 '귀감(龜鑑)'이라는 이름, 그리고 수륙재, 점안식, 이운식, 다비식 등 여차 의식들의 절차와 내용까지 수록하고 있는 종합의식집이라는 점에서 이 시대의 가장 대표적

22) 白坡 亘璇, 『作法龜鑑』, 김두재(서울: 동국대출판부, 2010).

인 불교의식집이라고 할 수 있다.[23] 백파의 이 의식집은 종래의 개별적이고 주제 중심적인 불교의식집과의 차별화를 시도하고 있다. 그러면 『작법귀감』의 체재와 구성에 대해 살펴보기로 하자.

〈표 5〉 『작법귀감』의 구성과 내용

권차	구성	내용	항목
卷上	作法龜鑑 序文		
	凡例		
	三寶通請	삼보를 초청함	21
	觀音請	관세음보살을 청함	
	地藏請	지장보살을 청함	
	神衆略禮	신중에게 올리는 간략한 예식	
	山神請	산신을 청함	
	對靈正儀	혼령을 부르는 바른 의식	
	常用施食儀	일상적으로 사용하는 시식에 대한 의식	
	常用靈飯	일상적으로 사용하는 혼령에 음식을 올리는 의식	
	通用進奠式	통용하는 진전의식	
	宗師靈飯	종사 영가에 음식을 올리는 의식	
	神衆大禮	신중에게 올리는 큰 의식	
	神衆朝暮作法	신중단에 아침저녁으로 하는 작법	
	神衆位目	신중의 위목	
	彌陀請	아미타불을 청하는 의식	
	獨聖請	독성을 청하는 의식	
	聖王請	성왕을 청하는 의식	
	竈王請	조왕을 청하는 의식	
	比丘十戒	비구에게 열 가지 계율을 주는 의식	
	沙彌十戒	사미에게 열 가지 계율을 주는 의식	
	居士五戒	거사에게 다섯 가지 계율을 주는 의식	
	尼八敬戒	비구니에게 여덟 가지 경계를 주는 의식	
卷下	焚修作法	향을 피우고 수행하는 작법	19
	祝上作法	새해를 시작(歲謁, 通謁)하는 의식	

23) 이 『作法龜鑑』은 뒷날 안진호에 의해 편찬된 종합의식집인 『佛子必覽』(서울: 연방사, 1931)과 『釋門儀範』(서울: 만상회, 1935; 법륜사, 1982)의 원형을 이루고 있다.

卷下	袈裟移運	가사를 운반하는 의식	19
	袈裟點眼	가사를 점안하는 의식	
	袈裟通門佛	가사 통문불	
	佛像時唱佛	불상을 봉안할 때 부처님을 부르는 의식	
	略禮王供文	십대왕 공양을 올리는 간략한 예문	
	下壇灌浴規	하단의 신들을 관욕하는 법	
	說主移運	설주이운	
	十王幡式	시왕의 번을 쓰는 의식	
	三壇合誦規	삼단을 통합해서 전송하는 법	
	羅漢大禮	나한에게 올리는 큰 예법	
	羅漢略禮	나한에게 올리는 간략한 예법	
	七星請	칠성을 청하는 의식	
	茶毗作法	다비작법	
	救病施食儀	병든 이를 구원하는 시식의례	
	破佛及經袈裟燒送法	파손된 불상 및 경전과 가사를 태워 보내는 법	
	巡堂式	순당식	
	十王各請	시왕을 따로따로 초청하는 의식	
附錄	看堂論	간당작법-묵언작법	1

<표 5>에 나타나 있는 것처럼 조선 후기 당시에 불교의식이 어떻게 거행되었는가를 엿볼 수 있다.[24] 백파는 당시 거행되던 의식들을 참관하면서 의식집들을 세밀히 비교 검토하여 위와 같은 형식으로 엮어냈다.[25] 이 책의 서문에는 불교의식집에 대한 당시 교계의 인식을 잘 보여주고 있다. 여기에는 당시의 불교의식과 재공의식문이 체계를 잃고

24) 현행 『석문의범』의 원형이라 할 『작법귀감』에 종파적 불교의례의 특징은 자세히 보이지 않는다. 종파가 사라진 조선 중기 이래 현행 화엄, 천태, 관음의식 등처럼 종파적 의식을 가진 것들 역시 또렷이 어느 종파의 것으로 소급해 보기는 쉽지 않다. 해방 이후 지난 반세기 이래 형성된 종파들에서 시설하는 의식들 역시 현행 『석문의범』에 수록된 각종 의식들에서 비롯된 것으로 볼 수 있을 것이다. 하지만 그들 의식들이 종파가 존재하던 고려 중기부터 조선 전기까지 각 종파에서 사용해 오던 의식으로 확정하기는 쉽지 않다.

25) 백파의 『작법귀감』이 간행되기 이전의 불교의식집들은 대체적으로 수륙재나 천도재 등과 같이 개별적인 주제 중심의 의식집이었다. 반면 『작법귀감』은 여러 의식들을 종합한 의식집이었다. 때문에 『작법귀감』 이전 불교 의식집들의 구성에 대해 언급한 의식집은 몇 종류 되지 않을 뿐만 아니라 몇몇 주제들의 종합에 머물고 있을 뿐이다.

혼란스럽게 설행되는 현실을 걱정하면서 종래의 의식문 가운데 불필요한 것은 깎아내고[刪] 모자라는 것은 덧붙이는[補] 산보의 과정을 거쳐 그 규범이 되는 의식서를 펴낸다고 밝히고 있다.

> 작법(作法)의 절차(節次)에 관한 책들이 비록 많지만 서로 빠진 것이 있어 전체 모습을 알 수 없을 뿐만 아니라 옳고 그름의 차이도 가리지 못하고 절실한 배움에 있어 잘못 거론한 것이 허다하니 부처님을 공양하는 경사스러운 일이 거꾸로 법을 비방하는 큰 허물이 됨을 누가 알겠는가? 이에 문하생 중의 몇 명의 선납[數禪]이 책을 한 권 만들어 잘못된 것을 바로잡기를 청하였으나 나는 재주가 없다고 하며 사양하였다. (하지만) 많은 사람들의 요청이 구름처럼 일어나 사양할 길이 없었다. 이에 여러 글들을 널리 찾아서 수록하고 잘못된 것을 바로 잡아 요체를 뽑고 빠진 것을 보충하였다. 일관되게 하는 데 힘을 기울여 예절은 삼단(三壇)을 갖추고 이치는 육도(六度)를 갖추었다. 이에 사성(四聲)을 표시하고 구두점(句讀點)을 표시하여 이름하기를 『작법귀감』이라고 하였다. 장차 문하생들이 참고하여 옆으로 흐르거나 추하지 않게 하려 한다.[26)]

백파는 작법의 절차에 관한 많은 책들 가운데 전모를 보여주는 책이 없다고 비판하고 있다. 뿐만 아니라 이들 대부분의 책들이 옳고 그름의 차이도 가리지 못하고 절실한 배움에 대해 잘못 거론한 것이 허다하다고 지적하고 있다. 그는 작법에 관한 책들 가운데 ① '여러 글들을 널리 찾아서 수록하고' 옳고 그름의 차이와 절실한 배움에 대해 ② '잘못된 것을 바로 잡아 요체를 뽑고 빠진 것을 보충'하였다고 밝히고 있다. 아울러 이 작업에 일관되게 하는 데 힘을 기울여 ③ '재시 · 법시 · 무외시의 삼단으로 예의를 갖추고 보시 · 지계 · 인욕 · 정진 · 선정 · 지혜의 육도를 갖추었다'고 했다. 나아가 ④ 네 가지 성조[四聲]와 끊어 읽는 점[句讀點]을 표시하여 문하생들이 옆으로 흐르거나 추하지 않도록 했다고 강조하고 있다.

---

26) 白坡 亘璇, 「序文」, 『作法龜鑑』[1827년(순조 27) 전라도 장성 운문암 개간본].

백파는 자신의 선사상에 의거하여 의식집을 재편하였다. 이것은 백파의 독자적인 불교의례 인식을 보여주는 것이라고 할 수 있다. 조선후기의 대표적 불교인인 백파는 당시 불교의식집에 의거한 불교의례들이 지닌 문제점을 정확히 지적함으로써 불교의례 정비의 필요성에 대해 논의의 물꼬를 열었다. 그 이후 좀 더 실제적이고 구체적인 작법의 마련과 대중들과의 소통이 큰 과제가 될 수 있게 하였다. 하지만 교단이 부재했던 조선후기 불교의식의 정비는 온전히 이루어질 수 없었다. 이러한 문제점들은 19세기의 혼란기를 껴안은 채 20세기 초로 이어져 안진호의 『불자필람』과 『석문의범』의 문제의식으로 이어졌다.

물론 오늘의 관점에서 보면 20세기 초 중엽에 간행된 이들 의식집조차도 정비의 필요성이 여전히 제기되고 있다. 하지만 통합의식집인 『불자필람』과 『석문의범』은 간행 당시만 해도 백파의 『작법귀감』에서 제기한 문제의식을 부분적이나마 계승 발전시킨 의식집이라고 평가할 수 있다. 조선사회가 근대화되어가는 과정 속에서 전통 불교의례도 적극적인 변용을 거치게 되었다. 그 과정에서 불교인들도 조선의 근대화 과정에 부분적이나마 동참하게 되었다. 그 결과 종래의 개별적인 의식집에서 수지(受持)와 집례(執禮)의 편리함을 고려하여 간편한 통합의식집이 탄생하였다. 이는 종래의 개별적 의식집이 가진 한계를 극복해 가는 과정에서 이루어졌다.

하지만 불교의식의 개혁과 불교의식집 편찬에 대한 전반적인 문제의식은 백파로부터 본격화되었으나 그의 문제의식은 다시 안진호의 문제의식, 그리고 불교의 근대화 과제뿐만 아니라 불교의 현대화 과제로까지 남겨질 수밖에 없었다. 나아가 그것은 21세기 한국불교인들의 문제의식으로 이어지고 있다.

5. 불교의례의 간소화와 한글화

동아시아의 정치 상황 속에서 임란과 호란을 경험한 조선은 정치·경제·사회·문화·가치관 등의 모든 면에서 전반적인 구조 변화를 경험하였다. 이러한 구조의 변화는 흔히 근대화 과정에서 발생하는 주요 현상들이다. 조선 중후기 이래 정부는 양난 이전 상태에 대한 반성과 성찰을 통해 국제적 외교의 중요성을 인식해가지 시작했다. 해서 왕실은 국내외의 근대화 과정을 부분적이나마 수용해 가면서 이전시대보다 향상된 생활조건을 조성해 가려 했다. 양난 이후 불교계 또한 조선의 근대화 과정에 노출되면서 사회 변화에 대한 강력한 시대적 요청에 부응해 가지 않을 수 없었다. 우선 전통 불교의례의 근대화의 징후는 일상 범례의 간소화와 일상 언어의 한글화에서 두드러지게 나타났다.

당시 조선 불교계에는 교단이 존재하지는 않았지만 휴정 문도를 중심으로 한 임제법통(臨濟法統)이 확립[27]되면서 불교계의 구심은 어느 정도 확보되어 갔다. 불교계는 경절문(徑截門)과 원돈문(圓頓門)과 염불문(念佛門)을 중심으로 한 삼문수업(三門修業)[28]을 체계화해 가면서 불교 수행의 기반을 다져갔다. 특히 전국의 큰 사찰을 비롯한 주요 암자들은 불서 간행과 불교의식집 간행을 통해 나름대로 존재감을 마련해 갔다. 이 시대의 대표적인 의식집은 백파 긍선의 『작법귀감』이라고 할 수 있다. 하지만 순조 이래 전정·군정·환곡과 같은 삼정의 문란을 경험하면서 다시 불교계는 구심을 잃었고 불교 의례들도 일정한 법식을 무시한 채 혼란스럽게 설행되었다. 때문에 백파의 『작법귀감』에 의해 잠시 정비되었던 불교 의식은 또다시 법식(法式)을 무시한 채 제멋대로 거행되었던 것으로 보인다.

---

27) 김용태, 「조선후기 불교의 臨濟法統과 講學傳統」, 서울대학교 대학원 사학과 박사논문, 2003.

28) 이종수, 「조선후기 불교의 수행체계 연구」, 동국대학교 대학원 사학과 박사논문, 2010.

19세기 이래 산중사찰들은 도적이 들끓어 대부분이 폐사되었으며 그나마 왕실과 인연이 있던 사찰들만이 불교의 각종 의식을 통해 사격을 유지할 수 있었다. 때문에 대부분의 사찰들은 경제적으로 자생력을 갖추지 않으면 아니 되었다. 당시 사찰들은 계(契) 조직을 통해 재정적 기반을 마련할 수밖에 없었다. 그러한 배경 위에서 주요 사암들은 독자적으로 불교의식집을 간행했다. 하지만 이들 의식집들은 관련 사찰들 사이에서만 유통되었을 뿐이었다. 이 때문에 불교의례는 한동안 혼란의 격동기를 거치며 많은 문제점을 안게 되었다.

20세기에 접어들면서까지 불교 의식은 법식에 맞게 설행되지 못했다. 교단의 주체가 부재한 상황에서 정비가 이루어질 수 없었다. 그 사이 문호개방과 도성출입해금, 사사관리서의 개설과 폐지, 원종과 임제종의 창종, 사찰령과 31본산제의 실시 등으로 인해 불교계는 불교 의식 정비의 구심력을 상실했다. 이러한 혼돈은 만해의 지적(1924)에 이어 안진호의 『불자필람』(1931)과 『석문의범』(1935)에 의해 비로소 간소화와 한글화 과정을 거칠 수밖에 없었다.

만해는 『조선불교유신론』(총 17장) 곳곳에서 불교계의 개혁 방안을 제시하고 있다. 그의 개혁론 중에서 특히 불교의식에 대한 개혁은 불교가 숭배하는 소회에 대해 논한 「불가에서 숭배하는 소회(論佛家崇拜之塑繪)」와 불교의 각종 의식에 대한 논한 「불가의 각종 의식(論佛家之各種儀式)」에 집중되어 있다. 만해는 「논불가지각종의식」에서는 당시 유행하고 있던 번잡하고 잡박한 의식인 '도깨비의 연극'을 집어치우라고 주장하고 있다. 그리고 평시의 예식도 혼란해 진실성을 잃고 있다고 지적하고 있다.

> 조선 불가의 백 가지 법도(法度)가 신통치 않아서 하나도 볼 것이 없거니와, 그중에서도 재공양의 의식[梵唄四物・作法禮儀 등]이라든지 제사 때의 예절 따위의 일[對靈・施食 및 기타]에 이르러서는 매우 번잡 혼란하여 질서가 없고 비열・잡박해서 끝이 없는 상태이다. 이것을 모두어 도깨비의 연극이라고나 이름 붙이면 거의

> 사실에 가까울 듯하니, 지금은 말하는 것도 부끄러운 까닭에 가리어 논하지는 않으련다. 그리고 기타의 평시의 예식[巳時佛供·朝夕禮佛·念誦·誦呪 및 기타]도 혼란해 진실성을 잃고 있는 터인즉, 대소의 어떤 예식을 막론하고 일체를 소탕한 다음에 하나의 간결한 예식을 정해 시행하면 될 것이다. 각 사원에서는 예불을 매일 한 번씩 행하되, 집회 때가 되어 집례(執禮)가 운집종을 다섯 번 때리면 승려와 신도는 옷깃을 가다듬고 일제히 불당으로 나아가 향을 사르고 삼정례(三頂禮)를 행한 다음 같이 찬불가를 한 번 부르고 물러나면 된다.[29]

만해는 대소의 어떤 예식이든지 일체를 소통한 다음에 공경의 진심을 담은 '하나의 간결한 예식'을 정해 시행할 것을 역설하고 있다. 그는 하나의 간결한 예식으로서 매일 한 번씩의 예불과 집회 때의 삼정례 및 찬불가로 정리하고 있다. 다시 말해서 만해는 하루 1회의 예불과 오늘날의 삼귀의에 해당하는 삼정례와 찬불가를 간결한 예식으로서 제시하고 있다. 이것은 만해의 파격적인 의식관이라고 할 수 있다.

> 무릇 예는 번잡하면 어지러워지게 마련인 바 어지러우면 공경하지 않게 되고, 공경하지 않으면 예의 본의가 없어지고 마는 터이다. 예의에 있어서는 근본에 중점을 두는 까닭에 상례는 슬픔을 주로 하고 제사는 공경을 주로 해서, 기타의 자질구레한 절차에 있어서는 들고 남이 있어도 무방한 것이니, 번잡하면서 공경하지 않는 것과 간소하면서 공경하는 것은 어느 쪽이 나으며, 친숙하여 엄숙함이 없는 것과 뜸하면서도 공경함이 있는 것은 어느 쪽이 예에 합치되겠는가. 지극히 존귀하신 분의 상(像)을 공경하고 엄숙히 대해야 할지언정 친숙한 나머지 버릇없이 굴어서는 안 될 것이니, 하루 한 번의 예불이 반드시 간소하다고는 못할 것이다.[30]

만해는 의식에 대해 '간소하면서도 공경하는 것'과 '뜸하면서도 공경

29) 한용운, 「논불가지각종의식」, 『한용운전집』 2(서울: 불교문화연구원, 2006), 75; 116면.

30) 한용운, 「논불가지각종의식」, 『한용운전집』 2(서울: 불교문화연구원, 2006), 75; 116면.

함이 있는 것'이 더 중요함을 역설한다. 그렇다고 해서 하루 한 번의 예불이 반드시 간소한 것이 아님을 강조하고 있다. 그는 「불교의 각종 의식」에서 일체의 상과 그림인 부처님에 대한 공양은 '법공(法供)'이라야 의의가 있을 뿐, 번잡하고 어지러운 '반승(飯僧)' 등과 같은 각종 의식은 의미가 없다고 준엄하게 질타하고 있다. 결국 만해는 하루 한 번의 예불로도 충분히 공경하고 예의 본의를 다할 수 있음을 역설하고 있다. 그것은 공양에 대한 그의 생각에서도 잘 드러나고 있다.

> 또 부처님에 대한 공양은 법공(法供)이라야 의의가 있고, 반공(飯供)은 의미가 없다. 그럼에도 불구하고 매일 반공을 일삼는다면 부처님을 모독하는 것이 될 뿐이니, 이를 폐기한다 하여 무슨 잘못이 있겠는가. 다만 특별한 때[불탄일・성도일・열반일・시천지류(時薦之類)]에 진귀하고 깨끗한 음식을 바쳐 중생으로서의 작은 정성을 표하는 것은 용납될 수도 있는 문제겠다.[31)]

그런데 불교 의식에 대한 만해의 이와 같은 질타와 대안 제시는 그에게서 지속적으로 견지되지 않고 있다. 만해가 쓴 「조선불교개혁론」(1930년대)에서는 여러 부분의 개혁을 논하면서도 유독 의식(儀式) 부분에 대한 개혁에 대해서는 언급하고 있지 않다. 이미 「조선불교유신론」에서 불교 의식에 대한 개혁에 대해 언급했기 때문에 거듭 거론하지 않은 것일까. 아니면 물적 토대의 확보가 불투명한 불교 교단의 현실에서 의식의 정비가 쉽지 않았기 때문일까. 이 부분에 대해서는 다른 논고를 통해서 두 논설을 비교하면서 다시 상세히 탐구해 볼 계획이다.[32)]

하여튼 「조선불교유신론」에서 보았던 만해의 문제의식은 안진호의 『불

31) 한용운, 「논불가승배지소회」, 『한용운전집』2(서울: 불교문화연구원, 2006), 77; 116~117면.

32) 안진호의 출판사업이 어려움에 처하자 萬海는 시주를 통하여 안진호의 불서간행 사업을 도운 적이 있다. 아마도 『조선불교유신론』을 쓸 당시(1910년대) 만해의 불교의식에 대한 생각과 『석문의범』을 간행할 당시(1930년대)의 만해의 의식 사이에는 일정한 변화가 있었지 않나 생각된다. 여기에 대해서는 다른 논고에서 다루어볼 계획이다.

자필람(佛子必覽)』을 거쳐 『석문의범』으로 이어졌다. 당시 사찰에서 상용하는 의례와 의식 대부분을 망라한 『불자필람』은 상하 두 편과 부록으로 이루어졌다. 백파의 『작법귀감』에 견주어 보면 이 『불자필람』은 그 내용과 항목이 증광되었다. 이 책의 대체적인 구성은 아래와 같다.

〈표 6〉 『불자필람』의 편차와 구성 및 내용과 항목

편차	구성	내용	항목
	發刊의 趣旨		
	序		
	凡例		
상편	朝夕鍾頌	아침저녁 종치는 게송	27
	香水海	茶偈	
	六聖禮	여섯 성인에게 올리는 예절	
	行禪祝願	행선하는 축원, 又나옹화상축원	
	神衆壇禮式	茶偈	
	朝誦呪	아침송주	
	夕禮鍾頌		
	小禮懺	오분향, 헌향진언	
	中壇禮式		
	夕誦節次	저녁송주	
	小心經		
	大心經		
	華嚴經略纂偈		
	法華經略纂偈		
	法性偈		
	摠歸眞言		
	如來藏經實相章句		
	華嚴經百八陀羅尼		
	觀音菩薩四十二手呪		
	地藏菩薩讖蒲陀羅尼		
	北斗呪		
	地藏願讚二十三尊		
	慘除業障十二尊佛		
	茶毘文	永訣式 埋葬式	
	沙彌十戒		
	居士五戒		
	比丘尼八敬法		

편차	구성	내용	항목
하편	諸佛通請	上壇勸供 上壇祝願 中壇勸供 神衆祝願	24
	彌陀請	闍維時彌陀請	
	觀音請		
	地藏請		
	獨聖請		
	十六羅漢請		
	七星請		
	神衆請		
	山神請	山王經	
	竈王請	竈王經	
	現王請		
	四天王請		
	神衆壇作法	三十九位 一百四位	
	侍輦節次		
	對靈式		
	齋對靈		
	灌浴		
	常住勸供		
	觀音禮文		
	觀音施食		
	救病施食		
	華嚴施食		
	宗師靈飯		
	常用靈飯		
부록	布教方式		14
	入敎樣式	入敎願 信徒名簿 信徒證	
	說敎儀式		
	講演儀式	讚佛歌	
	三大記念式	慶祝歌	

편차	구성	내용	항목
부록	追悼儀式		14
	花婚儀式		
	往生歌		
	新年歌		
	淨土符食法		
	三長六齋日		
	入厠五呪		
	成道齋山林式參考		
	金剛般若波羅密經纂		
	跋		

<표 6>에서 볼 수 있는 것처럼 안진호의 『불자필람』은 상하 두 편과 부록으로 이루어져 있다. 그 앞에 출간의 취지와 서(序) 및 범례가 실려 있고 부록의 마지막에는 발(跋)이 덧붙여져 있다. 상하 두 편과 부록으로 이루어진 구성과 내용은 위로는 『작법귀감』의 구조를 계승하고 있으며 아래로는 다시 『석문의범』으로 이어지고 있다. 이것은 『작법귀감』, 『불자필람』, 『석문의범』의 상하편과 부록편의 구조와 형식 및 구성과 내용을 통해서 확인할 수 있다.[33)]

이렇게 본다면 『불자필람』은 『작법귀감』과 같은 선행 불교의식집의 면면한 계승과 『석문의범』과 같은 불교의식집의 새로운 혁신 한가운데에 자리하고 있다는 사실을 알 수 있다. 이 책은 발간 즉시 적극적으로 홍보하기 위해 신문에 실린 광고는 아래와 같다. 이 문구에는 이 저술의 성격이 대해 잘 드러나 있다.

33) 백파의 『작법귀감』은 부록편에 看堂論(간당작법)만을 덧붙이고 있어 안진호의 『불자필람』 부록편(14편)의 다양성에는 미치지 못한다. 『작법귀감』 이후 『불자필람』과 『석문의범』의 구성과 내용을 비교해 볼 때 후자의 항목이 두드러지게 간소화되었다.

불교의식집	권상	권하	부록	총계
작법귀감	21	19	1	41
불자필람	27	24	14	65
석문의범	5	13	1	19(16 *신편)

> 본서는 불교의식(佛敎儀式)에 정수(精髓)이며 일용행사(日用行事)에 지남(指南)이라. 우리 교인의 수행상 도사양우(導師良友)되기에 부끄럽지 않고 복전심량(福田心糧)되기에 부족(不足)함이 업사온바 각위(各位)께서 일부(一部)식 비치하시와 좌우에 명(銘)과 정안(靜案)에 경(鏡)을 삼으시기 위하야 자(玆)에 보고하오니 절품되기 전에 쟁선구독(爭先購讀)하심을 바라나이다.[34]

광고 문구와 같이 이 책은 발간 즉시 널리 보급되었으나 2년이 지나지 않아 곧 품절되었다. 이 책의 특징은 조선 후기 이래의 일반적이었던 목판본과 필사본이 아니라 ① 잘 정리된 활자본 의례집이었고, ② 한자뿐만 아니라 한글이 병기되어 누구라도 쉽게 볼 수 있었으며, ③ 적지 않은 부수를 찍어내어 많은 사람이 볼 수 있었다. 바로 이러한 몇 가지 특징이 이 책을 대량으로 구입하게 했다.

이 책은 품절된 뒤에도 일본과 만주에서 주문이 몰려들어 답장쓰기에도 바쁠 지경이었다[35]고 전해진다. 독자들의 이러한 반응은 이 책의 재판 간행을 재촉했고 급기야는 좀 더 진화된 불교의식집 출현을 예고했다. 상하 2편과 부록으로 구성된 『석문의범』의 출현은 불교의식의 간소화와 한글화에 대한 시대의 응답이라고 할 수 있다. 그러면 『석문의범』의 구성에 대해 살펴보기로 하자.

34) 안진호, 『불자필람』(서울: 연방사, 1931), 139면. 『석문의범』의 전신이라 할 『불자필람』은 최취허가 발의하고 안진호가 종래의 의례문을 집성한 뒤 권상로와 김태흡의 교정을 맡아 간행한 책이다. 이를 위해 안진호는 1931년 봄에 남부지방을 유력하면서 각 사찰의 역사와 자료를 수집하였고, 6월에는 경북 예천의 용봉교당에서 최취허를 만나 佛門 初入者들이 지송할 수 있는 의례문을 편찬해 달라는 의뢰를 받게 된다. 안진호는 채 한 달여 만인 7월에 초고를 완성하여 최취허에게 전해 주었고 권상로와 김태흡(大隱)의 교정을 거쳐 그해 12월에 발간하였다.

35) 『석문의범』 간행예고, 『금강산』 창간호, 금강산사, 1935. 9, 마지막 면.

〈표 7〉『석문의범』의 편차와 목차 비교표

<table>
<tr><th>편차</th><th>초판 목차</th><th>분량</th><th>新編 增註판 목차</th><th>분량</th></tr>
<tr><td rowspan="5">상편</td><td>禮敬편</td><td rowspan="5">5편</td><td>誦呪편</td><td rowspan="19">14편+2장</td></tr>
<tr><td>祝願편</td><td>禮敬편</td></tr>
<tr><td>誦呪편</td><td>佛供편</td></tr>
<tr><td>齋供편</td><td>祝願편</td></tr>
<tr><td>各疏편</td><td>施食편</td></tr>
<tr><td rowspan="13">하편</td><td>各請편</td><td rowspan="13">13편</td><td>葬儀편</td></tr>
<tr><td>施食편</td><td>放生편</td></tr>
<tr><td>拜送편</td><td>點眼편</td></tr>
<tr><td>點眼편</td><td>移運편</td></tr>
<tr><td>移運편</td><td>齋供편</td></tr>
<tr><td>受戒편</td><td>拜送편</td></tr>
<tr><td>茶毘편</td><td>式順편</td></tr>
<tr><td>諸般편</td><td>受戒편</td></tr>
<tr><td>放生편</td><td>기타편</td></tr>
<tr><td>持頌편</td><td rowspan="4">찬불가편</td></tr>
<tr><td>簡禮편(新式)</td></tr>
<tr><td>歌曲편</td></tr>
<tr><td>神秘편</td></tr>
<tr><td>부록</td><td>조선사찰일람표</td><td>1편</td><td>전국사찰주소록[36]</td></tr>
</table>

<표 7>에 의하면 『불자필람』의 구성도 백파의 『작법귀감』을 잇고 있음이 확인된다. 이 의식집의 교정을 보았던 김태흡(대은)은 다시 『석문의범』에 다음과 같이 머리말을 적고 있다. 대은은 안진호가 의도했던 취지를 상중하 근기의 견지를 비교하면서 잘 지적해 내고 있다.

> 큰 도는 법이 없으면 세울 수 없고, 참된 가르침은 의식(儀式)이 없으면 베풀 수 없다. 필경 이 도는 면벽관심(面壁觀心)으로 충분하고 죄업을 참회하는 데는 마음의 이치를 깨달으면 그만이다. 무슨

36) 초판본에는 조선팔도의 사찰 목록을 담고 있는 '조선사찰일람표'를 부록으로 덧붙였다. 하지만 신편증주본 부록편에는 남한의 사찰만을 수록하고 있다. 안타깝지만 여기에도 분단의 상처가 반영되어 있다.

> 법이 필요하며, 무슨 의식을 배울 것이 있겠는가. 그러나 이것은 상근인(上根人)의 견지요, 중류(中流) 이하는 달을 보는 데 손가락이 필요하고 방향을 아는 데 지남철을 필요로 한다. 손가락이 없으면 달을 보는 연(緣)이 끊기게 되고 지남철이 없으면 남북을 가리키는 데 옹색하게 되기 때문이다. 따라서 큰 조화는 크고 넓어 한 티끌의 먼지도 꺼리지 않으며 참된 자비는 두루 널리 퍼져 한 물건도 버리지 않는다. 우리 부처께서 미혹한 중생들을 연민하여 무량한 방편을 세우시니, 이른바 격외향상문(格外向上門)이요, 또 불교수행문이요, 또 비밀총지문(秘密摠持門)이요, 또 염불왕생문 등이다. -(중략)- 이 『석문의범』은 참선과 염불에 있어 방편문의 방편문[方便門之方便門]이니 보리를 이룰 것을 기약한 자에게는 이것이 얼마나 귀하리오. 그러나 『석문의범』이라는 방편문이 없으면 염불에 길이 없고, 참선에도 의지할 바 없으니, 어찌 그 뜻을 이룰 날을 기약하리오. 따라서 이 책 한 권은 진실로 교해(敎海)의 지남(指南)이요, 선림(禪林)의 보검(寶劍)이라 말할 수 있으리라.[37]

대은은 이 『석문의범』은 참선과 염불에 있어 '방편문의 방편문'이라는 안진호의 의도를 잘 이해하고 있다. 그는 중근기[中流] 이하는 '달을 보는 데 손가락이 필요하며', '방향을 아는 데 지남철'이 필요하다고 역설한다. 큰 조화는 크고 넓어 한 티끌의 먼지도 꺼리지 않으며, 참된 자비는 두루 널리 퍼져 한 물건도 버리지 않는다고 강조한다. 그리하여 이 '석문의범'이라는 방편문이 없으면 염불에 길이 없고, 참선에도 의지할 바 없다며 이 책 한 권은 '교해의 지남'이요, '선림의 보검'이라고 요약하고 있다. 의식집을 이렇게까지 평가하는 것은 참선과 염불을 기반으로 하는 불교에 있어 의식이 얼마나 중요한가를 보여주기 때문으로 보인다.

이 책의 구성을 통해서도 알 수 있는 것처럼 안진호의 의도는 종래의 번잡한 의식을 간소화하고 현실화하는 데에 있었다. 그에게는 현대적 의례와 의식의 변화를 수용하지 않으면 안 된다는 현실적 의식이 있었다. 이러한 문제의식 속에는 의식승 혹은 포교승으로서의 그의 정체성

---

37) 김태흡, 「머리말」, 『新編增註 釋門儀範』, 한정섭 주(서울: 법륜사, 1982), 2면.

이 전제되고 있다고 할 수 있다. 일찍이 서양문화에 눈을 뜬 그였기에 밀려 들어오는 기독교(개신교+천주교)의 선교전략에 대한 자극과 반응이 있었다. 안진호는 거의 유일하게 당시 전통 불교의례의 현대적 변용에 대해 강렬한 문제의식을 느끼고 있었다. 그의 문제의식에 의해 한국불교 의식집은 『불자필람』을 거쳐 『석문의범』에 도달할 수 있었다.

안진호의 초판 『석문의범』(1935, 만상회)과 달리 한정섭에 의한 신편증주본[신본 『釋門儀範』(법륜사, 1982)]에는 종래의 의식집에서 보이지 않던 기타편[38]과 찬불가[39]까지 수록하고 있다. 이 찬불가 장의 시설은 당시 백용성, 정운문, 정민섭, 김규환, 이찬우, 김희조, 서창업, 반영규, 김기우 등에 의해 새롭게 작사 작곡되기 시작한 찬불가 보급을 수용하였기 때문이다. 이처럼 전통 불교의례는 한국의 근대화와 맞물려 변모를 가져왔다. 그리고 조선의 근대화는 일상 범례의 간소화와 일상 언어의 대중화로 두드러지게 나타났다.

따라서 불교계 근대화의 주요한 흐름 중 하나는 범패(梵唄)의 부흥을 주장하고 『작법귀감』과 『불자필람』을 비롯하여 『석문의범(釋門儀範)』 등의 불교 의식집 간행으로 이어 감으로써 '전통 불교의례를 정비하고 간소화'했다고 할 수 있다. 다른 하나는 불교의식문을 한글화하고, 불교의례의 절차 및 방법을 단순화했으며, 불교식 결혼을 장려함으로써 '불교의례를 생활화하고 현실화'했다고 할 수 있다.

6. 정리와 맺음

전통 불교의례의 이러한 변모는 조선이 근대화되어 가는 과정에서 피할 수 없는 현상이었다. 때문에 조선 전기 이래 국가의 공식적인 신

---

38) 기타편에는 各種幡式, 入厠五呪, 十八地獄頌, 冥府十王所關要項, 諸聖指定日, 十齋日, 諸聖獻供吉日, 婚姻吉日, 移徙吉日, 其他要方, 六甲納音法, 却病要方, 三災法 등이 실려 있다.

39) '삼귀의'를 비롯한 찬불가 28곡이 실려 있다.

앙체계로부터 일탈한 전통 불교의례는 큰 변모를 겪을 수밖에 없었다. 그리고 조선 후기 불교는 민중들의 생활 속으로 깊이 스며들어 감으로써 존재감을 확보해 갔다. 그 과정에서 전국의 주요 사암에서는 불교의례들이 자주 설행되었고 이를 뒷받침하기 위해 불교의식집들을 널리 간행한 것으로 추정된다. 이 글에서는 조선 후기 불교의례의 개혁과 정비의 과정이 한국의 근대화와 어떻게 맞물려 왔는가에 대해 선행 연구의 검토 위에서 살펴보았다.

임진왜란과 병자호란을 경험하고 난 조선 후기 불교계의 상황은 조선 전기와는 몇 가지 면에서 달랐다. 즉 새로운 이념에 의해 건국의 기틀을 다지려 했던 조선 전기 신흥사대부들과 달리 조선 후기의 유자들은 종래의 기득권을 유지하고 계승하기에 급급했다. 하지만 임란과 호란의 소용돌이 속에서 승병의 활약을 통해 그 존재감을 확보해 온 불교계에 대해 조선정부는 이전 시기처럼 무시할 수만은 없었다. 비공식적이기는 해도 조선정부는 국가적인 수습의 차원에서 종교적 기능을 지닌 불교계의 복원을 측면에서나마 지원하지 않을 수 없었다. 하지만 조선시대 불교계의 의식 집례(執禮)는 유교일변도의 정책으로 역사의 전면에서 거행될 수 없었다. 때문에 불교의례는 종래의 공식적 신앙체계로부터 일탈함으로써 미신적·기복적 성격을 띠게 되었다. 특히 국가가 직면한 천변재이(天變災異)를 물리치는 역할을 불교계가 담당하면서 더욱더 심화되었다.

이렇게 되자 조선 후기에 이르러 불교계 내부에서는 불교의식 개혁의 목소리가 일어났다. 그 결과 조선 사회가 근대화되어 가는 과정 속에서 전통 불교의례도 적극적인 변용을 거치게 되었다. 그 과정에서 불교인들도 조선의 근대화 과정에 부분적이나마 동참하게 되었다. 그리고 종래의 개별적인 의식집에서 수지(受持)와 집례(執禮)의 편리함을 고려하여 간편한 통합의식집이 탄생하였다. 이는 종래의 주제 중심 의식집이 가진 한계를 극복해가는 과정에서 이루어졌다. 조선 후기의 대표적 불교인인 백파(白坡)는 당시 불교의식집에 의거한 불교의례들이 지닌 문제점을 정확히 지적함으로써 불교의례 정비의 필요성에 대해 논의의 물꼬를 열었다. 그 이후 그는 좀 더 실제적이고 구체적인 작법의 마련과 대중들과의 소통이 큰 과제가 될 수 있게 하였다. 하지만 교단이 부재했던 조선후기 불교의식의 정비는 온전히 이루어질 수 없었다.

이러한 문제점들은 19세기의 혼란기를 껴안은 채 다시 20세기 초의 과제가 되었다. 백파의 문제의식은 다시 안진호의 문제의식, 그리고 불교의 근대화 과제와 불교의 현대화 과제로까지 남겨질 수밖에 없었다. 나아가 그것은 21세기 한국불교인들의 문제의식으로 이어지고 있다. 결국 조선의 근대화가 정치, 경제, 사회, 문화, 가치관 등 사회구조 전반에 걸쳐 진행된 것처럼 전통 불교의례의 근대화는 일상 범례의 간소화와 일상 언어의 대중화로 두드러졌다. 따라서 불교계 근대화의 주요한 흐름 중 하나는 범패(梵唄)의 부흥을 주장하고 『작법귀감』과 『불자필람』을 비롯하여 『석문의범(釋門儀範)』 등의 불교 의식집 간행으로 이어 감으로써 '전통 불교의례의 정비와 간소화'였다고 할 수 있다. 또 다른 하나는 불교 의식문을 한글화하고, 불교의례의 절차 및 방법을 단순화했으며, 불교식 결혼을 장려함으로써 '불교의례의 생활화·현실화'였다고 할 수 있다.

V.

대한시대 이래

東大 '全人교육' 백 년과 '佛敎연구' 백 년*

-치밀한 사고력·활달한 문장력·넘치는 인간미의 구비와 실현-

1. 화두: 문제와 구상

한 민족과 국가의 성취는 교육을 통해 배출된 인재로부터 비롯된다. 대학은 연구와 교육의 장이며 교수는 연구와 교육 두 방면을 담당하는 존재이다. 교수는 오랜 연구를 기초로 하여 전인적인 시각에서 학생을 교육시킨다. 때문에 연구 성과를 매개로 하여 가르치는 교수와 이를 배우는 학생 사이에서 이뤄지는 교육은 한 나라의 미래를 가늠하는 잣대가 된다. 교육은 나라의 내적 기반을 공고히 하고 외적 시야를 넓혀 인재의 지속적 배출을 최우선으로 한다. 이것은 '천하의 영재를 얻어 교육하는 것(得天下英才而敎育之)'이 군자(君子)의 세 가지 즐거움(三樂) 속에 들어 있는 것에서도 확인된다.[1)]

* 이 논문은 2006년 4월 28일 동국대학교 개교 100주년을 맞아 학교 내 덕암세미나실에서 열린 100주년 기념학술대회에서 발표한 것을 수정 보완한 것이다.

1) 『孟子』 「盡心」 上. "孟子曰: 君子有三樂, 而王天下, 不與存焉. 父母俱存, 兄弟無故, 一樂也. 仰不愧於天, 俯不怍於人, 二樂也. 得天下英才而敎育之, 三樂也."

이렇게 시의 고금과 양의 동서를 막론하고 교육을 중요하게 여겨 왔던 것은 교육받은 젊은이들에 의해 미래가 확보될 수 있기 때문이다. 오늘 우리의 성취는 무수한 인연들의 도움과 협동에 의해 가능했던 것이다. 동시에 내일의 우리의 성취는 후속 세대들의 지속적 출현에 의해 가능할 수 있는 것이다. 어제는 오늘이 있기에 그 의미가 증폭되는 것이며 오늘은 내일이 있기에 그 의미가 확충되는 것이다. 동아시아의 여러 나라들이 미래의 동량을 기르기 위해서 백 년의 큰 계획(百年之大計)을 세워 왔던 것도 바로 이 때문이다.[2)]

(1) 불교의 인간 이해

오늘의 우리의 성취는 무수한 사람들의 도움과 협동에 의한 것(緣起)이라고 불교는 역설해 주고 있다. 석존의 이러한 사고에는 존재의 이상적 모습을 이타적 인간, 보살적 인간상으로 이해하는 관점이 깔려 있다. 불교적 인간은 긍정과 부정의 무애(立破無碍)와 전개와 통합의 자재(開合自在)라는 지혜를 얻어 자유인이 되고자 한다. 치밀한 사고력(一心), 활달한 문장력(和會), 넘치는 인간미(無碍)를 지닌 보살적 인간은 자기와의 싸움인 수행과 교육을 통해 비로소 새로운 인간으로 태어나는 것이다. 하여 불교 전통에서는 교육을 통해 기본 심성을 가다듬은 뒤에 수행의 길로 나아가게 하는 것이 상례였다.

불교 수행자는 보다 나은 삶을 살기 위해서 자기와의 치열한 싸움을 통해 내면의 아름다움을 확보하려는 존재이다. 이러한 전통은 불교 전래 이래 지금까지 사찰 속에서 이어지고 있다. 고구려 소수림왕 2년(372)

---

2) 백 년 안팎의 역사를 간직하고 있는 일본의 국립 도쿄(東京), 교토(京都), 도우호쿠(東北), 큐슈(九州), 오사카(大阪), 나고야(名古屋), 홋카이도(北海道) 대학과 일반 사립 와세다(早稻田), 게이오(慶應), 도지샤(同志社), 리쯔메이칸(立明館), 니혼(日本) 대학, 그리고 불교 사립 류코쿠(龍谷), 오오따니(大谷), 다이쇼(大正), 고마자와(駒澤), 하나조노(花園), 북쿄(佛教) 대학 등과 중국의 베이징(北京), 칭화(青華), 난징(南京), 쩌장(浙江), 쭝산(中山), 쓰촨(四川), 홍콩(香港) 쭝웬(中文) 대학, 싱가포르(星港) 대학 등이 대표적인 대학들이다.

의 불교 공인 이래 사찰은 우리 민족의 주요 교육기관으로 자리해 왔다. 유교 교육은 대개 고구려의 태학(太學), 신라의 국학(國學), 고려의 국자감(國子監), 조선의 성균관(成均館)과 서원 및 향교 등에서 이루어져 왔다.

이와 달리 불교 교육은 강원(講院)과 선원(禪院) 및 염불원(念佛院)과 율원(律院) 등이 갖춰진 총림 혹은 그 일부가 갖춰진 본사 혹은 말사의 사찰에서 이루어져 왔다. 불교의 연구는 여기에서 이루어졌고 이곳으로부터 널리 퍼져 나갔다. 때문에 학승이나 학자들은 사원에서 연구를 하였고 백성들은 이곳에서 교육을 받았다. 그리고 그것을 기초로 하여 보다 나은 언어 문자 활동을 할 수 있었다. 이처럼 사찰은 예로부터 우리 민족의 교육기관으로서 확고한 위상을 지녀 왔다.

조선 태종은 고려 이래 11종[3]이었던 불교 교단을 7종으로 구조 조정하였다.[4] 뒤 이은 세종은 7종의 교단을 선교 양종으로 빅딜하였다.[5] 한동안 불교의 대사회적 입지는 크게 줄어들었다. 다행히 세조의 흥불(興佛) 정책으로 불교 교단은 잠시 부흥의 기운을 맛볼 수 있었다. 하지만 연산군 대에는 승과제(僧科制)가 폐지되었고, 중종 대에는 조선 통치의 이론적 기반이었던 『경국대전』 속에서 '도승(度僧)' 조목이 빠져버렸다.

불교계는 교단을 대표할 만한 주체의 양성 기반을 해체당했다. 이후 명종 조에 이르러 중종의 비인 문정대비에게 발탁된 허응당 보우(普雨)의 노력에 의해 잠시나마 선교 양종의 승선 고시인 승과를 복원(1550)하였다. 하지만 문정대비의 승하 이후 교단의 책임자였던 보우는 순교를 당하였고 불교계는 또다시 억불의 아우라를 피할 수 없게 되었다. 다행히 복원된 승과에서 뒷날 임란 때 활약했던 휴정(休靜, 1520~1604)과 유정(惟政, 1544~1610)이 합격함으로써 또 한 번의 흥불(興佛) 기회를 맞이할 수 있었다.

---

3) 『太祖實錄』 권11, 6년 3월조.

4) 『太宗實錄』 권14, 7년 12월조.

5) 『世宗實錄』 권24, 6년 4월조.

임란과 호란 때에 승병(僧兵)들은 외적을 물리치는 데에 눈부신 공을 세웠다. 이로 인해 이후 불교에 대한 정책이 비교적 완화되면서 불교는 내부적으로 자생력을 갖추어 갔다. 특히 선원과 염불당 및 강원의 삼문(三門) 수업 조직이 정비되면서 종래 단절되어 왔던 교단으로서의 기능을 일부나마 회복해 갔다. 아울러 자생불교로 나아가기 위해서 어느 정도의 물적 토대를 확보해 가기 시작했다. 경제의 운용을 위해 당취(黨聚) 등을 통한 계(契)나 보(寶) 등도 운영해 가면서 사원 경제의 토대를 마련하기 시작했다. 사원에서는 궁중에 필요한 여러 물품들을 생산하였고 일반 백성들이 필요한 생활용품들까지 만들어 가면서 경제적 기반을 확충해 갔다.

한편 미국과의 조약 체결을 통해 문호를 개방하고 새로운 정치체제인 메이지 정부를 출범(1868)시킨 일본은 미국으로부터 배운 '제국의 기술'을 조선에 적용하였다. 탐험가로 위장된 일본의 수군은 강화도 앞바다에 운양호를 띄워 수심을 재며 조선에 접근하였다. 조선 수군은 수차례 경고를 보냈으나 응하지 않자 이 배를 격침시켰다. 이를 빌미로 조선은 일본의 일방적인 주도에 이끌려 강화도 조약(1876)을 체결하기에 이르렀다. 이 불평등 조약으로 인해 조선 정부는 제물포와 동래 및 함흥 항의 문호를 열게 되었다.

뒤이어 갑오경장(1894)과 동학농민전쟁(1894)을 비롯하여 을미사변(1895) 등이 일어나자 일본은 조선에 무법적으로 드나들기 시작했다. 이 소용돌이 속에서 범어사의 동인(李東仁)과 백담사의 무불(無佛, 卓挺埴) 등 조선의 일부 승려들은 일본을 매개하여 서양의 학문과 문물을 사원에 소개하고 가르치기 시작했다. 이들은 급변하는 정치현실과 외교노선에 투신하면서 조선과 불교계가 당면한 현실의 과제를 타개해 가기 위해 헌신하였다. 특히 이들은 교육제도 개선에 노력하여 새롭게 정비하고 있는 전국 강원들에게 상당한 영향을 끼쳤다. 하지만 이들은 정치적 희생양이 됨으로써 이들의 원력이 끝내 근대적 의미의 교육기관 설립으로까지 곧바로 이어지지는 못하였다.

(2) 통재 혹은 전인의 배출

대한시대(1897~)에 이르러 세종조 이래 성리학자들의 과도한 배타에 의해 금지당해 왔던 승려들의 도성출입이 해금되었다(1895, 1897[6]). 조선 불교계는 오랫동안 단절되었던 불교문화의 기반을 새롭게 마련해 가기 시작했다. 그러자 1902년 대한제국 황실은 관리서(管理署)를 설치하여 사찰과 승도들을 관리하고자 했다. 황실은 서울 홍인문 밖 소홍사(紹興寺) 터에 원흥사(元興寺)를 짓고 '대법산 국내수사찰(大法山國內首寺刹)'이라고 불렀다.[7] 하지만 2년이 지난 1904년 갑진년에는 관리서와 대법산이 모두 폐지되었다. 원흥사에 있던 관리서가 폐지되자 봉원사 승려 이보담(李寶潭)과 화계사 승려 홍월초(洪月初) 등이 1906년에 원흥사에 불교연구회를 설립하고 정토(淨土)를 종지로 삼았다. 이들은 이후 원종(圓宗, 1908)을 세웠다.

불교연구회 승려들은 "학교를 설립하여 신학문 상의 교육 방침을 연구"하고자 내부(內部)에다 청원서를 내었다. 내부는 "청원에서 이미 학문을 연구하고 교육을 개발하며 자비(慈悲)와 수선(修善)에 힘쓴다고 하

---

6) 李能和, 『朝鮮佛教通史』 下권, 927면. "지난 무술년(1898) 봄에 다시 승려들이 성 밖으로 쫓겨나는 명령을 받았다. 그때 승려들은 머리에 대나무로 엮은 둥근 삿갓을 썼고 옷차림새도 속인들과 달랐다. 당시 서울 교외에서 하늘과 땅에 제사지내는 행사(郊祀)가 있어 임금님께서 원구단(圜丘壇)에 거둥하셨다. 마침 (그 자리에 있던) 한 개운사 승려가 포장 틈새로 머리를 들이밀고 (임금님을) 우러러 보았는데 공교롭게도 임금님의 눈과 마주치게 되었고, (이에) 임금님께서 신료들에게 "저놈이 누구냐?" 하고 물으셨다. 이렇게 되자 경무사(警務使)가 즉시 엄령을 내려 승려의 입성을 다시 금지하였지만, 이 명령을 내린 지 얼마 되지 않아 또다시 흐지부지되었다. 시대적으로도 백성들이 모두 단발을 행하였고, 이로부터는 승속의 옷차림새가 서로 뒤섞여 구별할 수 없(어 승려만을 입성금지하기 어렵게 되)었다." 도성출입 금지와 해금은 계속 반복되다가 조선이 일본에게 국권을 빼앗기는 1910년에 이르러서야 완전히 해제되었다.

7) 황실은 대법산 원흥사에 좌우 교정(教正) 각 1명과 대선의(大禪議) 및 상강의(上講議) 1명, 이무(理務) 5명, 도섭리(都攝理) 1명을 두었다. 봉은, 봉선, 용주, 마곡, 법주, 송광, 금산, 해인, 통도, 동화, 월정, 유점, 석왕, 귀주, 보현, 신광사 등 16개 사찰을 '중법산 도내수사찰(中法山道內首寺刹)'로 하고 도교정(都教正), 부교정(副教正), 선의(禪議), 강의(講議) 각 1명씩을 두었으며, 도내의 각 사찰에는 주직(住職) 각 1명씩을 두었다.

였으므로 혹 가르침을 핑계 대고 폐단을 일으킬 경우에는 그 드러난 바에 따라서 마땅히 그에 상응한 처리가 있을 것임"을 전제하고 허가를 내어주었다.[8] 학교 설립 허가를 받은 불교연구회는 각 도의 수사찰에다 중앙의 불교교육기관에 학생을 보내달라는 「발문제도수사통문(發文諸道首寺通文, 明進學校學徒起送件)」을 보내었다.

결국 약 한 세대 전에 새로운 교육기관을 세우고자 했던 동인과 무불의 뜻은 일부 변질되었지만 정토종을 배경으로 하였던 불교연구회에 의해 성사되게 되었다. 불교계가 중앙 교육기관인 명진학교를 세우기에 이르게 된 것은 동인과 무불 같은 선배 선각자들이 뿌린 씨앗에 의해서 가능할 수 있었다. 그러나 그렇기는 하더라도 이것은 조선 침략에 깊숙이 관여하였던 일본 승려들의 선진 교육제도에 자극받아 이루어진 것임을 부인하기는 어렵다.

이즈음 일본 진종 대곡파(眞宗 大谷派, 東本願寺)의 오촌원징(奧村圓澄)과 진종 본원사파(眞宗 本願寺派, 西本願寺)의 대곡존보(大谷尊寶), 일련종(日蓮宗)의 좌야전려(佐野前勵), 정토종의 정상현진(井上玄眞) 등은 그들의 종지에 따르는 각급 불교학교들을 세워 일본인들뿐만 아니라 한국인 학생들까지 포섭하여 교육했다. 이렇게 되자 이에 반대하는 여론들이 일어나기 시작했다. 이들은 무엇보다도 자생적인 교육기관을 세워 일본 침략에 맞서는 인재 양성의 필요성을 절감하게 되었다.

1906년 이래 중앙과 지방에 여러 불교 교육기관이 생겨날 수 있었던 것은 바로 이러한 배경에서라 할 수 있다. 명진학교 건립의 주역들 역시 동인과 무불을 통해 젊은 시절에 간접적이나마 불교 계몽 교육의 필요성을 절감하였을 것으로 추정된다. 이들은 조선에 건너와 활동하는 일본 불교 승려들의 앞선 교육 인식과 포교 방법을 확인함으로써 조선 불교 교육기관 설립을 가속화하였던 것이다.

---

8) 李能和, 앞의 책, 936면.

하지만 '치밀한 사고력(一心)'과 '활달한 문장력(和會)' 및 '넘치는 인간미(無碍)'를 지닌 원효와 같은 '통재(通才[9])' 혹은 '전인(全人[10])'을 배출하여 불교 교학을 발전시키려 했던 명진학교의 건립은 창학부터 많은 기대와 난관이 혼재해 있었다. 일본 총독부는 주체와 독립을 생명으로 하는 불교인들의 교육기관을 불교연구회 마음대로 하도록 내버려 두지 않았으므로 학교 운영이 쉽지 않았다.

따라서 동국대학교는 명진학교를 필두로 하여 일제 강점기에는 불교사범학교－불교고등강숙－불교중앙학림－불교전수학교－중앙불교전문학교－혜화전문학교 등 모두 여러 차례의 교명을 바꿔 가면서도 인동초처럼 굴하지 않았다. 하여 국가 분단과 종단 분규를 경험하면서도 불퇴전의 금자탑을 쌓아 온 역사이기에 동대 백 년은 한국 근현대의 역사이자 한국 대학의 역사 그 자체라 할 수 있다. 이 글에서는 이러한 인간상의 모색을 위해 세워진 동대 백 년간의 '전인 교육'과 '불교 연구'의 역사와 철학을 탐구해 보고자 한다.

2. 전인 교육의 어제와 오늘

조선 말엽 정계 일각에서 활동했던 동인과 무불 등은 일본의 앞선 교육제도에 자극받아 불교 교육기관의 설립을 위해 노력하였다. 하지만 1881년경 동인은 갑작스럽게 행방불명되었고 무불 역시 일본 동경

9) 여기서 말하는 '通才'는 인문학과 사회학과 자연학에 通曉한 人材 또는 동양의 전통적 학문관인 佛道儒와 文史哲과 戒定慧와 禪敎를 和會한 人材를 일컫는 것이다. 明進학교의 설립 당시 팽팽히 맞섰던 또 하나의 교명인 '元興'이 한국의 대표적 사상가인 원효의 사상을 부흥하여 불교의 근대화를 기하자고 한 의미에서 제안된 것이라는 점도 이러한 시각을 뒷받침해 주고 있다.

10) '全人'이란 인간의 세 가지 심적 요소를 이루는 지성(知), 감정(情), 의지(意)가 모두 갖추어진 원만한 인격자를 말한다. 그리고 全人教育이란 편벽된 교육을 배격하고 성격 교육과 정조 교육 등 인간성을 전면적이고 조화적으로 발달시키는 것을 목적으로 하는 교육을 말한다. 이런 의미에서 全人은 인문학과 사회학과 자연학이 지향하는 가치와 이상을 통섭하는 인간상인 불교적 인간, 보살적 인간, 이타적 인간인 '호모 부디스티쿠스(homo buddhisticus)'에 상응하는 인간상이라고 할 수 있을 것이다.

에서 입적함으로써 불교교육기관 설립의 과제는 결국 다음 세대의 것이 될 수밖에 없었다. 1906년 불교연구회는 원흥사에서 새로운 불교 교육기관을 세우기 위해 여러 차례의 회의를 거쳐 학교 건립을 결의했다.

불교연구회는 각 수사찰에 보낸 통문(「發文諸道首寺通文」)을 보내었다. 이 통문의 구조를 분석해 보면 불교의 근본 교리인 사성제(四聖諦)의 구도가 투영되어 있다. 먼저 문제에 대한 또렷한 '자각'과 문제의 원인에 대한 '진단', 그리고 문제를 해소시킬 '치유'의 비전과 거기에 이르기 위한 구체적인 '처방'의 형식이 제기되어 있다. 즉 이 통문에는 당시의 급변하는 국제 정세에 처해 있는 대한(제국)의 상황에서 어떻게 하면 불교가 다시 일어설 수 있는가라는 물음에 대한 깊은 고뇌의 흔적이 배어 있다.

그것은 곧 급변하는 국제정세 위에서 오늘의 불교 교단은 어떻게 해야 하는가라는 현실에 대한 자각(1. 苦聖諦), 그 원인 규명에 따른 구체적인 진단(2. 集聖諦), 불교 교육기관의 설립인가와 명진학교 교육과 연구의 또렷한 목적(3. 滅聖諦), 그러기 위한 학생 모집 요강 및 그 요청(4. 道聖諦) 등으로 나타나 있다.

> ① 우리 불교가 중국으로부터 우리나라에 온 것이 지금 몇 천 년이 되었는데 법규와 기강이 해이하여 승려들의 곤궁과 핍박이 오늘처럼 심한 때가 없었습니다. 이 나라의 승려된 사람으로서 누군들 분하고 원통한 마음이 없겠습니까? 게다가 요즘은 많은 이교(異教)들이 곳곳에서 일어나 각자의 종교를 높이 받들면서 불교를 파괴 훼손하고 불교의 전답을 빼앗아 학교에 귀속시키고 학교 운영비로 하겠다고까지 하고 있습니다. 말과 생각이 여기에 이르게 되니 진실로 가슴이 아프고 놀라움이 극에 이르고 있습니다. 만일 이런 일이 끊이지 않는다면 끝없는 환란과 뜻하지 않은 변고가 이로부터 일어날 것입니다. 연못에 있는 물고기에 미친 작은 재앙이 점차 불거져 장차 크고 작은 사찰에까지 미치게 될 것입니다. ② 이렇게 된 원인을 탐구해 보건대, 우리 승려들이 세계의 학문에 통달하지 못하고 세상 물정에 등한했기 때문입니다. ③ 이에 …… 연구회는 보통과정의 학교를 설립하여 정부의 인가를 받았던 것입니

다. 우리 불교가 흥왕할 때는 바로 오늘에 있다고 할 것이므로, 서울 부근 사찰의 청년승려를 모집하여 음력 3월 초하루부터 수업을 시작하였습니다. 불교의 오묘한 이치, 서양의 새로운 학문과 다른 종교의 책들 및 다른 나라의 풍습과 산술 어학 등의 연구를 목적으로 하고 있습니다. ④ 귀사는 이미 도내의 수사찰이니, 장차 본 연구회의 지원(支院)과 학교를 설립할 것이며, 또한 관내의 각 사찰에 분명히 알려 모두 이 내용을 알게 하기 바랍니다. 귀사에 있는 승려의 수를 책으로 묶어 보고해 주시되 하나도 빠지지 않도록 해 주기 바랍니다. 귀 사찰부터 우선 학생 두 사람을 오는 4월 그믐까지 의복과 식량을 챙겨 본원의 학교로 보내주시기 바랍니다. 불교와 새로운 학문을 연구하고 정성을 다하여 힘쓰고 쇄신하여 스스로 굳건한 내실을 갈고 닦는다면 이 겁운(劫運)에서 해탈하여 그 자유로운 힘을 되찾게 될 것입니다. 아! 우리 승려들이 스스로 살피고 힘쓴다면 기필코 실효(實效)가 있을 것으로 기대하오니 간절히 살펴주시기 바랍니다. 학도 연령: 13세에서 30세까지. 종이, 붓, 먹, 서책 등은 본회에서 부담함. 광무 10년 4월 10일(이 때에 화계사 승려 홍월초와 봉원사 승려 이보담이 서로 번갈아 불교연구회장이 되어 학교를 설립하고 학생들을 모집하며 돈을 거두었다.)[11]

위의 통문은 ① 승려들의 법규와 기강이 해이하여 그 곤궁과 핍박이 심하다는 '자각' 위에서 ② 그 원인을 세계의 학문에 통달하지 못하고 세상 물정에 등한히 했기 때문이라고 '진단'하고 있다. 그런 뒤에 ③ 보통과정의 학교를 설립하여 정부의 인가를 받았던 사실과 불교의 오묘한 이치, 서양의 새로운 학문과 다른 종교의 책들 및 다른 나라의 풍습과 산술 및 어학 등의 연구의 목적(비전)을 제시한 뒤 그러기 위해서는 ④ 학생들이 필요하니 보내달라고 청하고 있다.

이것은 문제의 '자각'과 '진단'으로부터 그것의 '치유'와 '처방'의 길로 나아가는 사성제(四聖諦)식 논리방식이라고 할 수 있다. 모든 문제는 그것에 대한 정확한 자각으로부터 올바른 진단과 처방을 거쳐 비로소 치유될 수 있는 것이다. 여기에서 우리는 오늘 여기 승려들의 곤궁과

---

8) 李能和,『朝鮮佛教通史』下권, 937면.

핍박에 대한 자각으로부터 그 원인의 진단 그리고 그 해소를 위한 치유의 비전과 그에 대한 적절한 처방에 의해 새로운 불교 교육기관이 탄생되고 있다는 사실을 엿볼 수 있다.

그것은 곧 불교적 인간상 혹은 이타적 인간 또는 보살적 인간상을 구비하려는 것이었으며 동시에 인문학과 사회학과 자연학에 대한 통효한 '전인(全人)'을 길러내기 위한 교육기관의 창설로 모아졌던 것이라고 할 수 있다.

(1) 교육기관의 창설

① 지방 교육기관의 설치

불교계의 지방 교육기관은 전국의 주요 거점 사찰에서 세워지기 시작했다. 당시의 신문과 잡지 및 여러 연구서들을 집성하여 보면 학교이름과 설립연대 및 설립과 경영 주체를 알 수 있게 된다. 지방의 이러한 교육기관의 설치는 자연스럽게 이들 지방의 기초 교육기관을 통섭하는 서울의 중앙 교육기관의 설치를 전제하고 있다는 사실을 읽어낼 수 있다.[12)]

자세히 기록된 것이 없어 확정할 수는 없지만 중앙 교육기관의 기초학교로서 설치되기 시작했던 지방 교육기관 역시 그 설치 목적은 서울의 중앙교육기관의 설치 목적과 같은 "불교의 오묘한 이치, 서양의 새로운 학문과 다른 종교의 책들 및 다른 나라의 풍습과 산술 어학 등의 연구"를 하는 것이었다고 추정해 볼 수 있을 것이다.

당시의 일간지와 잡지 및 관련서지들을 참고하여 지방교육기관의 설립 연대와 경영주체를 표화해 보면 <표 1>과 같이 정리될 수 있다.[13)]

---

12) 南都泳, 「舊韓末 佛敎界의 敎育活動」, 『전국역사학대회자료집』 26, 1983. 5, 139~140면.

13) 南都泳, 위의 논문, 139면.

〈표 1〉 지방교육기관의 설립연대와 경영주체 및 기록서지

학교명	설립연대추정	설립 및 경영주체	기록서지	비고
明化학교	1906	수원 龍珠寺	대한매일신보 381호 광무 10년. 11. 27일자	
鳳鳴학교	1906	고성 乾鳳寺	건봉사지 12면, 대한매일신보 285호 광무 10년 8. 1일자	
明信학교	1906	양산 通度寺	조선불교월보 4호 73면	
明立학교	1906	합천 海印寺	대한매일신보 371호 광무 10년 11. 15일자	
釋王학교	1906	안변 釋王寺	대한매일신보 402호 광무 10년 12. 21일자	조선제종교 153면
明正학교	1906	동래 梵魚寺	한국불교최근백년사 2책 5 교육 7면	삼보학회편 범어사(박청호 구술)
昇仙학교	1906	순천 仙巖寺	해동불교 7호 82면	
大興학교	1906	해남 大興寺	조선제종교 153면	
鳳翅학교	1907	전주 威鳳寺	대한매일신보 488호 광무 11년 4. 17일자	
慶興학교	1907	大乘寺 金龍寺		
		南長寺 龍門寺	대한매일신보 414호 광무 11년 1. 10일자	
		鳴鳳寺 廣興寺		
新明학교	1909	華嚴寺 泉隱寺	한국불교최근백년사 2책, 5 교육	조선제종교 153면
		泰安寺 觀音寺	화엄사 이관수 구술 10면	
普明학교	1909	승주 松廣寺	송광사지 172면	조선제종교 153면
江明학교	1909	산청 大源寺	조선불교월보 4호 73면	조선제종교 153면
普明학교	1910	하동 雙溪寺	불교 53호 87면	
金龍학교	1910	문경 金龍寺	한국불교최근백년사 2책 5 교육 46면 삼보학회편	조선제종교 153면
華山講塾	1910	장단 華藏寺	대한매일신보 1299호 1910. 11. 27일자	
廣明학교	?	달성 桐華寺	불교진흥회보 3호 82면	조선제종교 153면
廣城학교	?	장성 白羊寺	조선불교월보 15호 66면	조선제종교 153면
壺洞학교	1912	서울	조선불교일보 3호 雜報 64면	前 海東義塾

<표 1>은 교육에 대한 불교계의 열망을 잘 보여주고 있다. 중앙의 기초학교로서 설립된 이들 지방 불교교육기관은 전국에 걸쳐 19개에 이른

다. 8곳이 1906년에 세워졌으며,[14] 1909년과 1910년 사이에 각각 세 곳이 세워졌다. 나머지 세 곳은 정확한 연도를 알 수 없지만, 『조선불교월보』 15호의 기록으로 보아 장성 백양사의 광성학교는 1910년 즈음, 『조선불교일보』 3호의 기록으로 보아 서울의 호동학교는 이 일보가 간행된 1912년 즈음, 그리고 『불교진흥회보』 3호로 보아 달성 동화사의 광명학교도 이즈음에 세워진 것으로 추정된다.

이들 대부분의 학교들은 지방의 주요 거점 사찰에서 운영하거나 몇몇 사찰들의 연합에 의해 이뤄진 것들이었다. 이렇게 보면 부분적으로는 일본 승려들의 지원과 관심에 의해 이루어진 기초 교육기관들도 있었지만 그보다는 조선 승려들의 교육기관 설치에 대한 강력한 의지에 의해 이루어졌다는 사실을 알 수 있게 된다. 위의 표에서 우리는 당시 어느 정도 규모와 자생력이 있는 사찰이어야만 지방강원을 학교로 발전시켜 갈 수 있었음을 알 수 있다. 동시에 강원이 없는 사찰은 이웃 사찰의 해당 강원에 학생을 보내거나 아니면 몇몇 사찰들이 연합하여 학교를 세웠던 사실을 확인할 수 있다.

이들 학교의 학생들은 모두 승려들이었고 그들의 모범은 한국의 대표적인 불교사상가 원효였던 것으로 보인다. 원효가 우리에게 보여준 것은 치밀한 사고력(一心)과 활달한 문장력(和會)과 넘치는 인간미(無碍)를 지닌 인간상이었다. 학교 이름에서 적극적으로 고려되었던 '원흥'(元興) 역시 한국의 대표적 사상가인 '원효의 교학을 부흥시킨다'는 의미였듯이 명진학교를 통해 확인할 수 있었던 것은 일심－화회－무애의 기호로 표현되는 원효 역정의 재발견이었다.

그리고 그것은 조선조 이래 지난 오백여 년간 억눌려 왔던 윤회의 흐름을 끊어 버리고 전승 불학이 지닌 장점의 계승과 함께 근현대 불교

---

14) 1906년 전후에 세워진 우리나라의 대표적인 사학은 보성, 숙명, 중동, 진명, 휘문고 등이며, 대학은 1905년에 세워진 보성전문학교에 이어 명진학교가 세워졌다. 뒤이어 1908년에서 1910년 사이에도 많은 학교가 세워졌다.

학의 정립과 논구라는 새로운 과제의 재확인과 노력의 재다짐이었다고 할 수 있다.[15)]

② 중앙 교육기관의 설치

대한시대의 불교계는 조선조 이래의 강원을 전환시켜 중앙교육기관을 세우려 하였다. 여러 차례의 회의를 거친 불교연구회는 흥인문(동대문) 바깥의 원흥사(元興寺, 창신초등학교 자리)에다 새로운 교육기관을 세우기로 결정하고 학교 이름을 제안받았다. 이때 제안된 '원흥(元興)'과 '명진(明進)' 두 교명이 서로 팽팽히 맞서면서 긴장감을 형성하였다.

이보담(李寶潭)과 진진응(陳震應) 등이 주장한 '원흥(元興)'의 전거는 한국불교의 위대한 학자이자 지도자였던 원효의 사상을 부흥하여 불교의 근대화를 기하자는 것이었다. 그래서 원효의 '원(元)'자와 부흥의 '흥(興)'자를 따서 원흥으로 하자는 것이었다. 이는 불교 사상가로서의 자긍심을 확보시켜 준 원효의 재발견을 통해 불교의 근대화를 이루어 내자는 의미로 해석할 수 있다.

이와 달리 홍월초와 김보륜(金寶輪) 및 김포응(金抱應) 등은 당시 신지식을 흡수하려면 교육의 일반적 목표가 경서인 『대학』에서 이르는 것처럼 '큰 배움(터)의 길은 밝은 덕을 밝히는 데 있으며, 백성을 새롭게 하는 데 있으며, 지극한 선에 이르게 하는 데에 있다(大學之道, 在明明德, 在親/新民, 在止於至善)'고 한 정신과, 불전(佛典)의 '정진(精進)'의 뜻을 이어 신문화를 '명진(明進)' 또는 '개명(開明)'케 하는 교육기관이어야 한다고 했다.

그래서 이들은 중국 고전에서 '명(明)'자, 불전에서 '진(進)'자를 따서 명진(明進)으로 하자고 주장했다.[16)] 이는 한국 사상의 주축이자 동양정신의 두 축인 인도의 불교경전과 중국의 유교경전에서 한 글자씩 따서 학교의 이름을 정함으로써 이들 사상이 지향하는 정신을 계승하자는 것이었다.

15) 拙著, 『한국불학사: 신라시대편』(연기사, 2005), 27~53면.

16) 南都泳, 「開化期의 寺院敎育制度」, 『南溪曺佐鎬博士 華甲記念論叢』(1977), 10~11면.

결국 원효의 사상을 부흥하여 불교 근대화를 이루자는 주장보다 신지식을 흡수하여 새로운 문화를 밝혀 나가자(明進)는 주장이 우세하여 '명진'이 채택되었고 서울의 중앙교육기관으로서 명진학교가 탄생하였다.

이어 교칙을 제정하는 한편 전국 16개 중법산 이상의 사찰에서 이를 출자키로 결정하였고 명진학교로서 학부의 승인을 받아 새로운 교육기관으로서 출발하게 되었다. 명진학교 개교 두 달 뒤인 광무 10년(1906) 7월 5일자 『대한매일신보』 262호에는 명진학교의 건립에 대해 새롭게 의미를 부여하는 글이 실렸다.

> 함경남도 안변(安邊) 석왕사(釋王寺) 김석옹(金石翁)씨가 본교에 상래(上來)하야 유불(儒佛) 양도(兩道)에 충효(忠孝)를 밝혀 명진(明進)코자 하난 성의(誠意)를 찬게(贊偈)하고 열심(熱心) 수업(受業)하야 개명(開明)상(上)에 진보(進步)케 하라고 일장(一場) 연설(演說) 권면(勸勉) 후에 신화(新貨) 이십원(二十元)을 출의(出義) 보조함으로 동씨(同氏)에 성심(誠心)을 자이(玆以) 광고(廣告)함.[17]

김씨는 안변에서 서울의 명진학교로 올라와서 유교와 불교 두 가르침에서 충과 효를 밝혀 나아가고자 하는 진실한 뜻을 높이 기리며 마음을 다해서 배움을 받아 밝은 세상 위에서 걸음을 내딛게 하라는 것이었다. 즉 현세 중심의 유교의 일국(一國)에 대한 일충(一忠) 및 일부모(一父母)에 대한 일효(一孝)와 삼세(三世) 중심의 불교의 만국(萬國)에 대한 만충(萬忠) 및 모든 유정에 대한 대효(萬孝)[18]를 명진(明進)하고 진보(進步)하게 하였던 것이다. 그러니까 그는 '명진'의 의미를 유교와 불교가 함께 밝혀내고자 하는 '충효'를 나란히 펼쳐 나가는 뜻으로 해석하고 찬양과 격려를 하였던 것이다.

동대 1회 졸업생이자 초대 총장을 역임했던 퇴경 권상로(1879~1965)

---

17) 金石翁, 『대한매일신보』 262호, 1906년 7월 5일자.

18) 졸론, 「불교 효학의 이론과 실제」, 『한국불교학』 제44집, 2005년 동계, 84면.

역시 '명진'이라는 교명을 유교와 불교의 핵심 개념의 합성으로 풀이한 뒤, 거기에서 한 걸음 더 나아가 불교적 사유 위에서 다시 재통합하는 해석을 시도했다. 그는 불교대학의 교지인 『일광(一光)』 창간호(1928)에서 다음과 같이 해명하고 있다.

> 유교와 불교와가 엇더한 점에서 일치되는가 하면 『대학』 수장(首章)에 "대학지도(大學之道) 재명명덕(在明明德) 재친(신)민(在親(新)民) 재지어지선(在止於至善)"이라 한 것 안으로 넉넉히 일치점을 말할 수 있다. 도(道)란 어데 있는가. 명명덕(明明德) 신민(新民) 재지어선(在止於善)에 잇술 것이오, 도(道)란 무엇인가. 명명덕(明明德) 신민(新民) 지지선(止至善)이 그것일 것이다. 그것을 엇지하야 도(道)라고 하는가 하면 종인지과(從因至果) 종범지성(從凡至聖) 종미지오(從迷至悟)하는 역로(歷路)인 까닭이다. 명명덕 신민 지지선을 대학의 삼강령(三綱領)이라 한다. 그러나 이것이 문자(文字)의 형용(形容)만 다를 뿐이지 기실(其實)은 불교의 삼각(三覺)이다. 명명덕(明明德)은 자기의 고유한 명덕을 명(明)케 하는 것인 즉 이것은 일은바 자각(自覺)이오. 신민(新民)은 민(民)이 즉인(卽人)인 즉 인(人)을 신(新)케 하는 것이 각타(覺他)일 것이오. 명명덕(明明德) 신민(新民) 두 가지가 지선에 지(止)케 하는 각만(覺滿)일 것이다. 명명덕(明明德) 신민(新民)이 모다 지선에 지(止)하면 그것은 성인(聖人)일 것이오. 자각(自覺) 각타(覺他)가 원만(圓滿)에 일으키 하섯다. 명덕(明德)은 본각(本覺)의 성(性)일 것이오. 명(明)은 시각(始覺)의 수(修)일 것이다. 자성번뇌(自性煩惱)를 끊는 것이 명명덕(明明德)일 것이오. 자성중중(自性衆衆)을 제도하는 것이 신민(新民)일 것이오. 자성불과(自性佛果)를 성취하는 것이 지어지선(止於至善)일 것이다. 명덕(明德) 민(民) 지선(至善)은 일경삼제(一境三諦)일 것이오. 명(明) 신(新) 지(止)는 일심삼관(一心三觀)일 것이다. 명명덕은 반야덕(般若德)일 것이오. 신민은 해탈덕(解脫德)일 것이오, 지지선(止至善)은 열반덕(涅槃德)일 것이다. 반야(般若, 智) 해탈(解脫, 斷) 열반(涅槃, 恩)의 삼덕이 부종(不縱) 불횡(不橫) 불병(不並) 불별(不別)하는 것이 대인(大人)의 각(覺)인 즉 명명덕(明明德) 신민(新民) 지지선(止至善)이 불일(不一) 불삼(不三) 부즉(不卽) 불리(不離)한 것이 대인(大人)의 학(學)일 것이다.[19]

퇴경은 '명진'의 의미를 유교의 명명덕-신민-지지선의 삼강(三綱)과 불교의 반야-해탈-열반의 삼덕(三德)에 대응시켰고, 나아가서는 천태교학의 일심삼관(一心三觀)과 일경삼제(一境三諦)에 상응시키고 있다. 즉 하나 하나의 대상(境)에 공(空)과 가(假)와 중(中)의 삼제의 원리가 걸림 없이 상즉(相卽)해서 서로 융합함을 의미하는 원융삼제와 일념의 마음 속에 공관(空觀)과 가관(假觀)과 중관(中觀)의 삼관을 동시에 실현하는 것을 의미하는 일심삼관을 대응시키고 있다. 따라서 퇴경은 자성의 번뇌를 끊고(明明德), 자성의 중중을 제도하며(新民), 자성의 불과를 성취하는(止於至善) 불교적 인간상의 제시를 '명진'학교 개교 정신에 담고자 하였던 것이다.

이것은 한 큰 배움터의 건학 이념을 어디에 둘 것인가와 어떠한 인간상을 제시하여 학생들을 키울 것인가를 고민한 탁월한 입론이라 할 수 있다. 퇴경은 유교의 삼강(三綱)과 불교의 삼덕(三德)의 통섭 위에서 다시 불교적 인간상의 의미를 제시하였던 것이다. 그러면서도 삼강의 종횡(縱橫)과 병별(並別)의 이분을 넘어서며, 삼덕의 일삼(一三)과 즉리(卽離)의 이분을 넘어서는 것이 '대인의 배움'이라고 결론짓고 있다. 이는 '대학인의 배움'의 목표를 상호 의존성(緣起性) 위에서 비고유성(無自性性)과 비실체성(空性)을 넘어 상호 존중행(慈悲行)으로 나아가는 이타적 인간상의 모색에 두어야 함을 의미하는 것이다.

명진학교의 교사(校舍)는 원흥사의 여러 건물을 사용하였다. 해서 교실과 강당, 장서당(藏書堂)과 기숙사 및 운동장 등을 갖추어 시설과 규모면에서 당시의 어떤 학교와도 비교할 수 없을 만큼 완벽한 조건을 지니고 있었다. 이것은 앞에서 살펴보았던 「발문제도수사통문」에서처럼 명실공히 불교의 중앙 최고학부로 만들기 위해 지방에 기초학교 설립을 전국적으로 홍보하고 추진한 것에서도 확인된다. 이처럼 불교계 최

19) 南都泳, 위의 논문.

초의 학교를 세운다는 초기 개교의 뜻을 그대로 이어 가기만 했다면 불교계는 명진학교를 보다 근대적인 전문학교로 발전시킬 수도 있었다.

하지만 학교경영을 둘러싸고 학교를 세운 주체였던 불교연구회와 1908년 새롭게 탄생된 원종과 1910년 부산에서 창종된 임제종(1910. 10. 5.; 1911. 1. 15.)의 대립 그리고 이후 선교 양종 등 불교계의 대립과 불교연구회와 원종 등의 경영진의 무능, 일제통감부와 일본 불교 정토종과 진언종 등 각 종파의 간섭으로 인해 명진학교(1906. 5.~1910. 4.)는 그렇게 오래가지 못하고 문을 닫은 뒤 불교사범학교로 개편하는 정도에서 머무르고 말았다.

이처럼 명진학교는 오래 지속되지 못했다. 그러나 이 학교의 정규과정을 이수한 권상로와 안진호(安震湖) 등을 비롯하여 단기과정인 보조과에서 일어과정을 졸업한 한용운 등의 졸업생들은 이후 발군의 실력과 역량을 발휘하여 대한시대 불교계와 사회발전을 이끄는 선봉장이 되었다. 따라서 해당 대학이 어떠한 인물을 길러내느냐가 그 시대 대학의 평가의 기준이 될 수밖에 없다는 점을 다시 확인하게 된다. 명진학교의 역사적 의미는 바로 이들과 같은 민족과 고난을 함께 했던 불교의 선각자 배출에 있었던 것이다.

(2) 명진 이래 불전의 학풍과 학통

① 불교적 인간상의 제시

교명이 학교의 정체성을 담는 그릇이라면, 교훈은 그 그릇에 담긴 학생들의 인식틀 자체라 할 수 있다. 명진학교 학생들의 인식을 지배하고 있는 틀은 학교 설립 인가에서도 나타난 것과 같이 '자비(慈悲)'와 '수선(修善)'으로 정해졌다. 자비는 뭇 삶들에게 즐거움을 주는 '여락(與樂, 慈)'과 그들의 고통을 뽑아 주는 '발고(拔苦, 悲)'를 의미한다. 그리고 수선은 내면의 아름다움을 끌어내는 '수행(修行)'과 외면으로 드러나는 진실함인

'선행(善行)'을 일컫는다. 이처럼 자비와 수선은 우리 스스로가 지니고 있는 심성을 안팎으로 출입시키는 기제라 할 수 있다.

학풍과 학통은 이러한 교훈의 인식틀 위에서 만들어지고 길러지게 마련이다. 해당 학문의 풍모(學風)는 교훈과 삼투되어 학문적 전통(學統)으로 이어지는 것이다. 이것은 불교학에만 해당되는 것이 아니다. 인문학이든 사회학이든 자연학이든 마찬가지이다. 해당 학문이 수선과 자비와 결합하여 궁극적으로는 새로운 학풍으로 태어나고 그것이 온축되어 새로운 학통이 되는 것이다. 명진학교에서 불교사범학교를 거쳐 불교중앙학림과 불교고등강숙 및 불교전수학교와 중앙불교전문학교에 이르기까지 '수선'과 '자비'는 불교적 인간의 주요 기제로서 동대인들의 의식 속에 자리해 왔다.

불교적 인간은 상구보리(上求菩提)하고 하화중생(下化衆生)하는 대승불교의 정신과 같이 한 손으로는 깨달음을 구하고, 한 손으로는 중생을 교화하는 것을 이상으로 삼는 존재이다. 수선이 불교적 인간의 자기 수련행이라면, 자비는 이타적 인간의 무아 실천행이라 할 수 있다. 수선과 자비는 바로 이타적 인간이자 보살적 인간인 불교적 인간이 내세우는 기치의 표현인 것이다. 이러한 교훈을 제정한 명진학교의 학풍은 인문학과 사회학과 자연학에 깊이 스며들고 짜여서 호모 부디스티쿠스(homo buddhisticus)를 탄생시키는 기제가 되었다.

개교와 때를 같이하여 지방에서도 여러 교육기관이 설치되었다. 지방 교육 기관 역시 이러한 학풍과 학통을 계승하였던 것으로 보인다. 명진학교의 교육목표는 13세에서 30세까지의 "승려(僧侶)에게 수요(須要)한 종승(宗乘) 여승(餘乘) 급(及) 신학문(新學問)을 교수(敎授)하야 기(其)의 지덕(智德)을 고(高)케 하고 겸(兼)하야 포교전도(布敎傳道)의 인재(人材)를 양성(養成)함을 목적(目的)함"이라고 기술되어 있다.

여기서 종승이라 함은 종조의 종지를 담고 있는 내전을 말하며, 여승은 그 이외의 내전을 일컫는 것이다. 그리고 신학문은 과학 기술의 발달에 기초한 서양의 여러 학문과 그것으로부터 비롯된 관련 학문을 말한다. 명진학교는 전승 불학을 계승하면서도 보다 새로운 불교학의 지평을 넓혀 나가기 위해 혼신의 노력을 기울였다. 그러면 명진학교의 학제와 교과과목에 대해 살펴보자.

〈표 2〉 명진학교의 학제와 교과과목

第一學年		第二學年	
第一 學期	第二學期	第一學期	第二學期
法界觀門	天台四敎儀	華嚴經	(同上)
三部經	楞伽經	拈頌及說話	傳燈錄
梵網經	四分律	涅槃經	宗鏡錄
宗敎學及宗敎史	布敎法	法制大要	(同上)
算術	(同上)	哲學及哲學史	(同上)
(歷史及理) 地理 (本國歷史地)	(同上)	歷史及地理 (外邦歷史地理)	(同上)
理科 (博物・生物大要)	(同上)	理科 (生物・學大要)	(同上)
珠算	測量	(同上)	經濟大要
農業初步	圖畫手工		
日語	(同上)	(同上)	(同上)
體操	(同上)	(同上)	(同上)
參禪動行 (時間外)	(同上)	(同上)	(同上)
11科目	11科目	11科目	11科目

<표 2>를 분석해 보면 2년제인 전 과정에서 제1학년 제1학기는 내전인 『법계관문』 및 『(정토)삼부경』과 『범망경』을 배우고 시간 외에는 '참선동행'을 익히게 되어 있다. 외전으로는 '종교'와 '산술' 및 '역사지리', 그리고 이과인 '박물'과 '생물 대요' 및 '주산', '농업초보', '일어' 및 '체조' 등을 배운다. 제2학기는 『천태사교의』와 『능가경』, 『사분율』, 포교법을 배우고 시간 외로는 '참선동행'을 한다. 외전의 경우는 '주산'

대신 '측량'을, '농업초보' 대신 '도화수공'을 배우는 것을 제외하고는 1학기와 동일하다.

제2학년 제1학기는 내전인 『화엄경』과 『선문염송』 및 『선문염송설화』, 『열반경』과 시간 외에는 '참선동행'을 익혔다. 외전으로는 '법제대요'와 '철학 및 철학사', '역사 및 지리(외국역사지리)', 이과인 '생물'과 '화학대요'를 배우며 '농업초보'와 '도화수공'을 제외한 나머지는 제1학년 1, 2학기와 동일하다. 제2학기는 내전인 『화엄경』과 『전등록』, 『종경록』을 배우고 시간 외로는 '참선동행'을 익혔다. 외전으로는 '경제대요'를 배우는 것을 제외하고는 1학기와 동일하다. 이렇게 보면 교과과정은 시간 외에 실시했던 '참선동행'을 제외한 11과목 중에서 내전이 3과목이었으며 외전이 7과목이었던 사실을 알 수 있다. 따라서 명진학교는 '속학(俗學)', 즉 외전으로 일컬어졌던 신학문을 교육하는 데 더 역점을 두고 있었음을 알 수 있다.

명진학교의 직제는 찬성장(洪月初), 찬성원(申海永), 교장(李寶潭-초대/3대, 李能和 2대, 李晦先 4대), 학감, 요감, 서기 각 1명과 강사 몇 사람(李敏設, 陳震應, 朴東鎭, 李名七 이상 상임, 李能和, 申海永, 玄采 이상 비상임, 특강에는 張志淵, 尹孝定 등 담당)으로 구성되었다. 이러한 강사진과 교과목 등을 갖춘 중앙의 명진학교 개교에 대해서 당시 언론에서도 지대한 관심을 지니고 있었다. 『대한매일신보』는 명진학교에 대해 다음과 같이 기사를 쓰고 있다.

> 황성(皇城) 동문(東門) 외(外) 명진학교장 상현(尙玄 李能和)씨와 학감(學監) 리민설(李敏設)씨와 찬성원(贊成員) 신해영(申海永)씨와 불교연구회 도총무(都總務) 리보담(李寶潭) 제씨가 학부에 청원하되 규금(規今) 시세(時勢)에 교육청년이 아(我)국에 긴급함은 우부우부(愚夫愚婦)라도 공지(共知)인바 각도 각군 사찰에 분학구(分學區) 설지교(設支校)하여 일반 승려를 교육할터인바 불량답토(佛粮畓土)와 사암(寺庵) 귀지(貴祉)를 혹유횡침자(或有橫侵者)하야 각 사암이

이시(以是)로 볼능(能) 유지(維持)하겠스니 전조(轉照) 내부(內部)하시고 이주피탈(已住被奪)한 답토(畓土)를 부속본교(附屬本校)하야 이달교육(以達教育)케 하심을 복망(伏望)이라 하얏는대 학부(學部)에서 의소원(依所願)하야 십삼도 관찰부(觀察府)로 훈령(訓令)하고 전근관하각군(轉筋管下各郡)하야 자각(自各)해 군(郡)으로 윤근관하(輪筋管下) 각 사찰(寺刹)하야해 사내(寺內)에 가이설교자(可以設校者)난 설교(設校) 교육(教育)케 하고 역불능(力不能) 설교(設校) 이유소승려(而幼少僧侶)에 유가교육자(有可教育者)어든 사입우부근공사립학교(使入于附近公私立學校)하야 일체(一切)로 양성인재(養成人才)케 하며 이조우(移照于) 내부(內部)하여 각 사(寺)에 답토폐막(畓土弊瘼)은 각 내군(內郡)으로 엄금(嚴禁)하라 하얏다더라.[20]

이 기사는 우리나라에 가장 긴급한 일은 '청년의 교육'임을 강조하면서 각도와 각 군 사찰에 지방학교를 설립하여 일반 승려를 교육하려는 것에 대해 지대한 관심을 가지고 있음을 보여주고 있다. 또 절 내에 학교를 시설하여 교육하게 하며 학교를 세우는 것이 힘에 부치게 되면 어린 승려들을 교육시키기 위해 부근의 공사립 학교에 가서 공부하도록 하여 모두 인재양성을 도모하게 할 것을 적극 권유하고 있다. 아울러 빼앗긴 사찰 토지의 귀속 및 입학 모집생의 광고까지 하고 있다. 명진학교 역시 이 같은 학교 설립취지를 『대한매일신보』 광고란을 통해 자세히 광고하고 있다.

광고(廣告)

강원도 간성군(杆城郡) 건봉사(乾鳳寺) 김보운(金寶雲)씨가 신학문 교육을 발달코자 열심히 찬양하고 본사중(本寺中)으로 신화(新貨) 이십원(二十元) 보조(補助)하고 보통학과지의(普通學科之意)로 지원(支院)을 설립하고 경내 승려와 청년제자(青年弟子)를 모집하기로 여시(如是) 광고(廣告)함.

명진학교 고백(告白)[21]

---

20) 『大韓每日申報』 491호, 광무 11년 4월 20일자.

21) 『大韓每日申報』 285호, 1906년 8월 1일자.

이로 인해 지방 기초학교가 본격적으로 설립되기 시작했다. 명진에서 개명된 불교사범학교(1910. 4.~1914. 4.)는 다시 불교고등강숙(1914. 4.~1915. 11.), 불교중앙학림(1915. 11.~1922. 4.)을 거쳐 불교전수학교(1928. 3.~1930. 4.)로 이어지면서 주체적 인간과 실천적 인간의 구현이라는 원대한 인간상을 모색하기 시작했다.

1915년 11월 원흥사에서 개교했던 불교중앙학림은 곧이어 숭일동(崇一洞, 당시 明倫洞, 현 惠化洞) 1번지에 소재하고 있는 옛 북관묘(北關廟) 터를 총독부로부터 빌려 이전하였다. 이곳에서 불교중앙학림 학생들은 민족의 독립이라는 시대정신과 그것을 실현하기 위해 구체적인 현실 속에 뛰어들기 시작했다. 이때 학생들은 전문학교 승격을 요구하는 끈질긴 집념과 함께 항일 독립투쟁을 병행해가기 시작했다. 총독부 당국은 간섭과 억압을 더욱 강화하였다. 급기야는 본사 주지들에게 불교중앙학림을 강제 폐쇄시키겠다는 협박까지 공공연히 자행하기에 이르렀다.

결국 통도사와 범어사 등의 주지들이 만해의 유신사상에 찬동하여 기존 30본산 주지에서 이탈하면서 내부분열이 생겨났고 불교중앙학림은 1922년 4월로부터 5개월간 휴교하고 말았다. 이렇게 되자 1922년 5월 29일 열린 30본산 주지총회는 중앙학림의 전문학교 승격을 전제로 5개년 기한부 휴교키로 결의하고야 말았다.

② 시대정신과 현실 참여

중앙학림의 휴교는 당대인들의 이해와 요구가 무엇인지에 대해 활짝 깨어 있는 시대정신과 그것을 이루기 위한 현실 참여를 대학의 존재이유로 여겼기에 단행될 수 있었다. 당시 총독부는 이른바 전문학교 제정 및 사립학교 규칙 개정에 관한 훈령(1915. 3. 24.)을 제정 시행하여 국내의 모든 사립전문학교를 부당하게 간섭하거나 교명을 강제로 격하하여 대학 정도의 '전문'을 고등학교 정도의 '전수'로 사용하게 하였다. 동시에 새로운 교육기관의 인가도 '전문'학교로 인정하지 아니하고 '전수'

학교로 허가하였다. 그러자 각 학교마다 이 조치에 반발하는 데모를 벌이기 시작했다.

선교 양종 30본산 양성소 위원장이었던 강대련 및 김경운, 송종헌, 한용운, 김보윤 등 불교계의 지도자들은 중앙지역에 불교고등강숙을 전문학교로 개편하기 위해 매년 전국사찰(30본산 및 기타 2사)에서 방대한 재산을 출자하게 하였다. 동시에 그 예비학교(기초학교)로서 각 지방의 사찰에서 새로운 보통학교 및 중학교를 설치하여 승려뿐만 아니라 일반인들에게도 입학을 허용하는 획기적인 조처를 취하였다. 이때 한용운 역시 종래의 강원교육제도를 개혁하여 보통학교－중학교－전문학교로 일관하는 새로운 교육제도를 시설하자고 주장하였다.

하지만 불교중앙학림의 교수내용이나 시설 등은 당시의 연희(延禧)전문, 보성(普成)전문, 이화여자(梨花女子)전문에 비해 손색이 없었음에도 불구하고 학교 당국자와 재단 측은 사회정세에 민감하게 대응하지 못하였다. 그러자 학생대표였던 김대용(金大鎔), 신상완(辛尙玩), 김법린(金法麟) 등 불교중앙학림 학생 측 대표들은 수차례 회합을 열고 학교 당국에 건의하여 중앙학림을 정식 전문학교로 승격시키는 문제 등 5개항의 요구조건을 제시하였다. 하지만 학교당국은 전연 반응이 없었다. 1921년 9월 21일 1, 2학년 학생 전원이 모여 6개조의 조건을 요구하고 중앙불교전문학교 승격에 대한 결의안을 채택하였다.

재단대표인 홍포룡(洪蒲龍)은 학생들의 취지에는 찬성하나 형편상 급히 실행할 수 없으니 참아달라는 뜻을 설명하고 진정서를 반환하였다.[22] 이에 학생들은 10월 1일부터 전문학교로의 승격을 목표로 자진휴교와 동맹휴업에 들어가고 말았다. 1921년 봄에 젊은 청년 승려들은 30본산 연합사무소는 30본산의 연합사무만 집행할 뿐이지 전국 사찰을 통할하고 전 승려를 통제할 권한이 없었으므로 실질적인 중앙통제기관

22) 『東亞日報』 1921년 9월 29일자.

의 출현을 요청하였다.

이들은 신성한 불교계가 행정관청의 인가를 받는다는 것은 옳지 않다고 주장하였다. 그리하여 전국 승려대회를 열며 각황사에서 조선불교 선교양종 중앙총무원을 설치하고 전국 사찰을 통할할 기구를 세우고자 하였다. 이 사이 천도교로부터 인수 경영하여 오던 종로구 수송동의 보성고보 부지를 팔아 혜화동 1번지(보성고보 옛터, 현 서울과학고 자리)의 불교중앙학림 자리로 옮겨오며 새 교사(校舍)를 완공하였다. 이곳에서 불교중앙학림은 시대정신에 투철한 인물들을 배출하여 같은 불교계 재단이었던 보성(普成)고등학교와 함께 삼일 독립운동의 선두에 서서 민족의 독립을 선언하였고 총독부로부터 강제 폐교를 당하였다.[23)]

이로 인해 더 이상 불교중앙학림의 교명을 사용하지 못하자 불교계는 새로운 불교 중앙교육기관을 모색하였다. 학교의 새 이름은 혜화전문학교로 하려고 하였으나 '전문(專門)'학교의 인가를 거부했던 총독부 당국의 간섭으로 사용할 수 없었다. 하여 불교계는 불교 '전문'학교의 명칭을 쓰지 못한 채 불교 '전수(專修)'학교로 겨우 인가를 받아 명맥을 이어갈 수밖에 없었다. 하지만 1930년 2월 불교전수학교 학생들은 전문학교 승격을 목표로 또 한 번 동맹휴업을 시도함으로써 이후 중앙불교전문학교로의 승격을 이루어 내게 되었다.

> 명진학교(明進學校)로부터 중앙학림(中央學林)이 조선불교(朝鮮佛敎)의 중앙교육기관(中央教育機關)으로서 이십 년간(二十年間)의 신교육(新教育)을 행(行)하여 온 것이 그것이다. 이 행위(行爲)의 근저(根柢)에는 적드라도 "은둔적(隱遁的) 산중불교(山中佛敎)로부터 시대(時代)와 민중(民衆)을 인식(認識)하는 현대적(現代的) 능화(能化)의 인재(人材)를 양성(養成)하야 자아적(自我的) 입각(立脚)을 도두고 나아가 동국불교(東國佛敎)의 세계적(世界的) 진전(進展)으로서 인간

23) 金暎潭, 「朝鮮佛教生命의 象徵인 中央佛教專門學校」, 『一光』 제4호, 1933, 12~18면. 필자는 여기에서 1922년 9월에 강제 폐교된 中央學林 이후부터 1928년 4월 2년제로 재개교한 佛教專修學校 사이의 6년 공백기간을 總務院에서 설립한 佛教學院시대로 적어 두고 있다.

> 문화(人間文化)에 의의(意義)있는 공헌(貢獻)을 수행(遂行)하자"는 인간(人間)의 법이적(法爾的) 충동(衝動)과 동국승가(東國僧伽)로서의 의무심(義務心)이 잠복(潛伏)하였다 아니할 수 없다.[24]

백산학인(?)은 불교계가 세운 중앙교육기관의 시대적 사명에 대해 명쾌하게 지적하고 있다. 즉 "은둔적 산중불교로부터 시대와 민중을 인식하는 현대적 능화의 인재를 양성하여 자아적 입각을 도두고 동국불교의 세계적 진전으로서 인간문화에 의의 있는 공헌을 수행하자"는 것은 말 그대로 불교적 인간상 또는 이타적 인간 혹은 보살적 인간상을 지향하는 전인 교육 실시의 촉구라 할 수 있다.

백산은 인간이면 누구나가 본래부터 위에서 제시한 인간상을 모색하려는 본래(法爾) 충동이 있으며, 동국 승가의 일원들은 누구나가 그러한 자부심이 잠복해 있다고 역설하고 있다. 그의 말대로 지난 이십여 년 남짓 불교 중앙교육기관이 행하여 온 것도 바로 이러한 인간을 양성하기 위한 '신교육' 과정이었다. 무릇 교육은 구체적인 인간상을 제시함으로써 인간상에 걸맞은 사람을 길러내는 것이다. 때문에 새로운 인간상은 교육목적에 의해 방향 지워지고 자리매김되기 마련이다. 그렇다면 먼저 이 시대 학생들에게 깊은 영향을 미친 교과과정과 담당교수의 면면들에 대해 살펴보자.

〈표 3〉 담당 교과목과 담당 교수

직위	성명	직위	담당교과목
교장	宋宗憲	대교사	금강경
교장	金映遂	대교사	구사학 인명학 화엄학 조선불교사
교수	卞榮奭		한문학 조선유교사 조선문학
강사	江田俊雄	문학사	불교미술 인도철학사 일본불교사 불교서사학
강사	박한영	불교전문강사	염송 유식학

24) 白山學人, 「東國僧伽의 文化史的 任務」, 『佛敎』 57, 1929, 6면.

강사	김법린	문학사	서양철학
강사	백성욱	철학박사	철학 윤리학 논리학
강사	윤태동		조계종지 금강경
강사	瀨尾靜政	문학사	지나철학사
강사	배상하	문학사	교육학개론
강사	한기준	문학사	교수법
강사	민부훈	법학사	법제
강사	渡植彦太郞	상학사	경제
강사	秋葉隆	문학사	사회학개론
강사	성낙서	문학사	조선문학사
강사	김태흡	일본종교학사	사회문제 및 사회사업
강사	未永融定	문학사	일본어
강사	速水滉	문학사	일본문학
강사	백상규	철학사	영어
강사	최봉수	문학사	영어
강사	백우용		영어
강사	이상준		음악
강사	이희상		체조
교의	김두영	영제의원원장	의무

<표 3>의 목록을 보면 우리나라 사계의 최고 전문가를 총망라한 진용임을 단번에 알 수 있다. 그리고 담당 과목들을 통해 우리는 불교전수학교가 지향하는 교육 목적과 방향은 이전의 불교중앙학림으로 거슬러 올라가는 것이 아니라 불전 이후에 자리 잡은 중앙불교전문학교와 혜화전문학교와 흡사하다는 것을 알 수 있다. 이것은 김영수 박사의 회고담을 통해서도 확인되고 있다.[25] 본디 불교중앙학림 이후 혜화전문학교로 바로 가기로 했으나 총독부의 간섭으로 교명이 좌절되었다. 그래서 불전 때로부터는 이미 새로운 교과과정을 중심으로 학생들을 가르치기 시작했음을 알 수 있다.

그러면 학생들에게 깊은 영향을 미치었을 동대의 교육목적에 대해

25) 東國大學校, 『東國大學校九十年誌』 I(동국대학교, 1996), 37면.

살펴보자. 명진학교에서부터 불교중앙학림에 이르기까지의 교육의 목적이 승려들을 대상으로 이루어져 있었기 때문에 대체로 비슷하다고 할 수 있다.

〈표 4〉 불교 중앙교육기관의 교육목적

학교이름	설치연대	교육목적
明進學敎	1906	本校는 僧侶에게 須要한 宗乘 餘乘 及 新學問을 敎授하야 其의 智德을 高케 하고 兼하야 布敎傳道의 人材를 養成함을 目的함.
佛敎師範學敎	1910	本校는 僧侶에 佛敎及敎育에 須要한 學科를 敎授하야 布敎員의 人材를 養成함으로써 目的함.
佛敎高等講塾	1914	佛敎專門 必須科 중 大敎科 이상의 과정을 主要로 하고 四敎科는 兼修하며 또는 布敎員을 양성하여 人天의 사범이 되게 함.
佛敎中央學林	1915	本 學林은 朝鮮敎育令에 基하야 僧侶에게 宗乘 餘乘 及 須要할 學科를 敎授하며布敎傳道의 人材를 養成함으로써 目的함.
佛敎專修學校	1928	

<표 4>에 따르면 명진학교는 승려들에게 '반드시 필요한 종승과 여승 및 신학문을 교수하여 그 지혜와 복덕을 높이고 아울러 포교 전도의 인재를 양성하는 것을 목적으로 삼는다. 여기서 종승은 종조의 종지를 담고 있는 내전을 말하며 여승은 그 이외의 내전을 말한다. 그리고 신학문은 흔히 말하는 외전 즉 속학 일반을 총칭하는 개념이다.

불교사범학교는 승려에게 불교 및 교육에 반드시 필요한 학과를 교수하여 포교원의 인재를 양성함을 목적으로 하고 있다. 불교고등강숙은 대교과 이상의 과정을 주요로 하고 사교과는 겸하여 이수하며 또 포교원을 양성하여 인간과 천인의 모범이 되게 하고 있다. 불교 중앙학림 역시 승려에게 종승과 여승 및 반드시 필요한 학과를 교수하며 포교전도의 인재를 양성함을 목적으로 하고 있다. 어렵게 개교하였고 잠시 유지되었던 불교전수학교의 교육 목적은 알 수 없으나 이전의 중앙학림 교육 목적과 크게 다르지 않을 것으로 생각된다.

명진학교 이래 불전의 학풍과 학통은 '수선'과 '자비'의 교훈에서 나타난 것처럼 불교적 인간 내지 이타적 인간의 양성에 있었던 것으로 보인다. 즉 '수'행(내면)과 '선'행(외면) 및 '자'행(慈, 與樂)과 '비'행(悲, 拔苦)의 교훈은 명진 이래 불전이 지향했던 통재 혹은 전인적 인간상의 배출에 있었던 것으로 보인다. 앞의 명진학교 교과과정에서 살펴본 것처럼 불교 중앙교육기관의 건립은 승려들로 하여금 신학문을 교수하여 지혜와 복덕을 높이고 포교 전도의 인재를 양성하는 것이었다고 할 수 있다. 이러한 교육 목적은 이후의 불교사범학교, 불교고등강숙, 불교중앙학림, 불교전수학교에 이르기까지 일관되고 있다.

(3) 중전과 혜전의 학풍과 학통

1930년 4월 7일 불교계 중앙 교육기관은 총독부로부터 재단법인설립과 전문학교로의 승격을 인가 받았다. 교명은 숙고의 숙고를 거듭한 끝에 일본의 경도(京都)불교전문과 구별되면서도 '불교(佛教)' 두 글자를 강조하기 위해 중앙불교전문학교로 정해졌다. 불교계의 오랜 바람이 이루어지면서 중앙불전은 연희전문과 보성전문과 함께 한국의 삼대 교육기관으로 자리매김되었다. 뒤이어 중앙불전은 혜화동에 자리한 인연을 소중히 여겨 혜화전문학교로 개명을 하게 되었다. 이후 동양학과 한국학의 기초 위에서 문과(文科)를 전통으로 하는 혜전(惠專), 법과(法科)를 전통으로 하는 보전(普專), 상과(商科)를 전통으로 하는 연전(延專)의 삼대 사학이 우리 사회에 등장하면서 삼 개 학교는 선의의 경쟁에 돌입하게 되었다.

① 인문 정신의 함양과 훈습

인문학은 인간의 향기와 무늬와 가풍을 기반으로 하는 인간을 위한 학문이다. 동시에 인간다움을 근간으로 하여 인간학과 고전학을 스미고 짜이게 하는 물음과 배움의 체계라 할 수 있다. 인문학은 인간의 무한한 가능성과 세계에 대한 깊은 이해 위에서 이루어지므로 일정한 시간적 지연과 공간적 차이를 전제로 한다. 해서 인문 정신은 기본적으로 인간학으로서의 위상과 고전학으로서의 기반 위에서 물음(問)과 배움(學)이 숙성되고 발효되는 것이다.

중앙불교전문학교와 혜화전문학교는 명진학교에서부터 불교전수학교에 이르기까지와는 비교적 체제나 내용이 달라지고 있다. 먼저 이전 시대의 교육 목적은 승려들을 대상으로 하였다. 하지만 이 시대부터는 출가자나 재가자의 구분 없이 모든 이들에게 열려져 있었다. 더 이상 가르치는 이나 배우는 이에게 출가와 재가의 구분이 없었다. 그야말로 남녀노소와 상하 귀천이 없는 큰 배움터로서의 체제와 내용을 갖추기 시작했다. 이것은 중전의 교육목적에서도 잘 나타나고 있다.

> 조선 교육령에 의하여 불교학과 동양문학에 관한 전문교육을 실시함을 목적으로 한다. 본교에 본과 및 특과(特科) 선과(選科)를 두며 수업 년한은 각 삼 년으로 하며, 정원은 150인으로 한다.[26]

학년은 4월 1일에 시작하여 익년 3월 31일에 마치며, 4월 1일부터 8월 31일까지, 9월 1일부터 12월 31일까지, 1월 1일부터 3월 31일까지의 3학기로 짜여 있었다. 그러니까 3년의 대학과정과 1년 3학기제로 이루어졌던 것이다. 교과과정을 살펴보면 중앙불전이 지향하는 불교학과 동양문학에 관한 전문교육의 실시를 위한 노력이 깊이 투영되어 있다.

26) 동국대학교, 『東國大學校九十年誌』 I(동국대학교, 1996), 50면.

〈표 5〉 중앙불교전문학교의 교과과목

교과목 학년		제1학년	수업시수	제2학년	수업시수	제3학년	수업시수
불교학	宗乘	(불조3경) 조계종지	2	(금강경) 조계종지	2	(拈頌) 화엄종지	2
		(기신론) 화엄종지	2	(화엄경) 동상	2	(화엄경) 동상	2
	餘乘	불교개론	2	俱舍學	2	유식학	2
		각종 강요	2	각종 강요	1	불교서입학	1
				因明學	2	불교미술	1
불교사		인도지나불교사	2	조선불교사	2	일본불교사	
宗敎學及宗敎史		조선종교사	1	종교학개론	2		
倫理學及倫理史		국민도덕,윤리학 개론	2, 2	동양윤리사	2	서양윤리사	2
철학 및 철학사		논리학, 심리학	2, 2	철학개론	2	인도철학사	2
		자연과학개론	1	지나철학사	2	서양철학사	2
敎育學及敎育史				교육학개론	2	교육사 및 교수법	2
법제 및 경제		법제 및 경제	2				
사회학				사회학개론	2	社會問題及社會 事業	2
漢文及朝鮮文學		한문강독	2	조선문학강독	2	조선문학강독	2
		조선어학	2	조선문학사	2	조선문학사	2
國語及國文學		국어강독	2	국어강독	2	국문학	2
영어		영어	2	영어	3	영어	5
음악		음악	1				
체조		체조	1	체조		체조	1
합계			34		33		33

<표 5>의 3년제 중앙불전의 교과과정에 따르면 34시간 제1학년 16과목의 수업시수는 34시간, 제2학년 17과목의 수업시수는 33시간, 제3학년 16과목의 수업시수는 33시간이다. 불교학은 종조의 종지를 담고 있는 내전인 종승과 그 이외의 내전인 여승으로 편성되었으며 과목 역시 각 학년마다 조금씩 달랐다. 4과목 혹은 5과목으로 구성된 불교학과 불교사 1

과목을 제외하고는 대체적으로 외전이 대부분이었다.

그러니까 16과목 중 불교학의 4~5과목과 불교사 1과목을 제외하고는 모두 사회학과 자연학 및 예술과 체육을 비롯한 외전 과목이 압도적으로 많았다. 이처럼 중앙불전의 교과과목은 사계의 권위자로 구성된 교수들과 함께 외전에 대한 교육 내용을 상당히 확보하고 있었다. 이전의 명진에서 불전에 이르기까지와는 교과목 수나 교강사 진용에서 그 차원이 달랐다. 가끔 일본인 교수들이 강의하기도 했지만 대부분은 국내의 전문학자들이었다.

이들 교과과목들은 교육목적에 나타난 것과 같이 불교학 이외에도 동양문학의 숙독을 위한 강좌가 다수 개설되어 있었다. 특히 한문 및 조선문학은 한문강독과 조선어학, 조선문학강독, 조선문학사 등의 교과목을 개설하여 학생들로 하여금 동양학문의 함양과 체득에 많은 노력을 기울일 수 있도록 이끌었다. 더욱이 중앙불전과 혜화전문의 학생 8할 이상이 문학도였다는 사실은 교과과정을 통해 교육적 효과가 어떻게 나타났는지를 잘 보여주고 있다.

중앙불교전문학교의 교과목이 그러했던 것처럼 혜화전문학교 불교과의 교과목 역시 외전 중심으로 짜여 있다. 이미 불전에서부터 교육대상이 승려에 한정되지 않는 것처럼 혜화전문학교 역시 대학생으로서 마땅히 배워야 할 과목들로 교과과정을 편성하고 있다.

〈표 6〉 수업시수와 학년 및 학과목

학과목	학년 / 매주수업	제1학년 시수	제2학년 시수	제3학년 시수
수신		1	1	1
일본학		1	1	1
국어 및 한문		8	7	5
국사		2	1	1
동양사			2	

불 교 학	8	8	8
불 교 사	2	2	2
철 학 개 론			2
동 양 윤 리 학 사		2	
서 양 윤 리 학 사	2		
일 본 윤 리 학 사			2
인 도 철 학			2
종 교 학			2
심 리 및 윤 리	2	2	
윤 리 학		2	
교 육 학		2	
교 육 사 및 교 육 법			3
사 회 학			2
법학 통론 및 경제 원론	2	2	
지 나 어	3	3	3
영 어	3	3	3
체 조 무 도 및 교 련	3	3	3
합 계	36	36	37

제1학년과 제2학년의 총 36시수 가운데 불교 관련 과목은 불교학(8시수)과 불교사(2시수)가 있을 뿐이다. 제3학년에 인도철학(2시수)과 일본윤리학사(2시수)가 있고, 제2학년에 동양윤리학사(2시수)가 있을 뿐이다. 불교의 범위를 좀 더 넓혀보면 동양윤리학사와 일본윤리학사까지도 불교관련 과목으로 끌어들일 수는 있으나 나머지는 모두 일반학의 범주 속에서 개설된 것이다.

이렇게 보면 혜화전문학교에 이르게 되면 명실공히 36시수 중 불교 관련 시수는 10시수 내지 14~16시수 정도에 머무르고 있다. 그러니까 명진학교로부터 이미 보여주었던 것처럼 불교 이외의 외전이 교과과정의 주류를 이루고 있는 것이다. 그 범위도 인문학뿐만 아니라 사회학 및 어학에 걸쳐져 있다.

따라서 "불교 및 대륙사정에 관한 고등의 학술을 교수하고 국가사회에 기여할 수 있는 유능한 인재를 배양함"을 목적으로 삼았던 혜화전문학교 시대의 교육 방향은 보다 일반학 전문으로 펼쳐졌음을 알 수 있다. 불전과 중전을 거치면서 예상되었던 것이지만 우리는 혜전 역시 이미 종교적 지향에서 탈피하여 보편적인 인간상의 제시로 나아가고 있다는 사실을 확인할 수 있다. 이처럼 혜전의 교과과정은 학생들로 하여금 인문정신을 함양하고 훈습시키는 주요한 역할을 하였다고 할 수 있을 것이다.

② 문사철과 종교 및 예술의 교직

이러한 분위기 위에서 문사철과 종교 및 예술이 학제 간 연대와 같이 이루어지면서 문학과 역사와 철학이 서로 깊이 투영되었고 나아가서는 종교와 예술로까지 확장되었다. 이러한 학풍과 학통이 형성될 수 있었던 것은 명진학교 이래 혜화전문학교까지 불교를 비롯한 동양사상의 교수 분위기 속에서 매우 자연스러웠을 것으로 추정된다. 더욱이 재직교수 및 외래교수들의 계발적인 강의와 개성적인 창작은 학생들에게 깊은 자극을 주었다. 그러면 혜전의 교과과정 담당자와 담당과목을 통해 그 사실을 확인해 보자.

〈표 7〉 강의 담당 교수 및 담임 과목

직명		성명	담임 과목
학교장 사무취급	교수	김경주	조계종지 지나불교사 국민도덕
	명예교수	박한영	조계종지 밀교학
교수	문학사	江田俊雄	밀교학 인도불교사 인도철학사 국어
교수		김영수	조계종지 구사학 기신학 유식학
교수	문학사	김두헌	윤리학개론 서양윤리사 윤리학 철학개론 서양철학사
교수	문학사	정준모	영어
교수		권상로	조선문학강독 조선종교사 조선문학사 한문강독 조선불교사 지나문학사
교수	문학사	김잉석	화엄학 지나철학사 불교개론 천태학 정토학
교수	문학사	박윤진	심리학 교육사 세계종교사 종교학개론 사회사업
전임강사	문학사	강유문	삼론학 포교법 인도불교사

강사	성대교수	秋葉隆	사회개론 사회문제
강사		이종태	음악
강사		이병도	조선유교사
강사	문학사	三田訓治	교수법
강사		박성희	체조
강사	문학사	이유복	국어 국문학사 문학개론
강사	문학사	유응호	조선어
강사	법학사	이동화	법학통론 경제원론
강사	문학사	조명기	불전개론
사무원		김해윤	
사무원		김상렬	
교의	의학박사	임명재	

<표 7>을 통해 중전을 발전적으로 이어간 혜전의 강의 담임교수 및 담당교과목을 자세히 살펴보면 기본적으로 문학과 역사와 철학이 중심에 있다는 사실을 알 수 있다. 동양과 서양 학문에 대한 균형감각을 회복하도록 하였고 인도 중국 한국의 문학과 역사와 철학이 불교와 매개하여 설강되어 있다. 이러한 교과과정과 사계의 최고 전문가로 짜인 중앙불전의 교수진은 문학도들에게 상당한 반향을 불러일으켰다. 해서 혜화전문(중앙불전)을 노크하려는 학생들은 불교학과 동양문학을 기반으로 하는 이 학교에 입학하기 위해 치열한 경쟁을 벌였다.

중앙불전과 혜화전문에 입학한 학생들은 이후 예비문사가 되어 문학동인을 만들거나 작품합평회 등을 통해 구체적인 생산물을 발표해 내었다.[27] 시와 시조에 만해 한용운, 석정 신석정, 김어수, 월하 김달진, 윤곤강, 미당 서정주, 함형수, 지훈 조동탁, 파하 이원섭 등을 비롯해서 소설 등에서도 숱한 문인들이 탄생하였다. 시나리오에 최금동을 비롯하여 평론에 정태용, 이태우 등이 배출되었다. 종래 유일했던 불교과

27) 高榮燮 편,『우리 고향 중의 고향이여』(연기사, 2006). 동국대학교 불교학과 출신 문인들의 시, 시조, 소설, 희곡, 동화, 시나리오, 평론 등의 작품을 모은 사화집이다.

이외에 흥아과를 설치함으로써 외연이 넓어진 학교의 분위기 속에서 숱한 문사들이 배출되었다.

이들 문사들의 발표지면은 중앙 일간지인 『조선일보』와 『동아일보』를 비롯하여 동인지인 『시인부락』, 『맥』, 『백지』, 교우회지인 『일광』, 『룸비니』, 『녹원』, 『보리수』 등에 작품을 발표하였다. 추천 문인과 동인지 발표 문인을 비롯한 숱한 문사들이 탄생될 수 있었던 것은 문사철을 기초로 한 인문학적 분위기와 종교와 예술 미학 등의 문화 전반에 대한 이해를 갖춘 재직교수 및 외래교수들의 자극 때문이었다. 자연스럽게 동대는 문학대학의 이미지가 드리워졌고 문사철과 종교 및 예술적 지평이 광범위하게 형성되었다. 그러나 해방 직전인 1944년 5월 혜화전문학교는 일제의 정책에 극심하게 반대하면서 총독부에 의해 강제로 폐교를 당했다.

(4) 동국대학(교)의 학풍과 학통

조국광복을 맞이한 우리는 민족문화를 계승하고 창조하기 위해 상당한 주체성이 요청되었다. 혜화전문 역시 새로운 형식의 대학으로 탈바꿈하지 않으면 아니 되었다. 따라서 삼일 독립 운동 직후와 일제 말 강제 폐교와 휴교를 겪었던 혜화전문은 다시 동국대학(1946. 9.~1953. 2.)으로 이어졌다.

〈표 8〉 동국대학(교)의 교육목적

동국대학	1946	本 大學은 佛敎精神에 기하며 國家와 人類社會 發展에 必要한 學術의 深奧한 理論과 應用方法을 敎授 硏究하는 同時에 指導的 人格을 陶冶함을 目的으로 한다.
동국대학교	1953	본교는 건학이념에 따라 학술의 이론과 응용방법을 연구 교수하여 불교를 비롯한 한국 문화의 세계화에 노력하며 민족과 인류사회의 이상실현에 기여할 지도적 인재의 양성을 목적으로 한다.

<표 8>에 나타난 것처럼 동국대학은 “불교정신에 기하여 국가와 인

류사회 발전에 필요한 학술의 심오한 이론과 응용방법을 교수 연구하는 동시에 지도적 인격을 도야함"을 교육목적으로 내세우며 새로 출범했다.

동국대학의 교육목적은 이제 불교 종립대학의 틀을 벗어나 일반 사학의 모습을 지향해 가고 있다. 종합대학으로 성장해 가는 과정이었기에 건학이념인 불교정신의 구현을 의식 속에 훈습할 뿐이었다. 더 이상 불교를 전하기 위한 인재양성이라는 차원에만 머물지 않았다. 하지만 불교정신에 기하는 한 주체와 대상이 넓어졌을 뿐 불교계의 인재양성이라는 건학 초기의 지향을 완전히 벗어난 것은 아니었다.

불교를 건학정신으로 설립했으나 교수의 초빙과 학생의 입학에 있어서는 종교의 자유를 보장하였기에 종교의 분포는 다양할 수밖에 없었다. 때문에 다른 종교인을 대하는 자세에 있어서도 보다 유연한 입장을 지닐 수 있게 되었다. 그래서 국가와 인류사회 발전에 필요한 학술의 이론과 응용방법을 교수 연구하여 지도적 인격 도야를 목표로 했다. 그리고 그 위에서 비로소 새로운 학풍과 학통을 만들어 갈 수 있었다.

종합대학으로 승격된 동국대학(교)는 "건학이념에 따라 학술의 이론과 응용방법"을 연구 교수하여 불교를 비롯한 한국문화의 세계화에 노력하며 민족과 인류사회의 이상실현에 기여할 지도적 인재의 양성을 교육목적으로 표방했다. 즉 '불교를 비롯한 한국문화의 세계화'와 '민족과 인류사회의 이상실현에 기여할 지도적 인재의 양성'을 기치로 내세웠다. 이를 위해 동국대학 시절부터 서울캠퍼스를 남산자락으로 옮겼으며, 1979년에는 경주 석장리에 경주캠퍼스를, 그리고 1994년에는 미국 로스앤젤레스에 있는 로열한의대를 인수하여 동국－로열대학이라는 미국캠퍼스를 운영하고 있다.

① 서울캠퍼스의 교육과 학풍

6·25로 인해 부산으로 피난한 동대는 일본 정토진종 동본원사의 부

산 별원이었던 대각사에서 학교를 이어 갔다. 휴전(1953)이 되자 동대는 서울 남산으로 돌아와 국내 최초로 종합대학교로 승격하면서 새롭게 출발했다. 1953년 2월 6일에 대학원을 개설하여 불교과, 영문학과, 정치학과 3과의 대학원과 불교대학(불교학과, 철학과), 문과대학(국어국문학과, 영어영문학과, 사학과), 법정대학(법학과, 경제학과, 정치학과), 농림대학(농학과, 임학과) 4개의 단과대학을 거느린 종합대학교로 설립인가를 얻게 되었다. 발전을 거듭한 결과 현재 11개 단과대에 일반대학원 및 2개의 전문대학원과 9개의 특수대학원을 거느리는 종합대학교로 도약하였다.

그리하여 교육은 주간을 비롯하여 야간(2004학년도부터 주간 편제로 바뀜)에 걸쳐 이루어졌으며, 교훈인 마음을 다잡아 가다듬는 섭심(攝心), 참되고 미더운 행실을 하는 신실(信實), 대중을 자비심으로 대하는 자애(慈愛), 중생을 괴로움에서 건지는 도세(度世)의 교훈에 입각한 불교적 인간 내지 이타적 인간의 면모를 갖춘 전인적 인간을 양성하는 학교로 자리매김되었다.

전문적인 학자를 길러내는 대학원 역시 명진학교 이래 그동안 쌓아왔던 전인적 교육정신을 담고 폭넓게 이루어졌다. 종래의 학부 중심에서 이제는 대학원 중심제를 통해 학문의 성과를 온축하고 학문 후속세대의 양성을 위해 매진해 나갔다. 하여 새로운 인적 네트워크를 형성하면서 '보살적 인간상'을 구현하는 학풍을 세워 나갔다. 그러면 대학원 석사과정 불교학과에 개설된 교과목을 살펴보자.

〈표 9〉 대학원 교과목과 담당 교수명

제1학기	시간	교수	제2학기	시간	교수
대각국사사상연구	2	조명기	화엄오교장	2	김잉석
한국불교사상사	2	조명기	한국불교서지학	2	조명기
한국불교고고학	2	이홍직	한국불교사상사	2	조명기
화엄학개설	2	김잉석	한국불교고고학	2	이홍직

1학기에 4과목, 2학기에 4과목이 개설되었고 사계의 대가들이 강의를 담당했다. 한국불교학 중심으로 개설된 것이 특징이다. 특히 고고학과 서지학 및 화엄학 강좌가 함께 설강된 것은 한국불교학 연구에 필수적인 요소는 과감하게 강좌를 개설하였다는 사실을 보여주고 있다. 그러니까 학문연구, 특히 불교연구를 위해 필요한 강좌가 개설되었다는 사실이다. 이후 인도철학과와 선학과 및 불교미술학과(예술대로 편입)가 개설되면서 3개 대학원학과(인도철학과, 선학과, 미술사학과)에서의 인도철학과 불교 및 예술 연구도 폭넓게 이루어져 왔다.

② 경주캠퍼스의 교육과 학풍

1979년 3월 9일 착공된 경주캠퍼스는 신라 천년의 고도에 세워짐으로써 수도권 혹은 강원권과 충청권에 세운 여타의 대학과 달리 학내외의 많은 주목을 받았다. 신라 천년의 수도인 경주를 중심으로 펼쳐진 불교의 전통과 역사는 고스란히 경주캠퍼스의 범주 속으로 들어왔다. 화랑의 맹서를 세긴 임신서기석이 있던 곳에 세워진 경주캠퍼스는 서울캠퍼스의 교육과 학풍의 연속성 위에서 독자적인 교육과 학풍을 만들어 가고 있다.

③ 미국 로스앤젤레스 캠퍼스의 교육과 학풍

1979년 4년제 세신 한의과대학으로 출발한 로열한의대는 현재 한중영 3개 국어로 강의를 실시하고 있으며 재학생 수는 250명이다. 동국-로열한의대 부속병원을 운영하고 있으며 9백50여 명의 졸업생이 미주 등지에서 한의사로 활동 중이다. 동대는 1996년 세계교육시장 개척의 선두주자로 로열한의과대학을 합병 인수하여 동국-로열한의과대학이라는 이름으로 해외캠퍼스를 설립하였다. 불교학과, 동양철학과, 한국학과 등과의 교류를 통하여 동양학과 동양의학의 메카로 자리매김해 가고 있다.

3. 불교 연구의 어제와 오늘

불교 연구는 전승되어 온 불학(佛學)과 대한시대 이래 새롭게 전개된 불교학(佛教學)으로 나눠 볼 수 있다. 불학이 삼장(三藏) 또는 사장(四藏[28]))을 통해 깨달음으로 나아갈 수 있다는 믿음 또는 신행 위에서 붓다(의 가르침)에 대한 학문의 한 분야라면, 불교학은 서양 제국주의 종주국의 식민지 지배 전략에서 비롯되고 지방 분과학적인 연구 배경에서 촉발된 언어학, 지리학, 역사학, 신화학, 종교학, 문헌학, 철학, 사회학, 심리학 등의 방법론을 동원한 객관적이고 분석적인 불교 연구의 분야라 할 수 있다.[29]

선원과 강원과 염불원 삼문의 수업을 기반으로 했던 조선 후기의 불교교육은 명진학교의 개교로부터 외전인 신학문을 받아들이기 시작했다. 앞에서 살펴본 것처럼 명진학교의 11개 교과목 중 외전이 7과목을 차지할 정도로 불교계의 중앙 교육기관의 교과과정은 신학문 중심의 속학(俗學)으로 짜여졌다. 이 같은 교과과정의 편성은 명진학교의 교육목적에 상응하는 것이었지만 '포교 전도의 인재를 양성'하기 위해서는 종래의 불학을 넘어서서 새로운 불교학을 열어 가지 않으면 아니 된다는 성찰의 결과라 할 수 있다.

명진학교 이래 불교사범학교와 불교고등강숙과 불교중앙학림까지는 승려를 대상으로 하는 인재양성이었다. 하지만 불교전수학교와 중앙불교전문학교 및 혜화전문학교 이후로부터는 승려뿐만 아니라 재가자까지 포괄하였다. 그리고 그 교육목적 역시도 '불교학 및 동양문학에 관한 전문교육 실시'(중앙불교전문학교)와 '불교 및 대륙사정에 관한 고등의 학술을 교수'(혜화전문학교), 그리고 '국가사회에 기여할 수 있는

28) 義天은 經律論 三藏에 대한 주석서인 章疏類를 담는 바구니로서 敎藏이라는 개념을 만들어 『新編諸宗教藏總錄』이라는 목록을 간행하였다. 이 목록을 계기로 高麗 敎藏이 집성될 수 있었다.

29) 졸저, 『한국불학사: 신라시대편』(연기사, 2005), 27~28면.

유능한 인재의 배양'(동국대학)에 목적이 있었기 때문에 그 방향과 내용이 달라졌다.

이러한 방향의 전환 위에서 불교 연구는 새로운 기틀을 만들어 가기 시작했다. 즉 전승 불학의 장점을 원용하면서도 새로운 방법론에 기초한 불교학으로 나아갔다. 그리고 그것은 곧 연구기관의 개설과 학회의 창설로 이어졌다. 힘들고 더딘 걸음이었지만 대학의 연구소와 관련 학회들은 정기적으로 저널을 간행하고 기획총서를 발간함으로써 불교 연구의 앞날을 밝혀왔다. 이러한 제도를 통해 소수나마 젊은 학문 후속세대들이 준비될 수 있었다.

(1) 불교 연구기관의 개설

① 동국사상연구회

동국사상연구회는 1958년 생겨난 불교대 내의 자생적인 연구회였다. 이해부터 『동국사상』을 간행하기 시작하면서 불교학술지로서의 첫발을 내딛었다. 이 저널은 불교대학의 교수들과 동문 및 외래 교수들이 참석하여 불교계 최초의 학술지의 면모를 지녔다. 여기에는 불교대 교수들의 연구 논문과 불교대에 재학 중인 학생들의 논문들이 엄선되어 실렸다. 부록으로 발굴되거나 초존(抄存)한 각종 주요 자료들을 덧붙였다.

하지만 학술 연구가 강화되고 연구원이 개설되면서 학생들이 중심이 된 『동국사상』은 학술지로서의 주도권을 불교문화연구원의 『불교학보』에게 내어주지 않으면 아니 되었다. 불교대학 학생회로 이어져 간행되어 오던 『동국사상』 29집까지 간행한 뒤 현재는 예산상의 이유와 편집진의 부재로 무기한 휴간되어 간행되지 않고 있다. 연구회 역시 학도호국단체제를 거쳐 학생회로 이어지면서 불교대학 학생회로 편입되었다.

② 불교문화연구원

불교문화연구원은 민족문화의 보존과 그 창조적 계승이라는 관점 위에서 불교의 연구 및 불교와 관련된 동양문화 전반의 연구를 통하여 민족문화의 독창적인 발전에 참여하고 나아가 인류문화의 증진에 기여함을 목적으로 1962년 3월 5일 개설되었다.[30] 동대의 가장 대표적인 연구원인 불교문화연구원은 오랜 역사와 성과를 바탕으로 국내외에 가장 널리 알려져 있으며 불교관련 대학 연구원의 벤치마킹 대상이 되고 있다.

논문 "승랑을 상승한 중국 삼론의 진리성"(김잉석)을 필두로 게재했던 『불교학보』는 불교학계의 가장 권위 있는 학술지로서 현재 62집을 간행하였고 학술진흥재단의 등재지로 평가받고 있다. 이 학보는 1집당 15~20편의 논문을 담고 있어 62집까지 적게는 900편에서 많게는 1,000편의 연구성과를 담아오고 있다. 또 범어·빨리어·티벳어·한문본 텍스트를 중심으로 하는 불교 원전을 연구하고 역주하여 싣고 있는 『불교원전연구』를 14집까지 간행하였다.

연구원의 연구 성과로는 『호국대성 사명대사연구』(1970), 『한국불교사료－해외사료초집－』(1981), 『한국불교찬술문헌총록』(1976), 『한국불교사상총서』(『한국화엄사상연구』(1982), 『한국천태사상연구』(1983), 『한국선사상연구』(1984), 『한국정토신앙연구』(1985), 『한국밀교사상연구』(1986), 『한국미륵신앙연구』(1987), 『한국관음신앙연구』(1988) 등 7권), 『한국불교』(영문판, 1988), 『한국불교전적사전』(일역, 1995), 『불교문화사상사개설』(1995), 『조선왕조실록 불교관련기사 역주』(25책), 『한국불교문화사전』(2009), 『한영불교사전』(진행 중)과 불교생태학총서로 간행된 『불교생태철학』(2004), 『불교와 생태학』(2005), 『불교사상의 생태학적 이해』(2006), 『동아시아불교연구총서』(현재 7책 간행), 『한글본 한국불교전서』(현재 2차분까지 14책 간행) 등이 있다.

---

30) 불교문화연구원 편, 『한국의 불교학 연구, 그 회고와 전망』(동대출판부, 1994). 156면.

또 연구원은 국내외에 분산 소장되어 있는 희귀본 및 진본 불서들을 수집하여 고려사경전시회(1962. 5. 5.~7.), 고려불서전시회(1963. 6. 23. ~25.), 이조전기국역불서전시회(1964. 11. 5.~8.), 이조전기불서전시회(1965. 11. 12.~14.), 법화경전시회(1967. 5. 16.~18.), 금강경전시회(1968. 5. 13.~15.) 등을 개최하여 불교학계는 물론 일반학계에 널리 소개하였다. 그리고 사찰사료 및 문화재 조사를 위해 충청남도 전역(1964. 8.), 전라북도 부안 일대(1965. 8.), 전라북도 전역(1966. 8.), 전라남도 해남 일대(1967. 8.), 강원도 전역(1968. 8.), 경상북도 안동 일대(1969. 8.), 사명대사유적(1970. 7. 15.~8. 10.) 등을 조사하였다.

나아가 연구원은 해외 및 국내 중진학자들을 초청하여 감상회와 전시회를 포함한 불교학술강연회를 20여 회 열었으며, 1964년 이래 매년 계속해 온 불교학술강연회는 1973년부터 그 형식을 학술세미나로 전환하여 40여 차례 개최하였다. 특히 1994년 불교문화연구원 개원 30주년을 맞이해서 한국의 불교 연구를 총체적으로 분석한 '한국의 불교학 연구, 그 회고와 전망'과 2006년 5월 23~25일 동국대학교 건학 100주년 기념으로 열렸던 국제학술대회 '지식기반사회와 불교생태학'은 국내외의 많은 학자들이 불교응용학의 새로운 지평 확대를 모색한 것이어서 주목을 받았다.

또 해외학술기관과의 교류를 확대하여 학술연구지 교환, 해외학자의 초빙강연, 자매결연, 공동학술세미나 개최를 지속하여 일본, 중국, 미국, 캐나다, 독일, 불란서 등 해외 학자들을 포함한 대학 연구기관 30여 개소와 교유하고 있다. 특히 일본경도불교대학 불교문화연구소와는 한일 양국에서 격년마다 공동학술세미나를 해 오고 있고, 대만 문화대학 인도문화연구소와도 학술정보교환, 공동연구, 인적왕래 등을 도모해 왔다.

최근에는 "동북아 불교문화 교류"라는 총괄주제로 교육부 지원 중점연구소로 지정되어 9개년 동안 약 30여 억 원의 지원을 받았다. 제1단계는 '동북아 삼국의 근대화와 불교계의 대응', 제2단계는 '20세기 후반

동북아 삼국의 불교문화교류', 제3단계는 '동북아 삼국 불교문화의 현재적 모색'이라는 주제로 연구를 진행해 가고 있다. 아울러 문화관광부로부터 약 41억 원의 지원을 받아 『한국불교전서』의 역주작업이 9개년 동안 이루어지고 있다.

또 최근에는 한국학술재단으로부터 중점연구소와 인문한국 사업 프로젝트와 <조선시대 불교 사기의 집성과 편찬> (1년)를 수주받아 연구를 지속하고 있으며, 문화광광부로부터는 <한국불교전서 한글역주 사업>과 <한국불교전적 동영상 아카이브 사업> 프로젝트를 지원받아 작업을 진행하고 있다.

③ 대학선원-정각원

정각원은 사범대학이 있는 학림관 앞 산(룸비니 동산) 만해광장 터에 있었던 숭정전(경희궁 본전)을 현재의 위치로 옮겨오면서 개명했다. 그 동안 자유로운 참배를 허용하여 대학생들의 심신 함양에 크게 이바지 했다. 그리고 전교생 대상의 수계 법회와 각종 공연 및 선찰답사 등을 통해 불교 정신을 전하는 주체로서의 역할을 해 왔다.

고승 및 명사 초청법회를 정기적으로 거행하며 매년 부처님 오신 날을 기념하여 수계법회를 개최하고 있다. 종래 간행해 오던 『정각시보』를 발전적으로 계승한 『정각도량』(현재 136호 간행)이 1990년 9월 1일 창간되어 현재까지 간행되고 있다. 경주캠퍼스의 정각원과 함께 동국대학교 재단 법인 산하의 초중고 교직원과 대학 교직원들에게 합동 수계식과 신임교직원 연수 등을 담당해 오고 있다.

④ 전자불전문화콘텐츠연구소

전자불전연구소는 1999년 한국불교전적 및 각종 불교 전적을 전산화하기 위해 개설된 연구소이다. 『전자불전』이라는 저널을 현재 13호까지 내고 있다. 그동안 『한국불교전서』의 전산화작업, 번역의 제문제 등의 학술회의를 개최하였고 『한국불교전서』의 입력작업에 집중하고 있다. 최근 학술진흥재단의 지원을 받아 데이터 베이스 구축을 위한 프로젝트를 완수하였다. 지금은 동국역경원이 완간한 『한글대장경』(318책)을 스캐닝하여 자료에 담고 있다.

⑤ 역경원 및 출판부

동국역경원은 1963년 9월 26일 운허화상과 김법린 총장의 합의에 의해 설립되었다. 조계종의 3대사업인 도제양성과 포교와 더불어 역경(譯經)은 우리 민족문화를 이 시대의 살아 있는 보편적인 언어로 옮겨내는 대작불사이다. 1960년대 초반 동국역경원은 해인사 『고려대장경』을 48책(목록포함)으로 영인 간행하여 학계에 크게 이바지하였다. 이후 번역의 실제와 경험을 바탕으로 "역경예규"를 간행하고 『고려대장경』을 번역하기 시작하였다.

1965년 6월 30일 『한글대장경』 제1집인 『장아함경』 번역을 필두로 하여 36년에 걸친 대장정 끝에 2000년 12월 총 318책으로 완간하였다. 그동안 국고보조비 19억 원을 비롯하여 동국대학교 및 후원회 지원 및 자체 자금 등 31억 남짓을 투입하였다. 향후 10년간은 기간 『한글대장경』을 개편하고 개역 작업과 함께 전자불전연구소와 함께 대장경의 전산화 사업을 펼쳐 나갈 계획이다. 아울러 아직 번역되지 않은 불전도 순차적으로 번역 간행하는 사업도 병행해 나갈 계획이다.[31] 또 역경원 개원 초창기 편찬했던 운허 용하 편 『불교사전』을 증광한 대사전 편찬에도 매진하고 있다.

출판부 역시 불교 연구 성과물을 그대로 담아내는 역할을 해왔다. 그동안 대학교재, 동국총서, 동국신서, 한국불교전서의 4개 분야에 집중해 오면서 틈틈이 불교의 현대적 해석에 관련된 출판물을 간행해 왔다. 『한국도교사』(이능화), 『한국불교사상사연구』(안계현), 『백제불교사상연구』(김영태), 『조선전기불교사상연구』(우정상), 『불교와 제과학』(70주년기념사업

31) 최철환, 『동국역경원 역경 사업』, 『大覺思想硏究』 제5집, 대각사상연구원, 2002, 183면.

회), 『한국불교시문학론』, 『한국불교문학』 상하, 『한국의 불교사상』(고익진), 『한국고대불교사상사』(고익진), 『삼국시대의 불교』(목정배), 『불교학개론』, 『불교문화사』, 『불교와 인간』, 『선과 자아』, 『보조선사. 적연국사. 현화사비명』, 『지리산 단속사 신행선사 대감국사비명』, 『영역한국불교시선』, 『한국불교전서』(14책), 『연행록』(100책), 『광개토왕비연구』(임기중), 『양주동전집』(12책) 등이 있다.

2000년대에 들어와서부터는 출판의 범위와 종수가 다양해지고 있다. 대표적인 것들로는 『인도정통철학과 대승불교』(김선근), 『간화선의 이론과 실제』(정성본), 『묵조선의 이론과 실제』(김호귀), 『인물로 보는 일본불교사』(마츠오 겐지/김호성), 『현대불교학연구』(드용/강종원), 『불교생태철학』(김종욱), 『불교와 생태학』(하버드대 세계종교연구센터/동대 불교문화연구원), 『불교사상의 생태학적 이해』(두뇌한국 21), 『중관과 유식』(나가오 가진/김수아), 『종교사회복지』(이혜숙), 『금강삼매경론』(원효/조용길・정통규), 『법화천태사상연구』(리영자), 『불교와 종교철학』(김용표), 『고려대장경 분류체계 연구』(장계환・정승석) 등을 간행하였다.

지금까지는 주로 논문들을 묶은 단행본과 번역서 및 일부 기획문고 중심으로 이루어져 왔다. 때문에 본교와 타교 교수들의 연구 성과를 지속적으로 간행 지원하는 시스템의 확립이 요청되어 왔다. 다행히 최근에는 출반부가 어느 정도 목돈을 투자하면서 장기적인 기획출판 시스템을 구축해 가고 있다. 해서 이제 국내의 대학출판부의 변화에서 보이는 것처럼 일반 기획출판사와의 경쟁에서 크게 뒤지지 않을 것이라고 기대해 본다.

⑥ 종학연구소

2010년 개원한 종학연구소는 2010년부터는 매년 7월에 간화선 국제학술대회를 개최하였으며 2012년부터는 월례발표회를 주관해 오고 있다.

⑦ 불교학술원

2008년에는 종래의 불교관련 기관인 불교문화연구원과 동국역경원 및 전자불전문화콘텐츠연구소와 종학연구소(2010~)를 아우르는 불교학술원을 개설하여 동국대학교의 불교연구를 총괄하고 있다.

(2) 불교학회의 창설

불교 연구기관의 발족과 더불어 불교연구의 대표적인 기구는 학회라 할 수 있다. 종래 가장 오랜 역사를 간직하고 있는 한국불교학회를 비롯하여 여러 관련 학회들이 구십 년대 이후 다수 창설되었다. 특히 세 차례를 치른 한국불교학결집대회의 경우는 국내외 학자 150여 명이 한 자리에 모여 학술 연찬의 성과를 나누는 학술회의로 자리 잡아 가고 있다. 이들 학회들이 간행하는 학회지들은 학술진흥재단의 등재지에 올라 불교 연구의 활성화에 끌차 역할을 하고 있다.

① 한국불교학회

한국불교학회는 1906년 개설된 명진학교 불교학과를 모태로 하여 이루어진 불교학술 연구에 그 뿌리를 두고 있다. 오랜 연구와 염원 끝에 회원 상호 간의 긴밀한 유대를 통하여 불교에 관한 효율적인 연구 및 학술 활동에 관한 사업을 추진하기 위해 100여 명의 학자들이 1973년 7월 7일 동국대학교 본관 교수세미나실에서 모여 창립하였다.

학회는 1975년 12월 논문 '중국 선학사상 신라 무상대사의 지위'(이종익)를 필두로 실은 첫 학술지 『한국불교학』을 창간하였다. 이후 춘계와 추계에 걸쳐 총 61회의 학술세미나를 개최하여 『한국불교학』 61집을 간행하였다. 1집당 15~20편의 논문을 실었으므로 적어도 61집까지 적게는 900편에서 많게는 1,000편의 연구성과를 담아 왔다고 할 수 있다. 현재 『한국불교학』은 학술진흥재단의 등재지에 올라 있으며 2006년 2월부로 불교계 최초의 사단법인 학회가 되었다.

종래 봄과 가을의 두 차례 학술대회를 열어 왔으며 춘계의 경우는 지방의 대학이나 사찰 및 행정관청에서 개최하여 『한국불교학 춘계학술

논문집』을 간행하였다. 추계의 경우는 서울의 동대에서 하는 것을 원칙으로 해 왔다. 그동안 부산과 밀양 및 논산 등에서 춘계학술대회를 열어왔고, 추계는 전국 규모의 회원이 발표하는 학술대회를 개최해 왔다.

2004년부터는 학술지를 연 4회를 간행했으며 2005년부터는 연 3회를 간행해 오고 있다. 2006년부터는 조교수급 이하의 교강사들에게 학술진흥상을 수여하고 있다. 현재의 회원은 약 550명을 상회하고 있으며 학술지 『한국불교학』은 한국학술진흥재단의 등재지에 올라 있다.

② 한국인도철학회

인도철학회는 1964년 개설된 동국대 인도철학과를 모태로 하여 1991년 10월 인도철학회로 출발했다. 종래 한문 문헌을 바탕으로 한 불교연구에 대한 반성으로부터 시작되었으며 범어 빨리어 티베트어 문헌을 통한 불교연구와 인도 여러 사상체계들과 비교연구의 필요성이 학회 창립 계기가 되었다.

첫 학회지로 『인도학·인도철학』을 간행해 오다가 지금은 『인도철학』으로 바꾸어 사용하고 있다. 창립 이래 지금까지 총 20회의 정기 학술발표대회와 학술지인 『인도철학』 34집을 간행하였다. 현재의 회원은 교수 25명과 석박사 과정생 60명을 포함하여 80명을 상회하고 있다. 학회지인 『인도철학』은 현재 학술진흥재단의 등재지에 올라 있다.

③ 한국선학회

한국선학회는 동국대 선학과를 모태로 선학 발전과 선학에 관한 연구 및 이와 연관된 전반적인 활동을 목적으로 2000년 3월 18일 동국대학교에서 창립되었다. 선학회는 창립취지에서 선은 한국의 전통이자 고유사상으로 자리 잡고 있지만 '선의 제반 요소에 대해 깊이 있는 연구와 체계적인 이론 정립, 현대화, 생활화 등이 거의 이루어지지 않은 상태'임을 진단하고 '선에 관심을 가진 분들과 함께 선에 관한 모든 부분들에 대해 연구 토론하는 장을 마련할 것'이라 언표하고 있다. 학회지인 『한국선학』

은 26집이 나와 있으며 학술진흥재단의 등재지에 올라 있다.

④ 동악미술사학회

동악미술사학회는 동국대학교 대학원 미술사학과를 모태로 하여 불교미술의 토대 위에서 미술 전반을 연구하기 위해 창립하였다. 격월제로 학술발표회를 가지며 왕성한 토론을 벌여 미술사학의 새로운 담론을 만들어 가고 있다. 학술지 『동악미술사학』이 현재 13집까지 간행되어 있다.

⑤ 한국불교어문학회

한국불교어문학회는 불교의 문학사적 위상을 탐색하기 위해 동국대학교 대학원 국어국문학회가 기반이 되어 한국불교문학사연구회로 창립되었다. 이후 활발한 토론회를 개최하여 『불교문학이란 무엇인가』, 『불교문학연구입문: 율문/언어편』, 『불교문학연구입문: 산문/민속편』 등의 기획 단행본을 간행하였다. 1996년부터는 어학과 문학을 중심으로 불교와의 접목을 모색하면서 한국불교어문학회로 개명하였다. 현재는 학회지인 『불교어문논집』을 15집까지 간행하였다.

이들 다섯 학회 이외에도 동국대학교를 기반으로 하는 학회는 ⑥ 국제원효학회, ⑦ 국제불교문화사상사학회, ⑧ 두뇌한국 21 – 불교문화사상사교육연구단 및 세계화 시대불교학교육연구단, ⑨ 불교문화학회, ⑩ 한국정토학회, ⑪ 한국원효학회, ⑫ 한국태고학회 등 다수가 있다. 그리고 동국대학교를 기반으로 하는 위의 학회 이외에도 불교학연구회, 선문화학회, 인도학회, 동아시아불교문화학회 등이 있다. 지면 관계상 학회 이름만 다루고 활동이나 학술지 등에 대해서는 자세히 다루지 않기로 한다.

(3) 불교출판물의 간행

연구소와 학회의 연찬을 담는 그릇은 아무래도 출판일 수밖에 없다. 학술대회의 성과를 담는 저널과 함께 학자들의 연찬의 결과는 출판물로 이어질 때 비로소 불교연구의 지평 속으로 들어오게 된다. 오랜 연찬과 협동 작업에 의해 이루어진 전집류 등은 기초자료인 원텍스트의 확보라는 면에서 가장 중요한 불교연구의 성과로 자리매김 된다. 아직 전작류가 많지 않은 한국불교학계의 현실에서 볼 때 이들 집성류들의 간행은 불교연구의 기본을 확립했다는 점에서 주목되어 왔다.

① 고려대장경 영인

1963년 역경원이 설립된 이후 제일 먼저 착수한 작업이 해인사의 재조판『고려대장경』인간이었다. 총 81,258판의 양면에 새긴 고려대장경의 목판을 목록 포함 총 48책으로 영인한 것이었다.『고려대장경』은 통도사 서운암에서 도자기판 대장경으로 태어났으며 최근에는 전자판 대장경과 동판 대장경으로도 조성되고 있다. 특히 해인사 고려대장경연구소에서 이루어지고 있는 이체자 확정과 호환 프로그램 개발은 전자판 대장경의 활용을 기다리고 있는 불교학도들에게 기대와 주목을 받고 있다.

② 한국불교전서 출간

한국 불교인들이 지은 모든 불교전적들을 집대성한『한국불교전서』는 1979년부터 간행되기 시작하여 1989년 11월에 활자본으로 간행되었다. 불교문화연구원 작업과 출판부 간행의『한국불교찬술문헌총록』(1976)을 토대로 편찬한『한국불교전서』는 한국불교문화의 전모를 보여주는 방대한 서물이다. 한국불교의 정수를 담고 있는 이 전서는 현재 외부 프로젝트를 신청하여 역주에 착수할 준비를 하고 있다.

이미 완간된『한국불교전서』10책에 이어 보유편 2책과 다시 보충한 보유편 2책을 포함 총 14책으로 증광되었다. 보유편 제3책인 제13책과 보유편 제4책인 제14책에는 신라 도륜의 『유가론기』가 추가되어 있다. 기간의 『한국불교전서』 제2책에는 이미 도륜 『유가론기』가 들어 있으나 『송장유진(宋藏遺珍)』본에 들어 있는 『유가론기』와는 출입이 매우 심하여 한불전 편찬위에서 별도의 보유편 제3책(1~10권), 제4책(11~20권)에 담아 간행하였다. 한국불교전서 편찬실에서는 전 14책에 대한 목록색인, 어휘색인, 수록문헌의 해제작업 및 국역사업을 계획하고 있다. 이 저작은 1990년 제30회 한국출판문화상을 수상하였다.

③ 한글대장경의 편찬

동국역경원의 개원 이후 첫 작업으로 착수된 것이 해인사 『고려대장경』의 인간이었다. 이것을 저본으로 하여 1965년 6월 30일 첫 책으로 『장아함경』을 번역 간행하였다. 이렇게 시작된 역경 작업은 장장 36년에 걸친 대장정 끝에 2000년 12월 총 318책으로 완간하였다. 국고 보조비 19억 원을 비롯하여 동국대학교 및 후원회 지원 및 자체 자금 등 31억여 원을 투입하여서 비로소 완간할 수 있었다. 이 대장경의 편찬은 수백 명이 이 작업에 참여한 대작불사였다. 현재는 『한글대장경』을 새롭게 개편하고 개역 작업에 착수하고 있으며, 전자불전연구소와 함께 전산화 작업을 해 가고 있다.

④ 불교사전과 불교성전 및 현대불교신서 간행

동국역경원은 운허 용하의 헌신적인 노력에 의해 『불교사전』(1963)을 편찬하였다. 불교 주요 개념 일반과 한국불교 역사와 인물 및 개념 등을 담아 펴낸 이 사전은 한글로 된 최초의 불교사전이었다. 이 사전의 편찬을 계기로 하여 불교 연구는 사전적 개념의 기초 위에서 이루어질 수 있었다. 이후에 간행된 몇몇 불교사전들은 이 사전에 많은 영향을 받아 이루어진 것이라고 할 수 있다. 최근 역경원은 이 사전을 증광하여 증보판을 준비하고 있다.

그리고 불교계의 오랜 숙원인『불교성전』(1972)을 간행하였다. 불설의 핵심과 불교 장소류의 핵심을 뽑아내어 불교인들과 일반인들까지 읽을 수 있는 성전의 간행은 만해 한용운의『불교대전』이후 처음으로 펴낸 것이었다. 사계의 권위자들로 불교성전간행위원회를 구성하여 오랜 연구 끝에 완간한 것이기에 그 의미가 각별한 것이라 할 수 있다.

더불어 역경원은 현대인들의 교양을 위해 작은 문고판 단위의『현대불교신서』30여 종을 발간하였다. 최근에는 이를 개편하여 국판 사이즈로 키워 다시 간행함으로써 불교의 사상과 문화 및 역사의 저변을 대중화시키는 데 일조하고 있다.

⑤ 불문연 총서 출판

불교문화연구원은 7년간에 걸친 동국대학교 불교학과 두뇌한국(BK) 프로젝트를 정리하여 기존의『한국불교사상총서』시리즈에 이어 불교생태학 총서를 간행하고 있다. 그동안『불교생태철학』,『불교와 생태학』,『불교사상의 생태학적 이해』등을 간행하였고 생태학 총서가 계속 간행되고 있다.

(4) 우리말 불교개념사전의 간행과 공유

한 분야의 사전이 편찬된다는 것은 해당 학문이 어느 정도 학문적 체계로서 자리를 잡아 간다는 것을 의미하는 것이다. 대항목으로 이루어지고 있는『우리말 불교개념사전』은 동국대학교 불교학과가 창학 100주년을 맞이하면서 의욕적으로 추진하고 있는 대표적인 학술사업이다. 불교를 건학이념으로 삼은 학교이니만큼 이 사전 편찬은 그 무엇보다도 동대의 정체성을 확보하고 인식틀을 확립하는 주요한 작업이라 할 수 있다.

전국에서 활동하고 있는 불교전공 박사 108명이 125개의 표제어를 150~200매 분량으로 집필한 원고를 집대성하고 있다. 이것은 지난 한 세기 동대를 중심으로 한 국내 불교연구의 성과를 집대성하는 작업이어서 인문학의 각 분야에서 주목을 하고 있다. 사전 간행을 위한 원고청탁서에는 이 사전이 가지는 의미와 내용에 대한 인식이 잘 나타나 있다.

> 불교에는 수행의 실제를 이론화한 무수한 개념들이 있습니다. 그 개념들은 깊고 넓은 시공간적 의미를 머금고 있기 때문에 인간(존재)과 세계(우주)와 수행(해탈)에 대한 불교의 깊고 넓은 의미 영역에 대한 올바른 이해를 위해서는 '개념사전'이라는 이정표가 필수적으로 요청됩니다. 하여 각 개념들에 대한 온전한 이해를 위해서는 해당 개념의 1) 어원적 근거 및 개념 풀이, 2) 역사적 맥락 및 텍스트별 용례, 3) 인접 개념과의 관계 및 현대적 논의, 4) 출전 근거와 참고문헌 등에 대한 탐색이 전제되어야만 합니다. 이들 네 축에 입각한 유기적이고도 포괄적인 이해 위에서 비로소 불교를 온전히 파악할 수 있게 됩니다.
>
> 불교사전은 불교를 이해하는 척도가 됩니다. 하지만 종래의 불교사전은 소항목 중심에다 단순한 개념풀이에 머물러 있어 1) 어원적 근거 및 개념 풀이, 2) 역사적 맥락 및 텍스트별 맥락의 용례, 3) 인접 개념과의 관계 및 현대적 논의, 4) 출전 근거와 참고 문헌 등을 집중적으로 제시한 전문 사전은 아직까지 존재하지 않았습니다. 몇몇 불교사전들 일부에서 위의 몇 축이 제시되었다고 해도 지극히 얕은 수준에서 산발적으로 나열되었을 뿐, 이들 네 축이 유기적으로 제시되거나 체계적으로 해명된 예의 사전은 없었습니다. 따라서 종래의 사전들은 단편적이고 주변적인 글자풀이의 수준에 머물러 있어 해당 개념에 대한 종합적 이해가 이루어질 수 없었습니다.
>
> 우리가 준비하는 『우리말 불교개념사전』은 해당 개념마다 불교 고전어인 범/파/장/한문과 중국어 및 영어에 이르는 어원적 근거, 각 개념의 시대별 및 텍스트별 용례 분석과 설명을 제시하는 역사적 용례, 해당 개념과 유관한 개념과의 동이 구분을 통한 인접 개념과의 관계 및 현대적 의미, 출전근거(1차 자료)와 참고 문헌(2차 자료 이상)의 제시를 통하여 종래에는 찾아볼 수 없었던 전혀 새로운 의미의 사전을 편찬할 예정입니다.
>
> 이러한 네 가지 특징을 담은 새로운 형식의 『우리말 불교개념사

전』은 이미 오래전부터 요청되어 왔습니다. 하지만 우리 불교학계의 인적 물적 인프라의 미약 등으로 인해 아직까지 이루어지지 못했습니다. 『우리말 불교개념사전』은 이러한 요구를 충실히 담아 불교 개념에 대한 본질적 이해와 유기적 이해를 아울러 가능하게 해 줄 것으로 믿습니다.

기존의 사전과는 차별성을 갖는 상위범주 네 축과 하위 범주 포함 여덟 축의 구조는 이 사전의 독자적인 면모라 할 수 있다. 이 사전은 불교정신에 기초해 세운 사학 동국대학교의 불교학과가 창학 100주년을 맞이하여 준비하는 『우리말 불교개념사전』이라는 점에서 동대 전인교육 백년과 불교연구 백년의 성취를 담아내고 있다. 종래 사전과의 차별성은 아래의 비교표를 통해 참고해 볼 수 있을 것이다.

〈표 10〉 종래의 『불교사전』(동국역경원 간)과 『우리말 불교개념사전』의 비교

표제어		불교사전	불교개념사전
心	어원적 근거	Citta(범어), 心(한문)	범・파・장・한문 및 영어(5~10매)
	개념 풀이	간략(2단 8줄)한 개념 풀이	자세한 개념 풀이(15~20매)
	역사적 맥락	없음 혹은 간략 기술	아함~밀교~선법까지(22.5~35매)
	텍스트별 용례	없음	아함~화엄~선법까지(22.5~35매)
	인접 개념과의 관계	심왕・심소 간략 대비	일심-진심-무심-자심-선심-유심 등과의 대비(40~50매)
	현대적 논의	없음	마음의 현대적 의미(15~20매)
	출전 근거	없음	아함경~대일경~선종어록(15~20매)
	참고 문헌	없음	망월불교대사전 및 불광대사전 등(5~10매)

표제어 '심(心)'의 경우 종래의 사전에서는 역사적 맥락이 소략하거나 텍스트별 용례를 무시한 경우가 대부분이었다. 인접 개념과의 관계 역시 간략하거나 없으며, 현대적 논의는 찾아볼 수 없다. 출전 근거 역시 대부분의 사전이 밝히고 있지 않으며, 참고문헌의 경우는 없거나 텍스트의 이름만 제시할 뿐이어서 전공자들이 재확인하기가 쉽지 않게

되어 있다.

『우리말 불교개념사전』은 이러한 기존 사전의 단점을 최소화하고 장점을 극대화하는 방법으로 추진되고 있다. 이 사전은 동대 백년과 불교연구 백년의 온축을 담을 사전이어서 사전 편찬의 의미와 위상이 증폭되고 있다.

4. 보림: 정리와 맺음

(1) 전인과 통재의 통섭

명진학교로부터 불교사범학교, 불교고등강숙, 불교중앙학림, 불교전수학교, 중앙불교전문학교, 혜화전문학교, 동국대학을 거쳐 동국대학교에 이른 지난 백년의 전인 교육과 불교 연구의 과정은 원효의 역정이 보여준 것처럼 '넘치는 인간미(無碍)', '활달한 문장력(和會)', '치밀한 사고력(一心)'이 삼투된 불교적 인간상 또는 보살적 인간상 혹은 이타적 인간상의 제시 과정이었다고 할 수 있다.

이것은 명진학교 설립 당시 팽팽히 맞섰던 또 하나의 교명인 '원흥(元興)'이 한국의 대표적 사상가인 원효의 사상을 부흥하여 불교의 근대화를 기하자고 한 의미에서 제안된 것이라는 점에 이미 잘 보여주고 있다. 그리고 그러한 통재는 인간의 세 가지 심적인 요소를 이루는 지성(知性), 감정(情), 의지(意)가 모두 갖추어진 원만한 인격자인 '전인(全人)'을 가리키는 것이다.

동국대학교 백년의 전인교육(全人教育)은 편벽된 교육을 배격하고 성격 교육과 정조 교육 등 인간성을 전면적이고 조화롭게 발달시키는 것을 목적으로 해 왔다. 아홉 번의 교명이 바뀌면서도 전인 또는 통재의 지향은 바뀌지 않았으므로 동대의 지난 백 년 동안의 전인 교육은 바로 전인과 통재의 통섭을 통한 새로운 인간상의 구비와 실현이었다.

그것은 곧 아래의 교육목적에 잘 나타난 것과 같이 인문학과 사회학과 자연학이 지향하는 가치와 이상을 통섭하는 인간상인 불교적 인간, 보살적 인간, 이타적 인간인 '호모 부디스티쿠스(Homo Buddhisticus)'의 구현이었다고 할 수 있다.

〈표 11〉 동국대학교의 교육목적

학교이름	설치연대	교육목적
明進學教	1906	本校는 僧侶에게 須要한 宗乘 餘乘 及 新學問을 教授하야 其의 智德을 高케 하고 兼하야 布教傳道의 人材를 養成함을 目的함.
佛教師範學教	1910	本校는 僧侶에 佛教及教育에 須要한 學科를 教授하야 布教員의 人材를 養成함으로써 目的함,
佛教高等講塾	1914	佛教專門 必須科 중 大教科 이상의 과정을 主要로 하고 四教科는 兼修하며 또는 布教員을 양성하여 人天의 사범이 되게 함.
佛教中央學林	1915	本 學林은 朝鮮教育令에 基하야 僧侶에게 宗乘 餘乘 及 須要할 學科를 教授하며 布教傳道의 人材를 養成함으로써 目的함.
佛教專修學校	1928	
中央佛教專門學校	1930	本校는 朝鮮教育令에 依하여 佛教學 及 東洋文學에 관한 專門教育을 實施함을 目的으로 함.
惠化專門學校	1940	本校는 朝鮮 教育令에 依하여 佛教 及 大陸事情에 關한 高等의 學術을 教授하고 國家社會에 寄與할 수 있는 有能한 人材를 培養함을 目的으로 함.
東國大學	1946	本 大學은 佛教精神에 기하며 國家와 人類社會 發展에 必要한 學術의 深奧한 理論과 應用方法을 教授 研究하는 同時에 指導的 人格을 陶冶함을 目的으로 한다.
東國大學校	1953	본교는 건학이념에 따라 학술의 이론과 응용방법을 연구 교수하여 불교를 비롯한 한국 문화의 세계화에 노력하며 민족과 인류사회의 이상실현에 기여할 지도적 인재의 양성을 목적으로 한다.

개교 당시 '명진'과 '원흥'의 교명이 팽팽히 맞섰다는 것은 이미 우리 민족문화의 두 축인 불교 및 유교 사상과 문화를 주축으로 학교를 세우고자 한 뜻이 담겨 있었음을 보여주는 것이다. 전 동문들은 전인으로서의 위상과 지평을 확보하려고 노력하였고 그 모습은 고스란히 민족문화

의 계승과 새로운 문화의 창조로 나타났다. 이 때문에 동국대학교의 전인 교육 백 년은 보살적 인간상의 구비와 실현 과정이었다고 할 수 있다.

(2) 인문 사회 자연학과 불교의 만남

동대는 거의 유일하게 출가와 재가가 어우러진 불교도량의 분위기를 자아내는 곳이었기에 출가와 재가 및 스승과 제자 모두 저마다 자기 분야에서 학문을 갈고 닦아 깊은 영향을 주고받을 수 있었다. 하여 동대 백년의 교육과 연구의 역사는 인문학과 사회학과 자연학에 통효(通曉)한 인재(人才) 또는 동양의 전통적 학문관인 불도유(佛道儒)와 문사철(文史哲)과 계정혜(戒定慧)와 선교(禪教)를 화회한 인재인 '통재(通才)'적 인간상의 제시 과정이었다.

종래 승려만을 대상으로 했던 불교중앙학림까지의 교육목적과 달리 불교전수학교 이후부터는 전 대학인을 대상으로 하고 있는 것에서도 이 점은 확인되고 있다. 그리고 일제에 맞서 불퇴전의 의지를 지니고 독립을 쟁취하기 위해 항거한 것이나 독재와 부패 및 군부에 맞서 언제나 자주와 민주의 선봉에 서서 활로를 열어나간 동문들의 모습들은 모두 불교적 인간상의 구현 그 자체였다.

각종 연구기관과 학회를 통해 불교 연구의 성과들이 집성되었다. 연구기관에서는 『고려대장경』 영인본(48책), 『한글대장경』(318책), 『불교사전』, 『불교성전』, 『한국불교전서』(14책), 『조선왕조실록 불교관련기사 역주』(25책), 『동아시아 불교연수총서』(현재 7책 간행), 『한국불교사상총서』(7책), 『한글본 한국불교전서』(현재 14책 간행), 『우리말 불교개념사전』(6책, 미간) 등을 비롯한 기초 연구자료를 집성하여 간행해 내었고, 각 학회에서는 학자들의 불교연구 성과를 수백 편의 논문으로 담아내었다. 이러한 연구의 토대 위에서 이제 불교 연구는 새로운 전환의 시기를 맡고 있다.

동대의 동양학 한국학을 기초로 한 전통적인 학풍과 학통 속에서 이루어진 각종 연구 성과는 인문학과 사회학 및 자연학 분야로 스며들어 불교 정신과 자연스럽게 만나는 계기를 마련했다. 불교가 지향하는 이론과 실천은 향상문(向上門)의 방향에서 함께 서로 영향을 미치었고, 머리와 가슴은 향하문(向下門)의 방향에서 함께 만나 온몸으로 정진할 수 있었다. 모두가 가행정진(加行精進)과 향상일로(向上一路)하는 불교정신의 훈습과 발휘의 결과였다.

따라서 동대의 전인 교육 백년과 불교 연구 백년은 원효가 우리에게 보여준 것처럼 불교적 인간상 혹은 보살적 인간상 또는 이타적 인간상인 호모 부디스티쿠스로 귀결되고 있다고 말할 수 있다. 이제 200년을 향해 나아가는 동국대학교의 첫걸음 역시 원효가 보여준 호모 부디스티쿠스의 걸음이 되기를 기대해 본다.

해인강원-해인사승가대학(1900~2009)의 역사와 문화[1)]

-학술전통과 교육과정을 중심으로-

1. 문제와 구상

한국교육사에서 불교사찰이 차지하는 위상은 매우 각별하다. 불교 전래 이래 한국사찰은 국가의 교육기능을 주로 담당해 왔다. 점차 관학이 생겨나면서 사찰의 강원(강당)은 승려를 교육시키던 불교교육기관으로 제한되기는 했지만 고중세 이래 불교가 지녀왔던 위상을 염두에 둘 때 교육기관으로서 사찰의 기능은 적지 않았던 것으로 짐작된다. 현재의 강원 모습을 갖추기 시작한 것은 대략 신라 통일 이후 9세기 중엽으로 추정된다.[2)]

하지만 고려 태조대의 京學을 성종이 國子監으로 개편한 이래 사찰은

1) 이 논문은 2005년 정부(교육인적자원부)의 재원으로 한국학술진흥재단의 지원을 받아 수행된 연구임(KRF-2005-005-J14601).
이 논문은 조계종 교육원 불학연구소가 2009년 11월 28일에 개최한 "'승가대학의 역사와 문화'를 조명하는 학술워크숍"에서 발표한 「해인승가대학의 어제와 오늘」을 수정 보완하였다.

2) 朴先榮, 「韓國佛敎における 僧侶敎育とその現代的 意識」, 『日本佛教教育學研究』 6, 1997. 75면.

불교인들 중심의 교육을 담당해 왔다. 충선왕 대에 국자감이 成均館으로 개칭되었다. 공민왕 대에 다시 국자감으로 환원된 이후 또다시 성균관으로 바뀌어 조선의 국립대학으로 이어지면서 일반 교육은 관학과 사학이 분담하였고 승려교육은 사찰이 담당하였다. 교단이 통폐합되던 조선 태종과 세종 이후 사찰은 승려들의 교육기관으로서 존재하다가 선교 양종과 승과의 폐지 및 도승과 도첩의 금지로 인해 한동안 그 기능을 상실했다.

문정대비의 지원을 받은 虛應 普雨(1509?~1565)와 淸虛 休靜(1520~1604) 등의 불교 중흥 노력에 힘입어 임란과 호란 이후 불교 지형은 변화를 보이기 시작했다. 무엇보다도 몇몇 주요 강원(강당)과 선원과 염불원의 三門이 정비되면서 사찰의 교육기능은 회복되어 갔다. 이들 三門修業이 이루어지면서 사찰은 그나마 본래의 모습을 회복하기 시작했다. 당시 전통강원의 설치 동기는 禪教兼修에 있었고 사미・사집・사교・대교로 된 이 제도의 완비는 조선 인조-효종-현종-숙종 때로 보고 있다.[3)]

이후 이들 전통강원들 중 여러 곳은 구한말 이래 지방교육기관으로 탈바꿈했다. 대한시대(1897~) 이래 불교계의 선각자들은 1906년 한양 서울의 동대문 밖의 원흥사 내에 중앙교육기관(중앙학림)인 명진학교를 세웠다.[4)] 그리고 설립한 이름과 설립주체가 확인된 지방교육기관(지방학림)은 19개에 이른다.[5)] 이들 교육기관들은 전국의 사찰 내에 설립했으며 명칭은 사찰명에 '學校'와 '講塾'을 덧붙였다.

명진학교는 학승들로 하여금 동서고금의 신학문을 가르쳐 균형 있는

---

3) 權相老,『朝鮮佛教略史』와 李能和의 『朝鮮佛教通史』 및 金映遂의 『朝鮮佛教史藁』 등의 주장들이 대체적으로 일치한다. 조계종교육원 불학연구소, 「지방승가대학의 역사와 현황」, 『승가교육』 제1집, 대한불교조계종 교육원 1995, 32면.

4) 高榮燮, 「동대 '全人 教育' 백년과 '佛教 研究' 백년」, 『불교학보』 제45집, 동국대학교 불교문화연구원, 2006.

5) 南都泳, 「舊韓末 佛教界의 教育活動」, 『전국역사학대회자료집』 26, 전국역사학대회 준비위원회, 1983.5.

교육을 배울 수 있게 했다. 전국의 사찰에 기반을 둔 지방교육기관 역시 종래 전통강원과 차별화를 시도해 갔다. 하여 지방교육기관들 역시 근대적 상황을 의식하면서 교과과정을 조정해 갔다. 우선 강원을 승가대학으로 바꾸고 편제를 탄력적으로 조정하면서 새로운 변화에 대응해 갔다. 하지만 일제가 병탄한 식민지 상황이어서 인적 물적 기반이 여의치 않았고 한계 역시 적지 않았다.

불교계는 해방 이후 일제 잔재의 청산, 전통불교의 복원, 도제양성의 의지를 피력하면서 자체적으로 변화를 도모하였다. 그 결과 대다수의 강원은 종래 강원의 전통을 회복시켜 가면서 점차 현재의 승가대학의 틀로 탈바꿈해 갔다. 승가대학은 일반 국공립대학과 사립대학과 변별되는 불교계의 공식 교육기관이다. 현재 불교 조계종은 14개[6]의 사미(비구)승가대학과 6개 사미니(비구니)승가대학을 운영하고 있다. 이들 가운데에서도 『고려대장경』을 간직한 법보종찰 해인사는 긴 역사와 전통을 간직한 해인사 승가대학을 운영해 오고 있다.

해인사 승가대학은 역사적으로 강학전통과 수행전통이 강한 곳이다. 이곳에는 몇 개월에 지나지 않았지만 한때 불교계가 경영하였던 국민대학관－국민대학－해인대학－마산대학(현 경남대학교)의 학사가 존재했었다는 점에서 주목되는 곳이다. 더욱이 최근에는 종래 전통강원 교과과정의 과감한 쇄신과 일반대학 교과과정의 혁신적 수용으로 따가운 시선을 받은 곳이라는 점에서 승가대학의 '뉴스메이커'이기도 하다.

이 글에서는 해인총림이 운영하는 해인사 승가대학(1900[7]~2009)의

---

6) 高榮燮, 「불교계의 해인－마산대학(1946~1967) 경영」, 『한국선학』 제22호, 한국선학회, 2009, 396~397면. 현재 조계종은 13개의 사미(비구)승가대학을 운영하고 있지만 법적으로는 조계종 소유이지만 현재 태고종이 관할하는 선암사승가대학을 포함하면 14개가 된다. 조계종은 승가대학을 졸업한 사미와 사미니에게만 비구와 비구니계를 수계하고 있어 엄밀한 의미에서는 '비구승가대학'이 아니라 '사미승가대학'이며, '비구니승가대학'이 아니라 '사미니승가대학'이라고 해야 할 것이다.

7) 이지관 편, 『伽倻山海印寺誌』(서울: 가산문고, 1992), 974면. 여기에 따르면 해인사 강원은 "1900년에 梵雲 화상이 弘濟庵에서, 1908년에는 映海 文皙 總攝이 四雲堂에 각각 강원을 개설하였고, 그 후 한동안 중단되었던 것을 1929년부터 金萬應 住持가 窮玄堂에 강원을 설치하였으며, 1944년부터 불교정화를 계기로 일시 폐강되었다가 1955년 10월부터 淨化後 초대주지 金慈雲 스님과 李耘虛 講伯에 의하여

역사와 문화를 학술전통과 교과과정 중심으로 살펴볼 것이다. 이를 위해 먼저 선행연구[8]를 검토하고 그 위에서 해인사승가대학의 어제와 오늘 및 내일을 고민해 보고자 한다.

2. 가야-해인 총림과 교육기관

해인사 승가대학에 대해 살펴보기 위해서는 종합수도장인 '총림'의 설치 과정에 대해 검토해 보아야 한다. 불교계가 총림 건설을 제안한 것은 친일 잔재의 청산, 전통 불교의 복원, 도제양성을 위한 의지 등으로 정리할 수 있다. 이들 세 가지 의제들이 자연스럽게 솟아나온 것은 일제 식민지 과정의 폐해를 깊게 체험했기 때문이다. 해서 이들 의제들을 구체적으로 실현하기 위해서는 전통강원과 전통선원의 복원이 급선무였지만 이를 실현하기 위해서는 종합수도도량인 총림의 건설을 통하지 않으면 아니 된다고 판단한 것으로 추측된다.

1926년 9월 이미 사찰 및 본산을 할애하여 청정 비구에게 제공해야 한다는 주장이 龍城 震鍾(1864~1946)에 의해 제기된 적이 있었다.[9] 뒤

부활하여 오늘에 이르고 있다."고 적고 있다. 이렇게 본다면 해인사 강원의 기점은 1900년으로 보아야 할 것이다. 이 글에서 논자는 불교정화 이후 가야총림의 정신을 계승한 봉암사 결사의 주역들이 주도하여 1955년에 시설한 현대적 의미의 해인강원을 계승한 해인승가대학의 역사와 문화를 중심으로 살펴보려고 한다.

8) 해인총림과 해인사에 대한 선행연구로는 아래의 글들이 참고가 된다. 金永善, 「海印寺 刊行書籍의 書誌的 分析」, 경북대학교 대학원 문헌정보학과 석사학위논문, 1996; 법혜, 「海印寺에 대한 역사적 조명」, 『한국불교에 미친 해인사의 역할과 나아갈 방향』, 법보종찰 해인사, 2002; 정병삼, 「화엄 십찰의 형성과 해인사」, 앞의 자료집; 해주, 「나말 여초 남북악의 화엄사상」, 앞의 자료집; 최영호, 「13세기 강화경판 『고려대장경』의 각성 사업과 해인사」, 앞의 자료집; 종묵, 「승가대학(강원) 교육과정 운영에 관한 소고: 해인승가대학(강원)을 중심으로」, 『해인사승가대학 교과과정 개편을 위한 검토자료집 I』, 해인사승가대학교육과정개편추진위원회, 2006. 10.; 홍광표 외, 「가야산 해인사의 입지성에 관한 연구」『불교학보』 제33집, 동국대 불교문화연구원, 1996; 김광식, 「해인총림의 어제와 오늘: 그 역사와 위상의 조망」, 『한국 현대불교사 연구』(서울: 불교시대사, 2006); 김광식, 「해인총림의 설립과 운영」, 대한불교조계종 교육원 불학연구소 편, 『조계종 총림의 역사와 문화』(서울: 조계종출판사, 2009); 고영섭, 「불교계의 해인-마산대학(1946~1967) 경영」, 『한국선학』 제22호, 한국선학회, 2009; 고영섭, 「불교 조계종 오대 총림 연구: 역사와 문화를 중심으로」, 대한불교조계종 교육원 불학연구소 편, 『조계종 총림의 역사와 문화』(서울: 조계종출판사, 2009); 종묵, 「총림의 진단, 나아갈 방향: 해인총림을 중심으로」, 대한불교조계종 교육원 불학연구소 편, 『조계종 총림의 역사와 문화』(서울: 조계종출판사, 2009).

이어 문경 대승사에서 靑潭 淳浩(1902~1971)와 退翁 性徹(1912~1993)이 해인사에 총림을 설치하자는 논의를 한 적이 있었다.[10] 두 사람은 "해인사에 가서 총림을 하려면 어떻게 할 것이냐는 문제에 대해 영산도를 그려놓고 말법시대에 부처님 당시처럼 재현을 해 보자"고 하였다. 즉 "부처님 당시처럼 짚신 신고 무명옷 입고 최대한 검소한 생활을 하도록 노력하면서 속에서 풍기는 것을 남한테 보여줄 수 있는, 말없는 가운데 풍길 수 있는 이런 중노릇을 하자며 밤새도록 쌍련선원에 앉아서 이야기를 하였다." 결국 그러한 염원이 해인사의 가야총림 설치로 이어졌지만 해방공간과 토지개혁 등으로 생겨난 여러 상황이 총림의 상황을 악화시키자 성철은 다시 봉암사 결사로 그 의미를 계승시켜 나갔다.[11]

해방 직후 교단 차원에서 총림의 문제가 최초로 등장한 것은 1945년 9월 22일~23일, 태고사에서 개최된 전국승려대회에서였다. 당시 전국 본말사별 대표 79명 중 60명이 참가한 가운데 열린 그 대회의 의안 심사를 거친 7건의 안건 중, 첫 번째 안건인 '준비위원회 7건'에 '모범총림건설에 관한 것'으로 포함되어 있었다. 즉 모범총림의 안건은 대회 준비위원회에서 준비하여 올린 안건에 포함되었던 것이다.[12] 이후 모범총림 건설은 해방공간 내내 불교계의 주요 과제였다.

불교계의 간절한 노력 끝에 가야총림은 1945년 10월경 출범할 수 있었다. 그런데 승려대회에서는 모범총림의 개설만 원칙으로 정해놓았을 뿐 어느 사찰에 설치할 것인가에 대해서는 확정하지 않았다. 당시 김법린 총무원장의 기고문[13]에서나 그의 교정방침에 대한 회의록[14]에서도

---

9) 金光植, 「1926년 불교계의 대처육식론과 백용성의 건백서」, 『한국근대불교의 현실인식』(서울: 민족사, 1998).

10) 「묘엄스님을 찾아서」, 『고경』 제10호, 불기 2542년 여름호, 성철스님문도회, 33면.

11) 봉암사 결사에 대해서는 대한불조계종 교육원 불학연구소 편의 『봉암사결사와 현대 한국불교』(서울: 조계종출판사, 2008)에 실린 6편의 글과 부록이 참고가 된다.

12) 金光植, 「가야총림의 설립과 운영」, 위의 책, 72면.

13) 金法麟, 「敎政進路에 對한 管見」, 『新生』 1946년 6월호, 월간 신생사, 7면. "一方 模範叢林을 施設하야 禪, 敎, 儀,, 式 等으로 純粹한 修行 方面의 淸風, 衲子와 徒弟의 養成을 圖할 것이오."

이러한 사실을 알 수 있다. 아마도 종단의 사정으로 모범총림을 즉시 실현하지 못하고 최근에 이르러 가야총림의 이름으로 실현하게 되었음을 밝히고 있다.

당시 총무원은 총림의 책임자를 물색하였는데 송광사에 주석하던 曉峰 學訥(1888~1966)이 제일 적임자라고 보고 동의를 얻기 위해 송광사로 내려왔다. 효봉은 서울의 선학원으로 올라가 몇몇 선사들과 의논을 하여 지지를 이끌어 내었다. 다시 송광사로 내려온 효봉은 김해은 주지에게 모범총림을 송광사에서 하면 어떻겠느냐고 동의를 구했다. 하지만 해은은 송광사는 총림할 형편이 못되므로 중앙총무원에서 해인사를 지정했으니까 해인사에 가서 하시라고 권유했다. 할 수 없이 효봉은 해인사로 옮겨갔고 당시 조선불교 교정인 鼎鎬 漢永(1870~1948)에게 1946년 11월 6일, 위촉장을 받고 가야총림을 설치하게 되었다.[15]

'총림법'에는 "총림은 선원, 승가대학, 율원 및 염불원을 갖추고 본분종사와 방장의 지도하에 대중이 여법하게 정진하는 종합수행도량"[16]으로 규정하고 있다. 또 총림은 선원·강원·율원 및 염불원 등 4개원 가운데에서 3개 원 이상을 갖추도록 하고 있다. 하지만 현재 이 요건을 다 갖춘 총림은 영축총림과 해인총림과 조계총림의 삼보 사찰뿐이다.[17] 최근 몇몇 총림에서 율원 설치를 위해 많은 노력을 기울이고 있어 조만간 명실상부한 총림들이 확립될 것으로 보인다.

불보종찰 해인사에는 가야총림과 해인총림 두 개의 역사가 존재한다.

---

14) 金法麟, 「模範叢林의 財團組織」, 『佛教』 신년호, 1947년, 2~8면. "模範叢林 設置의 件은 그間 事情으로 卽時 實現을 보지 못하고 最近에 이르러 伽倻叢林의 名稱하에 實現하게 되었는바 우리 佛教의 慧命相續과 우리 教團의 淸規 護持는 實로 이에 지남이 없겠음으로 그 經營의 永久且堅實을 期하기 爲하야 財團의 組織할 것."

15) 金光植, 『2006년 조계종 구술사 인터뷰 녹취록』, 조계종 교육원 불학연구소, 2006, 86면; 김광식, 위의 글, 위의 책, 75~77면.

16) 조계종 종헌 제106조 제2항에 의해 제정된 총림법은 2004년 4월 1일 제정되고 2004년 10월 1일 개정되었다.

17) 高榮燮, 「불교 조계종 종합수도장 오대 총림 연구」, 『조계종 총림의 역사와 문화』(서울: 조계종출판사, 2009), 126면.

대개 총림은 산명을 따오는 것이 자연스러운 것이다.[18] 하지만 현재 해인사의 경우 가야총림이 아니라 해인총림이라고 부르고 있다. 왜냐하면 효봉－청담－성철 선사 등이 일제 잔재의 청산, 전통 불교의 복원 및 도제 양성의 원력으로 세운 가야총림이 6·25전쟁으로 해산되었기 때문이다. 결국 가야총림의 설립 정신은 봉암사 결사로 이어졌고 당시 중단되었던 가야총림은 해인총림의 이름으로 1967년에 다시 이어졌다. 그러면 먼저 1948년에 시행된 가야총림의 규약[19]을 살펴보기로 하자.

伽倻叢林 規約

제1장　총칙

제1조　본 총림은 四圍儀 중에 불타정신을 체험하여 不退轉의 신심을 함양하고 二六時 중에 六度萬行을 休修하여 攝心度世의 頭陀行을 확고하여서 교계에 동량될 인물양성을 목적함.

제2조　본 림은 해인사에 置하고 중앙총무원의 직속 기관으로 함.

제3조　본 림 수행 연한은 龍山 3년으로 함.

제4조　본 림의 수용 인원은 50명으로 함.

제2장　入林 자격

제5조　본 림은 左記의 자격을 具有한 자로서 각 선원의 추천에 의하여 중앙총무원장이 此를 선정함.

1. 20세 이상이 승려로서 신심이 견고하여 如何한 難關辛苦役도 堪忍할 근기를 有한 자.

18) 白羊寺에 자리한 古佛叢林만이 山名인 '白巖山'을 취하지 않고 '古佛'을 취하고 있다. 고불총림은 물리적인 '山名'을 취하지 않고 실제적인 '家風'을 앞세운 것이 이 총림의 독자성이다.

19) 「가야총림 규약」, 『佛敎』 1948년 4월호, 월간 불교사, 60~61면.

2. 四敎 수료 이상의 학력이 有한 자.

제3장 직제

제6조 본 림에 左記 직제를 置함.

1. 사무국장 1인 2. 주지 1인
3. 법 주 1인 4. 강사 1인
5. 범 패 사 1인 6. 사무원 약간인

제4장 수도내용

제7조 본 림은 조선불교의 교지인 元曉聖師의 同體大悲의 大乘行願과 普照國師의 定慧雙修의 惺寂等持를 체현하기 위하여 左記와 如히 수행내용을 정함.

가. 修禪室 法主和尙의 提撕下에 조선고래의 修禪法에 의지하여 直指人心 見性成佛의 法器 完成을 期함.
단 看話 垂示 問答 등 수선방법은 法主 和尙에게 일임함.

나. 講學室 理行相應과 禪敎相卽에 입각하여 修學의 骨肉이 修善의 血脈이 되도록 直絶敎學을 전수함.
단 강학 내용의 선택은 강사에게 일임함.

다. 梵唄會[20] 眞鑑國師 이후 조선고래의 梵音 전통을 유지하고 장래 불교 전법에 있어 隨喜世法에 지장이 無케 할뿐 不寔라 性格 陶冶의 一助가 되게 함.

라. 金剛戒壇 본 림에 入參한 자 敎主의 계율은 沙髮도 不犯하도록 堅守할지나 持犯開遮는 오직 法主和尙의 지도에 의할 뿐이오. 恣行放縱은 절대로 불허하며 또 불문에 귀의하여 得度코저 하는 行者를 위하여 金剛戒壇을 설치함.

위의 가야총림 규약에 의하면 이 총림은 조선불교의 교지인 '원효성

20) 宗默, 「伽倻叢林의 설립과 운영에 대한 논평문」, 『한국 현대불교의 교육기관』, 조계종 불학연구소, 2008, 27면. 김광식의 「伽倻叢林의 설립과 운영」에 논평을 맡은 종묵은 '伽倻叢林 規約'에서 계획했던 '범패회'는 실제로 가야총림 내에 설립된 적이 없었고 해인사 소속 암자인 願堂庵에 염불을 가르치는 염불당이 있었다고 한다. 이것은 당시 가야총림에 참여한 현 조계총림의 菩成方丈의 증언을 토대로 하고 있다.

사의 동체대비의 대승행원'과 '보조국사의 정혜쌍수의 성적등지'를 주요한 수도내용으로 잡고 있다. 이것은 원효의 대승행원과 보조의 정혜쌍수로 표현되는 교와 선의 '幷修' 혹은 '竝進'을 한국불교의 정체성과 인식틀로 삼고 있었음을 보여주고 있다. 가야총림은 이러한 지향 아래 수선실과 강학실을 운영하고 있으며 범패회와 금강계단을 시설하고 있다. 이것은 가야총림이 제시한 불교적 인간상이 禪敎를 아우르는 전인적 인간상이며 이 규약은 불교 본연의 정신에 충실한 노력을 담고 있음을 보여주고 있다고 할 수 있다.

특히 전통 해인강원은 그 교육의 이념을 '理行相應'과 '禪敎相卽'에 두고 있다는 점 역시 총림의 지향과 잘 부합하는 것이다. 그리고 이론과 실천의 상응 및 선과 교의 상즉의 다음 구절인 '修學의 骨肉이 修禪의 血脈이 되도록 直絶敎學을 전수함'에서처럼 한국불교의 정체성과 인식틀을 적확하게 갈파하고 있다. 다시 말해서 敎學의 뼈와 살이 禪修의 피와 맥이 되도록 직절의 교학을 전수한다는 지향은 원효가 보여준 동체대비의 대승행원과 지눌이 보여준 정혜쌍수의 성적등지의 화회를 보여주는 것이다. 이러한 지향은 해인강원의 안목을 보여주고 있으며 이것은 뒷날 해인사 승가대학의 정신으로 계승되고 있다.

해방공간에서 어렵게 설치하였던 가야총림은 극도의 식량난을 무난히 넘기고 안정을 찾아갔다. 약 100명의 운수납자들이 하안거와 동안거 동안 '자성불을 찾아가며 보리도량을 이루고 있었다.'[21] 한편 당시 불교 교단은 불교 재산을 이용하여 불교사업에 적극적으로 뛰어들었다. 불교 총무원은 1949년에 실시될 예정이었던 정부의 농지개혁 이전에 사찰재산을 팔아 거기에서 나온 재원으로 학교와 양조장, 극장과 회사 등을 경영하고 그 수익금으로 불교 사업을 추진하고 있었다. 이 때문에 가야총림의 존립문제가 제기되었다.

---

21) 李法弘, 「桑門歷程」, 『불교계』 2호, 1967. 2, 23면.

이즈음 불교 종단의 총무부장이던 최범술이 신익희가 학장을 맡고 있는 국민대학 재단에 해인사 재산을 출연하여 이사장을 맡고 불교계가 대학을 운영하자는 시도가 있었다. 하지만 해인사 재산이 국민대학 재단의 출연기금으로 전환하는 과정은 쉽지 않았다. 사찰 재산의 등기 이전이 차일피일 미루어지자 신익희가 학장에서 물러나고 변호사인 정윤환이 초빙되어 후임 학장을 맡았다. 정윤환은 해인사를 찾아와 선방의 수좌들에게 국민대학의 재단확보에 따른 협조를 요청했다. 이렇게 되자 총림의 효봉 방장과 선방의 수좌들은 해방 후 처음 설립된 유일의 총림이 공중분해 될 위기에 놓여 있음을 알게 되었다.

구산 도감은 한편 놀라고 다른 한편은 아직도 등기가 이전이 되지 않았다는 사실에 오히려 안도하게 된다. 그래서 그는 해인사의 원로 대덕들과 모여 대책을 논의했다. 결론은 "해인사의 재산은 해인사가 지켜야 된다"는 것으로 모아졌고 가야총림을 재단법인으로 등록하기로 했다. 법홍 수좌가 '재단법인 가야총림'의 설립에 필요한 서류를 준비하여 서울로 떠났다. 하지만 기차로 안양까지 갔던 법홍은 6·25사변이 발발하자 더 이상 올라가지 못하고 피난민 대열에 끼어 천신만고 끝에 7월 2일에 다시 해인사로 돌아왔다. 결국 재단법인은 성사되지 못했고 전쟁으로 총림은 4년 만에 문을 내리고 말았다.[22]

하지만 가야총림에 참여했던 수좌들이 이후 불교 정화(1954~1962)[23] 과정과 해인총림 개설의 주역이 되었다는 점에서 가야총림의 의미는 매우 크다고 할 수 있다. 그러나 가야총림을 잇는 해인총림이 개설되기까지는 오랜 시간이 걸렸다. 그 사이 불교정화(1954~1962)의 자정기간이 흘러갔다. 1967년 7월 임시 종회의 결의에 따라 해인사에 총림 설치

22) 李淸, 『우리 옆에 왔던 부처』(서울: 서울문화사, 1993), 155~156면.

23) 高榮燮, 「불교 정화를 어떻게 볼 것인가?」, 『문학 사학 철학』 제9호, 대발해동양학한국학연구원 한국불교사연구소, 2007; 고영섭, 「불교 정화의 이념과 방법: 청담 순호와 퇴옹 성철의 현실인식과 정화인식」, 조계종 교육원 불학연구소 편, 『불교 정화운동의 재조명』(서울: 조계종출판사, 2008).

가 결정되었다. 1967년 하안거를 마친 뒤 백련암에서 해인사 퇴설당으로 내려와 총림의 방장 역할을 수행한 성철은 그해 12월의 종회에 자신의 이름으로 '대한불교조계종 종합수도원 해인총림 계획안'과 '대한불교 조계종 종합수도원 승가대학 설치계획안'[24]을 제출하였다.

海印叢林 計劃案

海印叢林 運營에 대한 建議

종회가 열릴 때마다 도제양성에 대해서는 거의 빠짐없이 논의되어 왔습니다. 그것은 곧 우리 종단에서 무엇보다도 인재양성이 가장 절실한 문제로 되어 있다는 사실을 반증하는 것입니다.

지난 7월 임시종회의 결의에 따라 해인사에서는 총림이 설치되어 전 종단의 관심 아래 그동안 어떻게 진전되어 왔는가는, 이미 지상을 통해서 잘 알고 계실 줄 믿습니다.

정화운동 이래 이백 명 가까운 승려가 한 도량에 모여 정진하는 일은 아직까지 없었습니다. 이와 같이 많은 대중이 한데 모였다는 것은 곧 우리에게 승가정신이 죽지 않고 살아 있다는 증거입니다.

그리고 이것은 어떤 가능성을 보이는 상서이기도 합니다.

그러나 총림의 터전은 아직 정립되어 있지 않습니다. 당면한 문제 또한 한두 가지가 아닙니다. 우선 시급한 것이 수도장으로서의 환경정리와 교육시설인데 지금 해인사의 한정된 재정으로서는 이백 명 대중의 식량보급에만도 달리는 형편입니다. 거 종단적인 협조 없이 총림운영은 어렵게 되었습니다. 모처럼 모인 이 회상을 앞으로 어떻게 이끌고 나갈 것인가는 곧 미래로 향한 우리 종단의 진로입니다.

해인총림은 해인사만의 총림일 수 없습니다. 어떤 특정인의 도량도 아닙니다. 그곳은 우리 종단의 염원이던 도량입니다. 이 시대에 우리가 수행해야 할 불제자의 사명인 동시에 우리들의 공동운명체입니다.

종회의원 여러 스님들의 적극적인 관심과 원력 아래 거 종단적인 지원이 있어야 할 것을 호소하는 바이며, 우선적으로 제12교구

24) 해인강원편집부, 『수다라』 창간호, 해인사승가대학, 1986. 2, 87~104면.

에 한해서 본말사 중앙분담금 및 삼대사업비 전부를 해인총림 운영비 일부로 공제해 주시기를 간절히 호소하는 바입니다.

12월 15일
해인총림 방장 성철 화남.

불교의 미래는 인재의 양성에 있다. 마찬가지로 불교 종단의 미래는 종단의 삼대 목표인 '역경'과 '포교' 및 '도제양성'에 달려 있다고 할 수 있다. 이 중에서도 경전 번역과 불법 홍포를 담당할 도제(인재)의 양성은 가장 주요한 기반이 된다. 성철 방장이 제시한 이들 두 개의 계획안들 앞에는 모두 '대한불교 조계종 종합수도원'이라는 수식어가 붙어 있다. 바로 이 점에서 우리는 이 안들이 성철이 생각하는 종합수도원이라는 큰 틀 안에서 이루어졌음을 알 수 있다. 성철은 해인총림 계획안의 건의문에서 "정화운동 이래 200여 명 가까운 승려가 한 도량에 모여 정진하는 일은 일찍이 없던 일"이라 높이 평가하며 "우리에게 승가정신이 죽지 않고 살아 있는 증거이자 어떤 가능성을 보이는 상서"라고 평가하고 있다.

그러면서 성철 방장은 '전 종단의 관심' 아래 이루어진 총림 운영에 대한 '건의'에 뒤이어 해인총림 직제표와 해인총림 기구표를 제시하였다. 그리고 총림개요로서 세분한 11개의 개요에는 총림의 운영에 대한 구체적인 계획이 담겨 있다. 즉 성철은 해인총림의 ① 목적, ② 총림 성격, ③ 교육방침, ④ 기구, ⑤ 직능, ⑥ 직제, ⑦ 교원, ⑧ 학인, ⑨ 수업, ⑩ 재정, ⑪ 임회 등의 차례로 직제표와 기구표의 내용을 제시하고 있다. 해인총림 운영에 관한 '개요' 가운데에서 우리의 논의 주제인 승가대학과 긴밀한 관련을 지니고 있는 항목이 ⑨의 '수업' 부분이다.

총림 운영 계획 중 특히 '수업'의 개요는 크게 종학원과 승가대학으로 나누고 있다. 이 중에서도 종학원은 출가 불자의 기초 교육과정(고교과정에 준함), 불교학 중심의 심오한 학술연구와 수련, 광범위한 일반

교양에 관한 학문(4년제 대학 상당)을 교수하는 것을 목적으로 설치한 기관이다. 때문에 종학원은 전통 강원과 상통성을 지니는 기관이라고 할 수 있다. 이와 달리 승가대학은 전통강원과 친연성이 있는 종학원과는 상이성이 있는 기관이라고 할 수 있다. 해인총림은 임시종회의 결의에 따라 설치되었고 총림 안에는 교육기관으로서 종학원과 승가대학이 병립되었다. 그리고 선원과 율원 역시 승가대학과 함께 개설되었다.

3. 해인강원과 해인사 승가대학의 접점

해인총림이 설치되었지만 총림 내에서 오랫동안 존속해 왔던 전통 강원의 탈바꿈은 쉽지 않았다. 해서 1900년에 시작된 전통 해인강원은 항일독립기(일제 강점기) 및 해방공간에서도 사라지지 않고 명맥을 유지해 왔다. 그 뒤 불교 정화의 소용돌이가 퍼져 가는 1955년에 해인사 승가대학으로 탈바꿈을 시도했다. 해서 전통 강원의 장점을 계승하고 단점을 보완하는 보완책이 모색되었다. 하지만 정화의 소용돌이 속에서 체질을 개선하면서 많은 어려움이 뒤따랐다.

무엇보다도 전통 강원이 지켜 온 장점을 계승하고 현대 승가대학이 나아갈 자량으로 삼기 위해서는 둘 사이를 잇는 매개항이 필요했다. 그러한 매개항 혹은 보완의 산물이 성철이 고민했던 종학원의 시설이라고 할 수 있다. 종학원은 승가대학과 겹치는 부분도 있지만 나뉘는 부분도 있다. 때문에 종학원은 오히려 전통 강원의 연장선에서 살펴보는 것이 자연스럽다고 할 수 있다. 하지만 종학원 설치는 계획으로 그쳤을 뿐 실행되지 못했다는 점에서 아쉬움이 매우 클 수밖에 없다.

宗學院

1) 종학원: 종학원은 다음의 교과목을 수업한다.
가. 국가 교육법령에 의한 대학의 필수 교양과목

나. 불교학
다. 불교의 현대적 開闡을 위한 인문 사회과학
라. 선 또는 염불 실수

2) 연한: 종학원의 수업 연한은 4년을 기준으로 한다.
3) 학기: 종학원의 학기는 다음과 같이 한다.
1학기 3월 1일~8월 31일
2학기 9월 1일~익년 2월 말일
4) 수업일수: 종학원의 수업 일수는 연간 250일 이상으로 한다.
5) 수업방법: 수업은 주간 수업 외에 필요에 따라 야간 수업 계절수업 시간수업을 할 수 있다.
6) 학점: 종학원의 이수 단위는 학점으로 한다. 학점은 1주 1시간식의 1학기 강의를 1학점으로 한다. 다만 실습과 체육은 1개 2시간 1학기간 수업을 1학점으로 한다.
7) 이수학점: 종학원은 매 학년 40학점을 기준하여 총 172학점을 취득하여야 한다.
8) 입학자격: 종학원의 입학자는 다음 각호의 1에 해당하는 자격을 갖추어야 한다.
가. 고등학교를 졸업하거나 또는 동등 이상의 학력을 가지고 불교전문 강원 사교과 이상을 수료한 자.
9) 예과: 종학원 입학 전 기본 과정을 이수하기 위하여 종학원 예과를 둔다.

과목	학점	과목	학점	과목	학점	과목	학점	과목	학점
국 어	4	문화사	4	자연과학개론	4	논리학	4	문학개론	4
사회학	4	문학통론	4	정치학	4	경제학	4	심리학	4
윤리학	4	생물학	4	불학개론	4	체 육	4	음 악	4
철학개론	4	철학사	4	종교학	4	교육원리	4	교육행정학	4
大實敎學	4	화엄론	4	원각경	4	기신론	4	淨密敎學	4
아함교학	4	유식학	4	율 학	4	불교사	4	불교문화사	4
비교종교학	4	선사상사	4	선학개론	4	불교학	4	한국불교사	4
인도학	4	포교학	4	불교의식학	4	범 어	4	파리어	4
일 어	4	영 어	4	(이상 172학점)					

10) 예과 이수과목: 종학원 예과의 이수과목은 다음과 같다.
가) 고등학교 과정의 이수 과목
나) 법화경 사십이장경 육조법보단경 최상승론
11) 예과 수료연한: 종학원 예과의 수료연한은 2년으로 한다.
12) 예과 수료증: 종학원 예과를 수료하고 소정의 시험에 합격한

자에게는 종학원 예과 수료증을 수여한다.

13) 예과 입학자격: 종학원 예과에 입학하고자 하는 자는 다음 각 호의 자격을 갖추어야 한다.

'총림개요' 안의 '수업' 항목에 들어 있는 종학원의 편제를 살펴보면 예과 2년과 본과 4년으로 이루어져 있다. 이 종학원은 같은 교육기관이면서도 승가대학과는 별도의 교육체제로 운영된다. 해서 종학원은 아마도 전통강원의 편제를 계승하려고 했던 것으로 추측된다.[25] 종학원은 일체의 공납금을 면제하고 있으며 아울러 기숙비도 면제하고 있다. 이러한 몇몇 점들을 통해서 살펴볼 때 종학원은 전통 강원의 형식을 계승하고 있음이 분명해진다. 이 점은 교과과정을 통해서도 알 수 있다.

그런데 전통강원이 승가대학으로 편제가 바뀌었음에도 불구하고 다시 종학원을 설치 운영하는 이유는 어디에 있었을까. 아마도 종학원의 시설은 전통강원이 지니고 있는 장점을 유지하기 위한 하나의 자구책인 것으로 보인다. 뿐만 아니라 일반인들과 다른 특수한 배경과 신분을 지닌 학승들을 감안하여 마련한 보완책인 것으로 보인다. 이 점은 종학원과 승가대학의 입학자격[26]의 차이에서도 확인된다.

---

25) 위의 해인총림 규약 속의 '修業' 항목 속의 '宗學院' 내용 이외에도 승가대학 설치 계획안 속에 실려 있는 제4항의 '종학원 설치 요강'에 의하면 승가대학이 설치되면서 전통강원의 장점을 계승할 필요성 때문에 종학원을 설치하였음을 미루어 짐작할 수 있다. 제5항의 '僧伽大學과의 관계'(異同)에 따르면 1) 종학원 본과생은 원칙적으로 승가대학의 教授 要因을 승가대학에서 학습하되 신분이 僧伽大學 聽講生이 된다. 2) 승가대학의 교과 이수는 4년이나 종학원 본과는 연한을 두지 않고 학점을 盛滿하였을 시 졸업한다. 3) 승가대학의 입학자격은 고등학교를 졸업하고 종학원 본과 입학자격 시험에 합격하여야 하나 종학원 입학자격은 종학원 예과 졸업 또는 이에 준하는 자로 한다. 4) 승가대학 졸업자는 학사 학위가 수여되나 종학원 졸업자에는 없다, 그러나 종단 법계 및 기타 종단 내 대우에는 차별이 없다. 5) 승가대학 학생에게는 재학 중 장학금 기본액이 지급되나 종학원에는 없다. 6) 승가대학 학생은 일 년 중 40학점 이상을 이수하지 못하면 퇴학되나 종학원에 있어서는 그러하지 아니하다. 7) 이수과목과 학점은 양자 동일하다. 8) 종학원 졸업자는 자격에 따라 승가대학 강사가 된다. 이들 8가지 항을 고려해 보면 종학원은 전통강원과 크게 다르지 않음을 알 수 있다.

26) 종학원의 입학자격은 가) 고등학교를 졸업하거나 또는 동등 이상의 학력을 가지고 불교전문 강원 사집과 이상을 수료한 자, 나) 종학원 예과를 수료한 자, 다) 종학원 입학자격 시험에 합격한 자 등의 세 가지 호 중 하나의 호에 해당하는 자격을 갖추도록 제한하고 있다. 이와 달리 승가대학은 가) 고등학교 졸업 이상의 학력을 가지고 불교 전문 강원 사교과 또는 종학원 예과를 수료한 자, 나) 고등학교 졸업 이상의 자격을 가지고 종학원 입학자격 시험에 합격한 자의 두 호 중 하나의 호에 해당하는 자격을 갖추도록 하고 있다.

본디 해인사 승가대학 역시 전통 강원에 그 뿌리를 두고 있다. 하지만 최근 급격한 변화의 물살을 타고 있는 승가대학은 강의 내용 및 학인들의 구성과 분포를 비교해 볼 때 전통 강원과 일정한 거리가 있다. 총림 내에 승가대학이 있음에도 불구하고 전통 강원과 친연성이 있는 종학원[27]을 병설 운영하려고 했던 것은 해인대학이 일반 종합대학 내의 단과대학의 풍모를 지향해 가고 있었기 때문으로 보인다. 성철은 이를 보완하고 완충하기 위해 종학원을 시설하려고 했던 것으로 짐작된다. 하지만 종학원은 실제적인 교육기관으로 실현되지 못하고 계획으로만 존재하다가 사라졌다. 그러면 해인강원의 탈바꿈이라고 할 수 있는 해인사 승가대학의 설치 계획안을 살펴보기로 하자.

僧伽大學 設置 計劃案[28]

一. 일러두기

1. 본안은 해인사 경내의 현존 건물로 대학 개교가 우선 제1차 학년도는 가능하다는 전제하의 시안이다.
2. 본안은 종학원, 참구원, 총림본부, 해인사의 운영 및 예산에 대하여는 고려하지 않았다.
3. 본안 중 승가대학 세입세출 예산서는 대강의 개산을 산출해 본 것에 그친다. 따라서 실지에 있어서는 많은 변동이 있을 것이다. 특히 기본시설 중 미비한 것이 다수인 바 이에 대한 營繕 내지 新建費는 설정되어 있지 않다. 따라서 개교 전에 당연히 충분히

27) 1980년대에 불교학과 이종익 교수에 의해 동국대학교 내에 종학연구소 설치가 기획되었으나 곧 폐지된 적이 있으며, 그 즈음 조계종단 내에도 玄海가 종학연구소를 기획했으나 곧 폐지한 적이 있다. 2006년에 동국대학교가 설치한 불교학술원 산하에도 종학연구소 시설을 기획했으나 구체적인 내용을 담아내지 못하고 이름만 남아 있다. 반면 1994년 개혁회의 이후 총무원-포교원-교육원의 삼원 체제가 출범하면서 교육원 산하에 불학연구소를 설치하여 승가교육 등 불교가 당면하고 있는 여러 문제들에 대한 연구를 시도하고 있다. 중앙승가대학 역시 2007년 이래 불교학연구원을 설치하여 산하에 몇 개의 연구소를 두고 불교가 직면하고 있는 문제들에 대해 분석과 대안을 제시해 가고 있다. 국내 불교계 대학뿐만 아니라 일본불교계의 주요 종단들이 운영하고 있는 강원들과 그 대학들이 운영하고 있는 '학림'들과의 교류를 통해 학점인정 등을 고민해 본다면 상호의 지혜를 좀 더 효율적으로 수용할 수 있을 것으로 보인다. 최근 해인사승가대학과 운문사승가대학이 중국의 청화대와 일본 화원대 및 일본불교대학 등과 학점교류를 시도하고 있는 것은 매우 시의적절한 것으로 평가할 수 있다.

28) 해인강원 편집부, 『수다라』 창간호, 해인승가대학, 1986. 2.

고려가 있어야 한다.
4. 결국 본안은 새로이 설치될 승가대학의 概貌를 보이게 하는 데 그친다 하겠다.

二. 승가대학 설치 계획안

1. 명　　칭　승가대학

2. 유지재단　학교법인 해인총림
3. 위　　치　해인사

4. 목　　적　본 대학은 대한민국의 교육이념에 기하여 광범한 일반교양에 관한 지식을 교수하고 불교학을 중심한 심오한 학예를 연구 수련함으로써 불타정신의 실현자로서의 자각과 역량을 修得하여 인류문화 창조와 세계평화에 공헌함을 목적으로 한다.

5. 대학의 성격
   1. 종단 기간요원 양성
   2. 종립학교 관리자 및 책임 교원 양성
   3. 군승장교 포교사 해외포교사 양성
   4. 종학연구원 교수 양성

6. 시설
   1. 교사　강의실 사무실 연구실 도서관 회의실 의무실 식당 강당 400평
   2. 교지　8,000평　　3. 체육장　4,000평
   4. 도서　6,000권　　5. 학생기숙사　평　동

7. 자산
   1. 건물　　2. 임야　町　　3. 농장　町
   4. 주식 기타　자산 총평가액　원

8. 학과　승가과

9. 정원　100명 (매 학년　25명)

10. 수업년한 4년

11. 입학자격(다음 요건을 갖출 것)
    1. 출가불자의 계를 받은 자
    2. 고등학교 이상의 학교 졸업 又는 동등 이상의 자격자
    3. 종학원 입학자격 시험에 합격한 자
    4. 신체 강건하고 용모 단정한 자
    5. 기타 공민권에 瑕疵가 없는 者

12. 이수과목 및 학점

과 목	학점	과 목	학점	과 목	학점
국 어	4	문화사	4	자연과학개론	4
윤리학	4	문학개론	4	사회학	4
법학 통론	4	정치학	4	경제원론	4
심리학	4	윤리학	4	생물학	4
체 육	4	음 악	4	영 어	4

이상 필수 교양 과목 56학점

필수 전공과목

과 목	학점	과 목	학점	과 목	학점	과 목	학점	과 목	학점
철학개론	4	불교학개론	4	아함교학	4	선학개론	4	일 어	4
철학사	4	大實 교학	4	율 학	4	불전학	4	포교학	4
교육원리	4	화엄론	4	불교사	4	인도철학	4	불교의식학	4
교육행정학	4	원각경	4	불교문화사	4	유식학	4	종교학	4
기신론	4	한국불교사	4	범 어	4	비교종교학	4	淨密 교학	4
선사상사	4	파리어	4	(이상 116학점)					

13. 학위취득 본 대학에 4년 이상 재학하고 소정의 교과목 시험에 합격한 자에게는 졸업증서 및 문학사의 학위를 수여한다.

14. 교사자격 본 대학 전학생에게 교직과목을 이수케 한다. 따라서 졸업자는 중등학교 정교사 자격증을 받는다.

15. 청강생
    1. 종학원 본과 학생에게는 전부 又는 일부 학과목의 청강을 허가한다.
    2. 청강과목 시험에 합격한 청강생에게는 학력 증명서를 교부한다.

16. 학비
    1. 일체 공납금 면제　2. 연구비 월액 2,000원 한 지급
    3. 기숙사 수용 기숙비 면제
    4. 장학금 학업 성적이 우수한 자는 장학금을 받는다.

17. 직원 및 조직
    1. 학장 교학처장 주사 사서 서기 고원 교의 보건원을 둔다.
    2. 교수회(교수로서 구성한다.)

18. 부속시설
    1. 해인출판부　교재 및 교수연구 논문을 출판한다.
    2. 의무실　3. 도서관　4. 기숙사

19. 세입세출 개산 별지

20. 교사 위치도 별지

해인사 승가대학의 설치 목적은 '불교학을 중심한 심오한 학예를 연구 수련함'과 '불타정신의 실현자로서의 자각과 역량의 수득'에 있다. 그러기 위해서는 '불교학을 중심한 심오한 학예를 연구 수련함'뿐만 아니라 '광범한 일반교양에 관한 지식의 교수'가 전제되어 있다. 이것은 불교 내적 지향뿐만 아니라 불교 외적 지향까지 아우를 수 있어야 한다는 것을 의미한다. 그리고 그때에 비로소 '인류문화 창조'와 '세계평화 공헌'이 이루어질 수 있음을 암시하고 있다.

그런데 위에서 살펴본 것처럼 성철의 종학원과 승가대학 설치 계획안은 온전히 실현되지 못했다. 성철은 전통 해인강원의 장점을 원용하여 현대 해인사 승가대학의 정신으로 계승시켜 가려 했다. 하지만 그의 계획안은 시대적 상황과 여건이 뒷받침해 주지 못하였고 결국 현실화되지 못하였다. 때문에 성철의 승가대학 설치 계획안은 실패했다고 단정할 수도 있다. 하지만 그의 설치안은 온전히 사라진 것이 아니라 현대의 해인사 승가대학의 지속적인 교과과정 개편에 대한 문제의식으로

계승되고 있다.

그렇다면 현행 승가대학 교과과정이 성철이 입안한 승가대학의 설치 목적에 걸맞게 시설되어 있는지가 문제가 된다. 그리고 그 목적에 부합하여 교수하고 있는지가 문제가 된다. 오랜 학술적 전통과 교육과정에 대한 남다른 고민을 가져왔던 해인사 승가대학은 지금 커다란 변화의 기로에 있는 것으로 보인다. 필수교양 과목으로 '문학개론', '철학사', '윤리학', '문화사', '심리학', '정치학', '법학통론', '사회학', '경제원론', '자연과학개론', '생물학', '음악', '영어' 등 일반대학의 인문-사회-자연과학 분야를 대폭 수용하여 56학점을 이수하도록 하고 있다. 이러한 과목은 일반대학에서 기초교양 및 핵심교양과 교양필수 및 전공필수 등의 영역과목을 받아들인 것으로 보인다. 필수전공과목에도 불교관련 이외에도 '철학사', '철학개론', '교육원리', '교육행정학', '종교학' 등 116학점을 이수하도록 하고 있다.

이처럼 해인사 승가대학이 교과과정을 변화시킨 것은 종래 강원의 입장에서 볼 때 획기적인 일이라고 할 수 있다. 불교의 대사회적 발언과 참여가 절실한 이때 승가대학의 교과과정 역시 일반대학의 교과과정을 의식하지 않을 수 없을 것이기 때문이다. 문제는 일반대학의 특성을 흡수하면서도 승가대학의 특성을 발휘할 수 있느냐에 달려있다고 할 수 있다. 해인사 승가대학이 일반단과대학이 될 수는 없다. 또 그럴 필요도 없고 그래서도 아니 된다. 그렇다면 무엇보다도 승가대학의 고유성과 일반대학의 보편성을 적절하게 조화시켜 내는 작업이 주요한 과제가 될 것이다. 그리고 그것은 성철의 문제의식과 상통하는 접점이 될 것이다.

4. 학술전통과 인재양성의 스펙트럼

불교 조계종의 14개 사미(비구)대학과 6개 사미니(비구니)대학 가운데에서 해인승가대학의 개성은 무엇이라고 할 수 있을까. 아마도 오랜 역사와 전통에서 찾을 수 있을 것이다. 해인강원은 해인사를 개산(802)하던 9세기 초부터 이미 존재했던 것으로 추정된다. 신라 말의 대학자 최치원이 이곳에 머물며 남긴 「신라가야산해인사선안주원벽기(新羅伽倻山海印寺善安住院壁記)」, 「신라가야산해인사고적(新羅伽倻山海印寺古籍)」 및 「가야산해인사고적」(고종 11년 1184년 판각[29])들이 문장으로 남아 있어 해인사의 사격과 학술 전통을 보여주고 있다.

뿐만 아니라 10세기 초엽 해인사의 두 화엄 종장이었던 觀惠와 希朗이 이곳에 머물며 강학과 수선의 전통을 드높였다. 이러한 전통은 고려시대에 圓通 均如(923~973)와 釋煦 義天(1055~1101)으로 이어지면서 해인사는 교학의 정점인 화엄학의 본산으로 널리 알려졌다. 또 강화도 선원사에서 고려 중후기에 재조된 『고려대장경』을 조선 태조 7년 강화도 선원사에 있던 대장경판을 해인사로 옮긴[30] 이후 해인사는 불보종찰로 그 이름을 드높여 왔다.

조선조에도 曺偉(1454~1503)의 「해인사중수기」(1491), 雲客 有璣의 「해인사사적비」(1769), 蓮潭門人 退庵의 「해인사실화적」(1874) 등의 문장[31]이 남아 있다. 이후에도 慧覺尊者 信眉와 燈谷堂 學祖 대사의 중창 및 성사 四溟 惟政(宋雲)대사의 자취가 홍제암 부도 등으로 남아 있어 학술전통과 문화전통이 남다른 사찰이다. 백련암 등 산내 20개 암자[32]와 근래 새로운 양식으로 조성된 자운, 성철, 혜암 선사의 부도비 등의 양식과 해인사박물관 등이 해인사의 역사 문화와 학술 전통을 이어 가고 있다.[33] 최근 유네스코가 주관하는 세계의 문화유산으로 해인사 장경각

---

29) 이재창 외, 『빛깔 있는 책들: 해인사』(서울: 대원사, 1993), 6~30면.

30) 강화도 선원사에서 해인사로 옮기는 도중 만난 비를 피하기 위해 한양 서대문 근처의 支天寺에 잠시 멈춘 적이 있었다.

31) 이재창 외, 위의 책, 같은 면.

32) 白蓮庵, 弘濟庵, 藥水庵, 願堂庵, 三仙庵, 金剛窟, 吉祥庵, 清涼寺, 孤雲庵, 普賢庵, 知足庵, 國一庵, 龍塔庵, 希朗臺, 金仙庵, 文殊庵, 中庵, 物外庵, 古佛庵, 念佛庵 등이다.

33) 고영섭, 「불교 조계종 종합수도장 오대 총림 연구」, 앞의 책, 142면.

이 지정되었다.

해인사 일주문에는 지난 세기 서예의 대가인 海崗 金圭鎭의 '伽倻山 海印寺'라는 현판이 산문을 압도하고 있다. 중앙에는 朱源榮의 글씨인 '法寶刹 紅霞門'이란 현판이 있고, 양쪽 주련에는 해강이 예서체로 쓴 "천겁이 지나도 옛이 아니고(歷千劫而不古) / 만세에 뻗쳐도 늘 지금이라(亘萬歲而長今) / 많은 세월 동안 산과 바다가 서로 바뀌었으니 / 풍운의 변태를 얼마나 보았던가"라는 게송의 앞 구절이 걸려 있다. 이 게송은 화엄(교학)과 선법(수선)의 본산으로 널리 알려진 가야산 해인사의 역사와 문화를 잘 보여주는 글이라고 할 수 있다.

해인사의 학술전통은 전통 해인강원의 교육과정을 통해 알 수 있다. 전통 강원을 이해하는 지름길은 교과과정 속에 잘 드러나 있다. 전통 교육은 임진왜란과 병자호란 이후 본격화된 강원과 선원과 염불원으로 대표되는 삼문수업에서도 알 수 있다. 전통교육이 추구하는 이상적 승려상은 계정혜 삼학의 통섭을 통한 '전인적 인간상'의 확보에 있었다. 때문에 계戒의 수지 위에서 선정과 지혜의 '겸수' 혹은 '쌍수'는 주요한 과제였다. 이것은 종단의 교육목적인 '보살도 실천자'와 '불국토 실현자'의 양성이라는 대목과 상통하는 대목이라고 할 수 있다.

100년을 상회하는 해인강원의 교과과정을 들여다보면 해인사 승가대학의 뿌리를 엿볼 수 있게 된다. 이 시기에 강당(강원) 중심으로 이루어졌던 교과과정은 이능화의 『조선불교통사』에 잘 나타나 있다.[34] 이것을 표로 그려보면 아래와 같다.

34) 李能和, 「行解履歷學設兩科」, 『조선불교통사』 하(서울: 보련각, 1975), 989~990면. 표제어 아래의 割註에는 "조선 승려들은 學科를 일러 履歷이라고 했다"고 적혀 있다. 이 과목에 대한 설명으로는 "각 본사법 제8장(僧規) 제2款(行解)을 살펴보면 戒律과 禪定을 일러 行이라 하고 智慧를 일러 解라고 하니 僧尼는 장차 戒定慧를 구족해야 한다. 그러므로 普通科와 專門科의 2종으로 나누어 이 삼학을 닦으려면 보통과 혹은 사찰 내에 있으면서 또 혹은 보통학교에 들어가 삼학을 닦을 수 있다. 전문과는 곧 본사 혹은 말사에 있으니, 전문도량이 설비된 곳에서 전문과의 학과를 수학한다. 또 必修과목과 隨意과목의 2종으로 나누니 필수과목의 학과 및 수학 년간은 왼쪽과(아래와) 같다"고 적혀 있다.

〈표 1〉 전통 강원의 교과과정표

과정		10년제 강원		11년제 강원
	年限		年限	
沙彌科 (初等科程)	1년	受十戒　朝暮誦呪 般若心經　初心文 發心文　自警文	3년*	受十戒　朝暮誦呪 般若心經　初心文 發心文　自警文 沙彌律儀*　緇門警訓* 禪林寶訓*
四集科 (中等程度)	2년	禪源諸詮集都序 大慧書狀 法集別行錄絶要幷入私記 高峰禪要	2년	禪源諸詮集都序 大慧書狀 法集別行錄節要幷入私記 高峰禪要
四教科 (高等專門科程)	4년	首楞嚴經　大乘起信論 金剛般若經　圓覺經	2년　6개월	首楞嚴經　大乘起信論 金剛般若經　圓覺經
大教科	3년	華嚴經 禪門拈頌 景德傳燈錄	3년 혹 3년 6개월*	華嚴經　禪門拈頌 景德傳燈錄　十地論* 禪家龜鑑*　妙法蓮華經*
隨意科 (大學院程度)		大教科를 졸업한 자가 입학하여 4년 이상 專攻科目을 履修		

* 표는 1년 과정 사미과에 추가된 3년 과정 과목, 3년 과정 대교과에 추가된 3년 6개월 과정 과목.

전통강원의 교과과정은 11년제 내지 10년제가 일반적이었다. 11년제는 사미 3년, 사집 2년, 사교 2년 6개월, 대교 3년 6개월이다. 10년제는 사미 1년, 사집, 2년, 사교 4년, 대교 3년이다. 수의과는 대교과를 졸업한 자로서 4년 이상 전공과목을 이수하게 되어 있다. 자료가 부족하지만 1937년경부터 1943년에는 문서상 마지막 강원에 대한 기록이 보이며 여기에 따르면 학제는 10년 내지 11 년제와 7년 내지 9년제도 병존하고 있었던 것[35]으로 추측된다. 10년제 혹은 11년제의 경우는 해당 산림에서 공동생활을 하면서 이루어졌다. 하지만 공동생활이 어려워지고 급속해지는 현대사회에서 10년제 또는 11년제는 현실성이 없는 것으로 이해되었다.

35) 종묵, 앞의 글, 앞의 책, 6~7면.

해서 점차 학제를 줄여나가기 시작했다. 한양 서울의 중앙교육기관으로 세워진 동국대학교의 전신인 명진학교는 처음 3년제였다. 전통강원의 교육을 3년제로 압축하고 외부전적을 보강한 교과과목으로 수업을 진행하였다. 혜화전문학교부터는 학생들을 승려들뿐만 아니라 일반인들도 받기 시작하면서 일반대학의 편제로 바뀌었다. 이 시기의 전통강원들 역시 전통불교의 복원과 현대사회의 요구로부터 자유롭지 못했다. 먼저 일제 잔재의 청산과 전통불교의 복원이 우선이었다. 점차 강원이 복원되어 갔지만 여전히 전통 강원의 편제와 교과과정의 변혁은 쉽지 않았다.

1970년 이후 전통 강원교육은 한동안 강원마다 학제가 제각각이었다. 이 시기에도 3, 4, 5년 또는 6년의 학제가 있었다. 1975년 해인강원의 경우, 학제는 4년이었으며 대교과목은 '현담' 하나만을 이수하였다. 나머지 대다수의 사미 강원은 1970년 초반부터 1980년 중반까지 대교과를 졸업하는 학인이 있기도 하였으나, 3년 만에 강원을 수료하는 경우도 허다했다.[36] 이러한 현상은 이 시기까지도 전통강원이 온전히 복원되지 못했음 보여주는 사례들이라고 할 수 있다.

강원 혹은 승가대학의 꽃은 '강주'와 '강사'라고 할 수 있다. 1900년에 해인사 강원이 존재했었다는 사실을 알 수 있지만 이후 몇 차례의 단절도 있었다. 가야총림과 해인총림이 이루어지면서 강원의 강사들은 강원과 선원 및 율원을 넘나들며 강의를 했다. 때문에 이들은 강사이기도 했고 선사이기도 했으며 율사이기도 했다. 가야총림과 해인 총림의 역대 방장 및 강주와 선원장 및 율원장은 아래 표와 같다.

36) 종묵, 앞의 글, 앞의 책, 7~8면.

〈표 2〉 가야-해인 총림의 역대 방장과 강주 및 선원장과 율원장

이 름	연 혁	방 장	강 원	총림선원	율 원	염 불 원	비고
			梵雲				
해인강원	1900		映海 文晳	鏡虛 惺牛			해인사승가대학
	1908		瑞應 瑞英	霽山			
가야총림	1946	曉峰 學訥	金法麟(梵鸞)	龍城 震鍾			
			崔英煥(凡述)	鏡峰 靖錫			
			金鼎卨(凡夫)	東山 慧日			
			耘虛 龍夏	曉峰 學訥			
해인강원	1955		性能 福文				
			明峰 法波				
			高峯 泰秀		慈雲 盛祐		
해인총림	1967	退翁 性徹	伽山 智冠	退翁 性徹	和禪 宗眞		
		古庵 祥彦	和禪 宗眞	古庵 祥彦	太虛 無觀		
		慧庵 性觀	觀照				
		道林 法傳	圓照 覺性				
			性柱 普光				
			太虛 無觀				
			南洲 慧南				
			下愚 守眞				
			至晤				
			宗默				
			法眞				

근대 이래 해인사는 한동안 호서지역에 머물던 鏡虛 惺牛(1846~1912)가 주석하면서 새롭게 일신했다. 경허의 해인사 주석으로 영호남 일대의 선풍은 크게 일어났다. 그는 1899년 11월 퇴설당에서 대중들을 모아 정혜결사를 결성하고 함께 정혜를 닦아 도솔천에 나며 성불하자는 「結同修定慧同生兜率同成佛果稧社文」을 지었다. 이를 기반으로 한 경허의 선풍은 영남을 넘어 호남지역에까지 미쳤고 여러 차례의 불사도 주도했다.

경허가 일으킨 선풍은 선원에 머물지 않았다. 그가 주도한 불사와 결사는 선원의 진작뿐만 아니라 강원의 분위기도 달라졌다. 이후에 쟁쟁한 강백들이 해인사에 머물며 강설한 것도 경허의 쇄신 덕분으로 추정된다. 역사적으로 강학 전통이 강했던 해인 강원의 역대 강주로는 서응 동호와 범란(김법린), 효당(최범술), 범부(김정설)를 비롯하여 운허 용하,

성능 복문, 명봉 법파, 고봉 태수가 이름을 드날렸다. 선원에 머물던 경허 성우와 제산, 용성 진종과 경봉 정석, 동산 혜일, 효봉 학눌을 비롯 율원의 자운 성우도 틈틈이 강의를 했다.

해인총림에 들어서면서부터는 방장이었던 퇴옹 성철, 고암 상언, 혜암 성관, 도림 법전 등도 특강을 했다. 해인총림의 강백은 가산 지관을 필두로 화담 종진, 관조, 원조 각성, 성주 보광, 태허 무관, 남주 혜남, 하우 수진, 지오, 종묵, 법진[37] 등이 맡아 학승들을 지도했다. 이들 모두는 대강백들답게 해인강원의 역사와 문화 및 정신과 기상을 잘 전달하였다.

해인강원 출신의 동문들 역시 승가대학을 외호하며 불교계 각계에서 이 강원의 명성을 빛내고 있다. 역대 동문회장으로는 지관, 법정, 태연, 법조, 보광, 설정, 혜총, 세민, 일면 등이 해인강원의 대표적인 선배들[38]이다. 이들은 총림의 방장과 총무원장 및 포교원장과 교육원장 등 종단의 요직을 두루 맡으며 한국불교의 본산역할을 자임해 오고 있다. 아울러 한국불교 1번지로서의 자존심을 의식하면서 강학전통과 수행전통을 유지해 가고 있다.

1990년대 중반 고려대장경연구소를 설립하여 재조본 대장경의 전산작업을 마무리했으며 최근에는 초조본 대장경의 복원작업을 2011년까지 마무리하기 위해 박차를 가하고 있다.[39] 이러한 작업들은 해인사의 학술전통과 긴밀한 관계 속에 있으며 해인강원에서 배출한 인적 구성[40]으로 이루어지고 있다는 점에서 전통 해인강원 내지 현대 해인사 승가대학의 독자성을 엿볼 수 있다. 아직 과도기이기는 하지만 해인사 승가대학은 전통과 현대의 접점을 넘어 미래의 통로를 마련하고 있는 것으로 보인다.

---

37) 해인승가대학, 『해인승가대학 동문수첩』(해인사, 2006).

38) 해인승가대학, 위의 책, 15면.

39) 일본 京都의 南禪寺본과 대마도에 보관된 판목들을 스캔하여 2011년 디지털로 복원하여 발표할 예정이다.

40) 1955년 이래 2009년까지 50회의 졸업생을 배출하였다. 매 15명에서 30여 명의 졸업생을 배출하였으며 지금까지 55년 동안 약 2,000여 명의 학인을 배출하여 전국 각 사찰의 주요 소임을 보고 있다.

불교의 사회화와 사회의 불교화가 동시에 고민되는 때이다. 불교의 깨달음을 좀 더 사회화하여 대중들에게 가깝게 다가가는 것이 필요하다. 뿐만 아니라 사회의 질적 제고를 통해 사회를 불교화하는 것도 함께 모색되어야 할 것이다. '사회를 불교화하려는 구심력'과 '불교를 사회화하려는 원심력'이 만나 '삶이라는 하나의 원 속에서 원만하게 만날 때' 불국정토는 성취될 것이다. 그러기 위해서는 그렇게 할 수 있는 각성된 주체를 길러내야 한다.

보살적 인간, 이타적 인간, 불교적 인간은 탄력적인 교과과정과 주체적인 인식과정 속에서 확보할 수 있다. 해인강원의 해인사 승가대학의 '접점'과 전통교육과 현대교육의 '통로' 역시 이 지점에서 시작될 수 있을 것이다.

〈표 3〉 해인사 승가대학 졸업생 명단

졸업 연도	강주	졸업생 명단	졸업 생수	졸업 연월일
1957년(1회)	운허	지관 월운 홍법	3	1957. 8. 10.
1958년(2회)	성능 명봉	진용 수혜 진상 각성 도명 태연 혜문 법정 현도 창현 귀철 고봉 혜정 문인	14	1958. 1. 15.
1962년(3회)	명봉	태정 명진 명철 법조 창일 묘관 명주	7	1962. 10. 15.
1963년(4회)	지관	종진 성허 동림 일호 법혜 영현 철환 혜륜 혜총	9	1963. 7. 15.
1964년(5회)	지관	자홍 정명 효경 성학 춘담 혜업 무비 지성	8	1964. 5. 1.
1965년(6회)	지관	자원 성전 일천 성진 설정 성륜 성본 혜광 선각 정님 우경 명안 정안	13	1965. 4. 25.
1966년(7회)	지관	법륜 도천 원광 종성 관조 희준 동철 성광 능엄 종일 현달 수성 효광 지홍 성태 종원 법휘 혜철 명종 법경 혜문 세민 인덕 법연 법희 경심 정륜 효공	28	1966. 8. 25.
1967년(8회)	지관	영산 오륜 성중 지근 득중 능관 청은 적연 도만	9	1967. 8. 15.
1968년(9회)	지관	법운 도선 종국 명초 청우 법진 일면 종철 도성 혜명 명열 성홍 법일 성욱	14	1968. 4. 3.
1969년(10회)	지관	동봉 일찬 동진 혜문 성호 영일 상공 해인 성운 성일 혜운 정각 만혁 시현 종권 도일 진만 장산 인호 재원 중천 삼소 법등 성우 도윤 재진 반월 선덕 법조	29	1969. 8. 15.

졸업 연도	강주	졸업생 명단	졸업 생수	졸업 연월일
1970년(11회)	지관	법연 범진 법철 명해 법장 영도 범문 원각 태현 적인 청수 성법 종경 혜조 삼덕 대운 경현 상룡 도형	19	1970. 2. 15.
1971년(12회)	종진	태원 명언 명심 보혜 영우 도원 성범 태관 현진 종홍 도혜 덕운 경선 영조 원오 정우 종영 원학 돈연 남현 선견 화범 경원 종욱 혜인 지정 혜장 선룡	28	1971. 8. 3.
1972년(13회)	지관	덕조 지진 수경 무착 지인 수진 혜성 혜완 무관 일공 선광 법장 진담 창화 현강 도홍 장윤	18	1972. 10. 20.
1974년(14회)	관조	선진 진각 태공 학균 대월 성복 대덕 정조 밀본 명관 정안 보타 정윤 도전 원인 인행 법서 자광 경태 정우 보원	21	1974. 1. 15.
1974년(15회)	각성	법우 동훈 제홍 현각 동명 부동 경호 진월 화공 정상 담공 법연 도현 정효 화암 보행 종호 성오	18	1974. 10. 1.
1975년(16회)	보광	도안 선혜 도원 도정 이삼 성타 종근 완봉 선본 여연 성용 현응 명법 향윤 보광 원조 혜권 현근 청엉	19	1975. 1. 15.
1976년(17회)	보광	동초 성혜 법광 진상 정재 현엽 계선 도행 유덕 도현 의정 지오 보명 태영 법마 혀각 인각 승해 진현 상민	20	1976. 2. 14.
1977년(18회)	보광	지암 법륜 학열 참초 성혜 법현 성종 명률 종훈 길상 정오 무구 법진 혜명 성계 법영 여지 지근 경화 혜정 성종 평중 수일 수진 혜인 도원	26	1977. 3. 4.
1978년(19회)	보광	선해 돈각 도경 무상 보성 학성 정원 정안 착찬 해경 보원 혜진 삼현 정수 성도 현강 철호 도오 무용 승원 응각 선혜 자명 법등 덕인 도융 화정	27	1978. 2. 21.
1979년(20회)	보광	반야 동진 혜경 혜원 동봉 종열 원선 정일 해광 지현 현조 원천 경각 종덕 철원 진수 일공 백산 수행 정현 지룡 법보	22	1979. 2. 11.
1980년(21회)	보광	현정 효종 견불 정빈 보해 혜철 정선 원인 법관 영구 보타 법조 영진 정각 수완 지우 정광 현철 진성 재홍 성타 정도 준모 일지	24	1980. 3. 1.
1981년(22회)	보광	종본 청봉 경법 상훈 신각 광진 성혜 순민 혜오 성호 현등 선정 중봉 법장 명현 동덕 지홍 각명 종민 백담 정경 혜진 지운 정연 응관 향엄	26	1981. 2. 19.
1982년(23회)	종진	현장 진각 지성 덕해 지현 도강 여적 화선 동수 공운 돈성 무문 충현 도국 대교 세영 서현 일광 함진 혜만 진오 혜공 해일 돈연 해월 원오	26	1982. 2. 8.
1983년(24회)	종진	원소 혜민 혜남 월우 혜원 동제 일관 현호 일수 도일 해운 홍선 장일 현장 원행 관성 보감 문현 지묵 무애 의광 성매 도현	23	1983. 2. 27.

졸업 연도	강주	졸업생 명단	졸업 생수	졸업 연월일
1984년(25회)	무관	법륜 돈기 성능 도각 종범 법공 반산 현진 성오 적광 종오 법진 해진 정해 지검 혜린 현선 종묵 혜원	19	1984. 2. 16.
1985년(26회)	무관	진오 동운 지인 각명 태경 석교 정광 원일 혜선 법일 영광 성인 정현 적인 능암 능도 종호 진현 지명 범산 정관 혜안 성묵	23	1985. 3. 6.
1986년(27회)	무관	철우 상천 우진 운공 정문 성원 원도 각진 대오 현법 정관 종암 원조 정엄 정수	15	1986. 2. 23.
1987년(28회)	무관	성일 종월 대정 법우 경성 태현 도형 효언 법공 혜경 법지	11	1987. 2. 12.
1988년(29회)	무관	진화 홍로 명원 환암 진락 효명 도흥 보설 실상 원종 여상	11	1988. 2. 28.
1989년(30회)	무관	환성 현조 대경 석전 환주 영원 효종 경원 세정 혜담 현법 혜관 원일	13	1989. 2. 17.
1990년(31회)	종진	대선 진명 초암 무아 성허 법륜 혜명 지인 진광 묵암 무견	11	1990. 2. 7.
1991년(32회)	종진	역공 본명 청호 성각 태성 혜응 혜광 일운 태범 원철 각안 지욱 천은 대성 원철 진각 본해 도산 의도 청원 정업 혜일	22	1991. 2. 27.
1992년(33회)	혜남	유진 봉두 지각 수보 현진 불암 동은 일선 승조 지우 지화 현종 본해 성우 효담 환기 법은 무유 혜공 철운	20	1992. 2. 16.
1993년(34회)	혜남	보륜 정오 영곡 주경 혜철 상우 도륜 성해 보문 영인 보성 선일 여진 성전 효명	15	1993. 2. 3.
1994년(35회)	수진	원석 선호 석록 휜일 지성 법상 신묵 지일 승원 지해 청하 향록 원종 용담 완호 도일 성공 서봉 성수 오성 법천 수인 징관 각주 지정 오심	26	1994. 2. 16.
1995년(36회)	수진	학암 현민 원경 원창 자인 원직 일감 각범 대안 도상	10	1995. 2. 13.
1996년(37회)	수진	종밀 덕영 도룡 경락 선일 일혜 호산 덕인 우너철 경암 여안 각원 상원 광원 시원 활현	16	1996. 3. 3.
1997년(38회)	수진	도관 정관 보안 성오 보인 지산 여연 관행 혜종 본학 범진 수륜 보천 영도 도당 일수 일경 무척 원학 혜장 서등 각혜	22	1997. 2. 21.
1998년(39회)	수진	혜운 동운 여운 원돈 일진 성원 성상 진성 법원 정석 무아 창엄 유정 일출 덕장 일현 일유 인광 월강 성안 혜담 지묵 돌일 법도 고공 상락 도림 낭림 현구 일음 자원 하유	32	1998. 2. 10.

졸업 연도	강주	졸업생 명단	졸업 생수	졸업 연월일
1999년(40회)	수진	진성 보관 초제 상열 재우 현정 석두 현명 공현 법진 보명 현림 본화 원경 경담 혜원 정광 종현 정효 인해 건법 법등 혜만 정오 성휴 지정	26	1999. 3. 1.
2000년(41회)	수진	대휘 해심 일등 무문 일장 일광 정원 적현 덕장 현천 일안 지운 흠호 도일 동수 석운 종성 용주 우일 등운 인행 주봉 도피안	23	2000. 2. 18.
2001년(42회)	지오	정화 보운 각현 본일	4	2001. 2. 6.
2002년(43회)	지오	원화 서담 정현 상락 각범	5	2002. 2. 25.
2003년(44회)	지오	무인 도안 법정 성안 법찬 법상 진우 보명 법우 정완 추림 성안 덕광	13	2003. 2. 14.
2004년(45회)	종묵	원동 법해 지원 법상 원산 일성 혜각 무일 도심 보찬 일묵 정봉 원정 각성 선학 혜오 각진 원각 대성 청계 범천 현적 지견 각원 여해 보석 원우	27	2004. 2. 4.
2005년(46회)	종묵	각산 무성 혜원 법광 일준 원견 법웅 만일 만성 종광 진일 일진 무진 주원 여산 혜공 인일 선공 진일 명원	20	2005. 2. 22.
2006년(47회)	종묵	서주 정행 인성 구암 인오 진원 고금 우성 홍제 현오 대원 무염 범진 롱현 대진	15	2006. 2. 12.
2007년(48회)	법진	법현 도행 원교 보완 보우 보행 정염 삼도 원경 효원 종인 계완 응기 현주 승찬 현광	16	2007. 3. 3.
2008년(49회)	법진	용담 본진 지함 일안 지상 지경 혜광 구산 진휴 경중 지용 원묵 진우 보일 원길 지원 경오 법은 서천	19	2009. 2. 9.
계			885	

1955년에 시작된 해인사 승가대학이 2009년까지 배출한 졸업생 수는 885명이다. 매년 15~25명 내외의 졸업생을 배출하면서 해인사 승가대학은 불교계의 대표적인 교육기관으로 자리를 잡았다. 가장 긴 역사와 한국불교 1번지로서의 자부심, 동문들의 활발한 도약이 이 승가대학의 브랜드를 만들었다. 때문에 해인사 승가대학은 학술전통과 문화전통에 있어 자부심이 남다른 곳이다. 하지만 출가자의 급감과 학승들의 감소, 전통과 현대의 접점 모색 등 현재 해인사 승가대학이 안고 있는 문제는 적지 않다. 하여 이러한 문제들을 지혜롭게 해쳐나가야만 해인사 승가대학의 위상을 지속시켜 나갈 수 있을 것이다.

모든 교육의 목표는 구체적인 인간상의 제시에 있다. 불교 교육의 목표 역시 불교적 인간상의 제시에 있다. 불교의 미래는 불교의 인재 양성에 있다. 조계종단의 삼대목표인 '역경'과 '포교' 및 '도제양성' 중에서 '도제양성'이 가장 중요한 이유도 바로 여기에 있다. 역경과 포교를 할 수 있는 도제의 양성은 불교 교육기관에서 이루어질 수밖에 없다. 해인사 승가대학의 학술전통이 인재양성의 통로로 이어져야만 하는 까닭도 여기에 있다. 해인사 승가대학이 전통교육과 현대교육의 접점과 통로를 모색하기 위해 변신을 거듭하는 이유도 이러한 문제를 자각하고 있기 때문인 것으로 보인다.

5. 전통교육과 현대교육의 통로

모든 교육의 목표는 해당 교육의 교과과정을 통해 구체적인 인간상을 제시하는 것이다. 불교 전통교육의 목표는 보살적 인간상을 탄생시키는 데에 있다. 해서 그러한 인간상을 만들기 위해서는 교과과정이 무엇보다도 중요하다. 교과과정은 해당 분야의 교과목 개설을 통해 확보해 갈 수밖에 없다. 불교적 인간상을 탄생시키는 불교 교육의 목표 역시 마찬가지이다.

조계종 교육원은 2000년 7월부터 학인 및 교육자를 중심으로 강원 교과통일 및 개선방향에 대한 설문조사를 실시하였다. 이를 토대로 하여 2000년 10월 24일에 강원 교과과정 통일 및 개선을 위한 교육관계자 연찬회를 개최하여 승가대학(강원) 교과과정 통일안을 마련하였다. 이때 마련된 교과과정 구성 표준교과는 아래와 같다.

〈표 4〉 교과과정 구성 표준교과

학년	필수과목			권장과목	선택과목	수행
	경	율	논(일반)			
대교반	화엄경	범망경		조계종사 포교론		
사교반	능엄경 금강경 원각경		한국불교사 기신론 유식	종교학개론 율전개설	법화경 유마경 아함경	예참 운력
사집과	서장 도서 절요 선요		중국불교사 중관	선종사 참선실수 불교교리발달사	육조단경 외국어 (영어, 일어, 중국어 택1)	공양 간경 행해
치문반	치문	사미율의	인도불교사 불교개론	컴퓨터 의식작법		

종단의 교육원에서 마련한 통일안과 현행 해인사 승가대학 교과편성표에는 일정한 출입이 있다. 이것은 종단이 마련한 통일안이 강제적이기보다는 기본 교과과정을 이수하면서도 어느 정도의 자율성을 보장해 주었기 때문으로 보인다. 표에 보이는 것처럼 '권장과목'은 해당 강원 또는 승가대학의 재량을 인정해 준 것으로 볼 수 있다. 이렇게 융통성을 부여한 것은 각 대학(강원)의 강학 현실과 강사 위촉 문제 등을 고려했기 때문으로 보인다.

이것은 해인사 승가대학뿐만 아니라 다른 승가대학의 경우도 마찬가지이다. 아마도 몇몇 승가대학 역시도 표준교과의 수용이라는 전제 아래 일정한 자율성을 부여받았기 때문으로 짐작된다. 이러한 자율성은 전통 강원이 지녀 왔던 자율성과도 상통하는 대목이다. '권장과목'뿐만 아니라 '선택과목'에도 어느 정도 자율성이 보장되어 있다고 할 수 있다. 현행 해인사 승가대학 교과편성표는 지금도 변화의 과정 속에 있다. 최근에 다시 마련한 교과과정 운영 개선안은 아래와 같다.

〈표 5〉 해인사 승가대학(강원) 교과과정 운영 개선안

학년	필수과목			권장 과목 외국어	실천수행
	경	율	논(일반)		
1 학년	치문 아함경 (한글)	사미율의	인도불교사 불교학개론	불전한어 입문 서예, 영어, 일어, 중국어 택2	수식관 (예불후 30분) 용맹정진 (연2회) 의식집전 포함
2 학년	① 금강경 화엄경 화엄학개론 ② 기신론 능엄경 금강경 원각경	대승계	중국불교사상사 중과 유식	불전한어 입문, 문학연습, 서예, 영어, 일어, 중국어 택2	수식관 (예불 후 30분) 용맹정진 (연2회) 의식집전, 포살
3 학년	① 기신론 능엄경 원각경 ② 화엄학개론 (세미나 수업) 화엄경(81권)	범망경	한국불교사, 조계종사	불교문화, 영어, 일어, 중국어 택2	자기 화두발견 및 화두간택 용맹정진 (연2회) 의식집전, 포살
4 학년	육조단경 돈오입도요문론, 서장, 선요(도서)	선원청규 종헌종법	선종사 논문제출	논문작성지도 영어, 일어, 중국어 택2	용맹정진 (연2회) 화두점검, 포살

위의 개선안 중의 2학년과 3학년의 경우 ①안은 교육이념이 추구하고자 하는 '보살적 수행자'를 길러내기 위해 과목의 순서를 사상사적인 순서에 따른 것이다. ②안은 사교입선의 종지에 따라 교학을 먼저 배우고 격외의 선에 나아가도록 한 것이다. 때문에 2008년부터 부분적으로 시행하고 있는 개편안인 ①안이든 2006년도 개편안인 ②안이든 전등법어인 선어록이 교과과정의 마지막에 놓이는 것은 당연한 일이다. 이것은 승려의 학습이 계열성, 반복성, 통합성의 원리로 나선형으로 적용될 때 더 큰 효과가 나타날 것이라고 생각한 것이다.[41]

41) 종묵, 앞의 글, 앞의 책, 231~232면.

해인사 승가대학(강원)은 현재 2003년 2월 31일 개정 공포된 승가대학령에 의해 운영되고 있다. 위의 개선안이 주목되는 까닭은 道琳 法傳 방장이 2004년 동안거 해제 법문에서 한국불교의 이념인 捨敎入禪의 전통에 따라 선어록인 四集 과정을 제일 마지막에 수학하게 한 지침을 지표로 하여 마련한 새 교과과정 운영안이기 때문이다.[42] 대다수 불자들은 오랫동안 사집과의 과목이동을 요청해 왔으나 정작 개선되지 않아 왔다. 그런데 해인사 승가대학은 법전 방장의 수행지침을 반영하여 종래 2학년에 비정된 사집과의 교과목을 과감하게 4학년으로 옮겼다. 이것은 해인사 승가대학의 선진성이라고 할 만하다.

〈표 6〉 해인승가대학 교과편성표

학년	1교시	2교시
1	약본 치문경훈 (한문기초, 불전한어) 불교문선	초기불교 아비달마 인도불교사 1 - 교단의 형성과 전개 율장 개론 동양철학의 이해 외국어(영어, 일어, 중국어 중 선택 또는 병행)
2	반야부 (금강경오가해, 유마경, 소품반야경, 대품반야경, 반야심경, 화엄경)	인도불교사 2 - 대승불교와 밀교 중관사상 유식사상과 여래장사상 화엄경 개요 중국불교사 외국어(영어, 일어, 중국어 중 선택 또는 병행)
3	법화부 (열반부)	한국불교사, 불교문화 불전의식 서양철학의 이해 외국어(영어, 일어, 중국어 중 선택 또는 병행)
4	육조단경 돈오입도요문론 서장 선요 (선원제전집도서)	선종사 현대사회와 불교 종단의 이해 불교의 수행법 외국어(영어, 일어, 중국어 중 선택 또는 병행)

42) 종묵, 앞의 글, 앞의 책, 244면.

그런데 위의 해인사 승가대학 교과편성표 역시 종단의 교육목적에 온전히 부합한다고 할 수 없다. 2002년 9월 10일 개정하고 같은 해 10월 10일에 공포한 교육법 제1장 제1조에서는 종단의 교육목적을 아래와 같이 규정하고 있다. 여기에 따르면 현행 해인사 승가대학의 교과편성표는 여전히 개선의 여지가 있다고 할 수 있다.

"종단교육은 부처의 혜명을 잇고 법을 전해 중생을 제도하는 근본이념 아래 모든 종도에게 깨달음을 성취하고 보살도를 실천함에 필요한 교육을 시행하여 불국토 실현에 이바지할 인재양성을 목적으로 한다."[43)] 이 법령집에 따르면 종단의 교육목적은 '보살도 실천자'와 '불국토 실현자'의 양성에 겨냥되어 있다. 그렇다면 현행 교과과정은 이러한 인재를 양성하기에 흡족한 교과과정인가가 문제가 된다. 논자가 보기에 위의 교과과정으로는 '보살도 실천자'와 '불국토 실현자'를 양성해 내기에는 부족한 것으로 여겨진다.

그러면 부족한 점을 어떻게 보완할 것인가가 문제가 된다. 해서 승가대학 안팎의 문제제기를 수렴하면서 교과과정 운영을 위한 개선안을 다시 마련하였다. 따라서 이 교과과정은 법전 방장의 수행지침에 따라 위에서 지적해 온 종지와 교육목적, 교육 목표 사이의 혼란을 극복해 보려는 고육지책의 일환으로 추측된다. 즉 종지에 따르면서도 교육이념이 추구하고자 하는 보살적 수행자를 길러내기 위해서는 계, 정, 혜 삼학이 고르게 수학되고, 교육법 제66조 기본교육기관의 교육목표를 충실히 이행하고 행해가 일치하도록 하고자 함[44)]에 두고 있기 때문이다.

그런데 위의 교과편성표와 달리 2009년도에 개설된 과목은 상당한 변화를 담고 있다. 아래 개설과목은 이러한 변화를 잘 보여주고 있다.[45)]

---

43) 대한불교조계종총무원, 『대한불교조계종 법령집』, 2003, 221면.

44) 종묵, 「총림의 진단, 나아갈 방향」, 앞의 책, 231면.

45) 현행 승가대학을 마친 이후 학림(2년과정, 승가대학원, 운문대학원, 실상사화엄학림, 봉선사능엄학림)과정과 연구(3년과정, 실상사 화림원 등)과정을 연계한 학석박사 연계과정을 시설하는 것도 고민해 볼 만하다. 그렇게 된다면 현행 '4-2-3년제'의 불교교육편제를 상호 인정하여 석박사 학위

〈표 7〉 2009년 1, 2학기 해인승가대학 강의 개설과목[46]

학년	1학기	2학기
1	인도불교사 I 불교적 인간 I (치문경훈) 서양철학의 이해 I (1~2학년 병행) 초기불교와 아비달마 외국어 (영어, 일어: 1~4학년 병행) 문학연습 I	인도불교사 II 율장의 이해 불교적 인간 II (치문경훈) 동양사상사 I (1~2학년 병행) 중관사상의 이해 (1~2학년 병행) 중국불교사 (1~2학년 병행) 문학연습 II
2	반야경의 이해, 서양철학의 이해 II (1~2학년 병행) 한국불교사 (2~3학년 병행) 외국어 (영어, 일어: 1~4학년 병행) 문학연습 III	화엄경강독 화엄사상사 동양사상사 II (1~2학년 병행) 중관사상의 이해 (1~2학년 병행) 중국불교사 (1~2학년 병행) 외국어 (영어, 일어: 1~4학년 병행) 문학연습 IV
3	대승기신론의 이해 한국불교사 (2~3학년 병행) 외국어 (영어, 일어: 1~4학년 병행) 불교총론 I (3~4학년 병행)	법화경・열반경 강독 유식사상의 이해 불교문화 외국어 (영어, 일어: 1~4학년 병행) 불교총론 II
4	선어록강독 I * (서장, 선요) 선종사 외국어 (영어, 일어: 1~4학년 병행) 불교총론 I (3~4학년 병행)	선어록강독 II * (서장, 선요) - 도서, 절요는 생략[47]

앞의 해인사 승가대학 교과편성표뿐만 아니라 2009년에 개설된 과목들 역시도 일정한 한계가 있는 것으로 보인다. '보살도 실천자'와 '불국

를 수여하는 제도도 수용할 수 있을 것으로 보인다. 그렇지 않으면 현재와 같이 '학인의 수급'과 '수업의 질적 제고' 및 '불교교육의 사회적 위상' 등을 도모하기가 여전히 쉽지 않을 것으로 보인다.

46) 해인사 승가대학 교학처, 「불기 2553년(2009) 1, 2학기 해인사 승가대학 강의 개설과목」, 2009.

47) 해인사승가대학은 최근 전통 사집과의 과목을 최종학년인 4학년 2학기로 옮기면서 '書狀', '禪要', '都序', '節要'의 네 과목 중 大慧의 書狀과 高峰의 禪要만 취하고 宗密의 都序와 知訥의 節要는 생략하였다. 이것은 敎禪一致를 통해 主敎從禪을 강조한 종밀과 지눌을 밀어내고 禪敎一致를 통해 主禪從敎를 역설한 대혜와 고봉만을 정통으로 보려는 性徹의 頓悟見性觀에 의한 것으로 보이지만 여타의 승가대학과 매우 차별되는 파격적인 시도하고 할 수 있다. 이러한 조치가 비록 비공식적이고 내부적인 운영으로 보이기는 하지만 비공식 자체가 이미 공식적일 수밖에 없다는 사실을 인정하게 된다면 사집과목의 '최후로의 이동'과 '일부분의 배제'는 해인사 승가대학의 독자성이 아닐 수 없다.

토 실현자'의 양성에 겨냥되어 있는 종단의 교육목적이나 계정혜 삼학의 수지를 통해 전인적 인간상을 모색하고 있는 해인사 승가대학의 교육목적에 비추어볼 때 온전한 교과목 시설이라고는 보이지 않는다. 좀 더 전인적 인간상을 마련하기 위한 예술과 문화에 대한 과목과 미학과 윤리학 등에 대한 과목도 보강되어야 할 것으로 보인다.

위의 개설과목에서 눈에 띄는 것은 "불교적 인간"의 개설이다. 현재는 『치문경훈』 강독으로 대체되고 있지만 여기서 한 걸음 더 나아가 '불교적 인간상' 정립에 본격적으로 나서야만 한다. 또 전통 강원의 대부분 서적들이 한문으로 되어 있음을 감안하여 한글세대인 학인들이 한문을 준비할 수 있는 "불교기초한문" 등의 과목이 보강되어야 한다. 이를 제도적으로 보완하기 위해서는 중앙승가대학에 설치되었던 '불전국역연수원'을 복원하고 동국대학교 내에도 '불전번역연수원'(가칭)[48]을 설치하여 통신 혹은 전산으로 '학점은행제'나 '필수이수제'를 실시한다면 불교한문교육이 강화될 수 있을 것으로 보인다.

해인사 승가대학의 강의시간은 하루 4교시로 되어 있다. 1교시는 오전 07:00~08:30, 2교시는 08:40~10;00, 3・4교시는 13:00~16:00로 되어 있다. 그런데 학인들은 수업 시간 중 혹은 그 이외에 사찰의 의식과 울력, 재 등을 담당하면서 수업에 임하고 있다. 이를 개선하기 위해서는 순번제로 역할을 나누어 수업시간만큼은 학업에 매진할 수 있도록 해주어야 한다. 다시 말하면 승가대학 재학 기간 내에는 가급적 공부에 몰입할 수 있는 환경을 만들어 주어야만 한다. 그래야만 수업의 효율성과 성취도를 높일 수 있을 것이다.

교육은 흔히 '백 년의 큰 계획'이라고 한다. 한 사람이 살다가 가는

48) 근래 번역기관과 교육기관을 겸했던 '민족문화추진회'가 번역기관 중심인 '한국고전번역원'으로 탈바꿈했다. 이것은 이미 일반 한문교육기관인 한림대 태동고전연구원(지곡서당)과 성균관대 양현재 및 유도회와 전통고전연구회 등이 시설되어 있기 때문에 번역기관 중심으로 탈바꿈한 것으로 보인다. 마찬가지로 불교계 내에도 번역기관인 '동국역경원'을 뒷받침할 교육기관인 '불전번역연수원'(가칭)의 설치가 시급히 요청된다. 다행스럽게도 2012년부터 동국대불교학술원 산하에 불교한문아카데미가 개설되었다.

기간 역시 1백 년에 지나지 않는다. 지난 일백 년 동안 우리는 어떤 교육을 받으며 자라 왔으며 또 어떤 교육을 시키며 살고 있는가가 매우 중요하다. 대학은 인간의 몸과 마음을 변화시켜 우리 사회와 국가에 이바지할 인재를 배출하는 곳이다. 때문에 교육에 대해 조금이라도 관심이 있는 이들은 자신이 지금껏 살아온 세월과 앞으로 살아갈 세월 앞에서 심사숙고하지 않을 수 없다. 그런 점에서 해인사 승가대학의 변신의 노력은 젊은 학승들에게 많은 자극을 주고 있다. 다만 이러한 자극이 물리적인 자극을 넘어 화학적인 변화로 까지 나아갈 수 있게 할 수만 있다면 한국의 불교교육은 한 단계 진전될 것으로 추측된다.

6. 정리와 맺음

모든 교육의 목표는 해당 교육의 교과과정을 통해 구체적인 인간상을 제시하는 데에 있다. 해서 해당 분야의 인간상을 만들어 내기 위해서는 적절한 교과과정이 무엇보다도 필요하다. 교과과정은 해당 분야 교과목의 개설을 통해 확보해 갈 수밖에 없다. 불교적 인간상을 제시하는 불교 교육의 목표 역시 마찬가지이다. 불교의 사회화와 사회의 불교화가 요청되는 이때에 무엇보다도 절실한 것은 불교의 깨달음을 사회화하여 대중들에게 보다 가깝게 다가가는 것이다.

해서 '사회를 불교화하려는 구심력'과 '불교를 사회화하려는 원심력'이 만나 '삶이라는 하나의 원 속에서 원만하게 만날 때' 불국정토는 성취될 수 있을 것이다. 그러기 위해서는 그렇게 할 수 있는 각성된 주체를 길러내야 한다. 보살적 인간, 이타적 인간, 불교적 인간은 탄력적인 교과과정과 주체적인 인식과정 속에서 확보할 수 있다. 해인강원과 해인사 승가대학의 '접점'과 전통교육과 현대교육의 '통로' 역시 이 지점에서 시작될 수 있을 것이다. 해인사 승가대학(1955~2009)은 역사적으로 강학전통과 수행전통이 강한 곳이다. 뿐만 아니라 많은 인물을 배출하여 곳곳에서 불교 발전의 주요 역할을 하고 있다.

더욱이 이곳에는 몇 개월에 지나지 않았지만 한때 불교계가 경영하였던 국민대학관－국민대학－해인대학－마산대학(현 경남대학교)이 이곳에 학사를 두고 존재했었다는 점에서 주목되는 곳이다. 해인사 승가대학(강원)은 현재 2003년 2월 31일 개정 공포된 승가대학령에 의해 운영되고 있다. 이 개선안에서 돋보이는 것은 도림 법전道琳 法傳 방장이 2004년 동안거 해제 법문에서 한국불교의 이념인 捨敎入禪의 전통에 따라 선어록인 四集 과정을 제일 마지막에 수학하게 했다는 점이다. 이것은 오래전부터 각계에서 지적해 온 것이었지만 정작 개선이 이루어지지 않았었다. 다행히 해인사 승가대학의 교과과정에서는 종래 2학년에 개설한 사집과의 과목을 4학년의 과목으로 옮겼다. 아울러 수행 부분도 대폭 강화하였다. 이 같은 해인사 승가대학의 변화는 다른 승가대학에도 큰 영향을 미칠 것으로 예상된다.

이처럼 해인사 승가대학의 교과과정 혁신은 획기적인 일이라고 할 수 있다. 불교의 대사회적 발언과 참여가 절실한 이때 승가대학의 교과과정 역시 일반대학의 교과과정을 의식하지 않을 수 없을 것이기 때문이다. 문제는 일반대학의 특성을 흡수하면서도 승가대학의 특성을 어떻게 발휘할 수 있느냐에 달려 있다고 할 수 있다. 승가대학이 일반대학이 될 수는 없다. 또 그럴 필요도 없고 그래서도 아니 된다. 그렇다면 무엇보다도 해인사 승가대학의 고유성과 일반 단과대학의 보편성을 적절하게 조화시켜 내는 작업이 주요한 과제가 될 것이다.

불교계의 해인-마산대학(1946~1967) 경영[1)]

1. 문제와 구상

조선 왕조는 유교를 통치이념으로 삼은 나라였다. 유자들은 수신(修身)-제가(齊家)-치국(治國)-평천하(平天下)를 이상적인 삶의 가치로 인식했다. 그들은 '수기(修己)'에 기초한 인문학인 경학(經學)과 '치인(治人)'에 기반한 사회학인 경세학(經世學)을 학문의 주축으로 삼았다. 반면 불자(승려)들은 고려시대와 달리 공식적으로 정치의 한복판인 한양 사대문 안에 들어서지 못했다.[2)] 결국 신라와 고려 시대의 주요 세계관이었던 불교는 조선조 내내 바위 위에서도 뿌리를 내리는 자생성을 확보

1) 이 글은 2008년 10월 17일 대한불교조계종 교육원 불학연구소가 주관한 학술회의 '제3회 종단사 세미나: 한국 현대불교의 교육기관'에서 발표한 것을 수정 보완한 것이다.

2) 승려들의 도성 출입금지 조치는 세종 조에 처음으로 시행되었다. 이 금령은 '승려로서 도성에 들어가는 것을 금지하고, 이를 어긴 자는 곤장 1백 대에 처한 후 노비에 충당한다'는 것이 그 골자이다. 승려도성출입금령은 16세기 말에 잠시 완화되었다가 인조 1년(1623)에 다시 강화되어 1895년 3월 29일 고종이 해제할 때까지 계속되었다. 이후 나라를 잃어버린 1910년까지 해금과 금령을 반복하면서 이 금령은 역사 속에서 사라졌다.

하여 자생불교[3]로 나아갈 수밖에 없었다.

국가의 공식적인 지원을 받지 못했던 조선불교는 오히려 이전 시대와 달리 서민들의 삶 속으로 들어가 그들과 애환을 함께 했다. 그 결과 조선불교는 대중들로부터 친연성을 광범위하게 확보할 수 있었다. 그리고 조선불교는 국가의 보호와 지원을 기반으로 했던 신라와 고려 불교와는 또 다른 양상으로 전개되었다. 나아가 인간을 평등하게 바라보는 관점에 기초하여 오히려 모든 생명체들의 성불 가능성을 제시하는 불교 본연의 모습을 환기시킬 수 있었다.

조선 후기 이래 정비된 삼문수업(三門授業)은 강원(講院)과 선원(禪院) 및 염불원(念佛院)을 중심으로 이루어져 왔다.[4] 불교 연구는 삼문이 구비된 사찰에서 이루어졌고 그 사찰로부터 퍼져 나갔다. 때문에 학승이나 학자들은 사원에서 교육과 연구를 하였고 서민들은 사원에서 신앙과 신행을 겸할 수 있었다. 그리고 그것을 기초로 하여 보다 나은 언어문자 활동을 할 수 있었다. 따라서 사찰은 예로부터 우리 민족의 교육기관으로서 확고한 위상을 지녀 올 수 있었다.[5]

청나라를 통해 서구의 문물을 흡수하던 조선은 강화도조약(일본), 병인양요(프랑스), 신미양요(미국), 거문도사건(영국), 청일전쟁(청－일), 아관파천(러시아), 러일전쟁(러－일) 등의 외환을 잇달아 겪었다. 이러한 경험을 통해 조선은 세계정세에 대한 인식을 새롭게 하게 되었다. 이즈음 선진적 불교 지식인이었던 동인(李東仁)과 무불(無佛, 卓挺埴) 등은 급변하는 국내외 정세에 휩싸이면서 불교계를 개혁하고 변화시키려던 의지가 꺾이고 말았다. 결국 대한시대(1897~)에 이르러서야 동국대학교의 전신인 명진학교(1906)가 불교연구회의 후원을 받아 동대문 밖 창신동의 원흥사에서 개교할 수 있었다.

---

3) 高榮燮(2006), 20면.

4) 金煐泰(1997), 311~313면.

5) 高榮燮(2006), 289면.

한양 중앙의 명진학교와 달리 당시 불교계의 지방 주요 사찰에서 경영하였던 20여 개의 학교들이 있었다. 하지만 이들 학교들은 1911년에 반포된 사찰령과 교단의 분규로 인해 기본교육기관으로 이어지지 못하고 모두 폐교되고 말았다. 동국대학교 이외에 국민대학관 → 국민대학 → 해인대학 → 마산대학 → 마산실업초급대학 → 마산대학 → 경남대학교로 이어져 왔던 해인대학[6)]은 또 하나의 불교계 대학이었다. 해방 전후부터 이어져 온 불교계의 교육에 대한 관심은 전 시대에 이루지 못한 불교계 고등교육기관 건립의 열망과 각종 지방강원의 폐교에 기초한 아쉬움[7)]에 기반한 것이기도 했다.

이 글에서는 불교 고등교육기관이 절대적으로 부족한 불교계의 현실에서 동국대학교와 다른 배경 속에서 탄생한 해인대학의 개교와 경영 및 매각 등의 전모를 살펴봄으로써 한국 불교계의 교육 인식과 대학 경영 및 방향에 대해 살펴보고자 한다.

2. 불교계 고등교육기관의 변천

지난 세기 초반 불교계의 교육 인식은 여타의 종교 및 단체에 견주어 매우 선진적이었다. 불교계 지성들의 앞선 교육 인식은 당시 불교계 지식인의 지형도에서도 잘 드러나고 있다. 불교계 내에서 자생적으로 생겨난 교육 인식은 각성된 불교 지식인들에 의해 주도되어 지방교육기관의 설립으로 이어졌다. 우리는 넉넉하지 않은 지방 사찰의 살림살이에도 불구

6) 불교계가 한동안 운영했던 '해인-마산대학'에 대한 선행 연구는 아직 없다. 이는 한국현대불교사에서 한국불교교육사 혹은 교육인식이 가지는 의미에 대한 이해와 관심의 부족 때문으로 보인다. 이 논구를 계기로 한국불교교육사 부분의 탐구가 이어지기를 기대한다.

7) 여기에서 다루지는 않았지만 1947년 조양보육사범학교로 시작하여 조양보육초급대학→경기여자초급대학→경기초급대학→경기실업초급대학→경기대학→경기대학교로 발전해 온 경기대학교의 경우도 불교계와 긴밀한 관계 속에 있었던 교육기관이라고 할 수 있다. 1957년 11월 27일 손상교가 재단법인 경기학원을 설립한 뒤 초대 이사장에 손회장이 취임한 뒤 일주일 뒤인 1957년 12월 3일부터 1961년 12월 11일까지 동국대학교 2대 총장과 내무부장관을 역임한 승려출신의 백성욱이 제2대 이사장을 역임했다. 그 이후 경기대학교는 설립자인 손씨 재단이 경영해 오고 있다.

하고 미래 불교에 대한 과제가 교육에 있음을 일찍부터 간파하고 학교를 세웠던 불교지식인들의 의식구조를 어렴풋하게나마 들여다볼 수 있다.

불교계 지식인들의 예측은 적중하였고 이들 기본교육기관에서 배출된 불교인들은 사회 각 방면에서 광범위한 활약을 보여주었다. 당시의 매체들은 불교인들의 활동을 부분적이나마 이 사실을 담아내고 있다. 일간지와 잡지 및 관련 서지들을 참고하여 지방교육기관의 설립연대와 설립 및 경영 주체는 <표 1>과 같이 정리할 수 있다.[8)]

〈표 1〉 지방교육기관의 설립연대와 설립 및 경영 주체와 기록서지

학교명	설립연대추정	설립 및 경영 주체	기록서지	비고
明化학교	1906	수원 龍珠寺	대한매일신보 381호 광무 10년 11.27일자	
鳳鳴학교	1906	고성 乾鳳寺	건봉사지 12면, 대한매일신보 285호 광무 10년 8. 1일자	
明信학교	1906	양산 通度寺	조선불교월보 4호 73면	
明立학교	1906	합천 海印寺	대한매일신보 371호 광무 10년 11. 15일자	
釋王학교	1906	안변 釋王寺	대한매일신보 402호 광무 10년 12. 21일자	조선제종교 153면
明正학교	1906	동래 梵魚寺	한국불교최근백년사 2책 5 교육 7면	삼보학회편 범어사 (박청호 구술)
昇仙학교	1906	순천 仙巖寺	해동불교 7호 82면	
大興학교	1906	해남 大興寺	조선제종교 153면	
鳳翅학교	1907	전주 威鳳寺	대한매일신보 488호 광무 11년 4. 17일자	
慶興학교	1907	大乘寺 金龍寺		
		南長寺 龍門寺	대한매일신보 414호 광무 11년. 1. 10일자	
		鳳鳴寺 廣興寺		
新明학교	1909	華嚴寺 泉隱寺	한국불교최근백년사 2책, 5 교육	조선제종교 153면

8) 南都泳(1983), 139면.

		泰安寺 觀音寺	화엄사 이관수 구술 10면	
普明학교	1909	승주 松廣寺	송광사지 172면	조선제종교 153면
江明학교	1909	산청 大源寺	조선불교월보 4호 73면	조선제종교 153면
普明학교	1910	하동 雙溪寺	불교 53호 87면	
金龍학교	1910	문경 金龍寺	한국불교최근백년사 2책 5 교육 46면 삼보학회편	조선제종교 153면
華山講塾	1910	장단 華藏寺	대한매일신보 1299호 1910. 11. 27일자	
廣明학교	?	달성 桐華寺	불교진흥회보 3호 82면	조선제종교 153면
廣城학교	?	장성 白羊寺	조선불교월보 15호 66면	조선제종교 153면
壺洞학교	1912	서울	조선불교일보 3호 雜報 64면	前 海東義塾

<표 1>에서 볼 수 있는 것처럼 당시 불교계가 운영하였던 교육기관은 적지 않았다. 위의 표는 교육에 대한 당시 불교 지식인들의 열망을 잘 보여주고 있다. 먼저 한양 중앙의 기초학교로서 설립된 지방교육기관은 전국에 걸쳐 19개에 이르고 있다. 이 중에서 8곳이 1906년에 세워졌으며,[9] 1909년과 1910년 사이에 각각 세 곳이 세워졌다. 나머지 세 곳은 정확한 연도를 알 수 없다. 하지만 『조선불교월보』 15호의 기록으로 보아 장성 백양사의 광성학교는 1910년 즈음, 『조선불교일보』 3호의 기록으로 보아 서울의 호동학교는 이 일보가 간행된 1912년 즈음, 그리고 『불교진흥회보』 3호로 보아 달성 동화사의 광명학교도 이즈음에 세워진 것으로 추정된다.[10]

이들 대부분의 학교들은 지방의 주요 사찰에서 운영하거나 몇몇 사찰들의 연합에 의해 이뤄진 것들이었다. 그중에는 일본 승려들의 지원과 관심에 의해 이루어진 기초 교육기관들도 있었다. 하지만 대부분은 조선 승려들의 교육기관 설치에 대한 강력한 의지에 의해 이루어졌

9) 1906년 전후에는 우리나라의 대표적인 중등교육기관인 보성, 숙명, 중동, 진명, 휘문고 등이 세워졌고, 고등교육기관은 1905년에 세워진 보성전문학교에 이어 1906년에는 명진학교가 세워졌다. 뒤이어 1908년에서 1910년 사이 많은 교육기관이 세워졌다.

10) 高榮燮(2006), 295면.

다.[11] 위의 표에 나타나 있는 것처럼 지방 교육기관을 운영하기 위해서는 어느 정도의 규모와 자생력이 있는 사찰이어야만 가능했다는 사실을 알 수 있다.[12]

물론 본사급 사찰이 아니더라도 교육의 중요성을 깊이 인식한 불교 지식인들의 존재 유무에 따라 교육기관을 설립할 수 있었다. 그리고 강원이 없는 사찰은 이웃 사찰의 해당 강원에 학생을 보내거나 아니면 몇몇 사찰들이 연합하여 학교를 세우기도 했다. 몇몇 사찰의 연합에 의해 세워진 강원들은 교수와 재정 및 학생 수급을 분담하여 유지했다.[13]

불교계가 서울 동대문 밖 원흥사에 세운 명진학교(1906~1909)는 이후 불교사범학교를 거쳐 불교고등강숙(1910~1914)과 불교중앙학림(1915~1922)으로 이어졌고 다시 혜화동에 자리한 북관묘로 자리를 옮겼다. 그 뒤 불교중앙학림은 1919년의 기미독립운동으로 인해 1922년 9월 강제 폐교를 당한 뒤 불교학원(1922. 9.~1928. 2.) 단계의 과정을 거쳐[14] 1928년 불교전수학교로 개명하였다. 이어 1930년에는 중앙불교전문학교로 승격하였고, 1940년에는 혜화전문학교로 개명하였다. 일제의 문화

11) 표에서도 알 수 있는 것처럼 이들 지방 교육기관은 조선총독부의 사찰령이 반포(1911)되기 전에 자생적으로 생겨난 불교 교육기관임을 알 수 있다.

12) 곽상순(2005); 김광식(2006), 김광식의 글 212면과 214면 및 주42)에서 언급하고 있는 것처럼 효당 최범술이 주도한 多率寺 강원(일명 多率講院)과 다솔사 인근 마을(사천군 곤명면 봉계리, 원전)에 있었던 다솔사 포교당의 건물에서 1937년 봄(1934년 3월, 1936년 3월 설이 있다)에 개설하였다. 여기서 김광식은 광명학원이 다솔사의 강원이 해인사 강원과 합병된 이후에 세워졌다고 짐작하고 있다.

13) 守眞(1997), 47면. 이 글에서는 불교교육기관을 '중앙교육기관'과 '지방교육기관'으로 나눈 뒤, '불교계 설립 근대식 지방교육기관'을 25개로 정리하고 '불교계 설립 서울지역 근대식 교육기관'을 유치원, 초중등, 전문을 포함하여 10개로 집계하고 있다.

14) 金暎潭(1933), 12~18면. 여기에는 學校名과 設立年月 및 設立者 순으로 기록되어 있다. 이에 준해서 보면 1922년 9월 불교중앙학림의 폐교 이후 1928년 3월 불교전수학교가 설립되기까지의 5~6년간의 공백 기간에는 '佛教學院'의 이름으로 학교가 유지되었음을 알 수 있다.
佛教師範學校 隆熙 4년(1910) 4월 宗務院,
佛教高等學院 明治 45년(1912) 7월,
佛教中央學林 大正 4년(1915) 11월 三十本山,
佛教學院 大正 11년(1922) 9월 總務院,
佛教專修學校 昭和 3년(1928) 3월 財團法人 教務院,
中央佛教專門學校 昭和 5년(1930) 4월 財團法人 教務院

정치가 극성했던 1944년에는 총독부에 의해 폐교를 당하였다가 다시 개교하여 1946년에 중구 남산 필동으로 옮겨 갔다.

해방 이전 우리나라 기독교 사학들은 위의 불교계 교육기관보다 좋은 조건에서 학교를 개창할 수 있었다. 기독교계 사학들은 해외 선교사들의 지원에 힘입어 연세대와 이화여대 및 숭실대를 비롯한 다수의 학교들을 창학하였다. 이와 달리 불교계와 천도교 재단의 학교들은 열악한 국내 자본으로 어렵게 개교하였다. 특히 해방 이전부터 존재해 왔던 동국대학과 고려대학 같은 대표적 사학들은 불교계와 천도교 재단을 기반으로 하여 세워졌다.

위에서 살펴본 것처럼 구한말 이래 불교계 교육기관은 20여 개에 이르렀다. 이 집계는 불교계가 매우 선진적인 교육인식을 지니고 있었음을 보여주는 증좌가 된다. 각 지역의 주요 사찰들은 단일 혹은 몇몇 사찰들과 연합하여 초급대학 정도의 강원을 개설하였다. 불교계가 운영하였던 이들 지방 교육기관은 한양 중앙에 세워진 명진학교와의 관계 속에서 유지되었다. 하지만 총독부의 사찰령 반포 이후 교단의 분열과정에서 거의 대부분이 폐교당하고 말았다.

동국대학교 이외의 고등교육기관으로는 최범술 등 해인사가 운영하였던 불교 고등교육기관 해인-마산대학(1946~1967)과 이후에 세워진 중앙승가대학(1979~), 학교법인 보문학원(안양 보장사)이 운영하는 서울불교대학원대학(2002~), 태고종이 함께 운영하는 동방대학원대학(2005~), 천태종이 운영하는 금강대학교(2003~), 진각종이 운영하는 위덕대학교(1996~) 등이 있다. 그 밖에도 교육부가 인가한 대학은 아니지만 조계종에서 운영하는 1개 승가대학원과 15개 비구승가대학 및 6개 비구니 승가대학 그리고 태고종에서 운영하는 선암사강원과 독립채산제로 운영하는 동방불교대학, 천태종에서 운영하는 구인사강원 및 진각종 통리원이 운영하는 진각대학 등이 대학에 준하는 교육기관이라고 할 수 있다.

〈표 2〉 불교계 승가대학 설립연대 및 경영주체와 기록서지

학교명	설립연대 추정	설립 및 경영 주체	기록서지	비고
통도사승가대학	1955개, 1996인	양산 通度寺	대한불교, 불교신문, 법보신문, 강원총람	대한불교조계종
해인사승가대학	1955개, 1997인	합천 海印寺	〃	〃
송광사승가대학	1983개, 1997인	승주 松廣寺	〃	〃
수덕사승가대학	1996개, 1997인	예산 修德寺	〃	〃
백양사승가대학	1920개, 1997인	장성 白羊寺	〃	〃
화엄사승가대학	1969개, 1997개	구례 華嚴寺	〃	〃
쌍계사승가대학	1988개, 미인가	하동 雙溪寺	〃	〃
직지사승가대학	1984개, 미인가	김천 直指寺	〃	〃
동화사승가대학[15)]	1960초 개	대구 桐華寺	〃	〃
불국사승가대학	1972개, 1997가	경주 佛國寺	〃	〃
범어사승가대학	1962개, 1996인	부산 梵魚寺	〃	〃
법주사승가대학	1970개, 1997가	보은 法住寺	〃	〃
유마사승가대학[16)]	2005개	화순 維摩寺	〃	조계종 비구니승가대학
운문사승가대학	1958개, 1997인	청도 雲門寺	〃	〃
청암사승가대학	1987개, 1997인	김천 靑庵寺	〃	〃
동학사승가대학	1956개, 1997인	공주 東鶴寺	〃	〃
봉녕사승가대학	1974개, 1997인	수원 奉寧寺	〃	〃
삼선승가대학	1978개, 1997가	서울 삼선포교원	〃	〃
선암사강원	?	순천 仙巖寺	〃	한국불교태고종
동방불교대학[17)]	1982	독립채산제	〃	서울 봉원사 밑
구인사강원[18)]	1983개	단양 救仁寺	〃	대한불교천태종
진각대학	1997	서울 진각종 통리원	〃	대한불교진각종

* 대한불교조계종 총무원의 '개교' 연도는 '개', 기본교육기관 '인가'는 '인', '가인가'는 조건부 '가', '미인가'는 '미'(1997년 10월 31일 현재 기준).

15) 동화사승가대학을 비롯하여 월정사승가대학, 선운사승가대학, 선암사강원(현재 한국불교태고종 소속) 등 4개가 늘어나 기존 인가 11개 비구승가대학을 포함하여 현재 조계종은 15개의 비구승가대학을 운영하고 있다. 이외에 조계종은 1996년에 은해사승가대학원을 설치하여 대학원 학제로 운영하고 있다.

16) 유마사승가대학이 조건부 인가를 받아 기존 인가 5개의 사미니승가대학을 포함하여 현재 조계종은 6개의 비구니승가대학을 운영하고 있다.

17) 동방불교대학은 1982년에 한국불교태고종의 종립대학으로 서울 성북구 성북동 태고사에서 개교한

현재 <표 2>에 나타난 이들 승가대학들은 전통 강원에서 발전된 형식을 취하고 있으나 아직 현 정부의 교육과학기술부가 인정한 각종학교 또는 정규대학으로 볼 수는 없다. 하지만 이들 승가대학들은 최근 해외 유명대학들과의 자매교류를 통해 정규대학의 위상을 확보해 가고 있다.[19] 뿐만 아니라 불교계 내에서도 이들 대학의 졸업을 의무화하고 있어 대학으로서의 위상을 강화해 가고 있다. 이미 내전과 외전을 비롯한 커리큘럼은 정규대학의 것과 크게 다르지 않을 정도로 개방적이다.[20]

학생들이 출가 승려라는 것만 제한적일 뿐 모든 교과과정에는 승려 교수뿐만 아니라 재가의 외래교수들도 다수 참여하고 있다. 그리고 국내외 교육 현장이 크게 변하고 있는 현재 이들 대학들은 여타의 사립 및 국공립 대학과는 다른 형태로 운영되고 있다. 이러한 측면에서 보더라도 불교계 승가대학은 불교 고등교육기관의 미래를 예감할 수 있는 지남이 되고 있다.

이러한 몇 가지 점에서 이들 승가대학들은 과거 구한말의 대학들과는 일정한 형태의 차별성을 갖는다. 동시에 불교계가 운영한 동국대학교와 국민대학관과 국민대학에서 갈려 나간 해인대학과도 어느 정도의 차별성을 지니고 있다. 그 차별성은 오히려 불교 교육의 특수성이 되어 개신교 신학대학과 가톨릭 신학대학과 대비되고 있다.

종립대학이었다. 그러나 2005년 3월 2일 동방대학원대학교의 개교 이후 안산 봉원사 밑에다 독립 건물을 확보한 뒤부터는 독립채산제로 운영하고 있다.

18) 구인사강원은 대한불교천태종 본산인 단양 구인사 내에 운영하는 직할 '금강승가대학'이다. 이와 달리 1982년 이래 천태종은 종도들을 재교육하기 위해 서울의 본사(관문사) 중심으로 금강불교대학을 운영해 왔다. 2007년부터는 서울 관문사와 부산 삼광사 및 대구와 울산 및 춘천 등 거점 사찰 중심으로 각기 금강불교대학을 운영하고 있다.

19) 운문승가대학은 2007년 이래 중국의 靑華大 및 일본의 花園大와 자매 결연을 맺어 학생 등의 인적 교류와 학점 교류 등을 체결했다.

20) 동국대학교 석림회(1997), 244~245면. 이 자료에는 이들 승가대학들의 교과과목을 잘 정리해 놓고 있다.

3. 해인대학 설립 배경과 전화 과정

1945년 8월 15일 일본이 연합군에 무조건 항복하면서 우리는 해방을 맞이하였다. 태평양전쟁 시기 중경에서 활동하던 임시정부는 한국을 신탁통치하려는 미국의 의도를 간파하고 연합국의 야합을 저지하는 데 온 힘을 쏟았다. 임정의 인사들은 임시정부의 국제적 승인을 위한 발판을 마련하기 위해 런던의 프랑스 망명정부와도 연대하여 승인을 얻었다. 또 광복군은 교전단체로의 지위를 얻고자 미군 O.S.S와 합동작전을 전개하면서 1945년 9월 본토 상륙작전을 준비하였다. 그런데 뜻하지 않게 일제가 연합국에 먼저 항복함으로써 교전단체로의 지위를 열망하던 임시정부의 기대는 물거품이 되고 말았다.[21]

이를 두고 임시정부 주석 김구는 그의 자서전에서 “이 소식이 내게 희소식이기보다는 하늘이 무너지고 땅이 꺼지는 일이었다.”고 표현하였다. 백범은 수년 동안 애를 써서 참전을 준비한 것이 모두 허사로 돌아가고 말았다면서 “지금까지 들인 정성이 아깝고 다가올 일이 걱정된다.”고 앞으로의 일을 우려하였다.[22] 역사는 백범의 예견대로 미소 열강의 야욕이 정확하게 펼쳐졌다. 미군정은 10월 16일 하지의 성명을 통해 미 군정청이 38도 이남의 조선지역을 통치, 지배하는 유일한 정부임을 거듭 천명하면서 임시정부의 역할을 원천 봉쇄하였다.[23]

그런데 미 군정청이 조선총독부의 체제를 대체하면서 뜻하지 않은 문제들이 생겨났다. 해방 이후 중국 중경에 머물던 임시정부 인사들은 건국의 동량을 양성하기 위해 대학을 세우려 했다. 하지만 당시 교육정책과 입안 등 정치 전반을 장악한 미 군정청의 통제로 창학이 쉽지 않았다.[24] 때마침 미 군정청은 경성제국대학을 계승하여 ‘국립’ 서울대

21) 한시준(2002).

22) 김구(1998).

23) 진덕규(1985).

학을 탄생시켰다. 이렇게 되자 '사립' 성균관대학 등이 세워짐과 동시에 임시정부 인사들은 '국립'을 쓸 수는 없었다. 하지만 이들은 자발적인 의지를 바탕으로 국민들이 염원하는 '국민' 대학을 열고자 했다. 국민대학의 설립 주체는 1946년 3월 3일 서울에서 결성된 국민대학 설립 추진을 위한 기성회가 모체였다.

국민대학 설립기성회는 사무실을 내수동에서 낙원동의 운현궁으로 옮기고 본격적인 활동에 들어갔다. 임시정부 인사들은 임시정부 간판을 겉으로 내걸 수 없던 처지에서 신민동지회(新民同志會)라는 이름으로 설립기성회를 이끌었다. 이승만과 김구가 고문에, 김규식과 조소앙을 명예회장에 추대했다. 그리고 회장에 신익희(申翼熙), 부회장에 윤백남(尹白南)·옥선진(玉璿珍)을 추대했다. 상임이사로는 박철재(朴哲在)·조윤제(趙潤濟)·최영재(崔永在)·김인희(金仁喜)·유규경(兪珪卿)·김선태(金善太)·윤길중(尹吉重)·유호준(兪虎濬)·김정실(金正實) 등 9인을 선임하였다. 그리고 위촉된 40명의 이사들[25]은 모두 교육계, 학계, 법조계, 여성계, 언론계, 행정 계통의 관리 출신 등을 대표하는 이들이었다.

이들은 "신생조국을 부흥시켜 나가는 일은 무엇보다도 교육을 통하여 국민 의식 속에 민주주의를 생활화시켜 나갈 수 있는 힘을 기르는 일이 선결과제"라는 데에 인식을 같이하였다. 그리고 이를 위하여 교육기관을 설립할 것을 결의하고 기성회(期成會)를 결성[26]하였다. 1946년 12월 17일 기성회는 미군정 체제 아래 독립국가가 건설되지 못한 상황에서 '국립'이란 명칭을 쓸 수 없어서 대학의 이름을 '국민의 대학'을

---

24) 재단법인 국민대학관의 허가와 각종 학교 국민대학관의 인가는 1946년 12월 17일에 받았다. 하지만 대학설립 요건이 갖추어져 허가 절차만 남았다는 군정청의 양해 아래 1946년 9월 1일 신학기를 기하여 서둘러 개학하였다. 당시 미 군정청 학무국에서 만든 학제는 유치원 2년, 초등학교 6년, 중학교 6년, 대학교 4년, 대학원 2년이었다. 매 학년 시작은 9월이었고 학제는 2학기제였다.

25) 이사에는 白樂濬·李鍾會·尹日善·朴順天·薛義植·李泰奎·金正實·趙潤濟·鄭求忠·李昌洙·李容卨·張炯·李鳳九·李甲秀·康明玉·尹吉重·兪虎濬·崔永在·崔舜哲·兪珪卿·金仁喜·金熙雲·朴哲在·金玉斤·崔夏永·李德興·金善太·黃信德·崔康源·姜錫麟·李文世·鄭雲近·韓通淑·金龍根·尹衡重·尹偉夫·安東爀·高秉國·金東一·金東旭 등 40명을 위촉하였다.

26) 경남대학교(1996), 67~68면.

뜻하는 '국민대학'으로 정하고 개교하였다.[27]

당시 『동아일보』는 설립기성회의 발족을 아예 「국립대학 설립 준비」라는 제목으로 크게 다루기까지 하였다. 『동아일보』가 국민대학의 설립을 '국립'으로 보도했던 내면에는, 미군정의 '국립대학설립안'에 대응한 임시정부 중심의 '국민대학설립'을 진정한 '국립'으로 받아들이려는 의지가 반영되어 있었다.[28] 「국민대학건립취지서」에는 그 지향을 이렇게 적고 있다.

> 법문 계통은 물론이거니와 자연과학을 특치하여 모든 산업의 기초가 되는 과학의 최고원리를 연찬케 하고, 선진국가의 전례를 참고하여 특히 종교과를 세워 국민의 정신적 방면에의 지향을 지도유발(指導誘發)하는 유용의 인재를 양성하고자 하나니, 우리 국민대학교는 상기한 바의 특수 목표 하에 일대 종합대학이 되기를 기하는 바이다.[29]

이 취지서에서 주목되는 것은 '특히 종교과를 세워 국민의 정신적 방면에의 지향을 지도 유발하는 유용의 인재를 양성하고자' 한다는 대목이다. 임시정부 인사들의 민족문화 고취와 전통문화 계승 의지는 우리 민족의 문화적 기반을 이루고 있는 불교문화와 유교문화의 지지를 의미하는 것이었다. 그리고 이것은 대학이 지향하는 학풍과 방향을 잘 보여주고 있다. 하지만 5천만 원의 설립 기금을 모집하려던 계획이 여의치 않았던 기성회는 민족대학 건립을 경계하고 국대안(國大案) 건립을 구체화하던 미군정의 견제에 부딪쳐 난항을 거듭했다.

이즈음 우리 국민의 반대에도 불구하고 미 군정청은 일제의 경성제국대학을 모체로 국립 서울대학교 설립에 관한 법령을 제정하여 국민대학

27) 국민대학교 교사편찬위원회 편(2006), 28면.

28) 국민대학교 교사편찬위원회 편(2006), 30면.

29) 『동아일보』(1946. 12. 18.); 국민대학교 교사편찬위원회 편(2006), 29면.

개교일과 같은 날인 1946년 9월 1일 개교하였다. 초대총장으로는 미군 장교인 앤스테드(Harry B. Ansted) 대위를 임명하였다. 미군정의 국립대학안은 첫째, 일본 제국주의가 설립한 경성제국대학을 모체로 국립대학교를 설립한다는 것, 둘째, 국립대학안이 교육적 논리보다 정치적 논리에 의한 것이라는 점, 셋째, 미국인 총장과 미군정이 선출한 관선이사회의 대학운영은 미군정의 학원통제 조치이며, 이것은 민족적 자존의식에서 결코 허락될 수 없다는 이유[30]에서 거센 반발을 불러일으켰다.

국대안 반대 파동에도 불구하고 서울대학교가 개교될 무렵 국민대학 설립기성회는 구한말에 서북 출신의 이갑(李甲)·이동휘(李東輝)·안창호(安昌浩) 등이 세운 서울 종로구 낙원동 282번지의 서북학회(西北學會) 회관[31] 3층에 임시사무실을 마련하였다. 이 회관은 이미 오성학교(1910), 보성전문학교(1918), 협성학교, 협성실업학교 교사로도 사용된 적이 있었다. 해방 공간에는 조선공산당이 인쇄공장으로 사용하였고, 그 뒤 한민당 본부 사무실로도 쓰였다.[32] 이어 유석창(劉錫彰)이 인수하고부터는 민립대학 건설을 추진하던 신익희와 장형(張炯)·유석창 등이 모여 설립 의지를 다지던 공간이 되었다.

하지만 국민대학 인가 신청은 미군정에 의해 번번이 거부되었다. 더욱이 마땅한 교사가 없어 어려움을 겪었다. 할 수 없이 보인(輔仁)상고 별관 2층 건물을 빌려 8월 1일에 개교하였다. 국민대학 설립기성회는 1946년 12월 18일에 미 군정청에 의해 '국민대학관'으로 인가를 받았다. 하지만 '대학관'은 정규대학이 아닌 각종 학교에 지나지 않았다. 때문에 국민대학관이 정규대학으로 승격되기 위해서는 재단의 유치가 필요하였다. 이때 당시 조선불교 중앙총무원 총무부장이며 뒤에 제헌국회

30) 국민대학교 교사편찬위원회 편(2006), 33면.

31) 서북학회 회관은 나라의 운명이 기울기 시작하던 구한말(1908)에 서북 출신의 사람들이 세운 건물로 현재는 건국대학교 내로 옮겨져 건국대박물관으로 사용되고 있다.

32) 국민대학교 교사편찬위원회 편(2006), 35면.

의원이 된 최범술(崔凡述)이 해인사의 사찰재산을 기부하여 재단을 구성하겠다는 뜻을 기성회에 전달해 왔다.

이 뜻이 수용된 뒤 1947년 8월 10일에는 재단법인 국민대학관으로 이어지던 학교를 발전적으로 해체하고 최범술을 이사장(대표이사)으로, 신익희(申翼熙)·장택상(張澤相)·박승표(朴勝表)·조상만(趙相萬)·윤길중(尹吉重)·김법린(金法麟)·임환경(林幻鏡)·박영희(朴英熙)·한보순(韓普淳)·황태호(黃泰鎬)·이용조(李龍祚)를 이사로, 장도환(張道煥)·한영태(韓永泰)를 감사로 하는 재단법인 국민대학 인가[33]를 받았고 각종학교에서 정규대학으로 승격하였다. 아울러 학칙을 변경하여 전문부를 폐지하고 야간수업을 중지하였다. 그리고 법률학과와 정치학과 및 경제학과 등 3개 학과의 정원은 각과 50명씩 150명이었다.[34]

각종학교 국민대학관에서 재단법인 국민대학으로 승격한 국민대학의 이사들은 불교계 주요 인사[35]로 구성되자 불자들은 명실공히 불교계 운영 대학으로 인식하였다. 이어 교사 공간 사용이 문제되자 종래 빌려 사용해 오던 보인(輔仁)상고 교사에서 불교계 소유였던 서울시 남산동 1가 31번지의 동본원사(東本願寺)로 옮겼다.[36] 하지만 적산[37]이었

33) 경남대학교 교사편찬위원회 편(1996), 69면; 국민대학교 교사편찬위원회 편(2006), 37면.

34) 당시 남조선 과도정부 문교부장 兪億兼의 印記가 찍힌 문교부 발령문서 '文高發 제416의 1호'는 申翼熙를 이사장으로 하는 구이사진을 사임시켰으며, 이어 내려진 발령문서 '文高發 제416의 2호'는 崔凡述을 이사장으로 하는 이사진을 구성하여 공표하였다. 국민대학교 교사편찬위원회 편(2006), 37~38면.

35) 이사장 최범술뿐만 아니라 이사로 위촉된 김법린, 임환경, 박영희 등 4인은 모두 出家 수행 경력과 유학 경력(최범술, 김법린)이 있는 이들이다. 국민대학관에서 국민대학으로 승격시킨 최범술 등은 몇 년 뒤에 해인대학을 출범시켰다.

36) 최범술 이사장이 조선불교중앙총무원 총무부장으로 재임하고 있었기에 동본원사의 사용이 가능했다. 동본원사 터는 지금의 동국대학교 정문 건너편이며 현재 신라호텔이 들어서 있다.

37) 한반도에 있는 일제 재산은 1945년 9월 25일 '미군정 법령 2호'에 의해 동결 및 이전 제한 조치가 취해졌고 뒤이어 '미군정 법령 4호'에 의해 미군정 재산으로 규정되었다. 또한 1945년 12월 6일 '미군정 법령 33호'에 의해 일본인 재산의 권리를 미군정에 법적으로 귀속시켰다. 때문에 동본원사는 법적으로는 미군정의 재산으로 될 수 있으나, 이것은 전후의 일시적 조치일 뿐 실제로는 우리 민족의 소유임에 분명했다. 그럼에도 불구하고 학교를 동본원사로 옮긴 지 한 달도 되지 않는 1947년 10월 30일에 미군정은 경기서울재산관리인 골스타인 소령을 통해 교사 사용을 취소한다는 통보를 했다. 그 이유는 동본원사는 서울시 교향악단의 연습장으로, 또한 서울시 후생국이 사용하

던 이곳에서 오래 머물 수가 없어서 다시 서울시 관수동의 화광교회(和光敎會, 明星여중)로 교사를 옮겼다. 결국 여기서도 얼마 있지 못하고 1948년 2월 10일에는 서울시 종로구 창신동 117번지의 옛 체신요원 양성소로 옮겼다. 그리고 이전 해 8월 14일에 학장에 취임하였던 신익희 교장이 1년 뒤인 1948년 8월 14일에 사임하였다.

1949년 4월 29일에 정윤환(鄭潤煥) 학장서리가 취임했으나 1950년 4월 15일에 사임하고 최범술 이사장이 학장서리로 취임하였다. 취임 이후 최범술 이사장은 창신동 교사의 수리를 공언하였다. 하지만 자금 부족으로 공사는 중단되고 말았다. 이렇게 되자 국민대학측은 부실 재단의 축출을 결의하고 최범술 재단과 결별할 것을 선언하였다.[38)]

이후 국민대학은 재단과 관계없이 교직원과 학생들에 의해 자치적으로 운영되었다. 반면 학교측과 결별 상태에 들어간 최범술 재단은 1949년부터 다른 대학의 경영을 모색하기 시작했다. 재단은 1950년 6・25사변 직후 7월 1일에는 국민대학을 부산시 감천동 임시교사로 이전하였다. 그리고 8월 20일에는 제1회 졸업식을 가졌다. 이어 1951년에는 '대학교육에 관한 준시 특별 조치령'에 의한 '전시연합대학' 체제 아래에서 위탁수업을 받게 되면서 전란에 의한 대학의 시련이 더욱 커졌다. 이 소용돌이 속에서 이 해 8월 28일에는 제2회 졸업식을 거행하였다.

1952년 3월 25일 전란의 소용돌이 속에서 국민대학은 다시 경남 합

기로 되어 있어 불법 점거라는 것이었다. 이것은 미군정이 우리 민족의 재산을 침탈한 것이자 권력의 남용이며 민족학교에 대한 탄압이었다. 국민대학교 교사편찬위원회 편(2006), 37면.

38) 이 사이 국민대학 측은 '목포에 부동산을 많이 가지고 있다'는 大建企業株式會社 대표 鄭昞朝가 자신의 재산을 국민대학에 기부하겠다고 나섰다. 그는 1949년 2월 회사의 주주총회를 열어 국민대학에 기본 자산과 보통자산으로 부동산 및 토지보상금을 무상으로 기부할 것을 결의하였다. 하지만 이 과정에서 정병조는 돌연 대건기업주식회사에 365만 원을 줄 것을 요구하였고 당시 국민대학 회계과장 李洙浩는 할 수 없이 그 금액에 해당하는 수표를 발행하여 주고 재단서류를 문교부에 제출하는데 성공하였다. 하지만 이 수표는 결재되지 못한 채 6・25사변이 발발하였다. 결국 재단서류는 문교부에 접수되어 피난지 부산에서 1952년 3월 24일 '국민대학원'이라는 이름으로 정식 재단법인 허가를 얻게 되어 새로이 정병조 재단을 맞아들였다. 이렇게 되자 최범술 재단은 같은 날짜로 해인대학을 유지 경영하는 재단법인 해인사로 바꾸었다. 이렇게 해서 약 5년간 계속되던 최범술 재단과 국민대학의 분규는 일단락되었다. 국민대학교 교사편찬위원회 편(2006), 50면.

천군 가야면 치인리 10번지의 해인사 경내로 교사를 이전하였다. 4월 23일자로 재단법인 국민대학을 재단법인 해인사로, 국민대학을 해인대학으로 개편 인가를 받아 해인대학으로 출범하게 되었다. 경내에 있었던 학교를 이 해 8월 20일에는 진주시 강남동 112번지로 옮기게 되었다. 1955년 이용조(李龍祚) 이사장이 취임하여 새로운 이사진을 구성한 뒤 1956년 4월 21일에는 다시 마산시 완월동 281-1로 옮겼다. 이 해 6월 30일에는 최성관(崔性觀) 이사장이 취임하였고 1958년 8월 9일에 재단법인 해인사가 재단법인 해인학원으로 개편되면서 불교 고등교육기관으로 거듭나는 듯 했다.

1960년 4월 23일에는 김법린(金法麟)이 이사장에 취임하여 이사에 이용조・김자운(金慈雲)・조명기(趙明基)・정남규(鄭南圭)・김철현(金喆鉉)・박상호(朴祥鎬), 상무이사에 최성관, 감사에 정한섭(鄭漢燮)・박기종(朴淇宗)을 선임하여 새로운 이사진을 출범시켰다. 하지만 당시 불교재단의 실권자였던 최범술 학장이 이사장에 취임할 당시 재단에 기부하기로 한 해인사 일부 재산이 당시 학장이었던 최범술 개인의 의지대로 처리할 수 없었다. 결국 해인사 대중들의 산문회의(山門會議)의 추인을 받지 못해 해인사 재원은 해인학원의 재산으로 전환되지 못했다.[39] 이렇게 되자 해인대학은 경영이 어려워졌고 마침내 재단이 교체되기에 이르렀다.

해인사에서 진주를 거쳐 마산으로 배움터를 옮긴 해인대학은 1961년 2월 22일 다시 교명을 마산대학으로 바꾸었다. 그리고 이해 11월 13일에는 대학 정비령에 의해 1962년도 2월 27일에 학생모집 중지통보를 받아 2년제 마산실업초급대학으로 전환되기까지 했었다.[40] 이렇게 되

39) 『대한불교』(1972. 8. 6.), 3면. 이때 해인사는 全山林 3千3百28町과 農地 2萬5千9百37坪을 학교법인 海印大學財團으로 넘겨 겨우 寺宇만을 소유하고 있었을 뿐 財産이라고는 나무 한 그루도 없게 되었다. 그러나 1960년을 전후하여 당시 住持였던 慈雲과 總務였던 映岩이 수많은 소송과 싸움을 통해 해인대학에 넘긴 임야와 농지를 되찾았다.

40) 마산실업초급대학이 4년제 마산대학으로 부활하면서 마산실업초급대학은 마산대학병설초급대학으로 개칭되었다. 마산대학병설 마산실업초급대학에 개설된 학과는 불교과(주간 40명, 야간 40명), 상과(주간 80명, 야간 40명), 가정과(주간 40명, 야간 40명)였다. 해인대학에서 마산대학으로 전환된

자 1963년 11월 12일에는 학생과 교직원들이 그동안 재단이 학교 운영을 잘하지 못하여 4년제 대학이 2년제 초급대학으로 전환되는 등 대학이 존폐의 위기에 직면했다고 지적하고, 해인학원 이사진의 총사퇴를 결의하게 되었다. 문교부는 이를 받아들여 재단이사들을 퇴진시키고 1963년 12월 2일자로 관선이사를 구성하였다.

새로 구성된 관선이사들은 12월 3일 첫 이사회를 열고 학장 직무대리에 최병한(崔炳翰) 마산시장, 이사장에 유엽(柳葉), 상무이사에 김양택(金良澤) 전 이사, 사무국장에 박경환(朴慶奐) 등을 선임했다. 이사로는 최재형(崔載衡) 유원산업주식회사 사장, 한태일(韓泰日) 고려모직회사 사장, 이형규 마산제일여고 교장, 김동광(金東光) 해인중학교 교장 등을 선임했다.

신임 최병한 학장 직무대리는 취임사에서 '우리들의 공동 목표와 숙원이던 재단 보강과 4년제 대학 부활을 받아들일 체제의 정비가 필요하다'고 전제하면서 '모든 불합리한 요구를 제거하고, 학생과 교직원들은 맡은 바 책임을 충실히 이행할 것이며, 인화 단결하여 목표를 향해 돌진하자'고 역설했다. 그리하여 1964년 1월 22일에는 재단법인 해인학원이 학교법인 해인학원으로 개편되었다. 이해 4월 8일에는 학교법인 해인학원의 새로운 이사 4명을 우선 선정함으로써 관선 이사진을 발전적으로 해체하였다. 이때 선정된 이사들은 김철현(金喆鉉)·최병한·김창한(金彰翰)·김정권(金定權) 등이었는데 4월 16일 첫 이사회에서 김철현이 이사장으로 선출되었다.

그해 12월 18일에는 문홍주(文鴻柱) 전 법체처장과 전 문교부장관 박일경이 재단이사로 전입 보강되었다. 아울러 김철현 이사장 대신으로

뒤 다시 2년제 마산실업초급대학으로 전환되었지만 이때까지만 해도 불교계와의 관련을 지니고 있었기에 불교과를 개설하였던 것으로 보인다. 하지만 1963년 1월 8일 불교과 야간과 가정과 야간을 폐과하고 경영경제과(40명)와 무역과(50명)를 신설했으며 상과 주간을 20명 증원(100)하고 야간을 10명 증원(50)하였다. 1964년 1월 31일에는 4년제 마산대학 설립인가를 받으면서 법정학과 80명, 상학과 80명, 종교학과 80명, 문학과 80명의 정원의 규모로 발전했다.

김한주(金翰周) 이사장 직무대행이 취임하였다. 김 이사장은 '학술이나 체육 면에서 타 대학에 뒤지지 않는 좋은 전통과 학풍을 더욱 빛내기 위한 최선의 노력을 경주할 것'이라고 다짐했다. 하지만 새로 구성된 이사들 간에 종단과 비종단파로 파벌이 갈리어 새로운 분규가 생겼고 학교발전을 위한 노력도 미흡하자 1966년 1월 19일 두 번째 관선이사를 맞이했다.

다시 구성된 관선이사는 이사장에 한태일 고려모직 사장, 상무이사에 김종기(金鍾旗) 고려견직 사장, 사무국장에 이정진(李正珍), 이사로는 김종신(金鍾信) 전 국회의원, 최재형 유원산업 사장, 이원길(李元吉) 진일공업 사장, 조호제(趙虎濟) 마산공고 교장, 김재용(金在瑢) 선생 등이었다. 이들은 1966년 7월 20일 흥국재단 도입을 결정하고 물러났다. 흥국재단은 이사장에 채기엽(蔡基葉), 이사로는 채현국(蔡鉉國) 흥국탄광 부사장, 한태일 고려모직 사장, 김종신 전 국회의원, 김상기(金相基) 한국철학회 간사, 정성양 전 본 대학 이사, 감사로는 윤병희(尹炳姬) 서울대 문리대 교수를 선임했다.

하지만 학교 측의 기대를 모았던 흥국재단 역시 대학을 인수한 지 4개월 만에 학교 경영에 따른 의무 이행이 어렵다고 표명하고 스스로 물러나고 말았다.[41] 이렇게 되자 재단 재산 증자, 채무 정리, 안정된 학원 운영 등을 조건으로 1966년 3월 28일에 다시 불교 재단을 받아들였다. 당시 불교계의 유일한 언론이었던 『대한불교』는 이렇게 기술하고 있다.

> 66년 1월 文敎部(권오병 장관 때)의 일방적인 官選假理事 임명으로 世稱 『興國財團』의 蔡基葉 씨 1家에게 운영권이 넘어갔던 海印學院(馬山大學・海印中・高校)이 宗團과 前任理事들의 끈덕진 노력으로 다시 宗團에 귀속, 孫慶山스님(大韓佛敎曹溪宗總務院長)이 理事長에 就任하였다. 당초 관선이사들이었던 蔡基葉, 蔡鉉國, 金相基 씨 등은 서울高法의 『理事效力停止假處分』(9월 27일자) 判決

41) 경남대학교 교사편찬위원회 편(1996), 98면.

> 이 내려지자 자격을 상실, 지난 3월 28일 자진 사임하고 이 學園은 孫慶山, 朴其宗, 李龍祚, 安正三, 金相浩, 金鍾信, 鄭性陽 씨 등으로 이사진이 전면 개편되었다. 文敎部로부터 臨時理事 승인을 얻은 새 이사회에서는 3월 30일 馬山大學長에 李龍祚 교수(東大), 海印高校長에 安正三 씨, 海印中校長에 金德修 씨(留任)를 각각 선임하였다. 그런데 海印學園이 宗團학교로서 계속 유지되기 위하여서는 운영자금으로 現貨 3천만 원이 시급히 필요하다고 한다.42)

당시 신문의 기사처럼 조계종단 인사들에 의하여 임시이사진이 구성되어 이사장에 손경산(孫慶山) 전 동국대학 이사장, 상무이사에 정성양, 이사에는 이용조·안정삼(安定三)·김상종(金相鍾)·박기종(朴淇宗)·김종신·이경대 등을 위촉하였다. 문교부는 새로 개편된 종단 쪽 이사회에 대하여 앞으로 넉 달(66년 7월까지) 안에 기본재산 1억 6천만 원과 운영자금 3천만 원의 보강을 조건으로 내세워 이사들의 취임을 승인하였다. 문교부는 3천만 원의 현금의 증자를 종용하였다. 이사 중 안정삼 씨가 1억 4천만 원 상당의 사재를 재단에 희사하여 기본재산의 보강은 해결단계에 있었다.43)

당시 남은 문제는 종단학교의 유지 조건을 위한 운영자금 3천만 원의 확보였다. 마산대학은 한때 신축을 중단하고 일부 교사와 체육시설 등 3천여 만 원 운영자금이 시급히 요청되고 있는 실정이었다. 기본재산의 완전보강은 물론 필요한 재단운영자금을 확보하지 못하면 이 학원은 다시 위기를 면하지 못하게 될 것이라고 인식하였다.

손경산 이사장은 어떠한 수단을 써서라도 종단에서 학교의 정상적인 발전을 기하도록 뒷받침하여 주지 않으면 막중한 책무의 육영재단이 본래의 사명을 다하지 못하고 또 위기에 처하게 될 것이라고 말하면서 교계의 협조를 호소하였다. 임시이사진에서는 전남 대원사(大元寺)를 중

---

42) 『大韓佛敎』(1994. 4. 16.), 1면.

43) 『大韓佛敎』(1967. 4. 16.), 1면.

심한 11개 사찰재단인 보현재단(普賢財團) 임야 9백 정보를 해인학원 유지재단에 편입시켜 확보하였으나 현금 3천만 원을 확보하지 못하고 다시 위기를 겪고 있었다.[44)]

문교부에서는 임시이사진의 임기를 9월까지 다시 3개월 연장하고 재단의 보강을 기다리고 있었지만 재단 측에서는 적절한 묘안이 나서지 않았다. 이렇게 되자 해인학원이 끝까지 3천만 원의 재단을 보강하지 못하므로 존립이 위험할 때에는 최후방안으로 동국학원(東國學院, 東大)에 병합할 것을 주장하는 이사가 많았다.[45)] 이것은 1935년 보성고보와 중앙불전을 경영하던 불교교단이 운영이 어려워지자 일부에서 제안한 매각 논의와도 상통한다.[46)] 결국 불교재단은 대학을 정상 궤도에 올려놓지 못한 채 1967년 12월 22일 학교법인 해인학원 임시이사회를 열어 해인종합고등학교와 해인중학교를 제외한 대학의 교지, 교사 등 학교 재산 일체와 그 경영권을 학교법인 삼양학원(三洋學園)에 양도키로 결의하였다.[47)]

뒤이어 1968년 1월 23일 문교 제1042-1호로 학교법인 삼양학원의 설립인가와 이사진의 인준을 받음으로써 재단을 둘러싼 오랜 갈등은 사실상 막을 내리게 되었다.[48)] 결국 불교계가 주관하였던 국민대학관 → 국민대학 → 해인대학 → 마산대학 → 마산실업초급대학 → 마산대학 이후 학교는 불교계와 단절되면서 학교법인 삼양학원으로 넘어갔다.

삼양학원은 이사장에 이명조(李命祚) 삼양산업 주식회사 사장, 상무이사에 이정진, 이사로는 김태상(金泰相)・조인규(趙仁圭)・박경환(朴慶奐)・이이조(李二祚)를, 감사에는 김재봉(金在鳳)・김관희를 선임했다. 이

---

44) 『大韓佛敎』(1994. 7. 16.), 1면.

45) 『大韓佛敎』(1967. 7. 16.), 1면.

46) 이것은 당시 보성고보와 중앙불전 두 학교를 경영하던 조선불교중앙교무원이 보성고보의 운영자금으로 100만 원이 부족하자 이들 두 학교의 경영문제를 연결시켜 이 중 하나를 인계 혹은 폐지하자는 주장을 내온 것과 상통한다. 주64) 참조.

47) 이즈음 대한불교조계종도 내부사정이 복잡하여 靑潭 종정－慶山 총무원장 체제가 물러나고 古庵 종정－瑞庵 총무원장 체제가 등장하였다.

48) 경남대학교 교사편찬위원회 편(1996), 98면.

명조 이사장은 '단기 5년, 장기 10년을 두고 지역사회 개발에 원동력이 되고 나아가서는 조국 근대화의 역군이 될 인재를 양성하기 위하여 실과초급대학의 병설, 중·고등학교의 설립을 추진하는 한편, 연차 계획으로 종합대학교에의 길을 터놓겠다'고 공언했다.

그리고 1970년 5월 20일에 학교법인 삼양학원은 마산대학의 경영권을 또 학교법인 경남학원에 넘겼다. 1971년 2월 5일에는 박재규(朴在圭) 이사장 직무대행과 김기석(金基錫) 학장이 경남대학에 취임함으로써 대학의 내부 설비와 외곽 시설을 확충하고 체제를 정비하여 명실공히 실질적인 대학경영권을 행사하였고 2006년에는 경남대학교[49] 개교 60주년 행사를 하기에 이르렀다.

4. 해인-마산대학의 학풍과 문화

해인대학의 전신이었던 국민대학의 교훈은 '이교위가(以教爲家) 사필귀정(事必歸正)'이었다. 즉 '학교를 내 집처럼 위하고', '모든 일은 결국 정의로 귀결된다'[50]는 신념을 나타내고자 하였다. 다시 말해서 학교는 이 교훈을 통해 '이교위가'의 애교정신과 '사필귀정'의 굳건한 신념을 보여주고자 했다.[51] 이와 달리 국민대학에서 갈려나온 해인대학의 교훈은 자세히 알려져 있지 않다.[52] 하지만 학칙 제1장 총칙 제 1조에는 교훈에 준하는 이 대학의 지향이 잘 드러나 있다.

---

49) 마산대학은 1971년 12월 31일에 교명을 경남대학으로 변경하였다. 1981년 7월 28일에는 종합대학 인가를 받아 1982년 3월 1일부터 경남대학교로 교명을 변경하였다.

50) 현재의 국민대학교는 이 교훈을 사용하고 있다.

51) 국민대학교 교사편찬위원회 편(2006), 41면.

52) 국민대학관 및 국민대학에서 해인대학과 마산대학(-마산실업초급대학-마산대학)을 거쳐 경남대학과 경남대학교로 이어진 역사를 기술하고 있는 『경남대50년사: 1946~1996』에는 '眞理 自由 創造'를 교훈으로 삼고 있다.

> 본 대학은 대한민국교육법에 준하여 불타정신의 구현과정인 계(戒)·정(定)·혜(慧) 삼학에 입각한 학의 독립을 기본으로 하고, 심오한 학술이론을 연찬하며, 그의 철저한 응용방법을 연구하여 인격도야와 함께 앞날에 국가사회의 유능한 인재를 배양함을 목적으로 한다.[53]

해인대학은 '불타정신의 구현과정인 계·정·혜 삼학에 입각한 학의 독립을 기본으로' 한다고 분명히 명시하고 있다. '학의 독립'은 신앙 혹은 신행과는 다른 객관적인 방법론에 기초하여 신앙 또는 신행의 이론적 해명을 의미하고 있다. 이를 위해 '심오한 학술이론을 연찬'하고, '그의 철저한 응용방법을 연구'하여 '인격도야'와 함께 '국가사회의 유능한 인재를 배양함'을 목적으로 한다고 선언하고 있다.

해인대학의 교훈과 교육목표가 남아 있지 않아 좀 더 구체적인 건학이념을 알 수는 없다. 다만 학칙 제1장 총칙 제1조에 나타난 지향을 통해서나마 해인대학의 학문 풍토와 대학 문화를 가늠해 볼 수 있을 뿐이다. 다만 불교계가 운영한 대학이라는 점을 고려할 때 명진학교로부터 시작되어 불교사범학교 → 불교고등강숙 → 불교중앙학림 → 불교학원 → 불교전수학교 → 중앙불교전문학교 → 혜화전문학교 → 동국대학 → 동국대학교로 이어진 불교 고등교육기관의 교육목적의 변천과도 긴밀하게 호응할 수 있을 것으로 추정해 볼 수 있다.[54]

뿐만 아니라 이러한 정신은 불교계가 세운 중고등교육기관의 학칙에도 공통적으로 나타나고 있다. 이것은 해인대학의 학사와 대학기구를 통해서도 어느 정도 유추해 볼 수 있다.[55] 해인대학으로 교명을 바꾼 1952년 4월 23일 당시의 학부 학과 편제는 다음과 같다. 즉 문학부는 종

53) 경남대학교 교사편찬위원회 편(2006), 86면.

54) 高榮燮(2006), 325면. 1946년에 설치한 東國大學은 "본 대학은 佛教精神에 기하며 國家와 人類社會 發展에 必要한 學術의 深奧한 理論과 應用方法을 教授 研究하는 동시에 指導的 人格을 陶冶함을 目的으로 한다"는 교육목적을 제시하였다.

55) 경남대학교 교사편찬위원회 편(1996), 76면.

교학과 20명(80명)과 문학부 60명(240, 국문학, 영문학, 사학 전공)으로 구성되어 있고, 법정학부는 법률학과 60명(240)과 정경학과 60명(240, 정치학, 경제학 전공)으로 되어 있었다. 아래 표에서처럼 당시의 교과과정을 통해 학문 풍토와 대학 문화에 대해 살펴볼 수 있다.

〈표 3〉 전공 교과목 표 – 문학부 종교학과

학년	전공과목	선택과목
1	국어, 영어, 철학개론, 체육, 문화사, 자연과학, 불교학개론, 제2외국어(독어, 중국어, 불어), 불교문화사, 한국불교사	국사개론, 한문, 논리학, 윤리학, 교육원리
2	구사학(俱舍學), 인도불교사, 한국종교사, 인도철학, 선학개론, 한국불교사상사, 종교학개론, 종교사, 사회학개론, 체육, 서양철학	심리학개론, 문학개론, 한문학사, 교육사, 교육심리
3	불교학특강, 불교사연습, 유식론(唯識論), 중국불교사, 불교학연습, 종교학특강, 종교철학, 동양철학, 불교교리사, 체육	경전강독(經典講讀), 중국문화사, 고고학, 교육평가, 교육과정
4	불교학각론, 동양철학특강, 반야경, 서양철학특강, 화엄학(華嚴學) 불교사특강, 체육, 졸업논문	서양철학사, 미학예술학, 교육방법, 교육사회학, 교육실습

종교학과는 불교를 기반으로 한 국민대학관과 국민대학 및 해인대학의 건학이념을 불어넣는 과목들을 설강하고 있다. 종교학과에는 불교학 전공과 일반종교학 전공으로 나눠져 있다. 1학년은 교양과정과 전공기초를 기반으로 전공 관련 선택과목을 수강하게 하고 있다. 2학년은 종교학 전공을 위한 주요 과목들의 통사 및 개론과 함께 전공 관련 선택과목을 이수하게 하고 있다. 3, 4학년 역시 종교학의 주요 과목들의 통사 및 개요와 함께 전공 유관 선택과목을 교육학과 관련하여 이수하게 하고 있다. 교육학 관련과목의 이수는 교직 이수를 통한 교사 진출을 염두에 둔 것으로 보인다.

문학부 문학과의 국문전공과 영문전공을 비롯하여 법상학부 법정학과와 상학과 역시 여타 대학의 전공기초와 선택과목 및 전공과목과 유사하게 구성되어 있다.[56] 그런데 이들 전공에서 두드러진 특징은 1학년의 전공기초로 '불교학개론'과 '불교문화사'를 필수과목으로 개설하고 있는 점이다. 이것은 동국대학교의 교양필수과목인 '불교학개론'과 '불교문화사'와 상통하는 것이다.[57] 이 두 과목은 교책과목이자 해인대학의 건학이념과 정체성을 보여주는 과목이라는 점에서 주목된다.

우리는 이러한 교과목을 통해 해인대학의 학칙에 기술되어 있는 것처럼 불타 정신의 구현을 기반으로 한 학풍이 곳곳에 스며들음을 확인하게 된다. 특히 전공필수인 '불교학개론'과 '불교문화사'의 이수는 이러한 학풍을 뒷받침하고 있다. 뿐만 아니라 당시 학교를 대표하던 최범술 학장 서리를 비롯해서 불교계 이사와 교강사들의 사상적 배경 및 해인사의 전통과 문화가 학교 전반에 배어들어 있었던 것으로 추정해 볼 수 있다.

대학 언론지 『해인대학보』는 여러 차례의 재단 분규와 학교 이전 등의 소용돌이에도 불구하고 학내 여론을 수렴 전달하고 대학문화를 이끌어 가기 위해 1957년 3월 20일 창간되었다. 하지만 신문 제작에 필요한 여건이 마련되지 않아 주간 교수 혼자서 신문 제작을 책임져야 했다. 뿐만 아니라 지역 사회의 인쇄시설 미비로 여러 인쇄소를 전전하며 학보를 제작하면서 어려움이 적지 않았다. 『해인대학보』는 1961년 1월부터 연간(年刊)에서 월간(月刊)으로 바뀌었다. 1월 3일자 제9호부터 학생들이 참여하면서 편집부와 취재부 등의 부서가 생겨나 학보사로서의 면모를 갖추기 시작했다. 『해인대학보』의 활성화는 교수들의 연구 활동에도 많은 영향을 주었다.

---

56) 경남대학교 교사편찬위원회 편(1996), 79~80면.

57) 현재 동국대학교는 '불교학개론'을 '불교와 인간'으로 개명하였고, '불교문화사'는 좀 더 넓게 펼쳐 불교철학 역사 문화 일반까지 확장하여 개설하고 있다. 1996년부터는 '자아와 명상'과 '선과 인간'을 정각원과 대각전 및 좌선실에서 전교생 필수과목(P/F)으로 운영하고 있다. 뿐만 아니라 2006년부터 대학생들의 교양을 강화하기 위해 개설한 '핵심교양'을 '역사와 철학', '사상과 문화', '과학과 기술', '예술과 교양' 등 4개 영역으로 구분한 뒤 여기에 설강된 10여개 불교 관련 과목 하나를 졸업 전까지 이수하도록 규정해 놓고 있다.

1958년에는 씨름부가 창단되었고 이후 마산대학 → 경남대학 → 경남대학교로 이어지면서 전국의 천하장사를 배출하여 이 대학의 대표적인 체육부가 되었다. 이어 복싱부(1959)와 배구부(1960)가 창단되었고, 탁구부와 태권도부, 농구부와 수영부 및 육상부도 곧이어 창단되었다.

대구에서 열린 국어국문학대회에서 이순섭 문학부 강사가 '선교(禪敎)와 국문학' 주제로 발표를 하면서 교수들의 학술활동이 본격화되었다. 논문집으로 『해대정경』(1958. 12. 제2호 발간)과 『해대법학』(1958. 창간)이 창간되면서 교수들의 연구 활동이 외화되기 시작했다. 뿐만 아니라 1957년 창간호에서 1961년 제16호까지 『해인대학보』에 실린 문학, 예술, 법학, 정치학, 경제학 등 학문 전 영역에 걸쳐 실린 200자 원고지 30~60매의 소론(小論)들은 1950년대 학계 전반의 연구 풍토와 교수들의 학문 활동을 보여주고 있다.

당시 재단이사장이었던 정기영 교수의 『진주성전기(晋州城戰記, 1957)』, 김용기 교수의 『진주사대관(晋州史大觀, 1957)』, 시인 김춘수(金春洙) 교수의 시집 『꽃의 소묘』(1958)와 『한국현대시형태론』(해동문화사)을 간행하였고 이듬해에는 『부다페스트에서의 소녀의 죽음』으로 자유문학상을 받았다. 또 소설가 이병주(李炳注) 교수는 『내일이 없는 그날』(1958)을 국제신보사에서 출간하였다. 이를 계기로 해인대학은 시의 김춘수와 소설의 이병주를 통해 학교의 명성을 드높였다.

1964년 12월에는 대학 처음으로 가라문화연구소(초대 소장 김용태 문학과 학장)를 설치하고 지역 문화・예술에 대한 연구를 시작했다. 이즈음 해인대학에 출강했던 교강사의 이름과 담당과목은 아래와 같다.

〈표 4〉 1957년 교직원 명단

직위	성명	학위	담당과목	비고
학장	李龍祚	의학사		
부학장	朴鎭求	법학사	상법총칙, 회사법, 수형법, 소절수법	
교수	金龍基	문학사	문화사, 사학개론, 근세서양사, 史籍解題	
〃	金浩喆	의학사 경제학석사	근대경제사, 경제특강, 경기변동, 경제원론	학생과장 정경과주임교수
〃	李慶帶	문학사	이조불교사, 동양사, 불교개론, 인도불교사	문과주임교수 서무과장
〃	李炳注	문학사	철학개론, 불어A, 문예사조사, 현대철학	
〃	秦長燮	문학사	문학개론, 영문학연습, 영문학특강, 문학각론	문학부장
〃	金鍾修	상학사	재정학, 경제정책	
〃	高漢俊	법학사	친족상속법, 행정각론, 헌법, 행정총론	
〃	河大生	법학사	형법각론, 민사소송, 형사행정	법과주임교수
〃	裵德煥	문학사	영수필, 독어A, 섹스피어강독, 영어문장론	
〃	金尙祚	문학사	한국종교사, 各宗綱要, 한국근세사, 국사	경리과장
〃	權允赫	정치학사	민주정치론, 정치학개론, 윤리학, 원서강독(정), 정치기구론	
〃	金福守		경제사, 상업정책, 경제학사, 상업통론	
〃	崔宇哲	경제학사 문학사	영어A, 영어학연습, 영어B, 상급영어, 영어학개론	
〃	鄭琪永	문학사	역사철학	
〃	金鳳九		체육(전학년)	
전임촉탁	朴斗錫	경제학사	경영경제, 한국경제사	
〃	朴仁錫	경제학사	국제경제, 무역개론, 외국환, 공업정책	
〃	邊月周		俱舍論, 화엄강요	
〃	朴八會	문학사	음운론, 국어학사, 국어, 문법론	
〃	黃南勳		중국어(전학년)	
강사	李泳來	판사	민사소송법	
〃	崔性觀	문학사	윤리학	재단이사장
〃	趙鏞振	문학사	교육평가, 교육과정	
〃	朴卿龍	경제학사	경제지리	
〃	李吉鹿	문학사	국어	
〃	崔載浩	문학사	국문학연습, 국문학특강	
〃	朴平文	정치학석사	행정론	

〃	柳在浩	문학사	영어회화	
〃	李龍卓	법학사	물권법, 해상법, 담보물건법, 보험법	
〃	全昌祚	법학사	원서강독(법), 법학통론, 국제공법, 노동법	
〃	李根成	판사	민법총칙	
〃	崔奭浩	한문학사	한문학연습	
〃	金次龍	경제학석사	화폐론, 원서강독(경)	
〃	金春洙		시문학, 신문학사	
〃	李元衡	법학사	법철학	
〃	黃銀煥	검사	형법총론	

<표 4>의 교강사 명단에는 당시 해당 분야의 권위자들이 포진되어 있었다. 인문학을 비롯하여 사회과학 및 자연과학 여러 방면의 전문가들이 교원으로 출강하고 있었다는 사실을 통해 해인대학이 상당한 비전을 가지고 있었던 대학임을 알 수 있다. 이러한 비전이 안정된 재단 운영과 함께 할 수 있었다면 해인대학은 불교계 고등교육기관으로서 비약적인 발전을 도모할 수 있었을 것이다. 마산대학 시절의 교강사 명단 역시 해인대학 시절 못지않게 해당 분야의 권위자들이 강좌를 담당하였다.[58)]

다음의 <표 5>는 해인대학 초기의 졸업생 현황이다. 어려운 시기였고 짧은 기간이었지만 졸업생이 적지 않았다는 점에서 이 대학에 대한 불교계 안팎의 기대는 결코 적지 않았음을 알 수 있다. 때문에 '불타정신의 구현'을 목표로 했던 해인대학의 지향에 걸 맞는 인재들이 안정적인 불교계 재단의 지원 아래 우리 '국가 사회의 유능한 인재'로 커갈 수 있었다면 하는 아쉬움이 적지 않다.

58) 경남대학교 교사편찬위원회 편(1996), 114~115면.

〈표 5〉 1949~1956년 졸업생 현황

학 부	횟수 / 연도 / 학과	1	2	3	4	5	6	7	8	합계
		1949	1950	1951	1952	1953	1954	1955	1956	
문학부	종교학과					5	6	8	3	22
	문학과				18	23	38	48	27	154
법정학	법률학과	13	25	33	35	38	53	79	76	362
	정경학과	15	18	30	22	35	48	73	65	313
합계		28	43	63	76	101	145	208	171	*831

문학부와 법정학부의 두 개 학부 네 개 학과의 졸업생들의 8년간 통계는 851명[59]이다. 4년간의 문학부 졸업생 176명과 8년간의 법정학부 졸업생 675명은 불교재단이었던 해인대학 출신이라는 점에서 재학시절 불교 세계관을 배우고 인식했을 것으로 추정된다. 그렇다면 이들이 불교 재단이 운영하는 대학에서 불교 교양필수 과목을 듣고 졸업했다는 점에서 '불타정신의 구현'은 소기의 목적을 이룬 것이다.

비록 불교재단이 일반재단으로 넘어가기는 했지만 국민대학관에서부터 국민대학 → 해인대학 → 마산대학 → 마산실업초급학교 → 마산대학을 거쳐 경남대학과 경남대학교로 이어지고 있다는 점을 고려하면 이 학교는 여전히 '국가 사회의 유능한 인재의 배양'을 도모하고 있다고 인정하지 않을 수 없게 된다. 학교가 불교계 소속이냐 아니냐보다 중요한 것은 해당 학교가 어떤 세계관을 가진 '인재를 배출'하여 우리 사회의 '적재적소에 배치'하느냐의 여부가 궁극적으로 불교 세계관에 부합하는 것이기 때문이다. 그런 점에서 이 대학의 역사 속에는 여전히 불교적 유전자가 남아 있다고 하지 않을 수 없다. 하지만 좀 더 직접적인 학교 경영을 통해 불교 세계관을 체화시키지 못하게 된 점에 대해서는 냉철한 비판과 반성을 촉구하지 않을 수 없게 된다.

---

59) 경남대학교 교사편찬위원회 편(1996), 85면. 문학부 176명과 법정학부 675명의 합계 831명으로 나온 것은 마땅히 851명으로 수정되어야 할 것이다.

5. 교육 인식 결핍과 재단 매도 비판

구한말 이래 불교계의 교육 인식은 선진적이었다. 국내 불교계의 지식인들뿐만 아니라 해외 유학을 마치고 돌아온 불교계 지도자들 역시 교육투자에 대해서는 매우 적극적이었다. 국내 지방 교육기관과 한양 중앙에 교육기관을 세운 이들은 교육이 나라를 새롭게 하는 지름길임을 알았다. 해외에서 돌아온 이들 역시 앞선 유럽 및 영미권의 교육방법을 흡수하여 우리나라의 불교 교육기관에 접목시키고자 했다.

물론 이들이 처음부터 학교를 세워야한다는 절실한 인식을 가지고 있었던 것은 아니었다. 오히려 당시 곳곳에서 일어나 '불교를 파괴 훼손하고 불교의 전답을 빼앗아 학교에 귀속시키고 학교 운영비로 하겠다는 이교(異敎)들'[60]의 도전에 대한 응전의 형식에서 비롯된 것일 수도 있다. 물론 이러한 학교 건립에 대한 인식이 호교론에서 비롯된 것이기는 하지만 교단 구성원들이 이 문제를 내부적으로 심각하게 인식하고 있었다는 점에서 학교 건립은 자생적인 것이라고 하지 않을 수 없다.

당시 불교계 지도자들의 인식은 1906년 동국대학교 전신인 명진학교를 세울 당시 각 수사찰에 보낸 통문이었던 「발문제도수사통문(發文諸道首寺通文)」에 잘 드러나 있다. 불교연구회는 1) 자각 → 2) 진단 → 3) 치유 → 4) 처방의 사성제 구조로 되어 있는 이 통문을 통해 당시 불교계의 상황과 문제를 정확히 자각하고 진단하여 처방과 치유의 길을 제시하고 있다.

> 1) 우리 불교가 중국으로부터 우리나라에 온 것이 지금 몇 천 년이 되었는데 법규와 기강이 해이하여 승려들의 곤궁과 핍박이 오늘처럼 심한 때가 없었습니다. 이 나라의 승려된 사람으로서 누군들 분하고 원통한 마음이 없겠습니까? 게다가 요즘은 많은 이교

60) 高榮燮(2006), 293면.

> (異教)들이 곳곳에서 일어나 각자의 종교를 높이 받들면서 불교를 파괴 훼손하고 불교의 전답을 빼앗아 학교에 귀속시키고 학교 운영비로 하겠다고까지 하고 있습니다. 말과 생각이 여기에 이르게 되니 진실로 가슴이 아프고 놀라움이 극에 이르고 있습니다. 만일 이런 일이 끊이지 않는다면 끝없는 환란과 뜻하지 않은 변고가 이로부터 일어날 것입니다. 연못에 있는 물고기에 미친 작은 재앙이 점차 불거져 장차 크고 작은 사찰에까지 미칠 것입니다. 2) 이렇게 된 원인을 탐구해 보건대, 우리 승려들이 세계의 학문에 통달하지 못하고 세상 물정에 등한히 했기 때문입니다. 3) 이에 …… 연구회는 보통과정의 학교를 설립하여 정부의 인가를 받았던 것입니다. 우리 불교가 흥왕할 때는 바로 오늘에 있다고 할 것이므로, 서울 부근 사찰의 청년승려를 모집하여 음력 3월 초하루부터 수업을 시작하였습니다. 불교의 오묘한 이치, 서양의 새로운 학문과 다른 종교의 책들 및 다른 나라의 풍습과 산술 어학 등의 연구를 목적으로 하고 있습니다. 4) (중간 생략) 불교와 새로운 학문을 연구하고 정성을 다하여 힘쓰고 쇄신하여 스스로 굳건한 내실을 갈고 닦는다면 이 겁운(劫運)에서 해탈하여 그 자유로운 힘을 되찾게 될 것입니다. …… (이하 생략)[61]

「발문제도수사통문」은 불교의 사성제로 창학의 당위성을 호소하고 있다. 하지만 동국대학교의 운영은 개교 초기부터 이미 문제를 안고 있었다. 학교경영을 둘러싸고 학교를 세운 주체였던 불교연구회와 1908년 새롭게 탄생한 원종 그리고 1910년 부산에서 창종된 임제종의 대립과 이후 선교 양종 등 불교계의 대립 및 불교연구회와 원종 등의 무능, 일제통감부와 일본 불교 정토종과 진언종 등 각 종파의 간섭, 재정적 기여도의 미흡 등의 요인이 내재해 있었다. 결국 명진학교는 4년 만에 문을 닫고 불교사범학교로 개편하는 정도에서 머무르고 말았다. 이 후에도 1~4년 혹은 10년 이내 단위로 교명이 바뀌었다[62].

동국대학교 경영 문제의 핵심은 불교 교단의 잦은 분규와 복잡한 의

61) 李能和(1975), 937면.

62) 고영섭(2006), 299면.

사 결정 구조 및 학교 운영에 대한 전문적인 경험의 부재와 재정적 지원의 부족에 있었다. 특히 신자의 시주를 모아 내는 분담금으로는 여타 종교계 운영대학 재단의 것과 비교할 수 없었다. 해서 물적 토대가 부족한 교단이 학생들의 등록금만으로 대학을 운영할 수밖에 없었다. 불교계 재정 마련을 위한 노력도 일부 있었으나 미미했다.[63] 이전의 상황이지만 이미 교단은 학교 하나를 운영하기조차 어려울 때가 있었다.[64] 해서 강원을 통해 내전을 읽으면 되었고 필요한 경우 외전을 공부할 수 있다는 의식이 확산되는 현실에서 새로운 학교에 대한 투자 의욕을 내기는 어려웠다.

해인사와 다솔사의 연합에 의해 해인-마산대학을 이어 가려 했지만 여전히 재정적인 기반 마련이 쉽지 않았다. 결국 교단은 재단운영자금의 미확보로 해인학원의 마산대학을 다른 재단에 넘겨주고 말았다. 하지만 불교계의 재정 확보 방안이 어려웠다고 해서 해인-마산대학을 열[65] 차례나 학교 이름을 바꾸면서 이어져 온 동국대학교와 동렬에서 논의하기에는 무리가 따른다. 왜냐하면 독립운동(불교중앙학림 → 불교학원 → 불교전수학교)과 문화통치(혜화전문학교 → 동국대학)로 인해 일제에 의해 두 차례 폐교를 당한 것처럼 외부적 요인에 의해 폐교와 개교를 반복하면서 교명 변경이 생긴 것으로 볼 수도 있기 때문이다.

그런데 당시 같은 사학이었던 보성전문과 연희전문 및 이화여전의

63) 高榮燮(2007), 113~177. 이 때문에 해방 이후 불교계는 경남여객을 비롯해 몇 가지 사업체를 운영한 적이 있었다. 하지만 이것은 정화(분규)과정에서 모두 넘어갔다. 물론 정화(분규) 이후에도 교단이 사업체를 운영한 적이 있었다. 하지만 그것조차도 지속하지 못하고 일반 업체에 넘어가고 말았다.

64) 김광식(2000), 253~254면. 천도교에 의해 운영되었던 보성고보는 천도교 내의 경영상의 문제로 1924년 불교계의 신흥기관이었던 총무원으로 경영권이 이전되었다. 그 이후 보성고보는 재단법인 조선불교중앙교무원으로 경영권이 이전되었으며, 1935년 高啓學院으로 양도될 때까지 불교계에서 운영하였다. 보성고보의 경영권자인 교무원의 100만 원 재단 완성의 미흡에서 야기된 財政 모순으로 인해 보성고보를 양도해야 한다는 주장이 대두되었고 결국 불교계가 경영하던 中央佛傳의 경영 문제와 뒤엉켜 두 학교의 인계 혹은 폐교 주장도 나오기까지 했다.

65) 종래 거론되어 왔던 아홉 개의 교명은 불교중앙학림(1915~1922. 9.)의 폐교와 불교전수학교(1928. 3.~1930)의 개교 사이의 5년 공백 기간에 있었던 총무원 운영의 '불교학원'(1922. 10.~1928. 2.)을 추가하여 열 개로 조정해야만 할 것이다.

경우는 거의 한 차례밖에 교명을 변경하지 않았던 것과 비교해 보면 문제는 달라진다.[66] 오히려 일제라는 외부적 요인보다는 재정적 이유로 보성고보와 중앙불전의 인계 혹은 폐교 주장까지 나온 경우에서처럼 불교 내부적 요인 때문에 학교발전이 어려웠다고 보는 것이 자연스러울 것이다. 동국대학교 운영에서 경험하였던 여러 문제점들은 국민대학관에서 시작된 국민대학 → 해인대학 → 마산대학으로 이어지는 불교 고등교육기관에서도 동일하게 나타나고 있다.

불교 교단의 '열악한 재정 구조'와 '복잡한 의사결정 구조' 그리고 '끝없는 분규'와 '경영진의 무능' 등이 해인대학을 마산대학으로 이어지게 했고 잠시 삼양학원의 인수를 거쳐 마산대학은 다시 경남학원 재단으로 학교가 넘어가 오늘의 경남대학교에 이르고 있다. 문제는 1940년대 말부터 1950년대를 거쳐 1960년대 중반까지 벌어졌던 해인-마산대학 경영의 시행착오가 이후 동국대학 운영에서도 그대로 이어지고 있다는 점에 있다.

교육을 통해 '백년지대계'를 설계했던 많은 국공립 대학과 사립대학들처럼 불교계 교육기관의 설립자들도 처음에는 희망찬 설계를 했었다. 하지만 막상 현실에서 부딪치는 문제는 한두 가지가 아니었다. 대학의 무한 경쟁이 이뤄지고 있는 현실에서 물적 토대가 약한 불교계가 고등교육기관을 운영하기는 쉽지 않았다. 해인-마산대학 실패의 가장 큰 원인도 바로 이 문제였다. 때문에 불교계가 예나 지금이나 학생들의 등록금에 의존하는 것만으로 대학을 운영하려는 한 불교계 고등교육기관의 경쟁력은 떨어질 수밖에 없는 것이다.

불교계 교육기관의 질적 경쟁력 제고와 물적 토대 마련을 위해서는 좀 더 공세적인 재정확충 노력이 요청된다. 논자는 해인-마산대학 재단의 매각에 대한 비판에 근거하여 다음과 같은 몇 가지 방안을 제안해

66) 이 문제는 불교의 민족주의적 요소와 1910년 이래 불교계의 강력한 독립운동의 여파 등등의 문제까지 내재되어 있기 때문에 일면으로만 보기는 어렵다.

보고자 한다.

(1) 대학 자체 사업의 추진

① 부동산 및 친환경 사업의 투자

② 대학 이미지의 상품 브랜드화

(2) 기업 및 동문들의 기부금 확충

① 기업의 투자 및 산학 연대 확립

② 홈 컴밍 데이 및 동문의 날 시행

(3) 학교기부금 및 재단 동산의 재투자

① 기부금의 재투자

② 재단 자산의 재투자

(4) 장학금 및 독지가의 적극적 유치

① 동문장학금의 반환 노력

② 독지가의 대면 기회 확보

매년 몇 백억 이상을 투자해야만 경쟁력 있는 대학을 운영할 수 있는 현실[67]을 냉철히 받아들이지 않는 한 불교계 고등교육기관의 부실

---

67) 『중앙일보』(2008. 9. 27.). 삼성그룹은 1996년부터 성균관대학교의 재단 운영에 참여하면서 10년 동안 매년 1,000억 원씩을 투자했다. 그 결과 성균관대의 대학 평가 수치가 급속히 상승하고 있는 현실은 무한 경쟁 시대의 대학의 발전이 어떻게 가능한지를 잘 말해주고 있다. 성균관대학교의 서정돈 총장은 "삼성이 대학 경영에서 손을 뗐다가 1996년 다시 재단을 맡기 전까지 학교가 어려웠습니다. 20년 동안 힘든 시기를 보냈기 때문에 다시 잘해 보자는 구성원들의 의지가 대단했죠. 직원들이 늘 모여서 자기 분야에 대해 공부를 하는 문화가 자리 잡았습니다. 최근 해마다 재단에서 1,000억 원 정도를 지원받는 것이 재정적으로 큰 도움이 되고 브랜드 파워도 든든한 뒷받침이 됐습니다."라며 성균관대의 급성장의 비결을 '구성원들의 열정'과 '학교재단의 과감한 투자'에서 찾았다.

재단의 윤회를 반복할 수밖에 없다. 유치원을 비롯하여 초·중·고등학교 운영에서도 여타 종교의 운영에 견주어 크게 뒤지고 있는 현실에서 대학 운영은 언급할 것까지도 없다. 더욱이 미래에 대한 투자는 교육에 대한 투자로 귀결된다는 현실을 불교계가 자각하지 못하는 한 불교 교육에 대한 재정적 투자는 여전히 기대하기 어렵다.

결국 동국대학은 물론 해인－마산대학의 운영 실패는 불교계의 대학 운영사에 상당한 충격과 아쉬움을 남겼다. 하지만 충격과 아쉬움도 잠시뿐이었다. 해인－마산대학 운영 실패의 경험이 대학 운영의 중요한 교훈이 되어야 함에도 불구하고 불교계의 대학 운영은 여전히 개선되고 있지 않기 때문이다. 각종학교에서 정규대학으로 전환한 출가자 중심의 중앙승가대학 이외에 대한불교조계종 산하의 정규대학이 부재하는 현실은 이것을 잘 말해 주고 있다.

각 지방의 강원에서 승격된 20여 개의 지방사찰 승가대학과 안양 보장사(학교법인 보문학원)가 운영하고 있는 서울불교대학원대학교, 태고종과 연합하여 운영하고 있는 동방대학원대학교, 천태종의 금강대학교, 진각종의 위덕대학교가 그나마 불교계 대학으로 인식되고 있다. 하지만 204개의 전국 4년제 대학과 143개의 전국 전문대학의 수와 비교해 볼 때 불교 고등교육기관의 수는 현저히 부족하다고 아니할 수 없다.

바로 이러한 관점에 서서 우리 현실을 볼 때 해인－마산대학 운영 실패는 다음과 같은 교훈을 주고 있다. 즉 교육 인식이 현저히 결핍된 불교계에서 고등교육기관이 ① 어떻게 탄생될 수 있는지, 그리고 ② 어떻게 소멸될 수 있는지를 함께 보여주었다는 점이다. 따라서 해인－마산대학은 불교계 고등교육기관의 설립이라는 '희망'과 교육 인식의 결핍과 물적 토대의 빈곤이 결국 재단 매도라는 '절망'을 동시에 보여준 사례라고 할 수 있을 것이다.

6. 정리와 맺음

지금 한국 불교계는 '사회의 불교화'와 '불교의 사회화'와 관련한 수많은 문제에 직면해 있다. 그 문제를 개선하기 위해서는 크게 대내적인 과제와 대외적인 과제로 나눠 볼 수 있을 것이다. 대외적으로는 한국불교의 국제화와 세계화 프로젝트를 지속적으로 마련해야만 한다. 먼저 한국불교의 정체성과 인식틀이라고 할 수 있는 '총화불교' 혹은 '회통불교'의 개념 확립과 논리적 근거 확보[68] 및 한국불교의 세계화를 위한 간화선의 재정비 그리고 템플스테이 콘텐츠의 다양화가 시급하다고 할 수 있다. 그리고 대내적으로는 여타 종교와의 갈등 문제를 비롯하여 불교 교육 프로그램의 심화 및 다양화와 불교 인재 양성 및 불교 세계관의 홍포 등이 급선무라고 할 수 있다.

그런데 이러한 과제를 효과적으로 해결하기 위해서는 무엇보다도 불교 인재 양성이 급선무이다. 인재는 유치원에서부터 초·중·고등학교를 거쳐 대학교에서 준비된다. 그래야만 불교적 세계관에 입각한 인재를 통해 불교의 이념을 구현할 수 있게 된다. 하지만 불교계 및 불교인이 운영하는 유치원을 비롯하여 초중고 및 대학교는 공격적인 선교를 벌이는 특정 종교에 비해 매우 적은 편이다.[69] 그리고 관심과 지원이 특정 종교에 비해 대단히 미약하다. 뿐만 아니라 단련을 위한 프로그램의 미비와 교육을 위한 시스템이 너무 느슨하다. 때문에 제대로 된 인재의 양성을 위해서는 불교 젊은이들에 대한 좀 더 지속적이고 체계적인 지원과 관리 시스템이 필요하다.

해방 이후에 건립된 불교계 고등교육기관이었던 해인-마산대학의 탄생과 운영 및 재단 매도는 많은 것을 시사해 주었다. 이것은 불교계 인

68) 高榮燮(2005).

69) 한국불교총람편찬위원회(2008), 222~276면; 428~484면. 이 총람에 따르면 불교계가 경영하는 학교법인은 15개이며 교육기관은 대학교 7개(동국대학교 전산원 포함), 초·중·고 32개이다.

재 양성 시스템의 허술함을 보여준 대표적인 사례라고 할 수 있을 것이다. 그런데 해인−마산대학의 운영 실패 사례가 많은 교훈을 주었음에도 불구하고 불교계 고등교육기관은 시행착오를 반복하고 있다. 열악한 재정 구조와 복잡한 의사결정 구조 그리고 불교계 내 교육 전문가의 부재와 복잡한 정치 지형(종단-재단) 등이 여전히 문제를 혼란스럽게 하고 있다. 해인−마산대학의 운영 실패 사례에서 얻은 교훈은 불교 세계관으로 체화된 '불교계 내 교육 전문가에게 교육 일체를 일임하는 것'과 동시에 등록금 의존도에서 벗어난 '재정 기반의 지속적 확보'라고 할 수 있다.

이를 위해서는 불교 교단 내에 동국대학교 불교대학과 중앙승가대학, 금강대학교와 위덕대학교, 서울불교대학원대학교과 동방대학원대학교 등 불교 관련 고등교육기관의 활성화를 위한 생산적인 공동협의체 마련이 요청된다. 현대 대학 운영의 가장 큰 관건은 역시 '교육 철학의 수립'과 '재정 기반의 확보' 여부에 달려 있다. 불교정신에 입각한 투철한 교육철학이 수립되고 이를 뒷받침하는 물적 토대가 확보된다면 불교 고등교육기관은 거듭날 수 있을 것이다. 따라서 불교계 고등교육기관의 성공 여부 역시 해인-마산대학 운영 사례가 보여준 것처럼 '불교 교육철학의 수립'과 '재정 기반의 지속적 확보'에 성패가 달려 있다고 할 수 있다. 이 두 관건의 확보 위에서 불교교육의 미래는 보다 희망차게 펼쳐질 것이다.

참고문헌

I

최남선, 「조선불교: 동방 문화사상에 있는 그 위치」 제4장 "원효, 통불교의 건설자", 『불교』 제74호, 1930. 8. 불교사.

조명기, 『신라불교의 이념과 역사』(서울: 경서원, 1980).

조명기, 『고려 대각국사와 천태사상』(서울: 경서원, 1980).

이기영, 「한국불교의 근본사상과 새로운 과제」, 『한국불교연구』(한국불교연구원, 1982).

서경수, 「한국불교사상사에 나타난 和의 개념」, 『불교철학의 한국적 전개』(불광출판사, 1999).

서경수, 「한국불교사상사에 나타난 和의 개념」, 『제3회 국제학술회의논문집』(한국정신문화연구원, 1985).

강건기, 「세계 속의 한국불교의 현황과 전망」, 『21세기 문명과 불교』(동국대학교, 1996).

로버트 버즈웰, 「국가 시대 이전의 한국불교」, 『21세기 문명과 불교』(동국대학교, 1996).

정병조, 「한국불교 세계화의 이념과 방향」, 『21세기 문명과 불교』(동국대학교, 1996).

박성배, 「한국불교의 세계화: 종교적 성찰」, 『21세기 문명과 불교』(동국대학교,1996).

오강남, 「한국불교사상 記述의 問題」, 『한국불교의 보편성과 특수성』(인하대학교 한국학연구소, 1997).

심재룡, 「한국 禪불교의 특수성과 보편성」, 『한국불교의 보편성과 특수성』(인하대학교 한국학연구소, 1997).

심재룡, 「한국불교는 회통불교인가」, 『불교평론』 통권3호(2000, 여름호).

길희성, 「한국불교 정체성 탐구: 조계종의 역사와 그 사상을 중심으로」, 『한국종교연구』 제2집(서강대학교 종교연구소, 2000).

박종호, 「한국선의 보편성과 특수성」, 『덕숭선학』 제1집, 한국불교선학연구원,

2001년.
이봉춘, 「회통불교론은 허구의 맹종인가」, 『불교평론』 통권 5호(2000).
이재헌, 「권상로의 불교개혁사상 연구」, 『보조사상』 제13집, 보조사상연구원. 1999.
곽만연, 「고대 인도의 여성관」, 『천태사상과 동양문화』(불지사, 1997).
이창숙, 「인도불교의 여성성불사상에 대한 연구」, 동국대학교 대학원 불교학과 박사학위, 1992.
이현옥, 「여성 성불의 근거와 그 의미」, 『불교학보』 제40집, 동국대학교 불교문화연구원, 2003.
고영섭, 「불교의 생태관」, 『인문학연구』 제6집, 한림대학교 인문학연구소, 1999; 『연기와 자비의 생태학』(연기사, 2001).
고영섭, 「佛儒의 생사관」, 『어울림과 나눔의 세상』(푸른세상, 2003).
『한국불교전서』: H 『불광대사전』: BK
불광대사전편찬위(BK4).
『南濟書』 列傳 39, 東南夷傳 加羅國.
崔致遠(1976), 「鳳巖寺智證大師寂照塔碑」, 『朝鮮金石總覽』 卷上, 서울, 아세아문화사.
金富軾, 『三國史記』 권4, 「新羅本紀」 제4, 法興王 15년.
金富軾, 『三國史記』 권3, 「新羅本紀」 제3, 炤知(비처)마립간 3년.
一然(H6), 『三國遺事』 권3, 「興法」 제3, '阿道基難'.
一然(H6), 『三國遺事』 권3, 「興法」 제3, '難陀闢濟'.
一然(H6), 『三國遺事』 권3, 「興法」 제3, '元宗興法 猒髑滅身'.
『日本書記』 권19, 欽明天皇 13년 冬十月 및 14년 春正月.
彦機(H8), 『鞭羊堂集』 권2, 「禪教源流尋金刃說」.
彦機(H8), 『鞭羊堂集』 권3, 「上高城」.
彦機(H8), 『鞭羊堂集』 권2, 「西山行蹟草」.
李丙燾(1976), 『韓國古代史研究』, 서울, 일조각.
천관우(1978), 「복원가야사」하, 『문학과 지성』 31
천관우(1991), 『가야사연구』, 서울, 문학과 지성사.
金東華(1987), 『三國時代의 佛教思想』, 서울, 민족문화사.
盧重國(1988), 『백제정치사연구』, 서울, 일조각.
梁啓超(1921, 1988), 「千五百年前之中國佛教留學生」, 『中國佛教研究史』, 上海, 上海三聯書店.
케네스 첸(1991), 『중국불교』(상), 박해당 역, 서울, 민족사.
가마다 시게오(1980), 『중국불교사』, 정순일 역, 서울, 경서원.

계명대학교 박물관(1984), 『高靈 古衙洞 壁畵古墳 實測 照査報告』 제2집,
田中俊明(1992), 『大加耶連盟の興亡の「任那」』, 東京, 吉川弘文館.
金煐泰(1991), 「駕洛佛敎의 傳來와 그 展開」, 『佛敎學報』 제27집, 동국대 불교문화 연구원.
洪潤植(1992), 「伽倻佛敎에 대한 諸問題와 그 史的 意義」, 『伽倻考古學論叢』.
金煐泰(1993), 「伽倻의 國名과 佛敎와의 관계」, 『伽倻文化』 제6호, 가야문화연구원.
金福順(1995), 「大伽倻의 불교」, 『伽倻史硏究 －대가야의 政治와 文化－』, 경상북도.
辛鍾遠(1992), 『신라초기불교사연구』, 서울, 민족사.
許興植(1997), 『고려로 옮긴 인도의 등불 －指空 禪賢－』, 서울, 일조각.
高榮燮(2005), 『한국불학사: 신라시대편』, 서울, 연기사.
一中(안병희)(1997), 「스리랑카 승가의 교학체계와 수행체계 조사 연구」, 『세계 승가공동체의 교학체계와 수행체계』, 서울, 가산불교문화연구원.
正圓(김재성)(1997), 「태국과 미얀마 불교의 교학체계와 수행체계」, 『세계 승가 공동체의 교학체계와 수행체계』, 서울, 가산불교문화연구원.
전재성 역(2002), 『맛지마니까야』 제1권, 한국빠알리성전협회, M.I. 164.
조계종교육원(2005), 『조계종 수행의 길: 간화선』, 서울, 조계종출판사.
李道學(2008), 「百濟와 東南아시아 諸國과의 交流」, 『백제문화의 세계화를 위한 국제학술회의 논문집: 大백제국의 국제교류사』, 충청남도 역사문화연 구원,
金龍泰(2008), 「朝鮮後記 佛敎의 臨濟法統과 敎學傳統」, 서울대학교 대학원 국사 학과 박사학위논문.
金天鶴(2008), 「百濟 道藏의 『성실론소』 逸文에 대해서」, 『한국불교문헌의 새로 운 발굴』, 금강대학교 불교문화연구소.
李柱亨(2008), 「인도로 간 구법승과 신라불교」, 『2008 신라학 국제학술대회 논 문집: 실크로드와 신라문화』, 신라문화유산조사단.
班固志(2009), 「대가야의 불교 전래와 수용」, 『대가야사 국제학술회의 자료집: 대가야의 정신세계』, 고령군 & 계명대 한국학연구원, 고령군 대가야 박물관.
崔鉛植(2009), 『大乘四論玄義記』, 서울, 불광출판부.
權五民(2009), 「불설과 비불설」, 『문학 사학 철학』 제17호, 대발해동양학한국학 연구원 한국불교사연구소.
高榮燮(2009), 「대발해 문황대 이래 불교 지형의 동향」, 『문학 사학 철학』 제17 호, 대발해동양학한국학연구원 한국불교사연구소.
«불교신문» 2002년 11월 4일자.

«법보신문» 967호, 2008년 10월 10일자.
«법보신문» 1004호, 2009년 6월 14일자.

Ⅱ

元曉,『법화경종요』,『한국불교전서』 제1책, 신라시대편1, 동국대출판부, 1979.

義寂,『법화경집험기』,『한국불교전서』 제14책, 보유편3, 동국대출판부, 2002.

義寂,『법화경론술기』 상,『한국불교전서』 제2책, 신라시대편3, 동국대출판부, 1982.

一然,『삼국유사』,『한국불교전서』 제6책, 고려시대편3, 동국대출판부, 1986.

圓仁,『입당구법순례행기』,『대일본불교전서』 제113책,

了圓,『법화영험전』,『한국불교전서』 제6책, 고려시대편3, 동국대출판부, 1986.

金煐泰,「법화신앙의 전래와 그 전개」,『한국불교학』 제3집, 한국불교학회, 1977.

金煐泰,「삼국시대의 법화수용과 그 신앙」,『한국천태사상연구』(서울: 동국대학교출판부, 1983).

金煐泰,「삼국(려 · 제 · 라)의 관음신앙」,『한국관음사상연구』(서울: 동국대학교출판부, 1982).

李箕永,「법화종요에 나타난 원효의 법화경관」,『한국천태사상연구』(서울: 동국대학교출판부, 1983).

李永子,「원효의 天台會通사상 연구」,『한국천태사상의 전개』(서울: 민족사, 1988).

李永子,「원효의 止觀사상」,『한국천태사상의 전개』(서울: 민족사, 1988).

李永子,「삼국의 법화 · 천태신앙」,『천태불교학』(서울: 해조음, 2001).

李永子,「천태사상사」,『법화천태사상연구』(서울: 동국대출판부, 2002; 2005).

太田晶二郎,「義寂師의 法華經集驗記는 現存한다」,『일본역사』 309호, 1981.

金相鉉,「義寂의『法華經集驗記』에 대하여」,『동국사학』 제34집, 동국사학회, 2000.

金相鉉,「신라 법상종의 성립과 順璟」,『신라의 사상과 문화』(서울: 일지사, 1999), 316~317면.

李起雲,「신라 義寂의『法華經集驗記』 연구」,『彌天睦禎培박사화갑기념논총: 未來佛教의 向方』(서울: 장경각, 1997).

三友健容,「寂撰 法華經集驗記의 一考察」,『渡辺宝陽선생고희기념논문집: 법화문화사논총』(일본 동경).

박광연,「의적의『법화경집험기』 편찬 배경과 특징」,『역사와 현실』 66, 한국

역사연구회, 2007.
오지연, 「『법화영험전』의 신앙유형 고찰」, 『천태학연구』 제12집, 원각불교사상연구원, 2008.
곽승훈, 「신라 하대 전기의 신정권과 법화사상」, 『한국사상사학』 제32집, 한국사상사학회, 2009. 6.
高榮燮, 「대발해 문황대 이래 불교지형의 동향」, 『문학 사학 철학』 제17호, 한국불교사연구소, 2009 여름호.
僧祐, 『出三藏記集』 권4(『대정장』 55책).
道宣, 『大唐內典錄』 권2(『대정장』 55책).
文雅, 『仁王經疏』 권上(『대정장』 45책).
金富軾, 『三國史記』 권제15.
一然, 『三國遺事』 권제2.
『高麗史』 권제12, 권제13, 권제14, 권제15, 권제17, 권제19, 권제20.
『太宗實錄』 권제14, 7년 12월.
『世宗實錄』 권제17, 4년 4월.
智昇, 『開元釋敎錄』 권2, '西晋法護'(『대정장』 55책).
彦琮 외, 『衆經目錄』 권1(『대정장』 55책).
椎尾辨匡, 「仁王經解題」, 『國譯一切經: 釋經錄部』 5하.
望月新亨, 『佛敎大辭典』 5책(세계성전간행협회, 1974).
望月信亨, 『經典成立史論』(법장관, 1977).
禹貞相 · 金煐泰, 『韓國佛敎史』(진수당, 1969).
金煐泰, 「新羅 眞興大王의 信佛과 그 思想 硏究」, 『佛敎學報』 제5집, 1967.
徐閏吉, 「高麗時代의 仁王百高座道場 硏究」(동국대 대학원 불교학과 석사논문), 1970.
呂東贊, 「高麗時代 護國法會에 對한 硏究」(동국대 대학원 불교학과 석사논문), 1970.
黃台燮, 「仁王護國般若經의 硏究」(동국대 대학원 불교학과 석사논문), 1972.

Ⅲ

『大藏目錄』(『고려대장경』 제39책).
『高麗國新造大藏校正別錄』(『고려대장경』 제38책).

金富軾,『三國史記』 권4, 新羅本紀 眞興王 26년조.
一然,『三國遺事』「紀異」, '阿道基羅'.
覺訓,『海東高僧傳』 권2,「安含傳」.
徐居正,『東文選』 권117,「臥龍山慈雲寺王師贈諡眞明國師碑銘」.
『세조실록』 제4책, 7년조, 27목.
『해동불보』 제5호, 해동불보사.
『해동불보』 제6호, 해동불보사.
「雜貨布」『조선불교월보』 제19호, 조선불교월보사.
『조선불교총보』 제21호, 조선불교총보사.
백성욱(無號山房),「譯經의 必要는?」『불교』 58호, 1929. 4.
김법린(鐵啞),「民衆本位的 佛敎運動의 提唱」,『一光』 2호, 1929. 9.
한용운,「불교의 2대 문제」,『一光』 3호, 1931. 3.
한용운,「조선불교의 개혁안」,『불교』 88호, 1931. 10.
한용운,「譯經의 急務」,『불교』 신3집, 1937. 5.
조종현,『불교』 93호, 1932. 3.
金泰洽,「대중불교 경전간행의 요망」,『불교시보』 12호, 1936.
박영수,「고려대장경의 연구」,『백성욱박사송수기념 불교학논문집』(동국문화사, 1959).
金呑虛,『懸吐譯解 新華嚴經合論』 1책, 화엄학연구소, 1975.
呂澄,『聲明略』(남경: 지나내학원, 1933).
김완진,『향가해독법연구』(서울대출판부, 1983).
李忠九,『經書諺解硏究』 성균관대 박사학위논문, 1990.
金斗鍾,『韓國古印刷技術史』(탐구당, 1974).
고려대장경연구소,『개원석교록』 해제.
동국역경원,『한글대장경』 해제 및 목록.
동국대출판부,『한국불교전서』 책소개.
북한 사회과학원 민족고전연구소,『팔만대장경 해제』(25책, 1987).
북한 사회과학원 민족고전연구소,『팔만대장경 해제』(16책, 1991).
북한 사회과학원 민족고전연구소,『팔만대장경 선역본』(17책, 2001).
조명기,「대각국사의 천태의 사상과 속장의 업적」,『백성욱박사송수기념불교학논문집』(동국대출판부, 1959).
고익진,「삼국의 교학사조」,『한국고대불교사상사』(동국대출판부, 1989).
나종우,「조선 전기 한일 문화교류에 대한 연구 - 고려대장경의 일본 전수를 중심으로」,『사상과 문화의 전개』(경서원, 1989).

한우근, 『유교정치와 불교 – 여말선초대 불교정책』(일조각, 1993).

천혜봉, 「고려 팔만대장경과 강화경」(기조연설), 『고려 팔만대장경과 강화경』(인천: 새얼문화재단, 2001).

신종원, 「안홍과 신라불국토설」, 『신라초기불교사연구』(민족사, 1987).

김복순, 『신사조로서의 신라불교와 왕권』(경인문화사, 2008).

이운표, 「고려대장경에 나타난 고전 범어문법(聲明論)의 統辭에 대하여」, 『고려대장경의 고전범어문법 연구』(고려대장경연구소, 2000).

김윤곤, 「고려 '國本' 대장경의 혁신과 그 배경」, 『民族文化論叢』 제27집, 영남대학교, 2003.

김윤곤, 『고려대장경의 새로운 이해』(불교시대사, 2002).

오용섭, 「고려국신조대장교정별록 연구」, 『서지학연구』 창간호, 서지학회, 1986.

배상현, 「『고려국신조대장교정별록』과 수기」, 『민족문화논총』 제17집, 영남대학교 민족문화연구소, 1997.

정필모, 「고려재조대장목록고」, 『圖書館學』 Vol.17 No.1, 한국도서관학회, 1989.

강순애, 「고려국신조대장교정별록의 분석을 통해 본 초조 및 재조대장경의 변용에 관한 연구」, 『한국비블리아학회지』 제7집, 한국비블리아학회, 1994.

강순애, 「고려대장경교정별록의 학술적 의의」, 『서지학연구』 제20집, 서지학회, 2000.

류부현, 「『고려대장경』의 저본과 판각에 관한 연구」, 『한국도서관정보학회지』 Vol.32 No.3, 한국도서관정보학회, 2001.

류부현, 「고려 재조대장경과 대장목록의 구성」, 『서지학연구』 제33집, 서지학회, 2006.

최영호, 『강화경판 「고려대장경」의 판각사업 연구』(경인문화사, 2008).

이병욱 편, 『한국의 사상가 10인: 의천』(예문서원, 2002).

김영배, 『국어사자료연구: 불전언해 중심』(월인, 2000).

김영배, 「조선 초기의 역경」, 『대각사상』 제5집, 대각사상연구원, 2002.

김광식, 「해방공간의 불교인물 행적 조사록」, 『한국근대불교의 현실인식』(민족사, 1998).

김광식, 「일제하의 역경」, 『대각사상』 제5집, 대각사상연구원, 2002.

한보광, 「백용성 스님의 역경 활동과 그 의의」, 『대각사상연구』 제5집, 대각사상연구원, 2002.

윤창화, 「해방 이후 譯經의 성격과 의의」, 『대각사상』 제5집, 대각사상연구원, 2002.

신규탁, 「漢譯 불전의 한글 번역에 나타난 경향성 고찰: 간경도감, 백용성, 이

운허, 김월운 스님들의 경우를 중심으로」, 『동아시아불교문화』 제6집, 2010. 12.
김무봉, 「조선시대 불전언해 연구」, 『불교어문논집』 한국불교어문학회, 1999.
이미령, 「한글대장경 번역사업에 대한 공과」, 『불교평론』제1호, 1999.
이진영, 「한국의 경전번역 실태: 동국역경원 한글대장경을 중심으로」, 경전연구소, 『세계 각국의 경전번역 실태 및 체계에 관한 연구 발표회 자료집』, 2006.
김종명, 「세조의 불교관과 치국책」, 『한국불교학』 제58집, 한국불교학회, 2010.
고영섭, 「균여의 주측학」, 『한국불학사』(연기사, 1999).
고영섭, 「부파불교의 전래와 전통 한국불교: 테라와다 불교의 전래와 관련하여」, 『한국선학』 제24호, 한국선학회, 2009.
고영섭, 「금강산의 불교 신앙과 수행 전통」, 『보조사상』 제34집, 보조사상연구원, 2010.
고영섭, 「한국의 근대화와 전통 불교의례의 변모」, 『불교학보』 제56집, 동국대학교 불교문화연구원, 2010.
고영섭, 「북한 선역본 팔만대장경」, 『불교적 인간』(신아사, 2010).
<위키백과> 향찰, 구결. www.seelotus.com/.../hyang-ga-outline.htm

Ⅳ

『80華嚴經』 권45, 「菩薩住處品」, 제32(『大正藏』 제9책).
『60華嚴經』 권29, 「菩薩住處品」 제27(『대정장』 제8책).
一然, '關東楓嶽鉢淵藪碑記', 「義解」 『三國遺事』 제5권.
『太宗實錄』 권11, 6년 4월조.
『太宗實錄』 권11, 6년 6월조.
『太宗實錄』 권14, 7년 12월조.
『世宗實錄』 권6, 원년 12월조.
『世宗實錄』 권12, 3년 5월조.
『世宗實錄』 권24, 6년 4월조.
『新增東國輿地勝覽』 권47, 淮陽都護部, 山川, 金剛山.
『增補文獻備考』권23. 金剛山.
李廷龜, 「遊金剛山記」(1603), 『月沙集』.

趙成夏,「金剛山記」(1865).
「乾鳳寺本末寺法」,『朝鮮佛教月報』제9호, 1912.
「楡岾寺本末寺法」,『朝鮮佛教月報』제10호, 1912.
李能和,『朝鮮佛教通史』하권 (서울: 보련각, 1918; 1976).
鷲山 九河,『금강산관상록』(서울: 영축총림 통도사, 1998).
『禪苑』, 선원사, 1935.
金容祚,「허응당 보우의 불교부흥운동」,『허응당보우대사연구』(제주: 불사리탑, 1993).
박병선,「조선후기 원당고」,『백련불교논집』 제5·6합집, 해인사 백련불교문화재단, 1996.
김영태,『한국불교사』(서울: 경서원, 1997).
김영태,「조선조불교와 목우자사상」,『보조사상』 제3집, 보조사상연구원, 1989.
김영재·변경섭·양승봉,『나는 지금 금강산으로 간다』(서울: 김영사, 1998).
박영숙·김유경 엮음,『서양인이 본 금강산』(서울: 문화일보, 1998).
김용태,「조선중기 불교계의 변화와 '서산계'의 대두」,『한국사론』 제44집, 서울대 국사학과, 2000.
탁효정,「조선후기 왕실원당의 유형과 기능」, 한국정신문화연구원 한국학대학원 석사학위논문, 2001.
김용태,「조선후기 불교의 臨濟法統과 講學傳統」, 서울대학교 대학원 사학과 박사학위논문, 2003.
조선문화보존사 편,『조선의 절 안내』(평양: 조선문화보존사, 2003).
윤기엽,「원 간섭기 원 황실의 보시를 통해 중흥된 고려사원」,『보조사상』제22집, 보조사상연구원, 2004.
윤재승,「『山中日記』로 본 조선후기 불교상황」, 동국대 대학원 석사학위논문, 2004.
고영섭,『한국불학사: 조선·대한시대편』(서울: 연기사, 2005).
조용호 옮김,『19세기 선비의 의주·금강산 기행』(서울; 삼우반, 2005).
샤를 바라·샤이에롱,『조선기행: 백여 년 전에 조선을 다녀간 두 외국인의 여행기』, 성귀수(서울: 눈빛, 2006).
坂田沙代,「金剛山 楡岾寺 緣起說話 연구」, 서울대학교 대학원 석사학위 논문, 2007.
최윤정,「조선후기 금강산의 불교」, 동국대학교 대학원 사학과 석사학위논문, 2008.
장용철 편저,『오늘의 북한불교』(서울: 진각종 해인행, 2009).

이종수, 「조선후기 불교의 수행체계 연구」, 동국대학교 대학원 사학과 박사학위논문, 2010.

이종수, 「건봉사 제2차 만일염불회의 재검토」, 『불교학연구』 제25호, 2010. 4.

고영섭, 「한국의 근대화와 전통의례의 변모」, 동국대학교 중점연구소 불교문화연구원, 『불교학보』 제56집, 2010. 8.

白坡 亘璇, 『作法龜鑑』, 김두재(서울: 동국대출판부, 2010).

안진호, 『불자필람』(서울: 연방사, 1931).

안진호, 『新編增註 釋門儀範』, 한정섭 주(서울: 법륜사, 1982).

한용운, 「논불가지각종의식」, 『한용운전집』2(서울: 불교문화연구원, 2006).

김영태, 『한국불교사』(서울: 경서원, 1997).

김영태, 「불교의식의 역사와 사상성」, 동국대 불교문화연구원, 『새로운 정신문화의 창조와 불교』(서울: 우리출판사, 1994).

홍윤식, 「이조불교의 신앙의례」, 『숭산 박길진박사화갑기념: 한국불교사상사』(익산: 원광대출판부, 1975).

홍윤식, 『불교와 민속』(서울: 동국대 역경원, 1980); 박세민(편), 『한국불교의식자료총서』(1993).

홍윤식, 「전통불교수행의례(자료)」, 『문화사학』 6 · 7, 한국문화사학회, 1997.

홍윤식, 「조선후기 불교의 신앙의례와 민중불교」, 『한국불교사의 연구』(서울: 교문사, 1988).

김용조, 「허응당 보우의 불교부흥운동」, 『허응당보우대사연구』(제주: 불사리탑, 1993).

강재언, 『서양과 조선 - 그 이문화 격투의 역사』, 이규수(서울: 학고재, 1998).

이태진, 「小氷期(1500~1750)의 天體 現象的 원인 - 『조선왕조실록』의 관련기록 분석」, 『국사관논총』 72(과천: 국사편찬위원회, 1996).

이태진, 「장기적인 자연재해와 전란의 피해」, 『한국사』 30(과천: 국사편찬위원회, 1998).

정병삼, 「진경시대 불교의 진흥」, 『간송문화』, 제50호, 한국민족미술연구소, 1996.

정병삼, 「불교계의 동향」, 『한국사』 35(과천: 국사편찬위원회, 1998).

허일범, 「고려 · 조선시대의 범자문화 연구」, 『회당학보』 제5집, 대한불교진각종 회당학회, 2004.

송현주, 「현대 한국불교 의례의 과제와 제언」, 『철학사상』 11, 서울대 철학사상연구소, 2000.

박종민, 「한국 불교의례집의 간행과 분류 -『한국불교의례자료총서』와 『석문의범』을 중심으로」, 『역사민속학』 12, 한국역사민속학회, 2001.

문상련(정각), 『한국의 불교의례』(서울: 운주사, 2001).
김종명, 『한국 중세의 불교의례』(서울: 문학과 지성사, 2001).
고영섭, 「조선 전기 불자와 유자의 시공관」, 『동양철학』 제21집, 한국동양철학회, 2004.
고영섭, 『한국불학사: 조선 · 대한시대편』(서울: 연기사, 2005).
고영섭, 「허응 보우의 불교 중흥」, 『한국불교학』 제56집, 한국불교학회, 2010.
남희숙, 「16~18세기 불교의식집의 간행과 불교대중화」, 『한국문화』 34, 서울대 한국문화연구소, 2005.
남희숙, 「조선 후기 불서간행 연구 －진언집과 불교의식집을 중심으로」, 서울대 대학원 국사학과 박사학위 논문, 2004.
남희숙, 「조선시대 다라니경 · 진언집의 간행과 그 역사적 의의」, 『회당학보』 제5집, 대한불교진흥원 회당학회, 2005.
국립문화재연구소, 『불교민속문헌해제』(대전: 국립문화재연구소, 2005).
한상길, 「한국 근대불교의 대중화와 석문의범」, 『동아시아 불교, 근대와의 만남』(서울: 동국대학교출판부, 2008).
김용태, 「조선후기 불교의 臨濟法統과 講學傳統」, 서울대학교 대학원 사학과 박사학위논문, 2003.
이종수, 「조선후기 불교의 수행체계 연구」, 동국대학교 대학원 사학과 박사논문, 2010.

V

『孟子』「盡心」 上.
『太祖實錄』 권11, 6년 3월조.
『太宗實錄』 권14, 7년 12월조.
『世宗實錄』 권24, 6년 4월조.
李能和, 『朝鮮佛教通史』 下권(보련각, 1975).
東國大學校, 『東國大學校九十年誌』 I(동국대학교, 1996).
東國大學校, 『東國七十年史』 I(동국대학교, 1976).
불교문화연구원 편, 『한국의 불교학 연구, 그 회고와 전망』(동대출판부, 1994).
高榮燮, 『韓國佛學史: 신라시대편』(연기사, 2005).
高榮燮 편, 『우리 고향 중의 고향이여』(연기사, 2006).

『大韓每日申報』 285호, 1906년 8월 1일자.
『大韓每日申報』 491호, 광무 11년 4월 20일자.
『東亞日報』 1921년 9월 29일자.
金石翁, 『대한매일신보』 262호, 1906년 7월 5일자.
金暎潭, 「朝鮮佛敎生命의 象徵인 中央佛敎專門學校」, 『一光』 제4호, 1933.
白山學人, 「東國僧伽의 文化史的 任務」, 『佛敎』 57, 1929.
南都泳, 「開化期의 寺院敎育制度」, 『南溪曺佐鎬博士 華甲記念論叢』(1977).
南都泳, 「舊韓末 佛敎界의 敎育活動」, 『전국역사학대회자료집』 26, 1983. 5.
최철환, 『동국역경원 역경 사업』, 『大覺思想研究』 제5집, 대각사상연구원, 2002.
高榮燮, 「불교 孝學의 이론과 실제」, 『한국불교학』 제44집, 2005년 동계.
李能和, 「行解履歷學設兩科」, 『조선불교통사』 하(서울: 보련각, 1975).
金法麟, 「敎政進路에 對한 管見」, 『新生』 1946년 6월호, 월간 신생사.
金法麟, 「模範叢林의 財團組織」, 『佛敎』 신년호, 1947년.
불교편집부, 「가야총림 규약」『佛敎』 1948년 4월호, 월간 불교사.
韓粲贊, 『陜川海印寺誌』(서울: 創人社, 1947).
南都泳, 「舊韓末 佛敎界의 敎育活動」, 『전국역사학대회자료집』 26, 전국역사학대회 준비위원회, 1983. 5.
이지관 편, 『伽倻山海印寺誌』(서울: 가산문고, 1992).
이재창 외, 『빛깔 있는 책들: 해인사』(서울: 대원사, 1993).
홍광표 외, 「가야산 해인사의 입지성에 관한 연구」『불교학보』 제33집, 동국대 불교문화연구원, 1996.
조계종교육원 불학연구소, 「지방승가대학의 역사와 현황」, 『승가교육』 제1집, 대한불교조계종 교육원, 1995.
金永善, 「海印寺 刊行書籍의 書誌的 分析」, 경북대학교 대학원 문헌정보학과 석사학위논문, 1996.
朴先榮, 「韓國佛敎における 僧侶敎育とその現代的 意識」, 『日本佛敎敎育學研究』 6, 1997.
李淸, 『우리 옆에 왔던 부처』(서울: 서울문화사, 1993).
법혜, 「海印寺에 대한 역사적 조명」, 『한국불교에 미친 해인사의 역할과 나아갈 방향』, 법보종찰 해인사, 2002.
정병삼, 「화엄 십찰의 형성과 해인사」, 『한국불교에 미친 해인사의 역할과 나아갈 방향』, 법보종찰 해인사, 2002.
해주, 「나말 여초 남북악의 화엄사상」, 『한국불교에 미친 해인사의 역할과 나아갈 방향』, 법보종찰 해인사, 2002.

최영호, 「13세기 강화경판 『고려대장경』의 각성 사업과 해인사」, 『한국불교에 미친 해인사의 역할과 나아갈 방향』, 법보종찰 해인사, 2002.

宗默, 「승가대학(강원) 교육과정 운영에 관한 소고: 해인승가대학(강원)을 중심으로」, 『해인사승가대학 교과과정 개편을 위한 검토자료집 I』, 해인사 승가대학교육과정개편추진위원회, 2006. 10.

宗默, 「伽倻叢林의 설립과 운영에 대한 논평문」, 『한국 현대불교의 교육기관』, 조계종 불학연구소, 2008.

宗默, 「총림의 진단, 나아갈 방향: 해인총림을 중심으로」, 대한불교조계종 교육원 불학연구소 편, 『조계종 총림의 역사와 문화』(서울: 조계종출판사, 2009).

金光植, 「해인총림의 어제와 오늘: 그 역사와 위상의 조망」, 『한국 현대불교사 연구』(서울: 불교시대사, 2006).

金光植, 「해인총림의 설립과 운영」, 대한불교조계종 교육원 불학연구소 편, 『조계종 총림의 역사와 문화』(서울: 조계종출판사, 2009).

金光植, 「1926년 불교계의 대처육식론과 백용성의 건백서」, 『한국근대불교의 현실인식』(서울: 민족사, 1998).

金光植, 『2006년 조계종 구술사 인터뷰 녹취록』, 조계종 교육원 불학연구소, 2006.

李法弘, 「桑門歷程」, 『불교계』 2호, 1967. 2.

高榮燮, 「동대 '全人 教育' 백년과 '佛教 硏究' 백년」, 『불교학보』 제45집, 동국대학교 불교문화연구원, 2006.

高榮燮, 「불교계의 해인－마산대학(1946~1967) 경영」, 『한국선학』 제22호, 한국선학회, 2009.

高榮燮, 「불교 조계종 오대 총림 연구: 역사와 문화를 중심으로」, 대한불교조계종 교육원 불학연구소 편, 『조계종 총림의 역사와 문화』(서울: 조계종출판사, 2009).

고경편집부, 「묘엄스님을 찾아서」, 『고경』 제10호, 불기 2542년 여름호, 성철스님문도회.

해인승가대학, 『해인승가대학 동문수첩』(해인사, 2006).

해인승가대학 교학처, 「불기 2553년 1, 2학기 해인승가대학 강의 개설과목」, 2009.

대한불교조계종총무원, 『대한불교조계종 법령집』, 2003.

金暎潭(1933. 12. 14.), 「朝鮮佛教生命의 象徵인 中央佛教專門學校」, 『一光』 제4호, 중앙불교전문학교 학예부.

동아일보사(1946. 12. 18.), 『동아일보』.

대한불교사(1967. 4. 16.), 「해인학원 분규 일단락, 마산대학장에 이용조교수」,

『大韓佛教』.
대한불교사(1967. 7. 16.),「종립 마산대 이사진 재단 보강 못해, 동국학원과 병합 주장도」,『大韓佛教』.
대한불교사(1972. 8. 6.),「면모 一新되는 海印叢林」,『大韓佛教』.
李能和(1975),『朝鮮佛教通史』 下권, 서울, 보련각.
南都泳(1983. 5.),「舊韓末 佛教界의 教育活動」,『전국역사학대회자료집』 26, 전국역사학대회 준비위원회.
진덕규(1985),「미군정 초기 미국의 대한 점령정책」
경남대학교(1996),『경남대50년사』, 마산, 경남대학교.
金煐泰(1997),『한국불교사』, 서울, 경서원.
守眞(1997),「승가교육에서 강원의 위상과 역할」,『강원총람』, 서울, 대한불교조계종 교육원.
동국대학교 석림회(1997),『한국불교현대사』, 서울, 시공사.
金九(1998),『백범일지』, 서울, 돌베개.
김광식(2000),「일제하 佛教界의 普成高普 經營」,『근현대불교의 재조명』, 서울, 민족사.
한시준(2002),「대한민국 임시정부의 국내 진입 구상」.
김상현(2004),「효당 최범술(1904~1979)의 독립운동」,『東國史學』 제40집, 동국사학회.
곽상순(2005),「김동리의 문학적 연대기」,『작가세계』 67호, 작가세계사.
高榮燮(2005),『한국불학사: 신라시대편』, 서울, 연기사.
高榮燮(2005),『한국불학사: 조선 · 대한시대편』, 서울, 연기사.
국민대학교(2006),『국민대학교60년사』, 서울, 국민대학교.
김상현(2006),「효당 최범술의 생애와 사상」,『효당최범술 스님의 생애와 업적』, 서울, 효당사상연구회.
김광식(2006),「卍堂과 曉堂 崔凡述」,『東國史學』 제42집, 동국사학회.
고영섭(2006),「원효『십문화쟁론』 연구의 지형도」,『효당 최범술의 생애와 사상』, 서울, 효당사상연구회.
高榮燮(2007),「불교정화를 어떻게 볼 것인가」,『문학 사학 철학』 통권 11호.
高榮燮(2008) 외,「불교정화의 이념과 방법」,『불교정화운동의 재조명』, 서울, 조계종출판사.
중앙일보사(2008. 9. 27.),『중앙일보』.
한국불교총람편찬위원회(2008),『2008년판 한국불교총람』, 서울, 대한불교진흥원.

고영섭

동국대학교 불교학과와 동 대학원 불교학과 석·박사과정 졸업
고려대학교 대학원 철학과 박사과정 수료
일본 류코쿠대학 한국불교 교환강의(2006)
미국 하버드대학 연구학자(2010~2011)
동국대학교 불교학과 교수

『한국불학사』
『원효탐색』
『원효, 한국사상의 새벽』 등 논저 다수

한국불교사연구

초판인쇄 | 2012년 5월 31일
초판발행 | 2012년 5월 31일

지 은 이 | 고영섭
펴 낸 이 | 채종준
펴 낸 곳 | 한국학술정보(주)
주 소 | 경기도 파주시 문발동 파주출판문화정보산업단지 513-5
전 화 | 031) 908-3181(대표)
팩 스 | 031) 908-3189
홈페이지 | http://ebook.kstudy.com
E-mail | 출판사업부 publish@kstudy.com
등 록 | 제일산-115호(2000. 6. 19)

ISBN 978-89-268-3395-7 93220 (Paper Book)
978-89-268-3396-4 98220 (e-Book)

내일을여는지식 은 시대와 시대의 지식을 이어 갑니다.